Elmar Altvater
Sachzwang Weltmarkt

Elmar Altvater

SACHZWANG
WELTMARKT

Verschuldungskrise,
blockierte Industrialisierung und
ökologische Gefährdung
Der Fall Brasilien

VSA-Verlag, Hamburg 1987

Gesamtverzeichnis anfordern!
© VSA-Verlag, Stresemannstraße 384a, 2000 Hamburg 50
Alle Rechte vorbehalten
Satz: Utesch Satztechnik GmbH, Hamburg
Druck und Buchbindearbeiten: Fuldaer Verlagsanstalt
ISBN 3-87975-423-3

Inhaltsverzeichnis

THE EAST AMAZON REGION

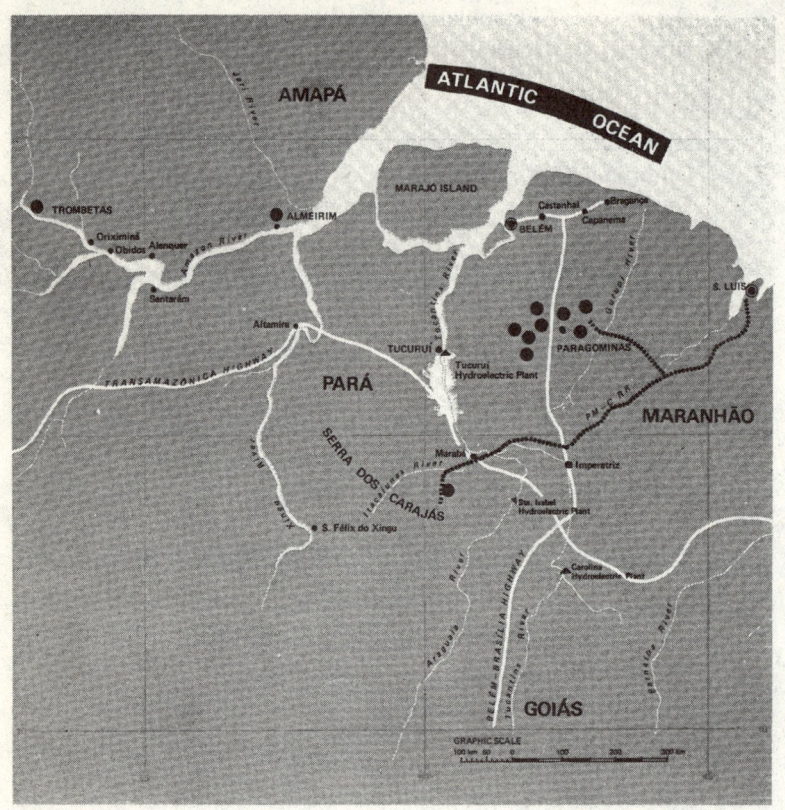

Vorwort

Der vorliegende Text ist in Belém-Pará und Berlin-West entstanden. Er ist Resultat eines von der Stiftung Volkswagenwerk geförderten Forschungsprojekts über die »regionalen Auswirkungen der globalen Verschuldungskrise – der Fall Pará«. Zunächst hatte ich die Absicht, eine eher empirisch orientierte Fallstudie durchzuführen, deren Gegenstand die im östlichen Amazonien in den 70er Jahren während des brasilianischen Wirtschaftswunders geplanten Großprojekte (Eisenmine in Carajás, Stausee von Tucuruí am Amazonas-Nebenfluß Tocantins, Aluminiumhütten von Barcarena und São Luís, forst- und viehwirtschaftliche Großfarmen) sein sollten; Projektplanung und -realisierung fällt ja mit dem »Ausbruch« der Verschuldungskrise zusammen, die inzwischen alle großartigen Planungen einer forcierten ökonomischen Entwicklung aus den optimistischen 70er Jahren blamiert hat.

Tatsächlich sind die Konsequenzen der Weltmarktkrise in der Region Amazonien – wie in anderen Regionen Brasiliens und in anderen hoch verschuldeten Ländern – im Alltagsleben sichtbar, konkret greifbar. Auch sozialwissenschaftliche Studien haben in jüngster Zeit bestätigt, daß in Brasilien, der achtgrößten Industriemacht der Erde, etwa die Hälfte der Bevölkerung in Armut und Elend lebt, ein Viertel der Arbeitsfähigen arbeitslos oder unterbeschäftigt ist, von den 50,2 Mio Beschäftigten 13% gar keinen Geldlohn und 30% weniger als den staatlich festgesetzten Mindestlohn erhalten (Jaguaribe et al 1986), und der ist niedrig genug: (nach offiziellem Kurs) umgerechnet weniger als 100 DM. Die ökonomischen Erfolge Brasiliens haben keine Überwindung des sozialen Elends breiter Massen bringen können und jetzt sind noch die ökonomischen Erfolge durch die Verschuldungskrise gefährdet, so daß die Perspektiven der gesellschaftlichen Entwicklung wenig Anlaß zu Optimismus geben.

Daher muß auch die Frage gestellt werden, ob die »Inwertsetzung« der Region Amazonien durch im wesentlichen extraktive Großprojekte bei der Erzförderung und -verhüttung und in Land-, Vieh- und Forstwirtschaft angesichts der hohen Realzinsen, die für die aufgenommenen Kredite zu zahlen sind, und angesichts des Preisverfalls für agrarische und mineralische Rohstoffe auf dem Weltmarkt mikroökonomisch rentabel und makroökonomisch produktiv sind. Darüber hinaus sind die sozialen Verwerfungen, die sie hervorrufen, und die ökologischen Zerstörungen, die mit ihnen einhergehen, eine Belastung, die wegen der Verschuldung eher zu- als abnimmt. Auch wenn die Zusammenhänge zwischen ökonomischer Krise, sozialem Elend, ökologischer Degradation und Verschuldung nur vermittelt sind – in der Presse ebenso wie auf der Straße werden sie direkt und polemisch hergestellt.

9

Zur Beantwortung dieser und ähnlich gelagerter Fragen ist eine empirische Studie im strikten Sinne unzureichend. Denn die angedeuteten Zusammenhänge zwischen *ökonomischen Krisentendenzen des Weltmarkts, den politischen Interventionsmöglichkeiten des Nationalstaats, materiellen Lebensbedingungen und politischen Partizipationsmöglichkeiten der Bevölkerung und den Bedingungen einer komplizierten und fragilen Ökologie der Region*, können nur auf geeignetem theoretischen Zugang kategorial entfaltet werden. Eine Schlüsselkategorie ist dabei die der »Inwertsetzung« – gemäß »Brockhaus«: Die »Nutzbarmachung eines noch nicht oder wenig genutzten Raumpotentials für die Bedürfnisse der Gesellschaft entsprechend dem technischen Können und den finanziellen Möglichkeiten«. Was geschieht – ökonomisch, politisch, sozial und ökologisch – in einer Region, die mit den erwähnten ökonomischen Großprojekten den Krisentendenzen des Weltmarkts im letzten Viertel des 20. Jahrhunderts ausgesetzt ist? Dabei ist die Verknüpfung (die »Artikulation«) der nicht identischen und nicht kompatiblen »Logiken«, die in der Region, also in einem spezifischen Raum-Zeit-Kontext, wirksam sind, selbst noch theoretisch zu erschließen. Auf die Entschlüsselung dieser Zusammenhänge zielt die vorliegende Untersuchung.

Natürlich wird auf Empirie und illustrative Daten nicht verzichtet, weder bei der Analyse der Weltmarkttendenzen, die die Krise des spezifischen Akkumulationsmodells der (»fordistischen«) Industriegesellschaften in Rechnung zu stellen hat, noch bei der Untersuchung der regionalen Auswirkungen der Verschuldungskrise. Daß hier vor allem Daten aus Brasilien und aus dem Amazonasgebiet verwendet werden, bedeutet keineswegs, daß sich die erarbeiteten Schlußfolgerungen auf diese Region beschränken; die empirischen Daten sollen ja vor allem eine allgemeine Tendenz illustrieren. Nicht mehr, aber auch nicht weniger. Der »Sachzwang Weltmarkt« ist ja nicht nur in Amazonien wirksam.

Die Sammlung von Materialien wurde durch die freundliche Kooperation einer Reihe brasilianischer Institutionen erleichtert. Zu nennen ist in erster Linie der Nucleo de Altos Estudos Amazónicos der Bundesuniversität von Pará, wo ich mit vielen Kollegen – darunter Jean Hebette, Thomas Mitschein, Samuel Sá, Marcelino da Costa, um nur wenige zu nennen – über das Thema diskutieren konnte.

In Berlin habe ich Teile des Manuskripts mit Uta Borges-Altvater, Kurt Hübner, Thomas Hurtienne und Birgit Mahnkopf besprochen, die mir wichtige Anregungen gaben. Bei der Literaturzusammenstellung, der Anfertigung von Tabellen und Schaubildern haben Claudia Preußer und Patricia Tonn mitgearbeitet. Teile des Manuskripts hat zuverlässig wie immer Heidrun Linke geschrieben.

Elmar Altvater   Berlin, Ende März 1987

10

Einleitung

»Die Krise besteht genau in dem Umstand, daß das Alte stirbt und das Neue nicht entsteht.« Antonio Gramsci

I.

Der Weltmarkt ist einerseits keine Realität jenseits von regionalen und nationalen Märkten – und andererseits ist er es paradoxerweise doch. Wenn ein Indio in einem Dorf in Amazonien eine elektronische Armbanduhr kauft, dann befindet er sich zugleich auf einem höchst begrenztren regionalen, lokalen Markt, abgeschieden von allen wichtigen Zentren, und zugleich auf dem weiten Weltmarkt. Vielleicht ist die Uhr in Japan produziert worden, vielleicht in der Freihandelszone von Manáus am Zusammenfluß von Solimões und Rio Negro, in der ausländisches Kapital subventionsbegünstigte Produktionsstätten, z.B. zur Herstellung von elektronischen Uhren, errichtet hat.

Der Indio in der Region Amazonien ist noch auf viele andere Weisen in den Weltmarkt einbezogen, und so von dessen Entwicklungstendenzen betroffen. Zum Beispiel durch die extraktiven und industriellen Großprojekte, die im Verlauf von nur einer Dekade seit Anfang der 70er Jahre ganze Landstriche ursprünglichen Regenwaldes vernichtet und das, was wir gewohnt sind, Zivilisation zu nennen, in die Region gebracht haben. Tucuruí am unteren Tocantins, mit 2430 qkm Fläche (das entspricht etwa der Größe des Saarlandes) und (nach Fertigstellung der zweiten Ausbaustufe) mit 7960 MW Kapazität der größte tropische Stausee der Welt[1], dient der Energieerzeugung, um in erster Linie die Verhüttung des in der Region reichlich vorhandenen Bauxits zu Aluminium möglich zu machen. Dörfer sind geflutet worden, Teile von Indianerland sind unter den Wassermassen verschwunden, ein in seinen Funktionsbedingungen noch nicht bekanntes neues Makro-Ökotop entsteht. Davon sagt zwar die Betreibergesellschaft Eletronorte, es sei ökologisch und sozial in jeder Hinsicht mit den Anforderungen an menschliche Lebensbedingungen verträglich; doch befürchten viele höchst problematische, ja gefährliche Auswirkungen auf die äußere (Umwelt) und innere (Gesundheit, Wohlbefinden) Natur des Menschen.

Oder die Erzmine von Carajás, das mit ca. 17 Mrd t Erz (Hematit mit einem Eisengehalt von durchschnittlich 66%) größte bekannte Eisenerzlager der Welt. Eine Eisenbahnlinie von 890 km Länge mußte gebaut werden, eine Trasse durch Indianergebiet, den bislang unberührten Regenwald und Mangrovensümpfe schneidend, um das aufbereitete Erz zur Verschiffung an die Küste transportieren zu können. Die Kredite für das 4 Mrd US-$- Projekt kommen zu einem Teil von internationalen

Institutionen und international operierenden Banken und müssen in harten Dollar, oder inzwischen in noch härteren Yen und DM bedient werden; die Abnehmer des Erzes befinden sich zum größten Teil in Europa, Nordamerika, Japan, auch im entwickelteren Süden Brasiliens.

Dann die land-, vieh- und forstwirtschaftlichen Projekte, durch die Urwald vornehmlich in Rinderweide verwandelt worden ist, um Fleisch für die Hamburger-Produktion zu gewinnen. Rinderfarmen von tausenden von Hektar Ausdehnung sind entstanden, ausschließlich zur Gewinnung des Fleisches; zurück bleibt schon nach vergleichsweise kurzer Zeit eine erodierte Fläche, auf der sich weder der Urwald regenerieren kann noch die weitere ökonomische Nutzung rentabel ist. Die Verwüstung der tropischen Regenwälder ist durchaus wörtlich zu verstehen.

Und schließlich das vielleicht konsequenzenreichste Großprojekt in der Region: das nationale Fernsehen. Über Satelliten kann jeder Flekken erreicht werden, wo ein Generator Strom erzeugt oder Batterien zu beziehen sind. Lebensweisen, Denkmuster, Imaginationen, Ideologeme aus den Zentren der Programmgestaltung, vom entwickelten Süden Brasiliens in Rio de Janeiro und Sao Paulo bis Dallas, Denver, Hollywood werden so in scheinbar vergessene Winkel des mit etwa 5 Mio qkm größten Regenwaldgebietes der Erde transportiert und brechen sich dort mit den lokalen oder regionalen Lebensweisen, mit Produktionsweisen, Zeitverständnissen, Vorstellungen vom Raum. Der Weltmarkt ist also allgegenwärtig; kein Fleckchen der Erde, das seinem Einfluß nicht irgendwie ausgesetzt ist und sich darunter verändert. Der Weltmarkt erscheint als ein Sachzwang, durch den die Bedingungen von Arbeit und Leben in einer bestimmten Region definiert werden, und zwar unter dem maßgeblichen Einfluß der bereits entwickelten Industrieländer. Die (nicht kategorischen, sondern eher banal zu nennenden) Imperative des Industrialisierungsmodells, das seit geraumer Zeit in den Sozialwissenschaften mit dem Attribut »fordistisch« belegt worden ist, sind also wegen der »Sachzwänge des Weltmarkts« noch in den fernsten Regionen der Weltgesellschaft wirksam.

Freilich handelt es sich dabei nicht um eine erstmalige Tendenz. Neu ist nur, daß sie durch die Verschuldungskrise der 80er Jahre so dramatisch zugespitzt worden ist. Mit der Aufnahme von Krediten bei international operierenden Banken war ja beabsichtigt, Brasilien – und dies ist in anderen Ländern der südlichen Hemisphäre gar nicht so sehr verschieden – ökonomisch zu entwickeln, ja – wie es im II. Nationalen Entwicklungsplan von 1974 hieß – zu einer »Großmacht« aufzuwerten; doch herausgekommen ist bislang nicht viel mehr als das Elend mit der Aufbringung und dem Transfer des Schuldendienstes (Zinsen und Tilgungen der Auslandskredite), der die Ressourcen des Landes überlastet und die »nachholende Industrialisierung« beeinträchtigt.

II.

Schauen wir für einen Augenblick zurück auf die Frühphase des »fordistischen« Industriemodells, als es in den 20er Jahren mit Fließband und Massenproduktion die Arbeitsteilung in der Fabrik und dann im Verlauf der nachfolgenden Jahrzehnte auch die internationale Arbeitsteilung umzuwälzen begann. Mit dem Siegeszug des Automobils im letzten Viertel des 19. Jahrhunderts wächst, nachdem der Franzose Michelin den luftgefüllten Gummireifen entwickelt hat, der Gummibedarf aller Industrieländer sprunghaft. Die Kautschukexporte aus dem brasilianischen Amazonien steigen von unter 1000 metrischen Tonnen 1850 über 8506 to im Jahre 1881 auf 34248 to im Jahre 1910 (Daten nach Bunker 1985, S. 71). Der Kautschukboom Amazoniens in dieser Phase ist also das Spiegelbild des sich anbahnenden neuen Industriemodells mit seinem später zum Massenkonsumgut werdenden *Automobil*. Die Konjunkturen und Krisen der scheinbar »unberührten« Urwaldregion sind also Bestandteil der Entwicklungstendenzen von Produktion und Konsumtion in den Kernländern des kapitalistischen Weltsystems.

Während des Kautschukbooms bis etwa 1915 strömte in die Region als Gegenwert für die auf dem Weltmarkt abgesetzten Kautschukballen so viel Geld, daß nach Amazonien – immer in der regional spezifisch gebrochenen Form und nur die herrschenden Klassen und Eliten beglückend – europäische Konsummuster importiert werden konnten. Die in Stein verwirklichten und daher weniger schnell als so manch anderer Artikel des Luxuskonsums vergänglichen Zeugen dieser Zeit sind noch heute sichtbar; die früher reichen, heute verfallenen städtischen Villen, Handelshäuser und öffentlichen Gebäude in Belém oder Manaús. Oder das Teatro Municipal von Manaús und das Teatro da Paz von Belém. Diese Nachbildungen europäischer Theaterbauten sind keineswegs größer, schöner, prächtiger als ihre Vorbilder auf dem »alten Kontinent«. Ihren ästhetischen Reiz aber erhalten sie dadurch, daß sie isoliert in einer Landschaft stehen, in die sie zunächst einmal gar nicht hineinpassen; tausende von Kilometern fern von ähnlichen Bauten, die erst zusammengenommen das Gepräge einer städtischen Kultur abgeben (nur rudimentär ist diese in Belém oder Manaús vorhanden, doch sonst nirgendwo in dem riesigen Gebiet). Die ursprüngliche Pracht ist immer gefährdet, durch das für die Konservierung von Kunstwerken nicht gerade günstige Klima, aber auch durch bewußte und nicht bewußte, also gleichgültige Destruktion durch Menschen, die es nur unvollkommen gelernt haben, den »Wert« von Kulturgütern zu schätzen, da sie als nicht zur schmalen

Schicht der Elite gehörende Massen niemals zu deren Konsumenten gehört haben. Von der Pracht bleibt in dieser Region dann nur die Großartigkeit einer Verbindung zwischen der unnachahmlichen Einzigartigkeit des natürlichen Ambiente und dem mondänen Importprodukt aus den Zentren des Weltmarkts.

Als das synthetische Gummi erfunden worden war und in Südostasien die großflächigen Kautschukplantagen die Produktion aufnahmen, wurde die Region uninteressant für kapitalistisch kalkulierende Unternehmen. Sie wurde fast vergessen, von einer *»fordistischen«* Episode abgesehen, die Mitte der 20er Jahre in der Nähe von Santarém am unteren Tapajós von Henry Ford höchstpersönlich inszeniert worden ist. Dem südostasiatischen Beispiel folgend versucht Ford eine riesige Kautschukplantage anzulegen, um den Rohstoff für seine T-Modelle aus der eigenen, westlichen Hemisphäre beziehen zu können, um sich also von den Gummilieferungen aus den holländischen und englischen Plantagen Asiens unabhängig zu machen. Der ca. 10.000 qkm ausgedehnten Plantage bei Belterra mit ca 800.000 Gummibäumen (Hevea) wird bezeichnenderweise der Name »Fordlândia« gegeben. Es wird ein Hafen angelegt, der auch von Hochseeschiffen anzusteuern ist. Doch schon 1932 ist das Projekt durch Schädlingsbefall (Pilzbefall der Blätter durch Dothidella ulei) gefährdet. Ford versucht es noch einmal flußaufwärts mit einer neuen Plantage, jedoch ebenso erfolglos. Es zeigt sich, daß die monokulturelle, plantagenförmige Nutzung des Gummibaums in der Amazonasregion nicht möglich ist; nur innerhalb eines balancierten Ökotops mit großer Varietät von Pflanzen und nicht in einer nach industriellem Vorbild durchrationalisierten Monokultur ist offensichtlich der Schädling der Hevea zu neutralisieren. Im Jahre 1944 muß die Cia. de Plantações Ford Konkurs anmelden. Gegen einen symbolischen Preis von 5000 Contos übernimmt der brasilianische Staat die Einrichtungen der Plantage (de Oliveira 1983, S. 248: Moran 1981, S. 70ff.).

Das »fordistische« Zwischenspiel dauert also nicht sehr lange und scheitert unrühmlich – an ökologischen Bedingungen, die Ford im Selbstbewußtsein der von ihm projektierten Rationalisierungs- und Industrialisierungskultur meinte – »Es lebe die rationalisierte Massenproduktion!« – negieren zu können. In Amazonien also kann der aufmerksame Beobachter die ersten Warnzeichen einer *»Krise des Fordismus«* ausmachen, von der heute allenthalben unter Sozialwissenschaftlern die Rede ist (Vgl. z.B. Hirsch/Roth 1986). An der »inneren Natur« der Arbeiter von Detroit, an der Steigerung nicht nur der Produktivität sondern auch der Intensität der Arbeit, bricht sich das von Ford initiierte Modell der Industrialisierung zunächst nicht; obwohl sie unter dem neuen tayloristischen Prinzip der Leistungssteigerung und -verdichtung und dem fordistischen Regime der rationalisierten Massenproduktion, die die Arbeiter »emsiglich erleisten« müssen, um den »Überlohn« zu verdienen (Gottl-Ottlilienfeld 1926, S. 30f), offensichtlich gelitten haben[2], akzeptierten die Arbeiter das Modell von Fließband und scientific management, von hierarchischer Ordnung und rationalisierter Arbeitsteilung und -zerlegung – vor allem wegen der monetären Kompensationen, die Ford in Gestalt hoher Löhne zu gewähren bereit war. Denn »die Anpassung an die neuen Methoden der Produktion und der Arbeit kann nicht allein durch gesellschaftlichen Zwang erfolgen« (Gramsci 1967, S. 398). Die »fordistischen Belegschaften« können nur durch vergleichsweise hohe Löhne zusammengehalten werden (Gramsci 1967, S. 401). So wird ja auch in der gegenwärtigen Literatur über »Fordismus« (Hurtienne 1986; Lipietz 1986 beispielsweise) dies als wesentliches Charakteristikum herausgestellt: die »intensive« Phase der kapitalistischen Entwicklung ist durch eine Steigerung von Produktivität und Löhnen im Gleichschritt gekennzeichnet, so daß der Massenproduktion auch die Massennachfrage entsprechen kann und muß. Vorausgesetzt ist dabei freilich ein günstiger Gang der Konjunktur mit Vollbeschäftigung; bei Arbeitslosigkeit, so auch Gramsci 1967, S. 399), »(werden) die hohen Löhne verschwinden«; und genau dies geschah in der großen Weltwirtschaftskrise nach 1929 bei Ford.   Erst in den 30er Jahren entsteht der keynesianische Staat, der eine neue Funktion zugemessen erhält, nämlich die der Sicherung der »effektiven Nachfrage«; Massenproduktion und Massennachfrage können nun gleichgerichtet wachsen. Die Grundlagen für den langen »fordistischen« Zyklus bis in die 70er Jahre hinein sind damit gelegt.

Doch übersehen wird dabei, daß mit diesem ökonomischen Mechanismus die Gesetze der *äußeren Natur des Menschen* nicht zu korrumpieren sind. Sie machen schon in der Frühphase des »Fordismus« deutlich, daß seiner spezifischen Rationalität Grenzen gesetzt sind, die heute freilich in der Spätphase des »Fordismus« auch die *innere Natur des Menschen* zur Rebellion geneigter machen. Die Natur leidet – und stirbt; die Plantagen von Fordlândia gehen zugrunde. Und diese Zerstörung von natürlichem Ambiente ist nur eine unbedeutende Episode im Vergleich zu den ökologischen Schädigungen und Katastrophen, die die gesamte Entwicklung der fordistischen Industrialisierung begleiten.

III.

Auch wenn »Desartikulation«, also eine falsche Verbindung von Weltmarkttendenzen, nationaler Politik und regionalen Aktivitäten konstatiert werden kann, hat es die Zuspitzung bis zur Krise der Verschuldung in dem heute akuten Ausmaß zu Beginn der »fordistischen« Industrialisierung nicht gegeben. Zwar sind viele Länder Lateinamerikas in den 30er Jahren hoch verschuldet; doch ist es möglich, die damalige Verschuldungskrise durch die Errichtung eines neuen Weltwährungs- und -kreditsystems zu lösen, nachdem das von Großbritannien dominierte System des Golddevisenstandards 1931 zusammengebrochen war. Genaueres wird darüber im sechsten Kapitel ausgeführt. So wie das neue Modell der Industrialisierung von den USA seinen Ausgang nimmt, so stellen die USA mit dem Dollar das neue Weltgeld, das Medium also, das die rasche Expansion des Welthandels erst möglich macht, abgesichert durch ein Bündel von institutionellen Regelungen: vom Internationalen Währungsfonds über das Allgemeine Zoll- und Handelsabkommen bis zu bilateralen Synchronisierungen wirtschaftspolitischer Maßnahmen der Nationalstaaten. Doch am Ende des »fordistischen Zyklus« befindet sich – wie Anfang der 30er Jahre das Pfund Sterling – das Weltgeld Dollar in einer chronischen Krise. Eines ihrer deutlichsten und dramatischsten Symptome ist die seit den 70er Jahren rasant zunehmende äußere Verschuldung nicht nur der Länder der »Dritten Welt«, sondern der USA selbst. Der Zinsendienst auf die aufgenommenen externen Kredite erfordert einen je nach Zinssatz und Exportpreisniveau veränderlichen realen Ressourcentransfer, dessen Anforderungen eine Gesellschaft überlasten können; der »overload« betrifft zunächst das ökonomische System, dann aber auch den sozialen Körper und das politisch-institutionelle System einer Gesellschaft.

Nach Planung der Regierungsverantwortlichen in Brasilien sollen die Reichtümer Amazoniens wesentlich dazu beitragen, den Schuldendienst auf die mehr als 110 Mrd US-$ Fremdkredite abzuzahlen, die Brasilien zum größten Teil bei den internationalen Banken der nördlichen Hemisphäre (und zum geringeren Teil bei offiziellen Institutionen) aufgenommen hat. Die Erze und die Elektroenergie, gewonnen aus dem Gefälle der amazonischen Wassermassen, das Fleisch der Rinderfarmen und die Edelhölzer aus dem Regenwald dienen sozusagen als ein *Faustpfand der verschuldeten Industrialisierung.* Wie allerdings die Entwicklung seit Ausbruch der Verschuldungskrise im Jahre 1982 verdeutlicht hat, sind die Außenschulden Brasiliens von ca 80 Mrd US-$ auf 110 Mrd US-$ Ende 1986 angestiegen, obwohl das Land Jahr für Jahr einen Exportüberschuß von an die 12 Mrd US-$ erzielte, der fast vollständig für Zinszahlungen aufgewendet werden mußte. Die Ausweglosigkeit der Situation ist ja darin zum Ausdruck gekommen, daß Brasilien Ende Februar gezwungen war, ein Moratorium der Zinszahlungen zu erklären. Die Verschuldungskrise erfuhr dadurch eine Zuspitzung.

Wie können die Tendenzen oder Mechanismen erfaßt werden, durch die und mit denen der Weltmarkt in einer Region wie Amazonien präsent ist? Zunächst ein paar Bemerkungen zur Empirie der gegenwärtigen Krise: Der Rohstoffpreisverfall seit Mitte der 70er Jahre manifestiert sich in »Investruinen«: Beispielsweise wird wegen der Verringerung der Weltmarktpreise für Tonerde unter den »break-even-point« die Tonerde-Fabrik Alunorte in Barcarena bei Belém nicht fertiggestellt. Der ursprünglich geplante integrierte Industriekomplex von der Bauxit-Extraktion bis zur Verschiffung der fertigen Aluminiumbarren im neu gebauten Hafen von Vila do Conde kommt nicht zustande. Ebenso haben die extrem hohen Realzinsen seit Beginn der 80er Jahre zu Einsparungen bei der Projektrealisierung geführt: In Tucuruí wurde auf den ursprünglich geplanten Bau von Schleusen verzichtet, so daß die mehr als 2000 km lange Wasserstraße des Araguaia-Tocantins-Beckens unterbrochen ist und weder an den maritimen Schiffsverkehr angeschlossen noch für den intraregionalen Verkehr voll genutzt werden kann. In Carajás wurden Einsparungen bei der Konstruktion der Eisenbahnlinie vorgenommen. Dann sind die desaströsen Auswirkungen der Inflation zu berücksichtigen, die teilweise durch die Belastung mit dem übermäßigen Schuldendienst angeheizt worden ist: Die Flucht in Sachwerte stützt die Landspekulation auch in Amazonien. Um Besitztitel legal zu erwerben, muß ein Teil des Grund und Bodens gerodet werden, ohne daß der Boden außer als Viehweide – also nur kurzfristig – sinnvoll ökonomisch zu nutzen wäre. Weiter: der Mangel an formellen Arbeitsplätzen im gewerblichen Bereich und an Siedlungsland für Immigranten in der Region haben zur Folge, daß sich spontane urbane Zentren bilden, denen alles fehlt: die soziale und materielle Infrastruktur, menschenwürdiger Wohnraum, formelle Arbeitsplätze in ausreichender Zahl, administrative Kompetenz und Potenz staatlicher und parastaatlicher Institutionen, also das diversifizierte institutionelle System einer »società civile«, einer »bürgerlichen Gesellschaft«. Hier wird der abstrakt festgestellte Einfluß von Weltmarkttendenzen auf regionale Entwicklungsbedingungen nachgerade handgreiflich. Auf der einen Seite die Großprojekte, z.B. die Erzmine und die 890 km lange Eisenbahnlinie von »Ferro-Carajás«, deren Produktion ganz für den Weltmarkt bestimmt ist und von einem brasilianischen transnational operierenden Staatunternehmen betrieben wird, und zwar ökologisch bewußt, sozial engagiert, ökonomisch rationell in dem mikroökonomisch abgegrenzten Gebiet unter der Verfügung des Unternehmens. Auf der anderen Seite – im prosaischen Sinne; denn zwischen den beiden Seiten befinden sich Kontrollstellen mit Schlagbäumen und Wachpersonal! – die Massen von Migranten, auf der Suche nach Arbeit und Lebensunterhalt, sozial fast gar nicht abgesichert, bar jeder infrastrukturellen Versorgung, von staatlichen Organen allenfalls als Objekt der Repression ernst genommen, ökologisch nicht in der Lage, auch nur Minimalstandards des schonenden Umgangs mit der natürlichen Umwelt einzuhalten. Und zwischen der einen und der anderen Seite eine Grenze, kontrolliert wie eine Grenze zwischen Nationalstaaten, eine Grenze zwischen weltmarktorientiertem Sektor der Ökonomie und traditionellen oder ganz neuen, erst durch die Weltmarktintegration herausgebildeten Arbeits- und Lebensweisen in der Region. Die soziale, ökonomische, politische und ökologische Stabilität dieser Form der (freilich pathologischen) Artikulation von Lebens- und Arbeitsweisen in der Region ist nur gering.

Also nichts da mit dem »unberührten« Urwald, der Abgeschiedenheit einer fernen Region, dem möglicherweise »heilen« Leben. Mit der »Inwertsetzung« der Region Amazonien wird sie den auf dem Weltmarkt wirksamen Tendenzen und seinen Krisen ausgeliefert; die verschuldete Industrialisierung fordert ihren gesalzenen Preis. Um also die regionalen Auswirkungen der globalen Tendenzen in einem konkret zu bezeichnenden territorialen Raum verstehen zu können, ist dessen »Produktion« (Lefebvre 1974; Santos 1978; Soja 1985) durch die im Raum wirksamen unterschiedlichen gesellschaftlichen Praxen der Menschen (Subsistenzwirtschaft; informelle und formelle Arbeit, Entscheidungen von staatlichen Entwicklungsagenturen, von transnationalen Konzernen, internationalen Banken etc.) zu analysieren. Der Raum ist das Realsubstrat ökonomischer und sozialer Prozesse und deren Strukturierung (Vgl. dazu Gregory/Urry 1985).

IV.

Das brasilianische Amazonien umfaßt in der Legaldefinition von 1953 mit 4.990.520 qkm fast 60% des brasilianischen Staatsgebiets. Um einen europäischen Vergleich zu bemühen: dieses Gebiet ist etwa 22 mal so groß wie die Bundesrepublik Deutschland. Ein Kosmos für sich. Die Ausdehnung des amazonischen Tieflandes, die dünne Besiedlung mit weniger als 2 Einwohnern je qkm, die üppige Vegetation des tropischen Regenwaldes, der Fischreichtum der großen Ströme, die aufgefundenen und erst recht die vermuteten mineralischen, hydroenergetischen, biologischen Ressourcen haben schon seit der »Entdeckung« Amazoniens durch Europäer im 16. Jahrhundert deren Fantasie beflügelt. Von Städten mit goldenen Dächern wurde berichtet. Die Schätze des »Eldorado« wurden zum Objekt der Begierde, und diese ist bis heute nicht geringer geworden. Bei der Grenzenlosigkeit des Landes schienen auch die vorhandenen Ressourcen grenzenlos zu sein. Die Region wird als eine »auszubeutende Mine« betrachtet (Anders 1980, S. 32, der allerdings nicht Amazonien bei dieser allgemeinen Feststellung vor Augen hatte). In dieser Eigenschaft ist der Region in der brasilianischen Nation und im

Rahmen des Weltmarkts eine eindeutige Funktion zugedacht: zum einen sollen die explorierten und vermuteten mineralischen und agrarischen, die hydroenergetischen und biologischen Ressourcen ausgebeutet, also extrahiert und vermarktet werden. Zum anderen wird versucht, die immobilen Ressourcen in der Region selbst zu nutzen, die Weite des Raums für Siedler, die aus anderen Regionen immigrieren, verfügbar zu machen. Das »Land ohne Menschen« wird den »Menschen ohne Land« (so einer der brutalsten Präsidenten unter dem Militärregime, Médici 1971) durch megalomanische Kolonisationsprogramme geöffnet; die »fronteira« wird immer weiter ins Innere des riesigen Territoriums vorgeschoben. Die Geschichte der »Eroberung des wilden Westens« wiederholt sich, allerdings mehr als 100 Jahre später.

In der »grünen Hölle« des tropischen Regenwaldes Amazoniens sagen sich keineswegs »Füchse und Hasen gute Nacht«; hier sind Weltmarkttendenzen präsent, hier interveniert der nationale Staat, hier investieren nationale und transnationale Unternehmen, hier haben internationale Organisationen Projekte finanziert und Eurobanken Kredite ausgeliehen. Doch weder die *Politik* des Nationalstaats Brasilien noch die *Ökonomie* des Weltmarkts können die besonderen *ökologischen* Reproduktionsbedingungen der Region Amazonien außer Kraft setzen; sie beginnen eine prekäre Art der Koexistenz, sie geraten miteinander in Widerspruch. Stephen Bunker hat zweifellos recht: »Ich glaube nicht, daß wir angemessen diese Perspektiven (also die innere Dynamik nicht-kapitalistischer Gesellschaftsformationen, der Klassenverhältnisse oder die komplexe und kostspielige bürokratische Organisation des modernen Staates in einem peripheren Land zu untersuchen) zusammenbringen können, ohne sie in ökologische und evolutionäre Modelle des gesellschaftlichen Wandels einzubeziehen, die ihrerseits die physische Bedingtheit von Produktion durch Extraktion und das Wechselverhältnis von regionalen und globalen Systemen gleichzeitig berücksichtigen.« (Bunker 1985, S. 21). Folgen wir dieser Perspektive und untersuchen wir, was eigentlich geschieht, wenn ein regionales System in das globale einbezogen, wenn die Region Amazonien also *in Wert gesetzt* wird.

Hätte ich mich auf die empirische Beschreibung dieser Phänomene begrenzt, dann hätte es ausgereicht, die vielen brasilianischen Darstellungen der ökonomischen Inwertsetzung Amazoniens (Becker, Mendes, Cardoso/Müller, Rebelo, Valverde, Martins, Cota, Pinto, Ibase etc.) zu kompilieren, hier und da zu ergänzen oder zu reinterpretieren. Doch schien mir ein solches Verfahren, wenn auch legitim, so doch unzureichend und unbefriedigend. Denn die oben gestellten Fragen nach dem systemischen und daher systematisch zu entfaltenden Zusammenhang zwischen regionaler Identität, nationalstaatlicher Entwicklungspolitik und ökonomischen Krisentendenzen des Weltmarkts blieben unbeantwortet, allenfalls würden sie durch empirische Evidenz oder vortheoretische Plausibilität im Bezugsrahmen eines mehr oder weniger gut begründeten Vorverständnisses erledigt. Der Spannbogen ist ja groß genug: *Was hat die Krise des Weltgeldes, die ihren Ausdruck in der Schwierigkeit mit dem Schuldendienst der Dritten Welt gefunden hat, mit der ökologischen Gefährdung einer Region der »Dritten Welt« zu tun?* Offensichtlich gibt es eine Beziehung, wie die bereits genannten Indizien andeuten, und die ist selbst noch theoretisch zu rekonstruieren.

Doch wie? Eine Region ist ein geographischer, politischer, ökonomischer Raum, der nach bestimmten sinnvollen Abgrenzungskriterien gebildet werden kann, nicht idealistisch-voluntaristisch, sondern als Resultat eines mehr oder weniger langen historischen Prozesses, in dessen Verlauf regionale Identität entsteht. Und wenn in einem identischen geographischen Raum verschiedene Prinzipien walten, dann ist er offensichtlich aus verschiedenen *Funktionsräumen* komponiert, deren regulierende Prinzipien oder »Gesetzmäßigkeiten« im identischen geographischen Raum (Region im geographischen Sinne) wirksam sind, sich überschneiden, überlagern, sich widersprechen, konfligieren und so spezifische *Artikulationsmuster* hervortreiben. Zu untersuchen ist also die »Puppe in der Puppe in der Puppe«: die Region in der Nation im Weltmarkt. Dies führt unmittelbar zur Analyse der Tendenzen, die Region, Nation und Weltmarkt bestimmen; offensichtlich sind sie nicht gleichartig, gleichgerichtet: Auf dem Weltmarkt das Prinzip der Ökonomie, des Wertgesetzes also, dem sich die Region mit der Strategie der »*Inwertsetzung*« ausliefert und das wie ein »Sachzwang« wirkt; in der Nation das Prinzip der hegemonialen Blockbildung, der Ausbalancierung von politischen Konflikten zwischen Klassen und Interessengruppen, aber auch zwischen Regionen in einer Nation; in der Region die Produktionsweisen der Menschen, die dort leben, insbesondere die Auseinandersetzung mit dem natürlichen Ambiente, dessen ökologische Reproduktionsbedingungen wesentlich das »Regionale« kennzeichnen. Und dann sind dabei sozusagen als neben Weltmarkt, Nation und Region »vierte Dimension« die Funktions- und Entwicklungsbedingungen des dominanten Akkumulationsmodells zu berücksichtigen.

Die nachfolgenden Ausführungen sind ein Versuch, diesen vielgestaltigen Komplex, dessen empirische Oberfläche immer nur eine Schicht sichtbar werden läßt, zu entfalten, um seine Struktur und Entwicklungsdynamik sichtbar werden zu lassen. Es wird also darum gehen, erstens die »Logiken« der Funktionsräume und zweitens deren spezifische und immer historisch bedingte Verknüpfung (Artikulation) herauszuarbeiten. Das gegenwärtige Elend mit der *verschuldeten Industrialisierung*, das in Brasilien sogar noch weniger schlimm ist als in manchen anderen hoch verschuldeten Ländern der Dritten Welt, ist ja nur der zugespitzte Ausdruck viel grundlegenderer Entwicklungen in der modernen Weltwirtschaft.

Auch wenn in vielen Beispielen auf den »Fall« Brasilien und den »Fall« Amazonien zurückgegriffen wird, geht es in dieser Arbeit um allgemeinere Zusammenhänge: Welches sind die Entstehungsgründe und die Aussichten der »Inwertsetzung« bzw. ökonomischen Entwicklung einer Region, eines Landes (daß die beiden hier synonym verwandten Begriffe »Inwertsetzung« und »Entwicklung« etwas durchaus Verschiedenes bezeichnen, wird sich im zweiten bis fünften Kapitel erschließen), die der Weltmarktkrise, der Verschuldungskrise ausgeliefert sind? Und da die Krisentendenzen des Weltmarkts ihren präzis zu bezeichnenden Ort der Entstehung in den entwickelten Industrieländern haben, sind die Entwicklungs- und Krisenbedingungen des die Phase nach dem Zweiten Weltkrieg bestimmenden Akkumulationsmodells zu reflektieren. Wie hoch die Entwicklungsperspektiven der Industriegesellschaften (zur Vereinfachung identifiziert mit den OECD-Ländern) für die Aussichten einer Überwindung der Krise der verschuldeten Industrialisierung eingeschätzt werden, kommt ja noch in den beispielsweise von der Weltbank (1985) oder von der UNIDO (1985) vorgelegten ökonometrischen Berechnungen zum Ausdruck, in denen der Einfluß der ökonomischen Wachstumsrate des BIP der OECD-Länder als wichtigster Faktor der Krisenüberwindung in der Dritten Welt herausgestellt wird. Ohne Analyse der Perspektiven des Akkumulationsmodells der Industrieländer wird es also ebenso unmöglich sein, die Krise verschuldeter Industrialisierung in der »Dritten Welt« zu begreifen wie umgekehrt die viel beredete »Krise des fordistischen Industriemodells« ohne Analyse der Prozesse, die in der Krise verschuldeter Industrialisierung ablaufen, nur unvollkommen erklärt werden kann. Da der Zusammenhang in erster Linie über das Medium des (Welt)geldes hergestellt wird, kann auf die Analyse der Entwicklung und Krise von Währungs- und Kreditsystem (beide sind keineswegs identisch wie sich noch im 6. Kapitel zeigen wird) nicht verzichtet werden. Die Darstellung folgt aus den genannten Gründen diesem Schema:

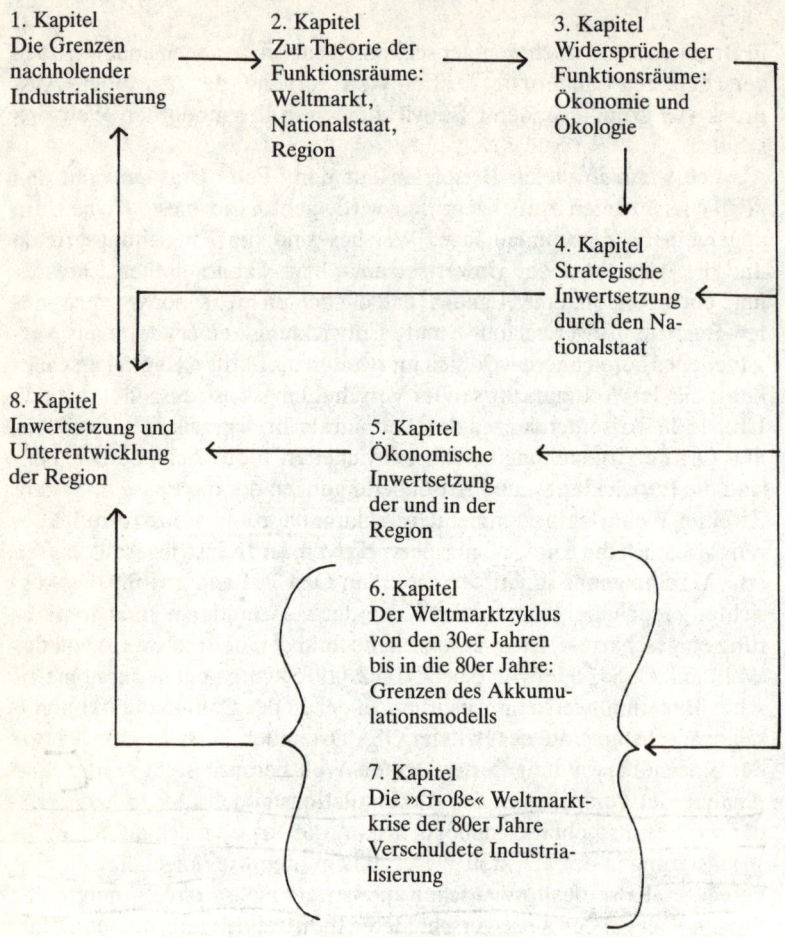

1. Kapitel
Die Grenzen
nachholender
Industrialisierung

2. Kapitel
Zur Theorie der
Funktionsräume:
Weltmarkt,
Nationalstaat,
Region

3. Kapitel
Widersprüche der
Funktionsräume:
Ökonomie und
Ökologie

4. Kapitel
Strategische
Inwertsetzung
durch den Na-
tionalstaat

8. Kapitel
Inwertsetzung und
Unterentwicklung
der Region

5. Kapitel
Ökonomische
Inwertsetzung
der und in der
Region

6. Kapitel
Der Weltmarktzyklus
von den 30er Jahren
bis in die 80er Jahre:
Grenzen des Akkumu-
lationsmodells

7. Kapitel
Die »Große« Weltmarkt-
krise der 80er Jahre
Verschuldete Industria-
lisierung

Die Darstellung bewegt sich also kreis- bzw. spiralförmig. Zunächst werden die grundlegenden Charakteristika des gegenwärtigen Akkumulationsmodells vorgestellt. Dann wird die Frage erörtert, ob am Ende des 20. Jahrhunderts überhaupt noch die Möglichkeit für nicht- oder halbindustrialisierte Länder gegeben ist, einen Prozeß der nachholenden Industrialisierung zu initiieren und erfolgreich abzuschließen. Bezogen auf eine Region wie Amazonien transformiert sich diese Frage in die nach dem Sinn und nach dem Prozeßverlauf von Inwertsetzung. Es geht nicht um Industrialisierung schlechthin, sondern um eine *spezifische Form* derselben, die heute in den Sozialwissenschaften mit dem – unglücklich gewählten – Begriff des »Fordismus« bezeichnet wird. Daran anschließend wird die »Artikulation« der Funktionsräume Welt-

22

markt, Nationalstaat, Region diskutiert, um in den nachfolgenden Kapiteln deren Widerspruchs- und Entwicklungsformen herauszuarbeiten. Besonders wird dabei das Verhältnis von Ökonomie und Ökologie zu diskutieren sein. Auch die Gründe nicht nur für den Eintritt sondern für die lange Dauer der Krise des Weltmarkt in den 80er Jahren werden untersucht, um die Auswirkungen des Funktionsraums Weltmarkt in der Region erfassen und daher die Chancen für eine Entwicklungs- und Inwertsetzungsstrategie im letzten Viertel des 20. Jahrhunderts beurteilen zu können. Umgekehrt wird es auch darum gehen, die Konsequenzen der Verschuldungskrise für die Entwicklungsperspektiven der kapitalistischen Industrieländer zu identifizieren. Die Strategien der *Inwertsetzung* einer Region können in der Krise verschuldeter Industrialisierung in *Außerwertsetzung* münden, wenn man regionale und nationale Entwicklungsziele in Rechnung stellt und sich nicht darauf beschränkt, nach Kriterien mikroökonomischer Rentabilität zu urteilen – auch wenn in vielen Fällen – wie noch (im 8. Kapitel) zu zeigen sein wird, selbst diese in Frage gestellt ist. Den Abschluß bildet folglich ein kurzes Kapitel über die in Amazonien geplanten und durchgeführten Großprojekte, um daran noch einmal die Grenzen der nachholenden Industrialisierung heute aufzuzeigen und so die argumentative Spirale an den Punkt zu drehen, wo wir auf den Ausgang der Überlegungen reflexiv zurückblicken können: Die Krisentendenzen des Weltmarkts erweisen sich in der Region als dominant gegenüber nationalstaatlichen Strategien der Entwicklung und regionalen Bedingungen ökologisch intelligent angepaßter Produktion; nachholende Industrialisierung in der »fordistischen Form« ist heute eine Strategie, die nur Frustrationen erzeugt und die Dilemmata »verschuldeter Industrialisierung« aufwirft.

Noch einmal zurück zur Krise des »alten« Entwicklungsmodells, das sich im Verlauf der 20er und 30er Jahre als »Fordismus« herausbildet und nach dem Zweiten Weltkrieg einen in der ganzen Geschichte des kapitalistischen Weltsystems einzigartig dynamischen Wachstumszyklus in Gang setzen konnte. Im Gegensatz zu jener Umbruchphase vor etwa 60 Jahren ist in der Gegenwart noch keine wirkliche Alternative zum »fordistischen« Modell in Sicht; die Rede vom »Postfordismus« ist ja nur Rückgriff auf eine tentative Kategorie, um Haltepunkte in einer Welt der Unübersichtlichkeit zu finden, in der zwar ökonomische Tendenzen, soziale Konflikte und politische Subjekte einer anderen als der »fordistischen« Logik zu folgen scheinen, diese aber keineswegs zu einem neuen Modell der Industrialisierung oder gar einem Projekt jenseits des Industriemodells gebündelt sind. Die gegenwärtige Krise besteht eben genau in dem Umstand, daß das Alte stirbt, aber das Neue (noch) nicht entsteht . . .

Erstes Kapitel
Die Grenzen nachholender Industrialisierung gegen Ende des 20. Jahrhunderts

There is no success than failure, and failure is no success at all.
Bob Dylan

1.1. Die Form des »fordistischen« Akkumulationsmodells

»De te fabula narratur« – schrieb Marx im Vorwort zum »Kapital«[1], um damit auszudrücken, daß trotz der in seinem Werk verwendeten Beispiele, die sich allesamt auf England bezogen, auch Deutschland gemeint war: Die kapitalistische Geschichte wiederholt sich; kein Land kann sich dem den Globus umfassenden Bannkreis der »allgemeinen Gesetze der kapitalistischen Akkumulation« entziehen. Die Reichweite der Akkumulation von Kapital ist global und nicht in nationalen Grenzen eingefangen. Doch was für die Akkumulation von Kapital gilt, muß nicht unbedingt für Industrialisierung oder Modernisierung einer jeden Gesellschaft, also für das Erreichen der üblicherweise definierten Standards von Entwicklung und Fortschritt, gelten. *Fortschritt* ist in diesem Zusammenhang Entwicklung in Richtung Modernisierung durch Industrialisierung[2]. *Entwicklung* ist qualitativer Wandel gesellschaftlicher Strukturen, während *Wachstum* quantitative Veränderung bestimmter Größen innerhalb der gegebenen Formen des gesellschaftlichen Lebens ist. Zwar sind den Bedingungen der *Kapitalakkumulation*, die immer beides, nämlich Entwicklung und Wachstum ist, alle Winkel dieser Erde ausgesetzt, aber es ist heute zweifelhaft, ob mit dem Wachstum auch Entwicklung im Sinne eines qualitativen Wandels stattfinden kann, also Fortschritt auf dem Wege der *kapitalistischen Industrialisierung* sich überall wiederholen kann.

Noch eine Frage ist an dieser Stelle aufzuwerfen. Wenn Akkumulation von Kapital auch qualitative Veränderung gesellschaftlicher Strukturen ist, dann kann mit Industrialisierung nicht ein immer schon gegebenes Modell gemeint sein, da dieses ja offensichtlich Wandlungen unterliegt. Also geht es zunächst darum zu klären, wie das Industriemodell zu charakterisieren ist, dessen »Geschichte erzählt« wird, um danach der Frage nachzugehen, ob und unter welchen Bedingungen dieses Modell in einem Prozeß der »nachholenden Industrialisierung«[3] übertragen bzw. übernommen werden kann.

Die kapitalistische Produktionsweise ist die erste in der Geschichte der Menschheit, in der Wachstum und Entwicklung in der Form der Kapitalakkumulation zum strukturierenden Prinzip gesellschaftlicher Veränderung geworden ist. Verwertung von Kapital, gemessen in quantitativen Größen (deren Unterscheidungsmerkmal also auch nur die Quantität sein kann) ist die »Führungsgröße«, auf die das ökonomische System und die Entscheidungsträger in ihm orientiert sind, auch wenn diese Führungsgröße in höchst unterschiedlicher Weise operationalisiert sein mag. Doch kann sich dieser Prozeß wegen der materiellen Grundlage jeden Produzierens nur als qualitativer der Veränderung von Umwelt und Gesellschaft vollziehen. Verändern müssen sich nicht nur die materiellen Verhältnisse, zum Beispiel die technischen Grundlagen von Produktion und Konsumtion, oder die natürliche Umwelt, sondern auch die *Formen* des individuellen und gesellschaftlichen Lebens.

Dies ist schon längst sozialwissenschaftliches Thema überall dort, wo der Versuch gemacht wird, in der Geschichte des kapitalistischen Weltsystems Phasen oder Stadien der Entwicklung zu identifizieren, also die Abstraktionsebene »des« Kapitalismus zu verlassen und historische Spezifika von Entwicklungsphasen auszumachen. Das hier implizierte methodologische Problem des Status von Theorie, die sich auf die kapitalistische Gesellschaft im Allgemeinen und auf spezifische historische Phasen ihrer Entwicklung bezieht, soll uns hier nicht beschäftigen[4]. Dabei sind grundsätzlich zwei Problemkomplexe aufgetaucht. Der eine mündet in die Frage nach der Entwicklungslogik von Stadien der kapitalistischen Geschichte: Folgt also, wie beispielsweise Eugen Varga (1969) fragt, der »aufstrebenden« Phase des Kapitalismus seine »Niedergangsperiode«, oder strebt die kapitalistische Gesellschaft, wie die deutsche historische Schule meint, ihrer »Reife« zu? Folgt dem »Frühkapitalismus« irgendwann der »Spätkapitalismus«, dessen »Gesetzmäßigkeiten« sich von denen der vorausgegangenen Phase unterscheiden? Die Fragen zielen alle auf die teleologisch angebbare Entwicklungsrichtung der kapitalistischen Gesellschaft; folglich ist in den Fragen bereits vorausgesetzt, daß die kapitalistische Produktionsweise einem – je zu identifizierenden – Ende im Prozeß der behaupteten »Reifung« (Spätkapitalismus) oder im Verlauf des »Niedergangs« (bis zum «Zusammenbruch») zustrebe.

Es kann der Formwandel kapitalistischer Vergesellschaftung aber auch nicht-teleologisch gedeutet werden, als ein Prozeß der Anpassung gesellschaftlicher Reproduktionsbedingungen an veränderte Anforderungen bzw. zur Überwindung von immer wieder neu entstehenden Regulierungsdefiziten. Beispielsweise läßt sich die »Stamokap«-Theorie so deuten: Der Phase des Konkurrenzkapitalismus folgt die des Monopolkapitalismus aufgrund von Konzentrations- und Zentralisationsprozessen, die der Konkurrenz immanent sind. Die Konkurrenz tendiert also dazu, sich selbst aufzuheben. Jedoch entstehen mit dem Monopol Regulierungsdefizite, da ja die steuernden Marktgesetze zumindest partiell unwirksam werden. Der Kapitalismus, der bislang vom ökonomischen Prinzip des Wertgesetzes geregelt worden ist, bedarf des politischen Prinzips der Regulierung durch den Staat: er »organisiert« sich (Hilferding) und wird »durchstaatlicht« (Renner), er wird zum »staatsmonopolistischen Kapitalismus«[5]. Daß von den Theoretikern des staatsmonopolistischen Kapitalismus diese Entwicklung als »Niedergang« teleologisch gedeutet wird, ist an dieser Stelle unbedeutend, da es um ein anderes Prinzip geht: der konstatierte Formwandel im Verlauf der kapitalistischen Entwicklung ist als Antwort auf spezifische Regulierungsdefizite, auf Inkompatibilitäten zwischen ökonomischem Funktionsmechanismus und politischer Steuerung zu interpretieren. Bei der weiteren Verfolgung dieses Ansatzes sind sogleich drei Probleme zu benennen: Das erste bezieht sich auf die Frage, was unter Formwandel zu verstehen ist, das zweite auf den Prozeß des Wandels, der ja, indem bei der Erzeugung neuer Strukturen etwas »Altes« destruiert wird, keineswegs krisenfrei ablaufen kann; das dritte zielt auf die Strukturen selbst, die da angepaßt werden: handelt es sich um Elemente der marktförmigen oder staatlichen Regulierung, also im wesentlichen um Zirkulationsbedingungen, oder um Elemente des Reproduktionsprozesses in vielen seiner Aspekte?

Die *Form* einer gesellschaftlichen Struktur läßt sich begrifflich näher bestimmen als die Gesamtheit von *Funktionen*, die in einem Reproduktionszusammenhang zu erfüllen sind. Diese werden ausgeübt von *Institutionen* mit spezifischer Ressourcenausstattung, die als *Medien* der gesellschaftlichen Regulation durch die Institutionen dient. Bei den Institutionen kann es sich um materielle ebenso wie um immaterielle Instanzen handeln, also beispielsweise um gesellschaftliche Normen des Produzierens und Konsumierens, der zwischenmenschlichen Kommunikation und um Normen, durch die individuelle Moralstandards erworben werden, aber auch um die materiellen Einrichtungen des Sozialstaats. Auch die Medien haben diese doppelte Eigenschaft. Das Geld ist ebenso materielle Resssource wie die Macht, »die aus den Gewehrläufen kommt«. Das Recht hingegen ist teilweise materialisiert, teilweise immaterielles System von Normen. Beide Systeme sind gleicherweise reell. Ideologien sind einerseits Medien der Steuerung von Bewußtseinsprozessen, andererseits bestätigende Praxis und gesellschaftlich reproduziert und tradiert in »ideologischen (Staats)apparaten«, auf die Althusser seine Analyse des Staates in der kapitalistischen Gesellschaft stützt.

Die Medien sind im Sinne der Erfüllung funktionaler Anforderungen schon deshalb begrenzt, weil sie nur innerhalb der strukturellen Gegebenheiten einer Gesellschaft aufgebracht werden können. Sie sind folglich so widersprüchlich wie die Gesellschaft als ganze und in ihrer Anwendung reproduzieren sie daher die gesellschaftlichen Widersprüche. Ganz besonders deutlich wird dies beim Geld, das – entgegen den Theorien des Staatsinterventionismus – keineswegs äußeres, von staatlichen Institutionen anwendbares neutrales Steuerungsmittel ist, sondern erstens in bestimmten Situationen quantitativ unzureichend ist (Finanzkrise) und zweitens qualitativ widersprüchlich wirkt, zum Beispiel im Falle funktionaler Inkompatibilität zwischen Geld- und Fiskalpolitik.

Der *Formwandel*, von dem die Rede ist, bezieht sich mithin in erster Linie auf den Wandel von Institutionen und Medien der gesellschaftlichen Reproduktion. Innerhalb des jeweiligen Arrangements von Institutionen und Medien, also innerhalb der jeweils gegebenen Form(ation), können funktionale Defizite bei der Regulierung von Wachstum und Entwicklung auftreten. Freilich können die Defizite nicht allein »objektive« sein, sie müssen auch subjektiv von Menschen und Klassen gesellschaftlichen Teilgruppen oder Schichten empfunden, erfahren und artikuliert werden, um als funktionale Defizite Relevanz zu erhalten.

Damit wäre bereits der zweite Problemkreis des Formwandels angesprochen, die Krisenhaftigkeit des Transformationsprozesses nämlich. Kapitalistische Entwicklung ist ein doppelbödiger Prozeß, nämlich Entwicklung innerhalb gegebener, tradierter Formen gesellschaftlicher Reproduktion und Praktiken und Prozeß der *Trans-Formation* dieser Formen, Prozeß der *De-Formalisierung* von Formen und der *Restrukturierung* institutioneller Arrangements und medialer Ressourcenausstattung in Perioden struktureller Brüche. Auch dieser Prozeß der Trans-Formation ist keineswegs ein automatischer, subjektloser, sondern durch Praktiken (Klassen- und Sozialhandeln) der Menschen bewirkt. Da die Transformation notwendig den Bruch mit »alten« Formen, also Institutionen und Medien impliziert, ist sie ein krisenhafter Prozeß. Allerdings ist hier zu unterscheiden zwischen »kleinen« und »großen« Krisen (Vgl. Altvater 1983a; Lutz 1984), also »kleinen Bereinigungskrisen« innerhalb der überkommenen Formen, und »großen Strukturkrisen«, in denen die Formen »transformistisch« den geänderten Bedingungen funktionaler Anforderungen angepaßt werden. So verstanden sind Transformationen gesellschaftlicher Institutionen und Medien ein Moment der Stabilität und Flexibilität der kapitalistischen Produktionsweise, Bedingung der »progressiven Konservation« des Systems durchaus in dem von Gramsci gemeinten Sinn der politischen Option des »Transformismus«: der Anpassung von gesellschaftlichen

Regulierungsmechanismen und hegemonialen Praktiken an geänderte (ökonomische, politische, technische) Bedingungen mit der Finalität der Konservierung der bürgerlichen Herrschaft. Was durch »Transformismus« konserviert werden soll, ist eindeutig zu bezeichnen: die durch die Notwendigkeit von Kapitalverwertung determinierte Form der Reproduktion. Der Transformationsprozeß muß folglich in eine Richtung gelenkt werden, in der Bedingungen geschaffen werden, die die Profitrate positiv affizieren. Denn jenseits aller institutionellen Arrangements und medialer Ausstattung eines konkreten historischen Reproduktionszusammenhangs geht es um die Verwertung von Einzelkapitalen, die ja nur dann akkumulieren, wenn sich dies für sie »lohnt«, wenn sie also auf ihr fungierendes Kapital eine bestimmte – in der quantitativen Größenordnung nicht eindeutig zu definierende – Profitrate erzielen. Im sechsten Kapitel wird dieses strukturierende Prinzip kapitalistischer Entwicklung erneut aufgegriffen, um die Entwicklungstendenzen des »langen Nachkriegszyklus« zu analysieren.

Die Betonung dieses Zusammenhangs ist alles andere als eine ökonomistische Reduzierung von Gesellschaftstheorie. Ohne das Zentrum und ohne die Führungsgröße: Produktion von Profit und Akkumulation von Kapital wäre entweder die Schlußfolgerung von der Beliebigkeit und von der historischen Unstrukturiertheit des Transformationsprozesses angebracht oder die gegenteilige These begründbar, daß die Form kapitalistischer Reproduktion überhaupt keinen Formwandel durchmachen muß, da es ja keinerlei die »Stadien« übergreifende Zielfunktion gibt, deren funktionale Erfordernisse im Prozeß der Krisenüberwindung gerade die flexiblen Formanpassungen notwendig machen. Im ersten Fall ist eine Finalität historischer Prozesse absolut auszuschließen; Geschichte wird zu einer amorphen Ereignisreihe. Im zweiten Fall wird Geschichte entweder stationär gedacht oder aber als ein linearer, widerspruchsloser Prozeß, der niemals an die Grenzen von historischen Formen der gesellschaftlichen Reproduktion im Verlauf des kapitalistischen Akkumulationsprozesses zu stoßen vermag.

Institutionen der gesellschaftlichen Regulierung können vor allem dann in eine Krise geraten, wenn die Medien ihrer regulierenden Praktiken an Grenzen stoßen. Dann müssen entweder die Grenzen erweitert, oder es müssen neue Mittel akquiriert werden, oder die Institutionen verzichten wegen der Grenzen der Mittel auf die Ausübung der entsprechenden Funktionen. Dies ist tendenziell mit der Auflösung der jeweiligen Institutionen oder ihrer materialen Veränderung verbunden, wenn sie auch formell bestehen bleiben mögen. Beispielhaft könnte diese Abfolge an der Krise des modernen Sozialstaats gezeigt werden: den begrenzten Mitteln ist das funktionale Scheitern geschuldet, Einkommen aus Erwerbsarbeit für alle Erwerbsfähigen zu gewährleisten. Die Funktion des Sozialstaats, auf Arbeit zu orientieren (durch Qualifizierung und andere Arten der Vorbereitung auf Arbeit, durch Rückführung der dauerhaft nicht mehr Arbeitsfähigen aus dem System der Arbeit, durch Rehabilitierung der zeitweise nicht Arbeitsfähigen und durch Rezyklierung der temporär Arbeitslosen) wird unerfüllbar, wenn das Beschäftigungssystem nicht mehr alle Erwerbsfähigen aufzunehmen in der Lage ist. Die funktionale Krise des Sozialstaats ist folglich der Akkumulationskrise geschuldet und kann nur im Rahmen einer Analyse des je historischen Akkumulationsprozesses adäquat verstanden werden. Die Reaktion des Sozialstaats freilich hat zur Folge, daß seine Institutionen selbst verändert, umgebaut werden, um historisch neuen funktionalen Erfordernissen genügen zu können. Natürlich ist dieser Prozeß der Restrukturierung langwierig und Resultat von gesellschaftlichen Praktiken und daher auch keineswegs in allen Aspekten prädeterminiert. Es handelt sich um einen historischen Prozeß, der einen hohen Grad an Offenheit aufweist, sofern das die Geschichte des kapitalistischen Weltsystems strukturierende Prinzip von Kapitalverwertung und -akkumulation beachtet wird, also der Formwandel von Institutionen und Medien in Arrangements resultiert, die den Kapitalen eine historisch adäquate Profitrate gewährleisten.

Auch der Formwandel des Internationalen Währungsfonds ist ein Beispiel für eine institutionelle Krise: Im System der fixen Wechselkurse diente der IWF im wesentlichen der Finanzierung von kurzfristigen Zahlungsbilanzdefiziten und der Koordinierung von nationalstaatlicher Währungspolitik; er war Institution der Regulation des Währungssystems. Im System der flexiblen Wechselkurse hat der IWF neue Aufgaben übernehmen müssen, da ja prinzipiell Zahlungsbilanzdefizite nun durch Wechselkursanpassungen korrigiert werden können und dann, wenn sie dennoch auftreten, strukturelle Veränderungen erforderlich machen und nicht mehr nur eines kurzfristigen Währungsbeistands bedürfen. Insbesondere im Verlauf der Verschuldungskrise hat er verstärkt als Institution gewirkt, die verschuldeten Nationen eine wirtschaftspolitische Option aufherrscht, die interne Ressourcen freisetzen soll (zur Lösung des internen »Aufbringungsproblems«), um sie als Schuldendienst an die transnationalen Banken transferieren zu können (Lösung des »Transferproblems«). Die Institution IWF fungiert mit ihren Medien also bis Ende der 60er Jahre als Institution des *Währungssystems*, seit den 70er Jahren jedoch in erster Linie als Institution des *Kreditsystems*. So ist im Falle des IWF nur der Name identisch; die Funktionen der Institution haben sich radikal im Verlauf der globalen Restrukturierung geändert.

Die Analyse hat also zwei Ebenen zu erschließen: diejenige der die kapitalistische Produktionsweise insgesamt umfassenden strukturierenden Prinzipien oder Gesetzmäßigkeiten, und diejenige der historischen Formen, in denen sich die Gesetzmäßigkeiten allein zu entfalten vermögen. Wegen dieser Doppelseitigkeit hat auch die Konstruktion der Theorie gesellschaftlicher Entwicklung die allgemeinen »formspezifischen« und historischen »epochalen oder phasenspezifischen« Reichweiten zu gewährleisten. Aglietta hat folglich Recht, wenn er auf diese unterschiedlichen Ebenen der Analyse verweist: »Das Studium der kapitalistischen Regulation kann...nicht in der Untersuchung abstrakter ökonomischer Gesetze bestehen. Es ist das Studium der Transformation von gesellschaftlichen Verhältnissen unter dem Aspekt, daß dabei neue ökonomische und nicht ökonomische Formen geschaffen werden, die in Strukturen enthalten sind und ihrerseits eine bestimmte Struktur reproduzieren, nämlich die Produktionsweise. Damit wird die allgemeine Lektion des historischen Materialismus beleuchtet: die Entwicklung der Produktivkräfte als Wirkung von Klassenkämpfen und die Transformation der Bedingungen des Kampfes und der Formen, in denen er als Umstand dieser Entwicklung selbst wiederum enthalten ist. So betrachtet ist Geschichte nicht länger mehr ein Alibi, um gewisse abstrakte Schemata zu rechtfertigen...« (Aglietta 1979, S. 16).

Wir können uns nun dem dritten Problembereich zuwenden und nach der Logik fragen, die der Transformation von Formen des gesellschaftlichen Reproduktionsprozesses zugrundeliegt. Mit dieser Frage wird bereits vorausgesetzt, daß die historische Abfolge von Formen keineswegs beliebig ist. Marx hat im »Kapital« dieser Frage Aufmerksamkeit geschenkt, als er die *Formen der Subsumtion der Arbeit unter das Kapital* analysierte. Solange die Arbeit erst »formell« unter das Kapital subsumiert ist, bleibt der Produktions- und Reproduktionsprozeß noch weitgehend von vorkapitalistischen Formen durchsetzt und beeinflußt. Die Arbeiter selbst folgen in ihrer Arbeit, ihrer Lebensgestaltung, der Organisation und Verteilung ihrer Zeit Prinzipien, die nicht diejenigen der Verwertungslogik des Kapitals sind. Allerdings setzt das Kapital (setzen die Kapitalisten als seine »Funktionäre«) alles daran, um den Arbeitsprozeß und mit ihm die Organisation von Arbeitszerlegung und Arbeitsteilung den Normen der durch die Verwertungslogik bestimmten Zeitregimes und Leistungsprinzipien zu unterwerfen. Der Produktionsprozeß der Waren wird folglich kapitalistisch, d.h. auf den Zweck der Mehrwertproduktion hin, organisiert. In der *manufakturiellen* Form der »Produktion des relativen Mehrwerts« sind die ersten Ansätze der Durchdringung des Produktionsprozesses mit kapitalistischen Prinzipien gemacht; dennoch bleibt die subjektive Seite des Produktionsprozesses:

30

die Qualifikationsstruktur und das Leistungsvermögen des Gesamtarbeiters die Grundlage der Arbeitsteilung und der Zeitgestaltung. Die Grenze kapitalistischer Mehrwertproduktion liegt also eindeutig im Arbeiter, eine Grenze, die das Kapital in seinem durch die Konkurrenz aufgeherrschten Akkumulationsdrang zu überwinden trachtet. Es kommt dem Kapital aber zugute, daß in der Manufaktur bereits die Maschinen produziert werden, die nun in der »Großen Industrie« eine ganz neue Form der reellen Subsumtion der Arbeit unter das Kapital perspektivisch möglich machen.

In der *industriellen Fertigung*, in der Fabrik, wird nicht nur die Form der Ausbeutung verändert. Die Herrschaftsstruktur des Kapitals objektiviert sich über »Sachzwänge«, die von der Maschinerie und ihrer Logik ausgeübt werden. Indem sie den Anforderungen des Maschinensystems unterworfen wird, wird die Qualifikationsstruktur radikal verändert. Mit der Integration von Frauen und Kindern in die Fabrik wird die bisherige Form familiarer Reproduktion zerbrochen. Auf der politischen Ebene, außerhalb der industriellen Betriebe, finden die ersten umfassenden Maßnahmen zur Regulierung der Sozialbeziehungen statt. Der Staat wächst in Funktionen, zum Beispiel der Qualifikation der Arbeitskräfte, hinein, die bislang von anderen Institutionen, vor allem von der Familie, von Zünften, Korporationen, der Kirche, ausgeübt worden sind. Die Rudimente des späteren Sozialstaats bilden sich heraus, wenn auch in national sehr unterschiedlicher Form und höchst ungleichzeitig. Mit der Formveränderung der Subsumtion der Arbeit unter das Kapital in der Fabrik ist also auch das Verhältnis von Ökonomie und Politik betroffen: Die Fabrikgesetzgebung (MEW Bd. 23, S. 504) kann als politischer Reflex auf die Veränderungen der Lebens- und Arbeitsbedingungen im Fabrikregime verstanden werden, ohne den die Folgen des Übergangs zur »Großen Industrie« für die Massen der Bevölkerung desaströs wären: »Was könnte die kapitalistische Produktionsweise besser charakterisieren als die Notwendigkeit, ihr durch Zwangsgesetz von Staats wegen die einfachsten Reinlichkeits- und Gesundheitsvorrichtungen aufzuherrschen?« (MEW Bd. 23, S. 505).

Die von Marx beschriebene Entwicklung von Formen der Subsumtion der Arbeit unter das Kapital ist als Idee von Alfred Sohn-Rethel (1970) aufgegriffen und weiterentickelt worden. Er beschreibt den *»Taylorismus«*, also die wissenschaftliche Arbeitsorganisation und Betriebsführung, als eine gegenüber der Form der Arbeitsteilung in der Großen Industrie neue Form. Ihr Spezifikum ist in erster Linie darin zu erblicken, daß nun das System der Arbeitsteilung nicht mehr nur in der objektiv-materialen Struktur der Produktionsmittel vorgegeben ist, dem sich die »Handarbeiter« zu fügen haben, sondern mittels wissenschaftlicher Arbeitsorganisation als abstraktes Modell auf der subjektiven Seite der Arbeit festgeschrieben wird[6].

Grundsätzlich sind folglich drei Formen der Subsumtion der Arbeit unter das Kapital vorstellbar: Jene manufakturielle Form, in der das Prinzip der Arbeitsteilung in der *subjektiven* Seite von Qualifikationsstruktur und Zeitregime des jeweiligen manufakturiellen Gesamtarbeiters begründet ist; die industrielle Form, die durch eine in den Produktionsmitteln *verobjektivierte* Struktur von Arbeitsteilung und Herrschaft gekennzeichnet ist; und schließlich die »tayloristische« Form, in der zusätzlich zu der im (objektiven) industriellen System eingeschriebenen Struktur die Arbeit des »subjektiven« Produktionsfaktors ebenso wissenschaftlich mit dem Ziel der Leistungssteigerung organisiert wird wie der Einsatz von Maschinen und Material. Zeitregime, Leistungsprinzip, rationale Organisation bestimmen nun alle Elemente der betrieblichen Arbeitsteilung. Voraussetzung dafür, daß diese Form der Beziehung von Kapital und Arbeit überhaupt realisiert werden kann, ist ein beiden Seiten gemeinsames Interesse: Daher sollte »das Hauptaugenmerk einer Verwaltung ... darauf gerichtet sein, gleichzeitig die größte Prosperität des Arbeitgebers und des Arbeitnehmers herbeizuführen und so beider Interessen zu vereinen« (Taylor 1977, S. 7). Diese Gemeinsamkeit jenseits des Klassenwiderspruchs wird zum regulierenden Prinzip nicht nur bei der »wissenschaftlichen« Organisation der Arbeit zum Zwecke der Leistungsoptimierung, sie wird nicht nur die Grundlage, auf der die Auseinandersetzungen um die Dauer der Arbeitszeit zwischen Lohnarbeit und Kapital ausgetragen werden (Vgl. auch Abschnitt 5.3.2.), sondern wird zur Voraussetzung der gesellschaftlichen Balancierung von Interessen der Lohnarbeit und des Kapitals im Rahmen korporativer Beziehungen. Keineswegs zufällig ist es daher, wenn sich etwa gleichzeitig mit dem Siegeszug der tayloristischen Rationalisierung des Produktionsprozesses im Verlauf und nach dem Ersten Weltkrieg der »Eintritt der Massen in den Staat« mittels ihrer Organisationen (Maier 1975) vollzieht[7].

Die auf diese Weise erreichte Durchrationalisierung des Produktions- und Reproduktionsprozesses mit der Folge beträchtlicher Steigerungen der Arbeitsproduktivität und -intensität resultiert in Produktionssteigerungen, die nun auch Konsequenzen für die Gestaltung nicht nur der betrieblichen sondern auch der gesellschaftlichen Arbeitsteilung und für die Gestaltung der sozialen Regulierungssysteme und die Organisation politisch hegemonialer Praktiken haben. Denn der Massenproduktion, durch die Einführung des Fließbandes quantitativ enorm ausgedehnt und qualitativ mit dauerhaften Konsumgütern neue Konsumentenschichten anzielend, muß auch die Steigerung des Massenkonsums entsprechen. Das neue Industrialisierungsmodell hat also nicht nur in der Produktion sondern auch für die Gestaltung der Formen von Zirkulation und Distribution beträchtliche Konsequenzen. Das »fordistische« System wäre also mißverstanden, würde man nur das Fließband und die sich daraus ergebenden Folgen für die betriebliche Arbeitsteilung und Rationalität des materiellen Produktionsprozesses beachten. Denn es beruht prinzipiell auf drei Säulen: auf der schon dargelegten Durchrationalisierung des Arbeitsprozesses, auf der Massenproduktion von (dauerhaften) Konsumgütern mit Hilfe des Fließbandes bei vergleichsweise niedrigem Preis des Produkts und dennoch hohen Löhnen (Fordismus im engeren Sinne)[8] und auf einer Sicherung der Steigerung von effektiver Nachfrage durch steigende Löhne und staatlich redistribuierte Masseneinkommen. Damit soll schließlich erreicht werden, daß die durch die hohen Zuwachsraten bei der Arbeitsproduktivität auf dem Markt angebotene Massenproduktion auf keine Nachfragelücke stößt, die in eine Realisierungskrise einmünden würde (Keynesianismus). Dies impliziert folglich eine so beträchtliche Veränderung des Verhältnisses von Ökonomie und Politik, daß Arndt und Polanyi in ihren Analysen der 30er Jahre von einem »revolutionären Jahrzehnt« sprechen (Polanyi 1978) können.

Und nicht nur dies: Das sich neu herausbildende Reproduktionsmodell greift auf alle Lebensbereiche über und wälzt sie um. Die durchrationalisierte Industrie macht vor den Wohn- und Schlafzimmern nicht Halt, sie definiert Konsumnormen und -formen, sie bringt die »sexuelle Frage« und mit ihr die »sehr wichtige ethisch-zivilisatorische Frage einer neuen Persönlichkeitsbildung der Frau« (Gramsci 1967, S. 389) in veränderter Form aufs Tapet: »...der von der Rationalisierung der Produktion und Arbeit geforderte neue Menschentyp (kann sich) nicht entwikkeln, solange der sexuelle Instinkt nicht entsprechend reguliert, nicht auch selbst rationalisiert ist« (Gramsci 1967, S. 389). Die »Mechanisierung des Arbeiters« (Gramsci 1967, S. 397ff) erfaßt ihn nicht nur als Produzenten sondern auch als Konsumenten, als Staatsbürger. Der »Fordismus« ist also nicht nur ein spezifisches historisches Akkumulationsmodell, sondern greift mit seinen im ökonomischen System erprobten Prinzipien der Rationalisierung wie mit Tentakeln in alle individuellen und gesellschaftlichen Lebensbereiche; es handelt sich dabei um das, was von Lutz (1984) im Anschluß an Rosa Luxemburg als »Landnahme« bezeichnet worden ist. Umgekehrt ist allerdings mit Gramsci (1967, S. 385f) auch festzuhalten, daß es »Milieus« gibt, die sich der spezifischen Form von Modernisierung und Rationalisierung gegenüber als sperrig erweisen und daher ihrer Expansion nicht einnehmbare Fortifikationen entgegensetzen.

Das fordistische System ermöglichte – freilich erst nach dem Zweiten Weltkrieg – mit seiner Melange von Arbeits-, Produktions- und Zirkulationsbedingungen und einem mit entsprechenden Ressourcen zur Regulierung ausgestatteten staatlichen Institutionensystem auf nationaler wie auf internationaler Ebene eine langfristige Stabilisierung der Profitrate auf hohem Niveau. Dabei ist freilich – im sechsten Kapitel wird dies eingehend untersucht – (über die Präsentation des fordistischen Systems von Hirsch/Roth (1986) hinausgehend) in Rechnung zu stellen, daß für die Entwicklung der Profitrate nicht nur die Relation von Arbeitsproduktivität und Durchschnittslohn (»Lohnstückkosten«) bestimmend ist, sondern auch die Kapitalproduktivität (Verhältnis von Arbeitsproduktivität und Kapitalintensität). Letztere Größe hängt von technischen Bedingungen der Produktion und der Kapazitätsauslastung ab, also nicht allein von der gesellschaftlichen Regulierung von Arbeit und Lohn. Wichtig wird dies, wenn begründet werden muß, warum am Ende der »fordistischen Phase« in den 70er Jahren in allen industrialisierten Ländern die Profitrate trendmäßig fällt (Vgl. die Ausführungen in Kapitel 6.2.2.) und damit eine »Formkrise« des Akkumulationsmodells indiziert wird. Doch zunächst waren günstige Akkumulations- und Realisierungsbedingungen und daher hohe gesamtwirtschaftliche Wachstumsraten über eine vergleichsweise lange Periode von etwa einem halben Jahrhundert Folge einer hohen Profitrate.

Das ökonomische Modell provoziert gesellschaftliche Veränderungen und politische Anpassungsleistungen: Die Regulierung von effektiver Nachfrage bedingt eine neue, bis dahin nicht existente Form des Staatsinterventionismus, administrative Strukturen (weshalb immer auf die Novität der Tennessee-Valley-Administration als Kern des New Deal in den USA der 30er Jahre verwiesen wird) und eine Interessenartikulation, die neben dem ökonomischen auch einen »politischen« Markt hervorbringt. In der Gesellschaft werden mit der Herausbildung des Fordismus Kompromißstrukturen zwischen Lohnarbeit und Kapital (keynesianischer »Klassenkompromiß«) erzeugt, die sich institutionalisieren und damit die Dauerpräsenz von Organisationen der Lohnarbeit im staatlichen und parastaatlichen Institutionensystem verlangen. Mit der Entstehung des fordistischen Regulierungsmodells bilden sich also korporative Institutionen heraus, die das System industrieller Beziehungen spätestens seit Ende des Ersten Weltkriegs zuerst in Europa, dann auch – freilich in ganz anderer Form als in Zentraleuropa – in den USA kennzeichnen. Geradlinig und widerspruchsfrei verläuft die »fordistische Transformation« nicht. In seinen Analysen des »Fordismus und Amerikanismus« verweist Gramsci (1967, S. 376-404) auf die Hindernisse bei der Übernahme des Modells fordistischer Rationalisierung in

Europa (speziell in Italien): »Die Amerikanisierung erfordert ein bestimmtes Milieu, eine bestimmte Gesellschaftsstruktur (oder den entschiedenen Willen, sie zu schaffen) und einen gewissen Staatstypus. Der Staat ist der liberale Staat, nicht im Sinne des Freihandels oder der tatsächlichen politischen Freiheit sondern im grundlegenden Sinne der freien Initiative und des ökonomischen Individualismus...« (Gramsci 1967, S. 386). In Europa sieht er die Bedingungen für die Übertragung des Modells also nicht als einfach gegeben an, sie werden erst in einem langen Prozeß ungleichzeitiger ökonomischer, politischer, gesellschaftlicher Transformationen erzeugt. Es entsteht in diesem Zusammenhang auch ein veränderter Politiktyp, der zwar schon vorher projiziert worden ist, dem aber für seine voll ausgebildete Praktizierung die spezifische Strukturierung des Verhältnisses von Ökonomie und Politik, von Gesellschaft und Staat, von Produktion und Zirkulation fehlte: der *Reformismus* der Arbeiterbewegung[9]. So betrachtet erschließt sich der Fordismus als eine spezifische historische Realisierungsform von technischer und sozialer Rationalität. Durch mikro- und makroökonomische Rationalisierung aller technischen, ökonomischen und sozialen Strukturen und Prozesse wird »Höchstleistung« angestrebt: »Das Endziel zeichnet sich ...scharf genug ab. Eine reiche, vielleicht überreiche Versorgung, ausdrücklich auch für die breiten Massen. Freilich in allem streng vereinheitlicht, standardisiert, 'rathenauisiert'...«(Gottl-Ottlilienfeld 1926, S. 36)[10]. Kompatibel ist dieses Ziel der Rationalisierung mit dem anderen hoher Erträge durch »Mehrung des Absatzes« und durch Anwendung der »Kapitalstechnik« (Gottl-Ottlilienfeld 1926, S. 26), d.h. des unternehmerischen Rentabilitätskalküls. Die Ausdehnung der Rationalisierung in alle gesellschaftlichen Sphären – dics wurde bereits unter Bezugnahme auf Gramsci gezeigt – ist denn auch die eigentliche Logik des »Regulierungstyps«, der als »fordistisch« bezeichnet wird[11].

Wenn wir diese Überlegungen an unseren Ausführungen zur Form des gesellschaftlichen Reproduktionsprozesses und zum Formwandel reflektieren, dann lassen sich sehr deutlich Institutionen und Medien ausmachen, die der geforderten Leistungs- und Rentabilitätssteigerung funktional sind: die wissenschaftliche Arbeitsorganisation, das Fließband als technischer Mechanismus und soziales Gefüge, die neuen korporativen industriellen Beziehungen, der Interventions- und Sozialstaat, die Normen von Leistung und Zeitregime des Kapitals (»time is money«) etc.. Das Medium Geld – für das Recht gilt Analoges – erlangt in diesem Kontext als Medium des Interventionsstaats besondere Bedeutung; das Geld vermittelt nun nicht mehr nur die gesellschaftliche Arbeitsteilung als Zirkulations- und Zahlungsmittel, sondern dient dem staatlichen Institutionensystem in hohem Maße als Mittel der Regulierung. Die im

Geld eingeschlossenen Widersprüche können sich daher bis zu Krisen von für das »fordistische« Modell zentralen Institutionen zuspitzen. Dies gilt umso mehr, je mehr die Arbeitsteilung sich globalisiert, das Geld als Weltgeld also globales Medium wird. Die Krise der fordistischen Form der Industrialisierung findet daher ihren Ausdruck nicht nur in einer Deformalisierung der Arbeit und des auf die spezifische fordistische Form von Arbeit orientierenden Systems von gesellschaftlichen und staatlichen Institutionen und nicht oder gering formalisierten Arrangements sondern auch in einer Krise des Geldes als Medium der Regulierung. Darauf wird unten zurückzukommen sein, wenn erneut die eingangs gestellte Frage aufgegriffen wird, ob und wie das fordistische Modell »globalisiert« werden kann.

Vorab ist freilich festzuhalten, daß Akkumulation von Kapital zwei Dimensionen hat: zum einen resultiert sie in einer Vertiefung der Arbeitsteilung, also in einer Intensivierung des Modells in den fordistischen »Kernländern« des industrialisierten »Nordens«, zum anderen in einer *Expansion* von Ingredienzien dieses Modells in nahezu alle Teile der Welt. Der »periphere Fordismus« (Lipietz 1986; Hurtienne 1986) bleibt dabei aber notwendigerweise subaltern, da ihm wesentliche technische, soziale und politische Elemente des in den hochindustrialisierten Ländern vollausgebildeten Fordismus fehlen.

Diese Subalternität im Rahmen des globalen Fordismus ergibt sich aus dem *positionellen Charakter* der Industrialisierung. Sie ist sozusagen in den materiellen Strukturen des Kapitals, in der Technologie der Produktionsmittel ebenso wie in der Qualifikationsstruktur der Arbeitskraft oder der Ausgestaltung der sozialen Mechanismen der Regulation und der Organisation des hegemonialen Blocks – und last not east – in den globalen Finanzbeziehungen eingeschrieben. Darüber hinaus gehören zur Funktion eines erfolgreichen Fordismus gesellschaftliche Organisationsformen und Wertvorstellungen sowie politische Artikulationsmechanismen und Institutionen, die nicht einfach übertragen oder nachgeahmt werden können. Nicht verwunderlich ist es daher, wenn die entwicklungstheoretische und -politische Debatte immer noch von der Kontroverse beherrscht wird, ob und unter welchen Umständen es einem nicht entwickelten Land gelingen kann, das Modell der hochindustrialisierten Länder – mit »OECD-Profil« (Senghaas 1986) – in der einen oder anderen Form zu realisieren. Dies führt zu der Frage: Was passiert eigentlich, wenn in einem Land bzw. in einer Region am Ende des 20. Jahrhunderts der Versuch gemacht wird, die begehrenswerten Attribute einer entwickelten, »modernen«, fordistischen Industriegesellschaft zu erwerben? Ermöglicht und erleichtert der Einbezug in den globalen Rahmen der Akkumulation von Kapital die Industrialisierung, wie die einen annehmen, oder verhindert dies nachgerade industrielle Entwicklung, wie die Dependenztheoretiker mit unterschiedlicher Schärfe behaupten? Zu fragen ist daher nach der groben Charakterisierung der formationsspezifischen Merkmale des »fordistischen« Akkumulationsmodells, ob und wie Strategien der »Inwertsetzung« mit der Absicht der »nachholenden Industrialisierung« noch gelingen können.

1.2. Industrialisierung ist eine positionelle Eigenschaft

Für nachholende Industrialisierung gibt es offensichtlich auch externe Schranken, wie bereits eine *ökologische* Überlegung zeigt, die Daly im Hinblick auf die Energie- und Materialintensität des gewählten Industrialisierungsmodells anstellt: »Wenn, grob gerechnet, ein Drittel der Weltjahresproduktion an mineralischen Rohstoffen gebraucht wird, um die 6% der Weltbevölkerung, die in den USA leben, auf ihrem Konsumtionsstandard zu halten, von dem man annimmt, daß ihn auch der Rest der Welt erstrebt (nämlich durch eine «nachholende Industrialisierung» – E.A.), dann folgt daraus, daß beim gegenwärtigen Ressourcenangebot der US-Standard auf höchstens 18% der Weltbevölkerung ausgedehnt werden kann und dabei nichts für die restlichen 82% übrigbleibt...« (Daly zit. nach Rifkin 1982, S. 216f)[12]. Mit dieser Überlegung soll keineswegs objektiven, natürlichen Grenzen des Wachstums das Wort geredet werden, obwohl es diese *natürlich* gibt[13]. Eher handelt es sich hier um Grenzen, die aus dem im Weltmaßstab »positionellen« Charakter[14] von industrieller Entwicklung resultieren. Nicht alle Nationen können den Standard hochindustrialisierter Gesellschaften mit »OECD-Profil« erreichen, ohne daß sich dieses Profil qualitativ verändert und sein »Nutzen« im Sinne von Wohlstandsgewinn geringer wird. Dabei ist die Möglichkeit allerdings nicht auszuschließen, daß es einzelnen Unternehmen (Kapitalen) oder Branchen in bestimmten Ländern gelingen kann, sich an die Spitze der Produktivitätshierarchie zu setzen; hier wird lediglich bezweifelt, daß dies ganzen (nationalen) Ökonomien mit ihrem je spezifischen Verflechtungszusammenhang gelingen könnte. Denn wenn alle – bei gegebener Technologie und sozialer Organisation – auf die Ressourcen zurückgreifen und vergleichbare Produktpaletten produzieren wollten, wäre für alle weniger an Ressourcen verfügbar und zu viel an bestimmten industriellen Massenprodukten auf den Markt geworfen. Es müßten dann also Technologien, Konsummuster und soziale Regulation im globalen System geändert werden.

Die Energie- und Materialintensität des Industriemodells ist also eine positionelle Eigenschaft, die nicht von allen nachahmbar ist, zumal auf dem Wege zur Hochindustrialisierung die Intensität des Rohstoff- und Energieverbrauchs noch bedeutend höher ist als in den bereits »reifen« Industriegesellschaften. Es scheint, als ob auf dem Wege der nachholenden Industrialisierung eine Art Rohstoff- und Energiezyklus wirksam wäre, dessen Phasen nicht ohne weiteres übersprungen oder abgekürzt werden können: zunächst steigt mit der Industrialisierung die Rohstoff- und Energieintensität (die sich als Rohstoff- bzw. Energieverbrauch je Einheit des erzeugten Sozialprodukts bemessen, vgl. Malenbaum 1978), bevor sie im Zuge des Strukturwandels und technologisch bewirkter Einsparungen reduziert werden können. Auch in den heute reifen Industrieländern ist die Energie- und Rohstoffintensität bis etwa 1973 angestiegen und danach zum Teil bedeutend gefallen. Dies gilt speziell für die Erdölintensität (Erdölverbrauch je Einheit BSP), während der Elektrizitätsverbrauch je Einheit BSP fast konstant geblieben ist (Amman 1986, S. 15-17).

Dies zeigt nur, daß Industrialisierung nicht allein eine bestimmte und definierbare stoffliche Struktur des ökonomischen Apparats (Großbetrieb, Massenfertigung, Automatisierung etc.) sowie eine ebenso definierbare Qualifikationsstruktur des Gesamtarbeiters und der gesellschaftlichen Institutionen und Medien bezeichnet, sondern auch eine *Form* ist, in der die Konkurrenz zwischen Kapitalen, vermittelt durch den jeweiligen Nationalstaat, ausgetragen wird. Industrialisierung ist also eine spezifische Bewegung der Kapitalakkumulation. Erhöhung der Produktivität der Arbeit, Ökonomie des konstanten Kapitals (Einsparungen beim Rohstoff- und Materialeinsatz, Miniaturisierung der Maschinerie etc.), Substitution der lebendigen durch tote Arbeit (indiziert durch im allgemeinen zunehmende Kapitalintensität) sind die Begleiterscheinungen der Kapitalakkumulation, die sich in der stofflichen Struktur der Industrie materialisieren. Die Konkurrenz, die keine nationalen Grenzen kennt, erscheint als äußerer Zwang, vom Weltmarkt ausgeübt. Dies ist jedoch nur deshalb der Fall, weil ihr Prinzip bereits mit der Kapitalakkumulation intern realisiert worden ist. Da sie nie zu wirken aufhören, werden im Verlauf dieses Prozesses die je gebildeten Strukturen aufgelöst, zerstört, zerschlagen und immer wieder neue gebildet. Die Denkmäler der Dampfmaschinenindustrie von vorgestern sind dafür Zeugen, ebenso wie die sterile, von Menschen fast gesäuberte elektronische Geisterfabrik in den fortgeschrittenen Branchen heute. Industrialisierung ist komparativ; die stoffliche Struktur der Produktivkraft der Arbeit bemißt sich im internationalen Vergleich als Wettbewerbsposition einer Nation. Diese kann trotz einer im stofflichen Sinne gelungenen Industrialisierung zurückbleiben, wenn andere Nationen schon eine Stufe weiter sind, also durch komparativ höhere Arbeitsproduktivität, neue Produkte oder/und Produktionsmethoden Überlegenheit bewiesen haben.

Die Begrenztheit der Ausdehnung des Industriemodells erscheint auch äußerlich in Grenzen der Nachfragesteigerung. Die fordistisch-tayloristisch organisierte Fabrik ist auf Massenproduktion ausgelegt und bedarf daher der Massennachfrage. Diese ist aber erstens selbst durch die konjunkturelle und trendmäßige Entwicklung der Kapitalakkumulation bedingt, so daß die äußerlich erscheinenden Grenzen der Nachfrage innere des ökonomischen Funktionsraums sind[15], durch die die räumliche Expansion des Industriesystems in alle Weltregionen verunmöglicht wird. Zweitens gibt es freilich auch gewisse »Sättigungsgrenzen« bei Massenprodukten, so daß deren Massenproduktion zu Überkapazitäten führt – wie sie am Ende des langen Zyklus nach dem zweiten Weltkrieg auf vielen Märkten zu beobachten sind (Vgl. Wall Street Journal, 9.3.1987). Die Fortsetzung fordistischer Industrialisierung wird unter diesen Umständen unrentabel. Drittens gewinnen dann Produkte an Bedeutung, die industriell in Massenfertigung nicht oder nur partiell herstellbar sind: Dienstleistungen, Informationen.

Die technologische Entwicklung, das dem fordistischen Industriesystem eingeschriebene Prinzip, ist mithin für den positionellen Charakter verantwortlich: Auf der einen Seite Steigerung der Massenproduktion, auf der anderen Seite Freisetzung von Arbeitskraft, so daß die entsprechende Steigerung der Massennachfrage nicht gewährleistet ist: »...der technologische Fortschritt kann gegen das Fabriksystem arbeiten, wenn die Nachfrage nicht im Gleichschritt mit ihm ansteigt« (Georgescu-Roegen 1971, S. 249).

Daraus ergeben sich drei Schlußfolgerungen: *Erstens* mündet Industrialisierung nicht unbedingt in einen Aufstieg in der durch die Skala der Wettbewerbspositionen bestimmten Rangfolge der Nationen. Industrialisierung ist keine Garantie dafür, daß Subalternität auf dem Weltmarkt überwunden werden kann. Es ist wie die Aufholjagd von Lokomotiven auf eingleisiger Strecke: Hat die einholende Lokomotive die vorausgejagte erreicht, kann sie nur vorwärts kommen, indem sie die andere vor sich herschiebt. Ein Überholen ist ohne Weichenstellung auf ein anderes Gleis, d.h. ohne Verwirklichung eines anderen Industrialisierungsmodells, ausgeschlossen.

Zweitens ist Industrialisierung (bekanntlich) ein dynamischer Prozeß, der (offensichtlich) nicht in einen stationären Zustand einmündet, dem sich Nationen im Prozeß nachholender Industrialisierung annähern oder den sie irgendwann erreichen können. Im historischen Prozeß ist Industrialisierung ebenso wie nachholende Industrialisierung nicht als ein kristallines Modell, sondern als flexibler Prozeß zu fassen.

Drittens ist zugleich eine Erweiterung und eine Einschränkung des Arguments anzumerken. Im Prozeß der Industrialisierung gerät das spezifische Modell an eine Grenze seiner Entfaltungsmöglichkeiten. Doch diese Grenze läßt sich durchaus durch »Modellwechsel«, durch gesellschaftliche, ökonomische und politische Transformationsleistungen überwinden. Folglich ist es denkbar, jedenfalls nicht von vornherein auszuschließen, daß der Form von Industrialisierung der vergangenen Jahrzehnte eine neue Form folgen kann. In dieser Hinsicht hat sich die kapitalistische Produktionsweise als außerordentlich dynamisch und zugleich flexibel herausgestellt. Wenn also nicht alle Nationen die fordistische Industrialisierung nachholen und realisieren können, so ist doch nicht auszuschließen, daß andere Formen entwickelt werden, die den im fordistischen Modell unaufhebbaren Zusammenhang von Produktionssteigerung und Nachfrageausweitung auflösen.

Freilich, bevor die Form verändert werden kann, müssen sich deren Beschränkungen erst deutlich zeigen; und heute wird eine Grenze durch die Verschuldung umschrieben. Das Geld ist eine Fessel, mit der der Höhenflug der nachholenden Industrialisierung gebremst wird.

1.3. Verschuldete Industrialisierung

Entwicklungsländer, die auf den fordistischen Industrialisierungstyp setzen, müssen auf der einen Seite versuchen, Importe von Industriegütern zu substituieren. Auf der anderen Seite müssen sie die Exporte stimulieren, um auf den Weltwarenmärkten die Devisen zu verdienen, die sie benötigen, um ihren monetären Verpflichtungen genügen zu können. Von Senghaas und Menzel ist mehrfach auf den unaufhebbaren Zusammenhang beider Strategien hingewiesen worden (z.B. Menzel 1985), etwa in der Art, daß sich beide Prozesse »nach oben« in den Zustand des Landes mit »OECD-Profil« zu »schaukeln« vermögen. Doch vor den Erfolg haben die Götter den Schweiß gesetzt und eine Industrialisierungsstrategie dieser Art wird für Entwicklungsländer »increasingly costly« (ILO 1984, S. 21). Der größte Kostenfaktor in den Entwicklungsländern, die in den vergangenen Jahrzehnten eine Industrialisierung nach fordistischem Muster einleiteten oder fortzusetzen versuchten, ist heute der alle internen Ressourcen überlastende *Schuldendienst*, da – der historische Prozeß wird im 6. und 7. Kapitel nachgezeichnet – die nachholende Industrialisierung kreditfinanziert von den schon industrialisierten Zentren aus erfolgt ist. Man könnte an Perfidie denken: Die Kapitalakkumulation in den Zentren erschlafft Mitte der 70er Jahre und die daher nicht verwendbare Liquidität wird in die noch nicht entwikkelte, aber, was die ökonomischen Wachstumsraten anbelangt, dynamischen »Schwellenländer« umgeleitet. Der Versuch fordistischer Industrialisierung wird gestartet bzw. mit dem Pomp der nun finanzierbaren Großprojekte fortgesetzt. Das Geld aus dem Norden »makes the world go round« – im Süden. Doch Geld ist nicht neutrales Medium, Zugriffsmittel auf begehrte Importgüter sondern Kapital. Die Kredite, die aus dem Norden in den Süden geflossen sind, wurden wegen der Stagnation in den schon industrialisierten Kernländern nicht nachgefragt; offensichtlich resultierte der produktive Prozeß nicht mehr in einer genügend hohen Profitrate, die sich an der Zinsrate für Fremdkredite hätte messen können. Doch vom produktiven Prozeß in den Schwellenländern wurde gerade dies erwartet: Hohe Profitraten, hohe Akkumulations- und Wachstumsraten schienen gerade daher die Fähigkeit zur Bedienung der Kredite zu garantieren. Paradoxerweise zielt dies darauf hin, daß ein Teil der Kapitaleinkommen in den Metropolen aus den sich verschuldenden Ländern kommen muß. Der Schuldendienst (Zinsen und Tilgungen) der Dritten Welt wird also zu einem notwendigen Faktor der Reproduktion des »fordistischen« Kapitalismus in den Industrieländern. Doch ist er zugleich die Fessel für die beabsichtigte und erwartete Akkumulation in der Dritten Welt, und damit auch für die Realisierung des Projekts nachholender Industrialisierung.

In vielen Ländern beansprucht der Schuldendienst heute ein Drittel bis zur Hälfte der Exporteinnahmen, bis zu 10% des BSP, bis zur Hälfte der territorialen Ersparnis. Die Industrialisierung, die in den vergangenen Jahrzehnten eingeleitet worden ist, wurde ja in beinahe allen Schwellenländern (eine Ausnahme stellt Indien dar) durch Rückgriff auf die »äußere Ersparnis«, also durch Aufnahme von externen Krediten bei international operierenden Banken – nachdem bis zu Beginn der 70er Jahre noch die Kreditaufnahme bei offiziellen Institutionen, wie der Weltbank dominierte – finanziert. Zunächst konnte der Mechanismus der »verschuldeten Industrialisierung« (Frieden 1983) den Eindruck erwecken, als ob gerade in einer Periode rückläufiger Investitionsneigung in den OECD-Ländern die dort nicht ausgeschöpften investierbaren Fonds in die (Semi)Peripherie umgeleitet würden, um deren Entwicklungsniveau anzuheben. Und tatsächlich waren seit Mitte der 60er Jahre bis zu Beginn der 80er Jahre in den Entwicklungsländern die Wachstumsraten des BSP ebenso wie diejenigen der Produktion des Verarbeitenden Gewerbes sehr hoch, höher jedenfalls als in den Industrieländern (Vgl. die Daten von UNIDO 1985, S. 10f.)[16]. Obwohl also die Entwicklungsindikatoren (Wachstumsraten) über einen Zeitraum von mehreren Jahrzehnten in einer Reihe von Ländern aufwärts weisen, entsteht offensichtlich keine tragfähige industrielle Struktur, wenn man von Taiwan und Süd-Korea absieht, wo die Sachlage umstritten ist[17]. Vielmehr geraten die verschuldeten Länder in dem Moment in größte Schwierigkeiten, als das internationale Zinsniveau ansteigt und nun in den verschuldeten Ländern weder das (endogene) Aufbringungsproblem noch das (exogene) Transferproblem gelöst werden kann. Die pfiffige Basisidee der verschuldeten Industrialisierung stellt sich als Fehleinschätzung heraus: daß mit den extern aufgenommenen Krediten in einer ersten Phase ein Handelsbilanzdefizit finanziert werden könnte, um mit den importierten Waren den Industrialisierungsprozeß versorgen zu können. Nach gelungener Errichtung einer konkurrenzfähigen industriellen Struktur könnte in einer zweiten Phase das Defizit der Handelsbilanz in einen Überschuß verwandelt werden, mit dem peu à peu die Kredite getilgt werden. Natürlich ist dies nur möglich, wenn die Renditen der mit externen Krediten finanzierten Projekte über den internationalen Zinssätzen liegen bzw. wenn bei makroökonomischer Betrachtung die Steigerungen der Arbeitsproduktivität der Ökonomie insgesamt höher als die Zinssätze sind und wenn gleichzeitig aus den Amortisationen die Tilgungen beglichen werden können. Obendrein muß tatsächlich der Weltmarkt für Waren expandieren, um nach Errichtung der zusätzlichen Kapazitäten ohne Preisverfall aufnahmefähig für die zusätzlichen Produkte zu sein.

Protektionismus ist also für das reibungslose Laufen des Schuldenzyklus Sand im Getriebe. Dabei drücken die zunehmenden Tendenzen zum Protektionismus in den entwickelten Industrieländern gerade die Krise der »fordistischen« Regulation aus: Wegen der unzureichenden Binnennachfrage in den entwickelten Ökonomien und wegen des Zwangs zum Schuldendienst, der durch Exporteinnahmen verdient werden muß, wird der Versuch gemacht, durch Exportorientierung den Druck nach außen zu verlagern, vor dem sich dann wiederum alle Nationalstaaten durch Importhemmnisse abzuschotten versuchen. Der *Internationalisierung* der Ökonomie entspricht also keineswegs die *nationalstaatliche* Regulationskompetenz und -kapazität. Der Protektionismus ist daher auch als Versuch zu interpretieren, die ökonomischen Prozesse partiell (im Warenhandel) auf die Reichweite der nationalstaatlichen Funktionsräume zu begrenzen, während sie doch (im Geld- und Kreditsystem) längst darüber hinausreichen und globale Dimensionen angenommen haben.

Keine der Vorbedingungen für den reibungslosen Verlauf des Schuldenzyklus ist zu erfüllen und daher entstehen mit der Schwierigkeiten, den jeweils *einzelnen* Kredit zu bedienen, auch für das Bankensystem Probleme, den Kreditfluß *insgesamt* aufrechtzuerhalten: Die Kreditvergabe an die verschuldeten Länder stagniert; die Liquiditäts- und Solvenzprobleme steigern sich. Im Bemühen, wenigstens einen Teil des Schuldendienstes zu leisten, werden über verschiedene Mechanismen interne Ressourcen für den Transfer an die internationalen Banken mobilisiert, die nun für die Fortführung des Industrialisierungsprozesses fehlen. Die verschuldete Industrialisierung mündet in die »verkrüppelte Industrialisierung« (Fajnzylber 1983), deren Perspektiven auch angesichts der Weltmarktentwicklung (Vgl. Fishlow 1985) triste sind. Die damit zusammenhängenden Probleme werden uns noch (siebentes Kapitel) beschäftigen.

Die Verschuldungskrise der 80er Jahre ist somit ein Menetekel des fordistischen Industrialisierungsmodells, das ganz offensichtlich trotz großer Anstrengungen nicht in alle Regionen des kapitalistischen Weltsystems übertragen werden kann. Nachholende Industrialisierung auf dem von den heutigen Industrieländern mit OECD-Profil okkupierten Entwicklungspfad ist folglich für die meisten Länder und Regionen der Dritten Welt ausgeschlossen. Nicht nur die bislang fordistisch-formelle Arbeit wird informalisiert; die »Restindustrialisierung« wird durch die Verschuldungskrise enorm verteuert und belastet auf unabsehbare Zeit den Akkumulationsfonds der verschuldeten Entwicklungsländer, so daß Entwicklung überhaupt, und nicht nur industrielle Entwicklung, verlangsamt oder gar blockiert wird. Seinen Ausdruck findet dieser Tatbestand in dem Netto-Kapitaltransfer aus Entwicklungsländern in die Industrieländer, der natürlich nicht dauerhaft bei gleichzeitig stabilen ökonomischen, gesellschaftlichen und politischen – nationalen wie internationalen – Verhältnissen durchgehalten werden kann.

Die Verschuldungskrise jedenfalls dokumentiert einen medialen Defekt des »globalen Fordismus«: Das Medium (Welt)Geld kehrt seine Widersprüchlichkeit nach außen, nämlich zugleich Regulierungsmedium politischer Instanzen im Sinne der Sicherung des hegemonialen Systems zu sein und als (zinstragendes) Kapital des privaten Kreditsystems zu fungieren. Sofern es letzteres realisiert, also die Zinszahlungen der verschuldeten Länder durchgehalten werden, kann ersteres nicht gelingen. Damit verbunden sind Defekte bei der Regulation des Lohn- und Arbeitsverhältnisses, die durch andere Medien (Ideologie, Recht und Gewalt) nicht oder nur unzulänglich repariert werden können. Wo mit Geld die monetären Kompensationen für die Steigerungen von Arbeitsproduktivität und -intensität nicht geleistet werden können, kann der spezifische ökonomische und politische Tausch, der den (korporativen) Fordismus charakterisiert, nicht mehr aufrechterhalten werden, es sei denn in autoritären Formen, die Konflikte möglicherweise kalmieren können, aber das institutionelle Gefüge fordistischer Reproduktion zersetzen. Das Geld ist also zur Fessel auf dem Weg der nachholenden

Industrialisierung geworden; es steht der Ausbreitung und Verallgemeinerung des fordistischen Modells heute im Wege.

1.4. Formelle Industrialisierung und informelle Arbeit

Die Schranken der nachholenden Industrialisierung (in fordistischer Form) erscheinen auch als die Unmöglichkeit, angesichts der Kapitalintensität von Technologie, das nationale und erst recht das globale Potential von Arbeitskräften mit einem Arbeitsplatz zu versorgen bzw. – wie noch im vorigen Jahrhundert – für die überschüssige Arbeitsbevölkerung Migrationsmöglichkeiten in Regionen zu eröffnen, in denen Arbeitsplätze geschaffen werden können. Selbst in den »alten« fordistischen Gesellschaften Nordamerikas und Westeuropas ist es heute nicht möglich, allen Arbeitskräften einen »fordistischen« Arbeitsplatz zu garantieren[18]. Die Entkoppelung von Wachstum und Beschäftigung infolge von Zuwachsraten der Arbeitsproduktivität oberhalb der Wachstumsraten des Sozialprodukts ist ein Strukturcharakteristikum aller entwickelten Ökonomien seit Mitte der 70er Jahre. Also ist die fordistische Form der Industrialisierung *selektiv*: sie grenzt einen Teil der Arbeitsbevölkerung aus dem System von formellen Gratifikationen aus, also aus der systemischen Möglichkeit, durch »Normalarbeit« ein Einkommen beziehen zu können.

In den Entwicklungsländern wiederum hat die Übertragung der fordistischen Enklaven von Industrialisierung eine vergleichsweise geringe Beschäftigungswirkung, da ja die Kapitalintensität moderner Technologien sehr hoch ist[19]. Dies ist nur ein anderer Ausdruck dafür, daß die effektive Nachfrage nicht mit dem Zuwachs der Arbeitsproduktivität mithalten kann. Folglich können immer weniger Menschen sowohl in den entwickelten als auch in den weniger entwickelten Ländern einen *formellen Arbeitsplatz*, d.h. unter fordistischer Form, erhalten. Die Arbeiten werden also zunehmend *informellen* Charakter haben. Das Wachstum des informellen Sektors (Elwert/ Evers/ Wilkens 1983; de Grazia 1984; Wecke/Pommerehne/Frey 1984) ist dafür ein harter Indikator. Es kann daher auch gesagt werden, daß das Akkumulationsmodell des Fordismus im letzten Viertel des 20. Jahrhunderts in viel größerem Ausmaß *exkludent* geworden ist als dies in den Jahrzehnten zuvor der Fall war. Tatsächlich stellt sich dieser Effekt ja nur dann nicht ein, wenn die Freisetzung infolge steigender Produktivität (intensives Wachstum) durch Ausweitung der Produktion (extensives Wachstum) kompensiert wird. Offensichtlich vollzieht sich kapitalistische Entwicklung in langfristigen Zyklen, in deren Aufschwungphase das Produktionswachstum über demjenigen der Produktivität liegt und in deren Abschwungsphase es umgekehrt ist. Der Ausschluß aus dem »formellen Sektor« fordistischer Arbeit bedeutet auf der einen Seite Arbeitslosigkeit, auf der anderen Seite Inklusion in den Sektor nicht-formeller oder informeller Arbeit. Der informelle Sektor wird hier als derjenige Bereich der Ökonomie verstanden, in dem vorwiegend »deformalisierte«, also nicht (mehr) formelle Arbeit geleistet wird. Formell ist die *innerhalb* des fordistischen Akkumulationsmodells regulierte Arbeit. Es handelt sich dabei um Arbeiten, die sozialstaatlich abgesichert, gewerkschaftlich vertreten, innerhalb vertraglicher Zeit- und Leistungsnormen geleistet und deren Einkommen versteuert werden. Es ist also Arbeit, die den Formen des fordistischen Modells genügt: ausreichend bezahlt, rationalisiert, gewerkschaftlich organisiert, staatlich reguliert. Der Grad der Formalisierung ist je nach nationaler Tradition unterschiedlich hoch[20]. Analog (jedoch eine weitere Definition bemühend) beschreibt die ILO formelle und informelle Aktivitäten: »Informelle Aktivitäten werden im allgemeinen negativ definiert, nämlich als alle die ökonomischen Aktivitäten, die nicht in wirksamer Weise ›formellen‹ Regeln von Vertragsbeziehungen, Lizenzen, Besteuerung, Arbeitssicherheit etc. unterworfen sind etc.. ›Formell‹ kann sich im strikten Sinne auf Beschäftigung im öffentlichen Sektor und auf Unternehmen beziehen, die ähnliche Arbeitsbedingungen anbieten. Während die Mehrheit der qualifizierten Arbeitskräfte in solchen formellen Beschäftigungsverhältnissen arbeitet, ist der größere Teil der urbanen Arbeitkräfte in der einen oder anderen Weise unter weniger formellen Bedingungen tätig. Ein weiter Bereich von Tätigkeiten kann somit als ›informell‹ beschrieben werden« (ILO 1984, S. 25).

Unter diesem Aspekt betrachtet finden in allen Gesellschaften Tendenzen[21] der Deformalisierung von Arbeit statt: Rückzug des Sozialstaats, »De-Unionization«, Flexibilisierung des Zeitregimes, Individualisierung der Leistung im Zuge einer allgemeinen Deregulierung des »Normalarbeitsverhältnisses« (Vgl. dazu Mückenberger 1986[22]), Schwarzarbeit zur Steuervermeidung. Natürlich sind diese Tendenzen in den einzelnen Gesellschaften unterschiedlich stark ausgeprägt; gleichwohl werden sie im Maße der Unfähigkeit des formellen Beschäftigungssystems, die produktivitätsbedingten Freisetzungen zu kompensieren und dabei im formellen Sinne »normale« Arbeitsplätze zu schaffen, bedeutsamer. Immerhin werden in Italien zwischen 4 und 7 Mio Arbeitskräfte dem informellen Sektor, der Schattenwirtschaft, der »clandestinen« Arbeit zugerechnet; in den USA dürften etwa 25 Mio Menschen »informell« beschäftigt sein, in den Bundesrepublik Deutschland »nur« 2-3 Mio (Daten nach ILO 1984, S. 51). Der informelle Sektor ist also quantitativ nicht zu unterschätzen[23] und theoretisch (und politisch) nicht mehr zu vernachlässigen. Wie zu Beginn des »fordistischen« Industrialisierungsmodells vor-kapitalistische Sektoren für die Reproduktion des kapitalistischen Kernsektors eine gewisse Bedeutung hatten, so ist am Ende des »fordistischen Zyklus« der informelle Sektor für gesellschaftliche Reproduktion, Regulation und daher für ihre Stabilität wichtig. Das Wachstum des informellen Sektors ist also nicht – wenngleich dies in manchen Ländern eine Rolle spielt – der Fortexistenz nicht-kapitalistischer, traditioneller Verhältnisse geschuldet. Er ist infolgedessen auch kein prä-modernes Relikt, sondern Produkt des im beschäftigungspolitischen Sinn defizienten fordistischen Industrialisierungsmodells. Es wäre freilich überzogen, diesen beschäftigungspolitischen Defekt als einschneidend für die makroökonomischen Stabilitätserfordernisse zu interpretieren; im Gegenteil kann die Deformalisierung der Arbeit durch diverse Flexibilisierungsstrategien gerade eine Ressource der staatlichen und tariflichen Regulation werden, allerdings um den Preis der tendenziellen Auflösung des fordistisch-formellen Typs von Arbeit.

Der informelle Sektor kann nur so lange als marginal begriffen werden, wie das formelle System fordistischer Industrialisierung dominiert. Dies ist in den entwickelten Ländern des Nordens noch der Fall, zumal auch im Sektor clandestiner Arbeit häufig Arbeitsverhältnisse, Technologien und Qualifikationen vorherrschen wie im formellen Sektor auch. Sein Hauptmerkmal im Vergleich zur formellen Arbeit ist die geringe Regulierung bzw. »De-Formalisierung« der Arbeitsverhältnisse (Arbeitsvertrag, gewerkschaftliche Organisation, sozialrechtliche Gestaltung). Insofern ist die Rede vom »Post-Fordismus« heute nichts anderes als eine modische Übertreibung. Erst wenn der fordistische Arbeitstyp seine zentrale Bedeutung einbüßen würde[24], könnte davon gesprochen werden, daß die »informelle Arbeit« von heute möglicherweise die »formelle Arbeit« von morgen sein wird. Hier wird noch einmal deutlich, daß die Begriffe »formeller« und »informeller« Arbeit nur Sinn machen, wenn sie auf die gesellschaftlich vorherrschende Arbeitsform, auf das schon erwähnte »Normalarbeitsverhältnis« und die spezifische Rationalität der Arbeitsorganisation, bezogen werden. Kurz: Formelle Arbeit ist also formbestimmte Arbeit, informelle Arbeit ist durch die vorherrschende, »normale« Form nicht mehr bestimmt.

In den Entwicklungsländern ist die Sachlage jedoch anders. Die Heterogenität von Arbeitsverhältnissen ist hier strukturelle Eigenschaft, so daß ein »Normalarbeitsverhältnis« im obigen Sinne niemals existiert hat. Es gibt industrielle und öffentliche Arbeitsverhältnisse, die denjenigen in entwickelten Ländern vergleichbar sind; doch sind sie nicht Standard von Normalität sondern Element in struktureller Heterogenität (dazu vgl. Oliveira 1975)[25]. Wegen der Kapitalintensität von Industrieprojekten werden in den »modernen Sektoren« erstens nur wenige zusätzliche Arbeitsplätze geschaffen und zweitens in anderen Sektoren noch dazu nicht- oder semiindustrielle Arbeitplätze vernichtet[26]. Dies sind freilich nur die direkten Effekte der industriellen Konkurrenz. Daneben gibt es indirekte Effekte, wenn die ländlichen Gebiete in den Prozeß der Kapitalisierung einbezogen werden. Dann werden auch die ländlichen Kleinproduzenten von den in großbetrieblichen Ausmaßen operierenden Latifundien niederkonkurriert. Hinzu kommt die Vertreibung vom Land, in dem Maße, wie es im Zuge der Durchkapitalisierung der Gesellschaft, insbesondere mit der Herausbildung eines leistungsfähigen Kreditsystems, zum Objekt spekulativer Kapitalanlage wird.

Die Informalisierung im Zuge der Industrialisierung reflektiert sich in den städtischen Agglomerationen. Mit der »wilden« Industrialisierung geht eine ebenso »wilde Urbanisierung« einher. Mit den Großprojekten werden auch urbane Zentren errichtet, wohl organisierte und ausgestattete »company towns«. Diese existieren sowohl in Carajás als auch in Tucuruí und Barcarena; sie bieten – nach Position in der Unternehmenshierachie geschieden[27] – zumindest den Abklatsch des zivilisatorischen Standards moderner Städte. Doch dieser Standard kann nur denjenigen Beschäftigten garantiert werden, die für das Funktionieren des Projekts unabdingbar sind. Die formelle Arbeitskraft wird nicht nur mit formellen Arbeitsbedingungen sondern auch mit formellen Reproduktionsmöglichkeiten ausgestattet. Für diejenigen, die buchstäblich vor den Toren des Projekts warten, um im Zusammenhang des Projekts irgendeine wenn nicht formelle, so doch informelle Arbeit zu finden, bleibt nichts als die Errichtung trostloser shanty towns. Städte wie Tucuruí oder Parauapebas und Marabá in Pará sind Agglomerationen mit zig tausenden Menschen, denen zum Teil die primitivsten infrastrukturellen Einrichtungen vorenthalten werden (Licht, Wasser, Abwasserbeseitigung, Post etc.), die aber andererseits keine Perspektive haben als auf Arbeit zu warten und die bis dahin, d.h. ad calendas graecas, informeller Beschäftigung nachgehen.

Nach der Fertigstellung kapitalintensiver Projekte bleibt den Migranten keine andere Wahl als in den urbanen Zentren zu verbleiben, freilich unversorgt mit einer adäquaten Anzahl formeller Arbeitsplätze. Für sie ist der in allen urbanen Agglomerationen der Dritten Welt außerordentlich große Subsistenz- und informelle Sektors eine Gelegenheit, die wenigstens deformalisierte Arbeiten bietet, mit denen – wenn auch in der Regel prekär – das Überleben gesichert werden kann. Einen Ausweg aus der Armut bietet freilich der informelle Sektor nur selten. Den haben nur die wenigen urbanen Kleinproduzenten gefunden, die tatsächlich Marktlücken entdeckt haben und beispielsweise komplementär für industrielle Produktionen produzieren. Für Brasilien ist oft genug gezeigt worden, daß das beträchtliche industrielle ökonomische Wachstum keineswegs Entwicklung (im eingangs definierten Sinne) oder gar Fortschritt für die Lebensbedingungen der Massen bringt. Nur in Ausnahmefällen ist die urbane Kleinproduktion mit der formellen industriellen Produktion konkurrenzfähig und wenn, dann in subalternen aber für das industrielle Zentrum ergänzenden Bereichen. Die Regel des informellen Sektors ist nicht die Überwindung der Armut sondern ihre Verwandlung in sozial erträgliche Verhältnisse. Infolgedessen ist sie nicht nur ökonomische Form der Reproduktion sondern politischer Mechanismus der die Gesellschaft reproduzierenden »hegemonialen Praxis«.

Eine sinnvolle Abgrenzung zwischen informellem und subsistenzökonomischem Sektor ist schwierig und im konkreten Fall willkürlich. Denn bei beiden sind der Ort von Produktion und Lebensgestaltung identisch: es ist das Haus, die Hütte (Moreira/Neto 1986, S. 345). Dennoch ist ein wichtiges Unterscheidungsmerkmal hervorzuheben. Das Produkt der Arbeit des informellen Sektors wird in jedem Fall vermarktet, während das Produkt der Arbeit im subsistenzökonomischen Sektor zu einem bedeutenden Teil direkt – individuell, familiär oder in einem größeren gemeinschaftlichen Verband – produziert und konsumiert wird. Informelle Arbeit ist wie formelle auch also *marktorientiert*; das Produkt wird als Tauschwert hergestellt. Sie unterscheidet sich jedoch von ihr durch folgende Merkmale: die Vermarktung findet in geringen Ausmaßen statt; der Einsatz von Produktionsmitteln und von Geldkapital ist eng begrenzt, die Technologien sind simpel und arbeitsintensiv, der Qualifikationsgrad der Arbeit ist niedrig (de Roux 1986, S. 637) und insbesondere ist das Arbeitsverhältnis nicht durch den Gegensatz von Lohnarbeit und Kapital und damit durch die Formen seiner Regulierung bestimmt (Moreira/Neto 1986, S. 339). Subsistenzarbeit hingegen ist nicht oder nur indirekt marktorientiert; ihr Produkt ist ein Gebrauchswert. Damit wird die Subsistenz und Reproduktion des formellen wie des informellen Arbeiters ermöglicht. »Man könnte sagen, daß die Nutzung familiärer Arbeit einerseits eine der grundlegenden Voraussetzungen dafür ist, daß die kleinen städtischen Produktionseinheiten überhaupt als Wirtschaftsunternehmen rentabel sein können. Andererseits bedeutet dies die Aktivierung einer ganzen Reihe nicht-ökonomischer Werte und Dimensionen. So sind sie einer der Mechanismen der Aufrechterhaltung und Reproduktion von nicht kapitalistischen Formen der Arbeit innerhalb der kapitalistischen Gesellschaft« (Moreira/Neto 1986, S. 356). Zwischen dem formellen und dem informellen Sektor besteht also eine symbiotische, eine komplementäre Beziehung. Jedenfalls gibt es keine fixierte und unüberwindbare Grenze zwischen beiden, auch wenn – wie im Falle der Großprojekte Amazoniens – zwischen formellen Arbeitern, also den Angestellten der die Großprojekte betreibenden Firmen, und Informellen eine Grenze gezogen ist, wohl bewacht und undurchlässig wie eine Grenzkontrolle zwischen souveränen Staaten[28]. Vielmehr gibt es für einzelne Arbeiter durchaus intersektorale Karrieremuster – Moreira/Neto (1986, S. 342) geben an, daß ein großer Teil der im urbanen informellen Sektor Arbeitenden Erfahrungen im formellen Sektor gemacht, dort z.b. eine Ausbildung absolviert haben – und ökonomisch findet über Märkte vermittelt ein begrenzter Austausch zwischen den Sektoren statt.

Der Zusammenhang läßt sich schematisch darstellen; ein Beispiel aus der Region wird gewählt, die hier als Exempel dient: Amazonien und speziell Carajás. Lélio Rodrigues (1986, S. 450) benutzt dazu ein Vier-Quadranten-Schema, in dem auf der Ordinate der Vermarktungsgrad des produzierten Produkts und auf der Abszisse der Grad der »Förmlichkeit« von Arbeit abgetragen sind. Danach ist der erste Quadrant (FM) durch formelle Arbeit für den Markt gekennzeichnet, der zweite Quadrant (IM) durch informelle Arbeit, die für den Markt produziert, der dritte Quadrant (IN) durch Subsistenzarbeit, also durch Arbeit zur Erzeugung der unmittelbaren Lebensmittel ohne Marktvermittlung und der vierte (FN) schließlich umfaßt den öffentlichen Sektor, in dem zwar formelle Arbeit geleistet wird, deren Produkt freilich nicht vermarktet werden kann.

Schaubild 1.1.:
Formelle, informelle Subsistenzarbeit und Arbeit im öffentlichen Sektor

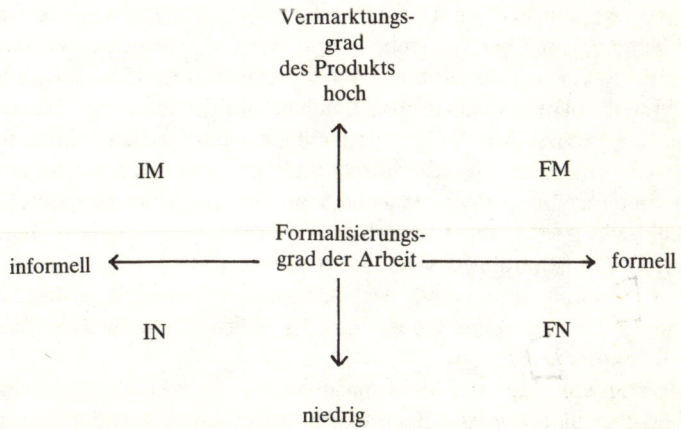

Rodrigues hat auch die ökonomisch aktive Bevölkerung (die Erwerbspersonen) Brasiliens und der Projektregion Grande Carajás[29] den vier Bereichen zugerechnet. Dabei ist er zu folgenden Resultaten gelangt:

Tab. 1.1.
Beschäftigung im formellen und informellen Sektor in Brasilien und im Projektgebiet Grande Carajás (PGC) 1970 und 1980 (in %)

Sektor	Brasilien		Projeto Grande Carajás	
	1970	1980	1970	1980
FM	21,3	29,0	10,8	17,3
IM	19,2	14,9	31,1	25,0
IN	55,2	50,8	55,2	53,3
FN	3,4	4,2	2,4	3,4
Insges	99,1	98,9	99,5	99,0

Quelle: nach Rodrigues 1986, S. 450

Die Tabelle weist für die 70er Jahre einen relativen Anstieg der Beschäftigung im formellen Sektor aus, bei allerdings nach wie vor überwiegendem informellen (IM) und Subsistenzsektor (IN). Im übrigen indizieren die Daten nur Entwicklungstendenzen, da die Zurechnung im einzelnen Fall schwierig, wenn nicht willkürlich ist. Außerdem ist zu berücksichtigen, daß sich seit dem Ausbruch der Verschuldungskrise die Entwicklungstendenz des formellen Sektors abgeschwächt hat. Darauf wird noch bei der Darstellung der amazonischen Großprojekte zurückzukommen sein.

Subsistenzarbeit (IN) – vornehmlich von Frauen – sichert die informelle Arbeit; diese wiederum ist eine Bedingung dafür, daß die formelle Arbeit in kapitalistischen Unternehmen so billig sein kann, daß die Kapitalanlage rentabel ist – ein Niveau der Arbeitsproduktivität im formellen Sektor vorausgesetzt, das die niedrigen Reproduktionskosten und Arbeitseinkommen im informellen Sektor nicht ausgleicht. Insofern ist der Subsistenzsektor die Voraussetzung des informellen Sektors und dieser die Grundlage für die Rentablität des formellen Sektors. So betrachtet wäre Informalisierung der Arbeit in Entwicklungsgesellschaften keineswegs eine »post-fordistische« Erscheinung, sondern Bedingung für die Ausbreitung des »bloody fordism« in alle Welt. Mit anderen Worten: Das Industriemodell, das nachgeholt werden soll, bedingt die vorgängige Existenz seines Gegenteils, des nicht-industriellen, des informellen Sektors[30].

Es waren vor allem die Modernisierungstheoretiker, die die Erwartung hegten, daß »spread effects« vom modernen industriellen Sektor

auf den traditionellen Sektor übertragen und daß sie dabei »gleichge-
wichtiges Wachstum« (Vgl. die klassische Darstellung bei Rosenstein-
Rodan 1943) induzieren würden. Voraussetzung dafür, so Rosenstein-
Rodan, ist eine gewisse »Komplementarität« (Rosenstein-Rodan 1943,
S. 249ff.) der zu schaffenden industriellen Struktur, durch die wechselseitige »external economies« erzeugt würden. Doch sind diese Effekte in
Entwicklungsländern wegen der Enge des internen Marktes, die die
Errichtung komplementärer industrieller Strukturen nur in den Ausnahmefällen von großen Schwellenländern (Brasilien beispielsweise) zuläßt,
sowohl in Richtung nachgelagerter (backward linkages) als auch in Richtung vorgelagerter (forward linkages) Wirtschaftszweige begrenzt, so
daß die formelle Entwicklung blockiert wird[31].

Alternativen bestehen für ein Entwicklungsland, das sich in das globale Industrialisierungsmodell zu integrieren versucht, freilich nicht.
Denn entweder ist die Kapitalintensität sehr hoch und die Beschäftigungswirkung von Investitionen folglich gering, da die Konkurrenz auf
dem Weltmarkt technologische Standards vorgibt – dies ist im übrigen
ebenfalls ein Ausdruck für den positionellen Charakter des Industriemodells und für die Schwierigkeiten, dieses nachzuholen; oder es werden
wegen der billigen Arbeitskraft von transnationalen Konzernen lediglich
arbeitsintensive Abschnitte eines global organisierten Produktionsprozesses in Entwicklungsländer verlegt (dazu vgl. Fröbel/Heinrichs/Kreye
1977 und 1986), und damit gerade die Entstehung der linkages verhindert – und dies ist Ausdruck für subalterne Integration in den globalen
Akkumulationsprozeß, die Modernisierung und Industrialisierung nachgerade blockiert.

Die Schlußfolgerung, daß »nachholende Industrialisierung« angesichts der Kapitalintensität und der prekären spread effects (die übrigens
schon Myrdal (1969) sehr skeptisch einschätzte) zu einer Ausweitung
nicht des formellen, sondern des informellen Sektors gesellschaftlicher
Arbeit führt, ist also angemessen[32]. Nachholende Industrialisierung ist
nicht nur erfolglos gemessen an den gesteckten Zielsetzungen (beispielsweise am Ziel von Lima[33]), sondern erzeugt einen Arbeitstyp, der zwar
Bedingung für die Rentabilität des formellen Sektors ist, aber dafür
gerade nicht-industriell, informell, sein muß. Zwischen beiden Sektoren
bestehen marktvermittelte Beziehungen, die aber nicht die Durchsetzung des fordistischen Industriemodells »auf ganzer Linie«, d.h. als
Akkumulationsmodell, Regulierungstyp und hegemoniales Projekt, die
miteinander kompatibel wären, zum Ergebnis haben muß. Dies verweist
auf die Notwendigkeit der Erweiterung eines bereits oben erwähnten
Arguments: Gegen die Expansion fordistischer Industrialisierung sind
nicht nur gesellschaftliche Milieus wirksam, die sich mit ihrer spezifi-

Rationalität sperren. Vielmehr erzeugt das Akkumulations- und Reproduktionsmodell heute Bereiche und Schichten, deren modus vivendi aus den »formell« vorgesehenen Formen des Industrialisierungstyps ausgeschlossen, »informalisiert« wird.

Ein erstes Fazit ist zu ziehen: Die gleiche Bedingung, die das fordistische Industriemodell in den heute entwickelten kapitalistischen Gesellschaften zum Laufen brachte und seinen langen Erfolg dort sicherstellte, ist heute dafür verantwortlich, daß nachholende fordistische Industrialisierung in den Ländern der Dritten Welt nicht gelingen kann. Angesichts der hohen Produktivität der Arbeit in den »alten« Industrieländern, die sich ja wesentlich den economies of scale der Massenproduktion verdankt, ist es nicht möglich, ähnlich produktive, konkurrierende Industrien in allen Regionen und Ländern der Dritten Welt zu errichten. Dagegen sprechen erstens die bereits erwähnten ökologischen Gründe. Dann ist zweitens der positionelle Charakter des Industriemodells in Rechnung zu stellen; nicht alle Länder können Autos produzieren wie die Bundesrepublik, Japan oder die USA, ohne in einen brutalen Verdrängungswettbewerb einzutreten (nicht nur um Märkte sondern auch um den Raum, den die Autos in Aktion (Straßen, Parkplätze etc.) benötigen). Dem kann nicht das Argument entgegengehalten werden, daß die Lösung der Probleme in einer dem Produktivitätszuwachs entsprechenden Steigerung der Nachfrage bestünde. Ganz abgesehen von dem positionellen Charakter vieler Güter, deren Gebrauchswert mit der verfügbaren Masse abnimmt (zum Beispiel das Auto), ist in den Prozeß der nachholenden Industrialisierung ein pathologischer Mechanismus eingebaut, der es gerade verhindert, daß die Massennachfrage nach den Produkten der Industrie mit der Rate des Produktivitätszuwachses steigen kann. Die Rede ist vom Geld als Fessel der Entwicklung, von der äußeren Verschuldung gerade derjenigen Länder der Dritten Welt, die auf dem Pfad der nachholenden Industrialisierung ein Stück weit vorangeschritten sind.

Für eine nachholende Industrialisierung fordistischen Typs ist der Zug abgefahren; es hat wenig Sinn, ihm auf dem einen Gleise hinterherzueilen. Die »Wirtschaftswunder« einiger Länder in Europa und Asien lassen sich nicht durch wohlverhaltendes Nachahmen auch in der übrigen Welt herzaubern, zumal die Szenerie für die Präsentation des Kunststücks mit autoritären Figuren ausgestattet ist. Bezeichnenderweise haben die »fordistischen Anstrengungen« in den ostasiatischen Ländern ebenso wie in Lateinamerika während der 70er Jahre Diktaturen, wenn nicht hervorgebracht, so doch vorausgesetzt. Der »nachholende Fordismus« ist excludent, und der ökonomische Mechanismus enthält Affinitäten zu Prozessen der sozialen Marginalisierung und politischen Repression; er ist also nicht wie selbstverständlich mit dem institutionellen Regelwerk einer liberalen Demokratie vereinbar, sondern tendiert eher in die Richtung des bürokratisch-autoritären Staats (O'Donnell 1981).

Und doch wird immer wieder in den Nationen insbesondere der sogenannten Semiperipherie der Versuch gemacht, fordistische industrielle Strukturen zu errichten. Der Grund für diese, von außen betrachtet, wenig rational erscheinende Entwicklungsplanung dürfte ein doppelter sein.

Erstens wird der Weltmarkt heute von den »alten« fordistischen Industrienationen dominiert. Dies heißt ja nichts anderes, als daß deren Ökonomie- und Gesellschaftsmodell in der sich entwickelnden Welt präsent ist; in Konsummustern, Technologien, Arbeitsverhältnissen, Geld- bzw. Finanzbeziehungen und in manchen politischen Formen, die, wenn sie auch nicht voll realisiert sein sollten, dennoch die Ideologie der herrschenden Eliten bestimmen. Um aus der Subalternität aufzusteigen, bedarf es einer ökonomischen Basis, d.h. gerade eines fordistischen Industriesystems, das hohe wirtschaftliche Wachstumsraten generiert, sozusagen als quantitativer Ausdruck für Entwicklung und Fortschritt. Dies exemplifizierte die Sowjetunion seit den späten 20er Jahren, indem sie in kürzester Frist einen leistungsfähigen Industriepark aus dem Boden stampfte und damit auch ihren Anspruch, eine politische und militärische Großmacht zu sein, begründete. Um Brasilien zur »grande potencia« zu machen, initiierten die Generäle der Militärdiktatur zu Beginn der 70er Jahre nicht von ungefähr ein mächtiges, vor allem schwerindustrielles Investitionsprogramm. Natürlich wird der Versuch gemacht, die je modernsten Technologien einzuführen und anzuwenden und die höchste Produktqualität zu erreichen, um positionelle Vorteile zu realisieren. Wie gezeigt, ist das Gelingen fraglich bis ausgeschlossen. Industrialisierung findet zwar statt; jedoch zu steigenden Kosten und daher mit sinkender Effizienz. Das deklarierte Ziel des »Fordismus« wird so ins Gegenteil verkehrt. Die Kosten sind schwer zu quantifizieren, jedoch allenthalben sichtbar: ökologische Schäden, soziale Konflikte, ökonomische Ungleichheit zwischen immensem Reichtum und trostloser Armut (insbesondere wegen der Aussichtslosigkeit auf der Grundlage des fordistischen Industriemodells alle, die arbeiten wollen und können, mit einem im fordistischen Sinne formellen Arbeitsplatz zu versorgen).

Der *zweite* Grund ist bestürzend simpel: es gibt heute keine in sich schlüssige Alternative zur fordistischen Form der Industrialisierung[34]. Ein Modell nicht-fordistischer Industrialisierung ist heute allenfalls dabei, sich durch die Eierschalen des Fordismus durchzupicken. Erst die Klopfzeichen sind zu vernehmen, mehr nicht. In wenig industrialisierten

Ländern ist es heute gerade angesichts der Dominanzverhältnisse auf dem Weltmarkt und in der Weltgesellschaft nachgerade unmöglich, ein neues Geleise der wirtschaftlichen Entwicklung zu legen und nicht auf dem alten Geleise der fordistischen Industrialisierung den entwickelten Ländern hinterherzufahren. Also gibt es zu einem Modell, das für Entwicklungsländer bislang nicht funktionierte und auch in Zukunft kaum Erleichterung der ökonomischen und gesellschaftlichen Krise bringen dürfte, keine in sich stimmige, erprobte und überzeugende Alternative. Es wird die Industrialisierung nachzuholen versucht, obwohl weder das Einholen noch das Überholen gelingen kann[35] – von wenigen Ausnahmen dieser Regel abgesehen. Ökonomisches *Wachstum* ist dabei sicherlich zu erreichen, *nicht jedoch* – um die Unterscheidung vom Anfang aufzugreifen – der angestrebte *Fortschritt*.

ERSTER TEIL
DIE ARTIKULATION VON FUNKTIONSRÄUMEN

Zweites Kapitel
Funktionsräume der ökonomischen, sozialen und politischen Entwicklung: Weltmarkt, Nation, Region

Die Tendenz, den Weltmarkt zu schaffen, ist unmittelbar im Begriff des Kapitals selbst gegeben. Jede Grenze erscheint als zu überwindende Schranke...
Karl Marx

In diesem Kapitel wird es darum gehen, die funktionalen Räume zu erschließen, in denen sich der Prozeß von Wachstum und Entwicklung vollzieht. Dabei kommt es vor allem darauf an, die Verknüpfungen (»Artikulationsmuster«) zwischen den funktionalen Räumen von Weltmarkt, Nation und Region aufzuzeigen und den Funktionsbedingungen von Ökonomie, Politik und Ökologie, sowie ihren institutionellen Ausprägungen und medialen Ausstattungen nachzuspüren. Wie sich zeigen wird, haben dabei insbesondere die ökonomischen Bedingungen des Weltmarkts (der Wirkungsweise des »Wertgesetzes« auf dem Weltmarkt) eine so große Bedeutung, daß von einer Art »Sachzwang« gegenüber den politischen Instanzen und ökologischen Reproduktionsbedingungen gesprochen werden kann.

Nachholende Industrialisierung ist ein Prozeß, in dessen Verlauf sich das Land bzw. die Region mit den bereits industrialisierten Ökonomien vergleichen muß. Wie gezeigt worden ist, resultiert daraus die positionelle Eigenschaft von Industrialisierung. Allerdings ist dies kein Vergleich, der lediglich ideell in komparatistischen Analysen, mit Hilfe mehr oder weniger geeigneter statistischer Indikatoren, vollzogen würde. Es ist ein reeller Vergleich, realisiert durch die Austauschbeziehungen auf dem Weltmarkt für Waren, durchgeführt von den Entscheidungszentren transnationaler Konzerne bei der Kalkulation von Rentabilitäten produktiven Kapitals in verschiedenen Regionen der Welt. Die Systematik des Vergleichs ist eingebaut in die Computerprogramme international operierender Banken, wenn es um Zinsraten, Risikoaufschläge, Gebühren für Kredite (zinstragendes Kapital) geht, um die Kreditnehmer irgendwo in der Welt nachsuchen oder um die die Banken bei überschüssiger Liquidität werben. Durch Wechselkurse werden auch die nationalen Währungen vergleichbar und dadurch, daß sie sich alle auf das Weltgeld, heute in erster Linie den Dollar, beziehen, haben sämtliche Vergleichsgrößen – die Produktionskosten von Waren, deren

Preise, die Rentabilitäten oder Profitraten des Kapitals, die Zinsmargen – einen gemeinsamen Nenner. Das Weltgeld ist Produkt des Vergleichs und erleichtert ihn zugleich; es reguliert so weltgesellschaftliche Strukturen, die freilich unbestritten von den reichen Ländern mit entwickelter Industrie, insbesondere durch die weltgesellschaftliche Hegemonialmacht, dominiert werden.

2.1. Exogene und endogene Bedingungen der Entwicklung

Die Auseinandersetzungen haben sich, seitdem koloniale Abhängigkeit im Zuge der Entkolonialisierung und der Staatenbildung in der »Dritten Welt« kein erklärender Faktor für ökonomische Stagnation und gesellschaftliche Unterentwicklung mehr sind, immer darauf bezogen, ob durch die Dominanzstrukturen auf dem Weltmarkt eine neue Form der Abhängigkeit entstanden ist, die eine nationale Entwicklung in Richtung nachholender Industrialisierung verhindert, oder ob es nationalen Gesellschaften nicht doch möglich sei, *endogene* Reserven in Wirtschaft, Gesellschaft und politischem System zu mobilisieren, die die Überwindung von Unterentwicklung, also die Ankurbelung des ökonomischen Wachstums, eine Industrialisierung und eine institutionelle Modernisierung zum Resultat haben.

An dieser Frage scheiden sich ja auch Dependenz- und Modernisierungstheorie. Während die eine die Bedeutung exogener, weltmarktbedingter Faktoren als restringierende Momente hervorhebt und daher nachholende Industrialisierung in der Mehrzahl der Fälle peripherer Länder für nicht machbar hält, setzt die andere auf die endogenen Kapazitäten, die helfen können, auch exogene Restriktionen mit geeigneten politischen Maßnahmen zu überwinden. Die Unterschiedlichkeit der Entwicklungsprozesse in den vergangenen Jahrzehnten legt eine differenzierte Herangehensweise nahe; denn seit dem Höhepunkt der Kontroverse zwischen Modernisierungs- und Dependenztheorie (Vgl. die Sammlung der wichtigsten Beiträge zur Debatte in Klarén/Bossert 1986) haben sich einige, so nicht prognostizierte (und möglicherweise nicht prognostizierbare) Veränderungen der Struktur des Weltsystems ereignet:

Erstens ist es ganz offensichtlich einigen Ländern gelungen, trotz oder gerade wegen intensiver Integration in den Weltmarkt hohe wirtschaftliche Wachstumsraten zu erzielen und – zumindest in einigen Branchen – eine international konkurrenzfähige Industriestruktur zu errichten. Dies ist in Taiwan und Südkorea, in geringerem Maße auch in Brasilien und einigen anderen Ländern[1] der Fall. Selbst hohe Außenschulden und ein entsprechend belastender Schuldendienst (Zinsen und Tilgungen) sind für Südkorea oder Taiwan – in Brasilien liegen die Verhältnisse etwas anders – kein unüberwindliches Hindernis beim Überschreiten der Schwelle in den »elitären« Club der Industrieländer. Also ist die Schlußfolgerung zu ziehen, daß unter spezifischen Bedingungen, über die noch zu sprechen sein wird, Exportorientierung durchaus interne industrielle Entwicklung stimulieren kann. Der Weltmarkt mit seinen Abhängigkeit erzeugenden Strukturen bildet für diese Länder also offensichtlich keine Blockade des Fortschritts in Richtung Industrienation.

Zweitens aber gibt es eine andere Ländergruppe auf unserem Planeten, deren Entwicklungsperspektive nur düster genannt werden kann. In einer Reihe von Ländern Afrikas, auch in einigen Regionen Asiens und Lateinamerikas, findet, gemessen an den üblichen Indikatoren, überhaupt keine Entwicklung mehr statt. Im Gegenteil, Verelendung und Verarmung großer Teile der Bevölkerung kennzeichnen eine verzweifelte Lage. Entwicklungspolitische Strategien können hier allenfalls ins Auge fassen, »das Überleben (zu) sichern«, wie der Titel des Brandt-Reports der Nord-Süd-Kommission (1981) lautet. Und dies zu erreichen wäre schon Erfolg. Jedoch: dependenztheoretisch läßt sich diese Art von Unter- und Rückentwicklung nicht deuten. Denn mit der Verarmung ist gerade die »Dissoziation« aus dem Weltmarktkontext verbunden. Es fehlen die produktiven Grundlagen für den Ausbau einer Exportökonomie und es fehlt die kaufkräftige Nachfrage, um den Import von Gütern finanzieren zu können. Externe Kredite geben kommerzielle Banken in der Regel nicht; wenn überhaupt, dann werden sie von internationalen Institutionen der öffentlichen Entwicklungshilfe – in nie zureichender Höhe – gewährt. Also muß die Schlußfolgerung gezogen werden, daß die Herauslösung aus dem bzw. die Abkopplung vom Weltmarkt ein Zeichen der Not ist, daß aber eine Integration in ihn durch exportorientierte und importsubstituierende Entwicklungsstrategien in diesen Fällen keine Überwindung der Unterentwicklung bewirken kann. Hier ist die Grenze der Globalisierung einer spezifischen Form der Industrialisierung erreicht; wohlgemerkt einer spezifischen Form, nicht der Industrialisierung schlechthin, wie bereits im ersten Kapitel dargelegt worden ist.

Drittens haben die beiden ersten »Ölpreisschocks« von 1973 und 1979 gezeigt[2], daß die für die Dependenztheorie zentrale Annahme vom ungleichen Tausch zwischen entwickelten Industrieländern und schwach entwickelten Rohstoffproduzenten infolge einer säkularen Verschlechterung der terms of trade für die Rohstofflieferanten so nicht stimmen kann. Da das Industriemodell in hohem Grade energie- und rohstoffabhängig ist, kann unter bestimmten Umständen auch eine wegen geringer Nachfrageelastität der Industrieländer komparative Preissteigerung für primäre Produkte durchgesetzt werden. In deren Folge können monetäre Fonds angesammelt werden, die durchaus für eine Beschleunigung des Wachstums und die qualitative Umgestaltung von Wirtschaft und Gesellschaft in Richtung Industrialisierung verwendet werden können.

Viertens hat die Verschuldungskrise allerdings vor Augen geführt, daß Integration in Weltmarktstrukturen nicht allein durch reale Bindungen – durch Welthandel und Direktinvestitionen – geschieht, sondern in hohem Maße durch Integration in den monetären Weltmarkt, der vom transnationalen Bankensystem der Metropolen des Weltgeschehens beherrscht wird. Die Dependenztheorie ebenso wie die daraus entwickelte politische Strategie der dissoziierten Entwicklung, haben den monetären Prozessen viel zu wenig Beachtung geschenkt. Celso Furtado spricht daher in seiner Analyse der Verschuldungskrise Brasiliens von einer »neuen Abhängigkeit«, bewirkt durch die Außenschulden der Dritten Welt und monetaristische Wirtschaftspolitik in den Industrieländern (Furtado 1982). Von besonderer Wichtigkeit ist hier freilich, daß durch die monetären Bande zwischen Metropole und Peripherie eine wechselseitige Abhängigkeit in weit größerem Ausmaß als durch den Welthandel entstanden ist, sogar bis zu dem denkbaren Punkt, daß eine Krise in verschuldeten Ländern zum Kollaps von Banken in den entwickelten Gläubigerländern führt. Dies würde möglicherweise den befürchteten Dominoeffekt auslösen, der die Verschuldungskrise der Dritten Welt in die »Erste Welt« hinüberwuchtet[3].

Diese Veränderungen der Struktur des kapitalistischen Weltsystems in jüngster Zeit sind es, die die Antworten der Dependenz-, ebenso wie der Modernisierungstheorie auf die Frage nach den möglichen Entwicklungsperspektiven obsolet machen. Jedoch ist mitnichten die Obsoleszenz der Antwort Indiz für die Unangemessenheit der Frage. Diese bleibt vielmehr aktuell und akut: Sind es interne, *endogene* oder extern bedingte, *exogene* Verhältnisse, die Entwicklung blockieren bzw. stimulieren können?[4] Im Zusammenhang mit der Verschuldungskrise wird diese alte Frage erneut diskutiert: Exogen scheinen die Preissteigerungen des Erdöls, die Erhöhung des internationalen realen Zinsniveaus, die Verluste aus der Verschlechterung der terms of trade von Rohstoffproduzenten (von »extraction economies«), die Verluste infolge der Stagnation des Welthandels im Verlauf der Rezession nach 1981 auf die verschuldeten Ökonomien gewirkt zu haben[5]. Daher rechtfertigt sich der Begriff des »externen Schocks«, wenn von den Wirkungen der Steigerung des Rohölpreises oder von der Erhöhung des internationalen Zinsniveaus zu Beginn der 80er Jahre die Rede ist.

Als endogene Faktoren der Verschuldungskrise hingegen werden die politischen Strategien der Finanzierung langfristiger Projekte mit kurzfristigen Krediten genannt. Denn diese sind erstens vergleichsweise teuer und zweitens können sie Finanzklemmen verursachen. Darüber hinaus müssen die Fehlallokation finanzieller Ressourcen in Projekte, die sich nicht oder nur sehr langfristig auszahlen (Brasilien), die Vergeudung von Krediten zur Finanzierung von Konsumausgaben (Chile, Polen) und der Kapitalflucht (Argentinien), die trügerische und dann tatsächlich getrogene Hoffnung auf dauerhaft hohe Ölpreise, mit denen der Schuldendienst finanziert werden könne (Mexiko), als endogene Faktoren in Rechnung gestellt werden. Südkorea demgegenüber, so wird kontrastierend dargelegt, habe gezeigt, daß mit der Mobilisierung endogener Ressourcen auch ungünstige exogene Bedingungen kompensiert werden können. Das Land konnte in den 70er Jahren tatsächlich eine jahresdurchschnittliche Wachstumrate von mehr als 10 vH realisieren und die Exporte jährlich um bis zu 30 vH steigern, so daß bei einer hohen Außenschuld von 47 Mrd US$ (Ende 1985) der Schuldendienst dennoch nicht mehr als 10 vH der Exporte beansprucht (Milevojevic 1985, S. 18ff).

Blicken wir an dieser Stelle zurück, um das Verhältnis von endogenen und exogenen Faktoren genauer bestimmen zu können. Das Problem ist schon in den 20er Jahren im Verlauf der »Transferdebatte« diskutiert worden: Beim Schuldendienst ist zwischen Aufbringung von Ressourcen im verschuldeten Lande und dem Transfer des Schuldendienstes in das Weltgeld (heute Dollar; in den 20er Jahren zum Teil in Gold) zu unterscheiden. Die Aufbringung ist in erster Linie von den internen, endogen bestimmten Bedingungen der Abzweigung von Ressourcen aus dem Sozialprodukt für die Zahlung von Zinsen und Amortisationen bestimmt. Der Transfer hingegen ist vor allem von den international (also jeder Nation exogen) vorgegebenen Weltmarktstrukturen abhängig: von der relativen Preisentwicklung (terms of trade), der Expansionsrate des Welthandels, dem Zinsniveau, der Kursentwicklung des Weltgeldes.

Die Lage des mit hohen Reparationsverpflichtungen belasteten deutschen Reiches in der Weltwirtschaftskrise nach 1929 vor Augen, meinte Keynes (1929), daß Deutschland zu den notwendigen Deviseneinnahmen gelangen könne, indem es durch eine interne Deflationspolitik (endogener Faktor) eine so starke Preissenkung der Exportprodukte herbeiführt, daß die Auslandsnachfrage nach seinen Waren steigt (exogener Faktor). Bertil Ohlin hingegen entwickelt ein saldenmechanisches Modell globaler Nachfrageverschiebungen: Wenn Deutschland Reparationen zahlt, dann entsteht bei den Empfängerländern eine entsprechende Geldnachfragesteigerung, die den Markt für Deutschlands Exportgüter ausweitet (Ohlin 1929). Die reale Lösung des Transferproblems ist also die weltweite Umverteilung der Nachfrageströme, wobei es allenfalls friktionelle Anpassungsprobleme geben kann. Allerdings wird hier vergessen, daß die nachfragenden und anbietenden Einheiten Unternehmen, und zwar aus allen Weltmarktländern sind, die auf Verwertung des Kapitals angewiesen sind. Eugen Varga hatte diesen Widerspruch klar bezeichnet: »Soll Deutschland aus seinem eigenen Wertprodukt regelmäßig Reparationen zahlen, so kann dies nur geschehen durch einen Überschuß seiner Warenausfuhr über die Wareneinfuhr, durch Steigerung seiner Ausfuhr um jährlich rund 6 Milliarden Goldmark. In der gegebenen Lage kann diese Mehrausfuhr nur aus industriellen Fertigwaren bestehen, da Deutschland als dichtbevölkertes Industrieland außer Kohle und Kali keine Rohstoffe ausführen kann. Die Reparationszahlungen bedingen daher eine starke Steigerung der Konkurrenzfähigkeit Deutschlands auf dem Weltmarkt, was im vollsten Widerspruch mit dem Bestreben steht, die Konkurrenzfähigkeit der deutschen Industrie durch spezielle Lasten zu vermindern. Der Widerspruch zwischen der Verminderung der industriellen Konkurrenz Deutschlands und dem Wunsche, Reparationen von Deutschland zu bekommen, ist selbst bereits eine Widerspiegelung der Interessengegensätze zwischen den Bourgeoisien der einzelnen Siegerländer untereinander und der verschiedenen Klassen innerhalb desselben Landes« (Varga 1928, S, 870). Mutatis Mutandis strukturiert dieser Gegensatz auch die gegenwärtige Verschuldungskrise. Auf der einen Seite die Forderungen nach Bedienung der Außenschuld, also der (interne) Zwang, einen Handelsbilanzüberschuß erzielen zu müssen. Auf der anderen Seite die (extern erzeugten) Handelshemmnisse von Gläubigerländern zum Schutz betroffener Industrien. So verwandelt sich jedenfalls die »exogen« scheinende Gläubiger-Schuldner-Beziehung in einen endogenen Gegensatz zwischen Kapitalgruppen in jedem einzelnen Lande. Daher ist weder der Keynes-'sche noch der Ohlin'sche Prozeß ohne krisenhafte Entwertungsprozesse vorstellbar. Als die Transferdebatte 1929 anlief, war möglicherweise der »schwarze Freitag« vom Oktober 1929 noch nicht absehbar; danach jedenfalls stellte es sich sehr schnell heraus, daß die Lösung der Verschuldungskrise weder durch endogene Anstrengungen noch durch exogene Entwicklungen erwartet werden kann, sondern schlicht in der Entwertung der Schulden besteht. Im Verlauf der 30er Jahre ist gerade dies passiert, wie noch zu zeigen sein wird (Kapitel 6.1.3.).

Zurück in die Gegenwart der nicht oder wenig industrialisierten Länder. Eine Gesellschaft, die sich im Zuge der »nachholenden Industrialisierung« in den Vergleich mit bereits industrialisierten Ländern setzt, wird zum Teil des Weltmarkts und der Weltmarkt ist innerhalb der nationalen bzw. regionalen Gesellschaft präsent. Die Unterscheidung zwischen »exogen« und »endogen« wird ungenau und umschreibt eigentlich einen anderen Sachverhalt als den, der in den Begriffen nahegelegt wird: den der Reichweite von nationaler Hegemonie, von politischer Beeinflußbarkeit ökonomischer und gesellschaftlicher Prozesse; den der Möglichkeit, durch politische Interventionen die Wirkungsweise des Wertgesetzes in der Ökonomie des Weltmarkts so kontrollieren zu können, daß nationalstaatliche Entwicklungen nicht konterkariert werden.

Dies wird klarer bei Betrachtung der Kontroverse, die der ökonomische Erfolg einiger Schwellenländer, insbesondere in Ostasien provoziert hat. Es scheint jedenfalls so, als ob der Weltmarkt sich für sie nicht als Entwicklungshemmnis erwiesen hat, wie die Dependenztheorie annimmt, sondern als eine nutzbare Ressource für das Ausspielen interner ökonomischer, sozialer und politischer Konfigurationen, die nachholende Entwicklung ermöglichen: »Letztendlich ist es eine Frage des politischen Willens und des kulturellen Hintergrundes, ob ein Land beim Export von Gütern erfolgreich ist oder nicht. Schon in den 50er und 60er Jahren gab die südkoreanische Regierung angesichts der schnellen Industrialisierung des kommunistischen Nordkoreas und des export-induzierten Wirtschaftsaufschwungs im nahen Japan der Entwicklung der Fähigkeit des Landes zum Warenexport die allerhöchste Priorität« (Milivojevic 1985, S. 19). Diese Feststellung ist sicher übertrieben[6], liegt aber nicht wenigen analytischen Einschätzungen zugrunde, zum Beispiel derjenigen von Senghaas und Menzel.

Ihr Resultat der Untersuchung nachholender Entwicklungspfade, läßt sich so zusammenfassen: bei gleichem Umfeld (interne Faktorausstattung; externe Weltmarktkonfiguration) kann aufgrund intern-gesellschaftlicher Unterschiede die eine nationale Gesellschaft den Anschluß an die entwickelte Welt mit »OECD-Profil« schaffen, während die andere Gesellschaft »peripherisiert« wird. Bei geeigneter Stilisierung von Entwicklungsphasen lassen sie sich zu Idealtypen von internen ökonomischen, sozialen und politischen »Konfigurationen« nachholender Industrialisierung verdichten (Vgl. Menzel/Senghaas 1985; Menzel/Senghaas 1986). Die beiden Autoren halten dabei »sechs zentrale Dimensionen« für besonders relevant, nämlich:

Erstens die Struktur und Leistungsfähigkeit des Agrarsektors und seine Vernetzung mit dem Industriesektor,

Zweitens die Breitenwirksamkeit der Binnenmarkterschließung,

Drittens die Kohärenz, d.h. den Grad horizontaler und vertikaler Verflechtung zwischen den Wirtschaftssektoren im Lande selbst,

Viertens die Homogenisierung von Verteilungsmustern der Beschäftigung auf einzelne Sektoren und ihres jeweiligen Beitrags zum Sozialprodukt insgesamt,

Fünftens die Reife der Ökonomie im Sinne von technologischer und qualifikatorischer Kompetenz,
Sechstens die internationale Konkurrenzfähigkeit der Ökonomie, d.h. ihre Komparation mit anderen entwickelten Ökonomien auf dem Weltmarkt.

Unklar ist dabei, ob die sechs Dimensionen *Resultat* von Entwicklungsprozessen, oder *Voraussetzung* für das Anspringen des Motors nachholender Industrialisierung sind. Menzel/Senghaas bezeichnen jede dieser Dimensionen als eine »Schwelle«, die übersprungen werden müßte. Andererseits freilich verweisen sie noch auf eine »Tiefenstruktur« der Gesellschaft, die für Entwicklung entscheidend sei: und diese definiert sich wesentlich aus dem Verhältnis von »breitenwirksamer Agrarmodernisierung« und »entsprechender Industrialisierung« (Menzel/Senghaas 1986, S.34). Die Schlußfolgerung ist klar: Jede Gesellschaft hat es in der eigenen Hand, die Industrialisierung entweder nachzuholen oder »peripherisiert« zu werden. Es sind ausschließlich die internen Konfigurationen, die zählen; die zu überspringenden »Schwellen« befinden sich innerhalb der nationalen Gesellschaften. Die Weltmarktstrukturen jedenfalls bilden für den Prozeß der nachholenden Industrialisierung kein Hindernis[7]. Diese Vorstellung widerspricht freilich den Resultaten unserer Analyse im ersten Kapitel, ein Grund mehr, das Verhältnis von Weltmarktbewegung des Kapitals, Reichweite politischer Interventionen von Nationalstaaten und regionalen Reproduktionsbedingungen zu untersuchen. Wenn es denn die »Schlüsselfrage« ist, wie politische Macht des Nationalstaats gegen die globalen Weltmarkttendenzen eingesetzt werden kann (Cardoso/Faletto 1976), ist das Verhältnis von Weltmarkt und Nation zu thematisieren.

Der von Menzel/Senghaas vertretenen Position liegt letztlich die Vorstellung zugrunde, als ob es in einem Lande oder in einer Region, die durch Grenzen geographisch umschrieben werden können und dadurch zum Territorium werden, innerhalb und außerhalb desselben unterschiedliche Wirkungszusammenhänge gäbe. Die einen, endogenen sind national beeinflußbar, die anderen, exogenen nicht. Diese Vorstellung allerdings ist einseitig, denn nicht das Territorium definiert durch die Grenze die Exogenität und Endogenität von Wirkungszusammenhängen; vielmehr stellen diese als funktionale Räume Schichten dar, die den Aufbau einer regionalen oder nationalen Realität charakterisieren. Im strengen Sinne also gibt es Exogenität nicht, wohl aber Widersprüche der funktionalen Räume und Unterschiede in den Reichweiten, die politische Interventionen in den Ablauf von Wirkungszusammenhängen auf regionaler, nationaler, globaler Ebene erzielen können.

2.2. Weltmarkt und Nation

Menschen, wenn auch ungleich und in Klassen und Schichten gegliedert, produzieren und konsumieren, arbeiten und leben, handeln gesellschaftlich und organisieren sich politisch im Raum: in der Kommune, in der Stadt, der Region, dem Staat. Es ist also ein Raum im *funktionellen,* nicht allein im territorialen Sinne, ein Raum der ökonomischen, gesellschaftlichen, politischen, kulturellen Aktivitäten. Im territorialen Sinn ist er ein Raum, der mit Grenzen versehen ist. Und jenseits der Grenzen? Der moderne Staat ist ein Nationalstaat, der sich durch das Staatsvolk, die Staatsmacht, das Staatsgebiet und damit die Staatsgrenze definiert, die gegenüber anderen Nationalstaaten, Räume für gesellschaftliches und politisches Handeln, abgrenzt[8]. Vom Nationalstaat kann daher eigentlich nur im Plural geredet werden und damit ist sogleich die Frage aufgeworfen, wie sich die Vielzahl der Nationalstaaten als Vielzahl von Räumen, in denen Menschen leben und arbeiten, zu einem System zusammenfügt und wie dieses sich organisiert und entwickelt. Zunächst ist es ja ein System von Abgrenzungen: Grenzen souveräner Staaten, unterschiedlicher Rechtssysteme, Währungen, die sich mit Wechselkursen aufeinander beziehen. Dann unterschiedliche Sprachen, Kulturen, Religionen, Raumverständnisse und Zeitregime – Unterschiede freilich, die nicht nur zwischen Nationalstaaten sondern häufig schon zwischen Regionen innerhalb eines Nationalstaates zu finden sind. Die Abgrenzungen, wie sie heute existieren, sind in der Regel als Resultat blutiger Konflikte in der fernen oder jüngeren Vergangenheit entstanden. Der Begriff der Nation hat also eine »perfektische« Dimension, d.h. in ihm sind Elemente des Vergangenen aufgehoben, die in der Gegenwart alle Aktivitäten beeinflussen. Sie werden von den handelnden Subjekten bewußt in den nationalen und regionalen Riten und politischen Entscheidungsprozessen oder nicht bewußt, d.h. routinemäßig im Alltagsleben, aber dafür umso nachhaltiger wie Braudel (1986) hervorhebt, berücksichtigt. Sie haben sich bis zu unterscheidbaren Charakteristika verdeutlicht, zu definierbaren Abgrenzungen verfestigt, die den Namen des Nationalstaates tragen. Allerdings ist nicht zu vergessen, daß »das Setzen von Grenzen ... darauf hinaus(läuft), sie auch verschieben zu können« (Poulantzas 1978, S. 97). Die territoriale Ausdehnung folgt der Reichweite insbesondere der ökonomischen Aktivitäten[9], sowohl durch imperialistische Expansion über nationale Grenzen hinaus, als auch innerhalb von nationalstaatlich im territorialen Sinn eingegrenztem Gebiet durch Kolonisierung. »Auf dieser Raummatrix kann man nur vorrücken durch Homogenisierung, Assimilisierung und Vereinheitlichung, durch das Begrenzen des Innen, das dennoch tendenziell bis ins

Unendliche ausdehnbar bleibt. . .« (Poulantzas 1978, S. 97). Poulantzas spricht hier ein Problem an, das uns später noch beschäftigen wird: Er begreift das Setzen von Grenzen nicht nur als Grenzziehung gegenüber dem »Nachbarn«, sondern als innere Grenzziehung und innere Kolonisierung als »Expansion durch Lücken, die man ausfüllt. Man weiß, was dieses Ausfüllen bedeutet: die Homogenisierung der Unterschiede durch den Staat, die Vernichtung der Nationalitäten ›innerhalb‹ der Grenzen des Staates und der Nation. . .«(ebenda)

Auf das Verhältnis von Weltmarkt, dem ökonomischen Funktionsraum und Nation bzw. Nationalstaat, also dem politischen Funktionsraum, soll zunächst eingegangen werden. Die Gesamtheit der Nationalstaaten bildet das moderne kapitalistische Weltsystem, dessen Ursprung im »langen 16. Jahrhundert«, also in der Epoche der Entdeckungen der neuen Welt durch die Mächte des Abendlandes und der Entwicklung neuzeitlicher Rationalität der »Weltbeherrschung« verortet werden kann. Die Herausbildung der Nationalstaaten und die Entstehung des kapitalistischen Weltsystems sind mithin Kehrseiten der gleichen historischen Dynamik, die auf den ersten Blick als historische Paradoxie erscheinen muß: »Es ist schon oft bemerkt worden, daß Nationalismus und nationaler Partikularismus ausgerechnet zu jener Zeit entstanden sind, als die zwischenstaatlichen Beziehungen, Handel und Verbindungen sich in einer Art und Weise entfalteten wie nie zuvor. . .(Kohn 1962, S. 18; Vgl. auch Marmora 1983, S.82ff). Marx und Engels (MEW, Bd.3, S. 36) vermerken in diesem Zusammenhang, daß sich die bürgerliche Gesellschaft zugleich nach Innen als Staat sich gliedern und »andererseits wieder nach Außen hin als Nationalität sich geltend machen (muß).« Die historische Paradoxie ist in der Struktur der bürgerlichen Gesellschaft enthalten. Die daraus entstehende widersprüchliche historische Dynamik ist verantwortlich für die auch heute noch charakteristischen ungleichmäßigen und ungleichzeitigen Verhältnisse in der Weltgesellschaft, die auf ihre Weise die Struktur und Bewegung des Weltmarkts, das System der Nationalstaaten mit seinen Gegensätzen und Konflikten und sogar die konkrete Realität von Arbeit und Leben in der Region bestimmen. In der politischen Entwicklungstheorie wird gerade dieser Aspekt betont: Entwicklung bemißt sich sowohl an dem sozioökonomischen Fortschritt als auch an der Fähigkeit zur Herausbildung eines *politischen Institutionensystems,* das Staatsfunktionen nach innen und außen auszuüben vermag (»nation building«). Daß freilich darin Ungleichmäßigkeiten der ökonomischen und politischen Machtausstattung eingeschlossen und die Reichweiten der Medien, mit denen die Staatsfunktionen erfüllt werden, unterschiedlich sind, ergibt sich bereits aus den Ausführungen im ersten Kapitel; nicht alle Gesellschaften können mit der formellen politischen Souveränität auch den ökonomischen Unterbau entwickeln, der ihre Ausübung erst ermöglicht.

Die kapitalistische Produktionsweise, auch wenn ihr Ursprung in städtischen Mikroregionen (oberitalienische Stadtrepubliken von Venedig, Genua, Florenz, Mailand etc., Antwerpen und insbesondere Amsterdam in den Niederlanden) aufgespürt werden kann, strebt über regionale und nationale Grenzen hinaus. Braudel (1986) weist auf die Neuerung hin, die mit dem Übergang der Metropolenfunktion von Amsterdam auf London gegen Ende des 18. Jahrhunderts verbunden ist. Zum ersten Mal ist nicht mehr nur eine Stadt Zentrum der Weltwirtschaft sondern eine nationale Ökonomie, eine »Volkswirtschaft«. Also können politische und ökonomische Grenzen nicht identisch sein[10], ebensowenig wie kulturelle und ökologisch weithin homogene Räume durch diese Grenzen eingezäunt werden. Folglich ist der Raum – um auf die eingangs gestellte Frage zurückzukommen –, in dem die Menschen produzieren und konsumieren, ihre Lebens- und Arbeitsweise gestalten, sich politisch organisieren und gesellschaftlich handeln, durch unterschiedliche Realitäten, mit verschiedener räumlicher Reichweite und unterschiedlichem Zeitregime bestimmt. Dies hat natürlich die Folge des konfligierenden subjektiven Raum- und Zeitbegreifens; denn der Lebensrhythmus wird nicht mehr durch Jahreszeiten und Tageszeiten, durch die Verortung des Subjekts im natürlichen Ambiente definiert, sondern durch die Laufzeiten von Krediten oder die Transportzeiten von Weltmarktgütern. Der *konkrete Ort* verwandelt sich in den *abstrakten Raum,* der durch Modellierungen seiner selbst (Karten, Atlanten) erschlossen wird, nicht aber konkret in direkter Berührung erfahren werden kann (Genaueres dazu in den Abschnitten 5.3.1. und 5.3.2.). So ist auch die räumliche Reichweite der weltmarktintegrierten Produktion von Waren in einer Nation umfassender als es der nationale Markt ist. Demgegenüber reicht die Hegemonie der nationalen bürgerlichen Klasse in der Regel der Nationalstaaten (wir werden unten noch auf die Bedeutung einer globalen Hegemonialmacht zu sprechen kommen) über die eigenen Grenzen nicht hinaus, auch wenn politische und ökonomische Nationalität nicht unbedingt kompatibel sind. »Das grundlegend Nationale an der Nation ist...nicht etwa der Nationalmarkt, sondern die bürgerliche Hegemonie, d.h. die konkrete Reichweite der Fähigkeit der nationbildenden bürgerlichen Fraktionen zu Konsens und Herrschaft« (Marmora 1983, S. 128)[11].

Die von Wallerstein getroffene Unterscheidung zwischen Weltreich und Weltsystem, wobei das erstgenannte eine ökonomische und politische Einheit bezeichnet, die nicht existent ist, während das letztgenannte gerade durch die räumliche und institutionelle Trennung von Ökonomie und Politik definiert ist, verweist auf ein konstituierendes Prinzip der modernen bürgerlichen (Welt)Gesellschaft. Die Trennung von Ökonomie und Politik ist die gesellschaftliche Form von ökonomischer Reproduktion, gesellschaftlicher Organisation und politischer Artikulation in der kapitalistischen Produktionsweise: »Diese Trennung darf nicht im Sinne einer wirklichen Äußerlichkeit von Staat und Ökonomie verstanden werden, als Intervention des Staates von außen in die Ökonomie. Diese Trennung ist nur die bestimmte Form, die im Kapitalismus die konstitutive Präsenz des Politischen in den Produktionsverhältnissen und ihrer Reproduktion annimmt...« (Poulantzas 1978, S. 17). Herausgebildet hat sich diese Trennung tatsächlich zunächst räumlich begrenzt (lokal, regional) mit der Scheidung der Arbeitskraft von ihren Produktionsmitteln und der Entstehung einer Klasse von privaten Eigentümern der Produktionsmittel einerseits und mit der Verselbständigung einer außerökonomischen Gewalt der gesellschaftlichen Regulierung andererseits (Marx und die auf ihn bezugnehmende Literatur), bzw. als kulturell determinierter Prozeß der Institutionalisierung des Akkumulationstriebs und damit verbundener Rationalisierung (Max Weber) und als Prozeß der Ausbildung zentraler Führungsinstanzen und der damit verbundenen Ausdifferenzierung administrativer Funktionen (Service 1977). Die Ökonomie als Raum der Logik des Werts, die das (besondere) Privatinteresse steuert, als Raum der Verwertung und Akkumulation von Kapital kontrastiert zur Politik als Bereich des Öffentlichen und des Allgemeininteresses.

Diese formspezifische Trennung hat eine Grundlage, das Privateigentum. Als ökonomische Kategorie (im Unterschied zur juristischen Form) macht es nur Sinn, wenn es Aneignung, also Zuwachs ermöglicht. Dies bedarf nicht nur des juristisch gesicherten Anspruchs des privaten Eigentümers auf eine bestimmte Sache sondern auch der Regelung, des Ausgleichs und des Schutzes im Aneignungsprozeß selbst. Der staatlichen Gewalt, die schon vor der Herausbildung der kapitalistischen Produktionsweise existiert, wachsen in diesem Zusammenhang Funktionen zu, deren differenzierte Institutionalisierung sie erst zum Staat der bürgerlichen Gesellschaft macht[12].

Der historische Prozeß, in dessen Verlauf diese »Logik« realisiert wird, ist natürlich in sich höchst differenziert und prinzipiell von Land zu Land verschieden. Denn *erstens* gehen in ihn alle kulturellen und traditionellen Atttribute einer konkreten historischen Gesellschaft bestimmend ein. Marx trägt dem Rechnung, indem er – allerdings nur beiläufig in einer Bemerkung in der »Kritik des Gothaer Programms« – zwischen der *Form* des Staates und dem *historischen* (dem »heutigen«) Staat unterscheidet[13]. Im ersten Kapitel haben wir bereits gesehen, daß es neben den allgemeinen Gesetzmäßigkeiten der kapitalistischen Produktionsweise historische Formen gibt, die sich von Land zu Land, aber auch in verschiedenen Entwicklungsphasen unterscheiden können. Ein *zweiter* Gesichtspunkt ist ebenfalls hervorzuheben: Die Form des Staates, d.h. die spezifische Trennung von Ökonomie und Politik einerseits und die Verschränkung von Staat und Gesellschaft (Staatsmacht und Klassen) andererseits, ist bedingt vom Zeitpunkt im Prozeß der globalen Akkumulation von Kapital, *wann* und vom ökonomisch-sozialen Ort, *wo* der jeweilige »konkrete« Staat entsteht. Wäre dieser Aspekt des »nation building« belanglos, dann könnte nicht zwischen entwickelten und weniger entwickelten Gesellschaften (Nationen) unterschieden werden, es sei denn unter der modernisierungstheoretischen Annahme, daß das entwickeltere Land dem weniger entwickelten bereits seine Zukunft demonstriere bzw. Modernisierung im Sinne okzidentaler Rationalität der entwicklungsgeschichtlich vorgezeichnete Weg aller Gesellschaften sei. Wird diese Annahme aber verworfen, und die Resultate des ersten Kapitels lassen uns da keine andere Wahl, dann wird die Form der Trennung von Ökonomie und Politik und der Verschränkung von Staat und Gesellschaft unterschiedliche nationale Ausprägungen innerhalb des globalen Systems haben. Dem trägt Wallerstein, Braudels Analyse aufgreifend, mit seiner Gliederung des Weltsystems in Zentrum, Peripherie und Semiperipherie (Wallerstein 1979, 1982, 1984) Rechnung; allerdings überansprucht er dabei, wie wir noch sehen werden, die Sinnhaftigkeit dieser Unterscheidung[14].

Die Trennung von Ökonomie und Politik im bürgerlichen Zeitalter konstituiert eine bis dato nicht vorhandene Widersprüchlichkeit. Denn das aus dem Privateigentum abgeleitete Recht auf Aneignung, das politisch/rechtlich durch den Staat garantiert wird, ist ökonomisch nichts anderes als Verwertung und Akkumulation von Kapital. Dies ist die Form von Aneignung in der kapitalistischen im Unterschied zu anderen Produktionsweisen, in der der Staat sich mit seinen politischen Aktionen bewegt und die er zu schützen entstanden ist. Freilich sind ihm dabei Schranken gesetzt, und zwar von zwei Seiten her:

Erstens kann der Schutz des besonderen privaten Eigentums nicht so weit gehen, daß seitens des Staates in die Verfügungsgewalt darüber eingegriffen wird, obwohl dies vom allgemeinen Interesse aller Eigentümer her notwendig erscheinen mag. Anders ausgedrückt: Das Prinzip der Sicherung des privaten Eigentums enthält einen Widerspruch, eine Paradoxie, wenn das *allgemeine* Prinzip des privaten Eigentums nur durch die Verletzung des *besonderen* Eigentums erhalten werden kann. Es enthält also einen Mechanismus der Selbstauflösung, dem die Staats- und Gesellschaftstheorie immer schon mit einem entsprechenden Regelwerk über erlaubte und nicht erlaubte Staatseingriffe beizukommen versuchte. Es geht hierbei um die Abgrenzung von Gesellschaft und Staat unter Berücksichtigung der Erhaltung und Festigung des Prinzips von Privateigentum und Verwertung. In dieser Widersprüchlichkeit bewegt sich der Interventionismus des Staates seit Anbeginn, nämlich zwischen sakrosanktem Privateigentum und Selbstregulierung der Eigentümerinteressen mittels des Marktes einerseits und der Verletzung des besonderen Eigentums (etwa durch Enteignung zum Zweck des Straßenbaus oder die Vielfalt sozialstaatlicher Regelungen, die darauf abzielen, gesellschaftliche Konflikte zu minimieren) im Interesse des allgemeinen Prinzips des Privateigentums andererseits. Wenn Aneignung aus dem Prinzip des Privateigentums folgt, und die kapitalistische Form des Aneignungsprozesses Kapitalverwertung und Akkumulation ist, dann kann dieser Widerspruch auch als derjenige von Akkumulations- und Legitimationsfunktion beschrieben werden. Die Identität von Akkumulation und Legitimation kann ja schon deshalb nicht entstehen, da Privateigentum und Aneignung, Verwertung und Akkumulation von Kapital Nicht-Eigentümer und Nicht-Kapitalisten voraussetzt und diese Voraussetzung stets reproduziert wird. Daher bleibt auch die Notwendigkeit bestehen, diesen Zustand zu legitimieren – durch entsprechende Leistungen, die der Staat für die Herstellung der gesellschaftlichen Synthesis zu erbringen hat. Im Verlauf der gesellschaftlichen Entwicklung und von Nation zu Nation verschiebt sich dabei das Verhältnis von Staat und Gesellschaft, es ist nicht eindeutig definierbar. Die Form der Trennung von Politik und Ökonomie enthält einen breiten Spielraum der konkreten funktionalen, medialen und institutionellen Gestaltung. Diese Vielfalt, im übrigen, ist verantwortlich für die Elastizität und Stabilität der kapitalistischen Produktionsweise. Im Verlauf ihrer Entwicklung war und ist sie in der Lage, notwendige Transformationen zu vollziehen, um soziale Konvulsionen, ökonomische Erdbeben, politische Katastrophen zu überleben und sich wechselnden historischen Bedingungen anzupassen. Genauer: Da die Form die Gesamtheit der Funktionen umfaßt, die in einem gesellschaftlichen Reproduktionszusammenhang zu erfüllen sind und den Funktionen entsprechende Mittel (Medien) zugeordnet sind, mit denen gesellschaftliche Institutionen operieren, um die Funktionen ausüben zu können, sind Transformationen im obigen Sinne in erster Linie Veränderungen der gesellschaftlichen Medien und Institutionen. Dies wurde bereits im ersten Kapitel genauer begründet; daher lediglich diese kurzen erinnernden Bemerkungen.

Zweitens. Die erwähnten Transformationen ergeben sich in erster Linie aus der Bewegung der im ökonomischen Prozeß von Kapitalverwertung und -akkumulation enthaltenen Widersprüchlichkeit und Krisentendenz[15]. Der Staat kann zwar das Prinzip der kapitalistischen Form der Aneignung eines aus dem Privateigentum abgeleiteten Mehrprodukts gewährleisten, aber gerade weil er sich dem besonderen privatwirtschaftlich organisierten Prozeß der Produktion des Mehrprodukts gegenüber äußerlich verhalten muß, keineswegs sicherstellen, daß dieser in jedem Fall und in jeder historischen Situation auch tatsächlich in einem Mehrprodukt, d.h. in der Mehrung des privaten Eigentums resultiert. Es kann ja geschehen, daß aus immanent ökonomischen Bedingungen heraus nicht nur nicht das Mehrprodukt produziert und angeeignet werden kann, sondern das besondere private Eigentum gemindert (Verluste) und sogar zerstört wird (Bankerotte). Ökonomische Gesetzmäßigkeiten sind es, die jenseits staatlicher Regulierung Krisen der Verwertung und Akkumulation, also Überakkumulation und danach die Entwertung des Überakkumulierten bewirken. Zwar kann der Krisenmechanismus politisch modifiziert und moderiert, jedoch nicht stillgelegt werden[16]. Selbst im »organisierten« und »durchstaatlichten«, hochentwickelten Kapitalismus sind der politischen Instanz offensichtlich formspezifische Grenzen für ihre regulierenden Eingriffe gesetzt, wenn erst aus Gründen, die dem ökonomischen System eingeschrieben sind, die Krise »ausbricht«. Wie der Prozeß der Zuspitzung von ökonomischen Widersprüchen bis zum »Ausbruch« der Krise verläuft, bleibt der Darstellung der Dynamik des Weltmarktzyklus nach dem Zweiten Weltkrieg in den nachfolgenden Kapiteln (6 und 7) überlassen.

Die logische Kette vom privaten Eigentum über die Aneignung eines Mehrprodukts oder Mehrwerts, der ihm erst zu seinem ökonomischen Sinn verhilft, und dann zur Akkumulation von Kapital heißt im quantitativen Sinne wertmäßige und räumliche Expansion von Kapital und im qualitativen Sinne die Durchsetzung (»Penetration«) aller gesellschaftlichen Produktionsformen mit denjenigen der kapitalistischen Produktionsweise in den territorialen und sozialen Räumen, in die das Kapital expandiert. Eine Schranke existiert sowohl qualitativ im Aufeinandertreffen verschiedener Produktionsweisen[17] als auch quantitativ in räumlichen Distanzen und politischen Grenzen. Belangvoll ist dies in mehrfacher Hinsicht. Zunächst ist die Expansion der kapitalistischen Produktionsweise zugleich ein Prozeß der gesellschaftlichen Transformation auf globaler Ebene, der freilich in verschiedenen historischen Phasen unterschiedlichen »Tiefgang« hat: Von der Verknüpfung von Produktionsorten mit den Konsumorten durch den Fernhandel, ohne daß dadurch die Weise der Produktion (die Wirtschaftsweise im Sinne Braudels) verändert, also transformiert würde[18], bis zur Durchdringung einer konkreten Gesellschaft mit den aus der entwickelten kapitalistischen Gesellschaft stammenden Technologien und sozialen Formen der Produktion sowie der Ausbreitung und Übernahme von entsprechenden Konsumtionsmustern[19] und kulturellen Formen und Inhalten. Es werden mit der Ausdehnung des kapitalistischen Prinzips auf dem Weltmarkt also nicht nur »Produktionspunkte« durch den (Welt)handel miteinander verbunden (formelle Subsumtion), wodurch, wie Wallerstein schreibt, »Warenketten« entstehen (»Produktionsprozesse wurden /mit/ komplexen Warenketten miteinander verbunden«, Wallerstein 1984, S.11), sondern dabei die Weise der Produktion umgestaltet (reelle Subsumtion).

An dieser Stelle zeigt sich ein entscheidender Mangel des »Weltsystemansatzes«; Wallerstein erklärt ja zum »Wesensmerkmal einer kapitalistischen Weltwirtschaft: Produktion zum Zwecke des Absatzes auf einem Markt mit dem Ziel, den größtmöglichen Profit zu realisieren« (Wallerstein 1982, S. 43). Hier wird *erstens* der Zweck zum »Wesensmerkmal« erklärt, nicht die Form der Produktion ins Zentrum der Analyse gerückt. Der Mangel dieses Vorgehens zeigt sich dann, wenn untersucht werden muß, wie der gleiche Zweck, der eine lange historische Geschichte hat, mit sehr verschiedenen Mitteln und in sehr verschiedenen Formen verfolgt wird. Braudel (1986) ist konsequent, wenn er Wallerstein, ihn paradoxerweise argumentativ stützend, entgegenhält, daß es – unter dem Aspekt des Warenabsatzes betrachtet – schon vor den großen Entdeckungen Weltsysteme, z.B. im Mittelmeerraum, im islamischen Reich, in China und Indien gegeben habe. Für den Weltsystemansatz ist es ein Problem, die strukturellen Veränderungen des Produktionsbereichs im Verlauf der historischen Transformationen begrifflich zu erfassen. Die Theorie konzentriert sich auf die Sphäre der Zirkulation (»Zirkulationismus«), über deren »Kettenreaktionen«[20] ja der Zweck der Profiterzielung realisiert werden muß.

Zweitens sind die Ausbeutungsmechanismen gemäß diesem auf die Zirkulation konzentrierten Ansatz diejenigen des »ungleichen Tausches«, von dem Wallerstein (1984, S. 25) schreibt, daß er »ein uralter Brauch« sei. »Was am Kapitalismus als historisches System bemerkenswert ist, ist die Art, wie ungleicher Tausch versteckt werden konnte, so gut versteckt werden konnte, daß selbst die anerkannten Gegner des Systems erst nach 500 Jahren Funktionieren dieses Mechanismus begonnen haben, ihn systematisch aufzudecken« (Wallerstein 1984, S. 25f). An anderer Stelle erläutert Wallerstein diese überraschende These mit dem Hinweis: »Sobald es einen Unterschied in der Stärke der Staatsapparate gibt, beginnt auch der Mechanismus des 'ungleichen Tausches'« (Wallerstein 1982, S. 47). Der Funktionsmechanismus wird reichlich simpel mit unterschiedlichen Produktknappheiten begründet: »Beginnend mit irgendeiner tatsächlichen Differenzierung im Markt ...bewegten sich Waren so zwischen Zonen, daß das Gebiet mit dem weniger knappen

Posten diesen zu einem Preis an das andere Gebiet 'verkaufte', der einen höheren realen Input (Kosten) verkörperte als der Posten gleichen Preises, der sich in die andre Richtung bewegte. Was wirklich passierte, war, daß ein Teil des Gesamtprofits (oder Mehrwerts), der in der einen Zone produziert wurde, in die andere Zone transferiert wurde. Dies ist das Verhältnis von Zentralität und Peripheralität.« (Wallerstein 1984, S. 26).

Der ungleiche Tausch ist hiernach nichts anderes als eine durch Machtpreisbildung erzielbare monopolistische Knappheitsrente, die jene Regionen mit geringeren Knappheiten oder – dies die Wallerstein'sche Interpretation – mit geringeren politischen Chancen, Knappheiten durch die Staatsmacht herzustellen, an die Nationen mit entsprechender politischer Durchsetzungsmacht zur Erzeugung von Knappheiten zu zahlen haben. Wallerstein bezeichnet dies als einen »versteckten Prozeß«, sichergestellt durch einen »enormen Apparat latenter Gewalt« (Wallerstein 1984, S. 27). Tatsächlich wäre kaum erklärbar, wie es ökonomisch offenbar während mehrerer Jahrhunderte zu einer einseitigen und verfestigten Struktur relativer Knappheiten kommen könnte, die einen permanenten und einseitigen Werttransfer von der Peripherie ins Zentrum begründet, wenn nicht politische Gewalt im Spiele gewesen wäre (und immer noch ist). Eine gewisse Logik ist dem Argument also nicht abzusprechen. Wenn schon aus dem Austausch, aus der Zirkulation, Ausbeutungsverhältnisse erklärt werden sollen, wenn also begründet werden soll, daß der eine immerzu weniger erhält und der andere immer auf Kosten des einen mehr einstreicht, ohne daß der eine auf der Einnahmenseite gewinnt, was er auf der Ausgabenseite verliert und umgekehrt – dieses Nullsummenspiel ist ja Gegenstand des 4. Kapitels im ersten Band des »Kapital« von Marx –, dann muß ein *außerökonomischer* Mechanismus ins Spiel gebracht werden, der politisch diese mit ökonomischen Gesetzen nicht erklärbare Umverteilung durch ungleichen Tausch begründet: der Staat und dessen komparative Macht im Vergleich zu anderen Staaten oder definierbaren gesellschaftlichen Faktoren, auf die Braudel verweist.

Freilich sprengt diese Annahme den diskursiven Rahmen des Weltsystemansatzes. Richtig hat Wallerstein ja den Unterschied zwischen *Weltreich* und *Weltökonomie* betont und hervorgehoben, daß im kapitalistischen Weltsystem ein Weltreich nicht vorstellbar ist. Wenn aber über Jahrhunderte einseitiger Werttransfer stattfindet, dann ist dies zugleich ein Prozeß von *Bereicherung* auf der Seite der Begünstigten und der Verarmung auf der Seite der in diesem Prozeß Benachteiligten. Wenn sich aber akkumulierte ökonomische Macht auch nur in geringem Maße in politische Macht umsetzt – und warum sollte dies angesichts der

»Interdependenz der Ordnungen« nicht geschehen? – dann muß die durch ökonomische Bereicherung wachsende politische Macht über eine lange historische Periode zur Herausbildung eines Weltreichs führen. Doch offensichtlich ist dies gerade historisch nicht eingetreten; also muß die Grundlage für die Reproduktion der politischen Macht von National-staaten eine andere als der einseitige Werttransfer sein. Umgekehrt kann wohl kaum die einseitige politische Machtverteilung die Grundlage für permanenten ungleichen Tausch im Zirkulationsprozeß sein. Waller-stein macht wie viele andere Weltsystem- und Dependenztheoretiker den Warenaustausch zum Ausgangspunkt der theoretischen Konstruk-tion der Dichotomie von Zentrum und Peripherie (abgemildert durch die Semiperipherie[21]). Doch werden die asymmetrischen Verhältnisse der Weltökonomie durch die Mechanismen der Zirkulation transportiert und kommuniziert; erzeugt werden sie durch die Ungleichheiten und Ungleichzeitigkeiten globaler Produktions- und Akkumulationsstruktu-ren: im Zuge des Vergleichs unterschiedlicher nationaler und regionaler Arbeitsproduktivitäten, Lohndifferenzen, Kapitalintensitäten auf dem Weltmarkt. Sofern die Produkte in Waren für den Austausch auf dem Markt verwandelt werden und damit die Realisierung eines »größtmögli-chen Profits« auf dem Markt in Gang gesetzt werden soll, expandiert natürlich der Weltmarkt. Freilich ist mit dieser Feststellung dessen Spe-zifik nicht erfaßt, die in der (qualitativen) Formverwandlung, in der Transformation der Weisen von Arbeit und Leben, von gesellschaftli-chem Handeln und politischer Artikulation besteht. Einmal historisch vom Zentrum Europa her[22] seinen Ausgang nehmend, bildet sich das kapitalistische Weltsystem heraus. Entscheidend dabei ist, daß nun alle Produktionsweisen, die in den verschiedenen Ländern und Kontinenten der Welt regional oder lokal existieren, von der kapitalistischen überla-gert, durchdrungen und daher in ihren Funktionsbedingungen bestimmt werden. Dies hat mehrere Folgeerscheinungen. Wenn Produkte und Mehrprodukte auf Märkten »profitorientiert« abgesetzt werden, dann läßt sich der Produktionsprozeß dieser Produkte nicht in der tradierten Form fortsetzen. Seine Elemente werden der Form der Produktion des (relativen) Mehrwerts reell subsumiert. In diesem Prozeß wird die tech-nologische Grundlage ebenso verändert wie die vorherrschende Arbeits-beziehung (das Verhältnis von Mensch und Natur und zwischen den Menschen selbst), also die Arbeitsteilung im weitesten Sinn des Wortes. Die Institution des Marktes als soziale Vermittlungsinstanz wird verall-gemeinert (Vgl. dazu Polanyi 1979). Mit der Lohnarbeit bildet sich der Arbeitsmarkt heraus, der eine Fülle von weiteren Konsequenzen hat: Urbanisierung, neue Rechtsformen der Regulierung des Lohnarbeits-verhältnisses, soziale Organisation der Arbeitskraft, staatliche Interventionen unterschiedlichen Typs etc. Insgesamt bilden diese Formen ein spezifisches historisches Akkumulationsmodell bzw. einen Typ der gesellschaftlichen und ökonomischen Regulation; dieser kann, wie im ersten Kapitel gezeigt worden ist, in der Epoche nach dem zweiten Weltkrieg als »fordistisch« bezeichnet werden. Die Ausdehnung des ökonomischen Prinzips von Aneignung aus dem Privateigentum, bzw. formspezifisch genauer: des Prinzips von Kapitalverwertung und Kapitalakkumulation, resultiert nicht nur in der Ausweitung des »Netzes von Warenketten«, sondern auch in einer weltwirtschaftlichen Formveränderung der Produktion an den regional situierten Produktionsorten und in der Veränderung der weltwirtschaftlichen Arbeitsteilung.

Dies läßt sich zeigen, wenn wir untersuchen, wie die Konkurrenz im Hinblick auf nationale und regionale Wirtschaftsstrukturen wirkt. Dabei geht es keineswegs nur um »Allokation« von Produktionsfaktoren entsprechend der je gegebenen Faktorausstattung eines Landes[23], sondern um die Veränderungen ökonomischer Verhältnisse in der je konkreten Region. Dabei steuert das ökonomische Prinzip des Wertgesetzes die Weltmarktbewegung des Kapitals; da der Weltmarkt aber nicht erst jenseits der territorialen, der nationalen und ökonomisch durch Zölle und die nationale Geldzirkulation gesetzten Grenzen beginnt, sondern in der Nation oder Region selbst, ist dieses ökonomische Prinzip im Innern von Nationen und Regionen präsent. Dies hat zur Folge, daß die regionale und nationale Wirtschaftsstruktur nicht mehr territorial abgeschlossen und in sich autonom geregelt ist, sondern mit dem Weltmarkt kommuniziert und daher zunächst »desartikuliert« wird. Das heißt, Sektoren der regionalen und nationalen Ökonomie sind nicht mehr in erster Linie untereinander horizontal sondern mit dem Weltmarkt (oder mit der Ökonomie des nationalen Zentrums, wenn es um die Region in der Nation geht) vertikal verflochten. Am extremsten ist dies der Fall und daher am deutlichsten sichtbar, wenn wie in vielen peripheren Ländern, auch in Amazonien, weltmarktorientierte *Enklaven* in der überwiegend regional ausgerichteten Wirtschaftsstruktur entstehen. Die »Enklavenbildung« findet vorwiegend in extraktiven Ökonomien, also beispielsweise bei der Ausbeutung von Rohstoffvorkommen, statt (Bunker 1985, S. 26), aber beileibe nicht nur dort. Die Desartikulation durch Enklavenbildung ist umso wahrscheinlicher, je geringer die spezifische Wertschöpfung bei der Produktion, je geringer also der Grad der Verarbeitung eines Rohstoffs zum fertigen Industrieprodukt ist, je geringer also die »forward linkages« ausgebildet sind. Daher macht es zweifellos einen Unterschied, wenn in Strategien der Weltmarktorientierung eher auf Produkte der verarbeitenden Industrien mit einem hohen Grad spezifischer Wertschöpfung (wie in den ostasiatischen Schwellenländern) oder auf die Extraktion von Rohstoffen mit einem niedrigen Grade spezifischer Wertschöpfung (wie im Fall Amazoniens) gesetzt wird. Schematisch kann Enklavenbildung mit Hilfe einer einfachen Matrix folgendermaßen dargestellt werden:

Schaubild 2.1.
Enklavenbildung in Extraktionsökonomien

	Land 1	Land 2	Land 3	.....	Land n
Branche 1	B11	B12	B13	.....	B1n
Branche 2	B21	B22	...	.....	B2n
Branche 3	B31	B32	...	.....	B3n
.	.	.	.		.
.	.	.	.		.
.	.	.	.		.
Branche n	Bn1	Bn2	...	.....	Bnn
Informeller Sektor	IS1	IS2	IS3	.....	ISn

In der Matrix sind n Länder und n Branchen der Kapitalanlage aufgelistet. Vertikal wirkt die Konkurrenz zwischen den Branchen, in deren Verlauf eine spezifische nationale Arbeitsteilung und Verflechtungsstruktur hergestellt wird. Die Konkurrenz zwischen den Branchen ist folglich wesentlich national bzw. regional. Die darin involvierten Unternehmen (Einzelkapitale) konkurrieren um das national oder regional angebotene Potential von Arbeitskräften (wobei es unerheblich ist, ob der Arbeitsmarkt ein sellers market oder ein buyers market ist); die vom Staat errichtete Infrastruktur steht ihnen gemeinsam (natürlich ungleichgemeinsam) zur Verfügung, die rechtlichen Regeln von Produktion (Betriebsverfassung z.B.) und Vermarktung (Steuerrecht, Wettbewerbspolitik z.B.) sind allgemein, die Regelung der industriellen Beziehungen ist national-spezifisch. Also ist auch die Tendenz zum Ausgleich der Branchenprofitraten auf nationaler Ebene auch wegen des einheitlichen Währungsgebiets und der größeren Kapital- und Arbeitsmobilität wirksamer als auf dem Weltmarkt.

Horizontal hingegen wirkt die Konkurrenz innerhalb einer Branche und zwar auf globaler Ebene, wenn keine Handelshemmnisse bestehen. Es vergleichen sich die Produkte der Branche auf einem Markt, und dieser ist in der Regel der Fälle und in zunehmendem Maße Weltmarkt. Die Unterscheidung Harrods zwischen Weltmarktgütern und Nicht-Weltmarktgütern wird mehr und mehr hinfällig, seitdem selbst Immobilien in ihrer mobilen Form (z.B. als Anlagebrief) global gehandelt werden. Die Konkurrenz wird mit Preisen und Qualitäten (natürlich auch mit monopolistischen Praktiken und unter politischer Hilfestellung des nationalen Staats für das nationale Kapital) ausgetragen und resultiert im durch die Transportkosten modifizierten einheitlichen Marktwert.

In der obigen Matrix ist Land 3 eine »extraction economy«, die mit der Rohstoffbranche 1 zwar der globalen Konkurrenz ausgesetzt (B113...B1n), aber vertikal nicht verflochten ist, da nachgelagerte Branchen B23...Bn3 fehlen[24]. Für die extraction economy ist die Hoffnung auf »balanced growth« eitle Illusion. Die horizontale und die vertikale Konkurrenz fungieren unterschiedlich, weisen auch Dynamiken auf, die nicht kompatibel sind. Die horizontale Konkurrenz innerhalb einer Branche ist wesentlich global, die vertikale Konkurrenz zwischen den Branchen wesentlich national und regional. Die erstere hat die Weltmarktintegration zum Resultat, auch in der subalternen Form der »extraction economy«, die letztere ist die ökonomische Grundlage für die Herausbildung nationaler oder/und regionaler ökonomischer Strukturen der Gesellschaft. Die Vermittlung zwischen beiden Seiten der Konkurrenz ist selbst Gradmesser der Entwicklung einer nationalen oder regionalen Ökonomie[25].

Im Unterschied zur Globalität der ökonomischen Dynamik bleibt die Reichweite von Funktionen, Medien und Institutionen des politischen Systems nationalstaatlich begrenzt. Während die *raison d'etre* der Ökonomie Akkumulation und daher quantitative Ausdehnung, Überwindung von Grenzen ist, ist diejenige der Politik die Staatsraison, also der Balancierung von inneren und äußeren Kräften in einer auch territorial durch das Staatsgebiet begrenzten Gesellschaft. Poulantzas hat daher den Kern herausgeschält, wenn er die äußere und innere Grenzziehung als Charakteristikum des Nationalstaats herausstellt. Dieser Widerspruch von ökonomischer und politischer raison im kapitalistischen Weltsystem bewegt sich in historischen Epochen der Entwicklung des kapitalistischen Weltsystem sehr unterschiedlich. Die koloniale Form der ökonomischen Expansion ist gleichbedeutend mit einer territorialen Expansion des nationalstaatlichen Machtbereichs. Allerdings kann es geschehen, daß bei Endlichkeit des Globus nach der kolonialen Aufteilung der Welt unter wenige Nationalstaaten die ökonomische Konkurrenz im Prozeß globaler Akkumulation in politischen Konflikt, in Krieg umschlägt. Die imperialistische Aufteilung der Welt treibt territoriale Konflikte hervor, d.h. veranlaßt, wie Lenin (LW 22) in seiner Imperialismus-Studie gezeigt hat, zu dem Versuch, den jeweils konkurrierenden Nationalstaat von einem bestimmten Territorium auszuschließen. Das ist zwar historisch nicht neu, aber erfährt angesichts des Expansionismus des industriellen Kapitals doch eine neue Qualität[26].

Es ist von trivialer Logik, daß bei Endlichkeit des Globus nicht alle Nationalstaaten in gleicher Weise territorial durch die Eroberung von

Einflußsphären expandieren können, zumal jene Territorien nicht, die selbst von einer Kolonialmacht dominiert worden sind oder werden, also politisch, ökonomisch, militärisch in Abhängigkeit gehalten werden. Sie können gar nicht *Subjekt* der Expansion sein, da sie bereits deren *Objekt* waren. Daher kann es gar nicht anders sein, als daß die ökonomischen und politischen Gewichte in der Welt ungleich verteilt sind und national-staatliche Entwicklungen (selbst die Konstitution einer regionalen Gesellschaft zum Nationalstaat) ungleichzeitig erfolgen. Dies ist denn auch der rationale Kern der z.B. von Wallerstein und in der Dependenz-theorie vorgenommenen Einteilung des kapitalistischen Weltsystems in metropolitane und periphere Räume. In der historischen Entwicklung des kapitalistischen Weltsystems haben unterschiedliche konkrete Gesellschaften das Privileg gehabt, zum metropolitanen Bereich zu gehören, bzw. den Nachteil ertragen müssen, in die Peripherie (oder Semiperipherie) abgedrängt zu werden. Die Integration von nationalen Gesellschaften in den Weltmarkt ist folglich als »asymmetrisch« (Samir Amin 1975, S. 229) bezeichnet worden. Denn in der Beziehung zwischen Metropole und Peripherie ist ein ökonomisches Ausbeutungs- und politisches Herrschaftsverhältnis enthalten.

Die Tatsache, daß es über die jeweiligen nationalen Grenzen des Nationalstaats hinausreichende Funktionen und Medien der Herr-schaftssicherung gibt, widerspricht vordergründig der oben dargelegten Unterscheidung zwischen dem ökonomischen und politischen Prinzip, nach der die ökonomische Dynamik keine Schranken kennt (wesentlich inter- bzw. transnational ist), die politische Instanz jedoch in den territo-rialen Grenzen des Nationalstaats eingebunden ist (also wesentlich national »begrenzt« operiert). Ziebura hat in seiner Analyse der Krise der 20er Jahre die Bewegung dieses Widerspruchs als eine Dialektik von »Vereinheitlichung und Fraktionierung« (Ziebura 1984, S. 29)[27] in der Weltgesellschaft bezeichnet. Diese ist gleicherweise Resultat des ökono-mischen Prozesses der Akkumulation von Kapital, wie die Bewegungs-form des politischen Handelns. Der kapitalistische Weltmarkt ist mithin nicht nur *Ort ökonomischer Reproduktion,* sondern auch *Ort der politi-schen Organisation* im Sinne der Regelung der internationalen Bezie-hungen[28]. Diese erfolgt zum einen bi- und multilateral und resultiert in Verträgen, Abkommen und rechtsförmlichen Verpflichtungen zwischen formell gleichberechtigten Völkerrechtssubjekten. Zum anderen kann internationale Organisation von Politik ausschließlich machtpolitisch, im Extremfall mit militärischen Mitteln erzwungen werden, also eine einseitige Dominanzbeziehung konstituieren. Beide Formen der politi-schen Organisation des Weltsystems sind weder stabil noch, gemessen an der Reichweite des ökonomischen Reproduktionsprozesses, umfassend.

In der Hierarchie von Nationalstaaten innerhalb des kapitalistischen Weltsystems hat sich immer eine *Hegemonialmacht* herausgebildet, die mit ihren Medien das Funktionieren ökonomischer und politischer Prozesse global zu regulieren versucht. Natürlich war Altruismus niemals das treibende Motiv, das die politische Klasse eines Landes dazu veranlaßte, die Aufgabe der Hegemonialmacht zu übernehmen. Die politische Macht ist ja auf der einen Seite Reflex der ökonomischen Macht und gleichzeitig eine Chance, ökonomische Macht zu mehren. Ökonomische Macht aber ist Aneignungsmacht, sie zahlt sich in Profiten und Akkumulationspotenz aus. Dies haben die niederländischen Kaufleute, das britische Kapital oder Wall Street ebenso bewiesen, wie sie die Widersprüche zum Tragen gebracht haben, die hegemonialen Praktiken eigen sind, auch wenn sie nur latente Funktion manifesten ökonomischen Verwertungsinteresses sind. Trotz der Ungeschminktheit des ökonomischen Interesses verlangt die politische Ausübung von Hegemonie Rücksichtnahme und Zugeständnis. Hegemonie ist eben nicht Dominanz; sie läßt sich (in Anlehnung an Modelsky 1983, S. 122) als einverständliche Selbstbeschränkung von Nationalstaaten bei der Wahrnehmung von Handlungsmöglichkeiten im Interesse der Erhaltung und Festigung des ökonomischen Reproduktionsprozesses und des politisch hierarchisch strukturierten Weltsystems definieren. Folgt man Wallerstein (1982) oder Modelsky (1983), dann haben sich verschiedene Hegemonialmächte im Verlauf der historischen Entwicklung abgelöst: von den oberitalienischen Stadtrepubliken ging die Hegemonie auf Portugal, Spanien und später die Niederlande und seit Ende des 18. Jahrhunderts auf England über, um spätestens seit den 30er Jahren dieses Jahrhunderts von den USA ausgeübt zu werden[29](Vgl. Thompson 1984). Daher spricht Modelsky auch von einem »Hegemoniezyklus«: dem Aufstieg folgt die »Phase der (unangefochtenen) Weltmacht«. Jedoch geht diese in die Phase der »DeLegitimierung«, d.h. der »Anfechtung«, der Infragestellung der Hegemonialmacht über. Ihr schließt sich der Prozeß einer »De-Konzentration« oder besser: einer Erosion der Mittel an, mit denen bislang die Hegemonie ausgeübt wurde, um schließlich in einen »Weltkrieg« oder »Weltkonflikt« zu münden, aus dem eine neue Hegemonialmacht hervorgeht. Die Steuerung des hegemonialen Prozesses erfolgt über Medien der Hegemonialmacht, wie im nationalen Rahmen auch: mit (militärischer) Macht, mit dem Recht, mit dem Geld und der Ideologie. Da es keinen Weltstaat geben kann – sonst wäre die Weltökonomie zugleich Weltreich –, sind alle Medien zur Sicherung der Hegemonie im Weltsystem zugleich nationale Medien der Hegemonialmacht, das *nationale Geld* der Hegemonialmacht also zugleich *Weltgeld*. Daher kommt es auch, daß die Krise des nationalen Geldes der Hegemonialmacht notwendig zur Krise des Weltgeldes wird und umgekehrt[30]. Die Frage ist also auch müßig, ob Hegemonie national erzeugt und international nur ausgeübt und dabei »verbraucht« wird. Denn die Hegemonialmacht kann sich nur behaupten, wenn sie einerseits intern die Ressourcen ihrer Suprematie ständig reproduziert und wenn sie andererseits die internationale Regulierung des Weltsystems als Ressource ihrer Hegemonie zu nutzen weiß.

Wir können also an dieser Stelle festhalten, daß die Räume von Ökonomie und Politik nicht nur von unterschiedlicher Reichweite im Sinne der physischen Distanz sind. Zweifellos ist dies der Fall, wenn bedacht wird, daß der Nationalstaat, auch der territorial ausgedehnteste, kleiner als der Globus ist. Ökonomie und Politik sind getrennt, doch in der formspezifischen Trennung ist eine Ordnung enthalten, ein Modus der Reproduktion und Regulierung des Systems insgesamt. Auch wenn dies sowohl für den nationalen wie für den globalen Raum gilt, sind die Unterschiede zwischen beiden beträchtlich. Insbesondere wird global der politische Raum durch viele Nationalstaaten besetzt, während der ökonomische Raum das beinahe unbeschränkte Wirkungsfeld des Weltmarktkapitals ist. Da aber der Weltmarkt nicht außerhalb der nationalen Reproduktionsräume existiert, sondern als Bewegungsform des Kapitals in ihnen, reproduzieren sich die Widersprüche, Ungleichzeitigkeiten und Krisen notwendig, wenn auch aufgrund vieler besonderer Umstände von Land zu Land, von Region zu Region unterschiedlich, auf nationaler und regionaler Ebene. Damit werden wir uns im folgenden Abschnitt beschäftigen.

2.3. Nation und Region; Hegemonie und Artikulation

Welches ist in Abhebung zu Weltmarkt und Nation die spezifische Eigenschaft, die es rechtfertigt, die Region als Raum von Arbeit und Leben der Menschen davon zu unterscheiden? Wenn die territoriale Ausdehnung eines Nationalstaates nur gering ist oder wenn ein geographisch großes Territorium wenig differenziert ist, dann wird es weder möglich noch sinnvoll sein, Regionen innerhalb der Grenzen eines Nationalstaates zu unterscheiden. Und umgekehrt können Nationen auf sehr kleinem Territorium sehr stark sowohl geographisch als auch kulturell gegliedert sein, wie etwa die Schweiz oder die zentralamerikanischen Republiken. Wenn also auf dem Territorium des Nationalstaates die konkreten Bedingungen für Arbeit und Leben diversifiziert sind: klimatisch, hinsichtlich des Reliefs, der natürlichen Vegetation, der Ausstattung mit Ressourcen, der verkehrsmäßigen Zugänglichkeit und Erschließung, auch im Hinblick auf historisch entstandene Traditionen der jeweiligen Bevölkerungen, ihre Sprache und Kultur, dem Raum- und Zeitverständnis und nicht zuletzt der vorherrschenden Produktionsweise und ihrer Verknüpfung mit anderen Produktionsweisen in der Region, dann ist die Nation oder der Nationalstaat jedenfalls nicht die »untere Einheit« innerhalb des kapitalistischen Weltsystems. Eine Region in diesem Sinne ist also die räumliche Zusammenfassung von Orten vergleichbarer klimatischer Bedingungen und Ressourcenausstattung, gemeinsamer Traditionen der dort lebenden Menschen, einer spezifischen Artikulation von Arbeits- und Lebensbedingungen (Produktionsweisen einschließlich der objektiven Klassenstruktur und des subjektiven Klassen- und Sozialhandelns), eines spezifischen Zeitregimes und Raumverständnisses. Diese Charakterisierung grenzt sie als ein besonderes Territorium ab. Zugleich aber ist es in die ökonomischen Reproduktionsbedingungen des Weltmarkts einbezogen und als Teil des betreffenden Nationalstaats seinem politischen System einverleibt. Daher ist die »Region der Lokus der Diffusion politischer Praxen, der immer wieder neuen Herausbildung politischer Strömungen und von Optionen nationaler Politik – hier werden Bündnisse geschmiedet und Widersprüche abgeschliffen...«(Becker 1986, S. 56).

Es sind nicht nur die geographischen Ausdehnungen, die die Abgrenzung von Regionen ermöglichen und gleichzeitig erforderlich machen, sondern die durch verschiedene Raum- und Zeitkoordinaten in Ökonomie, Politik und Ökologie definierten Funktionsräume. Ihre Verknüpfung und organisierte Anordnung kann als *Artikulation* dieser »Logiken« oder Funktionsräume bezeichnet werden; sie ist jeweils Resultat einer im Entwicklungsprozeß von Weltmarkt und nationalem Staat vorangegangenen »Desartikulation« der regionalen Wirtschafts- und Gesellschaftsstruktur. Die Region ist somit auch der Ort der Widersprüche zwischen den Funktionsräumen. Einerseits braucht das Kapital den Ort, an dem es sich fixieren kann[31] ebenso wie der Staat ohne Staatsgebiet ein tragisches Unding ist[32]. Doch die regionale Gesellschaft, Kultur, Ökologie, die auch räumlich sind, müssen mit der »Räumlichkeit« von Kapital und Staat nicht unbedingt kompatibel sein, so daß im Raum soziale und politische Konflikte sowie ökonomische Krisen unvermeidlich sind. In der je spezifischen Region sind also Weltmarkttendenzen ebenso präsent wie die politischen Funktionsbedingungen und deren institutionelle Formen, wie die regionalen Spezifika des natürlichen Ambiente und der sozialen und kulturellen Aktivitäten. Indem aber die Region in den nationalen, über die Region hinausreichenden Markt oder/und den Weltmarkt integriert und auf diese Weise mit Produktionstechniken, sozialer Organisation des Produktions- und Reproduktionsprozesses und Konsummustern konfrontiert wird, die der Region zunächst äußerlich sind, werden mit der Artikulation von verschiedenen »Logiken« oder Produktionsweisen die bislang vorherrschende ökonomische Verflechtung, soziale Schichtung und politische Organisation auseinandergerissen, »desartikuliert«. Ob dies als »Deformation der Binnenstruktur der peripheren Ökonomien« und als »Ungleichgewicht der Wirtschaftssektoren« (von Freyhold 1981, S. 49) interpretiert werden kann oder als Herausbildung und Verstärkung von »struktureller Heterogenität« (wie in der Dependenztheorie unterstellt), sei an dieser Stelle offengelassen; es wird ja mit dieser These ein der »Desartikulation« vorangegangenes Gleichgewicht in der Binnenstruktur der Region vorausgesetzt, das bestanden haben mag oder auch nicht.

Am sichtbarsten und daher am einfachsten nachzuvollziehen ist dieser Prozeß von Desartikulation/Artikulation noch in den Maßnahmen der »Reorganisation des Raumes« (Becker 1986, S. 57): Veränderungen der regionalen Grenzen innerhalb des Nationalstaats, Schaffung regionaler Entwicklungsplanungsbehörden, Ansiedlung z.B. transnationaler Unternehmen, Förderung urbanen Wachstums etc. – alles Momente, die sich im Zuge von »Inwertsetzung« als Veränderungen des Raums entfalten. Für Brasilien hat Francisco de Oliveira (1980) ausgeführt, daß sich seit den 30er Jahren die brasilianische Wirtschaft von einer in regionale Wirtschaftsräume fragmentierten Ökonomie zu einer »regional lokalisierten nationalen Ökonomie« (de Oliveira 1980, S. 70) entfaltet habe. Als Indiz dafür wird neben anderen Faktoren auch die zunehmende Urbanisierung der brasilianischen Bevölkerung genommen; denn schließlich ist es die metropolitane Agglomeration, in der sich die räumliche Arbeitsteilung angleicht. Unten werden wir noch diskutieren, wie weit dieser Angleichungsprozeß geht, vor allem, ob er die regionalen Unterschiede so weitgehend aufgehoben hat, daß tatsächlich eine nationale Ökonomie an die Stelle der »zwei (oder drei) Brasilien« getreten ist.

Was die jeweilige Region ausmacht und sie von anderen Regionen unterscheidet, ist also nicht allein ihre natürliche Ausstattung etc. sondern wie sich in ihr die nationalen und globalen Tendenzen mit den regionalen Spezifika zu einer je besonderen regionalen Realität »artikulieren«. Also charakterisiert die je spezifische »Konfiguration« der Logiken der Funktionsräume eine Region. Alain Lipietz (1985) verwendet in diesem Zusammenhang die aus der Theorie der gesellschaftlichen Regulierung im kapitalistischen System entlehnten Kategorien, um das »Regionale« zu umschreiben: Die Artikulation von Produktionsweisen läßt sich als eine Art Dreiecksbeziehung darstellen. Die ökonomische Form wird als »Regime der Akkumulation«, die soziale Form als »Regulierungsweise« und die politisch-ideologische Form als »hegemonialer

Block« gefaßt. Damit wird die Homogenität der regionalen Realität vor allem in den Formen von Wirtschaft, Gesellschaft und Politik gesehen. Wie aber bereits ausgeführt worden ist, ist das »Regime der Akkumulation« bei Integration der Region in den Weltmarkt durch die Wirkungsweise des Wertgesetzes auf dem Weltmarkt überformt, so daß darin möglicherweise am wenigsten die regionale Spezifik zum Tragen kommt. Anders ist dies bei der Regulierungsweise, die einmal von der ökonomisch begründeten Arbeitsteilung und Klassenstruktur bestimmt, zum anderen aber durch die regionalen und nationalen Steuerungssysteme gesellschaftlicher Konflikte charakterisiert wird. Schließlich der »hegemoniale Block«: er kommt ja nur zustande, wenn eine Klasse oder Schicht bzw. eine Allianz von Schichten und Klassen in der Lage ist, ihre Führung nicht nur ökonomisch sondern kulturell, ideologisch, moralisch auf die gesamte regionale Gesellschaft auszudehnen, also partielle Interessen mit den globalen regionalen Interessen zu verbinden[33]. Also ist es noch am ehesten bei der politischen Zusammenfassung einer regionalen Gesellschaft möglich, ihre Spezifik in Abgrenzung sowohl zum Weltmarkt als auch zur Nation festzuhalten. Daraus ergibt sich dann, daß Regionen auch durch die ungleiche Verteilung von wirtschaftlicher und politischer Macht im nationalen (und globalen) Raum abgegrenzt werden können. Dies heißt freilich auch, wie Lipietz einräumt, daß die Region sich von der Nation (vom territorial begrenzten Nationalstaat) nur dadurch unterscheidet, daß sie kein Gewaltmonopol nach außen (Außenpolitik und Diplomatie, Regulierung der Währungs-, Handels- und Kapitalbeziehungen, militärischer Druck etc.) auszuüben vermag. Wohl aber muß die hegemoniale Klasse im Innern in der Lage sein, mit Hilfe einer institutionalisierten »armature regionale« (Lipietz 1985) die immer anhängigen sozioökonomischen Konflikte in ihrem Sinne und zugleich im regionalen Konsens zu lösen. Gelingt ihr dies auf einer im Vergleich zum Nationalstaat »unteren Ebene«, also nicht in den »ideologischen« und »repressiven« Staatsapparaten des Nationalstaats bzw. in den die Hegemonie reproduzierenden gesellschaftlichen und staatlichen Institutionen (società civile) der nationalen Gesellschaft, dann kann tatsächlich von einer Region als besonderer politischer, sozialer und ökonomischer Einheit innerhalb des Nationalstaats gesprochen werden.

Die Unterscheidung zwischen Nation und Region verschwimmt zunächst, wenn man diesem Ansatz weiter folgt, zumal in Rechnung zu stellen ist, daß sich das System staatlicher Institutionen in allen Territorialstaaten von gewisser Ausdehnung auch in territorialer Hinsicht institutionell, zumindest aus administrativen Erwägungen, diversifiziert: in der Form von Bundesländern (BRD), Bundesstaaten (USA, Brasilien), Regionen (Italien), Kantons (Schweiz), Départements (Frankreich),

Provinzen etc.. Auch werden zum Zwecke der Territorialplanung besondere Institutionen geschaffen, die im Prozeß der regionalen Regulierung gesellschaftlicher Konflikte und der Stimulierung des Akkumulationsprozesses und bei der Herausbildung des regionalen herrschenden Blocks eine ganz wesentliche Rolle spielen. Da die regionalen und parastaatlichen Institutionen (z.b. zur Entwicklungsförderung) notwendigerweise Abteilungen des nationalstaatlichen Institutionensystems bleiben, besitzt der Prozeß von ökonomischer Entwicklung, gesellschaftlicher Regulierung und hegemonialer Blockbildung einen doppelten Charakter: er ist mehr oder weniger wichtiges Ingredienz im Zuge der Konstitution und Reproduktion *nationalstaatlicher* Herrschaft, die teilweise, »die alten hegemonischen Fraktionen der Region ersetzt, welche sich als unfähig herausgestellt haben, die neu erzeugten Gegensätze zu beschwichtigen« (Becker 1986, S. 58f). Gleichzeitig wird dadurch aber die jeweilige *regionale Identität* festgelegt. Dazu gehört auch, daß die regionale Bevölkerung den nationalen Staat vor allem in seinen regionalen und lokalen Institutionen erfährt, je nach Staatstyp entweder seinen Autoritarismus oder die jeweils unterschiedlich großen Spielräume demokratischer Teilhabe an regionalen, lokalen, aber auch nationalen Entscheidungsprozessen[34].In jedem Akt der geplanten Inwertsetzung ist dies impliziert. Also verflüchtigt sich die »Region an sich« (Lipietz) zu einem blassen Schema, bestenfalls zu einem heuristischen Konzept; die Region ist nur als Teil innerhalb der jeweiligen nationalen Realität zu erfassen; nur als solches entwickelt sie ihre eigene Identität, nicht »an sich«. Selbst in separatistischen und irredentistischen Tendenzen ist ja noch im Negativen, als Versuch der Abgrenzung von der Nation zur Realisierung einer eigenen davon unterschiedenen Identität nämlich, die Nation enthalten.

Die Unterschiedlichkeit von regionalen Strukturen in einer Nation, z.B. am Grad der ökonomischen Entwicklung mit Hilfe geeigneter Indikatoren gemessen, reflektiert sich als asymmetrische Interdependenz heterogener Territorien auch auf der Ebene des Nationalstaates. Unterschiedliche regionale Entwicklungsniveaus, geschichtliche Hintergründe, politische Machtausstattung können eine Gesellschaft polarisieren. In Italien ist in diesem Zusammenhang von den »drei Italien« (Bagnasco 1977; Graziani 1979), dem modernen, hochentwickelten Norden, dem meridionalen wenig entwickelten Süden (»Mezzogiorno«) und dem »roten Gürtel« Mittelitaliens die Rede, um die regionale Heterogenität der Nation zu bezeichnen. In den USA haben sich Divergenzen zwischen dem »sunbelt« des Südwestens und dem »frostbelt« des Nordostens aufgetan. In der Bundesrepublik Deutschland werden die regionalen Differenzen als »Nord-Süd-Gefälle« diskutiert. In Jugoslawien und in vielen anderen Ländern sind regionale Gegensätze bis zu harten politischen Auseinandersetzungen zugespitzt. Auch in Brasilien ist die interne Differenziertheit der politisch-ökonomischen und ökologischen Strukturen auf dem nationalstaatlichen Territorium mit dem Begriff der »zwei Brasilien« (Lambert 1959; Paulo Martins 1985) oder der »drei Brasilien« (Castro Rebelo 1973) belegt worden[35]. Sinnvoll ist die Begriffswahl der »drei Italien« oder »zwei bzw. drei Brasilien« dann, wenn innerhalb einer Nation die ökonomischen und politischen Beziehungen zwischen Regionen im ökonomischen und politischen Sinne »nicht reziprok« (Friedman 1976, S. 22) sind, d.h. wenn sich mangels symmetrischer nationaler Verflechtungsstrukturen die regionalen Differenzen nicht wechselseitig auszugleichen vermögen[36]. In Italien ist dieses Problem anhand der im Vergleich zum nationalen Standard unterentwickelten Verhältnisse des Südens (Mezzogiorno) breit diskutiert worden. Dabei ist auch die Funktionalität der regionalen Unterentwicklung eines Teils (des Südens) sowohl für die Entwicklung des industrialisierten Nordens als auch für die nationale ökonomische Entwicklung insgesamt ebenso herausgesarbeitet worden wie der Beitrag der »Unterentwicklung« zur politischen Stabilisierung des regionalen und nationalen hegemonialen Blocks[37].

2.4. Exkurs: Daten zur relativen Unterentwicklung Amazoniens

Auch für Brasilien gilt Ähnliches. Zur Illustration präsentieren wir im sozialwissenschaftlichen Milieu Vertrautes, nämlich einige Daten, die Entwicklung und Unterentwicklung Amazoniens bzw. der Nordregion im nationalen Kontext Brasiliens indizieren können[38]. Hier werden aus Gründen der besseren Dokumentation von Daten die Nordregion bzw. der Bundesstaat Para betrachtet, in dem – darauf wird noch zurückzukommen sein – die Großprojekte zur Ausbeutung der Erzvorkommen und zur Nutzung des Energiepotentials situiert sind. Die üblichen ökonomischen Kennziffern indizieren, daß es sich bei der Nordregion Brasiliens und auch im Falle des Bundesstaates Pará um eine »Peripherie der Peripherie«[39] handelt, sofern man Brasilien als Schwellenland im Vergleich zu den hochentwickelten Industriegesellschaften als Teil der »Semiperipherie« des kapitalistischen Weltsystems (Wallerstein 1979) begreift. Die Bevölkerungszahl Brasiliens beträgt 1986 138,4 Mio. In der Nordregion, die insgesamt mit 3.581180 qkm 42,07 vH (Para mit 1.248.042 qkm 14,66 vH) des brasilianischen Staatsgebiets von 8.511.965 qkm einnimmt, wohnen aber nur 7,6 Mio Menschen (gleich 5,5 vH der Einwohnerzahl Brasiliens), davon allein 4,2 Mio (gleich 3,0 vH der brasilianischen Bevölkerung) in Pará (Daten nach Anuário Estatístico do Brasil 1985). Die Zuwachsraten der Bevölkerung durch Geburtenüberschuß und positiven Immigrationssaldo sind zwar im Norden im Zeitraum von 1981 bis 1985 mit 16,1 vH (Para: 15,2 vH) wesentlich höher als im brasilianischen Durchschnitt (9,3 vH), doch wird die Bevölkerungsdichte aufgrund der natürlichen und ökonomischen Bedingungen in der Region niemals an den gesamtstaatlichen Wert herankommen können.

In der verarbeitenden Industrie verfügt die Nordregion im Jahre 1980 mit 3855 gerade über 3,3 vH der Unternehmen Brasiliens (Para: 2,3 vH), in denen am 31.12.1980 114.143 Menschen arbeiten, das sind 2,5 vH der Beschäftigten ganz Brasiliens (Para: 1,2 vH). Der Produktionswert freilich erreicht in der Nordregion nur einen Anteil von 1,9 vH (in Para: 0,6 vH) des brasilianischen Wertes (insgesamt = 100). Das Bild ist in der Eisen- und Nicht-Eisenmetall erzeugenden und verarbeitenden Industrie fast identisch. In der Nordregion erreicht die Arbeitsproduktivität in der verarbeitenden Industrie lediglich 76,6 vH und im Bundesstaat Pará sogar nur 48,8 vH des brasilianischen Durchschnitts. Das größte Unternehmen der Nordregion erreichte 1985 gerade einen Nettoumsatz von rund 1,3 Trillionen Crz, das größte im Südosten beheimatete Unternehmen erzielte dagegen ca. 81,6 Trillionen Crz, und selbst im Nordosten wurden etwa 4,4 Trillionen Crz erzielt (gazeta Mercantil, Balanço Anual 1986, S. 44ff). In diesen Zahlen scheint die Verschiedenheit der Wirtschaftsstruktur im schwach entwickelten Norden im Vergleich zum bereits entwickelten Süden und Südosten des Landes auf. Allerdings ist zu berücksichtigen, daß bei einer Aufteilung der Nordregion in »homogene Mikroregionen« (microregiões homogeneas) die Diversifiziertheit des riesigen Raumes deutlich wird. So lebten 1980 allein 15,9 vH (933.287) der Gesamtzahl der Einwohner (5.880.268) des Gebietes mit rund 3,6 Mio qkm in der metropolitanen Region von Belém. Die Nordostregion Brasiliens, die flächenmäßig noch nicht einmal halb so groß wie der Norden ist, zählt hingegen fast 35 Mio Einwohner, von denen gerade 11,6 vH in den drei großen metropolitanen Regionen von Salvador, Recife und Fortaleza (insgesamt über 4 Mio Einwohner) lebten (eigene Berechnungen auf Basis der Angaben des Anuário Estatístico 1984). Auch 1985 konzentrierte sich fast 70% der formell beschäftigten erwerbstätigen Bevölkerung in der metropolitanen Region von Belém (IDESP: Indicadores da Sócio-Economia Paraense, Jan/Ago 1986, S. 32). Das gleiche Bild zeigt sich, wenn der Beitrag der homogenen Mikroregionen zum regionalen Sozialprodukt berechnet wird. Danach hat schon 1970 Belém allein 30,2 vH des gesamten Sozialprodukts der Region produziert. Dieses wird zum überwiegenden Teil im tertiären

Sektor bereitgestellt: Im Jahre 1959 war der Beitrag der Landwirtschaft zum Inlandsprodukt in der Nordregion 24,6 vH (Para: 23,1 vH), der Beitrag der Industrie 17,0 vH (Para: 12,4 vH) und der Anteil des tertiären Sektors (Handel, Geld- und Finanzwesen, Transport und Verkehr, öffentlicher Dienst, Vermietung und Verpachtung und andere Dienstleistungen) 58,4 vH (Para 64,5 vH). Bis zum Jahre 1975 ist der Anteil der Landwirtschaft auf 14,0 vH (Para 14,6 vH) gesunken, der Beitrag der Industrie auf 19,0 vH (Para 17,8 vH) gestiegen und der Dienstleistungssektor hat noch an Bedeutung gewonnen, indem sein Beitrag sich auf 67,0 vH (Para: 67,6 vH) erhöhte (Ministerio do Interior/Superintendencia do Desenvolvimento da Amazônia, Amazônia – Renda Interna 1959-78, Belém 1982, Tab. 16, 20). Diese Art der Tertiarisierung ist alles andere als eine Entwicklung in Richtung »post-industrieller« Gesellschaft; sie belegt nur die schwache Ausstattung der regionalen Ökonomie mit formellen (industriellen) Arbeitsplätzen und deren im Durchschnitt niedrige Produktivität. Was im vorigen Kapitel zur Informalisierung der Arbeit ausgeführt worden ist, bestätigt sich in dieser groben Skizze.

Auch in den Daten über die ökonomisch aktive Bevölkerung (alle Personen über 10 Jahre) wiederholt sich das Bild. In Brasilien gehören in die Altersgruppen von mehr als 10 Jahren bis zu weniger als 60 Jahren 84,65 Mio Menschen, von denen 48,46 Mio formell beschäftigt sind, also 57,25 vH. In der Nordregion gehören zur ökonomisch aktiven Bevölkerung zwischen 10 und 59 Jahren 2,33 Mio Menschen, von denen 1,15 Mio formell beschäftigt sind, also 49,33 vH. In Belém, der größten Stadt der Region sind 652.937 Menschen ökonomisch aktiv, aber nur 310.245, also mit 47,51 vH weniger als die Hälfte, formell beschäftigt. Also ist die Erwerbsbeteiligung im formellen Sektor im Norden des Landes um gut 10 Prozentpunkte niedriger als im brasilianischen Durchschnitt, was mit Sicherheit die vergleichsweise große Bedeutung informeller Aktivitäten belegt.

Die Bedeutung von Pará im brasilianischen Export- und Importgeschäft ist ebenfalls nur gering. Für 435 Mio US$ exportiert der Bundesstaat, das sind etwa 2% der brasilianischen Exporte. Bei den Importen liegt der Anteil bei nur 0,6%. Darin kommt zum Ausdruck, daß die Region tatsächlich Rohstoffexporteur ist und nur in geringem Maße die Nachfrage nach Importprodukten aufzubringen vermag. Die Exporte erfolgen im wesentlichen über die Verladungsorte Belém und Oriximiná (Bauxit), die Importe kommen fast zu 100% über Belém in die Region.

Strukturelle Heterogenität und nicht vorhandene Reziprozität (Vgl. Friedman 1976, S.19ff) innerhalb der Nation ist für deren ökonomische Entwicklung und für die Erhaltung des nationalen und regionalen hege-

Tab.2.1.

Ökonomisch aktive Bevölkerung und Zahl der Beschäftigten in Brasilien, der Nordregion und Belém (1980)

	Brasilien	Nordregion	Pará
Personen zwischen			
10 und 59 Jahre	84 651 665	2 331 401	2 145 864
Beschäftigte	48 466 493	1 150 148	1 004 129
Abh. Besch.	31 507 644	774 057	491 781
Conta propria	10 962 352	305 692	411 714
Arbeitgeber	1 506 734	27 726	13 765
Unbezahlte Beschäftigte	4 489 763	42 673	86 860

Quelle: IBGE, Pesquisa Nacional por Amostra de Domicilios- 1984, Vol 8, Tomo 2, Regiões Metropolitanas, Rio de Janeiro 1985; IBGE, Pesquisa Nacional por Amostra de Domicilios – 1983, Vol 7, Tomo 21, Brasil e grandes Regiões, Rio de Janeiro 1984; IBGE, Censo Demográfico. Mão de Obra Vol. I, Tomo 5, o 6, 1980

monialen Blocks nicht nur nicht desintegrativ sondern unter bestimmten Umständen unverzichtbar. Oder anders ausgedrückt: Das Entwicklungsgefälle in einer Nation zwischen Regionen kann durchaus funktional für deren Integration sein.

2.5. Der Weltmarkt in der Region – Die Region im Weltmarkt

Es bleibt noch zu klären, durch welche Wirkungsmechanismen sich Weltmarkttendenzen in nationale und regionale Realitäten transponieren; in anderen Worten: *wie exogene Faktoren endogenisiert werden* bzw. wie die artikulierte Konfiguration von ökonomischen Entwicklungstendenzen des Weltmarkts, von politischen Interventionen zur hegemonialen Blockbildung, dem sozialen Handeln der Akteure in einer regionalen Gesellschaft und den je besonderen natürlichen Reproduktionsbedingungen in der Region zustandekommt. Eine Teilantwort wurde auf diese Frage bereits im ersten Abschnitt dieses Kapitels gegeben. Nun wird sie noch einmal aufgegriffen, und zwar unter dem Aspekt der Regionalisierung von globalen Tendenzen. Armando Dias Mendes (1985, S. 52) hat ja Recht mit seinem Monitum, daß regionale Entwicklungsprozesse nicht mehr außerhalb des »weiteren Kontextes« der internationalen Ökonomie und ihrer nationalstaatlichen Verästelungen verstanden werden können. Die Region ist sozusagen der Ort, an dem sich die Aktionen und Bewegungstendenzen von Staat und Kapital räumlich, damit aber auch ökonomisch, sozial, politisch und ökologisch manifestieren.

Die Realität des Weltmarkts befindet sich nie außerhalb von Nationen oder Regionen. Vielmehr haben im räumlichen Sinne Region, Nation und Weltmarkt unterschiedliche »Reichweiten«, so daß sich auf einem gegebenen Territorium unterschiedliche »Logiken« durchdringen und spezifische Artikulationsmuster bilden. Man kann auch sagen, daß *auf identischem territorialen Raum unterschiedliche funktionale Räume* (nicht friedlich, sondern widersprüchlich-konfliktiv) koexistieren. So betrachtet ist der Weltmarkt also kein irgendeiner Region externer Faktor, sondern auf vielfältige Weise – in den Wert- und Materieflüssen ebenso wie in den Informationsflüssen, die die Entscheidungen von Unternehmen und politischen Instanzen beeinflussen – innerhalb der Region präsent. Das Schaubild auf nachfolgender Seite demonstriert den Zusammenhang.

Der Produktionsprozeß ist immer lokal bzw. regional situiert und kann als ein Prozeß der Transformation von Materie und Energie begriffen werden. Nicht alle stofflichen und energetischen Inputs und Outputs sind bewertet. Sie gehen daher nicht oder teilweise oder mit Zeitverzögerungen in den über die Märkte für Waren, Kapital und Kredit gesteuerten Zirkulationsprozeß ein. Freilich hat der Transformationsprozeß, da er thermodynamischen Gesetzen unterworfen ist, einen »Throughput« durch das System der regionalen Ressourcen mit Konsequenzen für die Produktion (Transformation) einerseits und die Lebensbedingungen (Reproduktion) der Menschen andererseits. Die steuernden Märkte sind zum Teil national; denn die Zirkulation ist keineswegs räumlich so fixiert wie der singuläre materielle Produktionsprozeß. Die räumliche Beschränkung ist dabei gewissermaßen abhängig von dem Grad der materialisierten oder materialisierbaren Konkretheit der Ware. Die Ware Arbeitskraft ist durch kulturelle, sprachliche, staatsbürgerliche Qualifikationen[40] »nationalisiert«. Die Märkte für den »ordinären Warenpöbel« (Marx) hingegen sind international. Während es dabei immer noch gewisse Grenzen durch nationale Spezifitäten gibt, sind diese bei den Märkten für zinstragendes Kapital so lange fast auf den Nullpunkt reduziert, wie es keine nationalstaatlichen Beschränkungen der Konvertibilität gibt. Kapital in Geldform kann in Sekunden von einem Ort des Globus zum anderen getelext werden; Raum und Zeit spielen also ganz anders als bei der Ware Arbeitskraft eine geringe, eine fast zu vernachlässigende Rolle. Der monetäre Weltmarkt ist also wegen seines (unter dem Aspekt der räumlichen Fixiertheit betrachtet) hohen Abstraktionsgrades das schnellste Vehikel einer Verallgemeinerung und Globalisierung von ökonomischen Tendenzen.

Die Produktions- und Reproduktionsbedingungen werden mit den Medien des Rechts und des Geldes, aber auch durch Macht und Ideolo-

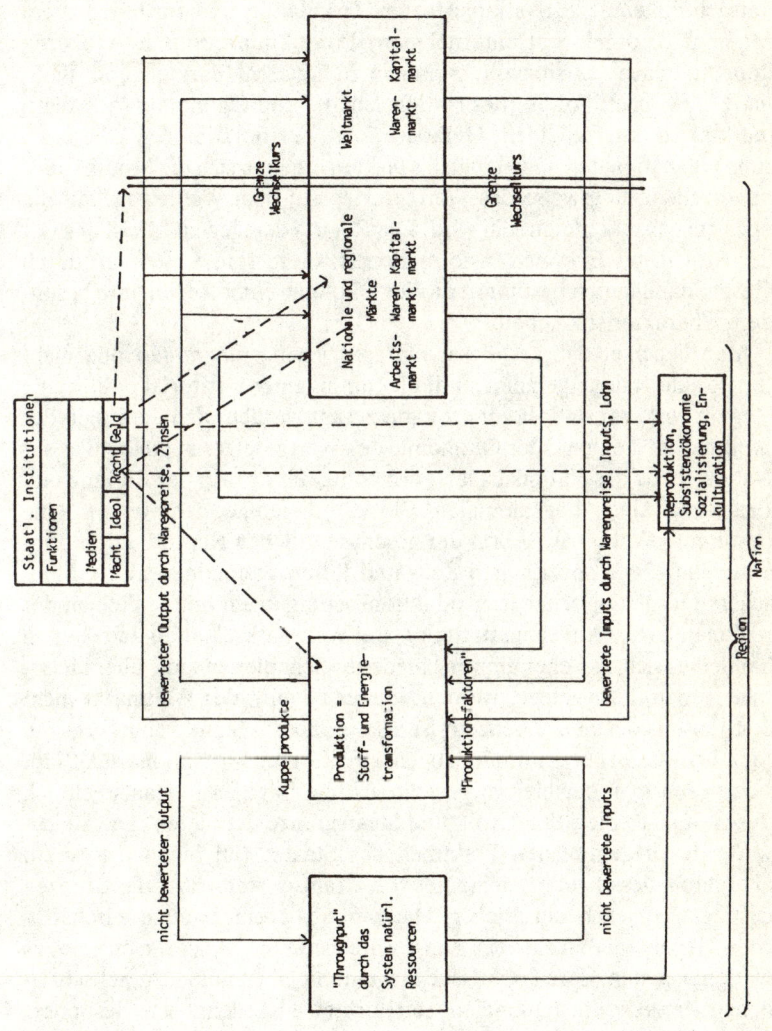

89

gie vom staatlichen Institutionensystem reguliert; die gestrichelten Linien deuten dies an. Die Regulierungskapazität des Nationalstaats endet in der Regel an der nationalen Grenze bei der Beeinflussung von Wechselkursen, bei der Festlegung von Zöllen, Kontingenten etc. Die Tatsache allein, daß Nationalstaaten Zirkulation und (in begrenztem Maße, z.B. durch Statsunternehmen) Produktion politisch regulieren können, macht es sinnvoll, zwischen nationalen Märkten und Weltmarkt, zwischen Politik (des Nationalstaats) und Ökonomie (des Weltmarkts) zu unterscheiden. Gerade infolge der funktionalen Überlagerung von nationalen und globalen Märkten ergeben sich die Modifikationen der Wirkungsweise des Wertgesetzes auf dem Weltmarkt, auf die noch zurückzukommen sein wird. Die Region demgegenüber ist der Ort der Stoff- und Energietransformationen; diese sind wesentlich durch Gesetzmäßigkeiten bestimmt, die der Ökologie einer Region ihre besondere Charakteristik geben.

Man beachte, daß bei dieser Differenzierung *funktionale* und nicht territoriale Räume gemeint sind, die nun in einer territorial definierten Region wirksam sind. Pointiert kann gesagt werden, daß die Logik des Weltmarkts diejenige der Ökonomie des Wertgesetzes ist, diejenige der Nation (bzw. des Nationalstaats) das politische Prinzip der Bildung und Erhaltung eines hegemonialen Blocks, diejenige der Region eine bestimmte Weise bzw. Form der gesellschaftlichen Reproduktion (einschließlich eines spezifischen Zeit- und Raumverständnisses) der Menschen und ökologischer Reproduktionsbedingungen (einschließlich der regionalen Ressourcenausstattung). Bei Weltmarkt, Nation und Region handelt es sich also eher um verschiedene »Schablonen«, die über identische Territorien »gelegt« werden. Daher beginnt der Weltmarkt nicht erst jenseits der Staatsgrenzen, ist also in diesem Sinne keineswegs ein räumlich-»externer«, mithin exogener Faktor[41]. Der Nationalstaat läßt sich, wenn man der hier vorgestellten Linie folgt, nicht staatsrechtlich durch Staatsgebiet, Staatsvolk und Staatsgrenze definieren. Die Reichweite der hegemonialen Praktiken des Staates (im Sinne des »stato allargato«, des erweiterten Staates von Gramsci) kann über die Grenzen des Staatsgebiets hinausreichen. Dies muß so bei einer weltgesellschaftlichen Hegemonialmacht sein, sonst wäre sie keine. Andererseits gibt es Nationalstaaten, deren politische Hegemonie nicht auf alle gesellschaftlichen Prozesse im nationalen Territorium ausgedehnt ist. Besonders sichtbar ist dies im Falle eines Souveränitätsverlustes, sei es als Folge eines verlorenen Krieges, sei es wegen Subordination unter imperialistische Herrschaft oder aufgrund eines Diktats von wirtschaftspolitischen Auflagen (Konditionalität bei der Vergabe von Krediten) des IWF, wenn ein Land zahlungsunfähig geworden ist. Politisch sind also die

Nationalstaaten, auch in Vermittlung über internationale Organisationen, schon dadurch interdependent, daß sie sich wechselseitig mit ihren Aktivitäten beeinflussen und beeinträchtigen können[42]. Wenn die funktionalen Räume jeweils anderen »Logiken« gehorchen, dann sind auch die »Steuerungsgrößen« in ihnen notwendigerweise unterschiedlich. Die Steuerungsgrößen haben eine *materielle* Seite, da sie in stofflichen und energetischen Transformationen und in Transfers von Werten resultieren; und sie haben eine *informationelle* Seite, insofern sie im Zuge dieser Transfers Signale für Entscheidungen übermitteln und auf diesem Wege dem System der funktionalen Räume seine spezifische Rationalität (oder Irrationalität) geben. Jedenfalls kann es gar nicht anders sein, als daß die jeweiligen raumspezifischen Rationalitäten konfligieren. Worum geht es dabei?

In der Region (im funktionalen Sinn) sind die natürlichen Bedingungen und die ökologischen Gesetzmäßigkeiten bei den Prozessen der Transformation von Stoffen und Energie (Extraktion und Prozessierung) entscheidend. Produktion hat, wie Marx herausfand, den doppelten Charakter als Arbeits- und Verwertungsprozeß. Ohne den Arbeitsprozeß der Transformation von Materie und Energie gibt es keine Verwertung. Doch damit ist ökonomische Verwertung von Kapital, da sie ja notwendigerweise regional (bzw. lokal) im Milieu der Natur und der sie beherrschenden Gesetze situiert ist, an ökologische Bedingungen gebunden.

Den funktionalen Raum des Nationalstaats hingegen steuert das politische Prinzip der Hegemoniesicherung. Dazu gehört das gesamte Arsenal der staatlichen Eingriffe in Verwendung und Verteilung des Sozialprodukts, in die Klassenstrukturen (einschließlich des Verhältnisses von Profit, Lohn und Zins), in die technologische Ausstattung einer nationalen Ökonomie, die Ausgestaltung des administrativen Apparats, die Vermittlung von Interessen in den Institutionen des politischen Systems, das System der Bildung, Sozialisation, Enkulturation der heranwachsenden Bevölkerung etc. Steuerungsgrößen der staatlichen Interventionen ergeben sich aus den Funktionen des Staatsinterventionismus: Ausgeübt werden die Funktionen mit den Mitteln der Macht und des Rechts, der Ideologie und des Geldes.

Auf dem Weltmarkt herrscht das ökonomische Prinzip des *Wertgesetzes,* wenn auch in modifizierter Weise infolge von politischen Regulierungen und beschränkterer Mobilität von Arbeit und Kapital als im nationalen Raum. Wichtiger für die modifizierte Wirkungsweise des Wertgesetzes ist ein anderer Sachverhalt: Im nationalen Rahmen kann davon ausgegangen werden, daß Produktions- und Reproduktionsbedingungen von Arbeit, also Produktivität und Entlohnung von Arbeit, vergleichbar sind. Nur unter dieser Voraussetzung ist die Annahme von Marx über die Homogenität der Arbeit[43], die einheitliche Mehrwertrate und die unterschiedlichen Profitraten in den Branchen (allerdings mit der Tendenz zum Ausgleich) plausibel, auch wenn selbst im nationalen Raum die Voraussetzungen nur idealiter zutreffen dürften[44]. Auf dem Weltmarkt kann allerdings diese Voraussetzung nicht gemacht werden, obwohl Angleichungstendenzen der technischen und sozialen Produktionsbedingungen und der politischen und gesellschaftlichen Regulierungsformen im Zuge der Internationalisierung des Kapitals – insbesondere während des langen Zyklus nach dem zweiten Weltkrieg – stattgefunden haben. So lange aber die Angleichung der Systeme gesellschaftlicher Arbeit unvollkommen ist, *vergleichen* sich Werte, deren Bildungsprozeß unter *nicht-vergleichbaren* Bedingungen abgelaufen ist. Der Wert ist immer gesellschaftlich, zeigt ein monetär hergestelltes (Geldform des Werts) gesellschaftliches Verhältnis an; doch auf dem Weltmarkt vermittelt der Wert unterschiedliche (nationale) gesellschaftliche Verhältnisse, noch dazu durch über Wechselkurse aufeinander bezogene unterschiedliche nationale Gelder. Die Substanz des Wertes (Arbeit) ist nicht homogen, ist also unvergleichlich, obwohl sich die Werte, die sie bildet, doch vermittelt über Märkte im Zirkulationsprozeß aufeinander beziehen, sich miteinander vergleichen.

Daraus resultiert die modifizierte Wirkungsweise des Wertgesetzes auf dem Weltmarkt, durch die es möglich wird, daß sich zwar gleiche Werte, aber ungleiche Arbeitsquanta auf dem Weltmarkt tauschen. Das Maß der Ungleichheit der Arbeiten in verschiedenen Nationen ist deren unterschiedlich hohe durchschnittliche Produktivität. Sofern die Stückpreise der produzierten Waren bei steigender Produktivität nicht sinken, zählt die Produktivität wie Intensität der Arbeit: Die Kapitale der produktiveren Nation, deren Waren zu Werten (Preisen) realisiert werden, die dem Arbeitsinput nicht entsprechen, können für das gleiche Arbeitsvolumen, weil vergleichsweise mehr Produkte hergestellt worden sind, mehr Arbeitsquanta realisieren als die Kapitale der weniger produktiven Länder. Dies hat freilich nichts mit ungleichem Tausch zu tun, da sich ja gleiche Wertquanta tauschen, wohl aber werden Arbeitsquanta von den weniger produktiven in die produktiveren Nationen transferiert. Dadurch muß nicht unbedingt der Akkumulationsprozeß behindert werden; im Gegenteil, infolge der höheren Konkurrenzfähigkeit der Produkte der produktiveren Nationen dürfte deren Währung aufgewertet und diejenige der weniger produktiven abgewertet werden, so daß – bei entsprechenden Lohnunterschieden – die Exportmöglichkeiten von weniger produktiven Kapitalen auf dem Weltmarkt steigen. Allerdings gilt dies nur, wenn der nationale Akkumulationsprozeß nicht – infolge technologischer Abhängigkeit zum Beispiel – von Importen aus den Ländern mit aufgewerteter Währung abhängig ist. Dann nämlich bewirkt das modifizierte Wertgesetz eine Verschlechterung der terms-of-trade, durch die der nationale oder regionale Prozeß der Entwicklung in Richtung Industrialisierung gebremst oder ganz angehalten wird.

Überhaupt ist in Rechnung zu stellen, daß die (modifizierte) Wirkungsweise des Wertgesetzes auf dem Weltmarkt nur angemessen verstanden werden kann, wenn berücksichtigt wird, daß auf dem Weltmarkt nicht nur Waren gehandelt und dabei Werte realisiert werden. Der entwickelte Weltmarkt zirkuliert nicht nur Kapital in Warenform, sondern auch produktives Kapital (Direktinvestitionen) und zinstragendes Kapital (internationale Kredite). Die Bewegungen aller drei funktionalen Formen des Kapitals erzeugen die Weltmarkttendenzen, die durch sie in einem Land, in einer Region wirksamen äußeren »Sachzwänge«.

Auf identischem territorialen Raum walten mithin unterschiedliche Prinzipien, »Logiken« von Funktionsräumen, die sich (unter besonderen Verhältnissen) widersprechen können. Dabei ist zweierlei entscheidend. *Erstens* ist das ökonomische Prinzip der Kapitalverwertung und -akkumulation seiner gesellschaftlichen Natur nach ein globales Prinzip. Denn Akkumulation bedeutet Expansion, auch im räumlich-territorialen Sinne, also die Grenzüberschreitung und damit das Herauswachsen aus den Formen der nationalstaatlichen politischen Regulierung. So kommt es, daß in jeder Region der Weltmarkt präsent ist und umgekehrt jede Region ein Moment im funktionalen Raum des Weltmarkts ist. Die Dissoziation vom Weltmarkt ist daher völlig ausgeschlossen, solange das Regime der Kapitalakkumulation herrscht[45]. *Zweitens* kommt dem ökonomischen Prinzip aber das Primat gegenüber den Prinzipien (oder Logiken) der Hegemoniesicherung und der ökologischen Transformation zu. Die »Logiken« sind also nicht gleicherweise sondern in unterschiedlichem Maße relevant, und daher kommt es, daß die Weltmarktbewegungen, wie sie in den oftmals erratischen Schwankungen der Preisgrößen zum Vorschein kommen, rücksichtslos gegenüber gesellschaftlichen Strukturen und natürlichen Reproduktionsbedingungen sind. Unter diesen Bedingungen kann sich Inwertsetzung sehr wohl in *Außerwertsetzung* verwandeln. Der Weltmarkt erscheint als ein Sachzwang und daher ist er auch ideologisches Konstrukt[46]: Diese ist aber beinharte Realität und nicht irgendwie zustande gekommenes falsches Bewußtsein. Wie die Sachzwänge wirken, durch welche ökonomischen Mechanismen sie auf dem Weltmarkt generiert werden und sich in der Nation und in der Region realisieren, soll im letzten Abschnitt dieses Kapitels erörtert werden.

2.6. Zins, Profit, Produkt: Der Weltmarkt als Sachzwang

Inwertsetzung ist also die Integration einer Region in den funktionalen Raum der Ökonomie des Weltmarkts. Die Region befindet sich in der internationalen Konkurrenz; die Mechanismen der internationalen Preisbildung von Rohstoffen und Industriewaren, der Bewegung von Wechselkursen und von Zinsen erhalten folglich Relevanz für regionale Entwicklung, für Inwertsetzung des Raums ebenso wie für Verwertung von Kapitalen, die im Raum angelegt worden sind. Wie sich die Entwicklung von Weltmarktpreisen, Kursen und Zinsen gestaltet, ist selbst noch von den historischen Krisentendenzen des Weltmarkts abhängig. Diese gilt es später (im sechsten und siebten Kapitel) zu untersuchen.

Daß sich durch die Weltmarktpräsenz in einer Nation bzw. in einer Region spezifische durch den globalen Reproduktionszusammenhang dominierte Artikulationsmuster zwischen Produktionsweisen (extraktive Großprojekte, Sektor informeller Arbeit; »Caboclo-Wirtschaft« Amazoniens, indianische shifting cultivation; staatlich geförderte agrarische Siedlungswirtschaft) herausbilden, ist schon häufig Gegenstand der Analyse gewesen[47]. Daß sich auf identischem Territorium Ökologie der Region, Politik des Nationalstaats, Ökonomie des Weltmarkts verflechten, also ein bestimmtes »Artikulationsmuster« beschreiben, ist die Grundthese dieser Schrift. Probleme entstehen dadurch, daß sich das Kapital in allen seinen Formen (als Warenkapital, als produktives Kapital und als zinstragendes Kapital) auf dem Weltmarkt (für Waren, für Produktionsstandorte, für Geld und Kredit) zyklisch, ja erratisch bewegen kann und der regional situierte Produktionsprozeß aufgrund seiner stofflichen und energetischen Bedingungen nicht mit gleicher Geschwindigkeit den ökonomisch gesteuerten Bewegungen der Akkumulation von Kapital zu folgen vermag. Die Überlagerung verschiedener Schablonen in einem Territorium und die Parallelität funktionaler Räume hat also als andere Seite die *Gleichzeitigkeit verschiedener Zeitregime* in der »inwertgesetzten« Region: Zirkulationszeiten von Kapital auf dem Weltmarkt werden mit anderen Maßstäben gemessen als ökologische Zeiten der Regeneration von natürlichen Ressourcen oder soziale Zeiten von Menschen, die in tradierten Formen leben.

Bei der Integration der Weltmarkttendenzen in unsere Analyse kommt aber noch etwas hinzu. Selbst im ökonomischen Funktionsraum ergeben sich hier Widersprüche: Das in Produktionsmitteln inkorporierte Kapital ist in unterschiedlichem Grad räumlich fixiert und zwar bis zur absoluten Immobilität; eine Fabrik von Traktoren oder Textilfasern kann noch demontiert werden, eine Erzmine jedoch ist überhaupt nicht zu verlegen, sie ist in der Region sozusagen festgewachsen. Das Kapital existiert nun nicht mehr nur im ökonomischen Funktionsraum, sondern ist damit, daß es seinen Fuß auf den Erdboden in einer ganz bestimmten Region gesetzt hat, aus dem abstrakten Himmel des Weltmarkts herabgeschwebt und zu einem höchst weltlichen Faktor im ökologischen Kreislauf geworden. Und es ist Element der regionalen und nationalen Gesellschaft, Akteur bei der »hegemonialen Blockbildung«, Machtfaktor im Prozeß »sozialer Regulierung« und ökonomische Größe im »Akkumulationsregime«.

Anders ist dies bei in Geldform existierendem Kapital. Dieses ist höchstgradig räumlich mobil und die Zeit seiner Zirkulation kann es fast auf Null reduzieren; in seiner Mobilität liegt seine Potenz zur Aneignung von Zinsen und Profiten begründet; die modernen Institutionen des monetären Weltmarkts und die Innovationen von Geld- und Kreditformen dienen allesamt der Erleichterung, Beschleunigung und »securisation« des Transfers von Werten, um deren – manchmal nur spekulative – Verwertung im globalen Raum zu optimieren.

Die Ungleichzeitigkeiten von Zirkulationszeiten äußern sich als Widerspruch von international gebildeten *Zinssätzen,* die von Tag zu Tag schwanken können, nationaler *Profitrate,* deren Bewegung an die Ausgestaltung struktureller sozialer Bedingungen, an das jeweilige »Akkumulationsregime« also, gebunden ist, und regional produziertem *Produkt,* das durch naturgesetzlich gesteuerte Prozesse der Stoff- und Energietransformation zustandegekommen ist. In der Keynes' schen Ökonomie wird davon ausgegangen, daß Zins und Profitrate sich als »interner« und »externer« Zinsfuß vergleichen und rationale Entscheidungen des Investors von Kapital auf dem Vergleich von Renditen und Rentabilitäten verschiedener Anlagemöglichkeiten beruhen. Hier können Probleme allenfalls dadurch auftauchen, daß Zinsraten praktisch ohne zeitliche Verzögerung mit Hilfe der modernen Technik der Datenfernübertragung auf Weltmarkttendenzen von Geld- und Kreditangebot und -nachfrage reagieren, während die Rentabilitäten oder Profitraten von technologischen und ökologischen Bedingungen einerseits und von gesellschaftsstrukturellen Verhältnissen andererseits abhängen, die allenfalls mittel- und langfristig oder gar nicht zu beeinflussen sind: Determinanten der Profitrate (der Grenzleistungsfähigkeit des Kapitals) sind – natürlich vermittelt über den ökonomischen Kreislaufzusammenhang – die Produktivität und Intensität der Arbeit, die Kapitalintensität, die Verteilung zwischen Lohnarbeit und Kapital, die Erwerbsquote der Bevölkerung, die Qualifikationsstruktur der Arbeitskraft, die Staatsquote, die Verwendung des Sozialprodukts für Konsum und Ersparnisbildung etc.. Diese Determinanten wiederum sind nicht unabhängig von der spezifischen nationalen Kultur der Arbeiterbewegung, von der

Regulation des Systems der industriellen Beziehungen, der je spezifischen Ausprägung »fordistischer« Verhältnisse.

Das Problem ist schärfer gestellt (und präziser zu lösen), wenn die Marx'sche Geldtheorie zugrundegelegt wird. Denn danach vergleichen sich Zins und Profit nicht nur ideell, sondern sie konkurrieren *wirklich* miteinander, da sie beide aus dem gleichen Fonds stammen; sie werden aus dem gesellschaftlichen Mehrwert zwischen verschiedenen Kapitalen verteilt. Nach Marx folgt die qualitative Unterscheidung von Profit und Zins aus der rein »quantitativen Teilung desselben Stücks Mehrwert« (MEW, Bd. 25, S. 377). Steigt der Zinsfuß bei gleichbleibendem Mehrwertfonds, dann muß notwendigerweise die industrielle Profitrate sinken (gleicher Kapitalvorschuß vorausgesetzt) und umgekehrt, wenn man davon absieht, daß Zinsen aus den dem Akkumulationsfonds zugeführten Ersparnissen der Arbeiterklasse gezahlt werden. Auch wenn es eine natürliche Zinsrate nicht gibt, ist doch – nach Marx – die »beständig fluktuierende Marktrate des Zinses...in jedem Moment als fixe Größe gegeben«, während die »allgemeine Profitrate beständig nur als Tendenz, als Bewegung der Ausgleichung der besondren Profitraten« existiere (MEW Bd. 25, S. 377ff). Also: »Der Durchschnittsprofit erscheint nicht als unmittelbar gegebene Tatsache, sondern als erst durch die Untersuchung festzustellendes Endresultat der Ausgleichung entgegengesetzter Schwankungen. Anders mit dem Zinsfuß. Er ist in seiner, wenigstens lokalen, Allgemeingültigkeit ein täglich fixiertes Faktum, das dem industriellen und merkantilen Kapital sogar als Voraussetzung und Posten in der Kalkulation bei seinen Operationen dient« (MEW Bd. 25, S. 380).

Freilich ist dieser Schein von der Selbständigkeit/ Verselbständigung des Zinses trügerisch. Zwar ist, ebenfalls mit Marx, »die Minimalgrenze des Zinses ganz und gar unbestimmbar. Er kann zu jeder beliebigen Tiefe fallen« (MEW Bd. 25, S. 370). Der Zins kann sogar in realen Größen abzüglich einer mit geeigneten Größen gemessenen Inflationsrate negativ werden, wie dies Mitte der 70er Jahre geschehen ist (dazu unten im siebten Kapitel mehr). Doch »da der Zins bloß ein Teil des Profits ist, der nach unsrer Voraussetzung vom industriellen Kapitalisten an den Geldkapitalisten zu zahlen ist, so erscheint als Maximalgrenze des Zinses der Profit selbst, wo der Teil, der dem fungierenden Kapitalisten zufiele, = 0 wäre. Abgesehn von einzelnen Fällen, wo der Zins tatsächlich größer als der Profit sein, dann aber nicht aus dem Profit gezahlt werden kann, könnte man vielleicht als Maximalgrenze betrachten den ganzen Profit minus dem Teil desselben, der in Aufsichtslohn... auflösbar« (MEW Bd. 25, S. 370). Die hier angedeuteten »einzelnen Fälle« sind seit Beginn der 80er Jahre zur Regel geworden[48].

Für das *einzelne* Unternehmen freilich ist die zins- oder profitträchtige Kapitalanlage tatsächlich eine Alternative. Die obigen Ausführungen gelten gesamtgesellschaftlich. Das heißt, sie haben zunächst nationale Relevanz. Wenn Zinsen also höher als die nationalen Profite sind, dann müssen zur Leistung des Zinsendienstes andere Fonds in Anspruch genommen werden: die Ersparnis anderer Schichten, die nicht zu den Kapitaleignern gehören, der Fonds produktiver Investitionen, schließlich der private und öffentliche Konsumfonds. Das monetäre Problem der Verschuldung hat also reale Auswirkungen. Bei hochgradiger internationaler Verflechtung und einem internationalen Zinsniveau oberhalb der Rentabilität produktiver Anlagen ist dann den wirtschaftspolitischen Instanzen des Nationalstaats die »Zinssouveränität« (Barros de Castro/ Pires de Souza 1985) genommen und damit die entscheidende Steuerungsgröße des (nationalen) ökonomischen Prozesses mit dem Medium Geld. Eine monetäre Größe, der Zinssatz nämlich, wird zur Richtschnur, an der sich unternehmerisches Verhalten und nationalstaatliche Wirtschaftspolitik orientieren müssen. Die Wahlfreiheit, die in dem Vergleich von Zinsrate und Profitrate enthalten ist, besteht bei einer Höhe des Zinssatzes, durch die die »pure profit rate« (OECD, Economic Survey, Juni 1983) auf Null reduziert oder sogar negativ wird, nicht mehr, da ja ein Gegenstand des Vergleichs, der Profit bzw. die Profitrate, verschwindet. Eine zyklisch (und erratisch) schwankende Größe also beeinflußt strukturelle (soziale, ökonomische und politische) Verhältnisse und kann sie knirschend zusammenpressen. Die Abkoppelung der monetären Akkumulation von der realen bedeutet also keineswegs Unabhängigkeit der beiden Sphären, sondern zwanghafte Unterwerfung realer Verhältnisse unter das monetäre Regime des Kredits.

Was heißt bei Weltmarktverflechtung gesamtgesellschaftlich? Eine nationale Gesellschaft hat ja die Möglichkeit des Rückgriffs auf internationale Fonds, also kann sie beispielsweise – um den Regelfall in der gegenwärtigen Verschuldungskrise zu benennen – auf zusätzliche Kredite zur Finanzierung des Schuldendienstes rekurrieren. Also ist die Marx'sche Feststellung von der Obergrenze der Zinsen zu modifizieren; für einzelne Kreditnehmer – Einzelkapitale wie Nationalstaaten – kann sie nahezu endlos ausgedehnt werden, solange die Kreditgeber, also die international operierenden Banken, das Spiel mitspielen. Unabhängig voneinander sind die national-gesellschaftlichen und global-gesellschaftlichen Verhältnisse freilich nicht. Strukturelle Anpassungen von nationalen Produktions- und Reproduktionsbedingungen an monetäre Bewegungen werden von internationalen Institutionen wie IWF, Banken etc. gefordert und teilweise oktroyiert; sie haben notwendigerweise »schockartigen« Charakter[49]. Der Überschuß, aus dem Profit und Zins zu zahlen sind, ist nicht nur von den erwähnten strukturellen Faktoren bestimmt, sondern ebenfalls von zyklisch schwankenden Preisgrößen: von den Preisen für den Ouput, von den Preisen für den Input und von den Wechselkursen der Welthandelswährungen gegenüber der nationalen Währung. Eine »extraction economy« (wie diejenige Amazoniens) ist vor allem von der Entwicklung der terms of trade, also von den Rohstoffpreisen und von den Preisen für Industriewaren, die als Inputs notwendig sind, und vom Wechselkurs des Weltgeldes abhängig. Der Marktzins ist insofern bedeutsam, als mit ihm nicht nur der Schuldendienst auf aufgenommene Kredite steigt und fällt, sondern auch die Rohstofflager bewertet werden: Er ist der Diskontierungsfaktor, mit dem der Gegenwartswert zukünftiger Erträge einer Erzmine z.B. ermittelt wird. Die Verhältnisse werden so freilich auf den Kopf gestellt: Die Erträge fließen nicht etwa deshalb, weil in die Erzmine der ermittelte Wert als Kapital investiert worden ist, sondern umgekehrt: Weil eine regelmäßige Einnahme aus dem Verkauf des Erzes erwartet wird, erscheint diese als Zins, dem eine bestimmte Kapitalsumme entsprechen muß. »Dies ist und bleibt jedoch eine rein illusorische Vorstellung, außer in dem Fall, daß die Quelle (der Einnahmen – EA), direkt übertragbar ist oder eine Form erhält, worin sie übertragbar wird . . .« (MEW, Bd. 25, S. 482). Da sich die Rohstoffpreise ebenso wie die internationalen Zinsen zyklisch (manchmal erratisch) bewegen, schwankt natürlich auch der Kapitalwert. Die Preise und Zinsen sind jedenfalls nicht oder wenig von der Region her zu beeinflussen, zumal »der Zinssatz, der mehr oder weniger den gesamten Prozeß kontrolliert, . . .der Bergbauindustrie durch den Rest der Volkswirtschaft vorgegeben (war), wie auch die Nachfragekurve für den Rohstoff selbst« (Solow 1979, S. 322). Unternehmen in der Region, auch wenn sie wie die Companhia Vale do Rio Doce ein Staatsunternehmen sind, fungieren also als »Mengenanpasser« auf den Weltmärkten einerseits und andererseits machen sie den Versuch, Kosten zu senken, wenn sich die terms of trade verschlechtern und die Fremdkapitalzinsen erhöhen. Dies kann einzelwirtschaftlich natürlich auch die Strategie implizieren, Inputs und Outputs nicht zu bewerten, den »Throughput« zu steigern, Kosten als externe Effekte also »abzuwälzen«. Dann ist durch Weltmarkttendenzen, die ihren Ausdruck in Preisbewegungen finden, unmittelbar der regionale ökonomische Produktionsprozeß und der ökologische Reproduktionsprozeß des Systems natürlicher Ressourcen betroffen. Die Weltmarkttendenzen sind also in der Region und in der Nation präsent; sie dominieren den Verflechtungszusammenhang von Ökologie, Politik und Ökonomie.

Dies also ist es, was den »Sachzwang« ausmacht, der durch die Weltmarktintegration ausgeübt wird. Nationale Politikstrategien ebenso wie regionale soziale und ökologische Kriterien erweisen sich als subaltern gegenüber den ökonomischen Tendenzen des Weltmarkts. Dabei ist natürlich in Rechnung zu stellen, daß diese »Subalternität« nicht notwendigerweise Verluste und Kosten impliziert; sie kann zumindest zeitweise durchaus manchen Nationen Gratifikationen und einen Zuwachs von politischen Ressourcen bringen. Die *Subalternität* ist also *asymmetrisch*. Das beste Beispiel für den Fall der Begünstigung durch Weltmarktintegration ist die Bundesrepublik Deutschland, und die Beispiele für die negativen Seiten der Integration bieten heute die meisten der verschuldeten Länder. Doch ist es klar, daß Begünstigung oder Benachteiligung nicht über Subalternität oder nicht entscheiden; vielmehr läßt es die Asymmetrie der Subalternität zu, daß davon einige Nationen profitieren, die vielen anderen aber nicht[50]. Es ist das Verhältnis von Ökologie, Politik und Ökonomie, in dem ökonomische Tendenzen überwiegen, die Reichweite von Politik limitieren und ökologische Reproduktionsbedingungen unterminieren.

In den nachfolgenden Kapiteln werden die Tendenzen der Funktionsräume Nation (4. Kapitel), Region (5. Kapitel), Weltmarkt (6. und 7. Kapitel) im einzelnen nachgezeichnet und zwar unter dem Aspekt der regionalen »Inwertsetzung«. Zuvor freilich gilt es zu zeigen, wie ökonomisches Prinzip der Verwertung (und Inwertsetzung) und ökologisches Prinzip der Stoff- und Energietransformation auf territorialem Raum zusammenwirken (3. Kapitel).

Drittes Kapitel
Widersprüche der Funktionsräume:
Ökonomie und Ökologie

Die Leute haben das Wort, die den Preis von allem, doch den Wert von nichts kennen
Oscar Wilde
»1222 Taler, das ist alles was er hinterlassen hat.«
Der Erbverwalter über den Nachlaß unmittelbar nach dem Tod von Johann Sebastian
Bach im Jahre 1750

3.1. Der globale Reproduktionsprozeß: Produktion und Zirkulation

Aus einer anderen Perspektive betrachtet läßt sich – zunächst zugespitzt
und vereinfacht – der Weltmarkt als Sphäre der Zirkulation von Kapital
(in den Formen als Warenkapital, produktives Kapital und zinstragendes
Kapital) darstellen, während die Region der Ort der singulären Produk-
tion und Konsumtion der Waren ist. Diese Unterscheidung ist für das
Verständnis regionaler Auswirkungen von (exogen erscheinenden)
Weltmarkttendenzen unverzichtbar. Erst der Zirkulationsprozeß verwandelt den *singulären* Produktionsprozeß in ein Moment des *globalen*
Reproduktionsprozesses, bezieht ihn in die Konkurrenz auf dem Weltmarkt ein, macht dadurch erst die Unterscheidung zwischen endogenen
Bedingungen und exogenen Faktoren möglich und provoziert auf diese
Weise auch alle die Mißverständnisse und Fehldeutungen, über die
schon gesprochen worden ist. Erst als Moment eines globalen Reproduktionsprozesses ist die Produktion von Waren in einer Region nicht mehr
regional-spezifisch, also einzigartig, sondern dem allgemeinen Regime
von trans- und internationalen Kapitalstrategien unterworfen.

Der Doppelcharakter des Produktionsprozesses zeigt sich in neuer
Gestalt: Als Arbeitsprozeß gehorcht er den Gesetzmäßigkeiten des
Stoff- und Energieumsatzes von einer Form, die es gibt, in eine andere,
die gebraucht wird: vorhandene Materialien und Energien werden so
kombiniert und transformiert, daß ein Gebrauchswert zur Befriedigung
eines sich als kaufkräftige Nachfrage äußernden Bedürfnisses entsteht.
Der Ort, auf dem sich die Nachfrage bildet, ist der Weltmarkt. Als
Verwertungsprozeß vergleicht sich der singuläre, regional und lokal
stattfindende Produktionsprozeß einer spezifischen Ware mit allen
anderen Produktionsprozessen des identischen Gebrauchswertes in glo-
balem Maßstab. Denn die einzelne Ware ist zugleich ja Element der auf

den globalen Markt geworfenen Warengattung und so der horizontalen Konkurrenz *innerhalb* der Branche ausgeliefert.

Die Verwertung des in die Produktion investierten Kapitals ist einerseits von »endogenen« Bedingungen abhängig: vom Preis der Arbeitskraft, von der Technologie, der Ergiebigkeit einer Mine, d.h. von Masse und Konzentration einer Ressource bei mineralischer Extraktion, dem hydroelektrischen Potential, der Verkehrsinfrastruktur etc. Andererseits antizipiert Verwertung in der Produktion immer schon die Realisierungsbedingungen, und diese sind entscheidend durch die »exogenen« Faktoren der Konstellationen auf dem Weltmarkt beeinflußt. Als Verwertungsprozeß ist Produktion der Wirkungsweise des Wertgesetzes auf dem Weltmarkt ausgesetzt; als Arbeitsprozeß ist Produktion ökologischen und sozio-ökonomischen Bedingungen in einer Region unterworfen.

Benutzen wir die Kreislauffigur des Geldkapitals, wie sie Marx entwickelt hat (Kapital, Band 2, MEW Bd. 24) zur einfachen Illustrierung des Zusammenhangs: Geld wird aufgenommen (G-G), um damit Ware (W), also Produktionsmittel (Pm) und Arbeitskraft (Ak) zu kaufen. Diese werden im Produktionsprozeß (P) kombiniert, um eine neue Ware zu produzieren (Stoff- und Energietransformation – SET), deren Wert (W') freilich größer als der Wert der ursprünglich gekauften Waren (W) sein muß, damit der Prozeß als Verwertungsprozeß rentabel ist. Dies entscheidet sich allerdings erst dann, wenn der Warenwert (W') auf dem Markt in aktuelles Geld (G') verwandelt worden ist, das zu einem Teil an den ursprünglichen Geldgeber mit einem Zuwachs, dem Zins, zurückfließen muß (G').

$$G - G - W \begin{smallmatrix} \text{PM} \\ \diagdown \\ \text{AK} \end{smallmatrix} ...P... \quad W' - G' - G'$$

..SET..

Nationale, globale Märkte	Regionaler Markt	Nationale und globale Märkte
	Produktions- prozeß	

Als eine Stufe in diesem Zirkulationsprozeß[1] ist lokale oder regionale Produktion voll in den Weltmarkt integriert, da ja alle Märkte, auf denen Produktionsmittel gekauft und die produzierten Waren verkauft werden, Weltmärkte sind. Lediglich der Arbeitsmarkt ist vor allem regionaler und nationaler Markt. Darauf ist bereits hingewiesen worden. Auf der anderen Seite jedoch ist sie arbeitsprozeßlich durch ihren regionalen bzw. lokalen Standort charakterisiert. Aus dieser Doppelgesichtigkeit ergeben sich Interferenzen, die sich zunächst in drei Argumenten, denen im Folgenden nachzugehen sein wird, zusammenfassen lassen.

Erstens sind Produktion und Konsumtion nicht nur ökonomischen Regeln, sondern auch physikalischen (energetischen, thermodynamischen) Gesetzen unterworfen, wodurch sich spezifische Interferenzen zwischen Ökonomie und Ökologie auf regionaler Ebene ergeben. Sowohl Produktion (produktive Konsumtion) als auch Konsumtion (konsumtive Produktion)[2] sind Prozesse der Stoffumwandlung. Die Bedingungen der Zirkulation auf dem Weltmarkt jedoch abstrahieren mit dem Fortschritt der Kommunikationstechnik mehr und mehr von allen räumlichen, zeitlichen und stofflich-physischen Eigenschaften. Raum und Zeit, die natürlichen Koordinaten der menschlichen Existenz, werden den Bedingungen der Kapitalverwertung im Weltmaßstab so weitgehend wie möglich angepaßt; der Maßstab auf den Koordinaten ist nicht mehr die physische Distanz oder der jahreszeitliche bzw. Tagesrhythmus, sondern die Tabellierung von Orten unterschiedlicher Verwertungsraten und das vom Kapitalumschlag definierte Zeiterfordernis, das möglichst abgekürzt werden soll. Die Bewegung in Raum und Zeit folgt also immer weniger den subjektiven Maßstäben und Horizonten konkreter Menschen an konkreten Orten und immer mehr dem dromologischen Beschleunigungstrieb von Verwertung und Akkumulation des Kapitals. Es wird also der »Zeitgeber« für die Rhythmen des gesellschaftlichen und individuellen Lebens ausgetauscht.

Zweitens werden bei der weltmarktvermittelten Zirkulation Waren aus sehr unterschiedlichen Regionen aller Kontinente miteinander verglichen, sofern sie identische oder gegenseitig substitutive Gebrauchswerte besitzen. Die konkrete Ware wird also auf dem Weltmarkt als singulärer Teil der gesamten Warengattung gehandelt (zirkuliert), in der Region hingegen als Produkt eines im Hinblick auf die Produktionsbedingungen und die Einwirkungen auf das natürliche Ambiente einzigartigen Prozesses produziert. Die Ware als konkretes Produkt regionaler Produktion ist also etwas anderes als die gleiche Ware in ihrer Eigenschaft als Teil einer Warengattung auf dem Weltmarkt. Das Fleisch der Rinder der amazonensischen Viehwirtschaft ist in Amazonien etwas anderes als dasselbe Fleisch, das in Chicago in Preis- und Qualitätskonkurrenz mit argentinischem, neuseeländischem oder EG-Überschußfleisch gehandelt wird. Das Aluminium, das in São Luís oder Barcarena unter konkreten sozialen Bedingungen mit regional wirksamen ökologischen Auswirkungen produziert wird, ist zugleich Teil der Stapelware, die an der Aluminiumbörse von London gehandelt wird, ohne physisch vorhanden zu sein. Hier reflektiert sich also sowohl der Doppelcharakter der Ware als Tauschwert und Gebrauchswert wie auch die doppelte Existenz der unter konkreten Bedingungen produzierten Ware als solche und als Teil der auf dem Weltmarkt insgesamt angebotenen Warenmenge, wo die konkreten spezifischen Produktionsbedingungen, die sich als individueller Kostpreis ausdrücken, gegenüber einem Durchschnitt, dem Marktwert, also dem an den Warenbörsen von London oder Chicago gebildeten Weltmarktpreis, bedeutungslos geworden sind.

Drittens schließlich ist zu vermerken, daß der Weltmarkt Produktions- und Konsumtionsorte durch die Zirkulation verbindet und sie so dem Gesetz des Durchschnitts, das auf ihm herrscht, unterwirft. Damit aber macht sich die Abstraktionstendenz in der Zirkulationsphäre des Weltmarkts auch im regionalen Produktions- und Konsumtionsprozeß geltend. Die Produktion von konkreten Waren ist daher auch doppelt bestimmt. Zum einen ist der Produktionsprozeß einer Ware ein Moment der regionalen Produktion insgesamt. Technologie und soziale Organisation richten sich nach regionalen Bedingungen und – bei Orientierung auf den Weltmarkt – der Konkurrenzfähigkeit im Vergleich mit anderen Anbietern auf dem Weltmarkt. In der Region konkurrieren die einzelnen Produzenten um das regionale Angebot von Arbeitskräften und von anderen Faktoren der Produktion. Sie können auf eine gemeinsame Infrastruktur zurückgreifen; der Produktionsprozeß findet in einem gemeinsamen kulturellen Milieu statt. Die Produzenten sind auch stofflich miteinander verknüpft, durch *externe Effekte* (Kuppelproduktion; selten external economies und in der Regel external diseconomies). Doch gegenüber der regionalen Situiertheit im territorialen Raum stehen zum anderen die durch die Konkurrenz im funktionalen Raum des Weltmarkts erzwungenen Nivellierungstendenzen. Wieder also sind wir mit der doppelten Wirkung der Konkurrenz konfrontiert: der Konkurrenz zwischen den Branchen in einem territorial definierten Zusammenhang und mit der Konkurrenz in einer Branche, die globale Ausmaße hat. Länder und Landschaften verlieren ihre unverwechselbare Charakteristik und verwandeln sich in ein Segment der Weltmarkt-Zirkulation. Dafür sind die lokalen, regionalen oder nationalen Besonderheiten der Kommunikation (von Essgewohnheiten über Rechtsformen des gesellschaftlichen Verkehrs, wozu banalerweise auch die Regeln des Straßenverkehrs gehören, bis zum Medium einer lokalen oder regionalen Sprache) eher hinderlich.

3.2. Nivellierungstendenzen des Weltmarkts

Setzen wir uns ausführlicher mit diesen drei Punkten auseinander. Die durch den Zirkulationsprozeß auf dem Weltmarkt transportierten Konsummuster drücken einer spezifischen regionalen Realität ihren Stempel auf. Für die Produktion von Waren gilt Analoges; die Produktionsbedingungen von Waren (Rohstoffe ebenso wie Industriegüter) und die Verwertungsbedingungen von Kapital, wie sie auf dem Weltmarkt vorherrschen, müssen in der Region aus Gründen der »Konkurrenzfähigkeit« – dazu unten mehr – akzeptiert werden. Die Region wird also »angepaßt« und in diesem Prozeß werden das natürliche Milieu ebenso wie die gesellschaftlichen Verhältnisse verändert. Der Weltmarkt wird so zur ideologischen Praxis in dem gegen Ende des vorangegangenen Kapitels angedeuteten Sinne; es wird eine »zweite Natur« geschaffen, transformiert in ein »allgemeines Objekt . . .nicht nur der Arbeit, sondern insbesondere der kapitalistischen Produktion, die sich ihrer mehr und mehr bemächtigt« (Morães/da Costa 1984, S. 89). Der Natur wird lebendige und tote Arbeit im Produktionsprozeß »inkorporiert« und damit werden jedenfalls ihre Phänomenonologie, ihre Ästhetik, die Bio-, Geo- und Ökotopologie verändert. Die »erste Natur« (oder bereits die zweite, dritte, vierte, wenn man als »erste Natur« die »jungfräuliche Natur« begreift) wird in diesem Prozeß produktiv zerstört, d.h. es wird zugleich eine neue »Natur produziert« (Isaiah Bowman 1934). Dieser Prozeß der »Bemächtigung des Raums« stellt sich zunächst als die Aneignung sämtlicher Parzellen des Raums durch Privateigentümer dar. Die Natur existiert sozusagen doppelt: mit ihrer Qualität des konkreten Raums, in dem die natürlichen Ressourcen ein System von aufeinander angewiesenen verschränkten Kreisläufen bilden, und als eine Sammlung ausgepreister Parzellen, immer geeignet, den Eigentümer auf dem Markt (für Grundeigentum oder für Eigentumstitel an natürlichen Ressourcen, z.B. Bergwerken) zu wechseln (Morães/da Costa 1984, S. 89). Der Raum wird mithin in eine Sammlung von physisch wenig mobilen oder immobilen Waren verwandelt. Durch Papier über Besitztitel und zukünftige Erträge aus der Immobilie wird erst die für die Zirkulation als Ware und Wert notwendige Mobilität hergestellt. Als solche unterscheiden sie sich nicht wesentlich von anderen Waren, auch wenn der Prozeß der Preisbildung komplizierter als beispielsweise bei einer Dose Schuhcreme ist[3].

Die Verschiebung der Raum- und Zeitkoordinaten findet nun nicht mehr nur außerhalb oder jenseits der regionalen Funktionsräume in den »abgehobenen« Sphären der Weltmarktzirkulation statt. Der Raum, das Stück Land oder die *Ressourcen* unterhalb und oberhalb der Erdoberfläche, werden mit ihrer Integration in den globalen Wertekreislauf in einen *Wert* verwandelt. Dabei geht es einerseits um die Verwertung *des* Raums und zum anderen um die Verwertung *im* Raum (Morães/da Costa 1985, S. 121ff.), zwei Seiten eines Prozesses, der auch als »*Inwertsetzung*« bezeichnet wird. Was es damit auf sich hat, wird im vierten und fünften Kapitel dargelegt.

Die Logik dieses Produktionsprozesses folgt einem Pfad, der weniger durch »die extreme Undenkbarkeit des physischen als durch die Profitträchtigkeit des ökonomischen Ereignisses« (Bowman, zit. nach Smith 1984, S. 61) abgesteckt wird. Im Zirkulationsprozeß von Werten kann diese Rücksichtslosigkeit gegenüber natürlichen Raum- und Zeitkoordinaten offensichtlich weiter getrieben werden als im Produktionsprozeß. Betrachten wir den Transportprozeß als Abschnitt des Produktionsprozesses (der erst abgeschlossen ist, wenn das Produkt beim Verbraucher angekommen ist), dann wirken alle Tendenzen dahin, diesen Abschnitt abzukürzen, um die Zirkulationszeit des Kapitals zu reduzieren[4]. Die Werte, wenn sie erst Geldform angenommen haben, können vom konkreten Gebrauchswert, der bewegt und von einem Ort zu einem anderen transportiert werden müßte, um zu zirkulieren, »entkoppelt« werden. Obendrein wird mit der kapitalistischen Entwicklung das Geld als Medium der Zirkulation[5] tendenziell dematerialisiert: vom metallischen, schwerfälligen Geld, über Banknoten und Giralgeld bis zum elektronischen Geld. An die Stelle des selbst wertvollen, »goldigen« Geldes treten seine wertlosen Repräsentanten, allerdings gerade deswegen geeignet, die Geldfunktionen auszuüben. Nur noch in Ausnahmefällen werden heute Goldtransporte zum Ausgleich von (privaten oder staatlichen) Zahlungssalden durchgeführt. Die Regel ist, daß »auf Knopfdruck heute 500 Mio $ von Singapur über die City von London nach den Bahamas geblitzt werden könne, so als ob keinerlei physikalische Distanz zwischen ihnen bestünde« (Smith 1984, S. 84). Erwähnt werden muß hier allerdings, daß es sich bei dem elektronisch »geflashten« Geld überwiegend nicht um Zirkulationsmittel, sondern um Zahlungsmittel (Kredit) handelt. Natürlich ergeben sich daraus Konsequenzen für die konkreten Orte Singapur, London oder die Bahamas; sie unterwerfen sich einem Zeit- und Verwertungsprinzip, das die ursprünglichen Unterschiede zwischen ihrer urbanen Physiognomie und Funktionalität nivelliert, sieht man von einigen, fast wie Relikte wirkenden klimatischen und physischen Eigenarten ab[6].

Die Nivellierungstendenzen wirken allerdings nicht nur auf dem in diesem Beispiel angesprochenen telematisch gesteuerten monetären Weltmarkt, der »alleobersten« Ebene der Zirkulation, sondern auch bei der Produktion von Waren. Die Coca Cola wird nach identischer Formel im Süden und Norden, im Westen und Osten gebraut und das

Wiener Schnitzel gibt es als Inkarnation der internationalen Küche in den Restaurants aller fünf Kontinente ebenso wie die Pizza oder die Frankfurter Würstel. Für das Leben der Menschen ist allerdings in der Zwischenzeit viel wichtiger, daß die modernen Massenmedien, vor allem das Fernsehen, in die letzten Winkel vorgedrungen sind und Konsum- und Lebensnormen aus den Metropolen in die Peripherie übertragen. Kein Industrieprojekt in Amazonien, so kann zugespitzt behauptet werden, hat die Tiefenwirkung wie die Satellitenbestrahlung der gewaltigen Region mit den in São Paulo und Rio de Janeiro gemachten TV-Programmen.

Bei der Konsumtion ist es kaum, bei der Produktion freilich überhaupt nicht möglich, die qualitativen Eigenschaften von Raum (Räumlichkeit) und Zeit (Zeitlichkeit) sowie die Gebrauchswertseite (Materialität) der Werte gänzlich außer Acht zu lassen. Folglich sind den Nivellierungstendenzen auch Grenzen gesetzt. Es widerstreiten bei der Produktion im regionalen Raum zwei gegensätzliche Prinzipien. Einmal die Bedingungen der Verwertung des Kapitals und zum anderen die natürlichen (räumlichen, zeitlichen, energetischen) Gesetzmäßigkeiten der intelligenten Stoffumwandlung zur Herstellung von Gebrauchswerten. Produzieren heißt Produktion des Raums, »Produktion der Natur« (Smith 1984, S. 34ff; Santos 1978; Soja 1985, S. 92). Die Resultate der Produktion manifestieren sich im Raum als Kulturlandschaften, Gebäude, Städte, Straßen, Atomruinen, Kanäle, Kloaken und Smogwolken, Wüsten, Müllberge etc. Was den Raum zu einem Jagdgebiet macht, sagt Marx, ist die Tatsache, daß gewisse Stämme darin jagen; was eine Region zu einer Erzprovinz macht, ist die Tatsache, daß Erz durch Minengesellschaften geschürft wird; was eine Region zu einem Industriegebiet macht, ist die räumliche Realisierung von Unternehmensentscheidungen oder von staatlicher Planung, die die Ansiedlung von Industriebetrieben zum Ziel hat. Was einen Raum zu einem Erholungsgebiet macht, ist die Zerstörung anderer Räume und die Translokation der Befriedigungsmöglickeiten von Erholungsbedürfnissen der Menschen in ein als Erholungsgebiet definiertes Territorium. Kurz: Was die regionale (Um)welt der Menschen – lebensfreundlich und lebensfeindlich – gestaltet, ist deren eigener, gesellschaftlich organisierter und politisch beeinflußter Produktions- und Konsumtionsprozeß. Dieser hat, wie ausgeführt worden ist, einen doppelten Charakter: die Produktion des Raums ist zugleich seine Verwertung. Die Produktion hat daher eine stoffliche ökologische und eine wertmäßige ökonomische Seite. »Das gesellschaftliche Leben ist materiell in seine Räumlichkeit eingebunden« (Soja 1985, S. 94). Ökonomische Prozesse kommen durch menschliche Aktivitäten zustande, die entropischen Prozesse der materiellen Umwelt hingegen laufen automatisch ab (Georgescu-Roegen 1971, S. 281). Auf die darin eingeschlossenen Widersprüche ist nun einzugehen.

3.3. Wert oder Unwert der Natur

Der Doppelcharakter des Produktionsprozesses und der Beitrag der Natur zur Produktion von Waren ist das Problem. Dieses (und seine Konfundierung) sind freilich nicht neu. Es durchgeistert die politische Ökonomie seit deren Beginn und verweist auf die Schwierigkeiten, zwischen stofflichem, konkretem *Reichtum* einerseits und abstraktem, letztlich in Geld meßbarem *Wert* andererseits, bzw. zwischen den stofflich-energetischen Prozessen unter thermodynamischen Restriktionen und den ökonomischen Prozessen, die der Rationalität (oder Irrationalität) der Überschußproduktion (Profitprinzip) gehorchen, zu unterscheiden. Unkontrovers, wenn auch in der »mainstream«-Ökonomie vergessen, ist dabei noch die von William Petty stammende Formel, daß die Arbeit der Vater, die Erde die Mutter des stofflichen Reichtums, mithin – wie Marx hinzufügt – »die Arbeit . . .also nicht die einzige Quelle der von ihr produzierten Gebrauchswerte« (Marx, MEW Bd. 23, S.58) sei[7]. Von der Seite der Produktion materieller Güter, des »Reichtums der Nationen« zu unterscheiden ist der Prozeß der *Wertbildung*, der zugleich die *Inwertsetzung* natürlicher Ressourcen ist. Hier entsteht Wert dadurch, daß Produktionsmittel, darunter auch natürliche Ressourcen, durch die Arbeit im Produktionsprozeß »begeistet« werden, um in der Zirkulation als Werte (und als Mehrwerte) realisiert zu werden. Zu dieser Leistung muß die Arbeit veranlaßt werden; denn nicht jede Arbeit in der Menschheitsgeschichte war und ist wertbildende Arbeit: sie muß in eine der Wertbildung adäquate Form gebracht werden, in *Lohnarbeit* nämlich. Eine Strategie der Inwertsetzung ist also auf jeden Fall darauf angewiesen, Arbeitskraft in Ware zu verwandeln, die dem Kapitalverwertungsprozeß einverleibt werden kann[8]. Es wird mithin auf jeden Fall die Trennung der unmittelbaren Produzenten von ihren Produktionsmitteln, die Entstehung der Institution des privaten Eigentums und des Marktes für Waren, speziell für Arbeitskraft vorausgesetzt.

Wenn schon die stofflich-energetische und die wertmäßige Seite eines Produktionsprozesses nicht identisch sind, wenn also der Produktionsprozeß den von Marx entdeckten »doppelten Charakter« hat, wenn gar die beiden Seiten temporär in Widerspruch zueinander geraten können, dann muß natürlich auch die Frage gestellt werden, wie dieser Widerspruch theoretisch zu fassen und aufzulösen ist. Hans Immler (1984) stellt dazu, auch wenn er ausschließlich im Hinblick auf die ökologische Krise in entwickelten Industriegesellschaften argumentiert, folgende Überlegung an: Die Natur sei keine Konstante, sie verändere sich im Prozeß der Bearbeitung ständig. Wenn jedoch die »Arbeitswertlehre« auf der Annahme von der Naturkonstanz beruhe, dann »auf einer Voraussetzung, die prinzipiell durch jede Arbeitshandlung aufgehoben wird« (Immler in Immler/Schmied-Kowarzik 1984, S.67). Die traditionelle (politische) Ökonomie weise folglich ernst zu nehmende Defizienzen auf. Und: »Solange der Natur-Wert-Zusammenhang aus der Kritik der politischen Ökonomie und damit in gewisser Weise auch aus der ökonomischen Praxis herausgehalten wird, so lange erscheint mir ein ökonomisches Verständnis von Natur und Naturkrise ausgeschlossen« (ebenda S.67). Die einseitige Orientierung der ökonomischen Theorie auf die Wertbildung durch Arbeit und die damit gegebene strukturelle Vernachlässigung des Beitrags der Natur zur Wertbildung seien mitverantwortlich für die Nonchalance der Politischen Ökonomie gegenüber der gegenwärtigen ökologischen Krise. Die Schlußfolgerung Immlers ist allerdings überraschend; die Natur soll in ökonomischen Kategorien verstanden werden, es solle endlich akzeptiert und theoretisch verarbeitet werden, daß nicht nur die Arbeit, sondern auch die Natur Wert *sei* und Werte *bilde.* Bevor die staatliche und privatwirtschaftliche Inwertsetzung einer Region oder von natürlichen Ressourcen in ihr beginnt, ist schon definitorisch die Natur mit ihren Raum- und Zeitkoordinaten sowie allen Bestandteilen zum Wert erklärt worden.

Immler steht mit dieser Auffassung keineswegs allein. Auch Stephen Bunker (1985) erklärt seine Skepsis gegenüber der Brauchbarkeit der Arbeitswerttheorie, wenn es darum gehe, Entwicklungsprozesse im Sinne regionaler Inwertsetzung zu begreifen. Denn »eine Arbeitswerttheorie schließt aus ihren Überlegungen die Nützlichkeit von Energietransformationen in der natürlichen Umwelt für die Aufrechterhaltung der gesellschaftlichen Reproduktion aus« (Bunker 1985, S.35). Es gehe nicht an, so wie die klassische (und marxistische) Theorie, »die Umwelt als passiv und plastisch« (Bunker 1985, S. 13) vorauszusetzen. Vielmehr müssen natürliche Transformationen von Energie und Materie als Prozesse der Wertextraktion aus der Natur begriffen werden. Bunker geht nicht so weit wie Immler, der ja vom Wert *der* Natur spricht. Er geht statt dessen von »Werten *in der* Natur«(Bunker 1985, S. 31ff) aus: »Theoretisch und praktisch sind Natur, Werte in der Natur und die Wirtschaften, die auf den Werten in der Natur beruhen, systematisch unterbewertet worden . . .«(Bunker 1985, S. 31). Freilich ist die Differenzierung bedeutungslos, wenn es sich bei den Werten in der Natur um Werte von Teilen der Natur handelt; in diesem Fall hat ja auch die Natur einen Wert. In der

Konzeption der »Inwertsetzung des Raums« wird dem dadurch Rechnung zu tragen versucht, daß Inwertsetzung *des* Raums von Inwertsetzung *im* Raum unterschieden wird (Morães/da Costa 1984).

Bevor wir uns weiter mit dieser These und den daraus zu ziehenden Schlußfolgerungen auseinandersetzen, diskutieren wir kurz einen anderen Ansatz, der die Lösung für die Frage des Werts der Natur offeriert. Neoliberale oder neoklassische Ökonomen versuchen das Problem der Koexistenz einer ökonomischen und ökologischen Logik in der Region in den Griff zu bekommen, wenn sie der Natur, wenn schon nicht wertbildende Potenz, so doch einen »Wert« zusprechen, indem sie jede Parzelle des natürlichen Raums mit *Preisen* ausstatten. Dafür ist eine Voraussetzung, daß das »Gottesgeschenk Natur«[9] in handhabbare Einzelteile zerlegt werden kann, die dann als Waren auf den (Welt)märkten gehandelt werden. Dafür ist eine Auspreisung der Ressourcen, von der Luft, die wir atmen, über Planquadrate des Ozeans, Wälder und Flüsse, bis hin zu den mineralischen Reserven und den registrierten Teilen von Flora und Fauna[10], die Voraussetzung. Die »Schaffung neuer Eigentumsrechte« (Lepage 1981, S. 170) in der und an der Natur ist die Bedingung dafür, daß die »natürliche« oder die »produzierte« Natur überhaupt bepreist werden können. Dieser Entwurf einer Naturordnung würde der Natur allerdings nur insofern einen Wert beimessen, als sie in Bestandteile zerlegt worden wäre und diese einen *Preis* hätten. Die Natur, bzw. ihre mit einem Preis ausgestatteten Teile, können so dem Marktmechanismus untergeordnet werden, was der neoklassischen Ökonomie Gelegenheit bietet die formale, ökonomische Theorie anzuwenden.

Diese Idee leitet die »Ressourcenökonomie« (z.B. Siebert 1979; Endres 1985), sie liegt neoliberalen Ansätzen der »imperialistischen« Expansion des ökonomischen Prinzips auf alle Welt (wie Boulding gegen die Manie ironisch einwendet, auf alle menschlichen Lebensbereiche[11] den Apparat des ökonomischen Rationalkalküls anzuwenden) zugrunde, hat mit ihrem »Charme« Ansätze marktökologischer Provenienz (z.B Reiche 1985) ergriffen. Die Grundidee ist simpel: »Alle Dinge, die niemandem gehören, werden von allen sehr gern benutzt, aber von niemandem gepflegt...« (Gruhl 1975, S. 44). Daher muß der Erdball sozusagen in eine Ansammlung umzäunter Schrebergärtchen umgewandelt werden. Die Grundthese des »Ökoplan« von Brunowsky und Wicke (1985) lautet analog: »Den Eigennutz richtig steuern.« Die alte bürgerliche Selbstgewißheit des Bernard de Mandeville kehrt offensichtlich, nun aber weniger (selbst)ironisch, zurück: »private vices« können sich durch geeignete ordnungspolitische Maßnahmen in »public benefits« verkehren.

Die Überziehung des gesamten Territoriums mit Privateigentum ist die eine Seite, die andere ist die schon erwähnte Auspreisung aller ihre

Knappheit und Endlichkeit herauskehrenden Ressourcen. Letztlich geht es darum, alle Bestandteile des *territorialen* Raums auch in den *ökonomischen* Funktionsraum einzuführen, indem sie *privatisiert* und mit Preisen versehen werden, obwohl sich viele Ressourcen wegen ihrer stofflichen Eigenschaften, die eine Privatisierung schwierig oder gar unmöglich machen (die Ozeane, die Luft, die wir atmen), dagegen wehren, also schon wegen der Dimensionen ihrer Prozeßabläufe (welt)gesellschaftlichen Charakter haben und nicht mehr oder nur gewaltsam individualisiert werden können. Die vielen »kleinen Entscheidungen« können sich »tyrannisch« (Kahn 1966) zu großen Folgen aggregieren: die Millionen Autos zur Vernichtung des Waldes, die Tausenden von Brandrodungen im Süden von Pará zur Veränderung möglicherweise des globalen Klimas, die vielen kleinen Spraydosen zur Perforation der Ozon-Schicht etc.

Für diese Fälle, bei denen das von Musgrave so bezeichnete »exclusion principle« nicht oder nur unter absurden theoretischen und nur gewaltsam zu realisierenden praktischen Voraussetzungen greift, werden stellvertretend Zertifikate auf die Nutzung der Ressourcen bis zu einem bestimmten, definierbaren Belastungsgrad vorgesehen (Vgl. Bonus 1985) – ganz der Logik gehorchend, die Einzelteile der Natur entweder in handelbare Waren zu verwandeln oder doch wenigstens private Nutzungstitel auf allen Menschen gemeinsame Ressourcen auszugeben[12].

Diejenigen Teile der Natur, die sich nicht auspreisen lassen, entziehen sich entweder dem ökonomischen Kalkül oder machen sich jenseits der privatwirtschaftlichen Rationalität »extern« bemerkbar. Eine Schlüsselkategorie in diesem Kontext ist daher diejenige der »*externen Effekte*«. Freilich stellt sie gleich in mehrfacher Hinsicht der mainstream-Ökonomie ein Armutszeugnis aus. Dabei soll gar nicht auf die Beispiele verwiesen werden, mit denen in den klassischen Werken von Marshall, Pigou oder Meade »externalities« beschrieben werden; sie zeigen nur, wie unernst mit dem durch den *territorialen Raum* hergestellten materiellen und energetischen Verflechtungszusammenhang privatwirtschaftlicher Produktion im *ökonomischen Funktionsraum* umgegangen wurde[13] und wie wenig der Unterschied zwischen ökonomischem Zeitregime und Ressourcenzeiten berücksichtigt wird. Wichtiger ist nämlich, daß externe Effekte offensichtlich nur insoweit interessieren, wie ökologische Auswirkungen ökonomischer Aktivitäten nicht vom System natürlicher Ressourcen »weggesteckt«, also intern verarbeitet werden können. Die Endlichkeit und Erschöpflichkeit der Ressourcen ist also das Problem, das die Ressourcenökonomie auf den Plan ruft: »Eine unbedingt einzuhaltende *Mindestqualität* der Umwelt ergibt sich ... direkt aus der Notwendigkeit, das ökologische Gleichgewicht zu wahren. Diese Mindestqualität unterliegt *nicht* den Präferenzen der Wirtschaftssubjekte; sie ist ein Datum des ökologischen Systems . . .(Es ist) erforderlich, den die ökonomische Aktivität begleitenden *Materialkreislauf* zu studieren und dafür zu sorgen, daß ein *Kreislaufgleichgewicht* gewahrt bleibt . . .Die assimilative Kapazität der Umwelt ist aber knapp.« (Bonus 1979, S. 190): Schlußfolgerung:» . . .wie für alle knappen Ressourcen gibt es auch für Umweltressourcen *Schattenpreise*« (ebenda; Hervorhebungen von Bonus), also geht es um die Expansion des ökonomischen Prinzips auf die (noch) nicht bepreisten Ressourcen, um die Internalisierung von externen Effekten, die bei anderen (Produzenten oder Konsumenten) als Zunahme der Produktionskosten oder Abnahme der Grenzerträge bzw. als Beeinträchtigung der Befriedigungsmöglichkeiten von Bedürfnissen fühlbar werden[14].

Wie schon angedeutet worden ist, entstehen externe Effekte immer dann, wenn ökonomisch bewertete Inputs und Outputs nicht identisch mit den stofflichen und energetischen Inputs und Outputs sind und daher ein »Throughput« (Daly 1977) zustandekommt, der für andere als die Verursacher fühlbar wird[15]. Externe Effekte sind also der Ausdruck für den Doppelcharakter von Produktion und Konsumtion: als Transformationsprozeß von Energie und Materie und Verwertungsprozeß von Kapital. Dies ist die eine Seite, die heute als »Umweltproblem« die Aufmerksamkeit aller Welt erregt[16]. Die andere Seite ist die *informationelle* (Vgl. dazu Altvater 1969, S. 22ff), d.h. durch die Divergenzen zwischen stofflicher Transformation und bewerteten Prozessen wird der ökonomische Allokations- und Distributionsmechanismus beeinflußt, durchaus in dem von Pigou erwähnten Sinne, daß privates und soziales Nettoprodukt nicht deckungsgleich sein können, sofern externe Effekte vorkommen. Die allenthalben in der ökonomischen Theorie vorgeschlagenen Strategien zur Internalisierung zielen daher darauf, das dem ökonomischen Rationalitätsbegriff zugrundeliegende Kostenkalkül wieder so in Ordnung zu bringen, daß Allokations- und Optimierungsstrategien mikro- und makroökonomisch stimmen[17]. Grundsätzlich wäre es also möglich, externe Effekte oder »Sozialkosten« als alle direkten oder indirekten Verluste zu betrachten, die Drittpersonen oder die Gesamtheit als Folge der privaten Wirtschaftstätigkeiten erleiden (Kapp). Sozialkosten sind also die Gegenposten von volkswirtschaftlichen Wohlfahrtsdefizienzen, wodurch auf jeden Fall ein Problem für die optimale Allokation der Ressourcen und Produktionsfaktoren entsteht. In dieser Betrachtung wäre der doppelte Charakter ökonomischer Tätigkeiten als Verwertungshandeln und Stofftransformation uninteressant. Die daraus resultierenden Gegensätze werden ausgeblendet zu Gunsten der Analyse von Diskrepanzen mikro- und makroökonomischer Größen; das heißt aber auch, daß die Analyse im System ökonomischer Kategorien verharren und die natürlichen Ressourcen als schwarzen Kasten behandeln kann, der bestens dann funktioniert, wenn privates und soziales Nettoprodukt identisch sind. Diese Begrenzung der Ressourcenökonomie und der Theorie externer Effekte ist freilich nicht sehr befriedigend, auch wenn es so erleichtert wird, nun den formalen Apparat ökonomischer Methodologie auf diesen Problemsektor anzuwenden.

Es ist aber auch möglich, gerade die physischen Transformationen in Rechnung zu stellen, die die Natur als Milieu menschlicher Existenz verändern und daher jede Produktion und Konsumtion in der Zukunft vor neue Bedingungen stellt, positive, doch in der Regel negative. Der Grund für das Überwiegen negativer externer Effekte ist der durch Stoff- und Energieumwandlung herbeigeführte Effekt der *Entropiesteigerung;* nur in offenen Systemen kann die Entropie reduziert werden und in diesem Kontext als positive externe Effekte verbucht werden.

Dies ist ein wichtiger Punkt. Denn durch externe Effekte können Entwicklungsprozesse (in dem im ersten Kapitel diskutierten Sinne) stimuliert oder behindert werden. Hirschman meint, daß eine Voraussetzung für den beschleunigten Industrialisierungsprozeß in Westeuropa die Möglichkeit war, die sozialen Kosten abzuwälzen, also einen guten Teil der tatsächlichen Produktionskosten nicht ins privatwirtschaftliche ökonomische Kalkül einbeziehen zu müssen. Die Input-Output-Relation ist dadurch verbessert worden, daß der Throughput gesteigert wurde. Im Kontrast dazu, so seine These, »besteht die größte Schwierigkeit bei einer schnellen Industrialisierung der heute unterentwickelten Länder genau darin, daß die nicht darauf vorbereitet sind, diese sozialen Kosten zu tragen, die mit dem Entwicklungsprozeß im frühen 19. Jahrhundert in Westeuropa so spektakulär verbunden waren«(Hirschman 1958, S. 57). Darauf hat ja bereits Engels in seiner »Lage der arbeitenden Klasse in England« (MEW, Bd. 2) aufmerksam gemacht und K. William Kapp hat den Sozialkosten im Verlauf der kapitalistischen Entwicklung seine große und viel zu wenig beachtete Studie (Kapp 1958) gewidmet. Die Frage ist aber auch hier zu stellen, ob dieser Prozeß erstens nachgeholt werden kann und zweitens, wenn er nachgeholt werden kann, ob er unter ökonomischen Kriterien lohnend ist. Uhlig ist offensichtlich der Auffassung, daß dem so wäre, wenn er »Vorbehalte gegen eine extreme Anwendung der Internalisierung« (Uhlig 1966, S. 140) anmeldet: »Wenn man die zum Teil außerordentlich hohen Vermeidungskosten berücksichtigt, mit denen manche Industriebetriebe in den Industrieländern in neuerer Zeit belastet werden, und bedenkt, daß ähnliche Vermeidungsmaßnahmen und -kosten auch bei vergleichbaren Unternehmen in Entwicklungsländern notwendig werden können, so dürfte klar sein, daß in vielen Fällen die einzelwirtschaftliche Rentabilität und damit der Investitionsanreiz für die Einzelunternehmen in großem Maße beschränkt wird...« (ebenda) Und er fügt hinzu, daß das Problem der Entwicklungsländer ja »vielfach« überhaupt eine Nutzung von Ressourcen sei, und nicht die Kalkulation aller bei der Nutzung anfallenden Inputs und Outputs (ebenda, FN 12). Doch kann dieser These berechtigte Skepsis entgegengebracht werden, angesichts der »externalities« im Verlauf des Entwicklungsprozesses während der »nachholenden Industrialisierung«. Externe Effekte werden durch das System der natürlichen Ressourcen »transportiert« und lassen es nicht unbeschädigt. Das System der Ressourcen und der »Throughput« von energetischen und materiellen Strömen können schon aus Gründen ökonomischer Rationalität nicht als »schwarzer Kasten« behandelt werden. Wenn erst die Schäden der »äußeren« Natur zu Schäden der »inneren« Natur der Menschen werden, ist es zu spät, um Abhilfe zu schaffen. Denn natürliche Prozesse sind *irreversibel,* die Richtung und das Ausmaß der Entropiesteigerung können nur beeinflußt, rückgängig können sie nicht gemacht werden.

Die Möglichkeiten zur Berücksichtigung des »Throughput« im ökonomischen Prozeß hängt allerdings nicht allein von ökonomischen Rationalitätserwägungen, sondern auch von der *kulturell* bedingten Haltung zur Natur[18] und den politischen Artikulationsbedingungen in einer Gesellschaft ab. Hier zeigt sich bereits die Bedeutung des politischen Systems, seiner Freiheiten für soziale Organisations- und politische Artikulationsmöglichkeiten, bei der Gestaltung des ökonomischen Prozesses. Darauf wird noch bei der Analyse der amazonischen »società civile« zurückzukommen sein.

3.4. Ökonomische Überschußproduktion und thermodynamische Gesetze

In der Natur sind nach dem ersten Hauptsatz der Thermodynamik stoffliche und energetische Inputs immer den Outputs gleich. Energie kann nicht produziert, sondern nur von einer Form in eine andere umgewandelt werden. Da dies, sofern es sich um kontrollierte Transformationen (also nicht um einen Vulkanausbruch oder ein Erdbeben beispielsweise) handelt, ein Prozeß ist, durch den vorhandene in für den Menschen brauchbare Energie[19] umgewandelt wird (für Stoffe gilt Analoges), ist das thermodynamische Konzept, auf das ökonomische System angewandt, eindeutig *anthropozentriert.* Wohlgemerkt, in seiner strikt naturwissenschaftlichen Formulierung ist dies nicht der Fall. Die beiden Sätze von Clausius aus dem Jahre 1865 lauten: (1) Die Energie des Universums ist konstant, so daß zwischen Energie- und Stoffinputs und den Outputs des Transformationsprozesses (in einem geschlossenen System, also ohne Energieabfuhr und -zufuhr) unbedingt Gleichheit herrscht, und (2) die Entropie der Welt strebt einem Maximum zu (Prigogine/Stengers 1986, S. 128; Georgescu-Roegen 1971, S. 129). Energie bzw. Materie streben dahin, aus der Ordnung der Ungleichverteilung in die Unordnung der Gleichverteilung (Georgescu-Roegen) gebracht zu werden und daher weniger oder gar nicht mehr verwendbar zu sein (zweiter Hauptsatz der Thermodynamik von der steigenden Entropie). Keine Energie- und Stofftransformation ist – unter dem Blickwinkel des Nutzens für die Menschen – hundertprozentig; immer geht ein Teil irreversibel als Wärme verloren. Als Prozesse der Stoffumwandlung sind auch Produktion und Konsumtion dem Gesetz zunehmender Entropie unterworfen; das ökonomische System und seine Tendenzen können also nicht ohne die Bedingtheit durch die Wirkungsweise von Naturgesetzen gedacht und begrifflich erfaßt werden.

Allerdings schließt die Geltung der thermodynamischen Gesetze in offenen Systemen keineswegs Entwicklung als Entfaltung der Arten, also eine Steigerung der Komplexität des Lebens, aus. Sonst wären schließlich thermodynamische Gesetze und das Darwin'sche Entwicklungsgesetz der Arten nicht vereinbar. Daher wird auch der Einwand erhoben, daß das Entropiegesetz nicht einfach auf »Verhaltensbereiche ausgedehnt (werden kann), die von der Thermodynamik weit entfernt sind . . .« (Goldsmith 1985, S. 149f). Dies ist gerade in der Biosphäre der Fall, da alle lebendigen Organismen offene Systeme sind und die Sätze der Thermodynamik streng genommen nur für geschlossene Systeme Gültigkeit haben (Vgl. zur Darstellung Faber/Niemes/Stephan 1983, 3. Kapitel)[20]. Die Biosphäre ebenso wie die Soziosphäre sind offene Systeme von in der Regel hohem Komplexitätsgrad und/oder großer Diversität[21]. Sie absorbieren Energie und Materie von der Umwelt und können dadurch der Entropiesteigerung sogar entgehen. Prigogine/Stengers (1986, S. 126ff) machen die in diesem Zusammenhang wichtige Unterscheidung zwischen dem Energieaustausch eines Systems mit der Umwelt und den irreversiblen Prozessen innerhalb des jeweiligen Systems. Da Energie nicht erzeugt, sondern lediglich von einem Ort an einen anderen übertragen werden kann, ist die Energieänderung eines Systems nur und ausschließlich durch Energieaustausch mit der Umwelt möglich. Intelligenten Biosystemen ist es auf diese Weise möglich, sich Energie zuzuführen und das System dynamisch zu stabilisieren.

Ein Beispiel aus der Biosphäre: Das hochkomplexe, artenreiche Ökosystem des tropischen Regenwaldes reproduziert sich trotz »ökologischer Benachteiligung der Tropen« (Weischet 1980) bei – angesichts der territorialen Ausdehnung und produzierten Biomasse – nur geringer Energie- und Stoffzufuhr (Wasser, in den Flüssen mitgeführte Schwemmpartikel aus den andinen Ablagerungen, durch Fotosynthese aus Sonnnenlicht erzeugte chemische Energie) infolge nahezu geschlossener Energie- und Stoff-, insbesondere natürlich Nährstoffkreisläufe. Der Grad der Dissipation von Energie und Stoffen ist also gering, die »*Entropieproduktionsrate*« (C.F. von Weizsäcker 1974, S. 202) infolgedessen auch[22]. Voraussetzung dafür freilich ist die interne systemische Abstimmung der Systemeinheiten in der Großregion insgesamt wie auch in den jeweiligen Mikroregionen: Die Diversität in Flora und Fauna und eine an die Funktionsbedingungen des ökologischen Systems tropischer Regenwald angepaßte Produktionsweise der Menschen. Hat die Art von Produktion und Konsumtion etwa die Reduktion der Artenvielfalt zur Folge, dann wird sich das ökologische System insgesamt nicht mehr zu reproduzieren vermögen. Die Reduzierung der Komplexität und/oder Diversität, etwa durch Rodung des Regenwaldes und den Anbau von Monokulturen im Zuge der wirtschaftlichen Entwicklung, stört den fragilen Kreislauf (Vgl. dazu in bezug auf das Jarí- und Carajás-Projekt Fearnside und Rankin 1982). Schubart nennt als »ökologische Risiken« der Substitution eines diversifizierten Regenwaldes durch Monokulturen: (1) die Kompaktierung und Erosion der Böden mit der unvermeidlichen Folge eines Verlustes an Bodenfruchtbarkeit; (2) die Versandung der Flüsse und Nebenarme (Igarapés) mit der erodierten Materie; (3) eine Veränderung der hydrologischen Kreisläufe infolge einer Verringerung der Evapotranspiration und des sofortigen Ablaufs der Oberflächenwasser nach Regenfällen mit der Folge von Überschwemmungen in der Regenzeit und wegen der reduzierten Speicherkapazität der Böden verlängerten Trockenzeiten; (4) Verringerung der genetischen Vielfalt und lokale Ausrottung von Arten, so daß der Ausbreitung von Schädlingen durch Ungleichgewichte in den Populationen eines bestimmten Territoriums weniger Widerstand entgegengesetzt wird (Schubart 1986, S. 51). Mit äußeren Material- und Energieinputs, etwa mit Düngung oder resistentem Saatgut, kann man dem kaum beikommen, ganz abgesehen davon, daß dadurch die traditionelle Produktionsweise der Indigena zerstört und die wirtschaftlichen Ziele der Entwicklung in Frage gestellt würden. Dann wird der Versuch gemacht, »Mitesser« auszuschalten, also die durch die Reduktion der Artenvielfalt von Tieren und Pflanzen freigesetzten Schädlinge einer Monokultur durch Herbizide, Pestizide und Insektizide zu eliminieren, um so die Ressource Regenwald nicht mehr allen, sondern nur noch den Siegern in diesem mörderischen Massaker, also den Menschen dank der unermüdlichen und profitträchtigen Hilfe der Agrochemie vorzubehalten.

Es ist also festzuhalten, daß (*erstens*) Entropiesteigerung unvermeidlich ist, auch wenn dies (*zweitens*) keineswegs die »Entfaltung der Arten« ausschließt oder (*drittens*) die Senkung von Entropie in bestimmten offenen Subsystemen[23]. Ganz besonders wichtig ist aber (*viertens*), daß bei der Umwandlung von Energie und Stoff die Effizienz variabel ist. Effizienz bemißt sich am Verhältnis von Energie- und Stoffinput und demjenigen Teil des Output, der für den Menschen nützlich ist. In diesem Sinne kann von der vorhandenen Energie und Materie effizient und wenig effizient, sparsam und verschwenderisch, sinnvoll und sinnlos Gebrauch gemacht werden[24], so daß die Geschwindigkeit der – unvermeidlichen – Entropiesteigerung erhöht, aber auch gesenkt werden kann.

Wovon hängt es aber ab, ob die »Entropieproduktionsrate« hoch oder niedrig ist? In Biosystemen offensichtlich vom Grad der Komplexität und Diversität, durch den das Ausmaß des Recycling von Nährstoffen und die Notwendigkeit von äußerer Energie- und Stoffzufuhr bestimmt werden sowie die Anfälligkeit für und die Reaktionsfähigkeit auf externe Schocks. Der Übergang zu monokulturellen Formen an Stelle des artenreichen Regenwaldes erhöht die Verletzbarkeit des Ökosystems durch externe Schocks, beispielsweise durch Schädlinge[25]. Gleichzeitig verringert sich mit der Vernichtung *einer* Art (etwa durch den Einschlag eines bestimmten Nutzholzes) die *Artenvielfalt* um ein Vielfaches (Vgl. Lovejoy 1981, S. 690ff), da die verschiedenen Arten symbiotisch aufeinander angewiesen sind. Die Zusammenhänge, durch die ein historisch entstandenes Ökosystem verändert wird, sind nur unvollkommen bekannt. Nur eines ist sicher: Am Ende der einem Eingriff folgenden Prozeßabläufe wird es auch ein funktionierendes System mit geringer »Entropieproduktionsrate« geben; das System strebt in Richtung eines Gleichgewichts. Jedoch ist es fraglich, ob darin die Lebensbedingungen für Menschen noch angemessen sind, ob es noch den vom anthropozentrischen Standpunkt aus definierten Kriterien für ein *humanes* Öko-Ambiente genügt.

In Sozio-Systemen ist die »Entropieproduktionsrate« von dem abhängig, was »*systemische Intelligenz*« (im Unterschied zur individuellen Intelligenz einer Person) genannt werden kann. Diese entscheidet darüber, wie hoch der Ausbeutungsgrad nicht-erneuerbarer Ressourcen ist, ob und wie Substitutionsprozesse bei erschöpflichen Ressourcen gestaltet werden etc., inwieweit es gelingt, Zeit- und Raumnutzungssysteme zu entwickeln, die der Ressourcenausstattung und ihren Reproduktionszyklen optimal Rechnung tragen. Soziale Bedingungen und Regulationsweisen sind eine *immaterielle*, und daher prinzipiell erneuerbare Ressource, die für die »Entropieproduktionsrate« entscheidend sind[26]. Tatsächlich beruhen die Ansätze eines »ökologisch verträglichen« Wirtschaftens, angefangen vom Recycling des Mülls bis zur elektronisch gesteuerten Einsparung von chemisch in fossilen Energieträgern gebundener Energie, alle auf der gesellschaftlichen und politischen Option, die Entropiesteigerung durch Einsatz systemischer Intelligenz reduzieren zu können[27]. Die Frage ist allerdings, ob das Ausmaß systemischer Intelligenz nicht Restriktionen unterliegt, die in Struktur und Funktion des sozioökonomischen Systems selbst eingeschrieben sind. Betrachten wir bei der Suche nach einer Antwort auf diese Frage die Verwandlung von Eisenerz in Eisen und Stahl oder von kinetischer Energie im Gefälle der Flüsse in elektrische Energie oder von chemisch gebundener Energie im Holz in Wärme. Der Umwandlungsprozeß ist selbst mit energetischem und stofflichem Aufwand verbunden. Dies heißt notwendigerweise, daß bei der Kalkulation von Energie- und Materialbilanzen – einem wichtigen Schritt bei der Strategie der Inwertsetzung – die Energie- und Materialinputs und -outputs bewertet werden müssen, wenn geklärt werden soll, ob ökonomisch die Energie- und Stoffumwandlung in für den Menschen verfügbare Form lohnend sein soll[28]. Damit werden die Ressourcen in die Logik des ökonomischen Funktionsraums überführt, also aus dem ökologischen Funktionsraum gewissermaßen herausgelöst. Dabei ist nicht zu vergessen, daß Bewertung von Stoffen und Energien prinzipiell die *Individualisierung* der einzelnen Ressource verlangt, also den komplexen Charakter des Systems natürlicher Ressourcen in ein Aggregat einzeln bewerteter Ressourcen (Lagerstätten von Erzen in mit Weltmarktpreisen bewerteten Gewichtseinheiten; hydroelektrische Potentiale in Megawatt und Preis pro kwh; Holzeinschlag pro Jahr in Festmeter und Preis etc.) auflösen muß. Es wird also notgedrungen durch Anwendung des ökonomischen Prinzips auf das System der natürlichen Ressourcen in einem Territorium deren zirkulärer, integraler Reproduktionszusammenhang aufgelöst, der gerade die homöostatischen Systemeigenschaften hervorbringt. Die *Individualisierung* zum Zwecke der Bewertung nach Knappheit und Nutzen ist ausschließlich ein *ökonomisches Prinzip*, während *physikalisch* die natürlichen Ressourcen einen *Komplex von energetischen und stofflichen Interdependenzen* im Raum und in der Zeit bilden. Die Individualisierung einer Ressource ist häufig genug die Zerstörung aller anderen Ressourcen, weil dies ökonomisch der günstigste Weg ist: die Brandrodung des Urwalds zur Isolierung der Ressource Weideland; die Verwüstung einer Landschaft, um einige Körner Gold herauszuholen; die Vernichtung der Robbenpopulation, um ihnen das Fell über die Ohren ziehen zu können[29].

3.4.1. Knappheit

In der ökonomischen Wissenschaft wird dem hier dargelegten Prinzip

Rechnung getragen, wenn schon in den einleitenden Bemerkungen von Lehrbüchern[30] der Gegenstand der Ökonomie definiert wird: die Wissenschaft der rationalen Verwendung knapper Resourcen zur Befriedigung menschlicher Bedürfnisse; ohne Knappheit keine Ökonomie[31]. Doch was Knappheit ist, bedarf noch der Erläuterung: Offensichtlich ist Knappheit nur dann gegeben, wenn die Entropiezunahme im Prozeß der Energie- und Stofftransformation größer als null ist, da nur dann das Problem der alternativen Verwendung von »knappen Ressourcen« aufgeworfen ist. Ist die Entropiezunahme gleich null oder gar negativ, gibt es keine Knappheit und der Ökonomie ist mithin ihr Gegenstand abhanden gekommen. Gerade diesem Tatbestand trägt die thermodynamisch orientierte Ökonomie von Georgescu-Roegen, Steppacher u.a. Rechnung, indem Knappheit mit dem zweiten Hauptsatz der Thermodynamik begründet wird. Offensichtlich ist die Veränderung der natürlichen Umwelt durch den ökonomischen Prozeß bei den nicht-erneuerbaren Ressourcen, die nach der Stoffumwandlung in Produktion oder Konsumtion nicht mehr in Qualität und Quantität wie zuvor zur Verfügung stehen: »...In der thermodynamisch orientierten Ökonomie müssen wir hervorheben, daß jeder Cadillac – ganz zu schweigen von irgendeinem Kriegsgerät – weniger Pflugscharen für einige zukünftige Generationen, und damit zusammenhängend auch weniger Menschen in der Zukunft bedeutet« (Georgescu-Roegen 1976, S. 26). Das Eisenerz von Carajás (ca. 18 Mrd Tonnen bei ca. 66% Eisengehalt) hält nach heutigen Berechnungen bei einer Jahresförderung von 35 Mio t etwa 500 Jahre vor; 500 Jahre sind eine lange, aber auch endliche Zeit und verglichen mit den Jahrmillionen, seitdem sich das Lager gebildet hat, ein winziger Zeitabschnitt. Das Mangan der Serra do Navío in Amapá, seit den 50er Jahren durch die ICOMI ausgebeutet, wird wahrscheinlich noch im Laufe des kommenden Jahrzehnts zur Neige gehen (Vgl. Cota 1984, S.36), ebenso wie ein großer Teil der Eisenerzvorkommen von Minas Gerais (Vgl. Sá/Marques 1985). Ähnliches gilt für die Kohlenlagerstätten im Ruhrgebiet, deren Gehalt so gering geworden ist, daß sich beim gegebenen Preisniveau die Ausbeutung nicht mehr lohnt und die Zechen geschlossen werden. Man lese auch die Prognosen des Club of Rome oder die Bestandsaufnahme von »Global 2000«, um über die nicht endlosen Bestände und die Erschöpfung von natürlichen Ressourcen eine Vorstellung zu bekommen, die durch den ökonomischen Prozeß in kurzer Zeit mobilisiert werden und dann nurmehr quantitativ reduziert und qualitativ degradiert oder gar nicht mehr, aber mit lebensfeindlicher Hinterlassenschaft (giftiger Müll in der Atomindustrie, Rotschlammseen bei der Aluminium-Produktion, vergifteter Boden bei der Koksproduktion etc.) und ästhetisch zerstört zur Verfügung stehen[32].

Georgescu-Roegen schließt an diese Beobachtung seine These an, »daß im Wirtschaftsprozeß auch die Materie aus ihrer konzentrierten Form (Rohstofflager) in die unverfügbare Form 'dissipiert', das heißt verstreut wird, aus der Ordnung der Ungleichverteilung in die Unordnung der Gleichverteilung« (zit. nach Schütze 1985, S. 173). In geschlossenen (isolierten) Systemen, die keinen Material- und Energieaustausch mit anderen Systemen haben, resultiert ökonomisches Handeln in dissipativen Strukturen, die auf der Zeitachse auch den Unterschied von Vergangenheit, Gegenwart und Zukunft deutlich machen: Irreversibilität heißt ja, daß aus den tradierten Verhältnissen der Vergangenheit in der Gegenwart die veränderten (dissipierten) Strukturen der Zukunft produziert werden. Nur in einer Hinsicht wird Ungleichverteilung erneut organisiert, also die Diffusion durch Konzentration verschiedener Stoffe reduziert: als Halden für den Abraum, isolierte Seen für Rotschlamm bei der Tonerde- und Aluminiumproduktion, als Speicher für giftige Abfälle. Diese neue Ordnung ist wesentlich für die Isolierung ökologischer Schäden, und ein Gutteil der Politik zum Schutz der Umwelt konzentriert sich auf die Schaffung von Deponien für Abfälle, die bei Extraktion, Prozessierung und Konsumtion von bestimmten Stoffen anfallen[33].

Erdenzeit und Menschenzeit bedienen sich unterschiedlicher Zeitintervalle zur »Messung« von Vergangenheit, Gegenwart und Zukunft. Im Unterschied zum sozialen Raum und zur sozialen Zeit ist deren physische Charakteristik durch die Mechanik des jeweiligen Ablaufs gekennzeichnet. Georgescu-Roegen (1971) hat sinnvollerweise *zwei* Zeitbegriffe unterschieden (für den Raum ließe sich analog verfahren): Die Zeit »T«, die als »stream of consciousness« oder als eine »kontinuierliche Abfolge von Momenten« beschrieben werden könnte, und die Zeit »t«, die das Maß eines Intervalls zwischen zwei Ereignissen durch mechanische Uhr angibt. Es ist gleichgültig, wann auf dem »stream of consciousness« ein bestimmter physischer Prozeß, z.B. das Pendeln eines Gewichts, abläuft: man kann die Intervalle messen; jedoch eine Verknüpfung mit der »historischen Zeit« (T), von der Schumpeter sprach, ist für die »dynamische Zeit« (t) nicht möglich. »In anderen Worten, mechanische Phänomene sind Zeitlos, aber nicht zeitlos« (Georgescu-Roegen 1971, S. 136). In diesem mechanisch-zeitlichen Sinne sind die Prozeßabläufe eindeutig prognostizierbar; jedoch müssen dazu alle Elemente von Zeit »T« eliminiert werden, ebenso wie das Zeitmessen durch die immer perfektere Uhr zur Herstellung einer Situation gehört, in der Zeit nur noch als Intervall zwischen zwei Ereignissen gilt, gleichgültig von ihrer historischen Verortung. Die Zeit »t« ist daher auch unabhängig von menschlichen Aktivitäten, sie findet auch keinen

Niederschlag in Bewußtheit und Bewußtsein und ist daher als Koordinate der Verortung des Handelns irrelevant. Jedoch haben die physischen Prozeßabläufe in Raum und Zeit eine Folge, die für menschliches Bewußtsein und Handeln allerdings bedeutungsvoll ist: In dem Intervall zwischen zwei Ereignissen, also im Verlauf eines Prozesses ist die Entropie angestiegen, es ist etwas Irreversibles geschehen. Die Umwelt des zeitlich nachgelagerten Ereignisses ist eine andere als die des vorangegangenen. In den physischen Raum-Zeit-Koordinaten entfaltet sich also eine eigene Logik, ebenso wie in den sozialen und ökonomischen.

Es ist bereits bemerkt worden, daß die Sätze der Thermodynamik nur in geschlossenen Systemen und nicht für offene Systeme Gültigkeit beanspruchen können. Da die Erde aber – in bezug auf die Energie, in nur verschwindendem Umfang in bezug auf Materie – ein offenes System ist (Energieeinstrahlung der Sonne; Wärmeabstrahlung ins Weltall), muß im Zuge der Stoff- und Energietransformation die Entropie zwar ansteigen, doch ist die Rate der Zunahme damit noch nicht bestimmt. Im Verlauf des technischen Fortschritts sind knappe und daher komparativ teure Ressourcen durch weniger knappe und daher billigere ersetzt worden. Die Folge ist, daß sich die Relation (R/P) zwischen Ressourcenbestand (R) und Jahresverbrauch (P) der jeweiligen Ressource verändert, d.h. die Zeitdauer (a_i) der Verfügbarkeit einer Ressource keineswegs thermodynamisch fixiert, sondern ökonomisch gestaltbar ist (Vgl. zum Verhältnis von Bestand und Verbrauch von regenierbaren Ressourcen Plourde 1979, S. 240ff). Dies ist schließlich auch gemeint, wenn von der »systemischen Intelligenz« die Rede ist, mit der die »Entropieproduktionsrate« beeinflußt werden kann. Überraschend ist dabei freilich, daß trotz großer Veränderungen von R und P deren Relationen bei vielen Ressourcen nur gering schwanken. Amman weist darauf hin, daß 1936 die Zeitdauer bis zur Erschöpfung der Erdölreserven auf 17 Jahre geschätzt worden ist und 1984 der Erdölverbrauch, also fast fünfzig Jahre später, dennoch 13 mal höher lag als 1936 (Ammann 1986, S. 13). Ein Grund für dieses paradox erscheinde Ergebnis ist die Art und Weise der Berechnung von Ressourcenbeständen und deren Nutzungsdauer: Kapitalistisch kalkulierende Explorationsunternehmen betrachten den Ressourcenbestand als *Kapital*, da ja schließlich in seine Exploration und Erschließung Kapital investiert worden ist, und die zukünftig erwarteten Erträge auf den Gegenwartswert (mit einem entsprechenden Zinssatz) diskontiert werden: »Ein Rohstoffvorkommen bezieht seinen Marktwert letztlich aus den Aussichten für Abbau und Absatz. Zwischendurch fragt der Besitzer, wie der Eigentümer eines jeden Kapitalgutes: Was hat es in letzter Zeit für mich erbracht? Die einzige Möglichkeit, daß ein Rohstoffvorkommen in der Erde, das dort belassen wird, einen laufenden Ertrag für seinen Eigentümer produzieren (?!) kann, besteht in einem Anstieg seines Wertes...«(Solow 1979, S. 313). Die Folge ist, daß die Relation $a_{iw} = R_w/P_w$, wo das Suffix w die Bewertung in Preisen von Ressourcenbestand und Jahresverbrauch angibt, durch die Amortisationszeit des investierten Kapitals bzw. den Zins auf den Kapitalwert, den das Ressourcenlager darstellt, und die Preise, die die Ressource auf dem Weltmarkt bringt, bestimmt wird und nicht durch die Objektivität »natürlicher« Bestände und des »gesellschaftlichen« Ressourcenverbrauchs. Darüber hinaus ist auch der Bildungsprozeß von Ressourcenbeständen in Rechnung zu stellen, der als $a_j = R/r$ (a_j = Anzahl der Jahre; r = durchschnittlicher Ressourcenzuwachs pro Jahr) definiert werden kann. Knappheit entsteht dadurch, daß a_i größer als a_j ist. Also muß auch unter der Annahme von offenen Systemen unter dieser plausiblen Bedingung die Entropie steigen. Oder anders ausgedrückt: die Ressourcen sind erschöpflich und knapp und ökonomische Prozesse des Ressourcenabbaus bewirken im System natürlicher Ressourcen *irreversible* Veränderungen, während im ökonomischen System der Kalkulation von Kapitalwerten und Marktpreisen alle Prozesse – wie bereits ausgeführt – *zirkulär und reversibel* bleiben.

Dies kommt sehr klar in der Volkswirtschaftlichen Gesamtrechnung und ihren Kreislaufmodellen zum Ausdruck; es ist der neoklassischen Theorie ohnehin immanent, da diese wie Georgescu-Roegen (1971) zu Recht kritisiert von Zeitlichkeit und Räumlichkeit ökonomischer Prozesse abstrahiert und daher eine ökonomische Mechanik in den Koordinaten der Zeit »t« und nicht in der historischen Zeit »T« denkt.

Von der *Konzentration* einer Ressource unterhalb oder oberhalb der Erdkruste hängt es in hohem Grade ab, ob die Extraktion einer Ressource ökonomisch sinnvoll ist oder nicht (Faber/Niemes/Stephan 1983, S.125ff.). Die Knappheit definiert sich also nicht nur vom angestrebten Ziel der Ressourcengewinnung, sondern auch von den ökonomischen Mitteln her, die dafür aufgewendet werden müssen. Ressourcen sind folglich – dies ist als Argument gegen die Warner vor den (physischen) Grenzen des Wachstums vorgebracht worden – nicht per se knapp, sondern immer in Relation zu dem Aufwand ihrer Förderung, Gewinnung und Vermarktung. Daher steigt auch mit den Grenzkosten (gleich Preis) der Extraktion einer Resssource deren ökonomisch attraktiver Bestand (Vgl. auch Abschnitt 5.1.4.). Bestes Beispiel aus jüngster Zeit ist die Ausbeutung der Erdöllager in der Nordsee, die Erschließung von neuen Ölfeldern in Texas und die Entwicklung von Ölsurrogaten (wie mit Hilfe des Pro-Alcoól-Programms in Brasilien), als der Ölpreis 1973 und dann noch einmal 1979 sprunghaft angehoben wurde. Umgekehrt können eine Ressourcenlagerstätte oder ein Programm zur Gewinnung eines Substituts für eine bestimmte Ressource (Pro-Alcoól) im Fall einer Reduzierung des Ressourcenpreises unrentabel werden. Die Preise indizieren die veränderlichen Knappheiten – lautet die simple Erklärung der Ökonomie.

Doch ganz so einfach ist es nicht. Denn wie soll der Aufwand zur Gewinnung einer Ressource gemessen werden? Er könnte in Energieeinheiten bestimmt und mit den Energieeinheiten der betreffenden Ressourcen verglichen werden. Abgesehen von den Schwierigkeiten, die in einer solchen Kalkulation enthalten wären, ist sie offensichtlich sinnlos, da ja gerade nach dem ersten Hauptsatz der Thermodynamik die Inputs und Outputs der Stoff- und Energietransformation unbedingt gleich sind. Der einzige Effekt, der durch die Transformation erreicht worden wäre, ist die Verwandlung von Energie und Materie, die wir *haben*, in Formen von Energie und Materie, die wir *brauchen*, wenn wir davon absehen, daß in diesem Prozeß ein Throughput anfällt. Außerdem steigt natürlich im Zuge dieser Transformation die Entropie. Also müssen andere Kriterien der Bewertung gefunden werden – und die gerade schlägt die Ökonomie mit dem im Knappheitsbegriff enthaltenen Nutzenkonzept vor und das ökonomische System stellt sie bereit, indem die Ressourcen ausgepreist und der Aufwand in gleicher Geldeinheit als Kosten dem Ertrag (Preis mal Menge) gegenübergestellt werden kann. Wo es keinen spontanen Markt für Dinge gibt, der Preise hervorbringt, muß dieser artifiziell geschaffen, also simuliert werden, um Schattenpreise zu generieren; dies ist die Basisidee der Zertifikatelösung von Umweltproblemen: »Nun gibt es . . . einen überaus effizienten Computer zur Ermittlung von Schattenpreisen: den *Markt* . . . Für den l-ten Abfallstoff werden *Verschmutzungszertifikate* aus(ge)geben, die in kleiner Stückelung an der Börse gehandelt würden . . .«(Bonus 1979, S. 197). Knappheit wird folglich – so die ökonomische Theorie – rational beherrschbar, was im übrigen gleichbedeutend mit schonendem Ressourcenumgang sein soll. Für die Stichhaltigkeit des Arguments muß aber vorausgesetzt werden, daß *erstens* die Marktpreise, in denen Kosten von Extraktion, Prozessierung und Vermarktung der Ressource ausgedrückt werden, »richtig« und nicht »falsch« sind (»false trading«), und daß *zweitens alle* Inputs und Outputs im Prozeß der Stoff- und Energietransformation in Geldpreisen durch den Marktmechanismus bewertet werden und daß ökonomische, durch die Kapitalverwertung bestimmte Zeiten, und ökologische, durch die natürlichen Gesetzmäßigkeiten bestimmte Zeiten kompatibel sind. Die *erste* Voraussetzung wird uns unten noch intensiv beschäftigen, die *zweite* führt zurück zu den Problemen mit den externen Effekten, die schon angedeutet worden sind. *Drittens* schließlich, und damit wollen wir uns nun auseinandersetzen, verweist diese Überlegung auf einen Widerspruch zwischen der stofflichen und energetischen Ressourcentransformation und dem ökonomischen Verwertungprozeß von Kapital, das zur Transformation investiert worden ist. Denn es geht ja nicht nur um Bewertung und Auspreisung von einzelnen Ressourcen, sondern um Verwertung von Kapital. Da der Kapitalwert der Ressource wesentlich durch den Zins bestimmt wird, ist sofort die Frage nach dessen Höhe und nach dem Markt (den Märkten) aufgeworfen, auf denen er gebildet wird. Solow (1979, S. 322) schreibt, daß der »Zinssatz, der mehr oder weniger den gesamten Prozeß kontrolliert,...der Bergbauindustrie durch den Rest der Volkswirtschaft vorgegeben war...« Heute sind die Zinsen Resultat von Kapitalbewegungen auf internationalen Geld- und Kreditmärkten, so daß die Wertbewegungen von Ressourcenbeständen von der Tendenz internationaler Zinsen abhängen.

Ein Gesichtspunkt ist dabei darüber hinausgehend von Bedeutung: Indem durch den Zins Zukunft und Gegenwart verknüpft werden (Abdiskontierung zukünftiger Erträge auf den Gegenwartswert) wird die historische Zeit T in ökonomisch-mechanische Zeit t umgewandelt, d.h. die irreversible Ereignisreihe, die wir als ein Nacheinander wahrnehmen, negiert. Der Zins im ökonomischen Funktionsraum ist somit Konstituens einer eigenständigen ökonomischen Modalität von Zeit.

3.4.2. Die Formseite des Prozesses

Es ist offensichtlich Sinn und Zweckbestimmung einer kapitalistischen Ökonomie, einen Überschuß – in der Form des Mehrwerts, des Profits oder Zinses – zu produzieren, den es jedoch nach den Gesetzen der Thermodynamik gar nicht geben dürfte. Bezeichnenderweise kümmert sich Solow wie viele andere Ressourcenökonomen nicht um die thermodynamischen Transformationen, ihn interessiert ausschließlich die Subsumtion von Ressourcen unter die Prinzipien von kapitalisierten Werten. Doch das Rätsel, wie in der Ökonomie ein Überschuß entstehen kann, wenn doch in der Natur Stoff- und Energieinputs und -outputs sich gleich bleiben, ist nur zu lösen, wenn man – so lautet die These – *werttheoretisch* argumentiert. Dabei kann nicht auf einen subjektiven Wertbegriff rekurriert werden, den Georgescu-Roegen (1971, S. 289) unterstellt, auf »enjoyment of life« als Grundlage des Wertes, sondern auf einen Wertbegriff, der auch die *Formseite* der gesellschaftlichen Reproduktion zu erfassen vermag.

In der gängigen ökonomischen Theorie taucht das Problem bei der Behandlung der Energieverausgabung des Faktors Arbeit zunächst nicht auf. Der Lohn der Arbeit wird als Äquivalent für die erbrachte Leistung (Lohn gleich Grenzprodukt der Arbeit) behandelt, der Leistungsoutput entspricht hier also dem Arbeitsinput, und zwar in Gütermengen ebenso wie in Preisgrößen. Eine Divergenz zum ersten Hauptsatz der Thermodynamik gibt es, auch wenn in Wertgrößen oder Preisen argumentiert wird, nicht. Wie aber wird der Profit bzw. der Zins behandelt? Denn dem Kapital steht ja als Äquivalent für seinen Input (Abschreibungen auf Abnutzung) bereits der Outputanteil in Form der Amortisationen zu. Damit allein jedoch gibt sich kein Kapitalist zufrieden; er läßt nur produzieren, wenn obendrein ein Überschuß in Form des Profits bzw. des Zinses herauskommt[34]. Welcher Input von Energie und Materie aber entspricht dem Profit? Die Theorie der Produktionsfaktoren zieht hier die Kategorie des Grenzprodukts und der Grenzproduktivität zu Rate, ohne freilich einer selbstgestellten Falle zu entgehen. Diese ist in dem Moment geöffnet worden, als beansprucht wurde, alle Faktoren der Produktion gleich zu behandeln. Bei der Arbeit ist – unter immanenten Modellannahmen – tatsächlich der Lohn gleich dem Grenzprodukt, beim Kapital hingegen tauchen zwei Kategorien nebeneinander und sich ergänzend auf: die Amortisationen, die das Kapital als Ersatz für seine Abnutzung erhält, und der Gewinn, der darüber hinausschießt. Diese doppelte Nutznießung des Produktionsprozesses ist offensichtlich ein Privileg des Kapitals, das der Arbeit verwehrt ist (darauf verweist auch Wasmus 1987).

Marx hat eine Antwort auf diese Paradoxie versucht, und die Lösung des Rätsels in der Doppelstruktur des Produktionsprozesses als Arbeits- und Verwertungsprozeß gefunden, also in der gesellschaftlichen *Form*, in der produziert, zirkuliert, distribuiert und konsumiert wird. Diese Entdeckung erweist sich tatsächlich als fundamental, auch zur theoretischen Durchdringung des Verhältnisses von Ökonomie (Überschußproduktion und Reversibilität aller Prozesse) und Ökologie (Gleichheit von stofflichen und energetischen Inputs und Outputs bei gleichzeitiger Dissipation, also Entropiesteigerung und Irreversibilität aller Prozesse) sowie der Gesetzmäßigkeiten, die sie beherrschen. Im Arbeitsprozeß überträgt die Arbeit durch ihre Äußerung den Wert des in den Produktionsmitteln gebundenen Kapitals auf das Produkt. Ein Überschuß kommt hier weder in physikalischen Größen noch in Werten oder Preisen gerechnet zustande. Es werden lediglich durch Arbeit unter Zuhilfenahme von Produktionsmitteln Stoffe, einem intelligenten Plan folgend, umgeformt. Doch im Verwertungsprozeß setzt der Arbeiter durch seine Verausgabung von Arbeitskraft dem Produkt mehr Wert zu, als er zur Regeneration bzw. Reproduktion seiner Arbeitskraft benötigt. Dies geschieht ausschließlich in der Mehr-Arbeitszeit, die der Arbeiter über die für seine Reproduktion notwendige Zeit hinaus arbeitet[35]. Das ist der Grund, weshalb sich mit der Heraufkunft der kapitalistischen Produktionsweise das *Zeitregime* radikal verändert, weshalb in gegebene Zeiteinheiten immer mehr Arbeit gesteckt wird, also im physikalischen Sinne die Leistung erhöht wird, um ökonomisch den Mehrwert zu steigern[36]. Tatsächlich sind Energie- und Materialoutput nicht größer als die jeweiligen -inputs. Doch die *gesellschaftliche Form* als Verwertungsprozeß macht es nicht nur möglich, daß Stoffe und Energie nach einem intelligenten Plan umgewandelt werden, sondern auch, daß gleichzeitig eine qualitativ wirksame Umverteilung der Energie- und Stoffflüsse zwischen den gesellschaftlichen Klassen, von der Arbeit zum Kapital nämlich, stattfinden kann. Die Prozesse im ökonomischen Funktionsraum haben also einen Formwandel des Maßes zum Ergebnis, in dem Energie- und Materieeinheiten bewertet werden. Die in Gebrauchswerte transformierten Materialien durch Energieaufwand sind zugleich Tauschwerte, sie sind der Wertform und damit auch der *Geldform* subsumiert. Dies ist gerade die Voraussetzung dafür, daß sich die »Logik« des ökonomischen Funktionsraums zu realisieren vermag, die prinzipiell zweierlei leistet: *erstens* werden als Geldströme alle Energie- und Materiekonversionen qualitativ auf eine gleiche Maßeinheit gebracht und können sich daher nur noch quantitativ unterscheiden. Dies ist tatsächlich etwas ganz anderes als die Betrachtung der Transformationen von Energie und Materie unter dem qualitativen Aspekt ihrer Verfügbarkeit und Nützlichkeit für die Befriedigung menschlicher Bedürfnisse. *Zweitens* tritt die qualitative Unterscheidung, die lediglich *Veränderungen* wahrzunehmen vermag, hinter die quantitative Unterscheidung zurück, mit der die Orientierung auf *räumliche Expansion* und *mengenmäßige Akkumulation* erst möglich geworden ist[37].

Ökonomische Macht kann daher mit gewissem Recht auch als Kontrolle über die Energie- und Stofflüsse interpretiert werden (Adams 1975, S. 121ff; S.146ff). Vorausgesetzt wird dabei, daß die Effizienz und Reichweite der Energie- und Stofftransformation im Produktionsprozeß groß genug sind, um einen für die Menschen brauchbaren Output zu produzieren, der auch die nicht unmittelbar an der Produktion beteiligten Arbeiter zu ernähren vermag. In anderen, und vertrauteren Worten: die Produktivität der Arbeit muß so hoch sein, daß überhaupt ein Mehrprodukt produziert werden kann, das in der kapitalistischen Produktionsweise die spezifische *Form* des Mehrwerts annimmt, sich also auch in monetären Einheiten bemißt. Keines der thermodynamischen Gesetze wird bei der Produktion (Stoff- und Energieumwandlung) verletzt; die Möglichkeit dazu ist den Menschen auch gar nicht gegeben.

Die historische, die gesellschaftliche Voraussetzung für diese Paradoxie in Ökonomie und Ökologie ist die Verwandlung der Arbeitskraft in Ware. Denn dadurch wird es möglich, daß zwar in *Form* des Lohns ein

Äquivalent für die Reproduktionskosten der Arbeit gezahlt wird, gleichzeitig aber ein Teil der durch Arbeit verausgabten und bei der sinnvollplanmäßigen Stoffumwandlung eingesetzten Energie im Endeffekt nicht der Arbeit, sondern dem Kapital zukommt. Wertbildung und Verwertung sind also immer gleichbedeutend mit der Ausbeutung der Arbeitskraft, die sich in der spezifischen gesellschaftlichen Form des Kapitalverhältnisses vollzieht.

Bei den Energie- und Stoffflüssen findet eine Umlenkung statt, die eindeutig und notwendig dem Kapital zugutekommt. Allerdings scheint dies belanglos zu sein, da ja in der gesamten Menschheitsgeschichte, ab einem bestimmten Niveau der Arbeitsproduktivität, das produzierte Mehrprodukt umverteilt werden konnte, sei es von Sklaven zu den Sklavenhaltern, innerhalb von Stammesgemeinschaften oder in der feudalen Gesellschaft von Leibeigenen zu Feudalherren. Entscheidend ist also nicht der Sachverhalt als solcher, sondern die *Form*, in der er sich abwickelt. In diesem Kontext sind nicht nur die Existenz von Lohnarbeit und Kapital vorausgesetzt, also die Klassenscheidung der »ursprünglichen kapitalistischen Akkumulation«, sondern gesellschaftliche Formen, die sie reproduzieren, perpetuieren[38]. Die Umlenkung von Energie- und Stoffflüssen vollzieht sich in der *Geldform*, die allein es ermöglicht, daß trotz »ungleichen Tausches« auf der Ebene der materialen und energetischen Prozesse auf der Wertebene Äquivalenzbeziehungen existieren. Daraus ergibt sich aber auch, daß der Versuch der Begründung einer Theorie ungleichen Tausches mit energetischen Gesetzen – wie es Bunker 1985 im Auge hat – ins Leere zielt, da ja von der gesellschaftlichen Formspezifik gerade abstrahiert wird, die es zu erklären und zu berücksichtigen gilt. Ebenso scheitert die These von der wertbildenden Kraft der Natur an der Unmöglichkeit zu bestimmen, in welcher historisch-gesellschaftlichen Form denn der Wert der Natur sich im Gesamtreproduktionszusammenhang der kapitalistischen Produktionsweise darstellt. Weder Immler noch Bunker, in deren theoretischen Ansätzen die These von der wertbildenden Natur bzw. von der Natur als Wert zentral ist, treiben ihre Überlegungen bis zu dieser Frage vor; ein Indiz dafür, daß sie gerade die *Formseite des Wertes* nicht interessiert, der Wertbegriff also vereinseitigt wird.

Im übrigen hat bereits Friedrich Engels eine energetische Analyse von Arbeitsprozessen, die Podolinski durchgeführt hatte, zwar mit Interesse aufgenommen, aber doch zurückgewiesen. Dieser hatte zu zeigen versucht, daß durch Arbeit eine größere Energiemenge, die der Erde von der Sonne zugeführt wird, gespeichert und transformiert werden kann als ohne Arbeit. Den empirischen Beweis gibt er mit der Umrechnung von Bio-Trockenmasse in Wärmeeinheiten (Kalorien) in verschiedenen

Öko-Systemen, in Wäldern, auf Weideland und auf Ackerland. Unter Zugrundelegung der in Frankreich zur Verfügung stehenden Statistiken zeigt er, daß die »Energieakkumulation« in den vom Menschen bearbeiteten Ökosystemen weit höher als in den nicht durch Arbeit kultivierten Systemen ist; die Relation, die er angibt, beträgt 1:41. Dies wiederum interpretiert er als Energieäquivalent der menschlichen Arbeit. Abgesehen von der Plausibilität der Rechnungen, gegen die Engels bereits Einwände erhebt (vgl. als positive Würdigung aber Martínez-Alier 1987), ist hier Arbeit ganz auf die Energieverausgabung reduziert. Doch »physikalische Arbeit ist darum noch lange keine ökonomische Arbeit...« (Engels an Marx, 19.12.1882, MEW Bd. 35, S. 133), also durch die Form der Lohnarbeit gesellschaftlich bestimmte Arbeit. Inwertsetzung ist unter diesem Aspekt betrachtet eine Strategie, die in geographischen Räume, in denen bislang die Form der Wertproduktion nicht existent ist, die Prinzipien der Verwertung und Akkumulation von Kapital, also auch der Ausbeutung der Arbeitskraft, einführt. Überschußproduktion entsteht nicht schon dadurch, daß natürliche Ressourcen extrahiert werden, sondern allein dann, wenn dieser Prozeß in der Form der Anwendung von Lohnarbeit durch Kapital gestaltet wird und die Arbeit dabei dem extrahierten Produkt Wert zusetzt. Dies heißt nicht unbedingt, daß der gesamte geographische Raum extensiv und intensiv die Produktionsweise der Verwertung übernehmen muß. Schon die Einbeziehung in die Zirkulationsprozesse des internationalen Kapitals, also in den Weltmarkt für Waren, für produktives Kapital, für Kredit und für Arbeit, also bereits die »formelle« und nicht erst die »reelle« Subsumtion der Region unter die Prinzipien kapitalistischer Überschußproduktion, hat eine tiefgreifende Formveränderung von Produktion und Reproduktion zur Folge. Die dominante Produktionsweise oktroyiert ihre Reproduktionsbedingungen einer gegebenen Region. Auf diese Weise werden die Formspezifika des »Fordismus« ausgebreitet, freilich in der im ersten Kapitel dargelegten subalternen Weise.

Nun findet Überschußproduktion als Resultat ökonomischer Aktivitäten der Menschen schon sehr lange und in ganz verschiedenen Kulturen statt; doch ist dieses Prinzip erst seit der Heraufkunft des kapitalistischen Weltsystems in seiner Maßlosigkeit global und als ein Modell der »Modernisierung« beherrschend geworden. Es scheint, als ob mit der Erfindung der kapitalistischen Ökonomie in großem Stil etwas gelungen ist, das im »dunklen Mittelalter« Europas die Alchimisten, die die thermodynamischen Sätze des Rudolf Emanuel Clausius ja noch nicht kannten, vergeblich zu erzeugen versuchten: kostbares Gold aus wertlosem Material. Und da der Überschuß sich nicht in konkreten Gebrauchswerten bemißt, die an den beschränkten Bedürfnissen der Menschen eine

Grenze finden, sondern in abstrakten Wertgrößen, die quantitativ zählen, strebt die Überschußproduktion prinzipiell nach Erweiterung, nach grenzenlosem und selbst rücksichtslosem Wachstum. Nicht nur werden die Bevölkerungen in diesem Prozeß tendenziell vollständig in Lohnarbeiter verwandelt und damit das Arbeitsvolumen ausgeweitet (extensive Akkumulation), auch wird die Produktivität der Arbeit gesteigert (intensive Akkumulation). Letztere ist nicht mit Effizienzsteigerung im ökologischen Sinne gleichzusetzen, da ja das Maß, an dem sich Produktivität bemißt, eine monetäre Dimension hat, und sich nicht an – im makroökonomischen Sinne – sparsamem und effizientem Umsatz von Energie und Stoff bemißt.

Die Produktion ist immer und notwendig räumlich (»Räumlichkeit« bei Morães/da Costa 1984, S. 128) und daher hat der in der ökonomischen Logik angelegte Expansionsdrang eine territoriale Dimension. Überschußproduktion ist also gleichbedeutend mit der ökonomischen »Eroberung«, der Durchdringung des Raums oder – um Milton Santos (1978) erneut zu zitieren – der »Produktion des Raums«.

So betrachtet kann kapitalistische (Überschuß)produktion niemals nur Extraktion[39] sein, auch wenn sie sich wie in der rohstoffreichen Provinz Amazonien heute auf die Ausbeutung von hydroenergetischen und mineralischen Ressourcen, aber auch auf die Extraktion von Kautschuk, Nüssen, Holz, sowie auf die extensive Viehzucht, konzentriert. Für Bunkers Analyse des (Unter)entwicklungsprozesses in Amazonien ist aber gerade die Unterscheidung zwischen extraktiven und produktiven Ökonomien bedeutsam. Extraktion von natürlichen Ressourcen heißt für ihn: Zerstörung von »Werten« an Energie und Materie, die nicht in Arbeits- oder Kapitalwerten gemessen werden können (Bunker 1985, S.22). Mit dieser Begrifflichkeit knüpft Bunker an der Definition an, die der Natur Wert zuschreibt; damit haben wir uns schon oben auseinandergesetzt. Gleichzeitig liefert die extraktive Ökonomie das Material, das im industriellen Produktionsprozeß umgewandelt wird (ebenda). Daher ist ungleicher Tausch zwischen extraktiven und produktiven Ökonomien die Folge: »Die Unterschiede zwischen den internen Dynamiken von Extraktions- und Produktionsweisen erzeugen ungleichen Austausch nicht nur auf der Ebene der Arbeitswerte, die in den Produkten vergegenständlicht sind, sondern auch durch die direkte Aneignung von schnell erschöpften oder nicht-erneuerbaren natürlichen Ressourcen« (Bunker 1985, S.22). Diese Aussage könnte natürlich als eine konsequente Konkretisierung der These von Adams interpretiert werden, daß ökonomische Macht und mithin auch Ausbeutung auf der Kontrolle über Energie- und Stoffflüsse beruhe. Jedoch muß zunächst festgehalten werden, daß Extraktion auch nichts anderes als Produktion ist: ein Stoff wird umgewandelt, z.B. das Hematit in der Mine in gefördertes Eisen, das nun weiter prozessiert werden kann. Dabei ist es hier zunächst unbedeutend, ob die Weiterverarbeitung am Ort der Förderung oder an anderen Orten der globalen Ökonomie erfolgt. Allerdings ist entscheidend, daß mit jeder Verarbeitungsstufe dem Produkt mehr lebendige Arbeit hinzugefügt wird, der »value added« also entsprechend steigt. Die Extraktion unterscheidet sich also von der Produktion vor allem dadurch, daß dabei zum ersten Mal in einer ganzen Produktionskette (vom Eisenerz bis zur Konservenbüchse) einer natürlichen Ressource Arbeit beigesetzt wird. Im ökologisch-thermodynamischen Sinne ist dies allerdings nicht wesentlich. Denn Energie- und Stoffumwandlung findet auf jeder der vielen Verarbeitungsstufen statt und daher geschehen auch auf allen Stufen Eingriffe in die Natur. Energie und Material wird eingesetzt, um ein bereits konzentriertes Material (das Eisenerz in der Erzmine) auf einen noch höheren Konzentrationsgrad zu bringen, indem es von allen anderen Materialien getrennt, die Ressource also aus dem territorialen Kontext isoliert und abtransportiert wird. Georgescu-Roegen (1971, S. 278) spricht in diesem Zusammenhang von »Entropie-Migration«. Die Förderung des Erzes kann als erste Station des Transportes zum Verbrauchsort interpretiert werden. Tatsächlich erhalten die Abnehmer des Eisenerzes, des Bauxits, des Mangans oder Goldes aus den in Amazonien oder an anderen Orten des Erdballs gelegenen Lagerstätten einen entmischten Stoff, dessen diffuses Vorkommen durch Energieaufwand konzentriert worden ist. Die dafür einmal verwendete Energie ist dissipiert, in der Extraktions-Region ist daher – sofern nicht von anderer Seite eine positive Energiezufuhr stattgefunden hat – die Entropie gestiegen. Dies ist in der Abnehmer-Region ceteris paribus nicht der Fall, da ja der Energieaufwand zur Gewinnung des konzentrierten Erzes nur gering ist. Allerdings sind auch hier die relativen realen Preise entscheidend: Sofern die Preise den Energie- und Materieaufwand wiedergeben, und sofern die Extraktions-Region für die Einnahmen aus dem Erzverkauf ihrerseits in der Abnehmerregion kaufen kann, besteht die Möglichkeit, Energie- und/oder Materieäquivalente zurückzuerhalten. Alles hängt also von der Entwicklung der ökonomischen Größen ab, nichts von den thermodynamischen Gesetzen; eine thermodynamische Ausbeutungstheorie, die Bunker (1985) zu entwickeln versucht, läßt sich nicht schlüssig begründen.

Dieser Prozeßablauf läßt sich schematisch folgendermaßen skizzieren: Auf jeder Extraktions- und Verarbeitungsstufe der Ressource (z.B. Eisenerz) werden dem Produkt Inputs in Form von Materie und Energie hinzugefügt, darunter als »wertschöpfende« Energie die Arbeit der Arbeitskräfte. Nur durch diese spezifische Energieform erhöht sich der

»value added«[40]. Die natürliche Ressource *an sich* hat nämlich überhaupt keinen Wert, auch wenn sie einen Preis haben mag, zu dem sie auf den Wegen der Einbeziehung ins System ökonomischer Kalkulation – wie oben ausgeführt – gelangt ist. Auf jeder Stufe werden aber auch Stoffe und Energie (in erster Linie Wärme) an die Umwelt abgegeben. Diese haben, wie bereits bei der Diskussion externer Effekte gezeigt worden ist, Wirkungen sowohl auf Extraktion und Produktion als auch auf die Reproduktionbedingungen der in der jeweiligen Region lebenden Menschen. Wenn die prozessierte Ressource endgültig konsumiert worden ist, verwandelt sie sich in dissipierten Teil der Umwelt, aus dem einzelne Elemente nur durch erneuten Energieaufwand »recyclet« werden können:

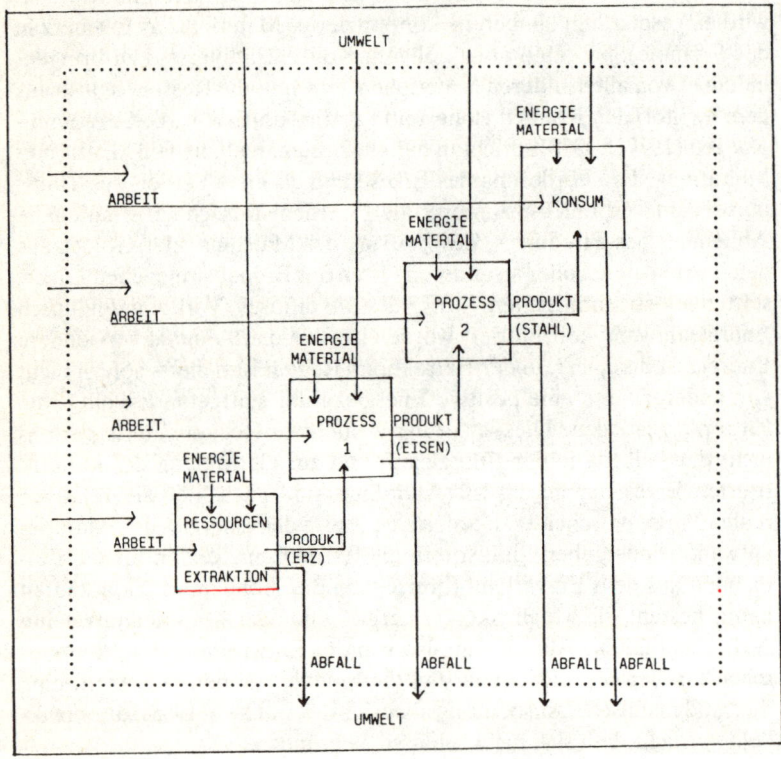

Die Entropieabnahme in der Abnehmerregion (eines Erzes beispielsweise) ist so groß wie die Entropiezunahme in der Lieferregion, sei es daß nach der Extraktion des Minerals ein Loch hinterbleibt, sei es daß die Gesundheit der Produzenten durch die Produktion beeinträchtigt wird, sei es daß schädliche Emissionen in Luft oder Wasser abgelassen werden. Es findet also gewissermaßen ein Entropieaustausch statt, den ja auch Bunker im Auge hat. Vorausgesetzt ist hierbei freilich, daß eine Annahme über ein System (in unserem Beispiel die Region Amazonien) im Austausch mit seiner Umwelt (Abnehmerregionen) eingeführt wird. Doch wissen wir auch bereits, daß dieses Resultat ökonomisch Sinn machen muß. Der Aufwand in Wert- und Preisgrößen zur Entmischung (zur Extraktion) des Erzes darf nicht größer sein als die Ressource bei der Vermarktung einträgt. Dies ist das Prüfkriterium für individuelle und gesellschaftliche Entscheidungen, dem auch die ehernen Naturgesetze der Thermodynamik nicht das Wasser reichen können.

Trotz dieser Eigenschaften, die Extraktion und Produktion gemeinsam haben, gibt es zweifellos besondere Charakterzüge, die vor allem extraktive Ökonomien kennzeichnen: die Wertschöpfung ist vergleichsweise gering, es besteht große Abhängigkeit von äußeren Märkten, die extraktiven Produktionsorte haben *Enklavencharakter*, die Situation der Beschäftigten in extraktiven Industrien ist prekär, die Bedeutung der Staatseingriffe etc. ist groß (Bunker 1985, S. 24ff.). Doch diese Charakteristika resultieren nicht aus einer besonderen ökologischen Verfaßtheit extraktiver Prozesse im Vergleich zu sonstiger Produktion oder Konsumtion, sondern aus sozioökonomischen Strukturen und Tendenzen.

Resümieren wir: Begrenztheit von Bedürfnissen, thermodynamische Transformationsbedingungen von Energie und Materie und Grenzenlosigkeit von Wert und Verwertung – das ist ein Widerspruch, der sich nun im Gegensatz von Ökologie mit den natürlichen Kreisläufen qualitativer Veränderung und Ökonomie mit den exponentiellen Zuwachsraten im Verlauf des Akkumulationsprozesses äußert. Die quantitative Verwertungslogik des Kapitals abstrahiert im Zuge der Entwicklung immer mehr von der qualitativen Begrenztheit des Gebrauchswerts; sie findet gar ihre Erfüllung darin, alle der quantitativen Wertsteigerung (Profitproduktion und Akkumulation) hinderlichen Kräfte technologisch zu überwinden, ökonomisch zu externalisieren, sozial zu marginalisieren und – wenn es keine Alternative gibt – politisch zu reprimieren. Die Möglichkeit der Überschußproduktion und der Akkumulation von Kapital erzeugt eine gesellschaftliche Tendenz der Loslösung des ökonomischen Prozesses von jeder qualitativen Begrenzung. Die Rationalität der Reduzierung aller qualitativen Besonderheiten auf einen gemeinsamen Nenner, der sich in Geld (in Dollar) ausdrücken läßt, hat einerseits den enormen Fortschritt der eurozentrischen Zivilisation in den vergangenen 500 Jahren möglich gemacht, auf der anderen Seite aber soziale Formationen vernichtet[41], Produktionsweisen in Regionen im oben angedeuteten Sinne desartikuliert. Auch die natürliche Umwelt ist in diesem Prozeß gewaltsam und gewaltig verändert und dabei in der Regel degradiert worden. Ganze Berge sind abgetragen, ganze Meere leergefischt, Arten ausgerottet, Urwälder abgeholzt, riesige Areale in Müllhalden und Giftseen verwandelt worden – alles im Dienst der Inwertsetzung. Die »in Wert gesetzte« Natur ist nicht mehr Natur, sondern einer ihr fremden Logik unterworfen. Dies kann so lange ertragen werden, wie die internen Fähigkeiten des natürlichen Milieus zu seiner Regeneration ausreichend sind und die Entropieproduktionsrate gering gehalten wird. Jedoch ist in der Schrankenlosigkeit des Prinzips der Verwertung nicht nur die Möglichkeit, sondern die Zwanghaftigkeit eingeschlossen, »über die Stränge« zu schlagen, wie Günther Anders (1980) schreibt.

Inwertsetzung heißt in jedem Fall Umgestaltung der Natur nach Prinzipien, die die Überschußproduktion und Akkumulation des Kapitals verlangen, also Abstraktion von der jeweiligen Konkretheit eines örtlichen, regionalen Milieus, von den tradierten Zeitmodi, von den Formen, unter denen Gesellschaften produzierten und konsumierten. Dies wird uns im folgenden Kapitel beschäftigen: Was passiert in einer Region im letzten Drittel des 20. Jahrhunderts, wenn sie nun in den Prozeß der »nachholenden Industrialisierung« hineingeschleudert, wenn sie also »in Wert gesetzt« wird, und zwar mit nur geringen Aussichten, in den Genuß der mit einer erfolgreichen Industrialisierung verbundenen Gratifikation kommen zu können? Wir können uns nun den Entwicklungstendenzen der Funktionsräume Nation und Region zuwenden; Brasilien und das brasilianische Amazonien sind nun unser Thema.

132

ZWEITER TEIL
ELEMENTE STRATEGISCHER UND ÖKONOMISCHER INWERTSETZUNG

Viertes Kapitel
Inwertsetzung der Region Amazonien: Die politische Strategie des Nationalstaats

Die Inwertsetzung Amazoniens ist eine Erfahrung in großem Stil, die entweder die Reife oder die Unreife Brasiliens bedeuten wird.

Artur César Ferreira Reis, 1974

Der Prozeß der Inwertsetzung hat zwei Seiten, eine ökonomische und eine politische. Darin unterscheidet er sich nicht von der bereits existierenden, voll entwickelten »auf dem Wert beruhende Produktionsweise«. Auf der einen Seite und zuallererst handelt es sich um privatwirtschaftlich gesteuerte Akkumulation von Kapital, also um die Errichtung von Unternehmen in verschiedenen Wirtschaftssektoren der Region, um die Vermarktung von Produkten der Region auf nationalen und globalen Märkten, den Absatz von Waren aus den kapitalistischen Zentren in der Region. Kurz, die regionale Wirtschaft wird in die bereits entwickelten Wirtschaftskreisläufe auf nationaler und globaler Ebene einbezogen.

Dies ist jedoch nicht alles. Der Prozeß der Akkumulation von Kapital ist ja *uno actu* Prozeß der Herausbildung politischer Strukturen von Hegemonie und Regulierung und er ist nicht durchführbar ohne die politische Unterstützung des Staates. Der Staat wirkt aktiv mit bei der Klassenscheidung von Lohnarbeit und Kapital, bei der Errichtung und Erhaltung von privatem Sondereigentum, er stützt die Expansionstendenzen des Kapitals; der Staat versucht auch die effektive Nachfrage zu sichern, er stellt einen Teil der materiellen Infrastruktur bereit, die den Zirkulationsprozeß des Kapitals erleichtert und beschleunigt und nicht zuletzt ist der Staat für die Rechtsförmigkeit der ökonomischen Beziehungen verantwortlich. Kurz, ohne politische Sicherung des Akkumulationsprozesses kann dieser ökonomisch nicht funktionieren. Da Akkumulation also des institutionell regulierten Regimes bedarf, kann der Prozeß der Inwertsetzung, wie im ersten Kapitel bereits dargelegt worden ist, nicht historisch voraussetzungslos eingeleitet werden.

Im Begriff der Inwertsetzung ist der Aspekt eingeschlossen, der uns im ersten und zweiten Kapitel bereits beschäftigt hat: der »nachholende« Charakter, da ja die Integration einer Region in den nationalen und globalen Reproduktionsprozeß verspätet und subaltern erfolgt. Die

134

nationalstaatliche Aktion ist dabei unabdingbar, nicht zuletzt um die politische Intervention von außen zu verhindern (wie wir noch sehen werden), und daher hat Inwertsetzung eine politische oder *strategische* Dimension, mit der wir uns zunächst auseinandersetzen wollen.

4.1. Agenten der Inwertsetzung und deren Maßnahmen

Schon mehrfach sind wir mit dem Begriff der »*Inwertsetzung*« konfrontiert worden, ohne ihn bisher zureichend zu klären. Auch in der Literatur wird der Begriff zwar häufig, aber doch unscharf und widersprüchlich verwendet. Kohlhepp beispielsweise spricht von »Inwertsetzung« im Titel eines Aufsatzes über die »Erschließung und wirtschaftliche Inwertsetzung Amazoniens« (Kohlhepp 1978), setzt sich freilich mit den Implikationen des gewählten Begriffs nicht weiter auseinander[1]; im Text wird der Begriff schlicht als Synonym für »wirtschaftliche Entwicklung« benutzt. Osorio Nunes (1949) hat in einer Art Denkschrift, die der Gründung einer regionalen Planungsinstitution in Amazonien (Vgl. dazu unten mehr) vorausgeschickt wurde, die praktischen Maßnahmen der »Inwertsetzung« aufgezählt: von der Verkehrserschließung über die Kolonisierung bis zur Entwicklung eines Bankennetzes in der Region. Michel Foucher (1974) versucht in einem Aufsatz mit dem Titel »La mise en valeur de l'Amazonie Brésilienne« eher systematisch zu umschreiben, was unter Inwertsetzung zu verstehen sei: »Bei der ökonomischen *Integration* handelt es sich eindeutig darum, Amazonien in einen zum *Wachstum* der nationalen Wirtschaft komplementären Raum zu verwandeln, und zwar gemäß den Prinzipien: *Entwicklung* der Exportwirtschaft und Bereitstellung von Rohstoffen, sowie industrielles Wachstum und *Rationalisierung* in der Landwirtschaft«(Foucher 1974, S. 73 – Unterstreichungen – E.A.). Auch hier also wieder[2] der Begriff als Synonym, nun aber für »wirtschaftliche Integration«. Als Voraussetzung für die so verstandene Inwertsetzung nennt er: die wissenschaftliche Erkundung des Territoriums und die Errichtung eines Systems von Kommunikationsmitteln, damit der Raum mit staatlicher Hilfe und aufgrund privater Initiative kolonisiert werden, Großprojekte in Land- und Viehwirtschaft sowie im Energie- und Rohstoffsektor errichtet und an privilegierten Orten auch Industriepole (wie die von ihm erwähnte freie Industriezone [zona franca] in Manáus) angesiedelt werden können. Explizit sind hier also folgende Momente einer Strategie der Inwertsetzung genannt:
    (1) die *Erkundung und Erschließung* eines noch weitgehend unbekannten und wenig erschlossenen Raums. Allerdings ist hier sogleich die Frage aufzuwerfen, für wen der Raum unbekannt ist und warum und für

wen er bekannt sein und erschlossen werden sollte. Also handelt es sich bei Inwertsetzung immer um die Einführung eines spezifischen Raumverständnisses und - wie sich noch zeigen wird – Zeitregimes in die Region, die in Wert gesetzt werden soll.

(2) Die *Durchdringung* des Raums mit Kommunikationsmitteln zielt nicht nur eindeutig und manchmal ausschließlich auf seine Anbinduung an andere, bereits erschlossene und »in Wert gesetzte« Räume, auf Integration in einen größeren ökonomischen Zusammenhang, in die nationale und internationale Arbeitsteilung durch Entwicklung der Exportwirtschaft, sondern ist zugleich ein Akt der »Produktion des Raums«, wie Neil Smith (1984) oder Milton Santos (1978) hervorheben. Durchzogen von Straßen und Fluglinien, bestrahlt vom TV-Satellitenprogramm in den entferntesten Winkeln bleibt der Raum nicht mehr derselbe wie vor der Inwertsetzung.

(3) Die Rationale der Inwertsetzungsstrategie ist der Versuch, die in dem bisher nicht erschlossenen Raum verborgenen *Ressourcen* zu erkunden, zu erschließen und schließlich zu *extrahieren*, um sie in den Kreislauf der Warenzirkulation zu bringen und so zu verwerten. In diesem Prozeß findet aber nicht nur eine räumliche *Translocation* von Ressourcen aus einer Region mit den Medien der Weltmarktzirkulation in eine andere statt, sondern gleichzeitig eine *Formverwandlung der Ressourcen in Waren*. Die Konsequenzen sind bereits im zweiten und dritten Kapitel beschrieben worden. Hier ist nur der Gedanke anzumerken, daß auf diese Weise die »in Wert gesetzte« Region mit der Integration in den Wertekreislauf auch in dessen Krisen einbezogen werden kann, sofern keine institutionelle Abschirmung der Region von den Krisen der Kapitalverwertung gelingt. Inwertsetzung kann sich also auch infolge von Krisentendenzen der »auf dem Wert beruhenden Produktionsweise« in *Außerwertsetzung* verkehren.

(4) Schließlich gehört zur (privatwirtschaftlichen) Inwertsetzung unbedingt die Errichtung eines *politisch-institutionellen Systems*, von der (öffentlich finanzierten) materiellen Infrastruktur bis zu Institutionen der Regulierung und politischen Sicherung der Hegemonie in der Region. Also ist zunächst festzuhalten, daß die Inwertsetzung des Raums ein ökonomischer und politischer Akt zugleich ist. Verwertung (und daher die Inwertsetzung) sind gesellschaftliche Veranstaltungen, »Teil einer gesellschaftlichen Totalität, die sich stetig verändert«(Hebette/Acevedo 1979, S. 152). Daher »schöpft« eine bloß ökonomische Analyse des Entwicklungs- und Inwertsetzungsprozesses »das Thema nicht aus« (ebenda); Inwertsetzung – Hebette/Acevedo konzentrieren sich auf den Prozeß der Kolonisierung – »hat mit dem politischen und ideologischen Überbau zu tun« (ebenda). Es müssen im Verlauf des

sozialen und ökonomischen Prozesses also Institutionen der Regulierung gebildet werden; Inwertsetzung ist die Übertragung nicht nur des Prinzips von Kapitalverwertung und -akkumulation, sondern auch seiner institutionellen und medialen Komponenten – wenn auch in subalterner Weise. Morães/da Costa (1984, S. 141) unterscheiden in ihrer Analyse der »Valorisierung« des Raums daher zwischen der »strategischen« und »ökonomischen« Inwertsetzung, wobei es sich dabei um die beiden Seiten der gleichen Medaille handelt, wie ein kurzer Rückblick auf die Inwertsetzungsstrategien in der jüngeren Vergangenheit bereits offenbart. Bei einer solchen Betrachtung erschließt sich noch ein weiterer Aspekt von Inwertsetzung: es ist eine Strategie, die von außen der Region aufgesetzt wird[3], ja aufgesetzt werden muß, da möglicherweise die internen Antriebskräfte einer Inwertsetzung unzureichend sind. Schematisch können die mit dem Begriff der Inwertsetzung angesprochenen Dimensionen wie folgt dargestellt werden:

Schaubild 4.1:
Agenten und Aktionsfelder der Inwertsetzung

Operation	Herrichtung des Territoriums Kriterium: Pol. Integration		Bereich einzelwirtschaftliche Aktivitäten Kriterium: Verwertung von Kapital			
Agenten	Erkundung	Erschliessung	Extraktion	Kolonisierung	Prozessierung	Vermarktung
Internat. Entwicklungsagentur	X	X				
Nationalstaat	X	X				
Regionale Entwicklungsbehörde	X	X				
Staatl. Untern.			X	X	X	
Priv. Nat. Untern.			X	X	X	
Transnat. Untern.			X	X	X	
Siedler				X		X

Am Prozeß der Inwertsetzung, also an Erkundung, Erschließung des Raumes, an Extraktion, Prozessierung und Vermarktung von Ressourcen, an der Kolonisierung, sind unterschiedliche Agenten beteiligt, mit unterschiedlichen Interessen und Kriterien der Entscheidung. Die Zuordnung der Agenten zu den Aktivitätsfeldern erfolgt natürlich nach der *vorrangigen* Tätigkeit; auch privatwirtschaftliche Unternehmen beispielsweise wirken an der Erkundung und Erschließung des Raums mit, wenn auch in begrenztem Umfang verglichen mit den öffentlichen Institutionen. Erkundung und Erschließung sind Aktivitäten territorialer Integration oder Inwertsetzung *des* Raums, »strategische Inwertsetzung«. Die anderen Operationen hingegen sind in erster Linie Abschnitte im Verwertungsprozeß von Kapital, also Inwertsetzung von einzelnen kapitalistischen Projekten *im* Raum, ökonomische Inwertsetzung. Dabei ist es möglich, daß der Extraktion von Produkten die Verarbeitung (Prozessierung) bis zu einem industriellen Endprodukt folgt; es kann aber auch die extrahierte Ressource direkt vermarktet und in einer anderen Region verarbeitet werden. Kolonisierung schließlich unterscheidet sich insofern von Extraktion und Prozessierung, als ihr erstes Ziel die Versorgung agrarischer Arbeitskraft mit Land ist. Das Land dient also vor allem der Subsistenzsicherung und erst in zweiter Linie der Vermarktung der angebauten Produkte. Abhängig ist das Ausmaß der Vermarktungsmöglichkeiten in Amazonien nicht zuletzt von infrastrukturellen Einrichtungen (Transportsystem; Lagerhaltung) und von der Bereitstellung von Krediten, aber auch von Saatgut – und am Fehlen dieser Bedingungen sind viele Kolonisierungsprojekte gescheitert (Vgl. Kohlhepp 1978; Moran 1981; Bunker 1985; de Oliveira 1981).

Von Bedeutung ist natürlich auch, bis zu welchem Grad an intra- und interregionaler Verflechtung der Prozeß der Inwertsetzung vorangetrieben werden kann. Die Identifikation Amazoniens als unterentwickelte Region stützt sich regelmäßig auf das Argument, daß über Erkundung, Erschließung und Extraktion von mineralischen, hydroenergetischen und biologischen Ressourcen hinaus nichts oder zu wenig in der Region geschieht: also weder die Verarbeitung der extrahierten Ressourcen zu höherwertigen Produkten noch deren intelligente Vermarktung auf dem nationalen und globalen Markt erfolgt. Auf diese Weise, so jedenfalls Bunker (1985, S. 24f.), tendieren »extreme peripheries« dazu, sich selbst einem Verarmungsprozeß auszusetzen. Denn »während die Prozessierung und industrielle Weiterverarbeitung der meisten extrahierten Waren zusätzlichen Wert erzeugen, tendieren extreme Peripherien wie das Amazonasgebiet dazu, die Waren roh oder unfertig zu exportieren, so daß die Erzeugung und Realisierung zusätzlichen Wertes in anderen Wirtschaften stattfinden und diesen den Nutzen bringen...Daher tendieren Systeme, die auf Rohstoffextraktion beruhen, dazu, sich selbst zu verarmen, wenn sie auf externe Nachfragesteigerungen antworten...«

Es ist also wesentlich für die *Entwicklung* einer Region, bis zu welchen Bereichen im regionalen Reproduktionszusammenhang der Prozeß der *Inwertsetzung* vorangetrieben wird; ob eine intraregionale *Verflechtungsstruktur* entsteht, die »self sustained growth« (im Sinne von Rostow) möglich macht, oder ob die Extraktion der Ressourcen vor allem der Versorgung von anderen regionalen und nationalen Ökonomien dient, die die Rohstoffe als Inputs brauchen[4]. Es zeigt sich also, daß die *Gleichsetzung von Inwertsetzung mit Entwicklung fragwürdig* ist: Extraktive Projekte können zwar höchst rentabel in Wert gesetzt werden, ohne daß dies ein Beitrag zur Entwicklung der Region wäre.

4.2. Geopolitik der Inwertsetzung

Inwertsetzung ist mehr als Wachstum im quantitativen Sinne einer Steigerung von Wohlfahrtsindikatoren, z.B. des Bruttosozialprodukts pro Kopf[5]. Die Integration von bislang wenig entwickelten Regionen heißt ja auf der einen Seite nicht nur die Angleichung von Niveaus der Produktivität der Produktion, des Lebensstandards der Bevölkerung etc., sondern auch Ausweitung der dominanten Formen von Produktion und Leben auf alle Regionen der Nation. Auf der anderen Seite ist die erste Konsequenz der regionalen Inwertsetzung und Integration in den nationalen Raum die Desintegration auf regionaler Ebene. Man kann diesen Mechanismus mit »drei H« (Armando Dias Mendes) bezeichnen: *Homogenisierung* des nationalen Raums, *Hegemonisierung* der Region durch die entwickeltere Region (das Zentrum), *Hierarchisierung* der politischen Entscheidungsstrukturen in der Form von Kontrolle der stofflichen, energetischen und informationellen Flüsse innerhalb der peripheren Region und zwischen Peripherie und Zentrum durch das Zentrum, worauf auch Bunker (1985), sich auf Adams (1975) beziehend, verweist[6].

Schon die Tatsache, daß die Strategien der Inwertsetzung Amazoniens (wie in anderen Weltgegenden auch) gar nicht (oder in nur unbedeutendem Maße) in der Region selbst entworfen und die diesbezüglichen Entscheidungen nicht von in der Region ansässigen Agenten getroffen werden, sondern in fernen Entscheidungszentren außerhalb – im Regierungsapparat, am Sitz der transnationalen Unternehmen, in den freien Bankzonen des monetären Weltmarkts, in internationalen Organisationen – ist ein Indiz für die Subsumtion der Region unter ein externes Regime, für Hierarchisierung und Hegemonisierung, für politische und ökonomische Subalternität. Inwertsetzung ist also ein Projekt des bereits entwickelten und durchkapitalisierten Zentrums innerhalb der Nation oder von anderen Nationen in einer Region, in der (wie in Amazonien) Produktionsweisen der dort lebenden Bevölkerung vorherrschen, die gerade nicht auf Wertbildung und Verwertung beruhen bzw. in Formen der Werteproduktion eingebunden sind, die jede Entwicklung durch Entstehung von intraregionalen »linkages« verhindern. Emilio Moran (1981) macht diesen Faktor verantwortlich dafür, daß der Kautschukboom in der zweiten Hälfte des 19. Jahrhunderts (anders als die Kaffeewirtschaft des zentralen Südens Brasiliens) keine positiven ökonomischen und sozialen Effekte in Amazonien auszulösen vermochte: Die Überausbeutung des Latex der Kautschukbäume, die Überausbeutung der Arbeitskräfte, die Verschuldung der Kautschuksammler und ersten Zwischenhändler (aviamento-System) zusammen mit sozialen Verhältnissen, die es verhinderten, daß aus der innerregionalen Landwirtschaft ein das Subsistenzniveau überschreitender Überschuß vermarktet wurde. Die Folge ist sozioökonomische Stagnation, was die *Formen* anbelangt, in denen sich *Entwicklung* vollzieht, bei gleichzeitigem rasantem *Wachstum* von Produktion, Einkommen und Exporten der Region. So ist es denn auch keineswegs verwunderlich, daß unmittelbar nachdem der *äußere* Wachstumsimpuls des Kautschukbooms nach 1912 ausblieb, keine *inneren* Impulse da waren, um ihn zu kompensieren, und die Region zunächst die Trümmer des Kautschuk-Systems (insbesondere die knechtenden Bindungen der Verschuldungsketten im aviamento-System) beseitigen mußte, bevor die Produktion landwirtschaftlicher Produkte erneut einen zaghaften Aufschwung nehmen konnte.

Natürlich wäre es vorstellbar, daß sich auch aus den subsistenzökonomischen Produktionsweisen Amazoniens – shifting cultivation, caboclo-Wirtschaft – Warenproduktion in größerem Umfang entfaltet und im Verlauf eines längeren historischen Prozesses auch moderne kapitalistische Formen der Produktion entstehen; doch sind angesichts der Strukturen eines kapitalistischen Weltsystems, in das ja Amazonien einbezogen ist, die Aussichten für einen so gearteten Prozeß endogen getragener Inwertsetzung gering. Folglich kann die Strategie der Inwertsetzung heute nur von außen in die Region eingeführt werden; die Region wird also notwendiger- und logischerweise zu einem subalternen Objekt ökonomischen Verwertungshandelns und politischer Zurichtung. Ob am Ende die Homogenisierung der nationalen Gesellschaft und des territorial differenzierten Wirtschaftsraums erreicht wird, ist indessen mehr als fraglich. Denn abgesehen von den bereits im ersten Kapitel vorgetragenen Argumenten wird erstens das Entwicklungsgefälle innerhalb einer Nation und auf dem Weltmarkt aus immanent ökonomischen Gründen nicht einfach zu überwinden sein. Dafür ist *einerseits* der Transfer von Werten durch den Mechanismus der relativen Preise (interne terms of trade), zum anderen die »Trägheit« einer nationalen und globalen stofflichen Reproduktionsstruktur, die das Entwicklungsgefälle gerade durch Entwicklung konserviert[7], verantwortlich. Dem ökonomischen Entwicklungsgefälle entspricht *zweitens* die Stellung in der Hierarchie politischer Entscheidungsstrukturen, die die Konservierung politischer Subalternität noch bestärkt. Der Staat selbst reproduziert also paradoxerweise – wenn man die deklarierten Ziele der Politik in Rechnung stellt – mit der regionalen Entwicklungspolitik die regionale Unterentwicklung[8].

Also werden die Ziele und Methoden der Inwertsetzung zunächst außerhalb der Region formuliert, in der Regel mit der notwendigen »Modernisierung« begründet. Die eingerichteten Entwicklungsagenturen (die Subjekte der strategischen Inwertsetzung) folgen mit ihrer institutionellen Form und administrativen Organisation einer Logik, die nicht aus der Region selbst entstammen, sondern regelmäßig aus dem bereits entwickelterem Zentrum[9]. Zwar gibt es in Amazonien eine lange Tradition von wissenschaftlichen Analysen, politischen Stellungnahmen und individuellen und kollektiven Eingaben aus der Region selbst, in denen Wege der ökonomischen Entwicklung aufgezeigt und entsprechende Forderungen – allerdings typischerweise fast immer an die Zentralregierung – aufgestellt werden. Auch ist dabei wiederholt auf Blokkierungen der Entwicklung aufmerksam gemacht worden, die aus einem Transfer von Werten aus der zu entwickelnden, also im ökonomischen Sinne peripheren Region in das bereits entwickelte Zentrum des Landes resultiert, sofern Ressourcen aus der Region bereits extrahiert und auf den Weltmarkt geworfen worden sind. Ja, es ist die Charakterisierung Amazoniens als »extraction economy«, mit der die Entwicklungshemmnisse, gar die Unterentwicklung begründet worden ist. Denn eine Perspektive für die Region kann der Extraktivismus natürlich nicht bieten, er setzt nur die Jahrhunderte alte Form der Weltmarktintegration Amazoniens fort, die Lucio Flavio Pinto aus heutiger Sicht so umschreibt: »Wir waren – und wir sind es noch – eine Kolonie, die Brasilholz und Kaffee, Gold und Kautschuk, Soja und Orangen und viele andere, ähnliche Produkte geliefert hat. Und heute fangen wir damit an, den gegenwärtig begehrtesten Rohstoff bereitzustellen: nämlich Energie ...Wir sind dabei, unsere schon fünf Jahrhunderte während Abhängigkeit auf den neuesten Stand zu bringen« (O Liberal 24.11.1985).

Auch der Extraktivismus ist eine bestimmte Form der Inwertsetzung, allerdings eine für die Region armselige und punktuelle ohne Effekte auf die wie auch immer zu messende Entwicklung. Nach dem Ende des Kautschukbooms und dem dramatischen Rückgang der Kautschukexporte[10] seit Beginn der 20er Jahre (Vgl. Weinstein 1983) fällt Amazonien zuerst einmal in die Stellung einer Region von minderem Interesse für den ökonomisch und politisch dominanten Süden des Landes und die Zentren des Weltmarkts auf der nördlichen Hälfte des Globus zurück. Von den 20er Jahren bis in die 40er Jahre stagniert die Bevölkerungszahl der Nordregion Brasiliens (heute: Rondônia, Acre, Amazônas, Roraima, Pará, Amapá). Am 1.9.1920 lebten 1.439.052 Menschen in der Region und am 1.9.1940 gerade 1.462.420 . Die Einwohnerzahl der größten Stadt Amazoniens, von Belém, ist in dieser Periode sogar rückläufig. Sie sinkt von 236.402 auf 206.331. Die ökonomische Grundlage der regionalen Bevölkerung wird wieder, wie vor dem Kautschukboom, die agrarische Subsistenzwirtschaft (Anbau von Maniok, Kakao, Pfeffer, Reis etc.) und das Sammeln – aber nun in kleinem Stil – von Kautschuk und Paránüssen. Versuche, Gummiplantagen in großem Stil anzulegen (Belterra/ Fordlândia am Rio Tapajós) scheitern[11]. Auch das regionale Volkseinkommen und das Pro-Kopf-Einkommen gehen dramatisch zurück. Bunker berechnet ein regionales Bruttoeinkommen von ca. 2,3 Mrd Crz (in Werten von 1972) im Jahre 1910, das sich bis 1920 auf rund 473 Mio Crz viertelt. Erst fünfzig Jahre später 1960 wird das Regionaleinkommen von 1910 wieder erreicht. Das Pro-Kopf-Einkommen sinkt von 323 US$ im Jahre 1910 auf 74 US$ 1920, und beträgt 60 Jahre später im Jahre 1970 mit 171 US$ etwas mehr als die Hälfte des bereits 1910 erreichten Wertes (Bunker 1985, S. 83). Eine Ausnahme von dieser Rückentwicklung ist die landwirtschaftliche Kolonisierung in der Zona Bragantina östlich von Belém seit etwa 1915, die nach anfänglichen Schwierigkeiten eine agrarische Kultur hervorbringt, die durchaus rentabel ist[12]. Erst im Verlauf des zweiten Weltkriegs ändert sich die Situation grundlegend. Am 10. Oktober 1940 hält Präsident Getulio Vargas seinen berühmten »Discurso do Rio Amazônas«, in dem er auf die Bedeutung Amazoniens für die brasilianische Nation verweist (Vgl. Foucher 1974, S. 71ff; Mahar 1978, S. 11ff).

Der Eintritt der USA in den zweiten Weltkrieg hat auch Auswirkungen auf Amazonien, obgleich die Region von den Kriegsschauplätzen weit entfernt liegt. Mit den Vereinbarungen von Washington wird die »Batalha da Borracha«, der »Kampf um den Kautschuk« eingeleitet, mit der Absicht, den kriegswichtigen Rohstoff in den benötigten Mengen für die Alliierten bereitzustellen. Bis 1945 wird die Kautschuk-Produktion auf 22.902 Tonnen gesteigert, also auf etwas mehr als die Hälfte der Produktion von 1912 (42.000 Tonnen). Um dieses Ziel zu erreichen, werden nicht nur Subventionen gezahlt, sondern auch die Infrastruktur in Amazonien ausgebaut (z.B. Häfen für den Export der Waren), Institutionen für Anwerbung und Transport von Arbeitskräften werden gebildet, die Versorgung der Arbeitskräfte wird verbessert (Mahar 1978; Cardoso/ Müller 1978). Doch die Erfolge sind, »wenn man die Kosten vergleicht, eher bescheiden« (Mahar 1978, S. 13). Die amazonische Ökonomie wird in dieser Phase, wie gehabt, auf die Extraktion von Kautschuk zugerichtet[13], allerdings ohne noch einmal die goldenen Jahre des Booms der Jahrhundertwende zurückbringen zu können. Erst in der zweiten Hälfte der 40er Jahre ändert sich die Inwertsetzungsstrategie. Die Entwicklung Amazoniens erhält sogar Verfassungsrang: In der Verfassung von 1946 heißt es im Artikel 199: »Für die Durchführung des Plans zur Inwertsetzung Amazoniens wird der Bund während mindestens 20 Jahren eine Summe von nicht weniger als 3 von Hundert (3%) seiner Steuereinnahmen zur Verfügung stellen.« Umgesetzt wird dieser Verfassungsartikel 1953 mit der Bildung der »Superintendencia do Plano de Valorização Economica da Amazônia« (SPVEA), der Behörde zur Inwertsetzung Amazoniens. Die »Inwertsetzung« Amazoniens wird als eine der »großen und dringenden Aufgaben der Nation« (Araujo Cavalcanti 1949, S.5) definiert. Damals wird auch mit dem Gesetz Nr. 1806 vom 6. Januar 1953 die »Amazônia Legal« (im Unterschied zur »Amazônia classica«) geschaffen, das die Staaten Pará, Amazonas und Acre umfaßt, die (damaligen) Bundesterritorien von Amapá, Roraima und Rondônia sowie Teile von Maranhão westlich des 44. Meridians von Greenwich und die Landstriche von Goiás und Mato Grosso nördlich des 16. bzw. 13. Breitensgrades (Süd). Amazônia Legal hat eine Fläche von etwa 5 Mio qkm, nimmt also rund 59 vH des brasilianischen Staatsgebiets ein. Die geopolitische Bedeutung ist damit unmißverständlich dokumentiert worden. Mit dem gleichen Gesetz (Art. 24), das die »Superintendenz zur Planung der Inwertsetzung Amazoniens« errichtet, wird ein entsprechender »Inwertsetzungsfonds« (Fundo de Valorização Economica da Amazônia) gebildet, in den die vom Art. 199 der Verfassung geforderten Mittel – eine Art Finanzausgleich der Bundesstaaten zugunsten Amazoniens – eingezahlt werden sollten. Ein durchschlagender Erfolg bei der Inwertsetzung Amazoniens wurde aber nicht erreicht. Der Grund ist, wie Cardoso und Müller (1978, S. 111ff) ausführen, die mangelnde Kenntnis der Ressourcen und die unzureichende Erschließung der riesigen Region. Nur langfristig wären diese Mängel zu beseitigen gewesen, aber der Planungszeitraum beschränkte sich auf fünf Jahre. Die SPVEA versuchte die Valorisierung des Raums noch mit Hilfe von Investitionen staatlicher Unternehmen zu erreichen und nicht wie später die 1966 errichtete SUDAM (Superintendenz für die Entwicklung Amazoniens) vor allem durch fiskalische Anreize für private Investoren.

Die 60er Jahre können als ein Wendepunkt in der *strategischen Option* für Amazonien betrachtet werden. Wie bereits erwähnt, wird 1966 nach den Mißerfolgen der SVEA die SUDAM gebildet. Die großen Entdeckungen von mineralischen Ressourcen finden ebenfalls in dieser Periode statt: Im Jahre 1967 wird Carajás zufällig »entdeckt«[14]. Ganz bewußt waren sich der politischen Dimension der Inwertsetzung Amazoniens mit Sicherheit die Generäle, die Brasilien nach 1964 regierten. Die Geopolitiker unter ihnen, wie Golberry Couto e Silva, Meira Mattos oder Poppe de Figueiredo (Vgl. dazu Caubet 1984) definierten die ökonomische Inwertsetzung als die dynamischeste Art und Weise, mit der der riesige Raum in Besitz genommen werden könnte. General Meira Mattos (1977, S. 139) hat für diesen Prozeß die einfache und einleuchtende Formel parat: »Es geht darum, territoriales Potential in Macht zu transformieren«, indem die gewaltige kontinentale Landmasse Amazoniens durch Ausdehnung der ökonomischen »fronteira« ins Land »inkorporiert« wird. Das »hinterland brasileira« (Meira Mattos 1977, S. 110) soll durch die ökonomische Inwertsetzung »aufgeweckt werden«, und zwar für eine »große Zukunft « (Meira Mattos 1977, S. 106). Der General Beviláqua sagt dazu, Lenin paraphrasierend:»Die Größe Brasiliens ist gleich der Demokratisierung plus Elektrifizierung« (Beviláqua 1968, S. 20). In kritischer Absicht unterstellt Albano Franco auch den Planern des Carajás-Projekts, daß es ihnen nicht nur um die Förderung des Eisenerzes gehe, sondern auch um »strategische Erwägungen« und solche, die »mit der nationalen Sicherheit« zu tun haben (Franco 1981, S. 8). Diese Formel drückt sehr deutlich die politische und ökonomische Dimension von Entwicklung und Inwertsetzung aus, wobei wir uns darüber klar sind, welche Art von Demokratie der Militär meint: die korporativ-autoritäre. Soziale und ökologische Gesichtspunkte haben in diesem Diskurs jedenfalls keinen Platz, und zum Teil ist das bis heute so geblieben.

In diesem Rahmen sollen auch die prekären Grenzverläufe gegenüber den amazonischen Nachbarn festgelegt und sicher gemacht werden (Meira Mattos 1977, S. 90). Der »Operation Amazonien« von 1966 bis 1970 folgt daher im Juni 1970 das »Programm der Nationalen Integration«(PIN), mit dem die Perspektive verbunden wurde, den »Norden an die anderen brasilianischen Regionen an(zu)binden und seine Isolation (zu) ...verringern« (Garrido Filha 1971, . 69). Das Mittel zur Umsetzung dieser Perspektive ist der Bau von Straßen: es wird die *Transamazônica* in Angriff genommen und die Straße von Cuiabá nach Santarém gebaut. Die *Perimetral Norte* von Macapá bis zur kolumbianischen Grenze wird geplant, jedoch nur zum Teil fertiggestellt.. Der Pacto Amazônico, der am 3. Juli 1978 von allen Anrainerstaaten des Amazonasbeckens (Brasilien, Bolivien, Peru, Ekuador, Kolumbien, Venezuela, Surinam, Guiana) unterzeichnet wird, verspricht die Stimulierung ökonomischer Entwicklung (Erkundung durch verstärkte Anstrengung in der Forschung und Austausch von Wissenschaftlern; Erschließung durch die Schaffung einer Infrastruktur und die Sicherung der freien Schiffahrt) mit dem deklarierten Ziel, das Terrain politisch zu sichern.

In Amazonien sind die Anstrengungen zur Inwertsetzung also niemals nur staatliche Strategien zur Förderung privatwirtschaftlicher Aktivitäten gewesen, sondern immer geopolitisch, also auch machtpolitisch bewußter Akt des Nationalstaats. Es handelt sich um ein Moment einer staatlichen politischen Perspektive der Großmacht Brasilien; auch dann, wenn diese halbherzig, widersprüchlich und manchmal sogar konterproduktiv gewesen sein mag; »entreguistisch« in dem Sinne, daß im Zuge der Inwertsetzung die großflächige Ausbeutung der Ressourcen zu Billigpreisen ausländischen Unternehmen überlassen worden ist[15]. Es wäre also kurzschlüssig – darauf wird unten noch genauer einzugehen sein –, den Erfolg von Inwertsetzungsstrategien nur mit mikro- und makroökonomischen (Rentabilitäts- und Cost-Benefit) Kriterien bewerten oder am Grad des Errreichens geeigneter Entwicklungsindikatoren messen zu wollen, da es hohe politische opportunity-costs gibt. Diese sind freilich nicht oder nur unter restriktiven Annahmen zu quantifizieren. *Ökonomische Macht*, die durch Inwertsetzung der Region Amazonien gemehrt werden soll, wird *in politische Macht transformiert*, die die Nation insgesamt, den Staat, jedoch vor allem ein spezifisches *politisches Regime* stützen und stärken soll[16].

Zu Recht wird in nahezu allen Schriften über Amazonien auf die Bedeutung des Baus der Autostraße von Belém nach Brasília, die 1960 dem Verkehr übergeben und bis 1973 vollständig asphaltiert wurde, als die größte und wirksamste entwicklungsstrategische Leistung während der Ära der SPVEA auch für die Integration der Region in den nationalen Wirtschaftsraum hingewiesen (Valverde 1967; Castro Rebelo 1973; Becker 1982; Kohlhepp 1978). Die Straße übt auf der einen Seite eine gewaltige Anziehungskraft auf Migranten aus anderen Landesteilen aus, die entlang der Straße geplante und geförderte, aber auch spontane Siedlungsprojekte errichten. Auf der anderen Seite dient sie der Drainage von Ressourcen des amazonensischen Raums und der Erschließung der regionalen Märkte für Waren aus dem zentralen Süden des Landes und damit der Integration in die nationale Wirtschaftsstruktur. Der Straßenbau (Cuiabá – Santarem 1967; die Transamazônica 1972, Porto Velho – Manáus 1968) wird bis in die Gegenwart hinein die wichtigste entwicklungspolitische Maßnahme, die durch Projekte zur Erkundung des Ressourcenreichtums der Region ergänzt wird. Erst nachdem diese Schritte im Verlauf eines langen Zeitraums, schließlich jedoch recht erfolgreich durchgeführt worden sind, ist daran zu denken, die Inwertsetzung der Region in großem Stil einzuleiten. Gleichzeitig mit der Umwandlung der SPVEA in die Superintendenz für die Entwicklung

Amazoniens (Superintendecia de Desenvolvimento da Amazônia – SUDAM) im Jahre 1966 beginnt die »Operation Amazonien«, mit der die Nordregion in den nationalen Wirtschaftsraum weiter integriert werden soll; 1970 wird das Programm der nationalen Integration (PIN) vorgelegt, in dem explizit die Bedeutung des amazonensischen Raums für die Besiedlung durch die landlose Agrarbevölkerung des Nordostens (»Land ohne Menschen« für »Menschen ohne Land«) hervorgehoben wird. Für die Nation insgesamt wird dadurch aber Amazonien zu einem Puffer gegen den Landhunger der agrarischen Bevölkerung wegen der immer wieder geplanten (zum Beispiel von den Militärs 1964 unmittelbar nach dem Putsch) und ebenso oft aufgeschobenen und letztendlich nie durchgeführten Agrarreform. Der entwicklungspolitische Durchbruch wird aber erst mit den nationalen Entwicklungsplänen, dem ersten von 1972 bis 1974 und vor allem mit dem zweiten von 1974 bis 1979, eingeleitet. Im zweiten Nationalen Entwicklungsplan (II. PND) werden übrigens auch die Großprojekte definiert, die der Staat zu realisieren gedenkt – um mit ihnen zu einer Großmacht (»Brasil – grande potencia«) aufzusteigen.

Es ist eindeutig; die Entwicklungsanstöße kommen tatsächlich im wesentlichen von außen und sie sind nicht uneigennützig. Sie sollen der Nation als ganzer zu Größe, Macht und Wohlstand verhelfen. Wie, zu welchem Preis und mit welcher Wirkung, wird unten darzustellen sein. Amazonien ist daher auch gewissermaßen Spielmaterial der nationalen Politik zur Abwehr von Ansprüchen auf die Region. Unter diesem Aspekt betrachtet ist Inwertsetzung jedenfalls auch eine »Politik der Antizipation eines Pan-Amazoniens« (Mendes 1971, S. 128), ein geopolitisches Manöver, das das Umfeld internationaler Politik in Rechnung stellt. Ganz explizit haben bei den Entwicklungsstrategien Amazoniens *geopolitische* Überlegungen zur Nutzung der immer noch in Teilen unzugänglichen Region und zu ihrer Einbindung in das brasilianische Staatsgebiet eine zentrale Rolle gespielt. Daß das riesige Amazonasgebiet überhaupt an Brasilien gefallen ist, hat eher mit historischen Zufälligkeiten[17] zu tun als mit einer im Naturraum, der Ethnie oder der Geschichte materiell begründeten Gemeinsamkeit. Das schon zitierte Wort von den »zwei (oder drei) Brasilien« ist keineswegs unberechtigt. Das Territorium mußte ständig verteidigt werden: von den portugiesischen Kolonialherren gegen Franzosen, Engländer und Holländer, von den Brasilianern gegen hispanoamerikanische Nachbarn mit Gebietsansprüchen (Bolivien, Peru, Venezuela) und später auch gegen US-amerikanische Versuche, die Region unabhängig von oder sogar gegen brasilianische Interessen als Siedlungsgebiet, als wesentlichen Teil eines integralen lateinamerikanischen Systems von Wasserstraßen (vom Amazonas bis zum La Plata) und globalen Energielieferanten zu nutzen. Angriffe auf die oder die Infragestellung der Integrität des Staatsgebiets sind als konkrete Bedrohung keineswegs aus der Luft gegriffen.»...in höchstem Maße notwendig ist es, sich darüber Gedanken zu machen, ob nicht morgen vielleicht die gleiche Theorie des «uti possidetos» gegen die nationalen Interessen angerufen werden kann, die bei der Einverleibung (Amazoniens) ins brasilianische Staatsgebiet zur Geltung gebracht worden ist« (Nunes 1949, S.130). Also: so wie Brasilien in kolonialer und nachkolonialer Epoche sich des Anspruchs auf Amazonien bemächtigte, könnten andere Nationen Ansprüche erwerben, wenn Brasilien das Gebiet nicht im Rahmen seiner nationalen Ökonomie nutze[18]; »territorialer Appetit« (Moraes/da Costa 1984, S.166), »internationale Gier auf Amazonien-«(Garrido Filha 1971, S. 69) seitens anderer Nationalstaaten sind nicht auszuschließen, zumal diese eine lange Geschichte haben[19]. Und tatsächlich ist, wie bereits gezeigt worden ist, Expansion ein inhärentes Prinzip des Nationalstaats. Die politische Formel dieser Rechtsposition aus brasilianischer Sicht lautet demnach: »integrar para não entergrar« (Integrieren, um das Land nicht übergeben zu müssen). Oder: »Ein integriertes Amazonien, für immer brasilianisch« (Botelho 1971, S. 41).

In der jüngeren Vergangenheit ist die Integrität des brasilianischen Staatsgebiets insbesondere durch Versuche einer nicht vom nationalen Zentrum sondern von Agenten außerhalb der Nation gesteuerten Inwertsetzung in Frage gestellt worden. Eine wichtige Rolle wegen der traumatischen Wirkung auf die brasilianische Gesellschaft spielten dabei die im US-amerikanischen Hudson-Institut entwickelten Pläne für einen »großen See« von ca 200.000 qkm Ausdehnung (zum Vergleich: die BRD ist ca 240.000 qkm groß), zu dem der Amazonas bei Obidos aufgestaut werden sollte, um Energie zu liefern und das Netz der Wasserwege Amazoniens mit dem La Plata-Netz zu verknüpfen. Auf Einzelheiten dieses aus heutiger Sicht absurden Plans kann nicht eingegangen werden (Vgl. Mendes 1971; Castro Rebelo 1973). Wichtig ist aber die Reaktion der brasilianischen Gesellschaft auf die »Verplanung« des amazonischen Territoriums, das tatsächlich bis in die 60er Jahre kaum in die brasilianische Gesellschaft und den nationalen Wirtschaftsraum integriert war. In Abwehr von äußeren Ansprüchen auf das Territorium und seine Ressourcen wird die CNDDA (Nationale Kampagne zur Verteidigung und für die Entwicklung Amazoniens) gegründet, die die Zeitschrift »A Amazonia brasileira em foco« (Das brasilianische Amazonien im Brennpunkt) herausgibt. Viele hohe Militärs gehören zu dieser Kampagne, die mit antiimperialistischer Rhetorik die Versuche einer Internationalisierung Amazoniens abwehren[20]. Am 13.5.1968 wird aufgrund des Gesetzes Nr. 10113 der »Amazonientag« eingerichtet[21].

Auch das vom Nationalen Sicherheitsrat Brasiliens 1986 entwickelte Projekt der »Calha Norte« (Nordschiene) ist erklärtermaßen geopolitisch orientiert: Es soll die Nordgrenze Brasiliens gegenüber den nördlichen Anrainerstaaten Amazoniens »sicher machen«. Obwohl die Grenzen mit Guayana und Surinam 1938, mit Venezuela 1937, mit Französisch Guayana 1962 und mit Kolumbien 1973 markiert worden sind, wird explizit die Befürchtung geäußert, daß die zentralamerikanischen Konflikte auch auf den südamerikanischen Kontinent überborden und die »Grenze« Brasiliens im noch immer besonders dünn besiedelten Teil des Amazonasgebiets unsicher machen könnten. Das Projekt der »Calha Norte« umfaßt folglich vier Bereiche: *Erstens* sollen die bilateralen Beziehungen mit den Nachbarstaaten durch eine Ausfüllung der im Pacto Amazonico vorgesehenen wissenschaftlichen und technischen Zusammenarbeit, eine Ausdehnung des Straßennetzes mit den Nachbarstaaten und gemeinsame Anstrengungen im Kampf gegen die Rauschgiftmafia verbessert werden. *Zweitens* soll die militärische Präsenz in dem Frontgebiet verstärkt werden. *Drittens* soll der Grenzverlauf in Kooperation mit den Nachbarstaaten erneut festgelegt werden. *Viertens* soll die Indianerbehörde Funai neu strukturiert werden mit der erklärten Absicht, daß *fünftens* Maßnahmen zur ökonomischen und sozialen Entwicklung ohne die Behinderungen der Inwertetzung durch bestehende Indianer-Reservate in der »Calha Norte« verstärkt werden. Daß diesem Projekt im wesentlichen militärische Bedeutung zur geopolitischen Sicherung der amazonischen Nordgrenzen beigemessen wird, ergibt sich bereits aus einer Aufstellung der veranschlagten Projektkosten von 1986 – 1990. Für das Heer sind 4,99 Millionen ORTN (zu Preisen vom Herbst 1985) vorgesehen, für die Marine weitere 2,304 Mio ORTN, für das Innenministerium, dem auch die Funai, also die Indianerpolitik zugeordnet ist, hingegen sind lediglich 2,043 Mio ORTN und für das Außenministerium, dem die Verbesserung der zwischenstaatlichen Beziehungen obliegt, lediglich 0,228 Mio ORTN veranschlagt (O Liberal 28.12. 1986).

Die prekäre geopolitische Lage der Region innerhalb des brasilianischen Staatsgebietes und im internationalen Kontext ist unmittelbar Folge der ökonomischen Unterentwicklung und Stagnation. Folglich ist auch in der »Calha Norte«, die etwa 14 % des nationalen Territoriums umfaßt, die ökonomische Inwertsetzung durch staatliche Förderungsmaßnahmen vorgesehen, freilich ohne bislang zu klaren Linien der Entwicklungspolitik geführt zu haben. Generell kann gesagt werden, daß ökonomische Inwertsetzung ein Mittel des politischen Zwecks der besseren Sicherung der nationalen Integrität ist[22].

4.3. Inwertsetzung als ideologische Praxis

Die räumliche Ausweitung des Prinzips der Kapitalverwertung und
-akkumulation ist natürlich nicht nur ökonomischer Akt sondern gesellschaftliche Umgestaltung. Der Nationalstaat subsumiert eine Region
unter seine »Nationalität«. Sie wird dabei in seine Grenzen einbezogen,
bzw. die schon bestehenden Grenzen werden nach außen gegenüber
anderen Mächten – und dies spielt, wie gezeigt worden ist, im Fall
Amazoniens eine wichtige Rolle – deutlicher und wirksamer durch das
»Begrenzen des Innen« (Poulantzas 1978, S. 97) abgeschirmt. Der Staat
(bzw. die politische Gesellschaft) sichert die Räumlichkeit auch im territorialen Sinne, um sich definitorische Identität zu geben. Die Netze
nationalstaatlicher Institutionen werden dichter geknüpft, um effektiver
mit den Medien des Staatsinterventionismus steuernd eingreifen zu können. Dann wird die Region selbst zum Praxisfeld nationaler Ideologien;
Entwicklung als solche ist unter diesem Blickwinkel betrachtet nicht nur
ökonomische sondern auch ideologische Praxis. Die Region wird zum
Objekt, an dem sich überhaupt erst die Integrität der Nation zu erweisen
hat. Natürlich ist die Voraussetzung für Anstrengungen der politischen
Integration einer noch nicht oder unvollkommen integrierten Region in
das nationale Staatsgebiet die Gewißheit oder doch zumindest die Ver-
mutung, daß die Region, einbezogen in die nationale Arbeitsteilung, der
Nation insgesamt einen Wohlstandsgewinn oder/und einen politischen
und militärstrategischen Machtzuwachs bringen könne.

Auf allgemeinster Ebene, zumindest im Falle Amazoniens, lautet die
Gleichung: Ökonomische Entwicklung für die Region, und damit Teilhabe an den Errungenschaften der »Moderne«, zusätzliche Deviseneinnahmen und Entlastung der Zahlungsbilanz für die Nation, wenn und
insofern die Ressourcen der Region in Ware verwandelt und auf die
Weltmärkte exportiert werden. Inwertsetzung impliziert mithin einen
politischen Tausch, ein do ut des. Dieser kann aber nur zustandekom-
men, wenn in seinem Zusammenhang spezifische institutionelle Formen
hervorgebracht werden, die die Akteure des politischen Tauschhandels
sind. Er mag zwar zunächst voraussetzungslos sein, sofern die Region
tatsächlich auch im institutionellen Sinne unterentwickelt ist; jedoch ist
er mitnichten konsequenzenlos. Paradoxerweise impliziert dieser politische Tausch zwischen nationalem Zentrum und Region den Weltmarkt;
die Region kann nur politisch in die *Nation* integriert werden, indem sie
sich ökonomisch auf den *Weltmarkt* orientiert. Also: *Ohne internationale
ökonomische keine nationale politische Integration.*

Mithin bedeutet strategische Inwertsetzung auch die Übertragung der
Attribute der Nationalität auf Regionen, denen sie ganz oder teilweise

noch fehlen: Sprache und Alltagsgewohnheiten, Normen und Geld, Gesetz, Recht und materielle und ideelle Institutionen des »erweiterten Staatsapparats«. Der Begriff des »erweiterten Staates« hat seinen Ursprung und seine Konnotationen in der Staatstheorie Antonio Gramscis. Er umschreibt das hegemoniale System der bürgerlichen Gesellschaft, das sich nicht auf den »Staat im engeren Sinne« begrenzen läßt, also nicht auf die staatlichen repressiven und ideologischen Institutionen (Apparate, im Sinne Althussers). Vielmehr bilden den »erweiterten Staat« auch Institutionen der Vermittlung von Staat und Gesellschaft, die Parteien und Verbände beispielsweise, private Institutionen mit der Zielsetzung oder objektiven Funktion der Sicherung von Hegemonie (privates Bildungssystem; die Kirche etc.). Gramsci entwickelt diese Kategorie im Zuge der Analyse von Bedingungen einer »Revolution im Westen«, um zu zeigen, daß im Unterschied zum zaristischen Rußland in den westeuropäischen Gesellschaften das institutionelle System der Hegemoniesicherung nicht auf den staatlichen Machtapparat im engeren Sinne, auf die Ausübung von Zwang also, begrenzt ist, sondern »kapillar« die gesamte Gesellschaft durchzieht und ihr daher eine hochgradige, auf Konsens generierende Strukturen gegründete Stabilität verschafft. Es ist ein Merkmal wenig entwickelter Regionen in einer Nation, daß auch das System der bürgerlichen Gesellschaft (*società civile*) weniger komplex als im entwickelten Teil der Nation ist. Strategische Inwertsetzung ist daher mit einer Expansion von staatlichen Apparaten im engeren Sinne (*società politica*) verbunden, ohne daß die Differenzierung der Institutionen der società civile mithalten kann. Daher hat die Ausweitung der fronteira im institutionellen Sinne auch bedeutende Konsequenzen für die institutionellen Formen der politischen Vermittlung des Nationalstaats: sie reflektiert die Art und Weise der ökonomischen Inwertsetzung der Region (der fronteira) in den kapitalistischen Weltmarkt (Vgl. Velho 1973). Deren Folge ist eine Ungleichzeitigkeit zwischen ökonomischer Entwicklung, staatlicher Präsenz und (mangelnder) gesellschaftlicher Regulierungskompetenz auf regionaler Ebene (dazu vgl. die Ausführungen von Foweraker 1982, S. 95ff). Wir werden noch unten (im 8. Kapitel) bei der Analyse der amazonensischen Gesellschaft sehen, daß daraus nicht nur Konflikte resultieren, sondern auch spezifische Konfliktlösungsstrategien.

Der Prozeß nationaler Integration ist allerdings höchst widersprüchlich und vor allem nicht gleichwertig für die Beteiligten. Denn die politische Integration bedient sich notwendigerweise, vielleicht auch notgedrungen, der ökonomischen Mechanismen der Inwertsetzung, auf die im folgenden Abschnitt genauer eingegangen wird, und diese haben Veränderungen in der regionalen sozialen Stratifikation zur Folge und damit eine Neuzusammensetzung der politischen (bürgerlichen) Gesellschaft; dabei gibt es auf jeden Fall Verlierer und Gewinner (Vgl. dazu die Studien von Darrel Miller 1985, S. 158ff.; M. Schmink 1985, S. 185ff.; Pompermeyer 1984, S. 419ff.; Bunker 1985), eine Umwälzung der politischen Eliten, ganz abgesehen von den Formveränderungen der politischen Vermittlung zwischen Gesellschaft und Staat. Ein »Netz« von (national)staatlichen und parastaatlichen Institutionen wird über die Region geworfen, durch die der Nationalstaat seine Präsenz regional dokumentiert (Vgl. Markusen 1981, S. 75ff.): In Amazonien werden im Zuge der strategischen Inwertsetzung die SUDAM, die BASA, der PIN, die SUFRAMA, PROTERRA, POLAMAZONIA, die INCRA, die FUNAI, das PGC, die GETAT usw. gebildet, die »damit beginnen, die ökonomischen Aktivitäten, seien es private oder öffentliche, anzuregen, zu dynamisieren oder zu orientieren« (Ianni 1981, S. 131). Wegen des Mangels regionaler politischer Eliten und grundsätzlich auch wegen des vom nationalen Zentrum dominierten administrativ-bürokratischen Charakters der Inwertsetzung bildet sich im Verlauf dieses Prozesses eine neue »politische Klasse«. Dieser Bildungsprozeß kann sogar als Voraussetzung für Integration bezeichnet werden; denn nur dann wird sie zugleich auch eine Erweiterung des Wirkungsraums von nationaler Hegemonie der national herrschenden Eliten auf die Region sein.

Der politische Tausch, von dem die Rede war, mag zwar Äquivalententausch zwischen den unmittelbar beteiligten Partnern sein. Da aber die Reichweite seines Resultats größer ist als die Interessenfelder der unmittelbaren Tauschpartner, wird es mit Sicherheit durch *politische »externe Effekte«*, negativ Betroffene geben, auf deren Kosten Entwicklungsprozesse eingeleitet werden. Schon häufig ist gezeigt worden, daß die indianische Bevölkerung in der Region zu den »Opfern« von Inwertsetzung und Entwicklung gehört. Sofern sie selbst ihre Interessen in den von der Gesellschaft vorgegebenen Kanälen nicht artikulieren können, melden sich »Anwälte« ihrer Interessen zu Wort, zumeist aus dem nationalen Zentrum oder von internationalen, in der Regel non-governmental Organisationen.

Wie in anderen Gesellschaften, die territorial expandierten (USA im 19. Jahrhundert), wird in Brasilien die »Fronteira« zur Ideologie der Nationen- und Nationalstaatsbildung; und die Ausweitung der »Fronteira« immer tiefer in den amazonischen Raum hinein wird zur ideologischen Praxis, deren Resultate über »Reife oder Unreife« (Artur César Ferreira Reis 1974, S. 7) der Nation entscheiden sollen.

Diese Ideologie ist von besonderer Bedeutung für das seit 1964 herrschende Militärregime[23]. Wie O'Donnell gezeigt hat, bedarf der bürokratisch-autoritäre Staat einer spezifischen Vermittlung des Verhältnisses von Gesellschaft und Staat. Seine politische Macht und soziale Kraft der Kohäsion leiten sich nicht schlicht auf direktem Weg (vielleicht per Ukas oder per ordre de Moufti) von der ökonomisch herrschenden Klasse ab und sie kann sich auch nicht langfristig, ohne zermürbt zu werden, ausschließlich auf die Bajonette verlassen. Der autoritäre Staat tritt als Modernisator und Dynamisierer auf, als Träger des Entwicklungsprojekts der Herstellung »nationaler Größe«. Er macht damit den Versuch der, wie O'Donnell dies bezeichnet, »zwieschlächtigen Zusammenführung« von durch den (bürokratisch-autoritären) Staat zur Nation *definierten* Teilen der Bevölkerung (O'Donnell 1981, II, S. 78f.). Dies bedeutet zweierlei. *Erstens* ist dieser Akt der Zusammenführung zugleich ein Akt der Privilegierung von *Teilen* der Bevölkerung zur Nation und damit ist er zugleich ein Akt der *Ausgrenzung* der übrigen Bevölkerungsteile aus der Nation, ein Akt ihrer sozialen Marginalisierung, die häufig gleichbedeutend mit politischer Repression ist. Es handelt sich dabei um einen Akt der sozialen und politischen Grenzziehung nach innen. In gewisser Hinsicht entspricht diese politische Strategie der Dichotomie von formeller (inkludierender) Industrialisierung und der Erzeugung eines informellen (aus dem förmlichen exkludierten) Sektors. Salamá (1984) oder da Conceição Tavares/de Assis (1985) beschreiben gerade die verschuldete Industrialisierung als ein »exkludentes Akkumulationsmodell«, und sie haben Recht mit diesem Urteil, das Furtado (1973) bereits über das brasilianische Wirtschaftsmodell der Militärs nach 1964 fällte. Danach zerfällt die brasilianische Gesellschaft in so stark von einander geschiedene Klassen, daß sie sich als Konsumenten auf ganz verschiedenen Märkten bemerkbar machen: das arme Brasilien der Konsumenten mit wenig differenziertem Warenkorb, der von nationalen, vorwiegend agrarischen Produzenten gefüllt wird, und das »wohlhabende« Brasilien, das ein diversifiziertes Konsummuster aufweist, das nur durch Produkte einer ebenso diversifizierten Industrie dauerhafter Konsumgüter befriedigt werden kann. Darauf beruht denn auch die Dynamik des Wachstums der brasilianischen Ökonomie während der Militärdiktatur (Rückert 1986; Vgl. auch achtes Kapitel); die Nachfrage des »armen« Brasilien wird nur deshalb bei zunächst nach 1964 sinkenden Reallöhnen aufrechterhalten, weil durch die Dynamisierung der gesamten Gesellschaft immer mehr Menschen vom Land in die Stadt geworfen, also aus ländlichen Subsistenzstrategien in die Verhältnisse von Geld- und Marktwirtschaft versetzt werden. Sie werden also in die »formelle« Ökonomie inkludiert und zugleich wegen deren spezifischer Spaltung aus dem dynamischen und sich modernisierenden Sektor weitgehend ausgeschlossen. Das urbane Elend, das nach dem Rückgang der ökonomischen Dynamik im Verlauf der Verschuldungskrise wächst

(Vgl. siebentes Kapitel), wäre ohne diesen Ausschluß großer Bevölkerungsteile von den Gratifikationen des Wirtschaftsmodells nicht entstanden.

Die »Exklusion« (auch Pasquino 1983) vollzieht sich also durch ökonomische Mechanismen und durch den Einsatz spezifischer politischer Mittel des bürokratisch-autoritären Staates, durch die legislativen und administrativen Akte, durch die »specific operations of law and bureaucracy...and their specific links with the use of violence« (Foweraker 1982, S. 105f). Darüber hinaus findet der Ausschluß von Bevölkerungsteilen von den formellen Gratifikationen des Entwicklungsprozesses auch im Prozeß der Implementation und in den Resultaten der Entwicklungsprojekte statt. Die »pharaonischen Projekte« einer »megalomanischen Planung« (da Conceição Tavares/de Assis 1985, S. 42) konzentrieren auf sich große Mittel, die anderswo fehlen. Die Art und Weise einer machtpolitisch begründeten Inwertsetzung schließt andere Projekte, die der Versorgung breiter Schichten der Bevölkerung dienen (z.B. Wohnung, urbane Infrastruktur), aus. Die großen Projekte, darunter auch diejenigen im Amazonas-Gebiet, sind die ökonomischen Manifestationen des politischen Projekts der Militärs, »Brasilien zur Großmacht« zu entwickeln und damit zugleich dem autoritären Regime eine soziale Basis zu verschaffen und die Ideologie des Fortschritts und der Größe zu praktizieren. Auch wenn nur ein Bruchteil der Planung realisiert worden ist, manifestiert sich deutlich der exkludente Charakter: er erscheint nicht nur im eklatanten Gegensatz von »company towns« und »shanty towns« am Rande der großen Projekte, sondern auch als heftiger Landkonflikt. »Seit den von den Militärregierungen vorgenommenen regional-politischen Maßnahmen haben die Auseinandersetzungen um Land stark zugemommen, sind heftiger geworden und haben sich verallgemeinert«, schreibt Ovtavio Ianni (1981, S. 135). Diese Konflikte manifestieren sich, obwohl doch die Militärs auf der anderen Seite ein Landreformgesetz proklamiert hatten, das diesen Konflikten die Grundlage nehmen sollte. Doch offensichtlich waren die materiellen Interessen der Landbesitzer stärker als die Ideologie der Landverteilung an die »sem terra«.

Die Vielzahl von Auseinandersetzungen um Landbesitz, um Schürfrechte und Ausbeutungsformen von Minen, nicht zu vergessen die auch in Amazonien immer bedeutender werdenden urbanen Konflikte, ganz abgesehen von eher traditionellen Konfliktlinien, belegen eindringlich, daß der soziale Konsens über die Maßnahmen und Zielbestimmungen der Inwertsetzung keine materielle Basis hat. Die zentrifugalen Kräfte, die dabei entstehen, müssen gebändigt werden. Dies geschieht einmal mit den repressiven Apparaten, über die der bürokratisch-autoritäre Staat verfügt. Zum anderen – und dies ist die *zweite* Implikation der

Zusammenführung der Bevölkerung zur Nation – bedarf es einer politischen Dynamik, die dadurch entsteht, daß der Nation eine »Aufgabe« von nationaler Tragweite gegeben wird. Die Inwertsetzung der schwach entwickelten, aber ressourcenreichen Region Amazonien ist eine solche grandiose Aufgabe, zumal andere Länder offene und versteckte, wirkliche und vermeintliche Ansprüche auf die Ressourcen dieser Region erheben. Sie eignet sich also vorzüglich für den bürokratisch-autoritären Staat, um sich Legitimation zu verschaffen, die Nation im definierten Sinne zu erzeugen, die den Autoritarismus (er)trägt und dabei ihr Einverständnis demonstriert, gegen die marginalisierten Teile repressiv vorzugehen. Die »*zwieschlächtige*« *Zusammenführung*, von der O'Donnell schreibt, ist also gleichzeitig die *Spaltung* der Gesellschaft; ihr Vehikel ist die Inwertsetzung durch große Projekte, wie sie in Amazonien begonnen wurden.

Politische Macht hat somit eine *ideologische* Komponente; Macht reproduziert sich zwar durch ökonomische Entwicklungs- und Verwertungserfolge, aber sie legitimiert sich durch Konsenserwerb im Volke, in der Nation. Beide Seiten sind nicht deckungsgleich; im Verlauf der Inwertsetzung entstehen Widersprüche, die sich zu sozialen Konflikten und politischen Gegensätzen zuspitzen können. Entweder die Inwertsetzungsstrategie ist nicht erfolgreich; dann ist die Legitimierung der großen nationalen Anstrengung nicht möglich. Oder sie ist erfolgreich; dann werden aber traditionelle, nicht auf dem Wert beruhende Produktionsweisen (der indigenen Bevölkerung, der Indios ebenso wie der Caboclos) destruiert und damit Lebensformen, Kulturen. Mit der Verwandlung von Arbeitskraft in Ware werden auch soziale Klassen und Schichten erzeugt, die mit der Inwertsetzungsstrategie (Produktion von Profit und Akkumulation von Kapital) in Konflikt geraten. Wenn diese Konflikte sich auch nicht unbedingt um den Klassengegensatz von Lohnarbeit und Kapital wie in hochentwickelten Industriegesellschaften zentrieren, so doch um *Inklusion und Exklusion*, und dies ist in den meisten Fällen gleichbedeutend mit dem Kampf gegen den Ausschluß vom Besitz an Grund und Boden, von der Inbesitznahme von Land zur Bearbeitung. In diesem Kontext erlangt auch die staatliche Politik der Kolonisierung ihren Stellenwert, ebenso wie die Auseinandersetzung um die Agrarreform, die nun schon – berücksichtigt man nur die jüngere Epoche – seit 1964 währt. Pompermayer stellt in diesem Zusammenhang den grundsätzlichen, nicht-reformistischen Charakter einer Landreform an der Grenze heraus: In einem System mit entwickelter Landwirtschaft können die Forderungen nach einer Reform in technische Vorschläge umgewandelt werden, z.B. in die Forderung nach höheren Preisen, besseren Bedingungen der Vermarktung, nach günstigen Krediten etc.. Wenn aber von den landlosen Bauern mehr Land gefordert wird, dann kann diese Forderung nur durch eine grundsätzliche politische Reform befriedigt werden. In den normalen Kanälen der Interessenartikulation und -vermittlung der società civile und des politischen Systems im engeren Sinne ist dem kaum Rechnung zu tragen; die Bewegungen hinter diesen Forderungen sind daher immer und notwendigerweise politisiert, so daß es kein Zufall ist, wenn deren Repräsentanten »politische und ideologische Gruppen« (Pompermayer 1984, S. 433), politische Parteien und die Kirche sind, und nicht irgendwelche Interessenverbände.

Eine Bestandsaufnahme der Ressourcenpotentiale und deren Verkauf zu Weltmarktpreisen ist also nur minimales Substrat der Inwertsetzungspolitik, die eines umfassenden Beiwerks bedarf. Und dieses besteht in passenden »ideologischen Anrufungen« (Althusser 1971, Laclau 1983), mit denen trotz aller Konflikte im Zuge der Realisierung von Inwertsetzungsstrategien der gesellschaftliche Konsens produziert und reproduziert werden kann. Die Inwertsetzung der Region Amazonien ist also von ideologischen Mustern der nationalen Größe (»Brasil – Grande Potencia«) begleitet, aber auch von »amazonischen Mythen« (Cota 1984, S. 32ff) der Notwendigkeit und Möglichkeit der Mobilisierung einer potentiell reichen Region, die derzeit noch schlummert und nur vom Kuß der Inwertsetzer und nationalen Entwicklungsstrategen aus dem Schlaf geweckt werden müßte. Dies ist das andere Muster der Anrufung: die Region ist die »auszubeutende Mine« (Günther Anders), potentiell sehr reich, ein »Eldorado«; man muß sie nur durch die Vorwärtsstrategie der »Fronteira«, durch die Hinausschiebung der Grenze, erschließen. Garcia Cota (1984, S.34) schreibt im Hinblick auf das Programa Grande Carajás: »Mit Carajás hat man endlich das Eldorado entdeckt. Es hat sich also gelohnt, 300 Jahre danach zu suchen. Auch die Auslöschung der Indios und die Dezimierung der Nordestinos ist der Mühe Wert gewesen. Mit Carajás wird man endlich unsere Industrielle Revolution vollenden, die beiden Brasilien (das entwickelte im Süden und Südosten; das wenig entwickelte im Nordosten und Norden – E.A.) integrieren – und die Auslandsschuld bezahlen können! Der Traum ist also doch nicht aus.« Aber der Traum wird nur wahr, wenn die Inwertsetzung ökonomisch stattfindet, wenn die schlummernden Ressourcen aufgespürt, gehoben und als Waren forttransportiert werden. Die strategische Inwertsetzung bedarf also der Ergänzung durch die ökonomische Inwertsetzung.

Fünftes Kapitel
Ökonomische Inwertsetzung

A Amazônia é agua, agua em absurdo
Evandro Carreira in: O Terceiro Milenio
»Ich sage, daß dieser Fluß, wenn er nicht vom Paradies kommt, so von einem weiten,
bisher unbekannten Land im Süden. Doch bin ich viel mehr überzeugt, daß dort das
irdische Paradies liegt, und ich berufe mich auf die Beweise und Autoritäten, die ich
oben angegeben.«
Columbus über den Orinoko Oktober 1498; er hätte aber auch den Amazonas meinen
können

5.1. Die Mythen vom unerschöpflichen Ressourcenreichtum einer Region

Der »Mythos Amazonien«, der schon bei den ersten Expeditionen im frühen 16. Jahrhundert entsteht, wirkt bis heute fort[1]. Lesen wir, um einen Eindruck zu gewinnen, in »Statistischen Angaben und Informationen für Immigranten« aus dem Jahre 1886, als vom Kautschukboom viele Menschen aus allen Teilen der Welt von Amazonien und seinen (vermeintlichen) Reichtümern angezogen wurden. Über Pará, den östlichsten Staat des amazonischen Tieflandes, heißt es dort[2], daß »die Opulenz unseres Landes in der That fabelhafte Proportionen (erreicht)« (zit. nach Album 1899, S.36f). Und eine Ansprache des Francisco Carlos de Araujo Brusque endet mit dem Ausruf: »Wie ist doch die Natur so unerschöpflich reich in diesem gottgesegneten Boden,« nachdem allerdings der Redner zuvor die »gewohnheitsmäßige Trägheit« beklagt hatte, »welche einen grossen Theil ihrer Bewohner auszeichnet....,da diese im Innern, wo Reichthum und Ueberfluss stets vorhanden sind, leichte und bequeme Subsistenzmittel überall antreffen und daher die tägliche Arbeit und speziell den Ackerbau fliehen...«(Album 1899, S. 37). Auch Reisende, die das amazonische Tiefland erkunden, geraten über die Vielfalt der aquatischen, terrestrischen und Avifauna, den Wasserreichtum, der die portugiesischen Eroberer dazu veranlaßte, von einem »mar doce« zu sprechen und den faszinierenden Vegetationsreichtum ins Schwärmen, wie jener Ernesto Mattoso, der im Album do Pará von 1908 zitiert wird: »Tatsächlich nötigen Landschaft und verborgene Reichtümer dieses großartigen Landes zur Beschreibung. Die Früchte wachsen nachgerade von allein mit nie versagender Regelmäßigkeit ...Die Natur entwickelt das Land auf ihre eigene Weise ohne Zutun und

mit unzähmbarer Energie . . .«(Mattoso, zit. nach Album 1908, S. 20).
Notwendig, so scheint es, ist lediglich eine Strategie der Mobilisierung
dieser Reichtümer, ihre Nutzbarmachung, ihre »Inwertsetzung« durch
Einbeziehung in den ökonomischen Kreislauf in der – im Vergleich zum
»reichen aber unentwickelten« Amazonien – bereits entwickelten Welt.
Ein Beispiel dafür, daß Ressourcen wie Moran (1983, S. 16) betont,
»eine Funktion der kulturellen Wahrnehmung sind«.

Die Region wird also tatsächlich wie »eine auszubeutende Mine«
wahrgenommen, über deren Ergiebigkeit freilich nur Mutmaßungen
bestehen. Also wird sehr früh, wie entsprechend den Schritten einer
Inwertsetzungsstrategie nicht anders zu erwarten ist (Vgl. das vorange-
gangene Kapitel), der Versuch gemacht, genauere Auskünfte über den
Ressourcenreichtum zu erlangen, wobei sich die Art der Katastrierung
und Registrierung des Raums oder der Einschätzung von Quantität und
Qualität der Ressourcen in ihm mit der wissenschaftlichen Entwicklung
ebenso verändert wie die Art und Weise der schließlichen Ausbeutung
der gefundenen Ressourcen. Von Anfang an sind dabei zwei Methoden
zu unterscheiden, die auch heute noch Inwertsetzungs- und Entwicklungsstrategien bestimmen: *Zum einen* die Ausbeutung von Ressourcen
(»Extraktion«), um sie mit dem jeweils vorhandenen Verkehrssystem
aus der Region herauszuschaffen und auf einem externen Markt an
Verbraucher zu verkaufen, denen es ausschließlich um das Produkt geht,
gleichgültig unter welchen konkreten Bedingungen oder wo es produziert worden ist. Der »Extraktivismus« der regionalen Ressourcen in
kleinem Maßstab ist sehr alt; es geht dabei um das Sammeln von Nüssen
(Paranüssen), von Kakao und aromatischen Kräutern, Gewürzen, phar-
mazeutischen Pflanzen, Fasern etc. (drogas de sertão) oder das Schlagen
von Brasilholz zum Färben von Textilien und von Edelhölzern für das
Mobiliar der Oberklassen in der »alten Welt«. Er erlebt ganz zweifellos
seinen ersten Höhepunkt mit dem Kautschuk-Boom (ciclo da borracha),
der allerdings nach 1912 endet, als das Monopol Brasiliens durch die
südostasiatische Plantagenwirtschaft gebrochen wird. Gegenwärtig sind
die großen Projekte im Rohstoffsektor sowie im land-, vieh- und forstwirtschaftlichen Bereich fast ausschließlich auf Extraktion von Ressourcen für den Export aus der Region auf den der Region externen nationalen und vor allem internationalen Markt ausgerichtet. Unter diesem
Gesichtswinkel betrachtet wird die alte Geschichte des *amazonischen
Extraktivismus* nur fortgesetzt; Stephen Bunker (1985) begründet damit,
wie wir schon gesehen haben, seine These von der Unterentwicklung
Amazoniens.

Die *andere* Form ist die Nutzbarmachung der Ressourcen in der regionalen Produktion selbst, vor allem durch *Kolonisierung* und Nutzung des

Landes für Ackerbau und Viehzucht. Das Land wird also zu *Siedlungs-land* für Menschen, die in der Regel aus anderen Regionen zuwandern und auf diese Weise die »Fronteira« immer weiter ins Innere des 5 Mio qkm ausgedehnten Territoriums vorschieben. Amazonien wird auf diese Weise zu einer *politischen Ressource*, mit der die Umverteilung von Land im Zuge der längst (seit 1964) versprochenen Agrarreform verhindert oder zumindest verzögert werden kann; Kolonisierung ist der »trade-off« der Agrarreform. Die Immigrationsrate ist zwar in den Staaten Amazônas und Pará im gesamtbrasilianischen Vergleich nicht über-durchschnittlich, dafür aber in den amazonischen Grenzregionen Ron-dônia, Acre, Roraima und Amapá bis in die 80er Jahre sehr hoch[3]. Beide Formen haben natürlich miteinander zu tun. Sie lassen sich *erstens* nur realisieren auf der Grundlage einer gemeinsamen, geeigneten Infra-struktur, die von der politischen Instanz des Staates im Zuge der strategi-schen Inwertsetzung bereitgestellt wird. Daher ist von Anfang an im Erschließungsprozeß des Raums und seiner Ressourcen der Staat invol-viert. Er setzt sich im Zuge der Inwertsetzungs- und Entwicklungsstrate-gie in der Region erst »in Szene «; das staatliche Institutionensystem verharrt also bei der Inwertsetzung nicht in einem stationären Zustand, sondern bildet seine eigentümlichen Strukturen und Charakteristika in diesem Prozeß erst heraus.

Die beiden Formen der ökonomischen Entwicklung (Inwertsetzung) – Extraktivismus und Kolonismus – können sich, dies ist der *zweite* Punkt, ebenso ergänzen wie miteinander in Konflikt geraten. Beispielsweise sind nicht nur die in Nord-Süd und Ost-West-Richtung durch Amazo-nien gezogenen Straßentrassen Attraktionsgebiete für Siedler, sondern auch die Eisenbahnlinie von Carajás nach São Luís, deren wesentliche Funktion natürlich der Erztransport ist und bleibt. Auch die für Groß-projekte bereitgestellte urbane Infrastruktur begünstigt Migration und Kolonisation. Bertha Becker (1984) hat ja ebenso wie Hebette/Acevedo (1979) auf die unverzichtbare Rolle der Stadt für Migration und rurale Kolonisation hingewiesen. Die mit den Extraktionsprojekten sich voll-ziehende Urbanisierung wird daher selbst zu einem Faktor der Erleichte-rung der »kolonisatorischen« Inwertsetzung. Tatsächlich ist die Urbani-sierung in ganz Brasilien in den vergangenen Jahrzehnten angestiegen. Der Censo Demográfico von 1980 ergab einen Urbanisierungsgrad für ganz Brasilien von 67,6% . In der Nordregion liegt er darunter, ist aber – mit der Ausnahme Rondônias, wo der Anteil der urbanen Bevölkerung an der gesamten Bevölkerung des Staates von 53,6% 1970 auf 46,5% 1980 gefallen ist – in den 70er Jahren immerhin von 45,1% auf 51,6% angestiegen[4]. Die Symbiotik ist freilich begrenzt und Konflikte sind in diesem Prozeß vorgezeichnet. Selbst das riesige Land ist nicht grenzenlos und, wenn auch dünn, so doch nicht unbesiedelt. Eigentumsansprüche auf Land und Ressourcen konkurrieren und bedürfen der Regelung, in deren Zusammenhang sich auch regional ein politisches Institutionensystem herausbildet. Allerdings wird noch zu zeigen sein, daß die Gründe für Konflikte weniger in den konkurrierenden Ansprüchen auf Land und Ressourcen als vielmehr in den unterschiedlichen Formen von Produktion und Reproduktion ihren Ursprung haben, die hart und politisch, nicht moderiert kontrastieren.

Diese Andeutungen zeigen bereits, daß der seit Jahrhunderten legendäre und zu Mythen veranlassende Ressorcenreichtum des Amazonas-Tieflandes keineswegs einfach und ohne Konflikte zu erschließen ist, weder in der Form des »Extraktivismus«noch in der Form der Kolonisierung; die Bezeichnung als »Mythos« im Hinblick auf den »Reichtum« Amazoniens besteht daher zu Recht (Vieira in: Motta 1985, S.42f; Cota 1984, S.32ff)[5]. Die »Ausbeutung der auszubeutenden Mine« sowohl in der extraktiven wie in der kolonistischen Form ist ja mit beträchtlichem Aufwand verbunden. Dieser läßt sich nicht in ökonomischen Größenordnungen, weder im bestriebswirtschaftlichen Kalkül noch mit Hilfe einer makroökonomischen cost-benefit-Analyse, hinreichend ermitteln. Denn Erkundung, Erschließung und Ausbeutung von Ressourcen verändern die regionale Gesellschaft. Der Region werden bislang äußerliche Produktionsformen implantiert, die den gesamten Komplex von ökonomischer Reproduktion, sozialer Organisation und politischer Artikulation mehr oder weniger radikal (je nach der Zeitdauer von Wandlungs- und Anpassungsprozessen) umgestalten. Die Realisierung des Traums vom »goldenen Land« läßt die, die ihn in Wirklichkeit umsetzen wollen, nicht unverändert. Das Subjekt der Inwertsetzung bewegt sich in den Koordinaten, die es selbst neu geschaffen hat. Oder anders ausgedrückt: das exogene Prinzip kolonistischer und extraktiver Inwertsetzung wird endogenisiert.

Natürlich bleiben auch die Ressourcenpotentiale im Prozeß der extraktiven oder kolonistischen Inwertsetzung nicht dieselben. Produktion, also die Umwandlung vorhandener materieller und energetischer Ressourcen in solche, die gebraucht werden und für die sich kaufkräftige Nachfrage äußert, ist ein irreversibler Prozeß der Dissipierung von Energie und Materie, so daß den Potentialen, deren Angaben so beeindruckend sind, zum einen immer eine Zeitdimension beigemessen werden muß und zum anderen zu berücksichtigen wäre, welche »Löcher« und welche Gebirge von schädlichem Abraum die Ausbeutung der Ressourcen in der Natur hinterläßt. Die Gesetze der Thermodynamik lassen sich bei ökonomischer Inwertsetzung nicht außer Kraft setzen; die Veränderung des Ökosystems, die Zerstörung von Ressourcen innerhalb eines regionalen Ressourcenkreislaufs sind nicht zu vermeidende Ingredienzien des »Fortschritts«[6]. Doch dieser selbst ist freilich zum Mythos geworden (Vgl. Furtado 1981), zur Ideologie der Entwicklungsstrategen des bürokratisch-autoritären Staats – worauf schon hingewiesen worden ist. Der Mythos vom Reichtum der Region, von der »ökonomischen Berufung« ihres Reichtums für die Nation insgesamt (so Präsident Médici 1970 in Manáus, zit. als Motto von Castro Rebelo 1973)[7], kann sich in einen Alptraum für die regionale Gesellschaft verwandeln.

Der Mythos vom Ressourcenreichtum äußert sich heute in nüchternen statistischen Aufstellungen über die Bewaldung, das *potentielle Weideland, die hydroelektrischen Potentiale und die mineralischen und biologischen Rohstoffe, die Arbeitskraft und deren Qualifikation.* Die Annahme wäre allerdings ein Irrtum, als ob die Potentiale losgelöst voneinander existieren würden. Die Ausweitung des Weidelandes ist gleichbedeutend mit der Zerstörung eines Stücks tropischen Regenwaldes. Die Stauung der Flüsse zur Verwandlung der kinetischen Energie im Wassergefälle in elektrische Energie verringert die Fläche für landwirtschaftliche und forstwirtschaftliche Kulturen und gefährdet die Avi- und Aquafauna, die wiederum die Lebensgrundlage für indigene Gemeinschaften und die Bewohner der Flußtäler sind. Also entstehen bei der Nutzung potentieller Ressourcen opportunity costs; *Die Ausbeutung der einen Ressource hat Konsequenzen für alle anderen Ressourcen.*

Oder in den Worten von Siebert (1979, S.1): »Das Umweltproblem existiert, weil die Umwelt für konkurrierende Verwendungen genutzt werden kann...« Aus der Umwelt kann keine Ressource herausgelöst werden, ohne die *Umwelt insgesamt* zu verändern. Am brutalsten wird dies deutlich, wenn der Akt des Herauslösens, der Isolation einer Ressource durch die Zerstörung aller anderen Ressourcen vollzogen wird: die Brandrodung zur Gewinnung von Weideland ist dafür schlagendes Beispiel.

Fassen wir zunächst die Erhebungen zusammen, die insbesondere seit Anfang der 70er Jahre, speziell mit Hilfe von Satelliten- und Radaraufnahmen weiter Teile des Amazonasbeckens (RADAM-Projekt Brasliens, Landsat der NASA), gemacht worden sind, um eine grobe Vorstellung von den in Amazonien »schlummernden« Ressourcen zu gewinnen.

5.1.1 Der tropische Regenwald

Von den tropischen Regenwäldern, die Ende der 70er Jahre nach Angaben der UNESCO (zit. bei Moran 1981, S. 3f) weltweit etwa 700 Mio ha bedecken[8], befinden sich fast drei Viertel im Amazonasbecken und davon wiederum mehr als die Hälfte in seinem brasilianischen Teil, nämlich rund 360 Mio ha. Zwischen einem Drittel und der Hälfte des globalen tropischen Feuchtwaldes konzentriert sich also in Amazonien. Die von Alexander von Humboldt so bezeichnete *Hyläa* ist natürlich nicht einheitlich, sondern je nach dem Wasserhaushalt, den (mikro)klimatischen Bedingungen und der Bodenqualität verschieden. Eine grobe Einteilung vermag folgende Typen zu unterscheiden, die auch in der Statistik zur definitorischen Abgrenzung verwendet werden: Der Regenwald der Terra Firme wird auch bei Hochwasser der Flüsse fast nie überschwemmt. Am gegen den Fluß abfallenden Hang bildet sich ein Sumpfwald (Igapó), der in die Varzéa übergeht. Dabei handelt es sich um während der Hochwasserzeit überschwemmtes Land, das in der Niedrigwasserzeit trockenliegt und für die aquatische wie terrestrische Fauna außerordentlich wichtig ist. Am Dammufer des Flusses mit einem Galeriewald befinden sich in der Regel die Siedlungen der Bewohner.

Die Bewaldung Amazoniens wird vom IBGE im statistischen Jahrbuch von 1984[9] mit folgenden Beständen angegeben:

Tab. 5.1.

Waldformationen in Amazonien (in qkm)

Region	Insges.	Superhumid	Terra Firme	Igapó	Várzea
Brasilien	3972240	364408	3218152	63601	326079
Norden	3335750	364408	2581662	63601	326079
Rondônia	207986	-	191514	-	16472
Acre	152006	-	134650	-	17356
Amazonas	1532939	364408	898824	23044	246663
Roraima	172924	-	166340	-	6584
Pará	1156648	-	1081868	38456	36324
Amapá	110567	-	108466	2101	-

Quelle: IBGE, Anuário Estatistico 1984, S. 46

Von etwa 3,6 Mio qkm der Gesamtfläche der Nordregion sind rund 3,3 Mio qkm mit tropischem Feuchtwald bedeckt, eine Zahl, die mit Sicherheit zu groß ist, berücksichtigt man die in den vergangenen Jahren im Zuge der Inwertsetzung durchgeführte Entwaldung. Bevor darauf etwas näher eingegangen wird, soll der Waldbestand Amazoniens, und zwar nicht nur nach Fläche und Typ des Regenwaldes, sondern nach der geschätzten Menge des ökonomisch verwertbaren Holzpotentials, mitgeteilt werden:

Tab. 5.2.

Holzpotential Amazoniens

	Maß	Waldformation		Insges.
		Terra Firme	Várzea	
Fläche	Mio ha	253,5	6,5	260
Potential	Mio cbm	43610	450	44060
Ökonomisch nutzbares Potential	Mio cbm	14700	125	14850
Mittleres Potential	cbm/ha	178	90	176
Mittleres ökononmisch nutzbares Potential	cbm/ha	60	25	59

Quelle: SUDAM 1976, S. 6

Der Feuchtwald ist nicht nur Ressource für die Holzverarbeitung, sondern Grundlage und Produzent des regionalen und möglicherweise globalen Klimas[10], Lebensraum für eine vielfältige Flora und Fauna, ein unverzichtbarer genetischer Speicher; mit der Abholzung des Regenwaldes wird dieser Lebensraum zerstört, so daß auf jeden Fall die Artenvielfalt zurückgehen wird: Das Klima wird verändert und der genetische Speicher wird geplündert. Schon unter ökonomischen Nützlichkeitserwägungen (die freilich einen mittleren Zeithorizont nicht unterschreiten dürfen), so Hampicke (1985, S. 37ff), ist die Entwaldung der Tropen eine irrationale Aktion, da Zweck, Mittel und Nebenfolgen in keinem Verhältnis zueinander stehen[11]. Allerdings ist an die Ausführungen im dritten Kapitel zu erinnern: die ökonomische Logik, zumal im einzelwirtschaftlich interessierten Kalkül, nimmt keine Rücksicht auf territorial situierte und durch den Komplex der Ressourcen bedingte natürliche Reproduktionszyklen. Und diese ökonomische Logik kann in spezifischen Situationen noch weiter pervertiert werden, wenn ihr keine makroökonomischen Korrektive entgegengesetzt werden. Fearnside hat gerade in bezug auf die Entwaldung Amazoniens einen circulus viciosus beschrieben, der etwa folgendermaßen abläuft: Die Inflation in Brasilien hat zur Folge, daß der Wert von Immobilien, also auch von Landbesitz in der tropischen Hyläa, steigt. Da das Eigentum – sogar gesetzlich vorgesehen – die Inbesitznahme verlangt, ist die Entwaldung von Teilen der jeweiligen Grundstücke unvermeidlich. Sie werden in Weide verwandelt, die aber wegen der Beschaffenheit der Böden nicht lange genutzt werden kann und obendrein zur Bodenerosion führt. Es entstehen also

Ausgaben, ohne daß ihnen ein entsprechendes Güterangebot folgen würde, so daß die Reaktion auf die Inflation diese noch weiter nährt. Später werden wir noch sehen, daß die Beschleunigung der Inflation und der Wertzuwachs von Immobilien mit der Außenverschuldung des Landes zu tun hat, also mit der Integration in den ökonomischen Funktionsraum des Weltmarkts. Es interferieren somit in die Reproduktionszyklen eines Ökosystems, das lokal definiert ist, die ökonomischen Tendenzen des Weltmarkts.

Über das Ausmaß der Vernichtung des Regenwaldes gibt es sehr unterschiedliche Angaben. Gasparetto (1985) schreibt, daß im Zeitraum von 1975 bis 1978 in Amazonien jährlich 1,6 Mio ha geschlagen wurden, also ca 0,5% der Gesamtfläche des Regenwaldes im brasilianischen Amazonien. Im Zeitraum von 1978 bis 1980 waren es aber bereits jährlich 0,74%. Die Daten von Global 2000 (S. 1380ff) sind dramatischer. Auch Fearnside (1982a) kommt in seinen Berechnungen zu wesentlich höheren Holzeinschlagsraten[12], nach denen die vollständige Vernichtung des amazonensischen Regenwaldes nicht ausgeschlossen werden kann. Nach seinen Berechnungen wird bei ungebrochener Fortsetzung des Holzschlags im Tempo der vergangenen Jahre der amazonensische Regenwald im Jahre 1991 nicht mehr existieren. In Rondônia, Goiás und Mato Grosso wäre der Feuchtwald schon 1988 oder 1989 zerstört, im Staat Amazônas im Jahre 2003, in Pará 1991. Fearnside betont ausdrücklich, daß es sich bei diesen Berechnungen nicht um Vorhersagen einer zukünftigen Realität handele, sondern um die Extrapolation einer durch Satellitenaufnahmen (LANDSAT) festgestellten Tendenz. (Fearnside 1982a, S. 583). Gleichwohl sind die Daten bestürzend, auch wenn möglicherweise das Ereignis der vollständigen Vernichtung des Regenwaldes in Amazonien einige Jahrzehnte später liegen mag oder sogar gar nicht eintritt. Die Wiederaufforstungsprogramme jedenfalls halten weder quantitativ mit der Holzeinschlagsrate mit noch ersetzen sie das komplexe, vielfältige System des Regenwaldes (Vgl. Fearnside/Rankin 1982). Daher ist davon auszugehen, daß auch die Artenvielfalt in Fauna und Flora reduziert wird (Vgl. dazu die Ausführungen von Hadley/Lanly 1983; Lovejoy 1981, S. 690ff). Dies ist nicht nur eine Plünderung des genetischen Speichers dieser Erde mit noch gar nicht abschätzbaren Konsequenzen für die Lebensbedingungen der gesamten Menschheit, sondern zugleich auch die Vernichtung anderer, auch ökonomisch nutzbarer Ressourcen, über deren Bestand und Wert freilich Unklarheit bestehen. Hampicke (1985,38ff) verweist darauf, daß bei ökologisch intelligenter Landwirtschaft auch in den Tropen gute Resultate, die sich ökonomisch auszahlen, zu erzielen seien, allerdings nur dann, wenn der Wald erhalten bliebe[13].

Eine andere ökonomisch verwertbare Ressource können tropische Pflanzen für Medizin und Pharmazie sein. Die große Artenvielfalt als solche ist also eine Ressource, die unmittelbar gefährdet ist, wenn der Waldeinschlag ein bestimmtes Ausmaß überschreitet. Denn viele Arten und Varietäten von Pflanzen (und Tieren) kommen nur lokal vor oder verlieren ihre Reproduktionsfähigkeit, wenn der Bestand unter ein Minimum sinkt; der »loss of genetic diversity« (Fearnside) ist also ebenso sicher wie die Zerstörung ökonomisch verwertbarer Ressourcen dadurch, daß eine Ressource (Holz; Weide) zu ihrer individuellen (im Sinne der Warengattung) Vermarktung aus dem natürlichen Reproduktionszusammenhang gerissen wird. Eine vielleicht nur »kleine« Konsequenz dieser Tendenz ist die Zerstörung der Lebensgrundlage für die indigene Bevölkerung und der ökonomischen Basis für die Landwirtschaft der Caboclos sowie die Sammelwirtschaft von Seringueros und Droguistas[14].

5.1.2. Die Böden

Schon mehrfach ist angedeutet worden, daß die Böden Amazoniens großteils von geringer Fruchtbarkeit sind, sich also wenig für landwirtschaftliche Kulturen eignen. Der üppige Regenwald mit hoher Produktivität bei der Produktion von Biomasse – Klinge (1976) gibt eine Menge von 500 t/ha (Trockenmaterial) bei Manáus an; die Sammlung von abgestorbenen Blättern ergab in der Nähe von Manáus 7 t/ha im Jahr, in der Nähe von Belém sind sogar 10 t/ha und Jahr gesammelt worden (Schubart 1986, S. 40; Walker/Franken 1983, S. 15ff.) – erweckt ja den Eindruck, als ob die Böden, auf denen die Biomasse gedeiht, außerordentlich fruchtbar wären. »Die große Biomasse des amazonischen Waldes und ihre hohe primäre Produktionsrate haben viele Beobachter und Planer zu optimistischen Annahmen über das landwirtschaftliche und energetische Potential Amazoniens verleitet. Einer der berühmtesten war Alexander von Humboldt, der erklärte, daß Amazonien die zukünftige Kornkammer der Welt sei. Die Wirklichkeit jedoch hat alle jene, die den Versuch machten, ambitiöse Projekte landwirtschaftlicher Kulturen durch Verwandlung von Wald in landwirtschaftliche Ökosysteme zu errichten, praktisch kritisiert . . .«(Schubart 1986, S. 40). Also sind nicht fruchtbare Böden die Grundlage für hohe Produktionsraten der Biomasse, sondern der »gleichgewichtige« Reproduktionszyklus des Systems Regenwald als Ganzes. Wenn dieses gestört wird, können zumeist auf den armen Böden keine neuen Kulturen angelegt werden, jedenfalls nicht auf Dauer.

Eine detaillierte Untersuchung der Bodenqualität in der Carajás-Region hat ergeben, daß von den 895.263 qkm des Territoriums lediglich ca 120.000 qkm, also etwa 15% der Gesamtfläche der Region, Böden mit hoher Bodenfruchtbarkeit aufweisen. Der große Rest hat entweder Böden mit geringer Bodenfruchtbarkeit oder ist sandig bzw. salzig, so daß überhaupt keine intensive agrarische Nutzung möglich ist.

Tab. 5.3.
Bodenfruchtbarkeit in der Planungsregion Carajás

Bodenart und -fruchtbarkeit	qkm	in vH
Gut drainierte Böden mit niedriger Fruchtbarkeit	436.441	48,75
Sandböden	110.556	12,34
Gut drainierte Böden mit hoher Fruchtbarkeit	82.040	9,17
Steinige Böden mit niedriger Fruchtbarkeit im Bergland	70.616	7,88
Schlecht drainierte Böden mit niedriger Fruchtbarkeit	66.957	7,49
Lateritböden mit niedriger Fruchtbarkeit	63.362	7,08
Steinige Böden von hoher Fruchtbarkeit im Bergland	25.491	2,85
Böden mit hohem Salzgehalt	22.294	2,49
Schlecht drainierte Böden mit hoher Fruchtbarkeit	16.540	1,85
Lateritböden mit hoher Fruchtbarkeit	966	0,10
Insgesamt	895.263	100,00

Quelle: Falesi 1986, S. 145

Die Schlußfolgerung ist eindeutig: Die Potentiale der Böden Amazoniens – die hier wiedergegebenen Relationen von fruchtbaren Böden zur Gesamtfläche gelten mit Variationen für die gesamte Terra firme – sind für agrarwirtschaftliche Nutzungssysteme höchst beschränkt und nur vorübergehend für extensive Rinderweidewirtschaft zu mobilisieren. Sioli (1975, S.33f.) hat wohl Recht, wenn er die Zerstörung des Waldes als »Vernichtung von Gold« beschreibt, für das allenfalls »Silber eingehandelt« wird. Dabei wäre es durchaus möglich, Kulturen anzulegen, allerdings nicht auf der Grundlage von fruchtbaren Böden, sondern durch Nutzung der (Nährstoff)kreisläufe des Ökosystems Regenwald, das aber zu diesem Zweck zu erhalten, und nicht per übermäßigem Holzschlag auszubeuten wäre[15].

5.1.3. Hydroelektrische Potentiale

Das Amazonas-Flußsystem speichert etwa 40% des hydroelektrischen Gesamtpotentials Brasiliens, nämlich rund 48700 MW/Jahr von insgesamt 106570 MW/Jahr. Dabei wird das im Allgemeinen geringe Gefälle der Flüsse durch die Wassermassen kompensiert[16]. Nur ein geringer Teil des Potentials ist bislang realisiert worden. Die Planungen sind allerdings anspruchsvoll, wie die nachfolgende Aufstellung der Elektrizitätsgesellschaft Eletronorte über die schon gebauten oder in verschiedenen Stadien der Planung befindlichen Wasserkraftwerke mit mehr als 5000 MW Jahresleistung zeigt:

Tab. 5.4.

Geplante und gebaute Wasserkraftwerke mit mehr als 5000 MW Leistung in Brasilien

Kraftwerk	Hydrograph. Becken	Durchfluß in cbm/s	Wassergefälle in m	Potential in MW
Itaituba	Tapajos	12150	90	13000(Pl)
Itaipu	Paraná	9840	120	12600
Kararao	Xingú	8586	91	10000(Pl)
Teotonio	Madeira	17100	50	10000(Pl)
Tucuruí	Tocantins	11400	72	7920
Babaquara	Xingú	8028	69	7000(Pl)
Xingó Paulo	Sao Franciso	3200	120	5000
Afonso IV u. V	Sao Francisco	3200	112	4920
Insgesamt				70480

Quelle: Eletronorte 1985; mit (Pl) sind die in Planung befindlichen Kraftwerke gekennzeichnet.
(Potential = (Durchfluß X Gefälle / 100)

Eine genauere, vorsichtige Aufschlüsselung der hydroelektrischen Potentiale des östlichen Amazonien präsentiert die CVRD in ihrem Abschlußbericht über die Planungen des Carajas-Projekts:

Tab. 5.5.
Östliches Amazonien: Hydroelektrisches Potential

Region	Mittlere MW Leistung		
Trombetas			1960
Trombetas-Becken	1890		
Nhamunda-Becken	70		
Carajas-Paragominas			15920
Araguaia-Tocantins		6420	
Tucurui	3700		
Carolina	1095		
Santa Isabel	825		
Santo Antonio	800		
Xingu-Becken		9500	
Insgesamt			17880

Quelle: CVRD/Eletronorte

Die Region ist also für die Erzeugung von erneuerbarer hydroelektrischer Energie in beträchtlichem Ausmaß gut; immerhin gibt es auch Schätzungen, die das Gesamtpotential an hydroelektrischer Energie mit 25000 MW angeben[17]. Jedenfalls erhält durch diese Daten die oben bereits zitierte Feststellung Lucio Flavio Pintos Plausibilität, daß der neue Reichtum, den Amazonien exportieren kann, nicht zuletzt seine immensen hydroelektrischen Energien sind. Infolge der stofflichen Eigenschaft hydroelektrischer Energie ist diese aber mit heutiger Technologie nur schwer *als solche* über lange Distanzen exportierbar; ein Hochspannungsnetz als Transportsystem für Elektroenergie ist räumlich gebunden und daher begrenzt, auch wenn inzwischen Versuche laufen, die Elektroenergie Amazoniens ins E-Netz des zentralen Südens über mehrere 1000 km einzuspeisen. Doch die Transportverluste sind bei heutiger Technologie immer noch sehr hoch; sie betragen je nach Distanz zwischen Kraftwerk und Verbraucher bis zu 30%[18]. Die Energie läßt sich daher besonders durch ihre Anwendung bei der Umwandlung von Stoffen, die einen hohen spezifischen Energieverbrauch aufweisen, nutzen und »in Wert setzen«. Die hydroelektrische Energie erhält ihre Bedeutung und ihren »Wert« also insbesondere dadurch, daß sie bei der Prozessierung von mineralischen Ressourcen eingesetzt werden kann.

Energie aus der Ausnutzung der Wasserkraft ist erneuerbare Energie und daher prinzipiell von Vorteil im Vergleich zu fossilen Energieträgern, die bei der Umwandlung in für den Menschen verfügbare Formen der Energie vernutzt werden und, sofern sie in Wärmeenergie durch Verbrennen verwandelt werden, die Atmosphäre obendrein mit CO_2 belasten. Auch im Vergleich zu anderen prinzipiell erneuerbaren (biologischen) Energieträgern schneidet die Wasserkraft gut ab. Dennis W. Werner hat folgende Berechnung der Flächenproduktivität von verschiedenen erneuerbaren Energiequellen aufgemacht: In Kilokalorien pro Hektar und Jahr gemessen kann ein Stausee 176,2 Mio bereitstellen; aus Zuckerrohr können auf der gleichen Fläche im gleichen Zeitraum 22 Mio, aus Maniok 32 Mio, aus Eukalyptus 22 Mio und aus Holz 28 Mio kcal gewonnen werden (Werner 1982). Die Energieproduktivität der Wasserkraft je Flächeneinheit ist also sechs bis acht mal so hoch wie diejenige der verschiedenen Arten von Biomasse.

Allerdings müssen an dieser Stelle zwei Probleme erwähnt werden, die bei der Nutzung von Hydroenergie notgedrungen auftauchen. Das *erste* ergibt sich aus den sozialen und ökologischen Auswirkungen, die ein Staudamm mit der Flutung eines großen Areals tropischen Regenwaldes bewirkt. Darauf wird noch am Beispiel der Staudämme von Tucuruí, der die großen Eisenerz- und Aluminium-Projekte im Rahmen des Carajás-Programms mit Energie versorgt, und von Balbina, der Manáus mit Strom versorgen soll, einzugehen sein (Vgl. dazu 8. Kapital). Hinzu kommt die Tatsache, daß Staudammprojekte an den großen Flüssen des Stromsystems des Amazonas vor allem *großtechnologisch* realisiert werden, mit allen Begleiterscheinungen, die Großprojekte dieser Art für die soziale Lage der Bevölkerung und die ökologischen Verhältnisse in den Flußtälern provozieren: Mit der Veränderung des Wasserstandes und der Strömung verändern sich die Überflutungsgebiete. Die Auswirkungen auf die Várzea, und damit auf die aquatische und terrestrische Tierwelt[19], sind bedeutsam, ganz abgesehen davon, daß mit dem gefluteten Gelände ein Ökotop verloren geht. Dies berücksichtigt, wäre die oben angeführte Berechnung der Energieproduktivität angesichts der externen Effekte der Staudammprojekte zu korrigieren. Auch an diesem Beispiel zeigt es sich wieder, daß die Nutzung (Inwertsetzung) einer Ressource wegen des ökologischen Komplexes der territorialen Reproduktionszusammenhänge, Auswirkungen auf andere Resourcen hat, und in der Regel keine positiven sondern negative.

Das *zweite* Problem entsteht dadurch, daß in Amazonien angesichts des *potentiellen* Energieangebots erst die Nachfrage danach erzeugt werden muß, um es sinnvollerweise aktualisieren zu können. Sie ist schlicht in den vom Potential dimensionierten Ausmaßen in der Region selbst gar nicht vorhanden[20]. Die Nutzung der Potentiale erfordert also unbedingt die Allokation von Abnehmern der Energie in der Region und macht daher eine energieintensive Strategie der Inwertsetzung nicht nur möglich sondern notwendig, da ja die Leitung von Hochspannungsstrom über lange Entfernungen (einige tausend km) immer noch sehr große Schwierigkeiten macht.

5.1.4. Mineralische Ressourcen

In der gesamten Region Amazonien sind in großem Umfang mineralische Ressourcen gefunden worden; Breno Augusto dos Santos, der »Entdecker« von Carajás, hat die beeindruckende Liste der wichtigsten Funde von mineralischen Lagerstätten seit 1612 zusammengestellt (Dos Santos 1981, S. 12f; Vgl. auch Davies Freitas 1986, S. 23). Die meisten der Lagerstätten werden bereits ausgebeutet, viele warten noch auf ihre Erschließung. Dabei ist gerade Carajás, wie Breno Augusto dos Santos schreibt, die »bedeutendste Erzprovinz Brasiliens« (Dos Santos 1981, S.197), wenn auch, wie die nachfolgenden Daten indizieren, nicht die einzige im amazonischen Raum.

Tab. 5.6.

Bekannte Erzvorkommen in Amazonien

Mineral	Lagerstätte	Erzgehalt	Mengen in Mio t
Eisen	Carajás	66.7%	17885
	Jatupu	45-60%	80
	Vila Nova		10
	Ipitinga		
Mangan	Serra do Navio	40%	43(noch 21)
	Carajás	42%	60
	Aripuana	44%	0.1
	Serra da Providencia		
	Aurizona		
Aluminium (Bauxit)	Paragominas		2460
	Trombetas		1100
	Almeirim		400
	Juruti		170
	Carajás		50
Kupfer	Carajas(1)	0.8-1%	500-1000
Nickel	Carajás	1.2-2.2%	47-100
Zinn	Rondonia	66-70%	37
	Sao Felix do Xingu		
	Mapuera/Pitinga		
Niobium-Tantalum	Amapá, Roraima, Jarí		500
Kaolin	Jarí		220

(1) Pro t Erz 0.4g Gold
Quelle: Dos Santos 1981(verstreute Angaben); CVRD

Außerdem sind Blei, Zink, Chrom, Kobalt, Titan, Molybdän, Phosphat, Diamanten, Pottasche, Petroleum und nicht zuletzt Gold gefunden worden. Die hier aufgeführten Vorkommen sind gesichert; mit der geologischen Erkundung der Region, die immer noch in weiten Teilen nicht mit all ihrem Ressourcenreichtum bekannt ist (so jedenfalls Augusto Breno dos Santos 1981, S.73)[21], werden mit Sicherheit weitere, zusätzliche Bestände identifiziert werden[22].

Wenden wir uns der größten Erzprovinz Amazoniens zu und schlüsseln wir die Bestände von Carajás genauer auf.

Es ist schon erwähnt worden, daß für den Bestand an Ressourcen im *ökologischen Funktionsraum* die absolute Menge und die Konzentration des Erzes im Gestein bzw. Abraum zählen, im *ökonomischen Funktionsraum* aber die Bestände auch vom Preis der Ressource abhängig sind (Vgl. dazu auch Abschnitt 3.4.1.). Dieser Logik folgend benutzt das US Bureau of Mines bei der Identifizierung von Beständen mineralischer Ressourcen ein Klassifikationsschema, das mit zwei Variablen operiert, nämlich dem Grad der *geologischen Sicherheit* der Identifizierung von Lagerstätten und dem Grad der *Wirtschaftlichkeit* ihrer Erschließung oder Inwertsetzung. Die gesamten Ressourcen werden also in identifizierte und unentdeckte eingeteilt. Bei den identifizierten und nachgewiesenen Ressourcen ist nur ein Teil bereits nach Quantität und Qualität (Metallgehalt des Erzes; chemische Eigenschaften etc.) gemessen, ein anderer Teil ist lediglich angezeigt. Bei den unentdeckten Ressourcen lassen sich die hypothetischen in bekannten Regionen und die spekulativ angenommenen in unbekannten Regionen unterscheiden. Unter den Ressourcen sind nach dem Grad der Wirtschaftlichkeit ihrer Erschließung die Reserven von den ökonomisch »paramarginalen« und »submarginalen« Ressourcen abzugrenzen (Global 2000, S. 431ff). Bezeichnenderweise werden bei diesem differenzierten Ressourcenbegriff Kategorien aus der Dimension physikalischer Verhältnisse und der Dimension ökonomischer Rentabilitätskalkulation in Verbindung gebracht[23]. Die Ressourcen bzw. Reserven von mineralischen Stoffen sind also nicht an sich, sozusagen *objektiv* in der Erdrinde vorhanden, sondern in ihrer Quantität vom *subjektiven Wissen* über regionale Bestände und den *ökonomischen Bedingungen*, insbesondere natürlich von den Preisen der jeweiligen Ressource und den Kosten ihrer Erschließung, Förderung und Vermarktung sowie den Zinssätzen, mit denen die zukünftigen Erträge einer Lagerstätte auf den Gegenwartskapitalwert abdiskontiert werden, abhängig. In diesem Ressourcenbegriff ist also in wünschenswerter Klarheit der Gegenstand der Begierde, die Ressource, als *natürliche* und als *gesellschaftliche* (ökonomische) Größe gefaßt.

Kehren wir nun zur Frage zurück, wie die Ressourcen – um in der Terminologie des US Bureau of Mines zu bleiben – in ökonomisch nutzbare Reserven verwandelt werden können, wie die Region also in

Wert gesetzt wird, und was im Verlauf dieses Prozesses eigentlich geschieht.

Tab. 5.7.
Mineralisches Potential der Region Carajás

Erz	Lagerstätte	Potential	Gehalt
Eisen	Serra Norte	6.172 Mio t	65,0% FE
	Serra Sul	10.335 Mio t	66,3% FE
	Serra Leste	414 Mio t	65,9% FE
	Serra Sao Felix	369 Mio t	62,8% E
	Andere Lager	595 Mio t	66,1% FE
	Insgesamt	17.885 Mio t	66,0% FE
Mangan	Azul	45 Mio t	42,2% Mn
	Buritirama	12-16 Mio t	47,0% Mn
	Sereno	3 Mio t	40,0% Mn
	Insgesamt	60 Mio t	43,0% Mn
Kupfer	Salobo 3A/4A	1.200 Mio t	0,83% Cu
	Pojuca	?	?
	Rio Novo	?	?
	Bahia	?	?
	Insgesamt	> 2.000 Mio t	0,5 – 1,0% Cu
Aluminium	Platô N5	48 Mio t	35% Al_2O_3
Nickel	Vermelho	45 Mio t	1,5% Ni
	Puma	25 Mio t	2,2% Ni
	Onça	18 Mio t	2,2% Ni
	Insgesamt	88 Mio t	1,8% Ni
Gold	Andorinhas (Babaçu-Mamao)	1 t Au	15g Au/t
	Andorinhas (Lagoa Seca)	3-5 t Au	10g Au/t
	Rio Branco (Gradaús)	?	?
	Cumaru (Gradaús)	?	?
	Salobo	?	?
	Serra Pelada	?	?
	Insgesamt	> 100 t Au	
Zinn	Antônio Vicente	25.000 t SnO_2	70% Sn
	Mocambo	11.500 t SnO_2	66% Sn
	Velho Guilherme	700 t SnO_2	66% Sn
	Sao Francisco	?	?
	Cachoeirinha	?	?
	Gradaús	?	?
	Andere	?	?
	Insgesamt	100.000 t SnO_2	
Tungsten	Musa	?	?
	Bom Jardim	?	?
	Cachoeirinha	?	?

Quelle: Dos Santos 1982, S. 38

5.2. Der unwiderstehliche Drang nach Verwertung des noch nicht Verwerteten

»Macht Euch die Erde untertan«, heißt die christliche Botschaft, mit der den Kolonien die Bibel gebracht und den dort lebenden Menschen die Besitztitel an Land und Reichtümern genommen worden sind. Günther Anders hat den Versuch gemacht, dieses Weltverständnis des Eroberers, aber auch des ökonomischen »In-Wert-Setzers« auf den Begriff zu bringen: »Rohstoffsein ist criterium existendi; Sein ist Rohstoffsein«; dies wird zur »metaphysischen Grundthese des Industrialismus« (Anders 1980, S. 33), zur idée fixe: »...als skandalös wird nämlich nicht nur die Nicht-Verwertbarkeit eines möglichen Rohstoffes betrachtet: nein, sogar die Unterlassung, in etwas Vorhandenem Rohstoff zu erkennen und dieses als Rohstoff zu behandeln. Die Welt gilt als eine auszubeutende Mine. Nicht nur sind wir dazu verpflichtet, alles Ausbeutbare auszubeuten, sondern auch dazu, die Ausbeutbarkeit, die angeblich in jedem Dinge (auch im Menschen) verborgen liegt, aufzufinden. Die Aufgabe der heutigen Wissenschaft besteht also nicht mehr darin, das geheime, also verborgene Wesen oder die verborgene Gesetzmäßigkeit der Welt oder der Dinge aufzuspüren, sondern darin, deren geheime Verwertbarkeit zu entdecken.« (Anders 1980, S. 32) In anderen Worten fassen Meyer-Abich/Schefold diese Sicht der Welt als eines Objekts der Manipulation, wenn sie schreiben, daß »die Menschheit in der Neuzeit ihr Verhältnis zur natürlichen Mitwelt bzw. ihr handlungsleitendes Menschen- und Naturbild neu bestimmt hat, und zwar als ein Bemächtigungsverhältnis ohne höhere Verantwortung« (Meyer-Abich/Schefold 1986, S. 31). Es ist genau dieser Drang, der die Ökonomen und Prospektoren, die Politiker und Unternehmer, die Journalisten, Abenteurer und Wissenschaftler umtreibt, wenn sie in Amazonien die verborgenen Reichtümer an Ressourcen aufspüren, die Bestände katalogisieren und katastrieren, fördern und in Waren verwandeln, also »in Wert setzen« wollen, um damit für sich einen Gewinn zu erzielen, der Region einen Entwicklungsimpuls zu vermitteln und der brasilianischen Nation zu mehr Wohlstand und politischer Größe zu verhelfen. Niemand wird darin etwas Negatives erblicken wollen, das die Anstrengung nicht wert wäre. Zunächst jedenfalls.

Man weiß natürlich, daß die Inwertsetzung nicht ohne Preis zu haben ist. »Es gibt keine Entwicklung ohne Kosten« (Benchimol 1977, S. 451). Und diese unvermeidbare Begleiterscheinung von Inwertsetzung ist es, die in der Regel die Kritik auf den Plan ruft, und zwar von zwei Seiten her, die sich komplementär verhalten: *Einerseits* werden die negativen Folgen der Inwertsetzungsstrategien für das natürliche Milieu, für die indigene Bevölkerung, für die Lebensbedingungen der Bewohner, für die politische Autonomie der betroffenen Region beklagt: »Wenn schon das ökonomische, politische und soziale System keine Gerechtigkeit kennen, nicht allen Bürgern Arbeit geben, eine Erziehung und Ausbildung vermitteln, Gesundheit und Freizeit sicherstellen, ja noch nicht einmal das tägliche Brot garantieren kann, um wieviel weniger wird sich das ökonomische, soziale und politische System um eine Lebensweise kümmern, in der die natürliche Umwelt als gemeinsames Vermögen begriffen wird« (GIPCT 1985, S.2). In anderen Worten: Es wird eine so starke Störung eines regionalen »Gleichgewichts« angenommen, daß damit auch eine Degradation von Umwelt und eine Verschlechterung der gesellschaftlichen Existenzbedingungen befürchtet wird. Die Schlußfolgerung lautet dann häufig genug: die als ökonomischer Fortschritt verkaufte »Inwertsetzung« kostet zu viel, als daß sie sinnvoll oder auch nur tolerierbar wäre (vgl. dazu im Hinblick auf die indigene indianische Bevölkerung Süß 1983; in bezug auf die ökologischen Probleme Hagemann 1985; Kasch/Leffler/Schmitz/ Tetzlaff 1985; Maderspacher/ Stüben 1985). Die sozialen Kosten oder externen Effekte vermittelt über die Energie- und Stoffkreisläufe des Systems natürlicher Ressourcen sind zu hoch.

Auf der *anderen* Seite stellen die Kritiker den Erfolg von bestimmten Maßnahmen in Frage, und zwar an den immanenten, selbst definierten Zielen der Strategie der Inwertsetzung gemessen. Beispiele für das Scheitern oder für unerwartete Schwierigkeiten bei konkreten Projekten der Inwertsetzung lassen sich in Amazonien leicht finden (dies ist der Hintergrund für die These Bunkers /1985/, daß die *Entwicklungsstrategien* in Amazonien *Unterentwicklung* zum Resultat haben). Zu den gescheiterten Projekten gehört die in großem Stile beabsichtigte Kolonisierung entlang der Transamazônica, die wegen der ungeeigneten Böden, der gewählten Siedlungsform, wegen der unklaren Eigentumstitel, nicht ausreichendem öffentlichem und privatem Kredit und unzureichender Vermarktungsmöglichkeiten ökonomisch und politisch erfolglos war (Gonzaga 1974; Pimentel 1974; Kohlhepp 1978 ; Bunker 1981; Clawson 1982; Marcelino da Costa 1979 u.a.). Auch die forstwirtschaftlichen Großprojekte am Jarí und in Carajás sind ökonomisch fragwürdig und ökologisch gefährlich (Fearnside/Rankin 1982). Selbst die »zona franca« von Manaus, die Marcelino da Costa (1983) eine »mißlungene Caboclo-Replik« auf die Herausforderung von Hongkong und Taiwan bezeichnet, ist vom ökonomischen Effekt her betrachtet, mit Fragezeichen zu versehen[24]. Zwar haben sich wegen der Steuer- und Zollerleichterungen viele Unternehmen in Manáus angesiedelt; allein von 1980 bis 1984 stieg die Zahl der Unternehmen insgesamt von 184 auf 259. Doch ging im gleichen Zeitraum die Zahl der Beschäftigten von 49.653 auf 44.949 zurück (Alfonso Costa Baptista 1985, S. 55ff, insbes. S. 57). Hier zeigt sich besonders deutlich, daß Inwertsetzung ein widersprüchlicher Prozeß ist und Begünstigte – in diesem Fall Unternehmen – und weniger Begünstigte oder Benachteiligte – in diesem Falle die freigesetzten Arbeitskräfte – kennt. Im Inwertsetzungsprozeß sind also Kosten-Nutzen-Überlegungen anzustellen; jedoch sind wir dabei sofort mit der Frage konfrontiert, wie dies geschehen soll, wenn Nutzen und Kosten klassenspezifisch verteilt sind und räumlich an ganz verschiedenen Orten anfallen und obendrein zwischen Kosten und Nutzen zeitliche Differenzen bestehen. Daraus resultieren wiederum Konflikte in den urbanen Agglomerationen, die mehr und mehr traditionelle Landkonflikte überlagern, bzw. mit ihnen vermittelt zu tun haben.

Diese Fragezeichen hinter den Thesen von ökologischer Verträglichkeit, politischer Sinnhaftigkeit, sozialem Nutzen und nicht zuletzt an dem Versprechen ökonomischer Rentabilität von Projekten im Rahmen der Inwertsetzung werden nicht erst neuerdings angebracht. In seiner Wirtschaftsgeschichte Brasiliens bemerkt Caio Prado Junior (1984, S. 75):»Die Ausbeutung der natürlichen Resourcen des riesigen Waldgebietes, das – wie man annimmt – unberechenbare Schätze zu verbergen scheint, hat niemals mehr als einige miserable Produkte mit minimalem kommerziellem Wert und dann noch in geringer Menge erbracht.« Das entwicklungspolitische Dilemma, die ökonomische Entwicklung der Region zu stimulieren, ohne die ökologischen Grundlagen des Lebens zu zerstören, hat eine lange Geschichte und ist auch heute noch ungelöst[25]. Der Unterschied von ökonomischer und ökologischer Logik, der uns schon mehrfach beschäftigte, manifestiert sich als entwicklungspolitisches Dilemma; Entwicklung ist *auch* Zerstörung und nicht immer ist diese im Schumpeterschen Sinne produktiv.

Allerdings trägt die Strategie der Inwertsetzung darüber hinausgehend ein Risiko, das sich aus den Krisentendenzen der Kapitalzirkulation ergibt, in die ja die in Wert gesetzte Region nun einbezogen ist. Solange die ökonomischen Bindungen an den Weltmarkt gering sind, können Preisbewegungen der Rohstoffe, Investitionsentscheidungen transnationaler Unternehmer oder die Zinsbewegungen auf dem telematisch gesteuerten monetären Weltmarkt den Menschen in der Region gleichgültig sein; dies geht nicht mehr, wenn die exportierten Produkte vom Weltmarktpreis abhängen, Investitionsprojekte mit Auslandskrediten finanziert worden sind, auf die Zinsen und Tilgungen gezahlt werden müssen, und die Entscheidungszentren der ökonomischen Projekte sowieso in anderen Landesteilen oder gar im Ausland liegen. Es ist aber unvermeidlich, daß Inwertsetzung der Region, zumal es dabei vorwiegend um die Extraktion von Rohstoffen geht, Weltmarktintegration bedeutet.

Dabei ist festzuhalten, daß »Inwertsetzung«, d.h. Unterwerfung des ökonomischen Prozesses unter das »Prinzip Wert« in jedem Fall ein Risiko enthält, diese Seite der Kritik also ausgedehnt werden müßte auf die gesamte, wie Marx es fomulierte, »auf dem Wert beruhende Produktionsweise«. In Amazonien freilich kann sich der Eindruck aufdrängen, als ob die natürlichen Ressourcen in Land- und Viehwirtschaft, in Energie- und Rohstoffextraktion, die nach ihrer stofflichen Seite unvorstellbar große Reserven von konkreten Gebrauchswerten darstellen, auch »in Wert gesetzt«, also nach ihrer abstrakten Wertseite, als in Geld meßbarer Reichtum, nur wie der Schatz der 40 Räuber gehoben und abtransportiert werden müßte, um nun auch der Region insgesamt Glück und Wohlstand zu bescheren: ein Mythos Amazoniens, der bisher nur Frustrationen erzeugt hat.

5.3. Raum und Zeit der Inwertsetzung

Inwertsetzung heißt, dies wurde zu Beginn dargelegt, die Unterwerfung einer Region unter ein bis dahin exogenes Regime, das sich als Veränderung der Koordinaten von Raum und Zeit und damit auch der Formen des gesellschaftlichen und individuellen Lebens und des politischen Systems (»Regimes« im gebräuchlichen Sinne) darstellt. Auf dem regionalen Territorium überlagern sich also verschiedene Funktionsräume. Der zunächst wichtigste Mechanismus in dem Subsumtionsprozeß der Region unter ein neues Regime ist zweifellos die Integration in den Weltmarkt: Produkte werden als Waren produziert und zu Weltmarktpreisen veräußert, an der Verwertung von Ressourcen beteiligen sich ausländische Kapitale und darüber hinaus werden zur Erschließung externe Kredite aufgenommen. Allein durch die Ankoppelung der regionalen Ökonomie an die Zirkulationsfiguren des internationalen Kapitals nämlich ist es möglich, die Ressourcen der Region »als Werte zu setzen« und damit das gegenüber ihrer bloßen Gebrauchswerteigenschaft neue Prinzip der Tauschwertproduktion und Verwertung von Kapital einzuführen und durchzusetzen. Paradoxerweise ist daher, wie bereits angedeutet worden ist, die _nationale Integration_ Amazoniens nur durch _Integration in den Weltmarkt_ möglich. Und dies wird denn auch zur erklärten Absicht der Inwertsetzungsplaner, wie sich mit Leichtigkeit anhand der Planungsdokumente der 70er Jahre zeigen läßt.

Keine Formel in den Dokumenten zur Strategie der Inwertsetzung, insbesondere in den Einschätzungen der mineralischen und landwirtschaftlichen Großprojekte in der Region Amazonien, ist häufiger anzutreffen als die von der mit den Projekten beabsichtigten *Stimulierung der Exporte und Substituierung der Importe.* Und dies gilt nicht erst seit heute, da ja eine im wesentlichen extraktive Wirtschaft, die die geförderten Rohstoffe nicht selbst verarbeitet und konsumiert, unbedingt auf den Export in Richtung äußeren (nationalen oder internationalen) Markt angewiesen ist. Das Ziel des ersten Fünfjahresplans der SPVEA (Superintendencia do Plano de Valorização Economica da Amazonia) beispielsweise wurde mit der» Ausweitung der Produktion von Rohstoffen für den Export und/oder den internen Verbrauch« definiert (Vgl. Mahar 1978, S.12-14). Auch im ersten und zweiten nationalen Entwicklungsplan nach 1970 findet sich diese Aufgabenbestimmung wieder, insbesondere allerdings im zweiten Entwicklungsplan von 1974, in dem mit einer Strategie der Importsubstituierung und Exportorientierung eine Antwort auf die Weltmarktkrise gegeben werden sollte[26]. Hinsichtlich der Erzvorkommen von Carajás heißt es im »Relatório Final« von 1981 der Companhia Vale do Rio Doce über das Carajás-Projekt: »Die zunehmende Weltnachfrage nach Rohstoffen, in Sonderheit nach mineralischen, land- und viehwirtschaftlichen Produkten, eröffnet weite Perspektiven für neu hinzukommende Produzenten in neuen Regionen. Darüber hinaus ergibt sich angesichts der Probleme mit den Kosten der Energie, einem immer knapper werdenden Vorprodukt, die Möglichkeit, Rohstoffe an ihren Vorkommen direkt zu verarbeiten, wenn sich dort Energie zu günstigen Bedingungen findet. In diesem Kontext betrachtet besitzt Brasilien große Möglichkeiten, steigende Anteile am Weltmarkt für Rohstoffe und Fertigprodukte zu erobern« (CVRD 1981, S. 3). In der offiziellen Verlautbarung des »Rats zur ökonomischen Entwicklung« vom 19.11.1980 heißt es ganz ähnlich: »Das Großprojekt Carajás ist als ein Exportprojekt mit dem Zweck konzipiert, neue Devisen in Größenordnungen zu beschaffen, die mit den Entwicklungsnotwendigkeiten Brasiliens übereinstimmen« (zit. nach Santillo/Cordeiro 1981, S.30). Auch der für das Carajás Projekt zuständige Interministerielle Rat hat deutlich gemacht, daß es beim »Programma Grande Carajás« darauf ankäme »to aggregate a larger share of national labour whenever possible to exports . . . that foreign participation will be welcomed in the implementation of the program.« Und der unter den Militärregierungen der 70er Jahre mächtige Planungsminister Delfim Netto paraphrasiert: »Wenn wir Carajás bei voller Kapazität laufen haben, repräsentiert das Projekt Exporte in der Größenordnung von 9 bis 10 Mrd US$ pro Jahr. Dies ist ein Anstieg über die normalen Exporte hinaus . . . Mit diesem Saldo werden wir unser Defizit in der Bilanz der laufenden Posten reduzieren können; und dies ist auch die Art und

Weise, wie wir die relative Bedeutung der Außenschuld zu mindern vermögen.« (Netto 1982, S. 4 u. 18)[27].

Die Stellungnahmen zeigen alle ein dem *instrumentellen* »Inwertsetzungsdenken« korrespondierendes Verständnis vom Weltmarkt. Für die *Weltmarktstrategen* stellt sich Amazonien als eine *Region ausbeutbarer Ressourcen* dar, für die *nationalen und regionalen Inwertsetzer* ist der Weltmarkt dementsprechend Ort der *Realisierung* von nationalen und regionalen *Entwicklungsplänen*. Für die einen kauft das Geld die in Amazonien extrahierten und in Warenform verwandelten Ressourcen, für die anderen sind die Einnahmen von harten Devisen das angestrebte Ziel.

Der *Tausch* scheint folglich in hohem Maße äquivalente Beziehungen zwischen Agenten des Weltmarkts und nationalen und regionalen Agenten der Inwertsetzung zu konstituieren; jedoch bleiben zwei Probleme: *Erstens* ist der Weltmarkt Funktionsraum der Verwertung und Akkumulation von Kapital und daher den *Krisen* des Akkumulationsprozesses ausgesetzt. Die erwarteten Deviseneinnahmen für extrahierte, inwertgesetzte Ressourcen sind also noch von den Krisentendenzen des Weltmarkts abhängig. Darauf wird in den folgenden beiden Kapiteln einzugehen sein. *Zweitens* hat die Inwertsetzung der Region, die Ausbeutung ihrer Ressourcen und deren Verkauf auf dem Weltmarkt Konsequenzen für die Raum- und Zeitkoordinaten der regionalen Gesellschaft; d.h. es werden nicht nur Ressourcen in weltmarktgängige Waren verwandelt, sondern gesellschaftliche Verhältnisse, die »Raum-Zeit-Matrix (umgewandelt), die sich auf die materielle Vergegenständlichung von gesellschaftlicher Arbeitsteilung bezieht« (Soja 1985, S. 105), wenn die Inwertsetzung beginnt. Wenn *Gesellschaft eine zeitliche und räumliche* »*Ausdehnung*« hat, also räumlich wie zeitlich in den Vektoren des »Hier und heute« verortet ist, dann ist nach den gesellschaftsformativen Bedingungen für die »Ausdehnung« zu fragen (Vgl. dazu Urry 1985, S. 20ff) und dementsprechend auch nach den Veränderungen, die sich ergeben, wenn eine Gesellschaft im Zuge der Inwertsetzung in den Funktionsraum Weltmarkt integriert wird, in dessen Struktur und Entwicklung eine von der Region unterschiedliche *Raum-Zeit-Matrix* eingeschrieben ist. Daraus ergeben sich veränderte raum-zeitliche Beziehungen zwischen den gesellschaftlichen Einheiten (international operierendes Kapital, nationaler Staat, regionale Entwicklungsbürokratie, Haushalte der Agrarbevölkerung etc.) und Veränderungen im Raum-Zeit-Verständnis der Bevölkerung, die sich wiederum auf deren soziales (natürlich auch ökonomisches und politisches) Handeln auswirken. Es ist offensichtlich, daß räumliche Reichweite des Handelns und räumliches Verständnis eines Indios in Amazonien radikal umgewälzt werden, wenn seine Gebrauchsgegenstände auf einmal zum begehrten Souvenir für Touristen werden, die mit dem Flugzeug aus Europa oder Nordamerika einfliegen. Und die »Zeitgeber« seines und der Gesellschaft Lebens werden gebrochen, wenn statt der klimatischen Zyklen auf einmal der Fahrplan der Schiffe oder gar des Flugzeugs den Rhythmus der Versorgung mit Gütern beeinflussen.

5.3.1. Raum

Mit der Inwertsetzung ist Weltmarktintegration beabsichtigt. Die Region erhält im Zuge dieses Integrationsprozesses eine Art »doppelten Charakter«. Sie bleibt Amazonien mit ihren spezifischen und einzigartigen ökologischen, ökonomischen, sozialen und politischen Eigenschaften, den »perfektischen« Traditionen der Menschen, ihrer Subsistenzweise und Ästhetik; sie bleibt demnach »beschränkt«.

Gleichzeitig wird sie in einen Teil des globalen Raums verwandelt; die Funktionsräume Weltmarkt, Nation und Region überlagern sich. Die Raummatrix, »die spezifische Verbindung von Homogenität, Fragmentierung und Hierarichisierung« (Soja 1985, S. 109), verändert sich. Dieser große, globale Raum ist als Folge der *Inwertsetzung* nun auch für die Region Bezugspunkt, und zwar als *Raum der Verwertung von Kapital*. Die Region, bzw. die in ihr angelegten Kapitale vergleichen sich mit anderen Kapitalen, in ganz anderen Weltregionen. Die Suche nach einem geeigneten »locus« für die intelligente Stoff- und Energieumwandlung zur Produktion einer nachgefragten Ware vollzieht sich mehr und mehr in planetarischen Dimensionen. Die konkrete Region ist darin nur Moment in einem Verwertungs- oder Rentabilitätskalkül von Unternehmen und politischen Institutionen. Die Ressourcen der Region, darauf wurde oben hingewiesen, zählen nicht mehr als natürliche Bestände, sondern als mit einem Weltmarktpreis (für Eisen, Kupfer, Gold, Holz etc.) bewertete Reserven.

Voraussetzung für die Bewertung ist die *Kenntnis* der Ressourcenbestände. Gerade die *Abstraktion* von den oder gar die Mißachtung der konkreten stofflich-räumlichen Gegebenheiten setzt deren *genaue Kenntnis* voraus, insbesondere freilich unter dem spezifischen Aspekt der Verwertbarkeit. Also muß der konkrete Raum hinsichtlich seiner Ressourcen, die potentiell in Ware verwandelbar sind, und deren Extraktion zu einem Feld der massiven Kapitalanlage wird, genau exploriert werden. »Dank der Wissenschaft und Technologie«, schreibt Milton Santos (1985, S. 42), »verwandelt sich der Raum in eine bekannte Größe, d.h. in ein Inventar der kapitalistischen Möglichkeiten seiner Nutzung. Diese Verwandlung ist mehr und mehr möglich, aber auch notwendig als die Vorbedingung für die Errichtung von produktiven Anlagen.«

178

Also beginnt der Prozeß der Inwertsetzung (der Valorisierung *des* Raums und *im* Raum – im Sinne von Morães/da Costa – 1984) mit der *Exploration* des Raums zum Zwecke der Informationsbeschaffung über ihn. Die Erkundungen des Raumes durch Reisende resultierten daher meist in der Erstellung von mehr oder weniger genauen Beschreibungen des Landes, seiner Flora, Fauna und Menschen sowie in der Erstellung von Karten. Coudreau (1899), der im letzten Jahrzehnt des vergangenen Jahrhunderts mehrere Expeditionsreisen die Flüsse des östlichen Amazoniens aufwärts unternommen und teilweise penibel genaue Karten in seinen auch heute noch interessanten Reiseberichten hinterlassen hat, schlägt außer der Registrierung des Landes sogar die Erstellung eines Katasters vor (»Plan Cadastral des Terres«; Coudreau 1899, S.136). In einer Konferenz des Club de Engenharia am 30.11.1933 über »Probleme Amazoniens« wird vom Hauptredner Raymundo Pereira da Silva (1934, S.23) ebenfalls die Bedeutung der kartographischen Erfassung der – darum ging es damals hauptsächlich – wichtigsten Produktionszonen von Kautschuk und anderer land- und forstwirtschaftlicher Produkte hervorgehoben. Auch Osorio Nunes stellt die Notwendigkeit der Gewinnung von verläßlichen Information über diese Welt »sui generis« zur Auflösung der Rätsel dieser »terra imatura« an den Anfang seiner Abhandlung über die »Inwertsetzung Amazoniens« (Nunes 1949, S. 22f). Die systematische Prospektion setzt aber erst später ein und konzentriert ihre Anstrengungen auf die Entdeckung und Erschließung von verwertbaren land- und forstwirtschaftlichen, mineralischen und energetischen Ressourcen. Allein für die Prospektion der mineralischen Lagerstätten sind in Amazonien seit Ende der 60er Jahre rund 100 Mio US$ aufgewendet worden, eine Summe, die angesichts der aufgedeckten und nach ihrem Potential geschätzten mineralischen Lagerstätten im internationalen Vergleich sehr gering ist (Dos Santos 1981, S. 73).

Mit der Kenntnis des Raums und seiner verwertbaren Ressourcen wird ein spezifisches Prinzip zur Geltung gebracht, das im Gegensatz zur *Ortskenntnis* als *Raumkenntnis*, auch als »Inwertsetzungs-Kenntnis« bezeichnet werden kann. Diese Art Kenntnis ist nicht in den Koordinaten des Raum-Zeit-Verständnisses der indigenen Bewohner unterzubringen. Was darunter zu verstehen ist, läßt sich an einer Beobachtung von Ernst Cassirer verdeutlichen. Das Raum-Zeit-Verständnis kann ganz unterschiedlich sein, den »locus« als konkreten *Ort* (place) oder als abstrakten *Raum* (space) identifizieren. »Der bloße Aktions-Raum ...kennt noch keine freie Überschau über räumliche Bestimmungen und Verhältnisse; keine 'Synopsis', die das örtlich Getrennte nichtsdestoweniger in die Einheit eines simultanen Blicks zusammenzunehmen erlaubt....Die Berichte über Naturvölker lassen erkennen, wie sehr ihre räumliche 'Orientierung', so sehr sie an Genauigkeit und Schärfe der des Kulturmenschen überlegen zu sein pflegt, sich nichtsdestoweniger durchaus in den Bahnen eines ›konkreten‹ Raumgefühls bewegt. Jeder Punkt ihrer Umgebung, jede einzelne Stelle und jede Windung eines Flußlaufes z.B. kann ihnen aufs genaueste vertraut sein, ohne daß sie imstande wären, eine Karte des Flußlaufes zu zeichnen, ihn also in einem räumlichen Schema festzuhalten.« (Sie würden, so kann man hinzufügen, nicht einmal die Frage nach einem solchen Verlangen verstehen. – E.A.) »Der Übergang von der bloßen Aktion zum Schema, zur Darstellung... (bleibt) nicht auf den Umkreis dieses Bewußtseins beschränkt..., sondern (geht)...mit einer allgemeinen geistigen Wendung und Wandlung..., mit einer eigentlichen ›Revolution der Denkart‹ Hand in Hand...« (Cassirer 1954/1977, Bd. III, S. 178f.)[28]. Die Unterscheidung von »place« und »space«, von konkretem Ort des Lebens und der Arbeit und nach abstrakten Prinzipien und Schemata koordiniertem Raum ist offenbar nur nachzuvollziehen, wenn zivilisatorische Prozesse in Richtung Abstraktion und Rationalisierung gelaufen sind, ja sie ist selbst wesentliches Moment der Rationalisierung, der Organisation und Modellierung von Welt und Umwelt nach abstrakten, d.h. aus dem konkreten Ort sich nicht unmittelbar per Anschauung und Erfahrung ergebenden Prinzipien. Die Differenzierung von Orten ist die Grundlage einer Differenzierung der Inhalte, des Ich, des Du, des Er und Sie, damit auch der Herausbildung einer gesellschaftlichen Arbeitsteilung, auf der einen Seite und auf der anderen Seite hilft sie, die physischen Objekte zu identifizieren, ihnen eine konkrete Bedeutung beizumessen, also die Objektwelt für das individuelle und gesellschaftliche Leben anzueignen, mit orientierenden Symbolen (die den abstrakten Raum in den konkreten Ort verwandeln) zu belegen. Die Art und Weise der räumlichen Differenzierung ist also unabdingbares Moment der gesellschaftlichen Strukturierung, also auch der »Verortung« des Individuums in der Gesellschaft (dazu neben Cassirer 1977 auch Milton Santos 1985, S. 58) und der Möglichkeit der Raumbemächtigung nach Prinzipien, die nicht unbedingt aus diesem Raum (im Sinne von konkretem Ort) selbst entwickelbar sind.

Exploration des Raums mit dem Zweck kapitalistischer Inwertsetzung erfordert die Abstraktion von der tradierten Konkretheit des »place«, um ihn erstens in den »space« des Weltmarkts, also den globalen Raum zu integrieren und damit zweitens bis zur Unkenntlichkeit als konkreter »place«, aber bis zur Kenntlichkeit als Teil des globalen »space« umzuwälzen[29]. Als Abteilung des Funktionsraums Weltmarkt wird die Region (wird ein »Ort«) vergleichbar gemacht, d.h. nach Kriterien bewertet, die an alle anderen »Orte« auch angelegt werden. Anders als das Wissen

indigener Bevölkerung um den Ort, an dem sie lebt, und das wie der Ort
konkret und daher beschränkt ist, ist das Wissen um die Region an einem
allgemeinen Zweck orientiert, der mit der *speziellen Region* zunächst
nichts zu tun haben muß. Dafür ist der konkrete Ort nur materielles
Substrat, nicht mehr. Am konkreten Ort ist dieses Wissen so lange nicht
interessiert wie dessen Eigenschaften für die Erfüllung des Zwecks (Auf-
deckung und Inwertsetzung von Ressourcen) bedeutungslos erscheinen.
So erklärt sich auch das Streben, immer mehr über die Region durch
Exploration zu erfahren: in der Hoffnung, noch nicht gefundene Ressourcen zum Zwecke der Verwertung doch noch entdecken zu können.
Verwertbarkeit heißt aber unbedingt die Verwandlung der Dinge in
Waren, also die »Kommodifizierung« der Bestandteile des Raums, die
ihn als physische und als soziale Einheit komponieren. Mit der Kommodifizierung wird die Einheit des Raums in Einzelteile aufgelöst. Wie die
der Raumkenntnis folgende praktische Inwertsetzung ist sie also unbedingt selektiv, d.h. sie folgt einem Erkenntnisinteresse, dem jene Eigenschaften der Gesamtheit Ort oder Region gleichgültig sind, die von
diesem Interesse nicht abgedeckt werden. Um nämlich Teile des Raums
in Ware verwandeln zu können, müssen diese Teile einen Gebrauchswert haben. Ein Gebrauchswert, dies hat Georgescu- Roegen (1971, S.
278) herausgestellt, ist Material mit niedriger Entropie. Die Herauslösung gerade dieser Raumteile hinterläßt gesteigerte Entropie, also einen
Raum mit geringerem Gebrauchswert.

Wie die der *Raumkenntnis* folgende *Kommodifizierung* und Inwertsetzung ist sie unbedingt *selektiv*, d.h. sie folgt einem praktischen
Erkenntnisinteresse, dem jene Eigenschaften der Gesamtheit Raum
gleichgültig sind, auf die sich das Interesse nicht richtet. Wer Erze sucht,
wird sich für die (Natur)ästhetik einer Landschaft nicht interessieren; für
den Prospektor sind Berge und Flüsse eher Hindernisse denn Bestandteile eines integralen Ambiente, wer tropische Edelhölzer verkaufen
will, wird sich um den Wald nicht kümmern. Wer Weizen anbaut, ist an
Kornblumen nicht interessiert. Wenn Ressourcen des Ortes in Waren
verwandelt werden, die auf dem Weltmarkt mit gleichartigen Waren aus
anderen Weltgegenden konkurrieren, dann müssen die zu verwandeln-
den Ressourcen gerade aus dem konkreten örtlichen Kontext *isoliert*
werden, aus einem Kontext, der für die am Ort lebenden Menschen
Bezugssystem ihrer Identität ist. Die *Isolierung* ist in vielen Fällen bloße
Destruktion, die dann gar nicht konsequenzenlos für die Lebenswelt der
Menschen bleiben kann. Inwertsetzung im Sinne der Eroberung des
Raums nach den abstrakten Schemata kapitalistischer Kalküle ist dem-
zufolge auch »Entwertung« konkreter örtlicher Lebenswelt, *Verlust von
Heimat* im Sinne Blochs.

Nicht im chronologischen, wohl aber im logischen Sinne folgt der Kenntnis des Raums seine *Erschließung*, und zwar ebenfalls nach einer der Region äußeren Logik. Schon das Streben, die Region Amazonien in ihrer ganzen immensen Ausdehnung erkunden zu wollen, ist Ausdruck der »Rationalität der Weltbeherrschung«, des »Bemächtigungs-verhältnisses« der Menschen gegenüber der Natur, die sich in Europa im »langen 16. Jahrhundert« in der Wissenschaft (Bacon, Newton) und in Kommerz und Politik herausbilden und die es in dieser Form in anderen Weltzivilisationen nicht gegeben hat. Kein Zufall ist es daher, daß die ersten Erkunder Amazoniens Fremde, die Conquistadoren der iberischen Königreiche sind (Francisco de Orellana, Pedro Teixeira, Aguirre etc.). Die vielen Reisenden, die ihre immer noch lesenswerten Berichte hinterlassen haben, stammen auch allesamt aus Europa (Hans von Staden, Alexander von Humboldt, Henri Coudreau, Baron de Santa-Anna Nery, von Steinen, von Martius, Spix, Derby, Agassiz, Hartt, Goeldi um nur einige zu erwähnen), später auch aus den USA und aus dem Süden Brasiliens. Sie alle erkunden das Land, von dem sie annehmen es handele sich um das Eldorado oder doch um ein reiches Land, einen »celeiro mundial« (Kornkammer der Welt), mit dem Verkehrsmittel, das dem Ambiente der gewaltigen Flußlandschaft angepaßt ist: mit dem Boot, zum Teil zu Fuß. Und sie leiden unter den Strapazen, die der Versuch verursacht, das den Fremden unbekannte Land zu erkunden und Wege der Erschließung zu ebnen. Viele Erkunder sind dabei umgekommen; viele indigene Einwohner auch – gestorben an Krankheiten, die die Erkunder und Erschließer importierten und gegen die Resistenzen nicht ausgebildet waren.

Die Inwertsetzung in großem Stil verlangt freilich mehr als die bloße Bereisung des Territoriums, nämlich die *Eliminierung oder zumindest die Minimierung des Faktors Entfernung* und daher die Reduzierung der Zeit der Zirkulation von Waren auf möglichst nahe Null, die Ausschaltung möglichst aller räumlichen Hindernisse bei der kapitalistischen Durchdringung der Region. Die Zirkulation des Kapitals tendiert zur Beschleunigung; je schneller der Transport von Waren, desto besser für die Verwertung des in ihnen gebundenen Kapitals. Daher wird von den natürlichen Gegebenheiten des ausgedehntesten Flußsystems der Erde auf der einen Seite in großem Maßstab Gebrauch gemacht, auf der anderen Seite dessen Hindernisse für eine verkehrsmäßige Erschließung aus dem Wege geräumt. Das Flußsystem besteht aus während des ganzen Jahres schiffbaren Flüssen mit einer Gesamtausdehnung von 21.150 km (dazu kommen noch weitere 11.880 km, die in der Regenzeit schiffbar sind; Castro Rebelo 1973, S. 52). Daher ist es naheliegend, das ausgedehnte Stromsystem für die Durchdringung des Raums zu nutzen.

Zum ersten Male im Jahre 1826 versucht José Silvestre Rebello eine regelmäßige Dampfschiffahrtslinie zwischen New York und Manáus einzurichten. Er scheitert mit diesem Vorhaben allerdings, weil der damalige Gouverneur von Pará die Anlandung des ersten Dampfschiffes in Belém mit der Begründung verhindert, daß damit den Expansionstendenzen der USA Tür und Tor geöffnet würden (Bandeira 1978) und obendrein die Schiffahrt in kleinen nationalen und regionalen Booten gefährdet würde. Mithin sei das Projekt »für das Imperium unvorteilhaft«. Erst 1843 fährt das erste Dampfschiff den Amazonas bis Manáus hinauf und 1866 wird der Amazonas für Schiffe aller Flaggen geöffnet (Castro Rebelo 1973, S. 49ff.). Bis heute ist die Schiffahrt auf dem amazonischen Flußsystem intensiviert und perfektioniert worden; neue Häfen sind für Seeschiffe errichtet worden (Mazagão; Oriximiná am Trombetas; Vila do Conde; Itaquí und Porto Madeira[30] – neben den traditionellen Häfen von Belém, Macapá, Santarém, Obídos, Manáus, Iquitos...), um Zeit und damit Kosten des Transfers der extrahierten amazonischen Rohstoffe an die Bestimmungsorte zu reduzieren. Doch die Flüsse sind auch Hindernisse, wenn Katarakte die Schiffahrt verunmöglichen oder wenn sie den schnellen Landweg versperren. Also sind entsprechend der technologischen Entwicklung der Verkehrssysteme und Kommunikationsmittel auch in Amazonien zunächst Eisenbahnlinien geplant bzw. konstruiert worden. Der Plano Bicalho von 1881 sah sogar den Bau einer Eisenbahnlinien von Rio de Janeiro bis Belém (über mehr als 3000 km) vor; gebaut wurden aber nur eine Linie vom Madeira nach Marmoré zu Beginn des Jahrhunderts[31], um die Verschiffung des Kautschuks aus dem westlichen Amazonien zu erleichtern, sowie die Linie von Belém nach Bragança mit einer Länge von 292 km, und die 118 km lange Linie zwischen Tucurui und Jatobal (ein Ort, der inzwischen in den Fluten des Stausees von Tucuruí verschwunden ist), um die Katarakte des Tocantins, deren schäumende Wildheit nun ebenfalls im Stausee von Tucuruí befriedet worden ist, umfahren zu können. Keine der Linien existiert heute noch, die Linie von Belém nach Bragança wurde erst 1965 dem Automobil geopfert. Schließlich wurde im Jahre 1957 die Linie von der Serra do Navío zum Porto do Santana (Mazagão) in Amapá gebaut, um das Manganerz abtransportieren zu können. Diese Linie existiert auch heute noch; sie wird so lange (also etwa bis Mitte der 90er Jahre) ihre Bedeutung behalten, wie das Manganerz aus der Serra do Navío noch gefördert werden kann. Die einzige in den letzten Jahrzehnten neu errichtete Eisenbahnlinie ist die *Estrada Ferroviaria do Carajás* (EFC) von Carajás zum Atlantikhafen Porto Madeira (Itaquí) in der Nähe von São Luís über 890 km. Diese wurde am 28.2.1985 eingeweiht. Sie dient vornehmlich dem Transport des Erzes von Carajás zum

Atlantikhafen Ponto de Madeira – zum Export des in Ware verwandelten Erzes auf den Weltmarkt[32].

Der weltweite Siegeszug des *Automobils* macht selbstverständlich auch in Amazonien nicht Halt. Die jüngeren (die »eigentlichen«) Erschließungsstrategien des Raums seit den 60er Jahren sind folglich mit der Realisierung von Straßenbauprojekten unlösbar verknüpft. Der Bau der Straße von Belém nach Brasília zu Beginn der 60er Jahre ebenso wie der Bau der Transamazônica Anfang der 70er Jahre oder die Straßen zwischen Santarém und Cuiabá und Manáus und Porto Velho waren (und sind zum Teil immer noch) für die Inwertsetzung in mehrfacher Hinsicht relevant. *Erstens* wird mit dem Transport von Waren in Gegenden, die bislang schwer oder gar nicht zugänglich waren, der Horizont der nationalen und internationalen Kapitalzirkulation ausgeweitet. Straßen, insbesondere verbunden mit entsprechenden anderen Kommunikationssystemen (Telefon), sind wie Venen für die Zirkulation des Kapitals in allen seinen Formen. Wo Straßen hinführen, da zieht das Kapital auch hin, sofern ein (Extra)Profit bei der Produktion von Waren oder ihrem Absatz winkt[33]. *Zweitens* werden mit den Waren Konsummuster und Produktionsweisen transportiert, die die »Kultur der Inwertsetzung« erst mit der dadurch zugleich bewirkten »desculturização« der Gegend (Santos 1985, S. 46) gegenüber den traditionellen kulturellen Werten durchsetzen. Straßen geben auch der Urbanisierung einen mächtigen Schub und damit gleichzeitig auch der Auflösung traditionaler ruraler oder silvestrer und der Schaffung urbaner Kulturen. *Drittens* dienen die Straßen als Rollbahnen für eine Siedlungsbewegung, die vom bislang menschenleer scheinenden Raum Besitz ergreift. Die »Grenze« wird vorwärtsgerollt – auch wenn viele, vielleicht sogar die meisten, dabei scheitern. »*Roads are the sine qua non of colonisation*«(Clawson 1982, S. 355). Denn das Land ist (weder in der Varzéa noch auf der terra firme) für großflächige Siedlungsprojekte geeignet (Mahar 1981; Kohlhepp 1978; Moran 1985; Wood/Schmink 1983; Bunker 1985b und viele andere).

Hier kommt ein Moment ins Spiel, das bereits diskutiert worden ist: Der Raum interessiert nur als Substrat der Verwertung. Doch durch externe Effekte, also negative Rückwirkungen der ökonomischen Aktivitäten durch das Medium der natürlichen Ressourcen (Throughput) auf das Rentabilitätskalkül selbst, kann der Raum nach gewisser Zeit für Verwertungsstrategien uninteressant werden; die Erosion des Weidelandes macht dessen ökonomische Nutzung teuer und möglicherweise unrentabel. Die Kosten von Kolonisationsprojekten können so hoch und der Ertrag so gering sein, daß sie aufgegeben werden (müssen). Die externen Effekte sind, wie wir gezeigt haben, Auswirkungen ökonomischer Aktivitäten der Menschen auf Stoff- und Energieumsätze, die sich – in diesem Fall – mit Zeitverzögerung im Raum negativ auf die Wertrechnung auswirken. Der einstmals ökonomisch interessante Raum wird uninteressant – gemessen an den Prinzipien der globalen Rentabilitätsschemata und folglich verlassen, zurückgelassen; ausgebeutet und enteignet, als Ort des Lebens der Menschen, die zum Teil in ihn aus ökonomischen Gründen migriert sind, ist er nun ungeeignet.

Schließlich wird der Raum mit einem Netz von Fluglinien überzogen. Für sie ist das räumliche Bodenhindernis fast nicht mehr existent. Mit Flugzeugen kann heute ein noch so entlegener *Garimpo*, eine noch so weit an die Grenze vorgeschobene *Fazenda* versorgt werden, und das bedeutet ja nichts anderes, als daß die »outposts« der kapitalistischen Zivilisation sich auch in den entlegensten Gegenden festsetzen können. Itaituba (am mittleren Tapajós) ist nicht zufällig der brasilianische Flughafen mit der größten Anzahl von Starts und Landungen, wenn auch nur im regionalen Flugverkehr. Aber mit der wachsenden ökonomischen Bedeutung der Region wird sie auch an das nationale und internationale Flugnetz angeschlossen.

Wissenschaftliche Erkundung und verkehrsmäßige Erschließung des konkreten Raums verwandeln ihn in einen Bestandteil des Weltmarkts und bringen in der Region alle Momente der Verwertung von Kapital zur Geltung. In diesem Erschließungsprozeß des Raumes setzt sich ein Prinzip durch, das zu Beginn als entscheidendes Moment der Inwertsetzung identifiziert worden ist: die Herstellung eines *Arbeitsmarktes*. Dieser erfordert ja sowohl räumliche Mobilität der Arbeitskraft, für die die verkehrsmäßige Erschließung eine unabdingbare Voraussetzung ist, als auch Konzentration der Arbeitskraft dort, wo sie gebraucht wird. Die regionale Bevölkerung kann sich also nicht mehr im Raum mehr oder weniger gleichverteilen, sondern muß konzentriert zur Verfügung stehen, als Konsumenten von Waren, aber insbesondere als Anbieter von Arbeitskraft. Daher ist mit dem räumlichen Erschließungsprozeß zugleich auch die Urbanisierung der Region verbunden. Bertha Becker hebt dies gegen die »emotionalen Analysen« und »simplifizierenden Visionen« (Becker 1984, S. 59) bei der Analyse der »Grenze« hervor: die Ausweitung der »fronteira« kann sich nur im urbanen Rahmen vollziehen. Ohne die Stadt gibt es weder die Organisierung eines regionalen Arbeitsmarktes noch die Besetzung des Territoriums (Becker 1984, S. 65). Der urbane Kern wird im Zuge dieser räumlichen Durchdringung zur logistischen Basis der territorialen Ordnung: hier befinden sich die Versorgungszentren, hier finden die lokalen (und nationalen und internationalen) Produzenten Absatzmärkte, durch die urbanen Agglomerationen wird die (räumliche) Mobilität der Arbeit gewährleistet[34], die eine extraktive Wirtschaftsform in höherem Maße verlangt als eine auf Verarbeitung konzentrierte Ökonomie[35]. Auch das Kreditwesen, die Banken und Geldverleiher, konzentrieren sich in der Stadt. Ohne die Schaffung eines Kreditsystems ist die Inwertsetzung einer Region aber unvollkommen; darauf hat bereits Nunes (1949) aufmerksam gemacht. Je entwikkelter der Warentausch, desto notwendiger der Kredit mit seinen institutionellen Formen, den Banken. Sie koppeln die Region an das nationale und internationale Geld- und Kreditsystem an, sind also ein wichtiges Vehikel der Integration einer Region in den Weltmarkt. In der Stadt ist auch der »ferne« Staat präsent, um die Beziehungen der bürgerlichen Gesellschaft – von der Eheschließung bis zu privatrechtlichen Verträgen – zu regulieren, Steuern zu erheben und Subventionen zu verteilen und nicht zuletzt die immer anhängigen Konflikte zu lösen oder – wenn dies nicht gelingt – zu reprimieren. In der Stadt oder urbanen Agglomeration ist daher auch in der Regel die Garnison des Militärs, um die »fronteira« vorwärtszutreiben und zu sichern – wie im vorangegangenen Kapitel (4.3.) dargelegt worden ist.

Von der Stadt (oder einer Agglomeration mit urbanen Charakteristika) wird also im Prozeß der Inwertsetzung auch eine wichtige ideologische Funktion ausgeübt. Mit anderen Worten: Im Zuge der räumlichen Erschließung bildet sich mit Notwendigkeit auch eine neue agrarisch-urbane Struktur heraus. In Amazonien läßt sich gerade im Zusammenhang mit der forcierten Inwertsetzung seit Ende der 60er Jahre beobachten, wie neue urbane Zentren entstehen, deren Einwohnerzahl mit hohen Wachstumsraten zunimmt[36]. Dies gilt insbesondere für mittlere Städte wie z.B. Marabá, Imperatriz, Castanhal im östlichen oder Porto Velho, Rondonopolis, Varzea Grande, Rio Branco, Cuiabá im westlichen Amazonien (genauere Daten finden sich bei Kleinpenning 1985; Mougeot 1985; Benchimol 1985). Ganz neue Städte sind entstanden, wie Parauapebas und Rio Verde, als urbaner Reflex der ökonomischen Inwertsetzung in der Form von industriellen (extraktiven) Großprojekten. Das sind Städte, die nichts als Sammellager von Migranten sind, die weder als Siedler eine Chance haben noch im Rahmen der Großprojekte auf einen formellen Arbeitsplatz hoffen können. Der *inwertgesetzte Raum* wird nach der Matrix ökonomischer Entwicklung, gemäß den Tendenzen von Akkumulation, Konzentration und Agglomeration gestaltet, die von den tradierten Bedingungen der produktiven Beschäftigung und der Reproduktion weitgehend abstrahiert. Der territoriale Raum wird bei seiner Integration in den Funktionsraum Weltmarkt neu zusammengesetzt; weder von der Physis noch von der Materialität seiner urspünglichen sozialen Strukturen bleibt viel übrig.

5.3.2. Zeit

Auch das Zeitverständnis, das eine objektive Grundlage hat, verändert sich unter dem Einfluß von Inwertsetzung. Wie Cassirer (1954/1977) hervorhebt, sind Zeitbewußtsein und Raumbewußtsein verknüpft, wovon schon sprachlich die gleichen Bezeichnungen für das »ferner« und »näher«, das »vor« und »danach« Zeugnis ablegen, da sie sowohl Aussagen über räumliche wie zeitliche Unterscheidungen machen. »Zeit – unsere im existenziellen Sinne fundamentale Kategorie – ist nichts anderes als ein Vektor unserer Werte und Handlungen« (Sachs 1983, S.46).

Infolgedessen ist Zeit derjenigen, die die Region nach ökonomischen Prinzipien von Rentabilitäts- und Produktivitätskalkulationen »in Wert zu setzen« versuchen, und Zeit der Bewohner, die in über Jahrhunderte tradierter Weise produzieren und konsumieren und ihren Lebensprozeß nach regional spezifischen Rhythmen organisieren, nicht auf einer abstrakten Stunden- oder Minutenskala, gar in Sekunden oder Nanosekunden[37], meßbar und vergleichbar. Camino hat jedenfalls aufgrund einer Untersuchung über »Zeit und Raum in andiner Subsistenzstrategie« von vier Dörfern im Distrikt von Cuyo Cuyo in Peru zeigen können, daß das Zeitverständnis der Bewohner von den landwirtschaftlichen Arbeitsperioden entscheidend geprägt ist und daher in Mikroregionen je nach Höhenlage des Dorfes innerhalb einer nicht sehr ausgedehnten Region doch sehr verschieden ist. Natürliche Phänomene, astronomische Faktoren sind die »Zeitgeber« für den Arbeits- und Lebensrhythmus, und daher auch für den gesellschaftlichen Umgang, für die jährlichen religiösen Feste, die jeweils anfallenden Arbeiten etc. »Raum und Zeit sind also im andinen Zusammenhang Variablen, die eng wechselseitig verbunden sind, in dauernder Interaktion und Artikulation...« (Camino 1982, S. 32). Townsend (1985) weist auf die Widersprüche zwischen »seasonality«, z.B. bei Ernteperioden oder klimatischen Schwankungen einerseits und den Zirkulationszeiten bei kapitalistischer Durchdringung des Raums andererseits hin. Es sind in diesem Fall »Zeitgeber« am Werk, die den tradierten Lebensrhythmus verändern. Auch »counterseasonal strategies«, die die Bevölkerung entwickelt hat, um mit saisonalen Stress-Situationen fertig zu werden, müssen sich verändern: zum Teil werden sie verunmöglicht (z.B. saisonale Migrationen), zum Teil entstehen neue (z.B. Kreditaufnahme, durch die aber Abhängigkeit erzeugt wird).

Die Artikulation von verschiedenen Produktionsweisen kann also auch als Nebeneinander von verschiedenen Zeitgebern in gesellschaftlicher Arbeit und im gesellschaftlichen Leben interpretiert werden. Jede Region hat ihre eigene Zeit, bestimmt durch den sozialen Rhythmus von Arbeit und Leben, dessen materielle Dimension durch Klima, Höhenlage, Relief, Bodenbeschaffenheit des Raums weitgehend umschrieben wird. Demgegenüber wird mit der Inwertsetzung der Region ein Zeitregime eingeführt, das von den *Zirkulationsrhythmen* des Kapitals auf dem Weltmarkt geprägt ist. Dieses ist gegenüber klimatischen Gegebenheiten, Wachstumsrhythmen der Nutzpflanzen etc. rücksichtslos und kann daher den »*seasonal stress*«, der sowieso gegeben ist, noch verschärfen: Die Erntezyklen können beispielsweise mit den Tilgungsfristen von aufgenommenen Krediten kollidieren. Die Notwendigkeit, fixes Kapital möglichst voll auszulasten, um die Stückkosten zu senken, durchbricht den Tagesrhythmus der Menschen (Nachtschichten) und erzeugt den Gegensatz zwischen Betriebszeit und sozialer bzw. individueller Zeit. Klimatische Problemperioden, zum Beispiel in der Regenzeit, werden so weitgehend wie möglich ignoriert; trotz schlechtester Bedingungen wird der Transport aufrechterhalten.

Ignacy Sachs hebt hervor, daß es kulturübergreifend vier Zeitmodi gibt: (1) die bezahlte (*formelle*) Arbeitszeit, (2) »*ökonomische Zeit*« für Arbeit, deren Resultat aber nicht für den formellen Markt bestimmt ist (*informelle Arbeit*), (3) Zeit für *kulturelle Aktivitäten* und die Aufrechterhaltung und Gestaltung sozialer Beziehungen, (4) *Zeit für Erholung* einschließlich der Schlafenszeit (Sachs 1983, 46ff). Die Aufteilung der Lebenszeit auf die vier Modi freilich ist kulturell sehr unterschiedlich. Das abstrakte Prinzip der Inwertsetzung verlangt aber eine Angleichung der unterschiedlichen Zeitregime, insbesondere fordert es eindeutig die quantitative Ausdehnung und qualitative Vorherrschaft der *formellen* Arbeitszeit gegenüber den anderen Zeitmodi. Das industrielle Proletariat Europas hat diese Erfahrung im Prozeß der kapitalistischen Industrialisierung machen müssen, als nicht nur der Arbeitstag extensiv immer weiter ausgedehnt und dadurch alle anderen Zeitmodi rücksichtslos bis zum Krankmachen zusammengepreßt wurden, sondern die formelle Arbeitszeit obendrein intensiver genutzt wurde, indem alle »Poren des Arbeitstages« (Marx) noch mit (formeller) Arbeit gefüllt worden sind. Es hat eine lange Epoche gebraucht, um die Arbeiter an dieses Zeitprinzip (»time is money«) anzupassen; und wenn es um die »Inwertsetzung« einer bislang dem Prinzip der Verwertung noch nicht unterworfenen Region geht, dann steht dieser Anpassungsprozeß ebenfalls an, wenn auch ohne Zweifel in historisch anderer Form als in Europa.

Zeit wird also zum Gegenstand der sozialen Auseinandersetzung: Die Aufteilung der physischen historischen Zeit (T), in deren vom Bewußtsein wahrgenommenen und verarbeiteten Verlauf irreversible Prozesse ablaufen, auf die verschiedenen sozialen Zeitmodi und dann die Nutzung der einzelnen Zeitmodi durch und für wen, zu welchen Kosten. Dabei ist der Übergang wichtig von der Auseinandersetzung um verschiedene

Zeitregime, die miteinander konfligieren – zwischen Zeitregime des Kapitals mit seiner fabrikmäßigen Disziplin und Routine und Zeitregime der kulturell traditionellen Arbeiter, deren Zeitgeber zu Beginn der Industrialisierung aus nicht-kapitalistischen Verhältnissen stammen, – zur Auseinandersetzung um die Quantität der Zeit, in der für das Kapital formell gearbeitet wird. Das Kapital hat ja mit der wissenschaftlichen Arbeitsorganisation, und mit den verschiedenen Systemen der Zeitmessung (MTM, Work Factor) versucht, sich möglichst viel Zeit und Leistung in der Zeit anzueignen, während die Arbeiter und ihre Organisationen auf Arbeitszeitverkürzung – in den unterschiedlichsten Formen drängen. Grundlage für diese Auseinandersetzung ist allerdings die Akzeptanz eines spezifischen kapitalistischen »formellen« Zeitregimes; im ersten Kapitel wurde gezeigt, daß Taylor gerade dies als Voraussetzung seiner Zeitstudien und daraus abgeleiteten wissenschaftlichen Arbeitsorganisation erkannt hatte. Mit der Inwertsetzung einer Region in einer spezifischen historischen Periode wird auch das je spezifische, wenn auch immer noch kulturell gebrochen vorherrschende Zeitregime übernommen. Auch der »Fordismus« hat ja sein besonderes Zeitregime, das freilich keineswegs widerspruchsfrei ist. Dies ist nicht nur bei den Konflikten um Arbeitszeitverkürzung evident, sondern auch beim Gegensatz zwischen Arbeitszeit und Konsumzeit. Wenn nämlich Massennachfrage Bedingung für das Funktionieren fordistischer Industrialisierung ist, dann müßte gerade die Konsumzeit ausgedehnt werden – zu Lasten der formellen Arbeitszeit.

Dies ergibt sich schon aus der technologischen Entwicklung; Inwertsetzung einer Region bedient sich in der Regel der modernsten Technologien und reduziert damit die Schaffung *formeller* Arbeitsplätze und damit auch den Zeitmodus bezahlter formeller Arbeitszeit auf ein Mindestmaß. Im ersten Kapitel wurde dies als eine Grenze der »nachholenden Industrialisierung« identifiziert. Gerade dies ist an den großen Projekten in Amazonien kritisiert worden: die Kapitalintensität ist außerordentlich hoch, die beschäftigungspolitische Relevanz für die Region vergleichsweise gering (IBASE 1982; Flavio Pinto 1984; Cota 1984). Zum Problem wird dabei die Tatsache, daß die Reichweite der großen Projekte für die Arbeits- und Lebensbedingungen sehr groß ist, daß aber nur in der Phase ihrer Konstruktion massenhafte Beschäftigungsmöglichkeiten mit *formellem* Zeitregime erzeugt werden. Danach muß Zeit für (informelle) ökonomische Aktivitäten zur Sicherung der Subsistenz aufgewendet werden; der formelle Sektor mit den Projekten offeriert jedenfalls nicht genügend Arbeitsplätze. Dadurch ergeben sich Zeitmodalitäten, die weder einer durchkapitalisierten, industriellen Gesellschaft noch einer traditionellen Gesellschaft entsprechen[38].

Also kommen hier zwei Momente ins Spiel: auf der einen Seite das jeweilige historische Zeitregime in den Weltmarktzentren, von denen die Inwertsetzungsstrategie ihren Ausgang nimmt; Morães/da Costa (1984, S. 170) sprechen von »technologischer Zeit« oder »Zeit des Kapitals«, durch die das Verhältnis von Raum und Zeit »umgestürzt« werde. Die Kapitalzirkulation verlangt eine hohe Beschleunigung, für deren Realisierung viel technische und soziale Intelligenz aufgebracht worden ist und wird: Kommunikations- und Transporttechnologien etc. Im Prozeß der Kapitalzirkulation vollzieht sich tendenziell eine Loslösung vom Raum durch Reduzierung der Zirkulationsakte auf den Zeitraum von möglichst nahe Null. Auf der anderen Seite aber bleibt die spezifische Artikulation von Zeitmodi (Verhältnis zwischen formeller und informeller Arbeitszeit, Zeit für soziale Beziehungen, Erholung), die eine Region lange Zeit prägen kann; denn deren Veränderung ist mit Opfern und Kosten verbunden, die nicht schnell und leichthin zu entrichten sind. Das Zeitregime hat ein *inertiales Moment*[39]. Dies ist denn auch die Rationalität des Arguments von Fernand Braudel, die *strukturelle Trägheit des Alltagslebens* für die historischen Zyklen der »longue durée« verantwortlich zu machen (Braudel 1986).

Wenn in der gleichen Region ganz unterschiedliche Raum- und Zeitregime aufeinandertreffen, dann weil verschiedene Produktionsweisen innerhalb der gleichen Gesellschaft nebeneinander existieren, sich aufeinander beziehen und spezifische Artikulationsmuster bilden. Diese setzen sich zusammen aus Zügen einer weltmarktorientierten, modernen Gesellschaft mit einem Zeitregime und einem räumlichen Koordinatensystem, die dem Prinzip der Kapitalverwertung subsumiert sind; aus Zügen traditioneller Arbeits- und Lebensformen, die nur wenig von den inwertgesetzten Sektoren tangiert sind, und schließlich durch vielfältige Mischformen von räumlichen und zeitlichen Strukturen der individuellen und gesellschaftlichen Reproduktion. Die Vielfalt hängt ab von der beschäftigungspolitischen Potenz der großen Projekte und ihrer räumlichen (Ausdehnung) und zeitlichen (Dauer) Reichweite einerseits und der Betroffenheit (Form der Integration als formelle Lohnarbeiter, informell Beschäftigte, Marginalisierte) der regionalen Bewohner und Immigranten in die Region andererseits. Die darin enthaltenen Konflikte werden uns unten noch beschäftigen, Konflikte an den Grenzlinien zwischen modernem und traditionellem Sektor (mit dem entsprechenden Zeitregime und Raumverständnis), zwischen Stadt und Land, zwischen Lohnarbeit und Kapital.

5.4. Offenheit und Entwicklung der Region

Durch die Inwertsetzung Amazoniens wird die Region gegenüber dem nationalen Zentrum und dem Weltmarkt »geöffnet«, ihre Reproduktionsbedingungen sind also sowohl durch regional interne als auch durch regional externe (politische, ökonomische, soziale, ökologische) Verhältnisse bestimmt. Dieses Problem ist bereits mehrfach unter dem Gesichtspunkt der Verantwortung exogener und endogener Faktoren für regionale Entwicklung bzw. Inwertsetzung bzw. als die *Artikulation von Funktionsräumen* diskutiert worden. Die Einverleibung in den Weltmarkt, die damit verbundene Übertragung der Verwertungslogik auf das Koordinatensystem von Raum und Zeit der regionalen Entwicklung bewirken im quantitativen Sinne eine Veränderung (Steigerung oder Verringerung) der Größen, an denen Entwicklung gewöhnlich gemessen wird (Sozialprodukt pro Kopf; Energieverbrauch; Beschäftigung im formellen Sektor etc), treiben aber auch neue Formen des Arbeits- und Lebensprozesses heraus. Diese Veränderungen vollziehen sich notwendigerweise bei »Offenheit« von Systemen, deren Strukturen (interne Beziehungen) zunächst aus einem angenommenen Gleichgewicht in ein aktuelles Ungleichgewicht gebracht werden. Im Unterschied zur *sozialen* Zeit, die im vorangegangenen Abschnitt diskutiert wurde, haben die Prozesse, die ein Gleichgewicht stören, ein Ungleichgewicht erzeugen und zu einem neuen Gleichgewicht streben, eine *physikalische* Modalität von Zeit. Diese ist freilich, wie Georgescu-Roegen (1971, S. 132f) hervorhebt, nicht als Vektor jenseits menschlicher Wahrnehmung zu verstehen. Denn die Unterscheidung zwischen dem früher und später kann nur das menschliche Bewußtsein vollziehen.

In der Zeit spielen sich *irreversible* Prozesse ab; dies ist nur eine andere Formulierung des schon diskutierten Entropiegesetzes. Richtung und Dynamik werden sowohl durch die äußeren Einflüsse (Preisentwicklung von Weltmarktprodukten; technologische Tendenzen, Höhe der Zinsen, politische Regulierungen etc.) bestimmt als auch von der internen Kapazität der Region zur Verarbeitung äußerer Impulse in Ökonomie, Gesellschaft, politischem System und hängen nicht zuletzt von der natürlichen Um- bzw. Mitwelt ab, d.h. von der endogenen Reaktionsfähigkeit auf Ungleichgewichtsprozesse, um tendenziell eine neue Gleichgewichtslage zu finden. Offenheit der Region und damit Einflüsse von außen und von ihnen generierte Ungleichgewichtsprozesse sind eine notwendige Bedingung für Entwicklung innerhalb eines größeren Raumes (brasilianische Nation oder »kapitalistisches Weltsystem«). So wird auch den irreversiblen Prozessen eine gestaltbare Richtung gegeben, da sich Entwicklung immer an dem Vergleich zweier zeitlich verschiedener

Zustände bemißt. Da es sich hierbei aber um Prozesse in historischer Zeit handelt, sind Prognosen anders als in der dynamischen Zeit (Vgl. die Ausführungen im 3. Kapitel) nur mit Einschränkungen möglich. Die äußeren Impulse können so heftig im quantitativen Sinne oder so wenig kompatibel mit den regionalen Reproduktionsbedingungen im qualitativen Sinne sein, daß das ökonomische, soziale, politische und insbesondere das ökologische Gleichgewicht nachhaltig gestört werden. Die internen Potenzen zur Wiederherstellung eines neuen Gleichgewichts unter Verarbeitung der äußeren Impulse können in diesem Fall zu Verhältnissen führen, die soziale Desartikulation, ökologische Degradation, ökonomische Krise und politische Subalternität für einen längeren Zeitraum zur Folge haben. Gerade dies wird von vielen angesichts der forcierten Weltmarktintegration der Region Amazonien befürchtet.

Die Irreversibilität der Prozesse von Stoff- und Energietransformation stellt sich jeweils als Resultat des in der Vergangenheit Geschehenen dar. Der Baum, der gefällt wurde, ist irreversibel gefällt und kann allenfalls durch einen anderen Baum ersetzt werden, der aber erst gepflanzt werden und dann eine lange Zeit wachsen muß. Prinzipiell natürlich kann das (irreversibel) Geschehene eine Verschlechterung oder Verbesserung der ökonomischen, sozialen, ökologischen und politischen Situation für die Menschen in der Region bedeuten. Die Irreversibilität bezieht sich immer auf das Geschehene, das Vergangene; in der Gegenwart kann die geschaffene Situation freilich durch menschliche Aktion gestaltet und dadurch das in der Zukunft Mögliche unter Berücksichtigung des Perfektischen realisiert werden. Darauf bezieht sich ja der in allen ökologischen Diskursen anzutreffende Begriff der Konservation, der Bewahrung: trotz Irreversibilität der durch menschliches Handeln vollzogenen Transformationen natürlicher Ressourcen, sollen sie konserviert, bewahrt werden. Offensichtlich kann der hier eingeschlossene Widerspruch nur gelöst werden, indem Vergangenheit, Gegenwart und Zukunft voneinander unterschieden und dann miteinander verknüpft werden: »Die Zukunft, das ist das 'noch nicht', die Vergangenheit, das ist das 'beständig'. Erstmaligkeit kann es nur geben, wenn zwischen ›noch nicht‹ und ›beständig‹ ein Umschlag stattfindet. Diesen Ort des sich vollziehenden Umschlages nennen wir Gegenwart. Erstmaligkeit und Beständigkeit werden daher vermittelt über eine Zeitstruktur, welche die drei ›Modi‹ Zukunft, Gegenwart und Vergangenheit kennt. Die Zukunft, das ist das Mögliche. Die Vergangenheit, das ist das Faktische; denn als Faktum bezeichnen wir das, was wegen seiner Beständigkeit durch die Zeit unverrückbar ist und also nicht mehr geändert werden kann. Dazwischen liegt die Gegenwart, der Umschlagplatz, das Wirkliche. So fächert sich die Zeit auf in die drei 'Modalitäten':

192

'möglich', 'wirklich', 'faktisch', und diese drei Modalitäten sind den drei Zeitmodi 'Zukunft', 'Gegenwart' und 'Vergangenheit' eindeutig zugeordnet« (Klaus Müller 1974, S. 315). Die Zuordnung von Momenten in der Zeitlichkeit von Entwicklungsprozessen bedeutet allerdings weder eine kausale Verbindung zweier Ereignisse, die sich durch zeitliche Nachlagerung unterscheiden, noch die prognostische Ableitung des »nachher« aus dem »vorher«.

Irreversibilität in der Zeit hat also eine bestimmte Struktur und kann keineswegs als Einbahnstraße einer objektiven Entwicklung gedeutet werden. Nur im Hinblick auf das Faktische (das »Perfektische«, sagt Ernst von Weizsäcker 1974) der Vergangenheit ist Irreversibilität im strengen Sinne definierbar. Begreifen wir aber Irreversibilität im Kontext der drei Zeitmodi Vergangenheit, Gegenwart und Zukunft, dann ist die Entwicklung für Erfahrung und Vorstellung[40] offen und demzufolge sind auch Optionen möglich, die auf der Grundlage des bereits Faktischen den Spielraum der Gestaltbarkeit im Entwicklungsprozeß öffnen. Also ist Irreversibilität im strengen Sinne nur dann gegeben, wenn in der Gegenwart die in der Vergangenheit erzeugten Fakten nicht mehr verändert, sondern nur noch »bestätigt« (Ernst von Weizsäcker 1974, S. 9ff und S. 82ff) werden können. Dies ist ganz sicher der Fall, wenn nicht erneuerbare Ressourcen der Region entzogen (exportiert oder aber in der Region selbst verbraucht bzw. zerstört) werden. Das Ding, das verbraucht worden ist, existiert in der Form vor seinem Verbrauch nicht mehr; es ist faktisch verschwunden und es ist in diesem Prozeß eine neue Situation geschaffen worden; der alte status quo ante kann folglich nicht konserviert werden. Insofern hat Immler(1985a) Recht, wenn er hervorhebt, daß letztlich durch jede Arbeitshandlung ihre eigenen Voraussetzungen verändert werden. Die für die Entwicklungspotentiale und die tatsächliche Entwicklung bedeutende Frage ist ausschließlich, ob diese »neue Situation« in bezug auf die Lebensbedingungen der Menschen – die Argumentation braucht Kriterien und diese sind eindeutig *anthropozentrisch* – degradiert oder progediert ist, ob sie also das »Projekt Zukunft« offen hält oder nicht – und nicht zuletzt, ob bei der aktiven Verknüpfung von Vergangenheit, Gegenwart und Zukunft dem »Prinzip Verantwortung« (Jonas 1986) Rechnung getragen wird.

Diese Überlegung kann auch in anderen Kategorien vorgetragen werden. Nur wenn eine Region offen ist, können überhaupt Entwicklungsanstöße (wobei natürlich zu berücksichtigen ist, woher sie kommen und von wem sie ausgehen) wirken und als solche Entwicklung in Gang setzen. Als ökologisches System ist Amazonien bekanntlich offen; es bedarf der Nährstoffzufuhr durch das Flußsystem aus den andinen Ablagerungen und es bedarf des Sonnenlichts, um sich reproduzieren können

(Vgl. die Darstellung des Ökokreislaufs bei Sioli 1983). Die in so manchen ökologischen Schriften verbreitete Vorstellung von sich homöostatisch selbst regulierenden geschlossenen Kreisläufen ist demgegenüber naiv. Durch Anstöße von außen werden aber notwendigerweise Ungleichgewichtsprozesse in der Region erzeugt. Zwar gilt: »Gleichgewichtsprozesse sind notwendig zur Aufrechterhaltung der Systemidentität.« (Kühne 1982, S. 72) Aber das Ungleichgewicht, herbeigeführt durch äußere Impulse, ist notwendig für die Ingangsetzung einer ökologischen, aber auch sozialen, ökonomischen und politischen Dynamik. Die Frage ist nur, ob die externen Anstöße in Verbindung mit den internen Verarbeitungsprozessen unter Berücksichtigung der Irreversibilitäten zu einem neuen Gleichgewicht streben, das die Lebensbedingungen der Menschen (zu deren Lebensbedingungen zählt auch das Leben ihrer *Mitwelt*) nicht nur nicht gefährdet, sondern verbessert. Eine Antwort auf diese Frage ist zu finden durch eine konkrete Analyse der äußeren, durch Weltmarkt und Nationalstaat transportierten Impulse und der inneren, regionalen Prozesse zur Herstellung eines neuen Gleichgewichts bei der Strategie der Inwertsetzung. Diese enthält Risiken, kann sich unter bestimmten Umständen auch in Außerwertsetzung verkehren.

Um diese Möglichkeit aber einschätzen zu können, müssen die allgemeinen Überlegungen über Offenheit und Entwicklung einer Region ausgeweitet werden: es geht darum, die Tendenzen des ökonomischen Funktionsraums Weltmarkt in ihrer Bedeutung für Nation und Region zu analysieren. Welches ist die Entwicklungsdynamik des Weltmarkts, die in der Region präsent ist und scheinbar von außen die Richtung betimmt, in die Inwertsetzung und Verwertung reisen?

DRITTER TEIL
FORM UND WIDERSPRÜCHE
DES GLOBALEN
AKKUMULATIONSMODELLS

Sechstes Kapitel
Der lange Weltmarktzyklus zwischen den Krisen der 30er und der 80er Jahre

*In the United States, with business investment falling, the foreign money
is mainly supporting consumption and an unearned standard of living –
which is very pleasant, as long as the foreign lenders keep lending
International Herald Tribune, 1.8.1986*

In den 20er und 30er Jahren bildet sich historisch ein neuer Regulierungstyp heraus, dessen Charakteristika im ersten Kapitel, freilich insbesondere unter dem Blickwinkel der jeweils *nationalgesellschaftlichen* Reproduktionsverhältnisse, umrissen worden sind. Auch ist dargestellt worden, welche Restriktionen für »nachholende Industrialisierung« durch die Integration von Nationen und Regionen in der »Dritten Welt« in den Weltmarkt ausgehen. Die Konsequenzen, die sich unter diesen Bedingungen für Strategien und Prozesse der Inwertsetzung ergeben, waren Thema der beiden vorangegangenen Kapitel. Nun müssen wir der im zweiten Kapitel bereits aufgeworfenen Frage nachgehen, wie sich die Strukturen des Weltmarkts in der historischen Epoche, die durch das »fordistische« Akkumulationsmodell gekennzeichnet ist, entfaltet haben; denn offensichtlich entspricht einer spezifischen Form nationalstaatlicher Regulation auch eine bestimmte Form des internationalen Regimes von realer und monetärer Akkumulation, also eine bestimmte Ausgestaltung der *politischen* Organisation und *ökonomischen* Reproduktion des Funktionsraums Weltmarkt.

Die Zeit seit etwa den 30er Jahren dieses Jahrhunderts kann als ein »langer Zyklus« mit zunächst aufsteigender Phase angesehen werden, die durch eine seit Mitte der 70er Jahre andauernde Stagnationsperiode abgelöst wird. Die Bezeichnung »langer Zyklus« ist tatsächlich nicht unproblematisch, könnte sie doch suggerieren, als ob es so etwas wie eine endogene Mechanik gäbe, die die Zyklizität in der Form von *langen Wellen* der Entwicklung (langfristige Schwankungen der Wachstumsraten des Sozialprodukts und der Investitionen, periodische Bündelung von technischen Innovationen oder Schwankungen der langen Zeitreihen von Preisen, wie Kondratieff sie feststellte) erzeugen würde. Tatsächlich hat sich die kapitalistische Entwicklung immer diskontinuierlich vollzogen; lange Aufschwungsphasen gingen in Stagnations- und Krisenperioden über. Kleinknecht (1987) zeigt, wohl belegt durch Resultate empirischer Tests, daß es eine Regelmäßigkeit der langen Schwankungen zumindest seit dem Ende des 19. Jahrhunderts gebe, die der Bündelung von Innovationen zu verdanken sind. Diese wiederum ergibt sich als Konsequenz der zyklischen Bewegung der Profitabilität des Kapitals und der Kapazitätsauslastung. Der Frage kann hier nicht nachgegangen werden, ob es eine »Gesetzmäßigkeit« langer Wellen in der kapitalistischen Produktionsweise gibt oder ob es nicht historische Tendenzen sind, die die (endogene) Dynamik einer je besonderen historischen Entwicklungsstufe der kapitalistischen (Welt)gesellschaft bestimmen (Vgl. dazu die Ausführungen in Altvater 1982, S. 211ff; Lutz 1984, S. 44ff). Entscheidend dabei ist jedenfalls, wie bereits im ersten Kapitel gezeigt worden ist, daß sich in den strukturellen oder großen Krisen am Ende eines langen Zyklus neue *Formen* herausbilden, in denen Akkumulation und gesellschaftliche Reproduktion in der darauffolgenden Periode reguliert werden. In »kleinen« konjunkturellen Krisen werden lediglich Anpassungen *innerhalb* der jeweiligen historischen Formen der Kapitalakkumulation (Akkumulationsmodell; Regulierungstyp) vollzogen. Doch erschöpft sich die Spannkraft der ökonomischen und politischen Dynamik über Jahrzehnte der Entwicklung, so daß im Verlauf einer »allgemeinen« Krise (allgemein unter dem Kriterium ihrer zeitlichen Dauer und im Sinne ihrer räumlichen Reichweite: alle nationalen Gesellschaften sind weltmarktvermittelt in ihren »Mahlstrom« gezogen) die gesellschaftlichen Formen von Akkumulation, Regulation und Hegemonie verändert werden. Die große, strukturelle Krise provoziert also den gesellschaftlichen Formwandel, und der Prozeß der *Trans-Formation* ist jeweils besonders radikal in den »großen Krisen« am Ende langer Wachstumszyklen. Dies läßt sich sowohl für die große Krise der 30er Jahre, als das Regime der pax britannica durch die pax americana abgelöst worden ist, zeigen wie bei einer Analyse der großen Krise der 80er Jahre. Da die Formen der Akkumulation, Regulation und Hegemonie wesentlich durch Institutionen und Medien bestimmt sind (Vgl. die Ausführungen im 2. Kapitel), ist der Prozeß der Transformation in der großen Krise vor allem Krise und Restrukturierungsprozeß von Institutionen und Medien der nationalen und globalen Regulation. Im Folgenden wird es vor allem um die Herausbildung und Krise des Regimes (das ist das Ensemble von Institutionen und Medien) monetärer Steuerung gehen.

6.1. Die Entstehung der »pax americana« in den 30er Jahren

Die Zeit nach dem zweiten Weltkrieg wird in der Regel als die »Epoche der pax americana« bezeichnet. Der Begriff bezeichnet ein Programm und einen neuen Akt in dem langen Drama der Entwicklung des kapitalistischen Weltsystems: nach der »pax britannica«[1], die so blutig das koloniale Empire in Fasson gehalten hat, die »pax americana«, von deren Gratifikationen einige Länder und Gesellschaftsklassen ein Lied singen können, unter deren Knute ganze Völker haben schmachten und leiden müssen[2]. Im wissenschaftlichen Jargon, der sich – hörig der Mönchsregel von der Wertfreiheit der Wissenschaft – um Freud und Leid von lebendigen Menschen wenig kümmert, ist die »pax« Resultat eines Prozesses der hegemonialen Regulierung durch politische Interventionen in den (weltgesellschaftlichen) Reproduktionsprozeß. Genauer: die pax bezeichnet ein Ensemble von günstigen ökonomischen Bedingungen der Akkumulation, von wirksamer gesellschaftlicher Regulierung und von politischen Interventionen, die das Hegemonialsystem der pax americana erhalten. Die »pax«, so blutig sie sich darstellt, ist die Resultante von *Institutionenbildung*, die auf globaler Ebene mit spezifischen Medien ihre systemisch erforderlichen Funktionen erfüllen.

Die Geschichte der »*pax-amerikanischen Phase*« des kapitalistischen Weltsystems der vergangenen fast 50 Jahre läßt sich als eine Geschichte von Akkumulationsbedingungen, politischen Institutionen und regulierenden Medien, dabei insbesondere als Geschichte des *Regimes des Weltgeldes Dollar*, schreiben. Dabei kann gezeigt werden, daß das schon angedeutete und von Modelski (1983) – und weniger pointiert von Thompson (1983) – schematisierte Modell eines »Hegemoniezyklus« irgendwie auch nach dem zweiten Weltkrieg angewendet werden kann (Vgl. die Ausführungen im 2. Kapitel): das Ende der »pax« ist nach dieser Hypothese mit zyklischer Notwendigkeit der bellum (ohne Anführungszeichen). Seien wir allerdings vorsichtig bei der Übertragung dieses historischen Schematismus auf die Zeit nach dem zweiten Weltkrieg: Zwar *erodieren* ohne Zweifel die Mittel hegemonialer Machtausübung, zwar ist eine Phase gesteigerter Konflikte[3] eingetreten, ohne aber in einen akuten Krieg um die Hegemonie auszubrechen[4]

Nehmen wir die Hegemoniezyklus-These nicht für bare Münze, sondern als ein heuristisches Modell, das geeignet ist, die Bewegung von ökonomischer Reproduktion und politischer Organisation in der Weltwirtschaft zu berücksichtigen. Wenn die Rede vom »Hegemoniezyklus« überhaupt Sinn machen soll, dann als Aussage über gewisse langfristige Entwicklungstendenzen in der Weltgesellschaft, über die Herausbildung einer *Form von Akkumulation, Regulierung und Hegemonie*, deren langfristige Entwicklung und schließlich über deren Erosion. Mit dem Begriff der *Form* soll in diesem Zusammenhang dargelegt werden, daß Entwicklung nicht einfach als Wachstumsprozeß von ökonomischen Größen (Bruttoinlandsprodukt z.b.) verstanden werden kann, sondern als ein *Wandel von Formen*, in denen sich ökonomische Akkumulation und gesellschaftliche Entwicklung vollziehen. Natürlich geschieht immer beides: die *quantitative Entwicklung* bestimmter Größen und die *qualitative Veränderung* von sozialen Formen, in denen diese Entwicklung stattfindet. Dies ergibt sich bereits aus den Ausführungen, die zum Zeitbegriff und zur Irreversibilität gemacht worden sind: jede ökonomische Handlung zeitigt mehr oder weniger große Veränderungen in der Umwelt und mit den veränderten Raumstrukturen auch Wandlungen der gesellschaftlichen Formen, in denen sich der Reproduktionsprozeß vollzieht.

Wenn die Entwicklung des kapitalistischen Weltsystems der vergangenen etwa 50 Jahre und dessen Krisentendenzen heute erfaßt werden sollen, müssen einige Fragen beantwortet werden. *Erstens*: Wie konnte sich die spezifische Form des Weltmarkts herausbilden und wie ist sie zu charakterisieren? Was ist also ihre »Formspezifik«? Dann geht es *zweitens* darum: Welches ist die Entwicklungsdynamik der ökonomischen, gesellschaftlichen, politischen Prozesse in dieser Form? Welches sind ihre Widersprüche? Schließlich *drittens*: Wie kommt es, daß die Widersprüche so stark eklatieren, daß ihre Reduktion (die »Krisenbereinigung«) nicht mehr in der tradierten Form bzw. in der ausgebildeten Struktur von Ökonomie, Gesellschaft und Politik möglich ist? Welches sind in einer strukturellen Krise die Bereinigungsformen und welche neuen Formen der Regulation des Funktionsraums Weltmarkt schälen sich wie heraus?

6.1.1. Vom Weltgeld Pfund Sterling zum Weltgeld Dollar

Der erste Weltkrieg leitete bereits das Ende der »pax britannica«, das heißt des weltgesellschaftlichen Hegemonialsystems unter britischer Kontrolle, ein. Zwar gehörte Großbritannien militärisch zu den Siegermächten, finanziell war das Land aber geschwächt: Aus der Gläubigerposition der goldenen Zeiten des britischen Imperialismus war England in die Lage des Schuldners geraten. Nach Kriegsende waren bereits mehr als die Hälfte der Weltgoldbestände in den USA konzentriert. Die Versuche, das Pfund Sterling noch einmal nach dem Krieg als Weltgeld mit Leben zu erfüllen, mußten daher scheitern. Und dennoch wurden sie unternommen, so als ob die gute alte Zeit der Goldwährung vor dem Krieg noch einmal zurückgerufen werden könnte. Auf der Währungskonferenz von Genua 1922 wurde der Golddevisenstandard, bereits ein Verschnitt der Goldwährung, institutionalisiert, d.h. ein Währungssystem, in dem neben dem Gold auch »die Devisenbestände in Schlüssel-währungen (Dollar, Pfund Sterling) als Grundlage der Konvertibilität dienten (um der Goldknappheit entgegenzuwirken)« (Ziebura 1984, S. 38). Drei Jahre später (1925) stellte Großbritannien – so als ob zwischen-zeitlich nicht ein Weltkrieg stattgefunden hätte und die Gewichte in der Weltwirtschaft nicht verschoben worden wären – die Vorkriegsparität seiner Währung zum Gold her. Die Absicht war eindeutig und offen: London sollte als Finanzzentrum der Welt in der Nachkriegszeit wieder gestärkt werden: »Die Rückkehr zur Goldparität in England ist das eigentliche Symbol dafür, mit welcher Ahnungslosigkeit . . . darangegan-gen wurde, nach den Vorkriegsplänen an einer Weltwirtschaft weiter-bauen zu wollen, deren Fundamente in den Tiefen durch die Kriegsjahre ausgehöhlt worden waren. Aber auch die Auswirkungen dieses Fehlers konnten jahrelang hinausgeschoben werden« (Polanyi 1979, S. 69)[5].

Die interne ökonomische Schwäche Großbritanniens, die durch die Hegemonialpolitik auf weltwirtschaftlichem Parkett noch größer wurde (wie Keynes gegen Churchill warnte), und dann die große Krise nach 1929 ließen es nicht zu, daß das Pfund als Weltgeld und London als Finanzzentrum noch einmal die Bedeutung hätten wiedererlangen kön-nen, die sie vor dem ersten Weltkrieg gehabt hatten. Die einseitige Verteilung der Währungsreserven ebenso wie die einseitigen Gläubiger-Schuldnerbeziehungen, z.T. als Folge des Krieges (deutsche Reparatio-nen), z.T. wegen der strukturellen Veränderungen im Innern der Gesell-schaften (auf die Polanyi 1979, S.65ff hinweist und die wir im ersten Kapitel als die Entstehung des fordistischen Akkumulationsmodells dis-kutiert haben) und in den Weltfinanzbeziehungen, erzeugten solche Spannungen, daß die das System zusammenhaltenden Bänder auseinan-derreißen mußten. Allein die USA und Frankreich hielten zu Beginn der großen Krise Mitte 1929 58% der Weltwährungsreserven (Polanyi 1979, S. 79f) – in RM bewertet hüteten die USA 1930 Goldbestände in der Größenordnung von 17,8 Mrd RM, während die Weltgoldbestände ins-gesamt eine Höhe von 47,6 Mrd RM erreichten (Statistisches Jahrbuch für das Deutsche Reich 1934 – nach Kroll 1958, S. 72). Deutschland und vor allem England demgegenüber waren »in Währungsschwierigkeiten geraten, weil sie für ihre Zahlungsbilanz zu geringen Goldbesitz hatten« (Somary 1932, S. 49). Schiemann (1980, S. 91) führt aus, daß 98% der deutschen Reparationszahlungen an die europäischen Alliierten gingen, und nur 2% an die USA. Doch die Alliierten führten ihrerseits 66% der deutschen Reparationen an die USA ab, weil sie ihnen gegenüber ver-schuldet waren. Die Reparationszahlungen Deutschlands im Zeitraum 1924/33 betrugen insgesamt 11,452 Mrd RM. Doch standen diesen Zah-lungen im gleichen Zeitraum Kapitalimporte in der Höhe von 13,585

Mrd RM gegenüber. Davon entfielen 40% auf Anleger aus den USA. Es ist überdeutlich: die USA bauten sich in den 20er Jahren als »Supergläubiger« (Polanyi 1979) auf.

Zuvor freilich bewirkt das nach dem Krieg neu entstehende Kreditsystem[6] eine Steigerung der »Elastizität« weltwirtschaftlicher Verhältnisse; die USA bauen ihre schon vor dem Ersten Weltkrieg erreichte führende Position als Industriemacht nach dem Krieg aus: Vor der Krise von 1929 halten die USA einen Anteil von 42% der Weltproduktion in der verarbeitenden Industrie (League of Nations 1945, S. 13). Auf diesem sicheren Fundament des größten und modernsten Produktionsapparats in der Welt geschieht zweierlei: *Erstens* werden die USA zu dem Vorbild der tayloristischen und fordistischen Rationalisierung, die in anderen Nationen nachzuahmen versucht wird und *zweitens* entwickeln sie sich zu einer internationalen Gläubigernation, deren Kredite nach Europa, aber auch an die Länder Lateinamerikas fließen. Die Kreditspritzen aus den USA sind dafür verantwortlich, daß die Rationalisierungskonjunktur der USA auf Europa überspringen kann, daß also die Ansätze fordistischer Formen auch in Europa praktiziert werden, und daher die »Große Krise« nicht schon vor 1929 ausbricht. »Von jeher war das elastische Band, welches die immer labiler werdenden Gleichgewichtslagen der defizitären Volkswirtschaften zusammenhielt, die amerikanische Kredithilfe gewesen« (Polanyi 1979, S. 75). Doch trotz (und wegen) der Ausweitung des Kredits ist die Krise unvermeidlich. Durch den Kredit wird die Entwertung von Kapital hinausgeschoben, jedoch keineswegs verhindert. Zunächst fungierte der Kredit, insbesondere durch die Entwicklung innovativer Kredit- und Beteiligungsformen, als Beschleunigungsmittel der Konjunktur, die dann zusammenbrach, als sich der fiktive Charakter von Kapital im Verlauf des allgemeinen Verfalls der Wertpapierkurse herausstellte. Die Rezession brachte einen enormen Preisverfall mit sich, so daß die reale Belastung der Schuldner während der Krise um 30-40% anstieg (Varga 1969, S. 250). Ein Ausweg aus dieser Situation war nur in drei Richtungen möglich: entweder die Annullierung der Schulden durch Zahlungseinstellungen und Bankrotte oder eine inflationistische Politik, die den realen Wert des Schuldendienstes der Leistungsfähigkeit der Schuldner anpaßt oder eine staatlich regulierte Streichung von Schulden. In der Krise nach 1929, die sich mit zeitlicher Verzögerung auch in eine Kreditkrise wandelte, wurde fiktives Kreditkapital auf allen drei Wegen vernichtet. Als die »Bankrotte...solche Kommandohöhen des Finanzkapitals (erfaßten), wie die Darmstädter und Dresdner Bank, die Wiener Creditanstalt, den Kreuger-Konzern in Schweden, den Insull-Konzern in USA usw.«(Varga 1969, S. 251), wurde versucht die »regulierten« Auswege zu gehen.

Der Krach beginnt bekanntlich in den USA und sein Donnergrollen breitet sich in der gesamten Weltwirtschaft aus. Im Herbst 1931 schließlich zwingen die Goldabzüge Frankreichs Großbritannien, den Goldstandard aufzugeben. Ohne Zweifel war diese Aktion (die sich ja als Farce bei dem Goldabzug aus den USA unter der von Jaques Rueff beratenen De Gaulle-Regierung 1965 wiederholte) als *Anlaß* von Bedeutung; die *Ursache* für die Aufhebung der Pfundkonvertibilität lag freilich tiefer; die Illusionen Großbritanniens, als Hegemonialmacht in der Welt auch über seine Zeit hinaus herrschen zu können, waren endgültig zerbrochen.

Der Bankier Felix Somary, ein ausgezeichneter Beobachter der Währungs- und Kreditentwicklung in den 20er Jahren, beschreibt die Konsequenzen dieses Schrittes, mit dem Großbritannien ins zweite Glied der Weltmächte zurücktritt:»Was das bedeutete, war damals nur wenigen klar: es war ein Währungsbankrott nach mehr als drei Jahrhunderten anständigen Geldes, mitten im Frieden, und er beseitigte die internationale Stellung Londons im Warenkredit und Geldverkehr...Wie konnte sich die Welt sonst in Sturmzeiten auf Erfahrung und Mut der Bank of England verlassen. Wie kam sie gerade in jenen Augenblicken dem Markt zu Hilfe, wo die anderen Zentralbanken versagten. Nun war sie selbst das Opfer geworden. Mit ihr fiel für lange Zeit die ganze Diskontpolitik und das säkulare Instrument des Kreditverkehrs, der Wechsel verschwand, das erste Mal seit einem halben Jahrtausend, einem Zeitalter, in dem es überraschte, wenn ein Schuldner überhaupt zahlte, schien die Forderung pünktlicher Zahlung absurd. Leider begannen nun auch die Engländer die Sprache aller Schuldner zu sprechen, die nicht die Umstände, sondern das Geld, in dem sie zahlen sollten, für ihre Lage verantwortlich machten« (Somary 1959, S. 222).

Somary trauert hier vor allem dem Bankrott des Golddevisenstandards nach[7]; doch hat er präzise die Aufgaben der Bank of England als Institution im hegemonialen Zentrum des kapitalistischen Weltsystems umschrieben, Aufgaben, die nun nicht mehr erfüllt werden[8]. Mit der Aufhebung der Konvertibilität des Pfund Sterling in Gold im Jahre 1931 erodiert das wichtigste Medium globaler Hegemoniesicherung: das Weltgeld, nachdem schon zuvor die Hegemonialmacht – in der Terminologie Modelskis – »delegitimiert« worden war. Zwar bleibt auch nach diesem – wie Somary zu verstehen gibt – Jahrhundertereignis der Sterlingblock erhalten; doch der »Dollarblock«, in den außer den USA einige zentral- und südamerikanische Staaten einbezogen sind, weitet sich aus. In den 30er Jahren steigern die USA ihren ökonomischen, politischen und militärischen Einfluß in der westlichen Hemisphäre erheblich, nachdem sie in Verwirklichung der Monroe-Doktrin die Karibik schon längst als US-amerikanisches Binnenmeer definiert und mit der Politik des Kanonenboots die karibischen Inselstaaten unter Kuratel gestellt hatten (Vgl. Williams 1984). In Lateinamerika wurde Großbritannien von den USA schon vor Beginn des zweiten Weltkriegs verdrängt, da ja der Handel mit den USA für Lateinamerika viel wichtiger geworden war als derjenige mit Großbritannien (Vgl. Thorp 1984, S. 12f). Dies führte zwischen den beiden Mächten nur deshalb nicht zu harten Konflikten, weil inzwischen Deutschland den wahnsinnigen Versuch machte, gegen die alte und die aufstrebende neue Hegemonialmacht sowie gegen die sozialistische Alternative zum kapitalistischen Weltsystems einen eigenen Block unter deutschem Einfluß vor allem in Ost- und Südosteuropa mit aggressiven Expansionstendenzen zu errichten und ab 1939 die Weltherrschaft militärisch zu erobern. Daher kommt es schon 1936 zu einem dreiseitigen Währungsabkommen zwischen Frankreich, England und den USA trotz der bestehenden Gegensätze. »Doch dieses schwache Arrangement führte nicht wie beabsichtigt zur Wiederherstellung einer Weltwährungsordnung und das vorherrschende Kennzeichen der 30er Jahre blieb daher die Stagnation der Weltwirtschaft, die noch dazu in sich wechselseitig in Schach haltende Blöcke geteilt war. An dieser Block- und Bündnisbildung jedoch ist besonders zu vermerken, daß sie die Fronten der kriegführenden Parteien des Zweiten Weltkriegs sehr genau vorzeichneten« (Sweezy/Magdoff 1983, S. 7f).

Der Bruch des Hegemonialsystems der pax britannica hatte natürlich nicht nur finanzielle Auswirkungen. Die 30er Jahre sind eine Periode, in der nahezu die gesamte Struktur der Weltarbeitsteilung umgeworfen wird. An die Stelle des Multilateralismus in den wirtschaftlichen Beziehungen treten bilaterale Abkommen, verbunden mit staatlicher Devisenbewirtschaftung, protektionistischen Maßnahmen und Tendenzen in Richtung Autarkie[9]. Es gibt kaum ein Land, das in diesem Jahrzehnt nicht den Export- und Importanteil am Inlandsprodukt gewollt oder erzwungen senkt. 1935 wird nach den langen Jahren der schweren Krise wieder das Niveau der Weltindustrieproduktion von 1929 erreicht, doch der Welthandel ist um 20% geringer als vor der Krise. Die Politik der Exportorientierung und Importsubstitution wird mit dem bewährten Mittel der Währungsabwertung verfolgt. Dabei treten zwei bislang verborgene Tendenzen scharf hervor:

Erstens ist die Abwertung aller wichtigen Währungen gegenüber dem Dollar gleichbedeutend mit dessen Aufwertung. Nachdem der Dollar 1934 gegenüber dem Gold zum Preis von 35 US$ je Feinunze fixiert worden war – eine Relation, die offiziell fast vier Jahrzehnte bis 1971 gelten sollte – , waren damit bereits die Voraussetzungen dafür geschaffen, daß der US$ zum alleinigen neuen Weltgeld aufsteigen konnte; das Kondominium mit dem Pfund Sterling war vorbei. Nur die Währungen kleiner Länder mit hohen Gold- und Devisenreserven wie die Schweiz oder Holland erfahren eine Aufwertung ihrer Währung gegenüber dem Dollar; alle anderen Länder können nicht mehr mit dem Dollar mithalten – auch Großbritannien nicht, obwohl sich das Pfund Sterling nach dem Kurssturz von 1931 wieder infolge einer Exportoffensive erholt, die die Abwertung zunächst möglich gemacht hatte. Das neue Weltgeld erscheint am Horizont, noch bevor es 1944 auf der Konferenz von Bretton Woods offiziell inthronisiert wird.

6.1.2 Importsubstituierende Industrialisierung: Der Fall Brasilien

Zweitens ermöglicht paradoxerweise der Zusammenbruch des Systems der internationalen Arbeitsteilung einer Reihe von Ländern den Übergang zu einer Politik der Importe substituierenden Industrialisierung. Dies ist speziell in Lateinamerika der Fall, auch in Brasilien. Wenn die äußeren Absatzmärkte für die wichtigsten Exportprodukte eng werden und obendrein die Währung einen Kursverfall erlebt, dann bringt die Exportorientierung mit den Produkten des *vergangenen* Zyklus nichts mehr ein. Der Kaffeepreis purzelt von 22,5 cent/Pfund vor der Krise auf 8 cent/Pfund 1931[10]. In Brasilien geraten folglich der Kaffee-Sektor, der bislang der wichtigste Wirtschaftszweig des Landes gewesen ist, in eine schwere Krise und damit auch die Regionen, in denen dieser Produktionszweig konzentriert ist. Durch die Währungsabwertung steigen die Importpreise von 1928 bis 1931 um 22%, und die Exportpreise sinken im gleichen Zeitraum um 24,7% (Malan u.a. 1977).

Dies hat auch zur Folge, daß der Realwert der Schulden entsprechend ansteigt und mit ihm die reale Belastung durch den Schuldendienst. Die gesamten Exporteinnahmen gehen bedeutsam zurück (von 445,9 Mio US$ 1929 auf 180,6 Mio US$ 1932; Baer 1985 S. 16) und vermindern daher auch die Kapazität zu importieren, wie Singer (1985, S. 36) hervorhebt (die Importe sinken von 416,6 Mio US$ 1929 auf 108,1 Mio US$ 1932; Baer 1985, S. 16). Natürlich ist sofort die Frage aufgeworfen, ob diese Entwicklung nicht auch als Ausdruck für eine erfolgreiche Strategie der Importsubstitution interpretiert werden kann – wie übrigens 50 Jahre später Mitte der 80er Jahre, als Barros de Castro/Pires de Souza (1985) eine Kontroverse darüber auslösen, ob die Reduktion der brasilianischen Importe um jahresdurchschnittlich 7,3% im Zeitraum von 1980 bis 1984 *noch* Ausdruck der Verschuldungskrise oder *schon* Zeichen der binnenwirtschaftlichen Erholung sei. Es ist jedenfalls unbestritten, daß der Anteil der Importe am gesamtwirtschaftlichen Angebot von wichtigen Gütern bedeutsam reduziert wird: Im Fall von Textilien (aus

Baumwolle) sinkt der Importanteil von 15,4% im Jahre 1925 auf 1,8% im Jahre 1939. Bei Gußeisen sinkt er von 22,9% (im Jahresdurchschnitt 1925/29) auf 0,8% 1935/39. Bei Barrenstahl beträgt die Reduktion im gleichen Referenzzeitraum 24%, nämlich von 32,1% auf 8,1%. Bei Stahlblech vollzieht sich die Verminderung des Importkoeffizienten von 96,2% auf 81,5%, beim Zement sogar von 89,6% auf 10,5%. Dabei ist zu berücksichtigen, daß dieser Erfolg nicht durch eine Einschränkung des Angebots sondern durch Ausweitung der internen Produktion erreicht worden ist (Szmrecsányi 1986, S. 19f.).

In einer noch vorwiegend agrarisch strukturierten Gesellschaft wirken sich die Weltmarkteinflüsse nicht so lähmend auf die interne Produktion aus, wie es in einer hochgradig in den Weltmarkt verflochtenen und daher tief verwundbaren Ökonomie (zum Beispiel heute) der Fall ist. Denn festzuhalten ist auch, daß trotz aller Importsubstitution und Industrialisierungserfolge der primäre Sektor (und dieser ist zu 95% mit dem Agrarsektor identisch) noch 1940 67,0% der Erwerbspersonen beschäftigt (1920: 69,7%), während im sekundären Sektor 1940 14,8% der Erwerbspersonen arbeiten (1920: 13,8%)[11], wie bei Baer (1985, S. 15) nachzulesen ist. Dies macht denn auch einen wesentlichen Unterschied zwischen den Krisen der 30er Jahre und der 80er Jahre aus. In den 30er Jahren gab es für Länder der »dritten Welt« offensichtlich die Option, dem Zusammenbruch des Weltmarkts durch Entwicklungsstrategien der Ausweitung des inneren Marktes zu entgehen. Daraus erklären sich partiell die Industrialisierungserfolge vieler lateinamerikanischer Länder in jener Zeit, unter denen Argentinien eine gewisse Ausnahme darstellt. Heute dagegen sind die hoch verschuldeten Länder auf *Exporterfolge* auf externen Märkten angewiesen, um die Devisen zu verdienen, mit denen Zinsen und Tilgungen gezahlt werden können. Auf jeden Fall aber verlangt auch die Krise der 30er Jahre große strukturelle Anpassungen. Diaz Alejandro (1984, S.46) kommt zu dem Ergebnis, daß die lateinamerikanischen Länder, die schnell und hoch die Währung abwerteten, eher und mit weniger Schwierigkeiten ein neues Akkumulationsmodell im Verlauf der 30er Jahre realisieren konnten, als jene Länder, die lange Zeit versuchten, den alten Wechselkurs zu halten oder nur langsam abwerteten.

Zunächst wirken sich natürlich die Krise und die Währungsabwertung schockartig in Brasilien aus, zumal in den ersten Jahren die Politik eindeutig auf die Verteidigung des Kaffee-Sektors orientiert ist. Doch dann folgt eine schnelle Erholung. Zwar sinkt zwischen 1928 und 1931 das Volumen der Produktion um 4%, in der Industrie gar um 8% – was aber verglichen mit dem Rückgang der Konjunktur in den USA wenig ist. Nathaniel Leff (1982, S. 203) gibt folgende Vergleichswerte an:

Tab. 6.1.

Die große Depression in den USA und Brasilien 1930-1933

| | | Jährliche Veränderungen in % | | |
Jahr	USA Reales BSP	Brasilien Realer Output[1]	USA Industrieproduktion	Brasilien
1930	− 8,9	−2,1	−14,4	− 6,7
1931	− 6,0	−3,3	−15,9	+ 1,2
1932	−14,6	+4,3	−25,3	+ 1,4
1933	− 2,9	+8,9	+16,7	+11,7

[1] Der reale Output ist ein Index, der den Output von Landwirtschaft, Industrie, Handel und Dienstleitungen und öffentlichen Sektor umfaßt.
Quelle: Leff 1982, S. 203

Nach dem konjunkturellen Rückgang 1929 und 1930 steigt zunächst die Kapazitätsauslastung wieder an (Baer 1985, S. 17); die Produktion kann sich zwischen 1930 und 1937 nach dem heftigen Einschnitt gar verdoppeln. Kein Wunder, denn bei ausgelasteten Kapazitäten sinkt der Kapitalkoeffizient und somit kann die Kapitalrentabilität ansteigen, wodurch wiederum die Finanzierung der Investitionen erleichtert wird. In diesem Prozeß verändert sich die ökonomische und politische Struktur des Landes grundlegend: »Die mit den alten Exportstrukturen verbundenen Gruppen müssen in jener Zeit ihren Niedergang gesehen haben, obwohl die Regierung darauf zielte, die externen Erschütterungen abzumildern. Unternehmer in Bereichen der Importe substituierenden Landwirtschaft und Industrie müssen hübsche Profite mit ihren Erzeugnissen bei hohen Inlandspreisen und ungewöhnlich niedrigen Arbeits- und Rohstoffkosten eingeheimst haben. Unternehmer, die Überkapazitäten noch aus den 20er Jahren geerbt hatten, waren besonders glücklich, dadurch daß sie unerwartet Wertsteigerungen ihres Kapitals erzielten. Familien aus der Mittel- und Oberklasse mit Budgets, die niedrige Ansätze für Lebensmittel und hohe Anteile für importierte Konsumgüter enthielten, erlebten ungünstige relative Preisverschiebungen ... Für Bezieher niedriger Einkommen, ob auf dem Lande oder in der Stadt, ist es sehr unwahrscheinlich, daß die realen Einkommenszuwächse, die sich bei den Ausgaben für Lebensmittel bemerkbar gemacht hätten, beachtlich gewesen sein könnten ...«(Diaz Alejandro 1984, S. 45). Die alte Kaffee-Bourgeosie verliert in Brasilien durch die Revolution von Getulio Vargas 1930 ihre politische Macht und ökonomisch »wandelt sich (Brasilien) in eine Industrienation« (Singer 1985, S. 39). Die Feststellung mag übertrieben sein, unzweifelhaft ist allerdings die Beschleunigung des Industrialisierungsprozesses. Dies wird im historischen Vergleich besonders deutlich, denn Brasilien hat schon vor den

30er Jahren eine Industrialisierung durchgemacht. Die Daten von Nathaniel Leff zeigen sehr klar die außerordentliche Bedeutung der 30er Jahre für den Industrialisierungsschub:

Tab. 6.2.

Wachstumstrends von realem Output, Industrieproduktion und landwirtschaftlichem Output

Periode	Realer Output[1]	Industrie-produktion	Landwirtschaftlicher Output[1]
1900-1909	4,2	5,6	3,5
1910-1919	3,0	5,4	2,4
1920-1929	5,2	5,4	3,8
1930-1939	5,8	8,7	3,8
1940-1947	7,1	8,6	2,4
1900-1947	4,4	5,9	3,1

[1] Der Output wird als Index gebildet
Quelle: Leff 1982, S. 166

Die industrielle Entwicklung in den 30er Jahren legt also ein weit über dem langfristigen Durchschnitt liegendes Tempo vor (Vgl. die Darstellung bei Leff 1982, S. 180ff; Szmrecsányi 1986, S. 3ff.). Insbesondere die Textilindustrie, basierend auf der Baumwollproduktion des Landes, wird entwickelt (ihr Produktionswert verzehnfacht sich zwischen 1932 und 1939). Gegen Ende der Dekade werden die Erdölindustrie verstaatlicht und eine Stahlbasis errichtet. Ein brauchbarer Indikator für die Veränderungen in den 30er Jahren ist der Zement- und Roheisenverbrauch. Der Zementverbrauch sinkt in den ersten Krisenjahren von 631.000 t 1929 auf 281.000 t 1931, um bis 1940 auf 764.000t anzusteigen. Ähnlich der Roheisenverbrauch. Er fällt von 151.000 t 1929 auf 54.000 t 1931 und steigt dann bis 1940 auf 281.000 t an. Jedenfalls sinkt der Anteil der Konsumgüter am Wert der Industrieproduktion von 1919 (80,2%) bis 1949 auf 61,9% (1939: 69,7%), während der Anteil der Investitions- und Produktionsgüter von 18,0% im Jahre 1919 auf 35,6% im Jahre 1949 (1939: 27,8%) ansteigt (Szmrecsányi 1986, S. 18).

Mit dem Zusammenbruch der »alten«, sozusagen »britischen« internationalen Arbeitsteilung erblickt eine »neue«, das heißt »amerikanische« das Licht der Welt. Es scheint so, als ob auch die Verhältnisse zwischen Zentrum und Peripherie bzw. Semi-Peripherie neu geordnet werden, als ob die alten kolonialen und imperialistischen Abhängigkeiten passé sein könnten.

6.1.3. Die Entschuldung in den 30er Jahren

Dafür spricht auch die ebenfalls in den »revolutionären 30er Jahren«
(Polanyi) stattfindende Auflösung der damaligen internationalen Verschuldungskrise. Nicht von Deutschland soll die Rede sein, das seinen
Reparationsverpflichtungen in der allgemeinen Krise nicht mehr nach-
kommen konnte[12]. Doch frappierend ist auch, daß am Ende der pax
britannica, wie später, als die pax americana zur Neige geht, eine Reihe
von Ländern mit hohen internationalen Schulden dastehen.

Der Fall Brasilien ist auch in den 30er Jahren instruktiv. Als Brasilien
infolge der Weltmarktkrise die äußeren Schulden (1930 waren es 253
Mio Pfund Sterling) nicht mehr bedienen konnte, zumal ja infolge des
allgemeinen Preisverfalls für Rohstoffe und des dramatischen Rück-
gangs der Exporteinnahmen die reale Belastung mit dem Schuldendienst
unzumutbar angestiegen war (Diaz Alejandro 1984, S. 26ff), reagierte
das Land wie schon zwei Mal zuvor in der Geschichte (1898 und 1914)[13]:
die Zins- und Tilgungszahlungen wurden gestoppt und die Außenkredite
umgeschuldet. Brasilien erhielt auch 1931 Neukredite in Höhe von 74,5
Mio Pfund Sterling und konnte damit den größten Teil der aufgelaufenen
75,5 Mio Pfund Sterling Zinsverpflichtungen bezahlen. Offensichtlich
dienten die Neukredite nur zur Bedienung der alten Schulden mit der
auch heute bekannten Folge, daß die Außenschuld und damit die
zukünftige Belastung mit dem Schuldendienst weiter anstieg. Die weiteren Abkommen mit den Gläubigern waren für Brasilien höchst ungün-
stig. Neukredite waren sehr teuer und dienten im wesentlichen als
Schmiermittel, um überhaupt Kapital ins Ausland transferieren zu können. 1931 bis 1933 betrug denn auch die Relation von Schuldendienst
und Exporten in Brasilien 55,4% (Singer 1985, S. 22).

Natürlich konnte dieses Spiel nicht endlos getrieben werden. Als 1937
eine erneute Rezession in den USA den Außenhandel Brasiliens drastisch beschnitt (die USA nahmen rund 45% der brasilianischen Exporte
auf), stoppte das Land erneut die Zins- und Tilgungszahlungen auf die
Außenkredite – wie exakt 50 Jahre später wieder. Verhandlungen über
ein erneutes Umschuldungsabkommen wurden abgelehnt, da Umschuldungen doch nur den Anstieg der Gesamtschuld – wie heute übrigens
auch – zum Ergebnis gehabt hätten, das Problem also nur vertagt und die
Schwierigkeiten mit dem Schuldendienst in die Zukunft ad calendas
graecas verlängert hätten. »Und...nichts geschah. So unglaublich es
klingen mag, außer verbalen Protesten warteten die Gläubiger bis 1940,
als die Verhandlungen erneut aufgenommen und Brasilien wieder zu
zahlen begann...«(Singer 1985, S. 23), und dann auch nur Beträge im
Rahmen seiner finanziellen Möglichkeiten und nicht, wie nach 1931 (und
dann wieder 50 Jahre später) darüber weit hinausgehende Summen.

Wie konnte dies geschehen? Eine einleuchtende Erklärung liefert Abreu (1975), der auf die Zusammensetzung der brasilianischen Außenschuld verweist: 65% der Außenkredite kamen aus Großbritannien, dem *alten* Finanzzentrum, und nur 30% aus den USA. Und die britischen Kredite stammten noch zu einem bedeutenden Teil aus langfristigen Verträgen aus der Phase vor dem Ersten Weltkrieg; in den 20er Jahren jedenfalls waren die USA bei Neukrediten bereits stärker vertreten als Großbritannien. Doch eine Analyse der Handelsbilanz Brasiliens zeigt, daß inzwischen die USA der weitaus wichtigste Handelspartner vor Großbritannien geworden waren. Die Abkommen von 1931 und 1934 begünstigten noch die Briten, und also waren sie auch am meisten geschädigt, als die Zahlungen 1937 eingestellt wurden. »Doch hatten sie keine wirtschaftlichen Druckmittel mehr in der Hand, da sie nur 5% unserer Exporte abnahmen« (Singer 1985, S. 24). Die Möglichkeiten, Druck auszuüben, hatten die USA, die etwa 45% der brasilianischen Exporte kauften. Doch diese hielten sich zurück, um Brasilien unter dem pro-faschistisch gesonnenen Präsidenten Vargas nicht in die Arme Hitler-Deutschlands zu treiben, mit dem Brasilien bilaterale Handelsbeziehungen auf Kompensationsbasis unterhielt. »...Vom Standpunkt der Zahlungsbilanz aus betrachtet machten in jenen devisenhungrigen Jahren die Exporte nach Deutschland etwa 20% der Gesamtexporte aus. Mit ihnen wurden nicht konvertible Devisen herbeigeschafft, mit denen in hohem Grade benötigte Importe finanziert werden konnten« (Abreu 1984, S. 150).

Am Ende der britischen Hegemonie jedenfalls sind auch die finanziellen Fesseln gelockert oder durchschnitten, die die Teile des Systems, vor allem die »Peripherie«, an das Londoner Finanzzentrum anbanden. Zweifelsohne war dies nicht nur ein ökonomisches Band, sondern politischer Klebstoff, der nun ausgetrocknet war. Als die USA ihr Hegemonialsystem politisch gezielt zu errichten begannen, war jedenfalls ein Großteil der am Ende der britischen Hegemonie faul gewordenen Schulden *entwertet*; das neue Weltgeld Dollar hatte die Altlasten des Pfund Sterling nicht zu tragen. Neue Kreditbeziehungen konnten aufgebaut werden, neue Bänder geknüpft und monetäre Fesseln geschmiedet werden, mit denen das Hegemonialsystem der »pax americana« zusammengehalten werden sollte. Aber erst nach Kriegsende wird dies in grandiosem Maßstab praktiziert: mit offiziellen Hilfen und Krediten an die europäischen Mächte, die zum westlichen Bündnis unter US-Führung verschmolzen werden (die Marshall-Plan-Gelder des ERP-Programms beliefen sich von 1948 bis 1952 auf insgesamt 13 Mrd US$), mit Militär- und Wirtschaftshilfe an die »Dritte Welt« (von 1948 – 1952 insgesamt 3799,3 Mrd US$), um die sozialen Erdbeben des »revolutionären Jahrzehnts« und der Nachkriegsumwälzungen in Grenzen zu halten. »Tatsächlich begründet sich die Einzigartigkeit des Marshall-Plans dadurch, daß er dem Zusammenbruch der Vorkriegsordnung mit einer Zukunftsvision begegnet..., mit einer wiederhergestellten Gesamtheit von ökonomischen Beziehungen, durch die Europa, Nordamerika und die Dritte Welt aneinander gebunden werden...« (Wood 1986, S. 30f).

Im Verlauf des zweiten Weltkriegs nahmen die USA ohne noch wie in und nach dem Ersten Weltkrieg zu zögern, das Heft in die Hand. Sie entwickelten für die »grand area« (so wurde der »United States led non-German bloc 1941« genannt, Shoup/Minter 1980, S.140ff) ein Konzept für eine politische, vor allem aber ökonomische Organisation der Weltgesellschaft. Zum ersten Mal in der Geschichte des kapitalistischen Weltsystems umfaßte das reorganisierte Hegemonialsystem, nun unter unanfechtbarer Führung der USA, nicht nur ein spezifisches Akkumulationsmodell und die Hegemonieausübung durch einen Nationalstaat mit den Medien der Regulierung (Geld, Recht, Macht und Ideologie), sondern auch ein differenziertes System *internationaler* politischer Organisationen, an die die Nationalstaaten, die in das hegemoniale System integriert waren, einen Teil ihrer nationalstaatlichen Souveränität abtreten. Der Weltmarkt ist nicht mehr nur ökonomischer Ort der Zirkulation von Waren, Kapital und Geld, reguliert durch die Automatismen der Preisbildung auf verschiedenen Märkten und die Wechselkurs- und Zahlungsbilanzmechanismen sowie nationalstaatliche Eingriffe, die freilich eher den inländischen Anforderungen gesellschaftlicher Interessen als den »übergeordneten« Bedingungen der krisenmoderierten Weltmarktentwicklung gehorchen, sondern er ist politisch strukturiert: durch internationale Institutionen der Regulierung von ökonomischer Reproduktion und gesellschaftlichen und politischen Konflikten. Die Rede ist speziell vom Internationalen Währungsfonds, der Weltbank, dem GATT, den UN, die später durch eine Reihe regionaler Organisationen in Europa, in Lateinamerika, Asien und Afrika ergänzt werden. Es entsteht also ein neues System der internationalen Arbeitsteilung, mit den USA als politisch-ökonomischer und militärischer Hegemonialmacht, gegründet auf einem System internationaler Organisationen und Institutionen, die seine Stabilität vergrößern. Der Unterschied zu den 80er Jahren ist sehr deutlich; als Großbritannien das System der pax britannica nicht mehr zusammenzuhalten vermochte, standen die USA als neue Hegemonialmacht bereit. 50 Jahre später, in der Mitte der 80er Jahre, allerdings ist zwar die »alte« Hegemonialmacht in einer Krise, eine »neue« jedoch nicht in Sicht. Untersuchen wir zunächst, wie es zur Krise der Hegemonialmacht überhaupt kommen konnte, wie also die Entwicklung seit den 40er Jahren verlaufen ist.

6.2. Die Entwicklung zur Weltwirtschaftskrise der 70er und 80er Jahre

Schon in der ökonomischen und politischen Konstruktion des kapitalistischen Weltsystems nach dem zweiten Weltkrieg waren die Krisentendenzen eingebaut, die in den 70er und 80er Jahren zum Ausbruch kommen. Da die *politische* Regulierung des internationalen Systems[14] mit den Medien von militärischer Macht, Geld und Ideologie geschehen mußte, diese Medien aber nur von der hegemonialen Nation bereitgestellt werden konnten, da es den Weltstaat trotz der Bildung internationaler Institutionen, auf die die Nationalstaaten Teile ihrer Souveränität übertragen, nicht gibt, hängt die Regulierbarkeit des *globalen* Systems von der *nationalen* Potenz der Hegemonialmacht ab. Eine Krise der Hegemonialmacht muß also unbedingt eine Krise des Weltmarkts provozieren und umgekehrt. Wie aber entfaltet sich der Krisenprozeß im Funktionsraum Weltmarkt?

Die neue Hegemonialordnung nach dem Zweiten Weltkrieg beruhte, wenn in diesem Kontext die militär- und sicherheitspolitischen Strukturen außer Acht gelassen werden, in erster Linie auf dem neu gestalteten Währungssystem, das in Bretton Woods 1944 aus der Taufe gehoben wurde. Mit dieser institutionellen Regelung wurde die Weltgeldfunktion nach der zwischenkriegszeitlichen Phase der Ambivalenz dem nationalen Geld der USA übertragen[15]. Dieses diente in der Folgezeit denn auch in seiner Funktion als *Handelswährung*, in der fast alle weltwirtschaftlichen Kontrakte abgeschlossen werden, als *Maß der Werte*, wozu die direkte Goldbindung des US-Dollar diente, und als gesetzlich regulierter *Geldmaßstab*, da die Kurse aller am Währungssystem beteiligten Währungen in US-Dollar ausgedrückt wurden. Der Dollar wird das globale *Zirkulationsmittel*, das die Welthandelsbeziehungen knüpfen hilft und die historisch einmalige Expansion des Welthandels in den nachfolgenden Jahrzehnten stimuliert.

Der am Ende des Zweiten Weltkriegs geschaffene Gold-Dollar-Standard unterscheidet sich bedeutsam von dem ihm vorangegangenen »monetären Regime«: er ist ein System, das auf dem *Dollar als Weltgeld* basiert, das mit einem fixen Austauschverhältnis an das Gold gebunden ist (35 US\$ = 1 Unze Gold). Die Funktion des Geldes als Wertmaß wird eben durch die Goldbindung des Dollar auf der Grundlage des staatlich definierten »Zwangskurses«[16] sichergestellt. Für die Funktion des Zirkulationsmittels allerdings ist die Goldbindung nicht wesentlich. Solange der Welthandel expandiert, ist die selbständige Darstellung des Werts der getauschten Waren im Geld »nur flüchtiges Moment« (MEW Bd. 23, S. 143) und daher genügt die »bloß symbolische Existenz des Geldes in einem Prozeß, der es beständig aus einer Hand in die andere

211

entfernt. Sein funktionelles Dasein absorbiert sozusagen sein materielles« (ebenda). Selbst beim Saldenausgleich der Zahlungsbilanzen zwischen den Nationen kann so lange auf die »selbst wertvolle Substanz« (MEW Bd. 25, S. 477) des Goldes verzichtet werden, wie das Weltgeld als Repräsentant von Werten Kredit genießt oder/und Vereinbarungen zwischen den Nationen den Saldenausgleich in Verrechnungseinheiten ermöglichen, wie es mit dem Keynes'schen Bancor beabsichtigt war und derzeit mit den Sonderziehungsrechten oder dem ECU (innerhalb des Europäischen Währungssystems seit 1979) geschieht.

Daß der Dollar zum Weltgeld werden konnte, verdankt sich (1) den Goldvorräten der USA am Ende des Zweiten Weltkriegs, (2) der Tatsache, daß die übrigen entwickelten Länder gegenüber den USA verschuldet waren und (3) – dies der wichtigste Grund – der überlegenen Wirtschaftskraft, ausgedrückt in höchster Produktivität der Arbeit im Vergleich zu allen anderen Nationen. Auf dieser Grundlage werden die Wechselkurse fixiert; doch ist es von Anfang an klar, daß die Relationen des Wechselkurssystems nur gehalten werden können, wenn sich seine Grundlagen nicht verschieben, wenn also die relativen Produktivitäten nicht stark auseinanderdriften, die Goldbestände nicht zwischen den Nationen zu Ungunsten der Hegemonialmacht umverteilt werden und wenn sich die Gläubiger-Schuldner-Beziehungen nicht umkehren.

Das fixierte Wechselkurssystem im monetären Bereich setzt also stabile Relationen in den realen Akkumulationsbedingungen zwischen den Nationen voraus, also entweder einen stationären Zustand oder eine »gleichgewichtige« Expansion des Weltmarkts, in der die Strukturen nicht grundlegend tangiert werden. Angesichts dieser Bedingungen konnte das System von Bretton Woods nicht sonderlich stabil sein[17], zumal wenn in Rechnung gestellt wird, daß das Weltgeld Dollar nicht nur als Wertmaß und Zirkulationsmittel fungiert, sondern Zahlungsmittel ist und daher als *Kreditgeld* umläuft.

6.2.1. *Währungssystem und Kreditsystem*

In dieser Funktion hat das Weltgeld eine doppelte Aufgabe zu bewältigen. Es kreditiert zum einen den Handel (Handelskredit), fungiert also als *kommerzielles* Kreditgeld, und zum anderen ist es *zinstragendes* Kapital, das im globalen Funktionsraum Weltmarkt nach Anlage sucht (Bankkredit). Das Weltgeld Dollar ist folglich zugleich Medium des internationalen *Währungssystems* und des nationalen sowie internationalen *Kreditsystems*. In der Regel wird zwischen den Funktionen des Geldes als Wertmaß und Zirkulationsmittel im Währungssystem einerseits und derjenigen des zinstragenden Kapitals und Kredits im Kreditsystem nicht unterschieden, obgleich zwischen beiden keineswegs Identität oder Widerspruchslosigkeit besteht. Das Weltgeld als Wertmaß und Zirkulationsmittel ist ja an die realen Prozesse, d.h. an die Geschwindigkeit der Akkumulation von Kapital und die Expansion des Welthandels direkt angebunden – von der Umlaufgeschwindigkeit des Geldes einmal abgesehen. Das Weltgeld als zinstragendes Kapital jedoch ist davon weitgehend unabhängig, so daß es – wie in den späten 70er Jahren und in den 80er Jahren – zu einer Entkoppelung von realer und monetärer Akkumulation kommen kann. Die Grundlage dafür ist in der Unterschiedlichkeit von Geldfunktionen angelegt, die das Weltgeld Dollar zu bewältigen hat.

Auch wenn eine Loslösung des internationalen Kreditsystems von den realen Prozessen der Ökonomie in seiner spezifischen Existenzform angelegt ist, bleibt das Weltgeld als zinstragendes Kapital oder Kredit doch in »letzter Instanz« an das Währungssystems angebunden; eine vollständige Entkoppelung von Kredit- und Monetarsystem ist also ausgeschlossen: *Erstens* ist es dem Geld, das auf Devisenmärkten als Ware gehandelt wird, nicht anzusehen, ob es als Zirkulationsmittel zur Bezahlung von Handelsgeschäften dient, oder als zinstragendes Kapital nach (möglicherweise nur spekulativer) Anlage sucht. Die Bildung der Wechselkurse ist folglich von Tendenzen im Monetar- wie im Kreditsystem abhängig. Von Stackelberg hat daher ja auch zwischen *induzierten* Kapitalbewegungen, die den Tendenzen der Handelsbilanz folgen, und von vom Welthandel *autonomen* Kapitalbewegungen gesprochen. *Zweitens* müssen die Salden zwischen Gläubigern und Schuldnern letztlich in realen Größen ausgeglichen werden, also entweder durch Lieferungen von Waren (Exportüberschüsse) oder durch den Transfer harter Devisen oder von Gold. Dann kann es sein, daß trotz eines säkularen Prozesses der Demonetisierung des Goldes dieses als Inkarnation der Wertmaßfunktion des Geldes erneut Bedeutung erlangt. Solange der Welthandel floriert, muß das Weltgeld als Zirkulationsmittel zwar *reell* vorhanden sein, nimmt jedoch die Form von selbst wertlosen Papierzetteln (oder die Form des immateriellen elektronischen Geldes) an. In seiner Funktion als Wertmaß ist es nur *ideell* notwendig. Der Wert, in den das wertlose Papierzettelchen konvertiert werden könnte, muß reell normalerweise nicht vorhanden sein, da niemand Gold oder andere Wertobjekte horten, also aus der Zirkulationssphäre ziehen wird. Erst wenn die Zirkulation, aus welchen Gründen auch immer, stockt, zeigt es sich, daß das Geld keineswegs ideell bleiben kann, dann wird es in reeller Form verlangt. Dies ist der Prozeß, den Marx mit dem »Umschlag des Kredit- in das Monetarsystem« beschrieb (MEW Band 25, S. 552; MEW Band 23, S. 152). Es kommt die Geldfunktion zum Tragen, die in den Lehrbüchern als die der Wertaufbewahrung identifiziert wird[18]. Einfach zu bewerkstelligen ist dieser Umschlag selbstverständlich nicht. Denn es werden gerade dann reelle Werte zum Ausgleich von Salden zwischen Gläubigern und Schuldnern verlangt, wenn diese am wenigsten vorhanden und auch auf Kredit überhaupt nicht mehr oder nur zu hohen Kosten (Zinsen) zu beschaffen sind. Das Geld wird zu einer »Gewalt« (vgl. auch Marx, MEW Band 23, S. 155, Anmerkung 105), der die Akteure des Systems nicht gewachsen sind.

In den ersten eineinhalb Jahrzehnten nach Bretton Woods fungiert das Weltgeld Dollar im wesentlichen als Zirkulationsmittel, dessen Wertmaßfunktion durch den Goldschatz von Fort Knox außerhalb jeden Zweifels ist: Der Dollar ist so gut oder gar besser als Gold; denn 1949 verfügen die USA über Goldreserven in Höhe von rund 25 Mrd US-Dollar, die mit Dollarverpflichtungen gegenüber dem Ausland in der Höhe von nur 7 Mrd US$ zu bilanzieren sind. Die Direktinvestitionen der USA betragen in Europa im Jahre 1950 1,7 Mrd US-Dollar, in Lateinamerika 4,6 Mrd US-Dollar. 1960 belaufen sich die respektiven Werte für Europa auf 6,7 Mrd US-Dollar und für Lateinamerika auf 9,3 Mrd US-Dollar. 1968 hat Europa Lateinamerika überholt. In Europa haben US-amerikanische Unternehmen inzwischen 19,4 Mrd US-Dollar angelegt, in Lateinamerika 13,0 Mrd US-Dollar (Statistisches Jahrbuch für die Bundesrepublik Deutschland 1970). Allerdings haben die Direktinvestitionen in Europa in der Regel einen anderen Charakter als die in Lateiamerika: Die Anlagen in Europa finden vor allem im verarbeitenden Gewerbe statt, während sie in der »Peripherie« vorwiegend im primären, Rohstoffe extrahierenden Sektor erfolgen[19]. Im Unterschied zu Krediten ist die Verwendung von Geld in der Form von Direktinvestitionen gleichbedeutend mit einem produktiven Akt der Akkumulation von Kapital (wenn auch häufig nicht im Sinne der Erweiterung des Kapitalstocks, sondern der Zentralisation und Konzentration von Kapital). In dieser Phase ist das Weltgeld Dollar vom realen Akkumulationsprozeß nicht nur nicht abgekoppelt, sondern es stimuliert ihn nachgerade. Die den Kapitalkrediten entsprechenden Forderungen (Zinsen plus Amortisationen) haben folglich eine reale Basis, da das zinstragende Kapital in fungierendes, industrielles Kapital verwandelt worden ist, aus dessen Rentabilität auch die Renditen der Direktinvestitionen stammen.

In dem Maße, wie Beschränkungen der Konvertibilität (die in der Krise der 30er Jahre errichtet worden worden sind) fallen – die europäischen Währungen werden Ende der 50er Jahre uneingeschränkt konvertibel – , weitet das US-Kapital also seine Offensive der »Penetration« nationaler Ökonomien mit Direktinvestitionen insbesondere in Europa aus. Allerdings sind in dieser Strategie mehrere Mechanismen eingebaut, die schließlich ihre Grundlage in Frage stellen:

Erstens exportieren US-amerikanische Unternehmen mit den Direktinvestitionen moderne Technologien im technischen Produktionsprozeß
ebenso wie bei der Organisierung der Arbeit und beim Management der
Unternehmen. Im Zuge dieser Expansion des US-Kapitals wird auch die
Form fordistischer Regulation globalisiert, soweit sie nicht bereits
betriebliche und makroökonomische Verhältnisse charakterisiert. Da
infolge der Konkurrenz die jeweils nationalen Unternehmen gezwungen
sind, mit diesen Technologien mitzuhalten, auch wenn von der quantitativen Größenordnung her die Direktinvestitionen nur einen Bruchteil
der je nationalen Investitionen ausmachen (»Die amerikanische Herausforderung«, Servan-Schreiber 1968), verringert sich peu à peu mit der
allgemeinen Anhebung des Niveaus der Vorsprung der Produktivität der
US-Unternehmen und verwandelt sich in zentralen Branchen sogar
wenige Jahre, nachdem in Europa die »technologische Lücke« im Vergleich zu den USA festgestellt worden ist, in ein Zurückbleiben. Die
westeuropäischen Ökonomien und mit Zeitverzögerung Japan sind nicht
nur wegen niedriger Löhne und hoher Arbeitsdisziplin sowie in einigen
Fällen (insbesondere Westdeutschland und Holland) wegen unterbewer-
teter Währungen konkurrenzfähig, sondern sie werden es auch infolge
höherer Zuwachsraten der Produktivität als sie die USA verzeichnen:
Die jahresdurchschnittlichen Zuwachsraten der Stundenproduktivität in
der Verarbeitenden Industrie betragen in den 50er Jahren in den USA
2,0%, in der BRD 6,2% und in Japan 9,5%. In den 60er Jahren lauten
die respektiven Werte für die USA 3,4%, für die BRD 5,6% und für
Japan 10,8%[20].

Zweitens. Direktinvestitionen haben zur unmittelbaren Folge, daß –
da Produkte im Ausland produziert werden – weniger aus inländischer
Produktion exportiert wird als es (ceteris paribus) der Fall wäre, wenn
die Direktinvestitionen nicht getätigt würden. Dadurch verschlechtert
sich tendenziell die Handelsbilanz; zumindest ist deren Überschuß niedriger als er es ohne Direktinvestitionen im Ausland wäre. Jedoch ist
auch zu berücksichtigen, daß durch Direktinvestitionen, d.h. die Internationalisierung des produktiven Kapitals, die globale Verflechtung insgesamt zunimmt und auf diese Weise ein Impuls für die Ausweitung des
Welthandels entsteht.

Drittens. Wenn also durch diesen Prozeß für die Hegemonialmacht
USA der ökonomische Vorsprung gegenüber den Konkurrenten tendenziell geringer wird, auch wenn dies nur langfristig und in kleinen Schritten erfolgt, dann ergeben sich Anreize, die mit den Direkt- und Portfolioinvestitionen verdienten Profite nicht in die USA zu repatriieren,
sondern bei Konvertibilität der Währungen außerhalb der USA zu rein-
vestieren oder als zinstragendes Kapital in Form von Darlehen und

Krediten gegen Zinsen auszuleihen. Zusammen mit Reglementierungen des Kapitalverkehrs durch die USA[21] ist dies der Grund, warum in den 60er Jahren außerhalb der USA der Euro-Dollar-Markt, also der Nährboden des internationalen Kreditsystems, entsteht (Vgl. Junne 1976; Dufey/Giddy 1981).

Es ist also zweierlei geschehen: Auf der *einen Seite* haben sich die Relationen in der Produktivität der Arbeit nicht zuletzt aufgrund des durch Direktinvestitionen vermittelten »Technologietransfers« zu Ungunsten der USA verschoben, und die Handelsbilanzüberschüsse verringert, bis zum ersten Mal nach 80 Jahren 1971 sogar ein negativer Handelsbilanzsaldo von den USA vermeldet wurde. Das System der fixierten Wechselkurse wurde also zunehmenden Spannungen ausgesetzt, die sich in den 60er Jahren zu Währungskrisen auswuchsen. Sie hatten die Abwertungen des britischen Pfundes, des Franc und anderer Währungen sowie Aufwertungen des Schweizer Franken und der DM zum Resultat. Die Aufwertungen waren aber gleichbedeutend mit einer Abwertung des Weltgeldes Dollar innerhalb des Systems fixierter Kurse. Die Entwicklung der Kurse spiegelte den Verfall der ökonomischen Basis US-amerikanischer Hegemonie wider, bevor überhaupt von »Hegenomiekrise« geredet werden kann.

Zum zweiten ist im Verlauf dieser Entwicklung ein Markt für international operierendes zinstragendes Kapital entstanden, der die politischen Versuche, das System fixierter Kurse zu retten, hintertreibt. Die Wellen der internationalen Geld- und Kapitalspekulation schlagen immer höher und unterminieren die Möglichkeiten der politischen Kontrolle des Währungssystems mit seinen fixierten Kursen. 1964 stellte es sich erstmals heraus, daß die Kraft der privaten Spekulation auf den internationalen Kapitalmärkten größer war als die nationalstaatlichen Kontrollmaßnahmen: Die Bank of England mußte vor der privaten Spekulation« kapitulieren. »Die Episode von 1964«, so kommentiert Crockett (1977, S. 32), »war genau der Anfang einer stetigen Eskalation der Macht des privaten kurzfristigen Kapitals, mit der die offiziell aufrechterhaltenen Wechselkurse aufs Korn genommen werden konnte«. Als Antwort werden innerhalb des Währungssystems Institutionen geschaffen, mit denen auf den Devisenmärkten die Kursrelationen des fixierten Wechselkurssystems verteidigt werden sollen. Die Notenbanken der USA, Japans und der führenden westeuropäischen Ökonomien bilden den Goldpool, da inzwischen die Schätze von Ford Knox auf etwa 11 Mrd US$ zusammengeschmolzen sind, denen Dollarverpflichtungen gegenüber dem Ausland in der Höhe von 68 Mrd US$ (1971) gegenüberstehen, treffen die »allgemeinen Kredit- Vereinbarungen« im Jahre 1962 und schließen eine Reihe von bilateralen Abkommen (Swap-Vereinbarungen) zur Verteidigung der Kursrelationen gegen die heftiger werdende private Spekulation. Dennoch werden die Versuche frustriert, mit »offizieller Liquidität« nach politisch gesetzten Kriterien gegen die »private Liquidität«, die sich entsprechend den Zinsdifferenzen und erwarteten Auf- bzw. Abwertungen von Währungen bewegt, das Währungssystem zu stabilisieren. Das internationale Währungs- und Kreditsystem ist seit Beginn der 70er Jahre von dem ursprünglich am Ende des Zweiten Weltkrieges konzipierten Währungssystems so weit entfernt, daß nur noch der Name gemeinsam ist. Bis in die 60er Jahre hinein wurden die Wechselkurse politisch kontrolliert und daher waren bis zu einem gewissen Grade auch die internationalen Bewegungen des zinstragenden Kapitals politisch kontrolliert; seit Beginn der 70er Jahre wird auf eine politische Regulierung so gut wie verzichtet. Diese wäre auch angesichts der auf den internationalen Kreditmärkten umgesetzten Massen gar nicht möglich. Nach heftigen Konvulsionen bereits in den 60er Jahren bricht 1971/73 das Währungssystem von Bretton Woods zusammen[22].

Das Weltgeld Dollar bleibt auch in der Epoche flexibler Wechselkurse (ein Währungs*system* kann dies nicht mehr genannt werden) Zirkulationsmittel, freilich ohne die durch den Zwangskurs staatlich garantierte Maßstabsfunktion. Auch seine Funktion als Maß der Werte ist durch die Aufhebung der fixierten Goldbindung eingeschränkt. Der US-Dollar ist nicht mehr Repräsentant von Gold, sondern bedarf nun eines anderen »intrinsischen« Wertes – der in der ökonomischen und politischen (auch militärischen) Potenz der Supermacht USA erblickt wird, der aber mit deren Konjunkturen auch entsprechend schwankt. Es ist kein Zufall, sondern der Hierarchie der Geldfunktionen geschuldet, daß 1971 *zuerst die Goldbindung* (Angelpunkt der Wertmaßfunktion) und dann 1973 die *Maßstabsfunktion* (Aufhebung fixierter Währungsparitäten) aufgegeben werden; ist die letztere von der ersteren »abgeleitet«.

Die neoklassische, monetaristische Wirtschaftstheorie erhoffte von den Marktprozessen einen Ausgleich der Kurse und deren Stabilisierung entsprechend der relativen Produktivitäten und Inflationsraten, so daß zwar ein nicht-fixiertes, flexibles aber stabiles Kursgefüge entstehen würde. Die Weltgeldfunktion wäre so auf alle »harten« Handelswährungen übergegangen. Jedoch stellt es sich sehr bald heraus, daß die Schwankungen der Kurse keineswegs geringer werden, wenn erst einmal das vom Markt erzwungene »re-alignment« stattgefunden hat. Der Grund ist vor allem darin zu suchen, daß seit den frühen 70er Jahren das Kreditsystem gegenüber dem Monetarsystem eindeutig Oberhand gewinnt. Die internationalen Kreditmärkte expandieren mit Wachstumsraten, die weit oberhalb der Expansionsraten von Weltproduktion, Welthandel und realer Akkumulation liegen.

Tab. 6.3.

Indikatoren für die Entwicklung der realen und monetären Akkumulation

| Jahr | Wachstumsraten (in %) | | |
	des BIP der OECD Länder (real)	des Welthandels (Weltausfuhr) nominal[1]	des Welthandels (Weltausfuhr) real[2]	der internationalen Kreditmärkte[3]
1970	3,1	6,7	9,6	28,2
1971	3,6	6,8	7,0	27,8
1972	5,3	9,9	8,2	31,7
1973	6,1	15,6	19,7	43,1
1974	0,7	43,6	5,1	24,8
1975	−0,3	−2,6	−7,2	21,8
1976	4,8	16,7	11,7	23,8
1977	3,8	4,5	4,7	20,1
1978	4,0	0,2	4,4	25,9
1979	3,1	15,8	6,4	4,9
1980	1,2	21,0	0,0	23,3
1981	2,0	22,3	0,0	21,0
1982	−0,5	−0,4	−3,0	6,7
1983	3,5	1,8	3,1	6,6
1984	8,4	18,2	8,0	.
1985	2,9	.	.	.

[1] Wert auf DM-Basis
[2] Volumen auf US-Dollar-Basis
[3] Internationale Kreditvergabe der berichtenden Banken
Quellen: eigene Berechnungen; Daten nach OECD, Statistisches Jahrbuch der Bundesrepublik Deutschland, BIZ

Es sind nicht mehr vorwiegend Direkt- und Portfolioinvestitionen, die im internationalen (Geld)kapitaltransfer durchgeführt werden, sondern Kredite von Kreditgeber zu Kreditnehmer, die Zinsen abwerfen müssen. Während im Falle von Direkt- und Portfolioinvestitionen der Investor das Risiko mitträgt, also auch Verluste verkraften muß, erhält der Kreditgeber im Falle eines Darlehens auch dann Zinsen, wenn der Kreditnehmer bei der Kreditverwendung nichts verdient. Das Kreditsystem ist somit vom produktiven Prozeß losgelöst und ihm gegenüber gleichgültig, wenn auch letzten Endes Zinsen und Amortisationen nur gezahlt werden können, wenn sie in realen Größen produziert worden sind – es sei denn, es werden Vermögenswerte liquidiert, um Bankkredite bedienen zu können. Die Alternative ist über kurz oder lang die Entwertung der Kredite in der einen oder anderen Form (dazu im folgenden Kapitel mehr). Kredite werden, um eine Unterscheidung Kindlebergers (1983) zu verwenden, nicht nur als investment loans sondern auch als consumption loans und später als recycling loans gegeben: In den beiden letztgenannten Fällen werden die Kredite gar nicht mehr in produktive Investitionen umgesetzt, die einen Ertrag abwerfen, aus dem der Schuldendienst finanziert werden könnte.

In mehrfacher Hinsicht ist mithin das international operierende zinstragende Kapital von den Prozessen der realen Akkumulation *losgelöst*.

Erstens findet Kreditschöpfung statt, die nur bedingt mit den realen Prozessen der Produktionssteigerung und Kapitalakkumulation zu tun hat. Dies ist allerdings nicht so zu verstehen, als ob multiplikativ Kredit auf den internationalen Geld- und Kapitalmärkten geschaffen werden könnte, vergleichbar der Kreditschöpfung innerhalb eines nationalen Bankensystems (Vgl. die Auseinandersetzung mit dieser Frage bei Schubert 1985, S. 54ff). Doch haben die »freien Bankzonen« Kredite in globalen Ausmaßen mobilisiert und dabei auch den internationalen Verschuldungsprozeß in grandiosem Maßstab ermöglicht:»Die freien Bankzonen haben zur Expansion der internationalen Kreditbeziehungen dadurch beigetragen, daß sie die Geldakkumulation förderten, indem sie einen weltweiten Verschuldungsprozeß einleiteten und sehr günstige Verwertungsbedingungen für das weltweit angelegte Geldkapital schufen...«(Schubert 1985, S. 56f), zunächst jedenfalls[23].

Zweitens verselbständigt sich die Zinsbewegung von der Profitbewegung in einem Ausmaß, daß die »pure profit rate« temporär sogar negativ werden könnte (vgl. OECD, Economic Outlook, Juni 1983, S. 57). Die ans Finanzkapital abzuführenden Realzinsen übersteigen die Rentabilitäten und zehren an der Substanz des produktiven Sektors.[24]

Drittens haben sich im Prozeß der internationalen Kreditvergabe und Verschuldung auch die Staatsapparate verschuldet (Vgl. Chouraqui/Jones/Montador 1986), deren Schuldtitel dem Besitzer, d.h. der kreditgebenden Bank in der Regel den Anspruch auf einen Teil der jährlichen Staatseinnahmen einräumen. Der Kredit, den die Bank ursprünglich dem Staat gegeben hat, ist durch den Staat verausgabt, also verzehrt. Der Schuldschein, der den Anspruch auf Zinszahlungen begründet, wird wegen dieses Anspruchs jedoch wie Kapital gehandelt, obwohl in der Regel kein produktives Kapital mit dem Kreditbetrag gebildet wurde. Es handelt sich ja nicht um Kapital, das sich verwertet und daher auch Zinsen trägt, sondern um einen fiktiven Kapitalwert, dessen Kurswert durch Diskontierung der zukünftigen Erträge gebildet wird. Die Fiktion kann sich als solche herausstellen, wenn der Staat aufhört, die Schulden zu bedienen. Die Geschichte ist reich an Beispielen für »souveräne Risiken« (Löschner 1983). Das souveräne Risiko ergibt sich ja gerade aus der Abkoppelung des Kreditsystems von den realen Prozessen der Akkumulation, von denen letztlich die Leistungsfähigkeit auch des Staatshaushalts abhängig ist.

Viertens schließlich kann die Hegemonialmacht USA ihre Vormachtstellung am Ende des langen Zyklus nicht mehr durch Überlegenheit in den realen ökonomischen Verhältnissen (Produktivität; Konkurrenzfähigkeit; Gewicht im Welthandel) stützen, sondern muß wie Großbritannien am Ende seiner Hegemonie mit monetären Mitteln sein nationales Geld stärken, um dessen Weltgeldfunktion zu stützen. Die Zinsen in den USA sind komparativ ja so hoch, um zu verhindern, daß der Kurs der US-Währung auf ein Niveau fällt, das etwa der realen (komparativen) Leistungsfähigkeit der US-Wirtschaft entspricht. Mit vergleichsweise hohen Zinsen und einem überbewerteten Dollar freilich wird der nationale Investitionsprozeß – wie in Großbritannien am Ende der »pax britannica« (Vgl. Glyn/Sutcliffe 1971) – gehemmt, so daß der konterproduktive circulus viciosus mittelfristig zurückbleibender Konkurrenzfähigkeit in Gang gesetzt wird, um kruzfristig die Hegemonialposition noch zu stützen.

Diese Verselbständigung des Kreditsystems gegenüber dem Monetarsystem und gegenüber den realen ökonomischen Prozessen ist die Kehrseite des Verlustes an politischen Steuerungsmöglichkeiten des Systems durch die Hegemonialmacht. Das Geld ist, wie wir gesehen haben, ein Medium, mit dem die Funktion der Regulierung des hegemonialen Systems ausgeübt wird. Die langfristig erfolgreiche Kapitalakkumulation, die in hohen Wachstumsraten von Produktion und Welthandel ihren Ausdruck findet, bringt auch die entsprechend expandierenden internationalen Kapitalmärkte hervor. Dies hat zur Folge, daß die Funktion des Weltgeldes als zinstragendes Kapital (abgeleitet aus der Funktion des Zahlungsmittels) alle anderen Geldfunktionen überlagert. Die Hegemonialmacht kann das Weltgeld nur noch über den Zins steuern, wenn überhaupt. Hohe Zinsen machen es »wertvoll«, nicht weil es Wert ist oder repräsentiert, sondern weil es als Geldkapital angelegt Zinseinkünfte bringt. Damit aber werden die Pressionen von der monetären Sphäre des Funktionsraums Weltmarkt auf die reale Sphäre (Profit und Akkumulation) und die regionalen Produktionsbedingungen von Werten ausgelöst, von denen schon mehrfach die Rede war. Der Zins ist ein Anspruch des Kreditgebers auf einen Teil der Profite bei privaten Unternehmen bzw. auf einen Teil der Staatseinnahmen im Falle des Staates. Dies hat zur Folge, daß der Ressourcenspielraum staatlicher Regulierung mit der Expansion des internationalen Kreditsystems geringer wird; der Wert des Geldes wird durch hohe Zinsen gesichert, weil die real erzeugten Werte in der Ökonomie ihm den Wert nicht unterlegen können. Der Souveränitätsverlust macht sich nun auch in der nationalen Wirtschaftspolitik geltend, z.B. bei dem wirtschaftspolitischen Verzicht auf eine Sicherung von Vollbeschäftigung, die am Anfang des Bretton

Woods-Systems zentralen Stellenwert besaß. Der Modus globaler und nationaler Regulierung mit dem Medium Geld ist also auf den Kopf gestellt.

6.2.2. Der tendenzielle Fall der Profitraten und die Grenzen des Akkumulationsmodells

Die andere Seite der Entkoppelung von monetären und realen Prozessen, zumindest soweit sie sich auf die Einschnürung des Profits durch den Zins bezieht, hat damit zu tun, daß innerhalb des kapitalistischen Weltsystems, wenn auch ungleichmäßig und ungleichzeitig, die *Profitraten tendenziell gesunken* sind. Am empirischen Faktum sind Zweifel nicht möglich (Vgl. Armstrong/ Glyn/ Harrison 1984; Chan- Lee/ Sutch 1985 – um nur zwei international vergleichende empirische Studien zu zitieren); jedoch wird die Frage nach den Ursachen immer noch kontrovers diskutiert: Da für die Höhe der Profitrate die Profitquote (und damit negativ die Lohnquote) und die Kapitalproduktivität (bzw. deren Kehrwert der Kapitalkoeffizient) verantwortlich sind, stellt sich die Frage, ob es vor allem Verteilungskämpfe sind, die die Profitquote einengen, oder technologische Bedingungen, die die Zuwachsraten der Arbeitsproduktivität senken und die der Kapitalintensität erhöhen, also die Kapitalproduktivität verringern. Hier sind eher trendmäßige Bedingungen wirksam, während konjunkturell auf die Höhe der Profitrate die Auslastung der Kapazitäten, also die »Nachfrageseite« Einfluß ausübt[25], wie Chan-Lee/Sutch (1985, S. 148) zeigen.

Die Nachfrage- und Kapazitätsentwicklung hat auch mit der langfristigen zyklischen Entwicklung zu tun: Wallerstein (1984, S. 99) stellt deren Entwicklungstendenz ins Zentrum seiner Analyse, indem er die »grundlegende Widersprüchlichkeit des kapitalistischen Systems in der Loslösung dessen (erblickt – E.A.), was das Angebot und was die Nachfrage bestimmt...«. Während die globalen Produktionskapazitäten durch einzelwirtschaftliche Unternehmensentscheidungen bestimmt werden, »ist die globale Nachfrage grundsätzlich durch ein Insgesamt von im Vorhinein existierenden politischen Kompromissen in den verschiedenen Staaten bestimmt, die Bestandteile der Weltwirtschaft sind und mehr oder weniger in mittleren Perioden (circa 50 Jahre) die Art und Weise der Verteilung von Einkommen der verschiedenen Teilnehmer am Prozeß der Kapitalzirkulation fixieren...« (Wallerstein 1984, S. 98f). Die Beobachtung der Divergenz von Güterangebot und -nachfrage auf den Weltmärkten mit der Folge von am Ende des langen Zyklus nur partiell ausgelasteten Produktionskapazitäten ist ohne Zweifel richtig (Vgl. den ausführlichen Bericht über »glutted markets« in: The Wall Street Journal, 9.3.1987); die Begründung freilich aus Gründen, die bereits im zweiten Kapitel diskutiert worden sind – die Überbetonung der Zirkulationssphäre und die Vernachlässigung der Reproduktionsbedingungen –, nicht.

Hier soll jedoch ein weiteres Argument angeführt werden, das über die im ersten Kapitel bereits vorgetragenen Begründungen hinausgehend die Grenzen fordistischer Industrialisierung belegt: Nicht nur versuchen die Länder der Dritten Welt die Industrialisierung »nachzuholen«, also Produktionskapazitäten aufzubauen, für deren Produkte dann die Nachfrage fehlt. Sie können gar nicht anders als die Entwicklung in diese Richtung zu beschleunigen, da ja die Bevölkerung rapide zunimmt und zwar vor allem in den urbanen Agglomerationen, die nur noch mit (formellen) Arbeitsplätzen im industriellen Bereich zu versorgen ist. Da obendrein die Industrialisierung mit Krediten finanziert wird, müssen zur Finanzierung des Schuldendienstes Waren auf den Weltmärkten praktisch für jeden Preis abgesetzt werden, weil infolge der Importbegrenzung die entsprechende Nachfragesteigerung seitens der Industrieländer ausbleibt. Also affektiert die Grenze der nachholenden, fordistischen Industrialisierung die Kapazitätsauslastung als einen Faktor, der die Entwicklung der industriellen Profitrate beeinflußt.

Von den vielen Gründen, die für den trendmäßigen Fall der Profitrate verantwortlich gemacht werden, ist hier derjenige besonders wichtig, der sich aus der Struktur der internationalen Arbeitsteilung ergibt, die nach dem Zweiten Weltkrieg errichtet worden ist. Wie bereits erwähnt wurde, wiesen die USA ein Niveau der Arbeitsproduktivität (Y/L) auf, das allen anderen Nationen überlegen war. Daher konnten die USA trotz im internationalen Vergleich hoher Löhne (W/L) mit niedrigen Lohnstückkosten (W:L/Y:L) auf den Weltmärkten ihre Waren zu günstigen Bedingungen anbieten. Die Konkurrenten mit ähnlicher industrieller Struktur in Westeuropa und später Japan hatten ursprünglich zwar keine mit den USA vergleichbare Produktivität der Arbeit, jedoch waren infolge des Kriegs und der Zerschlagung der Arbeiterbewegung die Löhne niedrig, so daß auch bei ihnen die Lohnstückkosten beschränkt waren. In dem Maße, wie sich Produktivitätsniveaus und Lohnniveaus anglichen, schwanden die jeweiligen Konkurrenzvorteile. Die Möglichkeiten, auf dem Weltmarkt Extraprofite realisieren zu können, wurden entsprechend geringer. Da außerdem die technologische Modernisierung mit einer Steigerung der Kapitalintensität verbunden war, mußten die Profitraten fallen, und zwar in allen in diesen Prozeß involvierten Ländern. Überraschend ist weniger der trendmäßige Fall der Profitrate als die Tatsache, daß er so langsam erfolgte und erst Mitte der 70er Jahre – im Gefolge der »Ölkrise« – auf Produktion, Akkumulation und Beschäftigung seine negativen Auswirkungen zeigte.

Tab.: 6.4.

Trend der Bruttoprofitraten in ausgewählten OECD-Ländern
(1960–1982)

Land	Gesamtwirtschaft	Verarbeitendes Gewerbe
USA	−2,1	−2,7
Japan (1965–81)	·	−4,9
BRD (1960–81)	−2,0	−3,0
Frankreich (1967–79)	−1,9	−2,7
Großbritannien	−1,9	−5,3
Italien (1970–80)	·	0,1
Kanada	−0,8	−2,0
Belgien (1970–81)	−1,4	−4,7
Finland (1971–79)	−4,3	−2,8
Norwegen (1962–77)	·	0,8
Schweden (1963–82)	−2,8	−5,2

Quelle: OECD, Economic Outlook, 36, Dec. 1984, S. 64; Chan-Lee/Sutch 1985, S. 141

Die steigende Produktivität wird mit überproportionaler Steigerung der Kapitalintensität erkauft, so daß die Kapitalproduktivität (K/L : Y/L) fällt. Obendrein sorgen in einigen Ländern gewerkschaftliche Erfolge (z.b. in der BRD) oder militante Arbeiterkämpfe (Frankreich, Italien, Großbritannien) für die »Profit squeeze« (Glyn/Sutcliffe 1972; Armstrong/Glyn/Harrison 1984), so daß auch die Profitquote (P/Y) zeitweise zurückgeht. Entscheidend für den Fall der Profitraten ist freilich der negative Trend der Kapitalproduktivität, worauf im übrigen auch die OECD hinweist:»Der säkulare Fall war für die Profitrate stärker als bei der Profitquote, und jeweils in der Verarbeitenden Industrie ausgeprägter als in der Wirtschaft insgesamt...Eine abnehmende oder fallende Kapitalproduktivität ist der wichtigste Faktor hinter diesem Trendrückgang...«(OECD, Economic Outlook, 36, Paris Dec. 1984, S. 64). Wenn man berücksichtigt, daß die Kapitalproduktivität der inverse Wert des Kapitalkoeffizienten (K/Y) ist, und dieser ein starker Indikator für die organische Zusammensetzung des Kapitals, dann deckt sich diese empirische Beobachtung mit den theoretischen Erkenntnissen über den tendenziellen Fall der Durchschnittsprofitrate von Marx[26].

Die Tendenz der Profitraten zu fallen, ist nur ein Ausdruck für die seit Mitte der 70er Jahre sich herausstellende Begrenztheit des Akkumulationsmodells. Diese drückt sich nicht allein in den rückläufigen Wachstumsraten aus, sondern darin, daß die spezifische, historische Form »fordistischer Industrialisierung« nicht mehr tragfähig ist. Es können weder genügend Arbeitsplätze für alle Arbeitsuchenden im formellen Sektor bereitgestellt werden – daher die strukturelle Massenarbeitslosigkeit und die im ersten Kapitel gezeigte Ausdehnung des »informellen Sektors« – noch gelingt es, die internationale Zirkulation zu steuern. Der Fall der Rentabilität hat negative Auswirkungen auf den Investitionsprozeß. Wenn auch keine Höhe der Profitrate angegeben werden kann, bei der »noch« investiert oder »schon« Produktion und Investition gedrosselt werden, können doch *unter systematischen Aspekten* drei Restriktionen bei fallender Kapitalrentabilität festgehalten werden:

Die *erste* Restriktion kommt in dem Moment zum Tragen, an dem die erwartete Rendite der Investitionen niedriger eingeschätzt wird als die zuvor erzielte Rentabilität. Der intertemporale Vergleich wird freilich kaum Folgen hinsichtlich des Investitionsverhaltens zeitigen, solange die Konkurrenz auf dem Weltmarkt das einzelne Unternehmen zwingt, technologisch und marktstrategisch mitzuhalten, um nicht hoffnungslos zurückzufallen und in der Konsequenz vom Markt zu verschwinden.

Eine *zweite* schon wirksamere Restriktion ergibt sich, wenn die gesamte Rendite des Kapitals aufgrund zusätzlicher Investitionen fällt, weil beispielsweise mit den zusätzlichen Kapazitäten das Angebot der Waren steigt und Preisnachlässe gewährt werden müssen[27]. Dieser Tendenz kann dann noch entgegengewirkt werden, wenn der Marktzins verhältnismäßig niedrig ist und durch Aufnahme von Fremdkapital die Eigenkapitalrendite gehalten werden kann (leverage-effect). Dieser Effekt war in den großen kapitalistischen Ländern USA, Japan, Frankreich, Großbritannien und BRD dafür verantwortlich, daß sich nicht bereits in den 60er Jahren die sinkende Gesamtkapitalrentabilität auf die Investitionstätigkeit negativ ausgewirkt hat. Armstrong, Glyn und Harrison (1984, S. 265) schreiben daher zu Recht: »(Die Ausweitung des Kredits) verhalf dazu, die Erträge der Investitionen von Anteilseignern aufrechtzuerhalten, ... indem sie (die Kapitalisten) einen wachsenden Anteil finanzierten und Anleihen zu sinkenden realen Zinsraten ermöglichten.«

Eine *dritte* Restriktion ist daher auf jeden Fall dann gegeben, wenn die Rentabilität des Realkapitals in die Nähe oder gar unter den Zinssatz für Geldkapital gerät. Dann kann es nicht nur lukrativer sein, nicht real zu investieren, sondern die investierbaren Fonds in Geldmarkttiteln anzulegen; vielmehr verkehrt sich nun der bislang positive leverage-effect ins Negative: Die Fremdkapitalzinsen senken die Eigenkapitalrentabilität, da die Zinsen aus Eigenmitteln – je nach Verhältnis von Eigen- und Fremdkapital – aufzubringen sind: »Entstehen Verluste, so zehren sie das in Form von Eigenmitteln vorhandene Risikopolster um so schneller auf, je höher der Anteil der Fremdmittel am gesamten eingesetzten Kapital ist ...«(Deutsche Bundesbank, Monatsbericht August 1985, S. 32). Es geht nun also an die Substanz der Unternehmen, die deshalb unter der »Last des Fremdkapitals« stöhnen und in der ersten Krisenphase Mitte der 70er Jahre hohen Konsolidierungsbedarf geltend machen.

Auswirkungen hat der Profitratenfall also auf die Akkumulationsrate, bzw. in anderen Worten: auf den Investitionsprozeß. Traditionell wird zwischen Investitions*neigung* und Investitions*möglichkeiten* der Unternehmen unterschieden. Die Neigung ist abhängig von der – in keynesianischer Terminologie – Grenzleistungsfähigkeit des Kapitals (also von der Profitrate in Marxscher Begrifflichkeit). Infolge von Unsicherheiten bei der Verknüpfung von Vergangenheit (bestehender Kapitalstock), Gegenwart (alternative Verwendungsmöglichkeiten der liquiden Fonds) und Zukunft (Absatzerwartungen), die in der Kategorie der Grenzleistungsfähigkeit des Kapitals enthalten sind, ist der Investitionsprozeß grundsätzlich instabil, worauf insbesondere Hyman Minsky (z.B. 1986) immer wieder hingewiesen hat.

Dadurch ist, wie die Daten (Vg. Tab. 6.5.) indizieren, die Entwicklung des Investitionsprozesses in den Industrieländern gleich von mehreren Seiten her Veränderungen unterworfen.

Erstens nimmt – gemessen am BIP – die Bruttoinvestitionsquote langfristig ab. In den sieben großen OECD-Ländern (USA, Kanada, Japan, BRD, Frankreich, Großbritannien, Italien) lag sie 1963-1968 bei knapp unter 21%, stieg bis 1973 auf einen Höhepunkt von 23%, um bis 1984 auf unter 20% zu fallen. Diese Tendenz ist ohne Ausnahme in allen OECD-Ländern zu konstatieren, freilich auf unterschiedlichem Niveau (OECD, Economic Outlook, May 1986)

Zweitens steigt der Anteil der Ersatzinvestitionen (gleich den Abschreibungen) an den Bruttoanlageinvestitionen, und zwar mit der Zunahme des in Produktionsmitteln gebundenen Kapitals (Kapitalstock). Das »Gewicht« des Kapitalstocks (die »Last der Vergangenheit«) wird also größer und drückt dadurch die Akkumulationsrate (Nettoanlageinvestitionen) in Relation zum Kapitalstock (I/K). Wenn dann gleichzeitig noch aufgrund technologischer Veränderungen die Kapitalintensität zunimmt, können die Konsequenzen für die Beschäftigungsentwicklung nur negativ sein[28].

Drittens läßt sich zeigen, daß der Anteil der Nettoinvestitionen an den Unternehmensgewinnen rückläufig ist, und zwar in allen Industrieländern und gleichgültig, ob man als Indikator für die Gewinne die Einkommen aus Unternehmertätigkeit und Vermögen oder den Nettobetriebsüberschuß wählt. Zwar weist dieser Anteil einen zyklischen Verlauf auf, doch ist der Trend in den vergangenen zehn Jahren ebenso eindeutig negativ. Die Scheitelpunkte der Kurven jeweils am Ende der konjunkturellen Aufschwungphase, wenn geplante Investitionsprojekte noch auf-

Tab. 6.5.

Bruttoanlageinvestitionen (Ib), Abschreibungen (A), Netto-Anlageinvestitionen (In) in vH. des BIP; Nettoanlageinvestitionen in vH des Einkommens aus Unternehmertätigkeit und Vermögen (Iu) und in vH des Nettobetriebsüberschusses (Iü)

	1973	1974	1975	1976	1977	1978	1979	1980	1981	1982
BRD										
Ib	23,9	21,6	20,4	20,2	20,3	20,8	21,9	22,8	21,9	20,5
A	10,3	10,8	11,3	11,1	11,1	11,1	11,2	11,7	12,2	12,5
In	13,6	10,8	9,1	9,1	9,2	9,7	10,7	11,1	9,7	8,0
Iu	39,9	33,6	28,8	27,9	28,3	29,5	33,3	35,2	31,6	25,6
iü	59,4	50,7	43,5	41,4	42,0	43,7	48,2	54,1	49,0	39,2
USA										
Ib	19,1	18,4	17,0	17,2	18,3	19,5	19,8	18,5	18,0	16,6
A	10,5	11,4	12,3	12,1	12,1	12,3	12,7	13,3	13,2	13,8
In	8,6	7,0	4,7	5,1	6,2	7,2	7,1	5,2	4,8	2,8
Iu	30,5	26,5	17,6	19,1	23,0	25,3	27,7	21,1	18,6	11,5
Iü	44,3	40,5	26,7	28,7	33,5	38,5	39,2	31,1	27,0	17,1
Japan										
Ib	36,4	34,8	32,4	31,3	30,5	30,8	32,1	32,0	31,0	29,6
A	13,9	13,4	13,0	12,8	13,0	13,0	13,2	13,4	14,2	14,2
In	22,6	21,4	19,4	18,5	17,5	17,8	17,9	18,6	16,8	15,4
Iu	59,3	60,1	58,4	56,4	54,2	63,5	54,2	57,8	55,1	52,2
Iü	67,9	70,9	70,3	67,3	67,6	65,9	67,8	70,2	68,6	61,9
GB										
Ib	19,4	20,2	19,5	18,9	17,9	18,0	18,0	17,4	15,7	15,4
A	9,9	10,8	10,9	11,0	11,4	11,6	11,8	12,2	12,5	12,1
In	9,5	9,4	8,6	7,9	6,5	6,4	6,2	5,2	3,2	3,3
Iu	31,5	35,7	36,0	29,6	22,6	22,1	21,5	18,8	11,1	10,6
Iü	50,5	56,6	59,7	47,0	36,9	36,0	38,3	36,4	22,1	20,4

Quelle: Eurostat; eigene Berechnungen

rechterhalten werden, obwohl die Gewinnentwicklung schon rückläufig ist, liegen Ende der 70er und Anfang der 80er Jahre niedriger als zu Beginn der Dekade. Auch die Tiefpunkte am Ende einer Krisenphase, wenn die Gewinne bereits steigen, aber die Investitionen nicht in Gang gekommen sind, wandern nach unten. Dramatisch ist diese Tendenz in den USA und in Großbritannien, wo zu Beginn der 80er Jahre gerade noch knapp 10 vH der Unternehmergewinne für Nettoanlageinvestitionen verwendet werden. Man könnte hier gar von einem Rückfall in ein »industriefeudales« System sprechen, da aus den Profiten offenbar mehr konsumiert als investiert wird. Der Stachel der Akkumulation, von dem

Marx sprach, ist stumpf geworden; liquide Mittel werden weniger für produktive Investitionen als zum spekulativen Aufkauf bereits bestehender Unternehmen verwendet (Vgl. Davis 1986). In Japan ist zwar die Investitionsneigung vergleichsweise sehr hoch – etwa auf einem Niveau, das auch die Bundesrepublik Deutschland mit 69 vH von 1960 bis 1966 aufwies –, doch auch in Japan ist der allgemeine negative Trend feststellbar.

Viertens schließlich hat sich auch der Charakter der Investitionen gewandelt. Seit Beginn der Stagnationsperiode überwiegt das *Rationalisierungsmotiv* die Erweiterungsabsicht, so daß mit den dann schließlich doch noch durchgeführten Investitionsprojekten Arbeitsplätze eher abgebaut als neu geschaffen werden. Dies ist offensichtlich eine unternehmerische Antwort auf die Stagnation der Weltmärkte.

Wenn beim Absatz der Waren keine großen Expansionsraten mehr erreicht werden können, wird der Versuch gemacht, durch Senkung der Kosten die Produktivität und damit die Rentabilität zu heben. Nach der Verallgemeinerung der *Produkt*innovationen, die den langen Aufschwung getragen haben, werden vermehrt *Prozeß*innovationen durchgeführt. Dies bedeutet ja auch, daß die Wirksamkeit des Produktzyklus gebrochen ist. Zwar wird bei Prozeßinnovationen sehr häufig auch Kapital gespart, doch ist ihr wesentliches Charakteristikum, daß Arbeit *freigesetzt* wird, für die es infolge der fehlenden Erweiterungsinvestitionen keine kompensierenden Beschäftigungsmöglichkeiten mehr gibt. Wenn keine arbeitsmarktpolitischen Maßnahmen durchgeführt werden, ist Massen- und Dauerarbeitslosigkeit die häßliche Konsequenz. Von manchen Autoren wird diese Konstellation als Normalzustand des Kapitalismus interpretiert, während die lange Aufschwungphase vom Ende des zweiten Weltkriegs bis zu Beginn der 70er Jahre eher als Ausnahmezustand eingeschätzt wird (Lutz 1984). Für diese Sicht der Dinge sprechen einige gute Argumente. Vor allem ist die *Verdrängung der lebendigen Arbeit* durch die tote Arbeit, wie Marx ausführte, eine der kapitalistischen Produktionsweise immanente Entwicklungsdynamik: Das Kapital versucht, sich von den »störenden« Begrenzungen der Arbeit möglichst frei zu machen: durch eine entsprechende Gestaltung des Arbeitsprozesses, durch eine entsprechende Technologie, durch Strategien, mit denen starker, wohl organisierter Arbeit ausgewichen werden kann (z.B. Kapitalexport in Niedriglohnländer und die Herausbildung der »neuen internationalen Arbeitsteilung« – worauf auch Wallerstein 1984 hinweist –, durch politischen Druck, um eine »De-Unionization« zu erreichen, etc.)[29]. Wenn sich dann der Akkumulationsprozeß verlangsamt, schlägt diese allgemeine Tendenz unmittelbar in die Freisetzung von Arbeitskräften in die Arbeitslosigkeit oder – wie im ersten Kapitel dargelegt worden ist – in eine Informalisierung der Arbeit (Ausweitung des informellen Sektors) um.

Festzuhalten ist also, daß aufgrund der geringen Investitionsneigung der reale Akkumulationsprozeß ins Stocken geraten ist und daher in allen Industrieländern, wenn auch mit zum Teil beträchtlichen Unterschieden, der Beschäftigungsgrad rückläufig und die Arbeitslosigkeit strukturell verfestigt sind. Man kann daher auch von einer *Entkoppelung von Wachstum und Beschäftigung* sprechen, die für die »Krise der Arbeitsgesellschaft« verantwortlich ist.

Wenn alle Länder ähnliche Krisenindikatoren aufweisen, dann ist offenbar das *kapitalistische Weltsystem* in einer Krise; dann ist die zu untersuchende Einheit nicht die einzelne Nation, komparativ zu anderen in Beziehung gesetzt, sondern das kapitalistische Weltsystem insgesamt[30]. Der Mechanismus, der die Ausweitung des »fordistischen« Akkumulationsmodells bewirkte, war der gleiche, der die Internationalisierung des Kapitals nach dem zweiten Weltkrieg zum Resultat hatte. Mit der Errichtung des Weltwährungssystems von Bretton Woods 1944, mit dem GATT- Abkommen wenig später (auch wenn es nur ein blasser Abklatsch des in der Havana-Charter vorgesehenen Freihandelssystems war) und den großzügigen Hilfeleistungen der USA an das vom Krieg hart betroffene Westeuropa (Marshall-Plan) entstand tatsächlich auch ein *institutioneller Rahmen* für die Internationalisierung der Waren-, Kapital- und Geldzirkulation. Und in dem Maße, wie der ökonomische Internationalisierungsprozeß vorankam, verallgemeinerten sich Konsum- und Lebensformen der Menschen und politische Regulierungstypen gesellschaftlicher Konflikte. Eine spezifische gesellschaftliche Rationalität erreichte eine globale Reichweite und konnte so – wie am Beispiel der Inwertsetzung Amazoniens gezeigt wurde – selbst bislang »abgelegene« Regionen in ihren Bann ziehen.

In den 50er Jahren vollzog sich die Internationalisierung vor allem als schnelle Ausweitung des *Welthandels* (jahresdurchschnittliche Zuwachsraten von 1950 bis 1960: 7,5 %). Die hegemoniale Position der USA erscheint in der aufgrund der technologischen Überlegenheit der Welthandelsprodukte der USA permanent überschüssigen Handelsbilanz. In den 60er Jahren wird neben dem Warenkapital auch das *produktive Kapital* internationalisiert; vor allem aus den USA ergießt sich – wie gezeigt wurde – nach dem Fall der Konvertibilitätsschranken 1959 ein Schwall von Direktinvestitionen nach Europa und in andere Teile der Welt.

Die Konsequenzen sind freilich für das nun international fungierende Akkumulationsmodell zwieschlächtig: *einerseits* werden neue Anlagesphären und damit Wachstumsfelder erschlossen. Dies macht sich in den hohen wirtschaftlichen Wachstumsraten in beinahe allen Ländern und einer die Wachstumsraten des BIP noch weit übersteigenden Expansion des Welthandels in den 60er Jahren bemerkbar. Auf der *anderen Seite* aber wird das technologische Niveau verallgemeinert und der effiziente fordistische Regulierungstyp auch in Europa verankert. Damit geht aber der Konkurrenzvorsprung der USA, also die reale ökonomische Grundlage der US-Hegemonie, tendenziell verloren. Es ist der *Erfolg*, der das fordistische Akkumulationsmodell in die Krise treibt und seine Rationalität unterminiert, nicht der Mißerfolg. Seinen Ausdruck findet der Verlust der politischen Rationalität der Hegemoniesicherung in den in den 60er Jahren beginnenden Turbulenzen auf den Devisenmärkten und dem durch keine politischen Maßnahmen aufhaltbaren Niedergang des US-Dollar, des Weltgeldes, des Mediums hegemonialer Praxis also. Darauf kommen wir noch zurück. Aber erwähnt werden muß noch, daß ja mit dem Fall der Profitrate unter ein Niveau, das eine hohe Akkumulationsrate gewährleistet, auch die ökonomische Rationalität verkehrt wird: Ökonomisches Handeln in den vorgegebenen Formen fordistischer Industrialisierung wird in quantitativ bedeutendem Maße und qualitativ durch Handeln in anderen Formen (»informeller Sektor«) abgelöst. Und schließlich bricht sich auch die soziale Rationalität konsensualer Regulierung an den alten Klassenwidersprüchen (Ende der 60er/Anfang der 70er Jahre) und neuen Subjekten, die in die Logik korporativer Regulierung nicht mehr einzubinden sind. Der Fordismus scheitert.

Dieser Prozeß hat noch eine *dritte* Seite. Mit der Verallgemeinerung des Modells verallgemeinern sich auch dessen immanente Krisentendenzen. Solange die Akkumulationsbedingungen national noch unterschiedlich sind, verlaufen auch die Konjunkturzyklen *a-synchron* mit dem Vorteil, daß konjunkturelle Einbrüche in dem einen Land – vermittelt über Preismechanismen – durch steigende Exportnachfrage (an der letzten Verwendung des BIP) vergleichsweise schnell überwunden werden konnten. Seit Mitte der 70er Jahre jedoch ist die *Krise* auch in dem Sinne *allgemein*, daß sie alle Nationen und Regionen in ihren Bann gezogen hat. Selbst in den bislang noch wenig in den Weltmarkt einbezogenen Regionen verkehrt sich »Inwertsetzung« in »Außerwertsetzung«.

6.2.3. Krise der US-Hegemonie

Die ökonomische Krise transformiert sich in eine Krise der US-Hegemonie. Und umgekehrt wird die Krise der US-Ökonomie und Gesellschaft zu einer Krise des hegemonialen Regimes insgesamt (Vgl. Keohane 1984, S. 182ff). Die Ausübung von Hegemonie in der Weltgesellschaft setzt, soll sie nicht permanent herausgefordert werden, die Möglichkeit voraus, daß alle Beteiligten – Nationen, Unternehmen, soziale Organisationen – daraus Vorteile ziehen können, daß also ein »Positivsummenspiel« gespielt werden kann. Es ist eine banale Feststellung, daß nur dann alle – wenn auch ungleich – gewinnen können, wenn das zu verteilende weltgesellschaftliche Sozialprodukt wächst.

Die Hegemonialmacht hat daher dafür zu sorgen, daß gerade diese Bedingung über kurzfristige zyklische Bewegungen hinweg aufrechterhalten wird, sonst ist mit der Hegemonialmacht auch das hegemoniale System, d.h. die spezifische *Form* der Weltordnung, gefährdet. Nun ist aber keineswegs gewährleistet, daß es der hegemonialen Macht gelingt, die »Pax hegemonica« als eine Ordnung, die allen Vorteile bringt und deren Existenz daher im Interesse aller Beteiligten liegt, zu sichern; schon an anderer Stelle ist auf den *Hegemonialzyklus* hingewiesen worden, der vom Aufstieg der hegemonialen Macht über ihre »De-Legitimierung« und schließlich Erosion der Medien, mit denen sie das hegemoniale System regulieren müßte, bis zum Konflikt führt (Modelski 1983). Man könnte diesen Ablauf auch formtheoretisch darstellen: Um die spezifische historische Form der Hegemonie erhalten zu können, muß von der Hegemonialmacht eine Reihe von Funktionen wahrgenommen werden, um das System zu regulieren. Funktionen werden aber von Institutionen mit bestimmten Medien ausgeübt, vor allem mit *Recht* und *Macht*, mit *Geld*, aber auch mit Konsens erzeugenden »*ideologischen Anrufungen*«, mit einer das Verhalten der Akteure steuernden und (selbst)begründenden *Moral*, deren gesellschaftliche Gültigkeit durch *Normen* hergestellt wird. Die Delegitimierung der Hegemonialmacht bezieht sich wesentlich auf die im historischen Verlauf entstehenden institutionellen Defizienzen, das Versagen ideologischer Anrufungen, die moralische Unglaubwürdigkeit der Werte, auf die politische Aktionen sich zu gründen versuchen. Demgegenüber drückt sich die Erosion der Mittel im Verfall von *rechtlicher* Regulierungskapazität und *Ohnmacht* bzw. – paradoxerweise – im machtpolitischen »Overkill« aus, sowie – insbesondere – in der *Krise des Mediums Weltgeld*.

Dieser in allgemeinen Begriffen beschriebene Hegemoniezyklus hat sich auch im Zeitalter der Pax americana vollzogen: die Delegitimierung von Institutionen, das Erwachen aus dem »american dream« durch die a-moralische Aggression und die Niederlage in Vietnam, das Debakel von Watergate (und Irangate mehr als 10 Jahre später) und vor allem: die Erosion der Mittel, mit denen Hegemonie ausgeübt werden kann. Die Machtlosigkeit zeigte sich in ihrer schäbigen Nacktheit beim unrühmlichen Abzug aus Vietnam und fünf Jahre später beim Desaster in der Wüste Irans. Aller Welt wurde demonstriert, daß die USA nicht mehr in der Lage waren, mit begrenzten Mitteln der iranischen Herausforderung

230

zu begegnen und – was noch mehr ins Gewicht fiel – für eine ungefährdete Energieversorgung der hochentwickelten kapitalistischen Welt zu sorgen. Hinzu kam aber, und dies ist der eigentlich entscheidende Punkt, der gleichzeitige Niedergang des Weltgeldes Dollar, abzulesen in den täglichen Kursnotierungen an den Devisenbörsen. Die zweite Hälfte der 70er Jahre war daher auch die Phase, in der *erstens* der Versuch gemacht wurde, die Aufgaben der Regulierung des hegemonialen Systems auf mehrere Schultern zu verteilen.

Ausdruck dieses Bemühens war die trilaterale Kommission; dieser Versuch indizierte lediglich, daß die USA *nicht mehr* allein die Last der Regulierung tragen konnten, aber Westeuropa oder Japan (allein oder gemeinsam) *noch nicht* in der Lage waren, die Institutionen und Medien bereitzustellen, mit denen Hegemonie hätte ausgeübt werden können. Kein Wunder, daß dieser Versuch der »Trilateralisierung« zum Scheitern verurteilt war. *Zweitens* wird der Dollar als Reserve-, Handels- und Interventionswährung durch andere Währungen verdrängt, auch wenn der Dollar immer die wichtigste Währung geblieben ist; Dies geschah, obgleich er als Leitwährung mit der Aufgabe des Systems am Dollar fixierter Wechselkurse schon 1971/73 abgedankt hatte. *Drittens* fällt in diese Phase die Gründung des europäischen Währungssystems (März 1979), das als die europäisch-regionale Antwort auf die Erosion der Medien zur Ausübung von Hegemonie in der Weltwirtschaft interpretiert werden muß.

Zwei Momente sind in diesem Zusammenhang wichtig. Anders als beim Niedergang der britischen Hegemonie zwischen den beiden Weltkriegen, ist derzeit keine neue Macht (wie vor 60 Jahren die USA) in Sicht, um den USA heute ihre hegemoniale Rolle ernsthaft streitig zu machen. »Die Krise besteht genau in dem Umstand, daß das Alte stirbt und das Neue nicht entsteht«, sagt Gramsci. Folglich ist es nicht ausgeschlossen, daß die Krise noch längere Zeit andauert, bis eine neue Form politischer Regulierung gefunden ist. Der faule Ausweg, auf Regulierung (zumindest in der Ideologie) gänzlich verzichten und die Steuerung gemäß neoliberaler Doktrin dem Markt überlassen zu wollen, wird nicht sehr lange gangbar sein. Denn die globalen ökonomischen und politischen, ja militärischen Konflikte regulieren sich nicht durch eine »unsichtbare Hand« zum Besten (oder Zweitbesten), sondern bedürfen der bewußten ideologisch überzeugenden und moralisch begründeten politischen Steuerung[31]. Das andere Moment ist zudem die Tatsache, daß nicht mehr alle am hegemonialen System Beteiligten daraus Vorteile ziehen. Im Gegenteil, *innerhalb* der nationalen Gesellschaften vollzieht sich tendenziell eine Spaltung zwischen denen, die im formellen Sektor Verdienst durch »typische Arbeit« finden und denen, die infolge

Erwerbslosigkeit von den formellen Gratifikationen des Systems weitgehend ausgeschlossen sind. *Zwischen* den Nationen aber stellt sich ebenfalls immer mehr eine Situation des Nullsummenspiels her: Was die einen gewinnen, verlieren die anderen. Indizien dafür sind Protektionismus und das Elend mit dem Schuldendienst der hochverschuldeten Länder der Dritten Welt. Dazu im folgenden Kapitel mehr.

Damit kommen wir bereits zum an *dritter* Stelle genannten Aspekt der Krise des Akkumulationsmodells, derjenigen der Geld- und Kapitalzirkulation. Erst als *alle Formen* des Kapitals – Waren, Produktionsmittel, Geld – internationalisiert sind und auch die ihrem Regulierungsbedarf entsprechenden institutionell-politischen Formen ausgebildet haben, kann von einem *entwickelten* Weltmarkt gesprochen werden. Und dieser macht sich sogleich als Medium privater Interessen gegen die politischen Regulierungsversuche geltend: Das Währungssystem der fixierten Wechselkurse kann den Tendenzen von Wert und Verwertung von Kapital nicht widerstehen. Der Zusammenbruch zu Beginn der 70er Jahre ist einerseits die Kehrseite einer deregulierten Explosion des privaten internationalen Kredits: Die Logik, der dieser Prozeß gehorcht, ist freilich eine ganz und gar andere als die der politischen Regulierung der internationalen Geldzirkulation zu Zeiten des Bretton Woods-Systems seligen Angedenkens; es geht schlicht und einfach um Profitmaximierung des Bankkapitals durch Ausnutzung von Zinsdifferenzen, Risikodivergenzen und Wechselkursbewegungen. Die international operierenden Kapitale verwandeln sich unter diesen Bedingungen in all-round Unternehmen, für die produktive reale Investitionen bestenfalls eine Anlageform unter vielen anderen sind. Denn auch Produktions- oder Transportunternehmen müssen angesichts der erratisch schwankenden Wechselkurse und Zinsen das dabei entstehende Risiko durch umfangreiche Finanzgeschäfte zu reduzieren versuchen. Hinzu kommt natürlich die Attraktivität von Finanzanlagen in Zeiten sinkender Rentabilität von produktiven Sachinvestitionen.

Andererseits reflektiert die Formveränderung des Währungssystems den grundlegenden Wandel, der sich mit der US-amerikanischen Zahlungsbilanz vollzogen hat. Nicht zufällig erfolgt der Zusammenbruch des Bretton Woods Systems zu Beginn der 70er Jahre nach der Aufhebung der Goldkonvertibilität des Dollar, die wiederum Antwort auf die Verschlechterung der US-Handelsbilanz ist; zum ersten Mal im 20. Jahrhundert haben die USA 1971 einen Negativsaldo in der Handelsbilanz.

Die Übersicht belegt den Wandel in den ökonomischen Beziehungen der USA mit dem Rest der Welt: Bis Anfang der 70er Jahre waren sowohl Handelsbilanz als auch Bilanz der laufenden Posten, die private und offizielle Dienstleistungen und Transfers (Zinsen und Gewinne;

Tab. 6.6.

Zusammenfassung von Posten der Zahlungsbilanz der USA (in Mrd US$; Jahresdurchschnitte)

	1950/59	1960/70	1971	1972/81	1982/85
Handelsbilanz	2,91	3,85	-2,9	-15,76	-31,07
Bilanz der lfd. Posten	4,16	6,77	1,2	0,29	-68,41
Kapitalbilanz langfristig	-1,76	-3,83	-6,5	-7,08	30,08

Quelle: OECD, Economic Surveys; mehrere Ausgaben

Militärhilfe, Entwicklungshilfe etc.) enthält, positiv. In den 70er Jahren wird die Handelsbilanz zunehmend defizitär; am Ende des Jahrzehnts beläuft sich der Negativsaldo auf an die 30 Mrd US$ jährlich. Doch bleibt die Bilanz der laufenden Posten immer noch geringfügig überschüssig. Solange die Bilanz der laufenden Posten mehr Einnahmen als Ausgaben verzeichnet, können sich die USA eine negative Kapitalbilanz leisten; d.h. sie exportieren Kapital in den Formen von Direktinvestitionen und langfristigen Krediten und Darlehen; von den kurzfristigen Kapitalbewegungen wird an dieser Stelle abgesehen, da es um die strukturellen Beziehungen geht. Erst seit Beginn der 80er Jahre verwandelt sich der Überschuß der Bilanz der laufenden Posten in ein steigendes Defizit, das nicht nur dem auf 140 Mrd US$ gestiegenen Loch in der Handelsbilanz, sondern auch dem auf ca. 100 Mrd US$ angewachsenen Defizit in der Dienstleistungsbilanz geschuldet ist. Um diesen Negativsaldo zu kompensieren, werden die USA seit Beginn der 80er Jahre zu einem *Kapitalimportland:* Die langfristige Kapitalbilanz wird positiv. Während also bis zu Beginn der 70er Jahre die USA ihren Kapitalexport durch Warenexportüberschüsse finanzieren und damit das Akkumulationsmodell in alle Welt »exportieren« konnten, müssen sie sich nun vom »Rest der Welt« ihren Importüberschuß und das Loch in der Dienstleistungsbilanz finanzieren lassen. Dies ist die Umkehr der mit der Hegemoniesicherung verbundenen Aufgaben und die Zerstörung der Grundlage, auf der die US-Hegemonie jahrzehntelang errichtet war.

Mit dieser Tendenz ist freilich kein Abgesang des Dollar als Weltgeld verbunden. Da mehr als drei Viertel aller Kontrakte immer noch in Dollar getätigt werden, gewinnen der Dollar und das US-Bankensystem eine neue Bedeutung; der Dollar ist nicht mehr reguliertes Weltgeld, also Medium zur Steuerung des Weltmarkts durch politische Instanzen, sondern Vehikel der Durchsetzung privater Interessen auf internationalen Finanzmärkten[32]. Da die Finanzmärkte ein Clearing-System brauchen, und da der Großteil der internationalen Geld- und Kapitalgeschäfte in Dollar getätigt wird, bietet sich das US-Bankensystem nachgerade an. – Die 70er Jahr sind demzufolge Zeuge der Umkehrung der Funktionen, die der Dollar als Weltgeld einmal hatte: von einem politischen Regulierungsmedium zu einem ausschließlich privaten *Kapitalanlageobjekt.*

Die Krise ist unvermeidlich. In ihren Bann geraten zunächst die entwickelten kapitalistischen Länder, in denen die Beschäftigung zurückgeht und die Akkumulationsrate sinkt. Da im Zusammenhang mit den Krisenprozessen das »Gewicht« der US-Ökonomie in der Weltwirtschaft abnimmt (Vgl. Armstrong/Glyn/Harrison 1984, S. 212), wird in diesem Prozeß die realökonomische Grundlage der Hegemonialmacht USA untergraben. Darüber hinaus ist die Regulierungskapazität mit dem Medium Geld weitgehend verloren gegangen: Mit der Entstehung der internationalen Geld- und Kreditmärkte ist weder von der Masse an mobilisierbarer Liquidität her noch mit der Steuerungsgröße Zins des zinstragenden Kapitals das System durch die Hegemonialmacht politisch zu steuern. Anders jedoch als in den 30er Jahren macht der in einer Krise befindlichen Hegemonialmacht USA heute keine aufstrebende ökonomische, politische und militärische Macht die Hegemonialstellung streitig. Daher ist eine Art hegemonialer Pattsituation eingetreten, eine historisch offene Phase mit ungewissem Ausgang[33].

Die ungestüme Expansion des internationalen Kreditsystems hat freilich nicht nur das Steuerungsmedium Geld des hegemonialen Prozesses untergraben, sondern mit der Mobilisierung von akkumuliertem Geldkapital auch auf der anderen Seite der Bilanz *Schuldner* mobilisieren müssen, die bereit waren und in der Lage schienen, Kredite bei den international operierenden Banken aufzunehmen und zu bedienen. So hat das internationale Kreditsystem sein Netz von Gläubiger- und Schuldnerbeziehungen in der Zwischenzeit über alle Länder geworfen. Mit einer Verzögerung von wenigen Jahren erreicht die Wirtschaftskrise auch die Länder der Dritten Welt, insbesondere die Schwellenländer Lateinamerikas, die mit zunächst billigen Krediten versucht haben, eine »nachholende Industrialisierung« (Vgl. erstes Kapitel) einzuleiten, – und beutelt sie in den 80er Jahren heftiger noch als in den 30er Jahren (Vgl. Thorp 1984). Die Verschuldungskrise bricht aus. Eine Krise, die die Hegemonialmacht USA nicht nur nicht verhindern kann, sondern die sie mit ihrer Politik, die ganz auf die Sicherung monetärer Forderungen des zinstragenden Kapitals verpflichtet ist, noch verschärft. Eine Wahl haben die USA derzeit kaum, da der Dollar als Repräsentant von Werten eine schwache Währung ist und stark und attraktiv nur durch hohe

Zinsanreize gemacht werden kann. Die Erhaltung des internationalen Kreditsystems und die Bedienung der monetären Forderungen haben nicht nur die Existenz des regulierten Währungsystems verunmöglicht, sondern auch in der Zwischenzeit die reale Akkumulation beeinträchtigt und sogar in manchen Regionen die gesellschaftlichen Reproduktionsbedingungen gefährdet.

Der Kreis schließt sich: Ein halbes Jahrhundert nach der Krise der 30er Jahre ist eine vergleichbare Situation wieder eingetreten. Das Weltgeld, damals das Pfund Sterling, heute der US-Dollar, ist zum Medium fauler Kreditbeziehungen geworden, die jede Überwindung der Krise illusorisch erscheinen lassen, sofern sie nicht abgebaut, also entwertet werden. Das Gefüge der Wechselkurse ist mit seinen erratischen Verschiebungen chaotisch. Die Preise von Rohstoffen – darauf wird im folgenden Kapitel zurückzukommen sein – befinden sich (in Relation zu den Preisen von Industriegütern) Mitte der 80er Jahre auf dem gleichen Niveau wie Mitte der 30er Jahre.

Kein Zufall also, daß »Ähnlichkeiten« zwischen den 30er und den 80er Jahren konstatiert werden. Einen Vergleich zwischen den 30er Jahren und den 80er Jahren anstrengend schreibt David Hale (Monetary Stimulus won't be Enough, in: The Wall Street Journal, July 17 1986) über die Rolle von Großbritannien und der USA in den 20er Jahren und der USA und Japans in den 80er Jahren: Es gäbe »drei bedeutende Ähnlichkeiten«: Mit dem Handelsbilanzdifizit erfahren die USA heute *erstens* »eine Verschlechterung ihrer Netto-Bilanz von Auslandsinvestitionen, die mit derjenigen, die Großbritannien als eine Konsequenz des Ersten Weltkriegs erlitt, verglichen werden kann. Ein Überschuß der Einkommen aus Direktinvestitionen in der Größenordnung von 1% bis 2% des Sozialprodukts in den frühen 80er Jahren wird sich in ein Defizit verwandeln, das 2% bis 3% des Sozialprodukts in der ersten Hälfte der 90er Jahre ausmacht... Das schnelle Wachstum der Außenschulden der USA wird das Wachstumspotential des Landes unterminieren... *Zweitens.* Wie die USA in den 20er Jahren übernimmt heute Japan die finanzielle Rolle einer großen Kreditgeber-Nation, ohne zugleich die Rolle im Welthandel zu übernehmen, die notwendig wäre, um das internationale System angemessen in Gang zu halten. *Schließlich* ist zu vermerken, daß genau wie in den 20er Jahren andere potentielle Wachstumszentren in der Weltwirtschaft nicht in der Lage sind, wegen großer externer Schuldenlast oder der Unfähigkeit, Kapital zu importieren, eine expansive Wirtschaftspolitik zu betreiben. In Lateinamerika ist tatsächlich heute der Schuldenüberhang größer als Deutschlands Belastung mit den Reparationszahlungen, wenn man beide in Relation zum Sozialprodukt setzt...« Wenn dann paradoxerweise in dieser Situation der größte Börsenboom seit 1914 stattfindet (ebenda), dann mit der Perspektive, daß der »default« nicht auszuschließen ist. Bei einer rückläufigen Sparquote in den USA, die 1986 bei unter 4% der verfügbaren Einkommen lag, beruht die Funktionsweise des Systems ausschließlich auf der Bereitschaft externer Kreditgeber, die Verschuldung der USA und die überhandnehmende Spekulation zu finanzieren. »In den USA dient das im Ausland aufgenommene Geld hauptsächlich dem Zweck, Konsumausgaben und einen unverdienten, hohen Lebensstandard zu finanzieren, während produktive Investitionen zurückgehen. Das ist sehr angenehm so lange, wie ausländische Kreditgeber ihr Geld zur Verfügung stellen...« (International Herald Tribune, 1.8.1986). Hört diese Bereitschaft auf, dann ist nicht nur das Regulations- und Hegemoniemodell der US-Gesellschaft gefährdet, sondern auch das *globale Regime von Ökonomie und Politik*. Das opulente Dinner auf der Titanic ist in vollem Gange. Eisberge driften in Richtung ihrer Route...

Siebentes Kapitel
Kapitalismus auf Pump:
Die Verschuldungskrise der 80er Jahre

Ad impossibilia nemo tenetur (Das Unmögliche zu leisten kann niemand gezwungen
werden)
noli foenerari fortiori te, quod se foeneraris, quasi perditum habe (Borge keinem, der
mächtiger ist als Du; Hast Du ihm aber geborgt, so sieh es als verloren an)
aus: Die Weisheiten des Sohnes von Sirach (Ecclesiasticus), etwa 132 v. Ch.

Nachdem wir die Krise des kapitalistischen Weltmarkts vom Zentrum
her betrachtet und untersucht haben, können wir nun die Perspektive
wechseln und von der Peripherie her die Dynamik einzuschätzen versuchen. Dabei wird insbesondere von der Verschuldung der Dritten Welt
und von deren ökonomischen, politischen, sozialen und ökologischen
Auswirkungen die Rede sein müssen.

7.1 Unterschiede zwischen den Krisen der 30er und der 80er Jahre

Ebenso wie die Ähnlichkeiten zwischen den Krisen der 30er und 80er
Jahre sind die Unterschiede frappierend, insbesondere wenn man sich
die Situation der lateinamerikanischen Länder vor Augen führt[1].
Erstens: Der Industrialisierungsgrad ist heute wesentlich höher als 50
Jahre zuvor, und damit zusammenhängend das Ausmaß der Urbanisierung. In Brasilien lebten 1940 31,2% der Bevölkerung (41,165 Mio
Menschen) in Stadtgemeinden und in den »metropolitanen Regionen«
(Belém, Fortaleza, Recife, Salvador, Belo Horizonte, Rio de Janeiro,
São Paulo, Curitiba, Porto Alegre) gerade 15,2%. Im Jahre 1980 hingegen lebten von den 119 Mio Brasilianern bereits 67,6% in Städten und
29,0% in den benannten metropolitanen Regionen (Macedo 1983, S.
222). Folglich sind heute die Möglichkeiten für die Bevölkerung weit
geringer als vor einem halben Jahrhundert, den Krisentendenzen durch
Rekurs auf *ländlliche* Subsistenzstrategien auszuweichen. Im Zuge der
gerade in den 60er und 70er Jahren in einigen Ländern – Mexico,
Brasilien, Venezuela – durchgeführten forcierten Industrialisierung hat
die Bevölkerung das Land verlassen und ist in die industriellen Agglomerationen gewandert; die großen Städte – São Paulo, Mexico-City, Cara-
cas und viele andere – sind zu Mega-Zentren aufgequollen, deren Reproduktionsbedingungen vom erfolgreichen »Export« der industriell

erzeugten Waren in andere Regionen des Landes oder auf den Weltmarkt abhängen. Durch den Austausch mit den Städten hat die Landwirtschaft ihr Gesicht im vergangenen halben Jahrhundert geändert; sie müßte erst umgewandelt werden – technologisch, hinsichtlich des Zugangs zu Krediten, preispolitisch –, um in der gegenwärtigen Krise Subsistenzmöglichkeiten in einem relevanten Maße zu eröffnen.

Daher schlägt die Krise voll auf die städtischen Massen durch: Arbeitslosigkeit verringert die Einkommen und damit die Massenkaufkraft; die durch den Schuldendienst erzwungene »Austerity-Politik«[2] tut das Ihre, um Investitions- und Konsumfonds zu Gunsten der Aufbringung von Ressourcen für den Schuldendienst einzuengen. Die Zentralbank Brasiliens gibt an, daß im Zeitraum 1977/81 2,7% des Bruttoinlandsprodukts als Zinszahlungen ans Ausland tranferiert worden sind, im Zeitraum 1982/85 aber mehr als doppelt so viel, nämlich 5,5% (Banco Central do Brasil, Relatório 1985, S. 17). Und sollten die Tilgungen von Krediten gezahlt werden müssen, um den Schuldenberg von (Ende 1986) etwa 110 Mrd US-$ langfristig abzubauen, dann müßten die Transfers noch weit darüber hinausgehen. Denn so schnell kann das BIP gar nicht wachsen, daß es diesen externen Anforderungen genügen könnte. Dies bestätigt sich bei Betrachtung der Investitionsquote, die von 22,5% im Jahre 1980 auf 16,3% gedrückt worden ist. Wie in anderen verschuldeten Ländern auch ist in Brasilien[3] nicht nur die Investitionsquote durch den Schuldendienst negativ betroffen, sondern auch der Pro-Kopf-Verbrauch der Bevölkerung, die öffentlichen Konsum- und Investitionsausgaben und die Beschäftigung. Mit der Zunahme der Arbeitslosigkeit verringert sich die effektive Nachfrage, so daß ein circulus viciosus in Gang gesetzt wird (Macedo 1983, S. 219). Er resultiert in ungleich größerem Ausmaß als 50 Jahre zuvor in einer »städtischen Verelendung« (Salamá 1984), die breite Schichten der Bevölkerung betrifft. Dies wird von der Studie »Brasil 2000« (Jaguaribe et al 1986) bestätigt: Von den 50,2 Mio beschäftigten Brasilianern erhalten 13% gar keinen Geldlohn, bei rund 30% liegt das Gehalt unter dem staatlich festgesetzten Mindestlohn und 22,5% verdienen zwischen einem und zwei Mindestlöhnen. Wegen der abnehmenden Absorptionskraft der Landwirtschaft sind allein 15,6 Mio Menschen in den 70er Jahren in die Städte geströmt; heute sind nach Angaben von »Brasil 2000« rund ein Viertel der urbanen Bevölkerung »marginalisiert«, d.h. ohne formelle Beschäftigung und Lebenssicherung. Die Betroffenen überleben mit Gelegenheitsarbeiten, Betteln, Prostitution, kriminellen Aktivitäten (Vgl. Jaguaribe et al 1986). Zweifellos ist dieser Zustand von Elend und Armut nicht erst durch die Verschuldungskrise bewirkt worden. Er ist Resultat des *»exkludenten Wirtschaftsmodells«* Brasiliens, das zwar ökonomisches Wachstum stimulierte, aber zugleich große Teile der Bevölkerung von seinen Gratifikationen ausschließt. Durch die Verschuldungskrise allerdings werden die Aussichten darauf verbaut, diesen Zustand überwinden zu können.

Zweitens. Wie gezeigt wurde, eröffnete die Krise der 30er Jahre für den lateinamerikanischen Subkontinent eine Perspektive der *Importsubstitution* durch beschleunigte Industrialisierung. Diese Möglichkeit ist in der Krise der 80er Jahre weitgehend abgeschnitten. Die hochverschuldeten Länder sind auf Exporterfolge auf externen Märkten angewiesen, um Devisen für Zins- und Tilgungszahlungen zu verdienen. Die Substitution von Importen allein reicht nicht aus, um den Handelsbilanzüberschuß zu erzielen, der das Loch in der Leistungsbilanz (durch Zinszahlungen bedingt) stopfen könnte. Trotz der Exportanstrengungen jedoch ist bei stagnierenden Weltmärkten für die Verwandlung des Defizits in der Handelsbilanz der verschuldeten Länder in einen Überschuß Mitte der 80er Jahre in erster Linie die Reduzierung der Importe verantwortlich.

Drittens: Kindleberger (1984) hat auch darauf hingewiesen, daß die lateinamerikanischen Länder in den 30er Jahren vor allem gegenüber einzelnen privaten Geldgebern verschuldet waren und diese die Verluste tragen mußten, wenn Zinszahlungen ausblieben und/oder Kredite abgeschrieben werden mußten. Heute hingegen sind die Schuldnerländer gegenüber dem komplexen internationalen Kreditsystem, durch das die privaten Banken untereinander verknüpft sind, verschuldet. Auf der einen Seite ist das System höchst elastisch; über einen Interbankenmarkt, der zwei Drittel aller Ausleihungen der international operierenden Banken umfaßt, lassen sich partielle Entwertungsprozesse von Krediten auffangen (dazu Schubert 1985). Auch sind Finanzinnovationen, also neue Formen von Anleihen, dazu geeignet, das Risiko einzelner Banken zu mindern und daher deren Spielraum für Reaktionen auf die Verschuldungskrise zu erhöhen. Die neuen Kredit- und Anleiheformen laufen ja allesamt darauf hinaus, der Globalisierung der Kreditgeschäfte Rechnung zu tragen und – vor allem durch deren Verbriefung – die Sicherheit der Kredite zu erhöhen (»Securisation«). Auf der anderen Seite hingegen ist es nicht auszuschließen, daß wegen der engen internationalen Verflechtung des Kreditsystems die Solvenzkrise einer Bank sich sehr schnell in eine schwere Krise des Kreditsystems insgesamt transformieren könnte. Diese Möglichkeit, die zur Befürchtung geworden ist, wird zur Grundlage für diverse Zusammenbruchsszenarien[4] und zum Gegenstand der vorsichtigen Warnungen von Zentralbanken. Hier zeigt sich von ihrer dramatischen Seite die Tatsache, daß der *Weltmarkt* heute mehr als jemals zuvor in der Geschichte des kapitalistischen Weltsystems *in allen seinen Formen* hergestellt ist, auch als *monetärer Welt-*

markt, der ebenso zusammenbrechen kann wie der Weltmarkt für Waren in den 30er Jahren zusammengebrochen ist. Die Konsequenzen freilich wären gravierender als 50 Jahre zuvor.

Die Unterschiede zwischen den 30er und den 80er Jahren ergeben sich also aus den unterschiedlichen Bedingungen, unter denen das (interne) *Aufbringungsproblem* des Schuldendienstes in den verschuldeten Ländern und das (externe) *Transferproblem* nur gelöst werden können. Die Aufbringung ist eine abhängige Variable der ökonomischen, sozialen und politischen Strukturen in jedem einzelnen Land; der Transfer ist abhängig von denjenigen Größen, die im vorangegangenen Kapitel analysiert worden sind: von der Bewegung der relativen Preise (*Terms of trade*), dem *Wechselkurs* insbesondere des Weltgeldes Dollar, den realen und nominalen *Zinsen*.

7.2. Die »Zinsfalle« der nachholenden Industrialisierung

Die rückläufige Investitions*neigung*, wie sie im vorangegangenen Kapitel untersucht worden ist, muß keineswegs auch eine Einschränkung der Investitions*möglichkeiten* mit sich bringen. Im Gegenteil, die Gewinne – insbesondere von großen Unternehmen – steigen nicht zuletzt infolge rezessionsangepasster Preisgestaltung (»administered pricing«: bei Nachfragerückgang werden die Preise nicht gesenkt, sondern zunächst noch erhöht, um die Gewinne zu halten) kräftig an (Vgl. dazu die empirische Studie von Welzk 1986). Da sie aber nur zu einem geringen Teil (aus den im vorangegangenen Kapitel erörterten Gründen) reinvestiert werden, erhöhen sie als von den Unternehmen angelegte Fonds die Bankenliquidität, so daß in den Jahren der Krise nach 1974 die internationalen Zinssätze sinken; wegen der hohen und zeitweise steigenden Inflationsraten sind in der zweiten Hälfte der 70er Jahre die *realen Zinssätze* – mit Ausnahme der Bundesrepublik Deutschland und Japan – sogar *negativ*: Im Durchschnitt der sieben großen OECD-Länder verlief die Entwicklung folgendermaßen[5]:

Tab.7.1.
Realzinsen im Durchschnitt der sieben großen OECD-Länder

Jahr	1976	1977	1978	1979	1980	1981	1982
Realzinsen(in %)	-0,3	-0,6	-0,3	1,2	2,4	4,2	4,0

Quelle: IMF, World Economic Outlook, Washington D.C. 1983, S.227

Auch wenn der Vergleich von Zinssätzen und Inflationsrate für mikroökonomische Entscheidungen nicht sehr erheblich ist, da kein Investor antizipativ weiß, ob er in seinen (Output-)Preisen die Inflationsrate (der Inputs) auch weitergeben kann, indizieren die niedrigen (temporär negativen) Realzinssätze »brachliegendes Leihkapital« (Marx), das von den Banken – in ihrer Rolle als »Finanzintermediäre« – an Kreditnehmer vermittelt werden kann. Doch wenn offensichtlich ein niedriger, sogar real negativer Zins nicht zur Anstachelung der Investitionsneigung in den *Industrieländern* beitragen kann, dann wird die zukünftige *Realrendite* produktiver Anlagen offenbar *noch niedriger* eingeschätzt. In einer solchen Situation verliert der Zins seine Steuerungsfunktion, da er gar nicht so niedrig sein kann wie es offenbar die Rentabilitätserwartungen der Unternehmen sind. Die Banken, die ja höchst liquide sind, begeben sich auf die Suche nach Kreditnehmern auch außerhalb der Welt der Industrieländer.

Die »Zinsfalle« ist geöffnet. In sie tappen nun auch Kreditnehmer, die bislang auf den internationalen Geld- und Kapitalmärkten eine weniger wichtige Rolle gespielt haben. Denn es steigt nicht nur die Staatsverschuldung in den entwickelten Ländern als Kehrseite der mangelnden Absorptionsfähigkeit der liquiden Fonds durch den Unternehmenssektor[6]; sie erhöht sich (im Falle der sieben großen OECD-Länder von 1972 bis 1986) von 39,3% auf 53,8% des Bruttoinlandsprodukts[7]. Es setzt vielmehr nun auch in verstärktem Maße die Verschuldung von Unternehmen und öffentlichen Institutionen in den *Schwellenländern* ein in der Hoffnung, durch Rückgriff auf die »externe Ersparnis«, also die von den international operierenden Banken angebotenen Kredite, den internen Industrialisierungsprozeß beschleunigen zu können. Es beginnt also die *»verschuldete Industrialisierung«* (Vgl. dazu auch 1. Kapitel), mit der tatsächlich in den 70er Jahren eine neue Entwicklungsphase im Hegemoniezyklus nach dem zweiten Weltkrieg eingeleitet wird: es entstehen in einigen Ländern und Regionen der Dritten Welt Wachstums- und Industriepole (Automobilindustrie, Stahl, Chemie und Elektronik), die den traditionellen Standorten in der »Ersten Welt« Konkurrenz machen können. Die langfristigen privaten Schulden der Entwicklungsländer wachsen 1970/73 um 21,1% im jährlichen Durchschnitt, 1973/80 um 24%. Erst in den 80er Jahren werden die Zuwachsraten der Kreditvergabe reduziert. In Lateinamerika betrug der Schuldenanstieg pro Jahr in den 70er Jahren rund 21% und schrumpfte nach 1982 auf rund 3,5% jährlich zusammen (Deutsche Bundesbank, Montasbericht Januar 1987, S. 40; Weltbank 1985, S. 179).

Es entsteht ein Dilemma: Gleichgültig, was passieren würde, die weltwirtschaftlichen Strukturen waren ungeeignet, im Falle des *Erfolgs* der Industrialisierung die neuen Konkurrenten zu ertragen oder im Falle des *Mißerfolgs* der Strategie verschuldeter Industrialisierung die dann notwendigerweise prekär werdenden Kreditbeziehungen zu retten. Es stellt sich heraus, daß *reale Akkumulation*, also die Errichtung einer industriellen Basis, und *monetäre Akkumulation*, also die Integration in das internationale Kreditsystem, nicht kompatibel sind.

Tatsächlich ist beides passiert: Einige südostasiatische Schwellenländer (Taiwan, Süd Korea, Singapore) waren mit ihren Industrialisierungsanstrengungen bis in die zweite Hälfte der 80er Jahre hinein recht erfolgreich – und verstärkten damit die auch aus anderen Gründen virulenten protektionistischen Tendenzen in der Weltwirtschaft. Die lateinamerikanischen Schwellenländer hingegen sackten, trotz beachtlicher Exporterfolge – so lange, wie die USA ein riesiges Handelsbilanzdefizit hinnehmen – in die Verschuldungskrise, weil sie nicht in der Lage sein konnten, den Schuldendienst aus der internen Produktion *aufzubringen* und dann noch in Dollar durch entsprechende Überschüsse in der Handelsbilannz zu *transferieren*.

Also gleichgültig, ob die verschuldeten Länder die Industrialisierungsstrategie erfolgreich durchführen oder die zunächst billigen Kredite auch für konsumtive Zwecke oder für Prestigeprojekte verwenden, die sich allenfalls sehr langfristig und niedrig (wenn überhaupt) rentieren – die Krise als eine Verselbständigung und Entgegensetzung der beiden Seiten einer Gläubiger-Schuldner-Beziehung ist vorprogrammiert. Die *Hegemonialmacht* ist nicht in der Lage, mit den ihr aus der Hand genommenen Medien diese Prozesse zu steuern. Erfolgreiche Industrialisierung setzt ja eine Erweiterung des Marktes voraus, also Wachstum in den kapitalistischen Industrieländern, das aus den schon dargelegten Gründen in dem notwenigen Maße ausbleibt. Andernfalls können die Märkte für die Produkte aus den NICs (neu industrialisierten Ländern) nur auf Kosten von »alten« Industrieländern sozusagen »herausgeschnitten« werden. Generell läßt sich sagen, daß die Chancen für Newcomer zu *Beginn* einer langen Welle des Wachstums (bei »expansivem Grundton«) selbstredend besser sind als am Ende, wenn der »stagnative Grundton« (Mandel 1978) dominiert. Die Hegemonialmacht müßte bereit und in der Lage sein, mit *aktiver Politik* die Weltwirtschaft aus der Stagnation herauszuführen. Es müßte also dem Industrialisierungsschub in den Schwellenländern ein Nachfrageschub in den Industrieländern entsprechen, denen gegenüber (bzw. genauer: deren internationalem Bankensystem gegenüber) die Schwellenländer ja verschuldet sind. Doch gerade dies geschieht nicht. Keynesianische Nachfragepolitik ist in der strukturellen Krise an unüberschreitbare Grenzen gestoßen (Vgl. dazu Altvater/Hübner/Stanger 1983). *Ideologisch* wird das Scheitern

242

eines Typs von staatlicher Regulation ökonomischer Prozesse im nationalen Raum ebenso wie auf dem Weltmarkt mit dem Vertrauen in die »Selbstheilungskräfte« des Marktes überhöht. Der Markt kann aber die politischen Steuerungsfunktionen, die die Hegemonialmacht ausüben müßte, nicht kompensieren; sein Wirken führt zur Zuspitzung der Schwierigkeiten und unterminiert noch weiter die Grundlagen des Akkumulationsmodells, dessen politische Regulierung bereits aufgegeben worden ist.

Jenseits aller ideologischen Reorientierungen (»vom Keynesianismus zum Monetarismus«) freilich sind es die Formveränderungen des Akkumulationsmodells, die eine »Politik der Lokomotive«, die den weltwirtschaftlichen »Geleitzug« wie beispielsweise in den frühen 50er Jahren aus der Stagnation zieht, nachgerade verunmöglichen: - Dazu gehören die technologischen Bedingungen, durch die die Zahl der »formellen« Arbeitsplätze drastisch reduziert worden ist und weiter abgebaut werden wird.- Die inzwischen stattgefundene transnationale Konzentration und Zentralisation von Kapital hat Machtkonglemerate entstehen lassen, die der nationalstaatlichen Regulierungskapazität spotten. Die 200 größten transnationalen Unternehmen machen einen Umsatz von 3500 Mrd US$, das sind 27% des Sozialprodukts der OECD-Länder in der Größenordnung von ca 11500 Mrd US$.- Das internationale Kreditsystem folgt seiner eigenen monetären Rationalität und nicht der Logik – wie im zweiten Kapitel dargelegt (Abschnitt 2.6.) – von Profit und Produkt, ganz zu schweigen von der »Logik der Arbeit« (Lelio Basso), deren Gehalt Vollbeschäftigung heißt.

Also: selbst wenn die Hegemonialmacht wollte, sie könnte gar nicht die Ressourcen in dem Umfang bereitstellen, damit diese als regulierende Medien erfolgreich zur politischen Zielerreichung eingesetzt werden könnten.

Einigen Schwellenländern gelingt es zwar, auf bestimmten Märkten traditionelle Anbieter aus den alten Industrieländern zu verdrängen (Werften, Bereiche der Stahlindustrie, Textil, Elektronische Komponenten etc.). Aber es ist mehr als zweifelhaft, ob sie zu einem industriell diversifizierten Bestandteil der Weltwarenmärkte werden können. Denn die Industrialisierung ist in vielen Ländern »*verstümmelt*« (Fajnzylber 1983), also unvollständig und für »self sustained growth« im Sinne der Modernisierungstheorie nicht ausgebildet. Darüber hinaus aber wird die weitere Entwicklung neuer Technologien die internationale Arbeitsteilung zu Lasten der»Dritten Welt« verändern und auch die partiellen Exporterfolge einiger Länder in Frage stellen. Wie sollte es auch möglich sein, daß sich angesichts der *allgemeinen Weltmarktkrise einzelne* Länder ihr entziehen können sollten, wenn doch der Funktionsraum Weltmarkt *in* den jeweiligen nationalen Gesellschaften mit seinen Krisentendenzen präsent ist!

Für die Länder allerdings, die sich verschulden und kein erfolgreiches Modell der Industrialisierung realisieren können – wobei die Gründe höchst unterschiedlich sind – wird die Verschuldung zu einem *Debakel* und für das kapitalistische Weltsystem insgesamt zu einem *Menetekel*, das an die Grenzen der »fordistischen« Form der Industrialisierung gemahnt: es besagt nämlich nichts anderes, als daß *nicht alle* Regionen des kapitalistischen Weltsystems den Prozeß nachholender Industrialisierung vollziehen können, so lange sie sich dem ausgebildeten Weltmarkt aller Aggregatformen des Kapitals (Warenkapital, produktives Kapital, zinstragendes Kapital) unterordnen.

Diese Ausweglosigkeit wird bei Betrachtung des monetären Regimes auf dem Weltmarkt bedrückend deutlich. Die Banken sind nämlich entgegen den Lobpreisungen über das grandiose Recycling der »Petrodollar« nach dem ersten Erdölschock 1974[8] keineswegs bloße »Intermediäre«. Vielmehr spielen die transnationalen Banken in den »freien Bankzonen« (Schubert 1985) in diesem Prozeß eine aktive Rolle. Im Bestreben, alle hereinkommenden Gelder gewinnbringend anzulegen, gerade wenn die Zinsmargen niedrig sind, werden sie aus den nationalen Währungsgebieten in »freie Bankzonen« transferiert, wo sie mindestreservefrei, weitgehend unreguliert, damit also kostengünstiger als im nationalen Bankensystem, ausgeliehen werden können. Die Gewinnspanne bei niedrigen Zinsen versuchen die Banken also zu halten oder zu erhöhen, indem sie den kostspieligen (nationalen) staatlichen Regulierungsräumen ausweichen und sich in den (internationalen) freien Bankzonen auf das Massengeschäft verlagern. Im Funktionsraum Weltmarkt sind sie in der Lage, sich der Reichweite nationalstaatlicher Interventionen zu entziehen. Daraus resuliert die enorme Ausweitung des internationalen Kredits in den 70er Jahren mit jährlichen Steigerungsraten von mehr als 20%. In der gleichen Phase, in der Weltproduktion, der Investitionsprozeß und Welthandel stagnieren, »explodiert« der monetäre Weltmarkt geradezu. Auch wenn die bloß quantitative Relation von realen und monetären Größen kein besonders zuverlässiger Indikator für die *Entkoppelung von realer und monetärer Akkumulation* ist, kann doch gesagt werden, daß in dieser Periode die monetäre Akkumulation den realen Prozessen mit Siebenmeilenstiefeln davonläuft.

Die Bankeneinlagen waren (und sind) in der Regel kurz- und mittelfristiger Natur, oft von den Unternehmen mangels alternativer Anlage »geparkte Gelder«. Doch wenn man vom Interbankengeschäft absieht – mit rund 70 Prozent der Ausleihungen der Löwenanteil des internationalen Kreditgeschäfts – sind die Ausleihungen der Banken an Kreditnehmer in der »Dritten Welt« in der Regel *langfristige* Kredite auf Roll-over-Basis, d.h. die Konditionen werden *kurzfristig* an die sich ändernden Marktbedingungen angepaßt[9]. Hier sind natürlich monetäre Dissonanzen eingeschlossen und zwar in mehrfacher Hinsicht. *Einmal ist* es möglich, daß Fristenstruktur monetärer Forderungen und Tableaus realer Ertragsraten (Investitionsrenditen) in ihrer Zeitstruktur divergieren. *Zum anderen* können Renditehöhe und Zinshöhe gegenläufige Entwicklungen nehmen; dies wird dramatisch dann, wenn Projekte mit niedriger und erst langfristig anfallender Rendite bei niedrigen Zinsen kreditfinanziert werden, dann aber infolge des Roll-over-Verfahrens die Zinsen nach oben tendieren, ohne daß die Rendite entsprechend steigen oder der Kreditnehmer aus dem Projekt noch »aussteigen« könnte. Dies ist beispielsweise bei Staudammprojekten der Fall, wenn der Bau bereits große Kapitalsummen verschlungen hat, für die bereits Zinskosten entstanden sind, die in jedem Fall zu zahlen sind. Dann kann es ökonomisch sinnvoll sein, das Projekt fortzusetzen, auch wenn es absehbar ist, daß auf lange Frist die Realrendite nicht an die Zinskosten heranreichen wird[10]. Eine staatliche Subventionierung des Projekts ist dann unvermeidlich, wie wir noch bei Betrachtung der Staudämme in Amazonien sehen werden. Hier zeigt sich der grundlegend verschiedene Charakter von Zins und Profit: Während der Zins *unverzüglich* auf die Markttendenzen von Angebot und Nachfrage reagiert, hängt die Entwicklung der Profitrate von realen, strukturellen Bedingungen ab, die kurzfristig wenig oder gar nicht beeinflußbar sind. Und dennoch müssen nicht nur die Rentabilitäten sondern auch die Zinsen real erwirtschaftet werden.

Wenn das internationale Bankensystem kurzfristige Einlagen von Unternehmen und Institutionen, die nur Geld zu »parken« beabsichtigen, an Kreditnehmer ausleihen, die mit den Geldern langfristige Projekte finanzieren, dann müssen die Banken dafür Sorge tragen, daß die eingelegten Guthaben nicht abgezogen werden bzw. neue Gelder zuströmen, um genügend liquide zu bleiben. Darüber hinaus aber müssen die Banken zur Zahlung ihrer Einlagezinsen darauf achten, daß von den Kreditnehmern die Sollzinsen auf die Kredite fristgerecht bezahlt werden. Mit diesem kategorischen Imperativ des Bankgeschäfts wird besonders deutlich, daß die Banken eben nicht nur Intermediäre eines internationalen Recycling-Prozesses sind, sondern als *profit-institutions* selbst ein Risiko eingehen.

In einer ersten Phase nach Ausbruch der Krise in den 70er Jahren konnten die Banken billig Kredite vergeben, weil ihnen Kapital zu niedrigen Zinsen zuströmte. Mit der Ausweitung des Geschäfts, das sie aktiv forcierten, indem sie manchen Ländern Kredite geradezu »aufschwatzten«[11], sind die Banken darauf angewiesen, einen ständigen

Zustrom von Liquidität an sich zu ziehen, um die eingegangenen Kreditverpflichtungen in ihren Portefeuilles abzudecken. Dies stellt sich als unangenehme Notwendigkeit dann heraus, wenn Kreditnehmer mit ihren Schuldverpflichtungen säumig werden. Dabei geht es gar nicht so sehr um Tilgungen als um Zinszahlungen. Kommen die nämlich nicht pünktlich herein, dann ergibt sich zunächst *für die Banken* selbst ein Refinanzierungsbedarf, da sie ja aus Gründen der eigenen Solvenz und Bonität ihrerseits Zinszahlungen auch weiterhin fristgerecht leisten müssen und folglich entweder Reserven anzapfen oder sich am Interbankenmarkt kurzfristig mit Liquidität versorgen müssen. Der Liquiditätsbedarf steigt also mit der Folge, daß bei nicht gleichermaßen steigendem Angebot von monetären Fonds der Zinssatz nach oben tendiert[12]. Diese Bewegung wird noch dadurch verstärkt, daß illiquide oder insolvente *Schuldner* ebenfalls versuchen müssen, zur Erfüllung ihrer Verpflichtungen neue kurzfristige Kredite zu bekommen. In dem Moment also, in dem die Bedienung der Schulden (aus welchen Gründen auch immer) zu stocken beginnt, *muß sich das Zinsniveau erhöhen*. Dies wäre auch dann geschehen, wenn das Federal Reserve System der USA nicht seit Ende 1979 eine Politik des knappen Geldes verfolgt hätte. Die Verschuldungskrise ist also vorprogrammiert.

7.3. Paradoxien der Verschuldungskrise

Obwohl die Schuldnerländer der dritten Welt in den vergangenen Jahren netto Kapital an die Industrieländer transferierten (allein die 17 Länder des »Baker-Plans« zahlten netto von 1983 bis 1986 81,6 Mrd US$ ans internationale Bankensystem – Financial Times, 6.3.1987), sind die Auslandsschulden der Entwicklungsländer paradoxerweise angestiegen: von 763 Mrd US$ 1982 über 809 Mrd US$ 1983, 849 Mrd US$ 1984 auf 916 Mrd US$ 1985 (Monatsberichte der Deutschen Bundesbank, Januar 1987, S.41). Die nachfolgende Tabelle 7.2. faßt in allgemeinen Zahlen die Situation von 17 verschuldeten Ländern zusammen, für die der »Baker-Plan«[13] ausgearbeitet worden ist. Darin wird noch einmal bestätigt, was bereits im ersten Kapitel Gegenstand der Überlegung war: Die Verschuldung und der daraus resultierende Schuldendienst haben Investitionen und Konsum in den verschuldeten Ländern zusammengepreßt und zu einem bedeutsamen Ressourcentransfer aus dem Süden in den Norden des Globus geführt.

Tab. 7.2.

Kennzahlen für 17 hochverschuldete Entwicklungsländer

Land	Schulden 1985[1]		Schuldendienst[2] (1985–87)		Schulden in % der Exporte		Wachstumsraten (%)[3] (1980–84)				
	ges.	davon privat	insges.	davon Zinsen	1980	1984	BIP	Exp.	Imp.	Inv.	Pro-Kopf Kons.
	Mrd.	%	Mrd. $		%	%					
Argentinien	50,8	86,8	20,4	12,7	90,9f	290,2	−1,6	−14,7	−16,8	−2,7	
Bolivien	4,0	39,3	1,6	0,6	210,4	382,7	−4,7	−1,7	−15,8	−22,1	−7,8
Brasilien	107,3	84,2	39,7	28,0	171,3	219,8	−0,1	10,8	−7,3	−8,6	−1,2
Chile	21,0	87,2	9,2	5,0	75,5	255,1	−1,4	−0,7	−4,2	−11,6	−2,1
Kolumbien	11,3	57,5	6,4	2,5	69,7	150,1	1,8	0,8	2,4	2,4	−0,1
Costa Rica	4,2	59,7	2,4	0,9	139,5	−0,4	1,1	−9,1	−9,4	−4,8	
Ecuador	8,5	73,8	3,4	2,1	110,9	223,1	1,1	2,6	−13,7	−16,9	−2,3
Elfenbeinküste	8,0	64,1	4,0	1,4	119,4	160,5	−2,3	1,3	−8,8	−19,5	−6,6
Jamaica	3,4	24,0	1,3	0,5	98,2	159,9	1,3	−2,5	−2,1	9,5	−1,4
Mexiko	99,0	89,1	44,4	27,2	136,7	213,5	1,3	10,5	−14,5	−10,1	−1,4
Marokko	14,0	39,1	6,0	2,4	217,3	337,2	2,5	4,1	−1,0	−2,7	−0,2
Nigeria	19,3	88,2	9,1	3,1	15,7	95,4	−4,7	−13,3	−12,1	−19,3	−4,3
Peru	13,4	60,7	5,2	3,1	127,1	247,0	−0,7	−0,6	−10,8	−5,3	−3,7
Philippinen	24,8	67,8	9,5	4,9	81,6	139,1	0,8	3,6	−4,8	−12,4	0,0
Uruguay	3,6	82,1	1,4	0,8	70,7	184,8	−3,7	2,2	−11,3	−20,2	−4,7
Venezuela	33,6	99,5	17,8	7,8	48,9	91,4	−1,8	−3,8	−19,3	−15,6	−6,4
Jugoslawien	19,6	64,0	13,6	4,0	33,3	62,6	0,6	−0,6	−8,1	−2,9	−0,5

1 Geschätzte externe Verbindlichkeiten, einschließlich Kredite des IWF;
2 Daten auf der Grundlage langfristiger Schulden und zu Konditionen von Ende 1984;
3 Berechnet zu konstanten Preisen
Quelle: Weltbank; nach The Economist, 27. September 1986

Und trotz des Ressourcentransfers sind die Schulden noch angestiegen. Die Zahlungen des Schuldendienstes hätten eben noch wesentlich höher sein müssen, um den Schuldenberg abtragen zu können. Dies kann ja nur gelingen, wenn nicht nur die Zinsen gezahlt sondern auch Tilgungen geleistet werden. Doch die Tilgung der aufgenommenen Kredite ist selbst den »Musterländern« unter den Schuldnern (Mexico bis 1985; Brasilien 1984 bis 1986) nicht möglich. Denn dazu bedürfte es einer »territorialen Ersparnis« (gleich der internen Ersparnis zuzüglich des Einkommenstransfers ans Ausland), die von Ländern, in denen noch immer große Teile der Bevölkerung in Armut leben, nicht mobilisiert werden kann. Denn da Ersparnis im strengen Sinne als Nicht-Konsum definiert ist, bedeutet der Transfer des Schuldendienstes in jedem Fall eine Verminderung des möglichen Konsumniveaus, was in einem Land mit Unterernährung und Unterversorgung mit privaten und öffentlichen Dienstleistungen nur um den Preis von Hunger und Elend machbar wäre.

Um einen Eindruck von der Größenordnung des Problems zu erhalten, betrachten wir die Verschuldung Brasiliens. Allein auf die am 31.12. 1984 registrierte Außenschuld in Höhe von zu jenem Zeitpunkt 91,1 Mrd

US$ wären in den Jahren 1986 bis 1990 vertragliche Tilgungen in Höhe von 62,5 Mrd US$ fällig geworden. Das sind jährlich etwa 12 Mrd US$, denen natürlich noch die Zinsverpflichtungen von jährlich etwa 9-11 Mrd US$ hinzuzuzählen sind. Um also die Außenschuld netto zu verringern, hätte Brasilien in der zweiten Hälfte der 80er Jahre einen Exportüberschuß in Höhe von jährlich etwa 20 Mrd US$ erwirtschaften, also den Saldo der sehr erfolgreichen Jahre seit 1983 noch einmal verdoppeln müssen. Abgesehen davon, daß dies angesichts der Weltmarktstrukturen fast ausgeschlossen ist, kann ein *Ressourcentransfer* dieser Größenordnung gar nicht wünschenswert sein, wenn man die Folgen für die Lebensbedingungen der Bevölkerung, die Entwicklung des Landes und nicht zuletzt die ökologischen Verhältnisse – Ressourcentransfer heißt ja nichts anderes als übermäßige Steigerung der Entropie (Vgl. 3. Kapitel) – berücksichtigt. 20 Mrd US$ – das wären etwa 9% des Bruttosozialprodukts, die Jahr für Jahr an die Gläubiger abgeführt werden müßten. »Es wäre schon möglich, bis zum Ende des Jahrzehnts jährlich einen Handelsbilanzüberschuß von 12 Mrd US$ zu erzielen. Aber dies würde eine klare Option bedeuten: für Hunger und für eine Verzögerung bei der Modernisierung unserer industriellen Basis« (Carlos Lessa, in: Ciencia hoje, Vol. 4, No. 21, Nov/Dez. 1985, S.9). Dabei ist zu beachten, was zu Beginn dieses Kapitels ausgeführt worden ist: Infolge des bereits erreichten hohen Urbanisierungsgrades sind die Möglichkeiten für die Bevölkerun gering, agrarische subsistenzökonomische Strategien zu realisieren. Die städtische Verelendung wäre vorgezeichnet.

Die Verschuldung von Ländern (oder von privaten Unternehmen) an sich ist nicht das Problem, solange die »Leistungsfähigkeit« zum Schuldendienst nicht überbeansprucht wird und sich die Schulden, die in einer »Geldwirtschaft« ganz normal sind, mit Forderungen in ähnlicher Größenordnung saldieren. Knut Wicksell hat die Kategorie des »natürlichen Zinses« (die im übrigen auch bei den vorklassischen Ökonomen eine Rolle spielte) eingeführt, um die Grenzen der *monetären* Zinsen an der *realen* Produktivität einer Ökonomie anzudeuten. Auch Marx ist – wie schon gezeigt worden ist (Kap. 2.6.) – der Auffassung, daß es zwar keine »Minimalgrenze« des Zinses, wohl aber eine Maximalgrenze gebe, die sich an der Größe des Profits bemesse. Erst wenn – bei mikroökonomischer Betrachtung – die Zinsen über die Rendite steigen und die geforderten Tilgungen die erzielten Amortisationen übertreffen, entstehen Schwierigkeiten mit dem Schuldendienst. Er müßte nun aus anderen Quellen als aus den Gewinnen und den Abschreibungserlösen aufgebracht werden. Private Schuldner, insbesondere Unternehmen, verfügen aber über diese »anderen« Fonds nicht, wenn man den Zugriff auf das Eigenkapital, also auf die Unternehmenssubstanz ausschließt; sie müssen in einer solchen Situation entweder ihre Zahlungsunfähigkeit deklarieren, oder eine Institution übernimmt die Schuldverpflichtungen, die Zugriff auf andere Fonds und Einkommensströme als Gewinne und Amortisationen hat: der *Staat*. Es ist daher nur logisch, daß heute, in einer Phase allgemeiner Schwierigkeiten mit dem Schuldendienst, die Schulden und die daraus resultierenden Verpflichtungen in allen Ländern tendenziell *verstaatlicht* werden[14]. Während die internationalen Kreditbeziehungen im Verlauf der 70er Jahre mehr und mehr auf der *Gläubigerseite* privatisiert worden sind, führen die Schwierigkeiten mit dem Schuldendienst auf der *Schuldnerseite* zur *Verstaatlichung* der Schulden und des Schuldendienstes; *der verschuldete Kapitalismus sozialisiert seine Schulden.*

Betrachten wir die Zusammensetzung der ausstehenden Schulden einiger Hauptschuldnerländer, um die Tendenz zur Privatisierung der Kredite zu belegen. Diese hatte obendrein noch den Nebeneffekt, daß die Kredite in zunehmendem Umfang als variabel verzinsliche vergeben worden sind, so daß die Zinssteigerung zu Beginn der 80er Jahre unvermittelt den Zinsendienst steigerte.

Tab. 7.3.

Zusammensetzung der ausstehenden Schulden von Hauptschuldnerländern 1970 – 1983
(in vH der Gesamtschulden)

Land	Schulden aus öffentl. Quellen		Schulden aus privat. Quellen		Variabel verzinsl. Schuld	
	1970/72	1983	1970/72	1983	1970/72	1983
Argentinien	12,6	5,7	87,4	94,3	13,9	34,0
Brasilien	29,7	12,6	70,3	87,4	43,5	76,5
Chile	47,1	9,9	52,9	90,1	9,6	72,0
Mexico	19,8	8,2	80,2	91,8	46,8	82,4
Venezuela	28,5	1,3	71,5	98,7	20,6	87,9
Indien	95,2	91,6	4,8	8,4	0,0	5,0
Korea	38,8	40,4	61,2	59,6	15,1	42,1
Ägypten	66,0	79,2	34,0	20,8	4,8	1,2
Jugoslawien	37,3	23,8	62,7	75,3	7,6	59,4

Quelle: Weltbank, Weltentwicklungsbericht 1985, S. 181

Die Kredite an lateinamerikanische Länder sind also in den 70er Jahren fast vollständig privatisiert worden, im Unterschied zu den asiatischen Schuldnerländern, wie die Tabelle ausweist. Da dies zugleich zur Folge hatte, daß wegen der nahezu 100%ig variablen Zinssätze mit der Zinshausse der 80er Jahre der Schuldendienst schockartig (»Zinsschock«) anstieg, konnte auf der Schuldnerseite nur noch der *Staat als*

Garant privater Kredite helfen. In Brasilien waren noch Anfang der 70er Jahre 75% der neuen externen Schulden private, 1985 sind mehr als 80% der neu aufgenommenen externen Schulden staatliche. Dies ist keine Ausnahme. Die Weltbank (1985, S.75) schreibt: Die »jüngste Tendenz der Umschuldungsverhandlungen (ist), auch die nicht garantierten Schulden als Teil der Verbindlichkeiten der Regierung in die Umschuldung mit einzubeziehen. Der öffentliche Sektor übernimmt das Transferrisiko, das mit der Bedienung der vom privaten Sektor aufgenommenen Auslandskredite verbunden ist, obwohl die mit diesen Schulden erworbenen Aktiva in der Regel im Ausland gehalten werden, wo sie der heimischen Wirtschaft kaum Nutzen bringen.«

Das ist noch übertrieben. Denn sie bringen nicht nur *gar keinen* Nutzen sondern schaden obendrein dem verschuldeten Land dadurch, daß die Aufbringung des Schuldendienstes durch den öffentlichen Sektor entweder auf Kosten des Staatsverbrauchs und der öffentlichen Investitionen geht oder die Inflation weiter ankurbelt. Die Schwierigkeiten mit dem Schuldendienst tendieren dann dazu, sich zu vergrößern. Denn die nicht gezahlten Tilgungen und Zinsen erhöhen *erstens* den noch ausstehenden Kreditbetrag und erfordern in der Regel *zweitens* Umschuldungen und Refinanzierungen, die auch für die Kreditgeber kostspielig sind. Die Kosten werden in Form von Gebühren und das erhöhte Kreditrisiko in Form von Zinsaufschlägen (Spreads) dem Schuldner angelastet. Ist also eine Verschuldungskrise erst einmal eingetreten, dann tendieren die eingebauten positiven (also destabilisierenden) Rückkopplungsmechanismen dazu, die Schwierigkeiten mit dem Schuldendienst zu steigern und zwar bis zu dem Moment, an dem entweder der (oder die) Schuldner die Zahlungsunfähigkeit deklarieren, also Bankrott anmelden oder die ausstehenden Kredite von den Gläubigern teilweise oder ganz abgeschrieben werden müssen. Zwischen diesen beiden Lösungen gibt es nur noch eine politisch moderierte Aufteilung der Abschreibungsverluste zwischen Gläubigern und Schuldnern. *Quartum non datur*, wie wir unten noch genauer sehen werden.

Diese Entwicklung hat sich vollzogen, obwohl nach Einschätzung der Weltbank, des IWF, oder der Deutschen Bundesbank seit August 1982, als Mexico mit dem Zahlungsmoratorium die Verschuldungskrise eröffnete, Fortschritte bei der Bewältigung der Krise erzielt worden sind[15]. Diese »Erfolge« sind sehr einseitig zu Lasten der Schuldnerländer zustandegekommen, die ihre Importe radikal senkten und die Exporte ebenso radikal forcierten. Der Überschuß in der Handelsbilanz konnte für den Schuldendienst verwendet werden, d.h. ein Teil der territorialen Ersparnis wurde aus den verschuldeten Entwicklungsländern in die entwickelten Industrieländer transferiert. Anders als die Außenhandelstheorie nahelegt, hat die Beteiligung am Außenhandel den verschuldeten Ländern keine Vorteile im Sinne einer Steigerung der nationalen Wohlfahrt gebracht. Die lateinamerikanischen Länder der Aladi-Zone exportierten 1982 für 61,3 Mrd US$, im Jahre 1984 für 75 Mrd US$ (+22,4%). Die Importe betrugen 1982 noch 56,6 Mrd US$, 1984 nur noch 41,1 Mrd US$ (-27,4%). Brasilien, bis 1987 ein typisches Beispiel für ein »erfolgreiches« Schuldnerland, exportierte 1981 noch für 23,7 Mrd US$ und importierte im gleichen Jahr für 22,1 Mrd US$. 1983 sanken die Exporte geringfügig auf 21,9 Mrd US$, um 1984 auf 27,0 Mrd US$ emporzuschnellen. Die Importe wurden 1983 auf 15,4 Mrd US$ gesenkt, um 1984 nochmals auf 13,9 Mrd US$ reduziert zu werden; Der Prozeß wurde 1985 fortgesetzt: Die Exporte brachten Erlöse in Höhe von 25,6 Mrd US$, die Importe wurden noch weiter auf 13,2 Mrd US$ komprimiert. Man mag sich vorstellen, welcher Anstrengung es bedarf, um die Exporte *real* aus dem produzierten Sozialprodukt abzuzweigen und gleichzeitig die Importe fast auf die Hälfte zu halbieren. Immerhin handelt es sich selbst im Falles Schwellenlandes Brasilien nicht um eine industrielle Gesellschaft, die wie Japan oder die BRD auf Export getrimmt ist und dabei immer reicher werden kann.

Trotz dieser unzweifelhaften »Erfolge« – gemessen an den Kriterien des internationalen Kreditgeschäfts – mußten Kredite umgeschuldet werden, und zwar nicht nur im Falle Brasiliens. Die Anspannung der Situation erschließt sich durch einen Blick auf die Höhe der Kreditbeträge, die in Umschuldungsverhandlungen neu konditioniert wurden (Höhe der Zinsen und Tilgungen, Laufzeit, tilgungsfreie Jahre, Währung, in der Zinszahlungen zu leisten sind, etc.)

Tab.7.4.
Kreditbeträge, die umgeschuldet werden mußten
– 1975 – 1984 (in Mrd US-$)

Jahr	1975	1976	1977	1978	1979	1980	1981	1982	1983	1984
Betrag	0.37	1.35	0.37	1.81	6.18	3.72	5.76	2.38	51.09	116.22

Quelle: Weltbank, Weltentwicklungsbericht 1985, S. 32

Einzelne Länder (Bolivien, Peru) mußten schon 1985 die Zahlungen von Tilgungen und Zinsen einstellen; Brasilien, das größte Schuldnerland, reihte sich für viele überraschend in die Reihe der »faulen« Schuldner ein und brachte dadurch das internationale Bankensystem in die Schwierigkeiten, die noch im Fall der kleinen Schuldner Peru, Vietnam oder Sudan belächelt wurden. *Ad impossibilia nemo tenetur.* Die Verschuldungskrise verlängert sich also in die Zukunft.

Dem Prozeß der Verschuldung lag die Annahme vom »Schuldenzyklus« zugrunde (Weltbank, Weltentwicklungsbericht 1985, S. 55; Vgl. auch Sant'Ana 1982), dessen Basisidee lautet: durch Aufnahme externer Kredite verschuldet sich ein Land zunächst, hat dabei eine negative Leistungsbilanz (wegen der Kreditaufnahme im Ausland aber eine positive Kapitalbilanz), und kann mit den aufgenommenen Krediten, also durch Rekurs auf die »äußere Ersparnis«, die Produktivität der nationalen Wirtschaft steigern. Dies ist die Vorbedingung für die *Aufbringung* des Schuldendienstes in der Phase der Bedienung und Rückzahlung des Kredits. Bis zu Beginn der 80er Jahre konnten die Entwicklungsländer eine Investitionsquote (gemessen am Bruttoinlandsprodukt) erzielen, die zum Teil beträchtlich über der nationalen Sparquote lag; danach freilich ist die Lücke geringer oder gar geschlossen worden: durch Anhebung der Sparquote oder/und Reduzierung der Investitionsquote (Vgl. Weltbank 1985, S. 177). Die Hypothese vom Schuldenzyklus geht weiter davon aus, daß nach Ausreifung der mit den äußeren Krediten finanzierten Projekte die Exporte gesteigert und so eine positive Leistungsbilanz erzielt werden könne. Das verschuldete Land kann nun mit der Rückzahlung der Schuld in Devisen (*Transfer*) beginnen, indem der Handelsbilanzüberschuß zur Finanzierung des Defizits in der Dienstleistungs- und Kapitalbilanz verwendet wird. Nach einer gewissen Zeit kann es dem Land sogar gelingen, zum Gläubiger zu avancieren. Diese Hypothese ist zu schön um wahr zu sein. Denn sie setzt ja voraus, daß die Gläubigerländer bereit und in der Lage sind, ein dem Handelsbilanzüberschuß der Schuldnerländer entsprechendes Defizit in ihrer Handelsbilanz hinzunehmen. Daß also die Verwirklichung der Implikationen der Hypothese vom Schuldenzyklus nicht ohne krisenhafte Prozesse ablaufen dürfte, ist offensichtlich – ganz abgesehen von den ökonomischen Interessen, die sich auf politischer Ebene artikulieren, um eine Umkehrung der Welthandelsströme zu verhindern.

Außerdem geht die These vom Schuldenzyklus davon aus, daß die aufgenommenen Kredite Produktivität, Wachstum und Wohlstand steigern. Dies ist – wie noch zu zeigen sein wird – aber keineswegs immer der Fall. In Lateinamerika ist im Zeitraum 1980/85 das Pro-Kopf-Einkommen um insgesamt 8,9% gesunken; wenn man Kuba (das als *einziges* Land auf dem Subkontinent eine Steigerung um 34,1% in diesem Zeitraum verzeichnen kann) und Brasilien (mit einem Rückgang von insgesamt 3,0%, aber einem hohen Anstieg 1983-1985) ausklammert, beträgt die Minderung des Pro-Kopf-Einkommens in sowieso schon armen Gesellschaften sogar 11,4%. (CEPAL, nach: Conjuntura Economica, Febr. 1986, S. 196; auch Weltbank 1985, Tab A.2, S. 174). Die externe Verschuldung hat also nicht nur den Wohlstand nicht gesteigert, sondern die Verelendung in breiten Schichten der Bevölkerung noch erhöht. Dieser Prozeß ist, abgesehen von kurzfristigen Erholungs- und Aufschwungphasen wie in Mexico 1983 bis 1985 und in Brasilien 1984/86, nicht zu stoppen, solange der externe Zwang zum Schuldendienst und das heißt: zur realen Abzweigung von intern erzeugten Waren und Dienstleistungen für den Export existiert. Da darin keine Tilgungen eingeschlossen sind, müßte dieser Ressourcentransfer via internationalem Bankensystem in die Industrieländer *ad calendas graecas* fortgesetzt werden. Die verschuldeten Länder haben in Form der Zinsen die aufgenommenen Kredite bei internationalen Banken mehrfach bezahlt und müßten dennoch auch weiterhin Transfers leisten. Offensichtlich ist dies eine absurde Vorstellung, so daß der Optimismus wundert, der angesichts der kurzfristigen Export- und Wachstumserfolge einiger Schuldnerländer internationale Organisationen, Politiker und Sachverständige beflügelt, wenn sie sich zur Verschuldungskrise äußern.

Es kommt aber noch hinzu, daß – unter normativen Gesichtspunkten – mit dem gegenwärtigen Verschuldungsregime »Entwicklung aus der Unterentwicklung« ganz und gar ausgeschlossen ist, wenn über einen längeren Zeitraum Länder mit niedrigem ökonomischen Niveau (Pro-Kopf-Einkommen, Produktivität, Industrialisierungsgrad etc.) Ressourcen an die entwickelteren Länder real transferieren müssen. Und das ist noch nicht alles. In den verschuldeten Ländern ist die Investitionsquote zurückgegangen. Dies ist nicht verwunderlich, wenn die interne Ersparnis (der ja saldenmechanisch der Überschuß der Handelsbilanz entspricht) vorwiegend für den Schuldendienst verwendet werden muß. Damit aber verschlechtern sich die langfristigen Entwicklungsmöglichkeiten der verschuldeten Länder; der Abstand zu den entwickelteren Ländern wird – von wenigen Ausnahmen möglicherweise abgesehen – größer. Darüber hinaus steigt mit der Notwendigkeit, große Teile der Exporteinnahmen für den Schuldendienst zu verwenden, die *Verwundbarkeit* der nationalen Ökonomie gegenüber externen Schocks. Die Relation von Schulden bzw. Schuldendienst und Exporteinnahmen ist ein brauchbarer Indikator für die »vulnerability« eines Landes. Insgesamt haben nach einer Berechnung von William Cline externe Schocks (Ölpreisanstieg, Zinsschock und terms-of-trade-Verluste) die verschuldeten Länder mit rund 400 Mrd US$ belastet[16]. Die Schocks kommen allerdings – wie im zweiten Kapitel ausführlich dargelegt wurde – nur scheinbar von »außen«. Sie sind ja gerade deshalb Schocks, weil die *nationalstaatliche Reichweite* politischer Steuerung nicht ausreicht, um den Krisentendenzen des im jeweiligen Lande wirksamen Funktionsraums Weltmarkt entgegenzuwirken. Im Gegenteil, jede Anpassungsmaßnahme an die Weltmarkttendenzen bedeutet eine weitere Einschränkung politischer Steuerung und damit Fortsetzung und Zementierung politischer Subalternität gegenüber der Wirkungsweise des Wertgesetzes. So hat die Begrenzung der Importe zur Folge, daß notwendige Ausrüstungen (zur Reparatur und zum Ersatz von Anlagen) und neue Technologien nicht beschafft werden können, so daß sich mittel- und langfristig auch dadurch die *Konkurrenzfähigkeit* vieler verschuldeter Länder eher verschlechtern dürfte. Also hat die Verschuldung, mit der durch Rückgriff auf die »äußere Ersparnis« der Entwicklungsprozeß beschleunigt werden sollte, die langfristigen Entwicklungsbedingungen der verschuldeten Länder eher verschlechtert. Und nicht nur das: da die Parameter der Verschuldung durch die Tendenzen des Funktionsraums Weltmarkt definiert werden, und dieser wesentlich durch die Entwicklungsbedingungen der hochentwickelten kapitalistischen Gesellschaften gestaltet wird, entsteht auch eine »*neue Abhängigkeit*« (Furtado 1982) der verschuldeten Länder, deren Reichweite politischer Regulation durch den Nationalstaat gegenüber den Weltmarkttendenzen viel zu kurz greift.

7.4. Die Parameter der Verschuldungskrise sind in der Hand der Industrieländer

Die weitere Entwicklung der Verschuldungskrise ist im wesentlichen von drei *monetären* Faktoren abhängig, wodurch einmal mehr die Dominanz der monetären über die Tendenzen der realen Akkumulation belegt wird: *erstens* von den *Zinsen* (und zwar von den nominalen ebenso wie von den realen), *zweitens* vom *Wechselkurs* des Dollar und *drittens* von den *terms of trade*, also der Preisrelation von Industriewaren und mineralischen sowie agrarischen Rohstoffen. Hierbei handelt es sich um monetäre Größen, die selbst wiederum auf die Veränderung von *realen* ökonomischen und politischen Parametern in den Industrieländern reagieren und auf der anderen Seite in den verschuldeten Ländern reale Anpassungen erzwingen. Die Mechanismen des Weltmarkts »transportieren« durch das Netz der monetären Beziehungen Zwänge, die sich ganz real in der produktiven Struktur der Länder bemerkbar machen, sich auf die Lebensbedingungen der Menschen auswirken und negative ökologische Konsequenzen zeitigen.

7.4.1. Zinsen

Die Zinsentwicklung folgt der Bewegung von Angebot und Nachfrage auf den »telematisch« gesteuerten internationalen Kredit- und Anleihemärkten, die seit Beginn der 70er Jahre – nach dem Zusammenbruch des

Bretton-Woods-Systems – außerordentlich innovativ und durch politische Institutionen (Zentralbanken) schwer zu kontrollieren sind. Diese historischen Tendenzen der Weltmarktentwicklung der jüngeren Zeit haben dazu geführt, daß das Zinsniveau immer weniger nationalstaatlich reguliert und immer mehr im globalen Funktionsraum gebildet wird. In der Zinsentwicklung kommt sozusagen »rein« das ökonomische Prinzip gegen die politischen Lenkungsversuche der (Welt)ökonomie zur Geltung. Dies ist keineswegs neu. Seit der Herstellung des monetären Weltmarkts, d.h. seitdem auch die funktionelle Form des zinstragenden Kapitals internationalisiert worden ist, kommt es aber ungehindert und unmoderiert zur Geltung und es kommt vor allem in Zeiten zu Bewußtsein, in denen über eine so lange Periode wie noch niemals in der Geschichte des modernen kapitalistischen Weltsystems die Zinsen auf extrem hohem Niveau und oberhalb oder hart an der Marge der Rentabilität des Realkapitals verharren. Die »reine Profitrate«, also die Profitrate abzüglich der Zinsen, wird in einer Reihe von Ländern negativ (OECD, Economic Outlook, Paris 1983). In einer so charakterisierten Lage ist tatsächlich die »Zinssouveränität« der nationalstaatlichen Instanzen der Regulation nicht mehr gegeben (Scharpf 1985; de Castro/ de Souza 1985). Wirtschaftspolitische Versuche der Steuerung scheitern an der Möglichkeit des Kapitals, alternative Anlageformen zu attraktiven Zinsen auf den internationalen Geld- und Kapitalmärkten zu finden.

Kreditangebot und -nachfrage sind entscheidend beeinflußt durch: - die Entwicklung von Investitionen und Wachstum in den Industrieländern. Hier spielen konjunkturelle Momente eine Rolle, allerdings in Zeiten eines tiefgreifenden strukturellen Bruchs wie in den 70er/80er Jahren kann es geschehen, daß sich Profite, Zinsen und Investitionen nicht nach dem »normalen« konjunkturellen Muster verhalten, sondern Niveauverschiebungen erleben. Darauf ist bereits hingewiesen worden. - ein weiterer Faktor ist das Haushaltsdefizit der USA, also die Verschuldung der *hegemonialen* Industriemacht, die sich nun auf den internationalen Anleihe- und Kreditmärkten in Konkurrenz um das international Anlage suchende Geldkapital zu den verschuldeten Ländern der »Dritten Welt« begibt[17]; Dies kann nur als ein weiterer Ausdruck der *Hegemoniekrise* der USA interpretiert werden. Die USA sind nicht mehr wie bis Ende der 60er Jahre in der Lage, die monetären Mittel zur Ausübung ihrer Vorherrschaft in der Welt aus den eigenen Binnenressourcen aufzubringen und die Verteilung der Liquidität in der Welt (Weltgeld Dollar) so zu gestalten, daß das System der Zahlungen insgesamt funktioniert. Im Gegenteil, heute wirken die USA wie ein »Staubsauger«, der die Liquidität der Welt absaugt, um das Zwillingsdefizit in Staatshaushalt und Leistungsbilanz finanzieren zu lassen. Dies ist natürlich nur bei *komparativ* hohem Zinsniveau möglich[18]. Die(Real)zinsen können auch periodisch sinken, jedoch nur in dem Maße, wie die US-Zinsen über dem Niveau der Zinsen (unter Berücksichtigung von Risikofaktoren) in vergleichbaren Ländern bleiben. Diese Situation wird noch so lange andauern, wie die USA das Budgetdefizit nicht nachhaltig reduzieren (was nur durch eine Kürzung der Militärausgaben oder eine Steuererhöhung möglich wäre) und das Defizit in der Handelsbilanz nicht abbauen, das sich in Reagans Amtszeit von 28,0 Mrd US$ 1981 auf 124,3 Mrd US$ 1985 mehr als vervierfacht hat. Mehr als 30 Mrd US$ dieses Defizits sind die Kehrseite des erzwungenen Handelsbilanzüberschusses Lateinamerikas. Die USA lassen sich also ihr Handelsbilanzdefizit durch externe Kreditaufnahme finanzieren, damit verschuldete Länder einen Handelsbilanzüberschuß durch realen Ressourcentransfer in die USA erwirtschaften können. Mit dem monetären Äquivalent des realen Resourcentransfers lösen sie einen Teil der monetären Verpflichtungen des Schuldendienstes ab. Dies ist auch eine Form von Recycling, das zunächst im wesentlichen den USA zugutekommt, da dadurch – siehe Kapitel 6 – der US-Bevölkerung die Aufrechterhaltung einer im Vergleich zur ökonomischen Leistungsfähigkeit des Landes zu hohen Konsumquote ermöglicht wird.

Das Defizit in der Handelsbilanz der USA (seit 1971) für sich genommen wäre weitgehend problemlos, wenn ihm in den übrigen Posten der Leistungsbilanz (Kapitalerträge, Dienstleitungen, Übertragungen) ein entsprechender Surplus gegenüberstehen würde, wie dies bis Ende der 70er Jahre der Fall gewesen ist. Das Neue der 80er Jahre ist gerade darin zu sehen, daß nicht nur die Handelsbilanz sondern die US-amerikanische *Leistungsbilanz* negativ ist. Daher haben die USA Kapital importieren müssen. infolgedessen sind sie inzwischen eine Netto-Schuldner-Nation gegenüber dem Ausland geworden (Vgl. Bundesbank 1985, S. 62). Von 1972 bis 1981 liehen die USA noch ca 52 Mrd US-$ an den Rest der Welt, im Zeitraum von 1982 bis zum 3. Quartal 1986 borgten sie »vom Rest der Welt« insgesamt 512 Mrd US-$ (Daten nach OECD). Am Ende des Jahrzehnts werden sich die US-Schulden gegenüber dem Ausland auf netto an die 500 Mrd US$ belaufen. Also müssen jährlich an die 40 bis 50 Mrd US$ Zinsen – von Tilgungen ganz abgesehen – transferiert werden.

Natürlich können diese Summen durch Aufnahme neuer Kredite finanziert werden; allerdings nicht ewig. Dann werden die USA einen entsprechenden Überschuß der Handelsbilanz erzielen müssen. Doch wie soll das möglich sein, wenn die ökonomischen Indikatoren der US-amerikanischen Wettbewerbsfähigkeit aussagen, daß wichtige Branchen der US-Wirtschaft gegenüber Westeuropa und Japan ins Hintertreffen geraten sind? Der Dollar kann *abgewertet* werden oder/und die *protektionistischen Hürden* werden weiter aufgestockt. Dies verschärft die Krise des Weltgeldes, der mit komparativ hohen Zinsen in den USA – also mit monetären Mitteln – entgegengewirkt werden muß und verschlechtert zugleich die Exportchancen der Schuldnerländer in der Dritten Welt, die dann trotz heroischer Anstrengungen nicht die Devisen verdienen können, mit denen der Schuldendienst finanziert werden könnte. Aber auch die anderen Industrieländer sind betroffen, da mit einer Dollarabwertung die Staatsschuldscheine der USA in fremder Währung ausgedrückt an Wert verlieren und folglich in den Portfolios all derer, die in der Hoffnung auf leichten Zinsgewinn US-Bonds gekauft haben, Wertberichtigungen nach unten vorgenommen werden müssen. Und diese Aussicht wird denn auch in den Schuldnerländern zitiert, um ähnliche Entwertungsprozesse für ihre Schuldverpflichtungen gegenüber den internationalen Banken der nördlichen Erdhälfte einzufordern, die die Schuldenlast entsprechend mindern würden.

Die Erhöhung/Verringerung der internationalen Zinsen um einen Prozentpunkt belastet/entlastet die verschuldeten Länder – nach einem Szenario der Weltbank(1985, S.49) – um 2,3 Mrd US$. Diese Zahl ist sehr niedrig. Bei Berücksichtigung von spreads und Umschuldungskosten sowie der Übertragung von Zinserhöhungen von variabel verzinslichen auch auf die festverzinslichen Schulden und die Neuverschuldung, dürfte der Betrag mit einer gewissen Zeitverzögerung sich auf ca. 8 Mrd US$ erhöhen (Weltbank 1985, S.49). Das ist etwas weniger als 1% der Gesamtschulden der Dritten Welt in Höhe von 900 Mrd US$. Allerdings ist hier in Rechnung zu stellen, daß es sich um nominale Werte handelt. Da die Zinsen aber real durch Verkauf von Waren verdient werden müssen, kann nur die Entwicklung der *Realzinsen* (Zinsen abzüglich Inflationsrate) über die Belastung/Entlastung eines verschuldeten Landes etwas aussagen. Wir müssen also die Entwicklung der Preise von Industriegütern und Rohstoffen betrachten.

7.4.2. Terms of trade

Eine Verbesserung der terms of trade um einen Prozentpunkt entlastet die verschuldeten Länder – nach dem gleichen Kalkül – um 2,2 bis 7,7 Mrd US$. Doch die Entwicklung der terms of trade liegt nur zu einem geringen Teil in der Disposition der verschuldeten Länder. Sie hängt ab von der Produktivitäts- und Preisentwicklung von Industriewaren und von der Nachfrage nach Rohstoffen in den Rohstoffe verbrauchenden Ländern. Diese wiederum wird *erstens* von technologischen Bedingungen beeinflußt: von Möglichkeiten der Substitution von Materialien (Metall durch Kunststoff), von der Verringerung des spezifischen Rohstoffverbrauchs (Miniaturisierung und Gewichtsverringerung), von der Entwicklung ganz neuer Produkte (die neue Rohstoffe benötigen), von neuen Extraktionsmethoden (z.B. Bacterial leaching), von Veränderungen der Verbrauchsgewohnheiten (Energiesparen) derKonsumenten.

Zweitens ist die Entwicklung der terms of trade Resultat von protektionistischen Maßnahmen, die die Nachfrage von Waren der Schuldnerländer auf Produzenten in den Industrieländern umlenken. Nach einer Aufstellung der Weltbank (1985, S. 46) unterlagen 1983 24,9% der Importe der EG aus Hauptschuldnerländern nichttarifären Handelshemmnissen. Im Durchschnitt der Industrieländer sind es immerhin noch 21,9%. Die protektionistischen Handelsschranken im Fall des Zukkers haben den Entwicklungsländern 1983 insgesamt Einnahmeverluste durch verhinderte Exporte in Höhe von 7,4 Mrd US$ gebracht (im Jahresdurchschnitt 1979-81 5,1 Mrd US$). Bei Rindfleisch lagen die Einnahmeverluste 1979-1981 bei 5,1 Mrd US$ pro Jahr (Weltbank 1985, S.47).

Die Rohstoffpreise sind aus diesen Gründen (und anderen, z.B. das steigende Angebot bestimmter Rohstoffe, die auf den Weltmarkt um jeden Preis geworfen werden, um notwendige Devisen zu verdienen)

Tab.7.5.

Das Rohstoffpreisniveau von 1973 bis 1986

Jahr			Index		
	Reuter[1]	Moody[2]	VWD[3]	HWWA[4]	
				ohne	mit
1973	1038	584	-	90	52
1974	1309	797	-	117	104
1975	1118	761	-	100	100
1976	1428	816	-	110	107
1977	1577	882	-	120	117
1978	1461	930	119	113	116
1979	1594	1093	149	138	153
1980	1731	1270	164	157	226
1981	1690	1075	175	136	241
1982	1563	995	162	118	229
1983	1958	1050	192	123	209
1984	1931	1027	213	125	205
1985	1819	922	188	112	197
1986[5]	1570	964	130	114	129

[1]Auf Pfund-Sterling-Basis; [2]Auf Dollar-Basis; [3] Auf DM-Basis, erst von Oktober1978 an berechnet; [4]Auf Dollar-Basis: ohne = ohne Energierohstoffe Kohle und Erdöl; mit = mit Kohle und Rohöl; [5]Juni 1986; p = provisorischer Wert wegenunvollständiger Ölpreisangaben.
Quelle: Frankfurter Allgemeine Zeitung, 10. Juli 1986

nach einem Hoch nach dem ersten »Ölpreisschock« seitdem mit kurzen Unterbrechungen gefallen[19]. Die verschiedenen Indices für Rohstoffpreise (auf der Basis verschiedener Währungen) zeigen die Tendenz deutlich, selbst wenn die Entwicklung der Wechselkurse und die starken Preissprünge des Rohöls ausgeklammert werden. Der HWWA-Index der Rohstoffpreise ohne Energierohstoffe zeigt, daß 1986 die Preise (1975 = 100) unter denen von 1974 liegen:Auch die OECD dokumentiert diese allgemeine Tendenz. Landwirtschaftliche und mineralische Rohstoffe aus Entwicklungsländern werden 1987 billiger als 1982 sein, während die Exportpreise von Fertigwaren aus den OECD-Ländern nach einem Rückgang bis 1985 in den darauffolgenden Jahren bis 1987 um 15% ansteigen werden[20] (OECD, Economic Outlook, Dez. 1986). Die Preisschere zwischen Rohstoffen und Industriegütern tut sich also auf mit der Folge, daß im Jahre 1985 die Rohstoffpreise real unter den Werten von 1965 (Weltbank 1985, S. 45; OECD, Economic Outlook, Juni 1986, S. 11) liegen. Nach Angaben des US-amerikanischen Handelsministeriums ist der Index der Rohstoffpreise (einschließlich Energierohstoffe) gemessen am Index der US-amerikanischen Einzelhandelspreise mit 86,3% auf einem Niveau wie zu Beginn der 30er Jahre (1933 = 82,2). Lediglich bedingt durch den Ersten und den Zweiten Weltkrieg und dann aufgrund des doppelten »Ölpreisschocks« 1973 und 1979 hat es bedeutsame Anhebungen des Index gegeben (Nach: Le Monde Diplomatique, 6. Mai 1986, S. 36). Die Gruppe der 24 (Länder aus Lateinamerika, Asien, Afrika) beklagt, daß durch den Verfall der Rohstoffpreise Einnahmeverluste in der Größenordnung von 60 Mrd US$ entstanden sind. Betrachten wir die reale Preisentwicklung nur einiger wichtiger, vor allem mineralischer Rohstoffe, um einen Eindruck vom langfristigen Preisverfall zu erhalten.

Nach der zweimaligen Steigerung des Rohölpreises 1973 und 1979 ist 1985/86 auch der Rohölpreis abgerutscht; er liegt Mitte 1986 in realen Größen etwa auf dem Niveau von 1973 (OECD Economic Outlook, Juni 1986, S. 11); die Perspektiven der Rohölpreise sind – jedenfalls nach Einschätzung der OECD – nicht günstig: für 1987 wird eine weitere Preissenkung erwartet, so daß damit der OECD-Importpreis für Rohöl dann vom Höhepunkt mit 36 US$ je Barrel im Jahre 1981 auf einen Tiefpunkt von 15 US$ je Barrel 1987 abgestürzt sein wird (OECD 1985, S. 159)[21].

Wie in den 30er Jahren auch erhöht sich also die reale Belastung des Schuldendienstes durch den Preisverfall von wichtigen Exportprodukten der verschuldeten Länder und die damit einhergehende Verschlechterung ihrer terms of trade, weil die Preise für industrielle Fertigwaren nicht im gleichen Maße sinken oder gar noch ansteigen. Während sich

Tab.7.6.

Ausgewählte reale Rohstoffpreise (in konstanten $-Preisen von 1981)

Jahr	1950	1960	1970	1975	1980	1981	1982	1983	1984
Kautschuk(1)	411	295	145	102	157	125	102	128	116
Aluminium (2)	1726	1997	1800	1397	1534	1668	1717	1776	1886
Bauxit(3)	33,8	26,3	37,6	39,3	41,2	39,8	36,9	36,0	35,1
Kupfer(4)	2071	2463	3645	2231	2257	1837	1647	1780.	
Eisenerz(5)	.	59,6	43,6	36,0	26,7	24,2	26,5	24,9	24,5
Mangan(6)	405	304	156	219	157	167	168	158	151

(1) New York, Cents/kg; (2) New York, $/metrische Tonne; (3) Jamaica, $/metrische-Tonne; (4)New York $/metrische Tonne; (5) Brasilianisches Erz, 65% Fe, cifNordsee-häfen, $/metrische Tonne; (6) Indisches Manganerz, 46-48% Mn cif USA-Häfen-,Cents/metrische Tonne

Quelle: World Bank, Commodity Trade and Price Trends, April 1986

die terms-of-trade für die Entwicklungsländer nach einer Verbesserung im Zeitraum 1965-1980 (1965/73: + 0,5%; 1973/80: +2,0%) seit Beginn der 80er Jahre (1981: +0,5%; 1982: – 1,1%; 1983: -0,6%; 1984: +1,0%) verschlechtern, können die Industrieländer in den 80er Jahren eine Verbesserung der terms-of-trade verzeichnen (1965/73: -0,5%; 1973/80 -3,5%; 1981: -2,1%; 1982: +2,0%; 1983: +2,1%; 1984: -0,2%). Wie die oben zitierten Schätzungen der OECD zeigen, dürfte diese Tendenzumkehr auch in den folgenden Jahren anhalten. Nur einigen Ländern, die den Prozeß der verschuldeten Industrialisierung eingeleitet haben, ist es gelungen, ihre Exportpalette auch auf Industriegüter zu erweitern, in erster Linie den ostasiatischen Schwellenländern. Aber auch Brasilien konnte seine industriellen Exporte steigern. Im Jahre 1985 entfielen auf Rohstoffexporte genau 33,3% (das sind 8817 Mio US$) der gesamten Exporteinnahmen (25039 Mio US$), auf Industriewaren aber bereits 65,6% (das sind 16822 Mio US-$).

Beachtlich ist die Steigerung der Exporte von Industriegütern in die USA; freilich ist dieser Erfolg wesentlich dem US-amerikanischen Defizit der Handelsbilanz geschuldet, weniger der gestiegenen Konkurrenzfähigkeit brasilianischer Industrieprodukte. Dies zeigt sich daran, daß der Anteil der Industriegüterexporte nach Westeuropa nicht erhöht werden konnte. Der Rückgang des Anteils der nach Lateinamerika exportierten Industriegüter ist offensichtlich Ausdruck der Verschuldungskrise, die die hoch verschuldeten Länder zwingt, Importe überhaupt zu reduzieren. So ergibt es sich, daß lediglich die USA und einige Länder Asiens und des mittleren Ostens die Industriegüterimporte aus Brasilien steigerten – eine durchaus unsichere Grundlage für die Ausschöpfung der mit der Verschuldung angestrebten Industrialisierungserfolge und für die Vermeidung der negativen Effekte der für Rohstoffexporteure verschlechterten und für Industriegüterexporteure verbesserten terms of trade.

7.4.3. Der Dollarkurs

Da etwa drei Viertel der Welthandelskontrakte in Dollar fakturiert werden und der etwa gleiche Prozentsatz des Schuldendienstes in Dollar geleistet werden muß, ist die Bedeutung des Dollar-Kurses für die verschuldeten Länder offensichtlich. Zu berücksichtigen ist dabei allerdings, daß es hier um die Entwicklung des *Dollarkurses gegenüber den Währungen der verschuldeten Länder* geht, nicht um eine Auf- oder Abwertung des Dollar gegenüber Währungen von anderen Industrieländern. Viele Länder haben ihre Ökonomie »*dollarisiert*«; die nationale Währung wird regelmäßig gegenüber dem Dollar abgewertet und ist daher weder als *Maßstab der Preise* noch als *Maß der Werte* (Geldfunktion des »Wertaufbewahrungsmittels«) voll funktionstüchtig. Der Dollar übernimmt daher in der nationalen Zirkulation vieler Länder diese Funktionen – auch wenn er nur höchst begrenzt als *Zirkulationsmittel* dient. Die Dollaraufwertung (gegenüber schwachen Währungen von verschuldeten Ländern) hat eine ambivalente Wirkung. Auf der einen Seite werden dadurch Exporte von Waren verbilligt und Importe entsprechend verteuert; Dieser Mechanismus dient dazu, die Handelsbilanz auch dann überschüssig zu machen, wenn von der ökonomischen Struktur des betreffenden Landes her dies weder – unter entwicklungspolitischen Kriterien – sinnvoll noch möglich wäre, so lange reale Faktorinputs – und nicht ihre Brechung durch den monetären Mechanismus der Wechselkursrelationen – verglichen würden. Die Abwertung hat weiter den Zweck, die nationale Inflation nicht auf die Exportpreise durchschlagen zu lassen. Auf der anderen Seite steigt der in Dollar zu leistende Schuldendienst in heimischer Währung, wenn der Dollarkurs steigt. Die Wirkung ist folglich widersprüchlich: durch die Dollaraufwertung wird der Schuldendienst erleichtert, weil Handelsbilanzüberschüsse zu erzielen sind; der Schuldendienst wird aber auch erschwert, da ja in heimischer Währung mit der Dollaraufwertung steigende Beträge für Zinsen und Tilgungen *aufzubringen* sind. Da die verschuldeten Länder gar nicht so hohe Dollareinnahmen durch Exportüberschüsse erzielen können, wie sie zum Schuldendienst benötigen, müssen sie entweder die externen

Kredite umschulden, oder den Versuch machen, ausländische Direktinvestitionen hereinzuholen, die nationale Wirtschaft also für ausländisches Kapital weiter zu öffnen, indem günstige Verwertungsbedingungen geschaffen werden. Gelingt dies nicht – in Brasilien beispielsweise, ein bevorzugtes Anlageland für Direktinvestitionen, haben ausländische Unternehmen 1985 Direktinvestitionen sogar liquidiert[22] –, dann müssen neue Kredite von transnationalen Banken oder offiziellen Institutionen hereingeholt werden. Mit Ausnahme der Direktinvestitionen haben alle diese Versuche zur Folge, daß die heimische Währung unter Druck gerät und eher gegenüber dem Dollar abgewertet als aufgewertet wird.

Die Zins-, Rohstoffpreis- und Wechselkursentwicklung hängen zusammen und beeinflussen sich wechselseitig: Eine 1%-ige Zinssenkung bei einer Außenschuld von 100 Mrd US-$ wie im Fall Brasilien entlastet das Land um 1 Mrd US-$. Diese Summe ist gleichbedeutend mit einer 4%igen Exportsteigerung. Freilich kann die Zinssenkung in den Zentren des monetären Weltmarkts gerade zu einer Dollarabwertung führen, so daß die Exportmöglichkeiten verringert werden und die Entlastung nicht spürbar wird. Andererseits kann die Zinssenkung Investitionen und Nachfrage in den Industrieländern stimulieren, so daß aufgrund steigender Nachfrage auch nach Rohstoffen die terms of trade verbessert werden. Viele Szenarien unterschiedlicher Wirkungen sind denkbar; alle aber verweisen darauf, *daß die Parameter der Verschuldungskrise in den Industrieländern bestimmt werden*. Dies ist nicht überraschend, da die Bewegung der monetären Größen in den Tendenzen der realen Akkumulation in den Industrieländern begründet ist.

Für die verschuldeten Länder tut sich damit ein circulus viciosus auf: Sinken die Zinsen, ist dies für den monetären Schuldendienst günstig. Ist die Zinssenkung mit einem Kursrückgang des Dollar verbunden, dann verschlechtern sich für einzelne Länder die Exportmöglichkeiten. Sinkt der Rohölpreis, dann ist dies katastrophal für Rohölproduzenten, insbesondere die Schuldnerländer unter ihnen wie Mexico. Für Rohölimporteure wie Brasilien ist diese Entwicklung hingegen günstig, wenn auch die Rohölimporte substituierende Alkoholindustrie in Brasilien dadurch in eine Krise gerät. Kurz: Die Situation ist so verfahren, daß *keine* Konstellation von Zinsen, Preisen, Kursen vorstellbar ist, die nicht für einzelne oder alle Schuldnerländer Schwierigkeiten erzeugen oder bereits vorhandene noch vergrößern würde. Ist erst einmal der Schuldendienst von der realen Leistungsfähigkeit des produktiven Sektors eines Landes losgelöst und wird er durch die monetären Tendenzen des Weltmarkts (die Zins-, Kurs- und Preisentwicklung) bestimmt, hat das entsprechende Land nur noch die Chance der *Anpassung* der strukturellen Bedingungen der wirtschaftlichen Reproduktion an die monetären

Faktoren. Während die Zinsen, Preise, Kurse erratisch schwanken können, sind die strukturellen Verhältnisse der Ökonomie – also die Verteilung der Einkommen zwischen den Klassen, der Anteil des Staates am BIP, die Produktivität der Arbeit, die Intensität des Kapitals und die technologische Ausstattung – nur schwer und konfliktreich zu ändern. Die Anpassung struktureller, realer Verhältnisse an monetäre Tendenzen hat daher den Charakter eines *Schocks*. Der Staat des verschuldeten Landes verliert seine Souveränität der wirtschaftspolitischen Interventionen. Die Bedingungen der politischen Regulation werden von den »Sachzwängen« des Weltmarkts gesetzt, *sofern dessen ökonomische von den internationalen Institutionen praktizierte Logik anerkannt wird und keine Versuche unternommen werden, den politischen Spielraum gegen die Sachzwänge zu erweitern.*

7.5. Zwischenresumée: Die Krise eines Entwicklungsmodells

Die Parameter, die die Dynamik der Verschuldungskrise definieren, liegen also in der Verfügungsmacht der Industrieländer. Dieser Sachverhalt dürfte Fidel Castro zu seiner Unterscheidung zwischen »legitimer« und »nicht-legitimer« Außenschuld veranlaßt haben (Castro 1985)[23]. Die Verschuldung ist also kein finanzielles Problem der dritten Welt, sondern muß als Ausdruck der »Krise eines globalen Entwicklungsmodells« (so der ehemalige Zentralbankpräsident Brasiliens Carlos Langoni 1985) interpretiert werden – und zwar eines Entwicklungsmodells nicht nur in der dritten Welt, sondern des kapitalistischen Weltsystems insgesamt.

Offensichtlich ist es – wie schon im ersten Kapitel gezeigt – nicht allen Ländern möglich, das »fordistische« Industrialisierungsmodell zu übernehmen. Der Versuch, die Industrialisierung in der von den schon entwickelten kapitalistischen Industrieländern praktizierten Form nachholen zu wollen, wird mit dem Knüppel der Verschuldungskrise bestraft.

Die Verschuldung und die Möglichkeiten zum Schuldendienst heute und in der nächsten Zukunft haben daher ganz direkt mit der Entwicklung weltwirtschaftlicher Strukturen zu tun:

Erstens. Die Möglichkeit zur Verschuldung ergab sich überhaupt erst als Folge der überschüssigen Bankenliquidität in den 70er Jahren, als zu niedrigen, real zeitweise sogar negativen Zinsen, Kredite in die Länder der dritten Welt »rezykliert« wurden. Die Droge der billigen Kredite wurde so lange auf den Markt zum Anfüttern geworfen und auch genommen, bis die Abhängigkeit total war. Kein noch so horrender Preis konnte danach die Schuldner von weiteren Kreditgiftspritzen abhalten.

Heute wird Politik von den internationalen Banken – zusammen mit dem Internationalen Währungsfonds – gemacht, die das Privileg nationaler Staaten sein müßte.

Zweitens. Einzelne Schuldnerländer haben, dies ist richtig, die externen Kredite verwendet, um das Staatsdefizit zu stopfen, Prestigeprojekte zu finanzieren oder die Kapitalflucht der herrschenden Klassen zu erleichtern (Vgl. Schubert 1985). Den Krediten entspricht also – entgegen den Lehrbuch-Regeln des Kredit- oder Schuldenzyklus – nicht in jedem Fall auch eine produktive Investition. Die Hypothese vom Schuldenzyklus ist also in diesen Fällen desavouiert worden. Dies gilt für Mexico, Argentinien, Chile, Zaire, die Philippinen und auch für Polen (Vgl. die entsprechenden Beiträge in: Altvater/Hübner/Lorenzen/Rojas 1987). Aber die Länder, die wie beispielsweise Brasilien der Regel des Schuldenzyklus noch am ehesten folgten und mit externen Krediten industrielle und extraktive Projekte finanziert haben, sind auch in Schwierigkeiten geraten. Dafür gibt es eine Reihe von Gründen. Einmal decken sich Fristenstruktur der Tilgungen von Krediten und Amortisationen von Projekten nicht in jedem Fall. Dafür sind Fehlplanungen ebenso verantwortlich wie nicht vorhersehbare Preissteigerungen von Ausrüstungen und Vorleistungen oder der konjunkturell bedingte Nachfrageausfall in den Industrieländern. Zum anderen sind die Projektrenditen aus strukturellen Gründen nicht kurzfristig zu verändern, während die Zinsen erratisch und kurzfristig schwanken[24]. Schließlich konnte bei extraktiven Projekten die Entwicklung der Rohstoffpreise nicht antizipiert werden, so daß in der Planungsphase rentable Projekte heute wenig oder gar nicht rentabel sind.

Ohne eine Veränderung der weltwirtschaftlichen Strukturen, die für die Bewegung von Zinsen, Kursen und Preisen verantwortlich sind, ist es mit Sicherheit nicht möglich, eine Lösung der Verschuldungskrise zu finden. Daher ist die Philosophie der *Einzelfallstudien und -lösungen* (case by case) des IMF (die auch die Bundesbank vertritt, vgl. Bundesbank 1985, S. 83) schon aus Gründen, die vom IMF oder der Weltbank selbst angegeben werden, also an immanenten ökonomischen Kriterien gemessen, grundfalsch. Sie kann nur als der Versuch gewertet werden, nach dem alten Prinzip des »*divide et impera*« zu verhindern, daß sich Schuldner-Allianzen bilden und daß die Industrieländer, allen voran die USA, ernsthaft in die Verantwortung genommen werden. Die Verschuldungskrise ist weder eine länderspezifische Erscheinung, noch bloß ein monetäres Phänomen. Sie ist das Zeichen einer Krise des fordistischen, industriellen Entwicklungsmodells.

7.6. Verschuldung und »inflationäre Deflation«

Als ein großer Erfolg der neokonservativen Wirtschaftspolitik wird die Zurückdrängung der Inflation in den Industrieländern herausgestellt (Vgl. SVR, Deutsche Bundesbank, OECD). Andererseits ist die Inflationsrate in verschuldeten Ländern, insbesondere Lateinamerikas, sehr hoch und weist obendrein noch eine steigende Tendenz auf. Im Durchschnitt der lateinamerikanischen Länder (Cuba mit niedriger Rate und Bolivien mit astronomischer Hyperinflation 1985: 11291,6% ausgeklammert) stiegen die Konsumentenpreise 1981 58,2%, 1982 81,3%, 1983 127,8%, 1984 152,0% und 1985 144,7% (IWF; nach Conjuntura Economica, Febr. 1986, S. 195). Die Unterschiede sind auf dem Subkontinent natürlich – da die Preissteigerungsrate von einer Reihe länderspezifischer Faktoren mitbestimmt wird – sehr groß. Da jedoch die Inflation in den meisten großen verschuldeten Ländern besonders hoch ist, kann ein – natürlich vielfältig vermittelter – Zusammenhang zwischen Verschuldung und Inflation nicht ausgeschlossen werden. Dann aber wären die *Inflation im Süden* und die *Deflation im Norden* des Globus nur die Kehrseiten der gleichen Medaille. Oder anders – und hypothetisch – gesagt: Die Inflation in den verschuldeten Ländern und die Desinflation in den industrialisierten Ländern sind auch eine Folge der Art und Weise, wie bislang das Verschuldungsregime gestaltet wird. Die Inflation wird wieder in die Industrieländer zurückkehren, wenn das gegenwärtige Verschuldungs- und Schuldendienstregime wegen der Überlastung der verschuldeten Länder nicht mehr funktioniert.

Paul Mattick (1974) hat zu zeigen versucht, daß die Inflation deflationäre Wirkungen zeigt, wenn die Preisentwicklung die Kapitalgruppen ungleichmäßig betrifft. Wie im vorangegangenen Abschnitt gezeigt worden ist, sind die Preise der Exportgüter der meisten Rohstoffproduzenten rückläufig, während die Preise der Industriegüter (verlangsamt im Vergleich zu den 70er Jahren) ansteigen. Die Deflation im Norden ist inflationär, und die Inflation im Süden ist deflationär – eine Paradoxie, deren Ausdruck die Verschuldungskrise ist: Internationale Kredite, die eigentlich abgeschrieben werden müßten, aber zur Vermeidung der dann einsetzenden deflationären Entwertungskrise voll aufrechterhalten werden, bewirken die Aufblähung der internationalen Zirkulation mit »schlechtem Geld«. So lange sie bedient werden, bleibt die Inflation im Süden eingekreist, während man sich im Norden die Erfolge der Inflationsbekämpfung an den Hut steckt. Auf Dauer kann freilich eine Situation dieser Spannung nicht durchgehalten werden.

Der Zusammenhang zwischen Verschuldung und Inflation ist nicht direkt. Wie die Weltbank (1985, S. 72) zeigt, besteht zwischen dem

Anstieg der externen Schulden und dem Haushaltsdefizit ein signifikanter Zusammenhang. Externe Kredite erleichtern die rasante Zunahme der internen Staatsverschuldung, um den Staatsverbrauch zu erhöhen oder die staatlichen Investitionen zu steigern oder auf der Einnahmenseite Steuern zu senken oder Steuererhöhungen zu vermeiden. Denn die privaten und staatlichen Unternehmen, die sich extern verschulden, transferieren zumindest einen Teil der Devisen an die Zentralbank oder an den Zentralstaat, der dafür zum Teil lukrative Staatsschuldverschreibungen ausgibt. So transformiert sich die externe Verschuldung in die Plage der internen Staatsverschuldung. Dadurch wird auf jeden Fall das Realzinsniveau nach oben gedrückt, so daß produktive Investitionen des privaten Sektors nach und nach blockiert werden. Der schon erwähnte Rückgang der Investitionsquote ist also nicht nur rezessionsbedingt, sondern er ist eine Folge von externer und interner Verschuldung. Hier stimmt auch die früher zurückgewiesene These vom »crowding out«, mit der Einschränkung allerdings, daß es nicht um den ideologisch überhöhten Widerspruch zwischen Staat und privatem Sektor geht, sondern um die *ökonomischen Gegensätze zwischen produktivem Kapital und Banken*, zwischen Profit und Zins.

Die zusätzliche Staatsverschuldung beschleunigt unweigerlich die Inflation. Wenn der Staat auf die Inflation antwortet, indem er öffentliche Schuldtitel indexiert, wie in Brasilien mit den LTN und ORTN[25] schon im Verlauf der 60er Jahre geschehen, dann fördert er obendrein die spekulative Verschuldung, da mit der Geldwertkorrektur das Finanzsystem hohe Spekulationsgewinne – zum Teil auf Kosten des produktiven Sektors – realisieren kann. Pechman (1984) zeigt in einer Analyse der verschiedenen Anlagemöglichkeiten von Geldkapital zu Beginn der 80er Jahre, daß die höchste nominale Rendite mit Geschäften auf dem parallelen Dollarmarkt (Schwarzmarkt für Dollar) zu erzielen war. Die kapitalisierte Rendite betrug von Dezember 1979 bis Dezember 1983 insgesamt 9529,2% und lag damit bedeutsam über der offiziellen Währungsabwertung des Cruzeiro gegenüber dem Dollar in der Größenordnung von 4603,6% im gleichen Zeitraum. Also provoziert die Inflation die Währungsspekulation, durch die die Belastung mit dem Schuldendienst, in der Währung des verschuldeten Landes ausgedrückt, noch angehoben wird. Die produktiven Investitionen werden durch diesen Mechanismus »bestraft«, so daß sie eingeschränkt oder gar eingestellt werden. Die Folge ist eine Vernachlässigung des produktiven Apparats und eine Fehllenkung von Ressourcen. Obendrein wird durch diesen Mechanismus, der außenwirtschaftlich von einer ständigen schleichenden oder sprunghaften und dann sehr hohen Währungsabwertung (»Maxi-Abwertung«) begleitet ist, die Kapitalflucht angeregt.

Der Zwang zum Schuldendienst, obwohl die externen Kredite im Land gar nicht investiv verwendet worden sind, erfordert die Aufbringung aus anderen Quellen, d.h. aus dem Konsumtionsfonds der Massen und dem Investitionsfonds. Es ist unvermeidlich, daß dies nur unter Inkaufnahme einer wilden Inflation zu bewerkstelligen ist oder durch eine Deflationspolitik, die direkt an die Lebensbedingungen der Massen geht. Die Inflation und die Deflation sind nur unterschiedliche Optionen, mit denen sichergestellt werden soll, daß der Schuldendienst wenigstens teilweise (die Zinsen) aufgebracht und transferiert werden kann.

7.7. Die Währungsreformen in Argentinien und Brasilien

In Argentinien erreichte die Inflation 1985 über 600%, in Brasilien bewegte sie sich nach 232% im Jahre 1985 Anfang 1986 auf ein Niveau von etwa 500% zu. Von einem bestimmten Niveau an enthält die Inflation, die von der Verschuldung in Gang gesetzt worden ist, wie ein in Fahrt gebrachtes Schwungrad ein quasi-automatisches »Trägheitselement« (Arida/ Lara-Resende1986), da in allen Kontrakten die Preissteigerungen der Zulkunft mit einem über die Inflationsrate der Vergangenheit hinausgehenden Aufschlag antizipiert werden.

Unweigerlich muß sich die Inflation dann beschleunigen, wie in Deutschland 1923, in Israel, in Argentinien oder Brasilien in den 80er Jahren. Der Stopp der Inflation ist nur durch einen (heterodoxen) *Schock* möglich, durch eine Art »Monetarismus von links«: Lohn- und Preisstop, ein Versuch, die Realzinsen zu senken, um die Bildung produktiven Kapitals anzuregen und die Geldspekulation einzudämmen, die Beschränkung des öffentlichen Defizits und die Weigerung, es durch Emission von Geld zu finanzieren, die Abschaffung der Indexierung, die Reduzierung der Verluste von Staatsunternehmen durch deren Privatisierung und/oder den Abbau der Zahl der Beschäftigten, die Schaffung einer neuen Währungseinheit (des Austral in Argentinien und des Cruzado in Brasilien), die Beschränkung der Geldmengensteigerung.

Die Währungsreformen waren unter den gegebenen Umständen unvermeidlich. Die Frage ist allerdings, ob sie den erwarteten und notwendigen Erfolg zeitigen werden. Der Erfolg bemißt sich an mehreren Orientierungsgrößen: ob es gelingt, die Währung nach außen zu stabilisieren und die »Dollarisierung« der Ökonomie rückgängig zu machen; ob die realen Zinssätze so niedrig gehalten werden können, daß sich produktive Investitionen wieder lohnen; ob Nachfrage und Angebot von Waren so gesteuert werden können, daß die Preise auch dann stabil bleiben, wenn der Preisstop aufgehoben wird.

Die Erfolgskriterien sind freilich nicht kompatibel. Der Wechselkurs nach außen kann mit niedrigen Zinsen nicht gehalten werden, da Kapital bei hochgradiger internationaler Kapitalmobilität abwandern dürfte. Produktive Investitionen lohnen sich nicht, wenn die Preise fixiert bleiben und daher die Renditen gering sind. Die Preise sind nur zu stoppen, wenn das Angebot durch Importe auf bestimmten Märkten aufgefüllt wird. Zur Bezahlung von Importen werden Devisen benötigt, die zur Abtragung des Schuldendienstes fehlen. Kurz: Ohne äußere Unterstützung in Form von neuen Krediten und der Stundung alter können weder die argentinische noch die brasilianische Währungsreform erfolgreich sein. Der Angelpunkt jeder Lösung in den hochverschuldeten Ökonomien befindet sich *außerhalb*, auf den internationalen Geld-und Kreditmärkten, im Funktionsraum Weltmarkt also.

Bei hoher Inflationsrate, unsicheren Erwartungen über die Wechselkursentwicklung und einer Politik der Förderung externer Kreditaufnahme wird die Kapitalflucht zu einem ganz normalen Vorgang. Sie ist in allen verschuldeten lateinamerikanischen Ländern sehr hoch. Schätzungen gehen von folgenden Größenordnungen aus: Ein großer Teil der im Ausland aufgenommenen externen Kredite ist also umgehend wieder ins Ausland zurückgeschleust worden, wo sie zwar Zinserträge abwerfen, die jedoch für den Schuldendienst des Landes nicht zur Verfügung stehen. Private profitieren von diesem System, zumal wenn der Schuldendienst im oben angedeuteten Sinne verstaatlicht ist. In einigen Ländern ist die Kapitalflucht größer als die hereinkommenden Neukredite. Dies ist in Venezuela nicht erst seit 1983 der Fall. Schon 1979/82 beträgt die Kapitalflucht 136,6% der Bruttokapitalimporte (Weltbank 1985, S. 75). Auch in Mexico haben finanzstarke Kreise große Summen ins Ausland gebracht und auf diese Weise das Verschuldungsproblem des Landes gesteigert. Die Armut vieler Schuldnerländer besteht darin, daß der Reichtum der Länder in Geldform auf den Konten US-amerikanischer und Schweizer Banken angelegt ist (Simon 1986). Könnte das Fluchtkapital retransferiert werden, wäre die Verschuldungskrise sogleich um Dimensionen verkleinert. Die Rezepte der internationalen Institutionen sehen die Rückführung des Fluchtkapitals vor, allerdings durch Anreizsysteme in den verschuldeten Länder, nicht durch administrative Maßnahmen oder die Einschaltung der internationalen Banken, bei denen ja das Fluchtkapital »parkt«.

Tab. 7.7.

Kapitalflucht in Lateinamerika (in Mrd US$)

Land	Kapitalflucht[1]		Neukredite
	1979/82	1983/85	1983/85
Venezuela	22,0	5,5	4,2
Argentinien	19,2	0,1	6,5
Mexico	26,5	16,2	9,0
Uruguay	0,6	0,2	0,5
Brasilien	3,5	6,6	20,2

[1] Die Kapitalflucht ist definiert als die Summe der Brutto-Kapitalimporte und des Leistungsbilanzdefizits, abzüglich der Zunahme der offiziellen Währungsreserven.
Quelle: Daten für 1979/82 Weltbank 1985, S. 75; Daten für 83/85 World Financial Markets, Morgan Guaranty Trust, nach Gazeta Mercantil, 4.3.86.

7.8. Auswege aus der Verschuldungskrise? – Vom Sachzwang Weltmarkt zu einer anderen Entwicklungslogik?

Die Lage ist so verfahren, daß keine einfachen Auswege zu bezeichnen sind, auch wenn immer wieder Pläne vorgelegt werden, die die Lösung der Verschuldungskrise versprechen[26]. Die grundlegenden Alternativen sind ja einfach und klar: entweder die *reale Leistungsfähigkeit* der Schuldner wird an die monetären Forderungen der internationalen Banken angepaßt oder/und es müssen umgekehrt die *monetären Ansprüche* auf Zinsen und Tilgungen reduziert werden. Letztlich geht es um die Verringerung der Kluft zwischen realen und monetären Bedingungen des globalen Akkumulationsprozesses. Ein dritter Weg ist nicht gangbar; allenfalls auf der Stelle kann man sich bewegen, also das Problem vor sich her schieben in der Hoffnung, daß die Zeit schon Lösungen offerieren wird. Dies ist denn auch der Gehalt des Baker-Plans (vom September 1985), der von seiner Ausgestaltung her (insbesondere was die Mittel von 29 Mrd US$ über mehrere Jahre verteilt anbelangt) gar nicht beanspruchen kann, eine grundsätzliche Lösung des Verschuldungsproblems zu bieten.

Bislang wird von den Schuldnern erwartet, daß sie die aufgenommenen Kredite bedienen. Schwierigkeiten mit dem Schuldendienst sind dann der Anlaß für Aktivitäten des Internationalen Währungsfonds, der inzwischen eine Rolle als »internationaler Finanzpolizist« übernommen hat (so der ehemaliger geschäftsführende Direktor des IWF, de Larosière). Der IWF, 1944 als Institution zur Sicherung der fixierten *Währungs*paritäten gebildet, ist seit dem Zusammenbruch des Währungssystems von Bretten Woods zu Beginn der 70er Jahre und erst Recht seit

Ausbruch der Verschuldungskrise zu Beginn der 80er Jahre, eine Institution der Sicherung des *Kredit*systems geworden, freilich anders als jede nationale Zentralbank ohne wirksame Kompetenzen gegenüber den Banken, aber mit dem Anspruch, wirtschaftspolitische Auflagen gegenüber säumigen Schuldnern entwickeln zu können, mit denen Aufbringung und Transfer des Schuldendienstes an die Kreditgeber sichergestellt werden sollen. Die monetären Beziehungen müssen also *politisch asymmetrisch* reguliert werden – mit Eingriffen bei den Schuldnern, ohne daß ihnen Eingriffe bei den Gläubigern entsprechen würden –, um das Kreditsystem als ganzes zu erhalten. Die *politische* Regulierung ist notwendig, weil die Bedienung der Kredite durch die normalen *ökonomischen* Mechanismen der Aufbringung und des Tranfers nicht mehr gewährleistet werden kann. Dabei waren es paradoxerweise gerade die Deregulierungen des vergangenen Jahrzehnts, d.h. die Zurücknahme der politischen Interventionen in ökonomische Prozesse und monetäre Mechanismen (darunter auch die Aufhebung des Systems der fixierten Wechselkurse) und somit die unmoderierte Freisetzung der ökonomischen Logik des Wertgesetzes, die der Krise der internationalen Verschuldung zu ihrer Schärfe verhalfen. Nun werden also politische Kontrollen wieder durchgeführt, jedoch nicht um der politischen Logik von Vollbeschäftigung und Wohlstandssteigerung auch gegen die ökonomischen Tendenzen – wie es ja Charakteristikum des keynesianisch-fordistischen Projekts war – zur Durchsetzung zu verhelfen, sondern um der ökonomischen Logik der Verwertung von (Geld)kapital der internationalen Finanzinstitute zu dienen. Die Politik der internationalen Institutionen, allen voran des IWF, wird also von ihrer Zielbestimmung und dem *Inhalt* her *ökonomisiert*,während die ökonomischen Beziehungen der *Form* nach durch IWF-Interventionen *politisiert* werden.

Dabei ist am Ende des 20. Jahrhunderts die Möglichkeit abgeschnitten, die sich die USA zu Beginn dieses Jahrhunderts noch gegenüber einigen karibischen Inselstaaten herausnahmen, um die Probleme mit dem Schuldendienst zu lösen: die militärische Intervention in der Dominikanischen Republik und Haiti. In einer Abmachung vom 8. Februar 1907 mit der dominikanischen Regierung nahmen sich die USA das Recht, die Zölle für den Schuldendienst abzuzweigen, und zwar bis zum »payment or retirement of any and all bonds issued by the Dominican Government ...« (zitiert nach Williams 1984, S. 423). Als die Zolleinnahmen nicht reichten, um die Schulden zu bedienen, wurde die Dominikanische Republik 1915 unter Militärverwaltung gestellt; die US-amerikanische Kommandantur nahm nun auch Zugriff auf alle Steuereinnahmen der Republik, um damit die internen und externen Verpflichtungen abzudecken. Haiti geschah das gleiche und auch in diesem Fall wurde vertraglich abgemacht, daß die Zolleinnahmen für die laufenden Ausgaben einschließlich der Zahlung von Zinsen und Tilgungen auf die Staatsschulden Haitis verwendet werden sollten. Neue Schulden sollte das Land nur machen dürfen, wenn der *Präsident der USA* dem zustimmt; die Prioritäten der Staatsausgaben wurden eindeutig gesetzt: zuerst kommt der Schuldendienst, dann die Bezahlung der Kosten der militärischen Intervention, dann erst die übrigen Ausgaben des Staates. In der Dominikanischen Republik dauerte das Militärregime der USA bis 1924, in Haiti bis 1933. Die Nachwirkungen dieser Interventionen sind bis heute spürbar (Vgl. Williams 1984, S. 419-462).

Diese Gestaltung des Verhältnisses von Ökonomie und Politik kennt als »Verlierer« zunächst nur die Schuldnerländer, deren »Leistungsfähigkeit« zum Schuldendienst durch interne Maßnahmen der Umlenkung von »flows« in Richtung Exporten gesteigert werden soll, aus deren Deviseneinnahmen dann der Zins- und Tilgungstransfer finanziert werden müßte. Es ist bereits gezeigt worden, daß diese »Lösung« der Schuldenkrise ja gerade ihre Verlängerung in eine unbestimmte Zukunft bedeutet und offensichtlich einen Prozeß der »urbanen Verelendung«, den Salamá (1984) analysiert hatte, und der De-Industrialisierung, den Fajnzylber (1983) für viele lateinamerikanische Länder beschreibt, in Gang setzt. Die Zinsen drücken auf den Profit und damit auf die Akkumulation von Kapital und diese auf die sozialen und ökologischen Produktions- und Reproduktionsbedingungen. Monetäre Interessen sind demgegenüber gleichgültig; doch treten nicht-monetäre Interessen auf den Plan: Repräsentanten des industriellen Kapitals gegen die Übermacht des (internationalen) Finanzsektors, Teile der subalternen Klassen, die gegen das Verschuldungsregime generell und den internationalen Finanzpolizisten speziell revoltieren (IWF-Revolten). Nun ist auch die *soziale Logik von Konsens und Kompromiß*, die wir als Ingredienz des Entwicklungsmodells identifiziert hatten, verletzt; die Verschuldungskrise kann nicht durch Anpassung der realen Leistungsfähigkeit an die monetären Ansprüche bewältigt werden, ohne daß das spezifische Verhältnis von ökonomischer, sozialer und politischer Rationalität des Entwicklungsmodells umgeworfen und daher in eine tiefe Krise gestürzt wird.

Die Alternative bestünde folglich in einer Reduzierung der monetären Forderungen gegenüber den gegenwärtigen Schuldnern, um deren Belastung zu mindern. Zinssenkungen wären eine technische Möglichkeit, die Abschreibung von Krediten eine andere oder die Umwandlung von Kredit in Risikokapital (debt-equity swaps) eine dritte. Wenden wir uns kurz den drei genannten Alternativen zu. *Erstens*: Die letztgenannte Option wird zum Teil bereits realisiert, jedoch in der von der internationalen Verschuldung gesetzten Größenordnung von einigen 100 Mrd. US-$ kann sie nicht praktiziert werden. Der Umwandlung in Risikokapital würden Gläubiger ja nur dann zustimmen, wenn die Kapitalanlage einigermaßen rentabel wäre. Rentable Unternehmen oder vom Staat ausgegebene Papiere in der erforderlichen Anzahl gibt es nicht, ganz abgesehen davon, daß die Übergabe der rentablen Unternehmen verschuldeter Länder an ausländisches Kapital den Ausverkauf der nationalen Ökonomie an die Gläuiber bedeuten würde.

Zweitens: Die Reduzierung der Realzinsen ist keine Variable, über die das internationale Bankensystem autonom verfügen könnte. Nur wenn die Kreditnachfrage – wie in der ersten Hälfte der 70er Jahre – zurückgehen würde, könnte das internationale Zinsniveau nach unten tendieren. Wie kann aber die Kreditnachfrage sinken, ohne daß erstens die Schuldnerländer selbst ihren Umschuldungsbedarf reduzieren, zweitens die USA ihr zu finanzierendes Doppeldefizit in Handelsbilanz und Staatshaushalt abbauen, drittens die Zirkulationskredite halb maroder Unternehmen in den Industrieländern, um die Verwertungskrise hinauszuschieben, nicht zurückgenommen werden? Das Verschuldungsregime zwingt also die Schuldner selbst dazu, mit ihrer Kreditnachfrage das Sinken der Zinsen zu behindern. Die Hegemonialmacht tritt, anstatt den Weltbedarf an Krediten bereitstellen zu helfen, als Konkurrent um das internationale Kreditangebot auf. Und schließlich müßten die nicht rentablen Kapitale tatsächlich entwertet werden, um den Kreditbedarf zu verringern.

Drittens: Dann aber bleibt nur als dritte Möglichkeit diejenige der Reduzierung der Kredite, indem sie teilweise abgeschrieben werden. Dabei jedoch stellt sich unverzüglich die alles entscheidende Frage, wer die Verluste zu tragen bereit ist oder dazu durch ökonomische Mechanismen bzw. politischen Druck gezwungen werden kann. Banken könnten die Abschreibungsverluste zum Teil wegstecken; viele Institute haben durch Rücklagen und Rückstellungen Vorsorge getroffen. Und »Finanzinnovationen« haben in den vergangenen Jahren bereits ermöglicht, daß Kreditforderungen an Schuldnerländer mobilisiert und mit entsprechenden Disagios je nach »Bonität« von Land und speziellem Kreditnehmer gehandelt werden. Es ist so etwas wie ein »Gebrauchtkreditmarkt« entstanden. Doch kommt es auf die Größenordnungen an; und die Abschreibungen von Krediten aus dem Mexico- oder Brasilienengagement US-amerikanischer Banken würde mit großer Wahrscheinlichkeit Liquiditätskrisen und vielleicht deren Zusammenbruch zur Folge haben, sofern nicht der Staat die eintretenden Verluste abdeckt. Dies ist nur möglich, wenn andere Staatsausgaben beschnitten oder Steuern erhöht würden. Oder die Staaten der Industrieländer verschulden sich selbst, um die Mittel aufzubringen, so daß der durch die Verschuldung in der südlichen Hälfte des Globus festgehaltene inflationäre Impuls in der nördlichen Hemisphäre wieder wirksam werden könnte.

Wenn Verluste zu verteilen sind, dann entweder auf katastrophische Weise spontan, vermittelt über die Mechanismen des Marktes oder durch einen Prozeß der politischen Regulierung. Letzterer setzt voraus, daß eine Hegemonialmacht fähig und willens ist, die aus ihm folgende Aufgabe der Konsensfindung zu übernehmen und für *intertemporalen Ausgleich* zu sorgen. Da gleichzeitig mit der Verschuldungskrise ja gerade die USA als Hegemonialmacht versagen und eine andere Hegemonialmacht nicht auf die Bühne des Weltgeschehens treten wird, gibt es anders als in den 30er Jahren überhaupt keinen durch politische Aktion erschlossenen Ausweg aus der Verschuldungskrise. Sie wird noch eine Zeitlang dauern und irgendwann ihre Zuspitzung in Moratorien, Zahlungseinstellungen und Finanzkrisen des internationalen Kreditsystems finden. Die These von der »Krise des Entwicklungsmodells« besagt somit auch, daß das gegenwärtige monetäre Regime nicht aufrechtzuerhalten ist und grundlegender Reformen der Verhältnisse bedarf, die die Parameter der Verschuldungskrise – Wechselkurse, Terms-of-trade, Zinsen – bestimmen.

Damit ist ein Dilemma bezeichnet, das so während des langen Zyklus der »*pax americana*« noch nicht existierte: der von den Entwicklungstendenzen des Weltmarkts ausgeübte *Sachzwang* ist zum Knebel des Fortschritts geworden; nicht mehr die Einhaltung der vorgegebenen Geleise des Funktionsraums Weltmarkt wird erzwungen, der Sachzwang wirkt gerade dahin, daß sie *verlassen* werden. Die Befolgung der Logik ökonomischer Beziehungen am Ende des langen Zyklus ist entweder nicht möglich – die Zinsen und Tilgungen können schlicht nicht gezahlt werden – oder so kostspielig und auch längerfristig ohne Aussicht auf Gratifikationen – die Dynamisierung der Gesellschaft in Richtung Industrialisierung gelingt nicht –, daß das Ausscheren aus der Logik des Funktionsraums Weltmarkt der einzige, wenn auch verzweifelte Ausweg aus der Verschuldungskrise zu sein scheint. Es ist keine theoretisch abgeleitete Hypothese, sondern aus den praktischen Erfahrungen mit dem Management der Verschuldungskrise gewonnene Einsicht, daß die Formen, in denen der globale Prozeß von realer und monetärer Akkumulation verläuft, entweder bewußt und gezielt geändert werden müssen oder in zugespitzter Krise gesprengt werden: Nach dem Zinsmoratorium Brasiliens vom Februar 1987 schreibt sogar die New York Times, daß »die Art und Weise der gegenwärtigen Behandlung der lateinamerikanischen Verschuldung an einen Kreuzweg geraten ist, und daß aus den Auseinandersetzungen mit Brasilien eine neue Ordnung geboren wird«

(3.3.1987). Diese Alternative ist gestellt, wenn ein verschuldetes Land ein einseitiges Moratorium der Tilgungs- und insbesondere der Zinszahlungen erklärt.

Die ausbleibenden Tilgungen sind dabei kein Problem für die Banken, jedenfalls so lange nicht, wie die Zinseingänge kontinuierlich verbucht werden können. Denn das zurückströmende Geld müßten sie so oder so erneut ausleihen, und würden alle lateinamerikanischen Schuldner ihre Kredite tilgen, dann würde das internationale Bankensystem sogar Schwierigkeiten haben, potente Kreditnehmer zu finden, die bereit wären, sich in »lateinamerikanischem Ausmaß« zu verschulden (New York Times, 3.3.87)). Die nicht getilgten Kredite und die Zusatzkredite zur Bezahlung der Zinsen sind ausschließlich ein Problem des Schuldners, da dieser niemals aus der – für ein Entwicklungsland, dessen Akkumulationsfonds beschnitten wird, fatalen – Lage herauskommt, bedeutende Teile des Sozialprodukts an das internationale Bankensystem transferieren zu müssen und so die Rentabilität einer (unproduktiven) Kapitalfraktion in den Industrieländern zu stützen. Die Asymmetrie zwischen Schuldner und Gläubiger ist offensichtlich; sie kehrt sich allerdings in dem Augenblick um, in dem der (oder die) Schuldner die Zinsen nicht mehr fristgemäß abführen. Ein ökonomischer Zyklus wird in diesem Fall unterbrochen; was *reversibel* sein müßte, erweist sich als ökonomisch *irreversibel*. Die Funktion des Geldes als Kapital, Zinsen zu tragen, wird unterlaufen; und dies hat zur Folge, daß das entsprechende Kapital – über kurz oder lang, doch spätestens nach 90 Tagen[27] – entwertet wird. Bei den ausstehenden Beträgen von mehreren hundert Mrd US $ ist dies globalökonomisch keine leicht zu verkraftende Summe; bezogen auf die mikroökonomischen Engagements von einzelnen Banken können durch Einstellung der Zinszahlungen von Ländern (also nicht von einzelnen Kreditnehmern) Sicherheiten und Grundkapital bis an den Rand der Liquiditätsvorsorge in Anspruch genommen werden. Die Kreditkrise bricht aus und wird vermittelt über das Medium Geld ihre Konsequenzen für die realen ökonomischen Beziehungen haben.

Wenn Zinsen auf aufgenommene Kredite nicht fristgerecht gezahlt werden, dann bricht der Kreditnehmer, in diesem Fall ein Land, das die Garantie für privat aufgenommenen Kredite übernommen hat, eine Vertragsbeziehung, die das Land (oder einzelne private und öffentliche Schuldner des Landes) gegenüber den Gläubigern eingegangen ist. *Förmlich* gesehen erodiert das Medium Recht, das internationale Beziehungen reguliert. Die Vertragsbeziehung ist allerdings nichts anderes als *rechtlicher Reflex des ökonomischen Verwertungsimperativs von zinstragendem Kapital*: das von der Bank verliehene Kapital muß erstens Zinsen bringen und zweitens in den vereinbarten Fristen zurückgezahlt werden, da sonst die Bank selbst gegenüber ihren Gläubigern in Schwierigkeiten geraten kann. Die Art und Weise der Verwendung des Kredits kann Gegenstand der Vertragsbeziehung, muß es aber nicht sein. In keinem Fall freilich gehen in die Vertragsbeziehung die weltwirtschaftlichen Umstände, die Rahmenbedingungen von Welthandel, Wirtschaftswachstum, Zins-, Preis- und Wechselkursbewegung ein. (Dies könnte allenfalls Gegenstand von Kreditversicherungen sein.) Klauseln in Kreditverträgen, die dies ermöglichen würden, gibt es nur zum Schutz der Gläubiger, die es zu Beginn der 80er Jahre mit dem »roll over«-Verfahren möglich machten, die Zinsbewegung auf den internationalen Anleihemärkten an die Schuldner weiterzugeben. Dies bedeutet zunächst nichts anderes, als daß der Schuldner das Risiko übernimmt, als daß – wie die Hypothese vom Schuldenzyklus aussagt – der Kredit seinen eigenen Amortisationsfonds schafft, aus dem die Tilgungen beglichen werden können, und so rentabel verwendet wird, daß auch die Zinsen gezahlt werden können.

Dies ist das nackte Prinzip, dem sich Gläubiger wie Schuldner gemeinsam unterworfen haben: der Kredit verlangt vom Gläubiger zunächst die erste Leistung, die ausgemachte Summe Geldes bereitzustellen, also die Kreditlinie zu eröffnen, und dann vom Schuldner die zweite (Gegen)leistung, Zinsen und Tilgungen zu zahlen. Gemessen an diesem Prinzip gibt es *keinen* legitimen Grund, warum ein Kredit nicht bedient werden sollte und könnte; es geht um das Primat der Ökonomie in seiner reinsten Form, um die Einhaltung der vertraglich fixierten Regeln des Geldes par excellence.

Und doch gilt auch der im Motto dieses Kapitels zitierte Satz des römischen Rechts: »*Ad impossibilia nemo tenetur*«, d.h. in bestimmten Situationen, die durch die verschuldete oder unverschuldete Unmöglichkeit gekennzeichnet sind, die Verpflichtungen aus der Vertragsbeziehung zu erfüllen, können *andere als die ökonomischen Prinzipien* zur Geltung kommen und auf diese Weise dem Weltmarkt als Sachzwang »einen Strich durch die Rechnung« machen. Denn in dem Augenblick, in dem Schuldner Kredite nicht mehr zu bedienen vermögen, stellt sich die schlichte Tatsache heraus, daß es sich bei der Schuldenkrise nicht nur um ein global-ökonomisches Defizit in der Regulationskapazität und -kompetenz der Hegemonialmacht handelt und Grenzen der »verschuldeten Industrialisierung« sichtbar werden, sondern daß wir es mit einer *rechtsförmlichen Beziehung* zwischen zwei oder mehreren Vertragspartnern zu tun haben, die sich zu festgelegten Leistungen verpflichtet haben und dabei auch das Risiko eingegangen sind, daß ein Vertragspartner seine Verpflichtungen nicht einhalten kann. In dieser Situation stellt sich dann die einfache, aber harte Frage danach, wer das Risiko zu tragen hat, wie die anstehenden Opfer und Verluste verteilt werden. Als Brasilien im Februar 1987 verkündete, keine Zinsen mehr auf die privaten Außenschulden zahlen zu können und mit diesem kakophonischen Paukenschlag alle harmonisch klingenden Erklärungen über das gelungene Schuldenmanagement nach der Mexiko-Krise von 1982 blamierte, wurde die Tragweite des weitgehend verdrängten Problems der Welt wieder in Erinnerung gerufen. Brasilien hätte ja weiterhin Zinsen und Tilgungen gezahlt, wenn das Land es gekonnt hätte; doch weil 1986, anders als in den beiden erfolgreichen Jahren zuvor, der Handelsbilanzüberschuß beträchtlich zusammengeschmolzen war, fehlten die Deviseneinnahmen, aus denen die Zinsen von ca 12 Mrd US$ hätten abgeführt werden können.

Das ökonomische Prinzip in seiner reinen Form artikulierte die »New York Times« (24.2.87) nach dem spektakulären Schritt Brasiliens: die Krise sei *erstens* »selbstverschuldet«, also in der Verantwortung des Schuldners, und nicht in derjenigen der Gläubiger oder der unpersönlichen Funktionsweise des Weltmarkts am Ende des langen »fordistischen« Zyklus, und müsse daher *zweitens* durch eine »Reduzierung« des Konsums der brasilianischen Bevölkerung und eine Steigerung der Exporte des Landes überwunden werden. Demgegenüber bemühten brasilianische Regierungsvertreter eine andere Logik: abgesehen von der *objektiven Sachlage*, daß gar nicht genügend Devisen vorhanden waren, um die fälligen Zinsen zahlen zukönnen, wurde das *subjektive Argument* ins Feld geführt, daß Brasilien nicht sein ökonomisches Wachstum auf dem Altar der Verwertungsimperative internationaler Banken opfern könne. Das Argument ist insofern beachtlich, als ein *anderes Prinzip* als dasjenige der Funktionsbedingungen des Weltmarkts ins Feld geführt wird: über die Logik der Kreditbeziehung, die in den vergangenen zwei Jahrzehnten den Weltmarkt strukturiert, wird nun die andere Logik gesetzt: diejenige von Wachstum und Entwicklung, die unter den Bedingungen des monetären und Kreditregimes des Weltmarkts nicht mehr zur Geltung gebracht werden könnte. Der Sachzwang des Weltmarkts in seiner unangenehmsten Form der Verpflichtung zum Schuldendienst wird somit ebenso desavouiert wie die Rechtsförmigkeit einer ökonomischen Beziehung.

An dieser Stelle schließen sich allerdings zwei Fragen an. Die erste zielt auf die Realistik der Alternative angesichts der Interdependenzen generierenden Strukturen des Weltmarkts und die zweite betrifft die Veränderungen der Normen, nicht nur der *rechtsförmig* fixierten, die den Weltmarkt regulieren. Die Realistik ist hier nicht zu verhandeln, da darüber schon ausführlich geschrieben worden ist: ohne die Auslösung einer Kreditkrise mit weitreichenden Konsequenzen in den Industrieländern und ohne eine Beschneidung von (kreditfinanzierten) Importen im verschuldeten Land in Kauf zu nehmen, ist die Einstellung der Zinszahlungen nicht durchführbar. Es muß also auch einkalkuliert werden, daß die Formen der globalen Entwicklung verändert, ja gebrochen werden. Folglich ist die Frage nach den *Normen* aufzuwerfen, die durch das Moratorium von Tilguns- und Zinszahlungen verändert werden. Weder die Institutionen noch die Funktionsbedingungen des Mediums Geld werden akzeptiert und praktiziert und statt dessen neue – nicht der ökonomischen Logik des Kredits und des Geldes verpflichtete – Kriterien aufgestellt: Entwicklung und Fortschritt, Kampf gegen Elend und Hunger – ein moralischer Imperativ! –, sozialer Konsens und politische Legitimation. Die Realisierung dieser Prinzipien weist über die Sachzwänge des Weltmarkts hinaus, allerdings um den Preis des *Bruchs der vorherrschenden Formen*, in denen sich der Entwicklungsprozeß von globaler monetärer und realer Akkumulation bewegte.

Letztlich belegt dieser *Ausweg des Formbruchs* nur die *Ausweglosigkeit* der intendierten nachholenden Industrialisierung in fordistischer Form, wie im ersten Kapitel bereits gezeigt worden ist. Die Zuspitzung kann also dramatischer gar nicht sein. Entweder versuchen die verschuldeten Länder auf der einen Seite und die Banken auf der anderen, die Zahlungsströme des internationalen Kreditsystems aufrechtzuerhalten; dies ist denn auch die Hoffnung sowohl der Gläubiger als auch der Schuldner in der durch das Zinsmoratorium Brasiliens geschaffenen Lage. Eine Lösung dieser Art verlangt von den Schuldnerländern gewaltige Anstrengungen bei der notwendigen Einschränkung von Investitionen und Konsum, um die Exportüberschüsse zu erzielen, aus denen die Zinsen gezahlt werden können. Bei den Gläubigern werden Wertberichtigungen, also die Übernahme eines Teils des Risikos, anfallen, mit dem sie mehr oder weniger gut umgehen können. In diesen Koordinaten bewegt sich also die Auseinandersetzung, jedenfalls so lange die Notwendigkeit der Bedienung von Krediten akzeptiert wird.

Oder:

Achtes Kapitel
Carajás: Inwertsetzung und Unterentwicklung einer Region

Das östliche Amazonien – ein nationales Projekt der Exportorientierung Companhia
Vale do Rio Doce 1981

Die Hinterlassenschaft ist paradox. Auf der einen Seite die großen Projekte, und auf der
anderen Seite noch größere Probleme.
Jader Barbalho, (ehemaliger) Gouverneur von Pará

Und wie wirken sich die Krisentendenzen des Weltmarkts, wie sie in den
beiden vorangegangenen Kapiteln dargestellt worden sind, in der
Region aus, in der der Komplex »Grande Carajás« gelegen ist? Vom
Nationalstaat Brasilien sind sie geplant worden und auf den Weltmarkt
sind sie orientiert, aber in der Region werden die gesellschaftlichen
Verhältnisse umgewälzt und die ökologischen Bedingungen verändert.
Die großen Projekte der »Inwertsetzung Amazoniens« müssen daher,
sollen sie der Rationalität der drei Funktionsräume genügen, durchaus
Widersprüchliches leisten: sie müssen sich *ökonomisch* auf dem Welt-
markt als rentabel herausstellen, *politisch* müssen sie zur Integration der
Nation einen Beitrag leisten und gleichzeitig sollen sie für die Region
sozialen Fortschritt bringen und im natürlichen Ambiente *ökologisch*
verträglich sein. Die Quadratur des Kreises ist also gefordert. Doch ist
gerade in der Krise des Weltmarkts »das Übergewicht der ökonomischen
Probleme über die technischen Gegebenheiten, die Ökologie und die
sozialen Bedingungen nachgerade notorisch« (Menenes, 1982, S. 29).
Die bereits oben ausgeführte Paradoxie erweist sich auch in Amazonien:
Inwertsetzung der Ressourcen und Integration der Region in den nationalen Raum ist überhaupt nur auf dem Weg in den Funktionsraum
Weltmarkt möglich. Daher ist das Übergewicht der auf ihm herrschenden Bedingungen im Prozeß der Inwertsetzung – am Ende des »fordistischen« Zyklus in einer weltwirtschaftlichen Strukturkrise – unvermeidlich.

8.1. Die nationalstaatliche Entwicklungsstrategie seit den 70er Jahren

Die ursprünglichen Pläne der Inwertsetzung gingen von einer Kompati-
bilität zwischen *regionalen* Entwicklungsstrategien, *nationaler* Integra-

tion und ökonomischer Rentabilität der *exportorientierten* Projekte aus. Eine im Jahre 1981 aufgestellte Devisenbilanz für die Projekte im östlichen Amazonien kalkulierte jährlich steigende Devisenüberschüsse bis zum Jahre 2000: Die Aluminiumhütten in Barcarena (bei Belém) und in Sao Luís und die Exporte von Eisenerz sollten im Zeitraum von 1980 bis 1985 2,36 Mrd US$, im Zeitraum 1986/90 2,37 Mrd US$, von 1991 bis 1995 4,34 Mrd US$ und 1996 bis zum Jahr 2000 5,58 Mrd US$ einbringen (CVRD 1981). Der Vizepräsident der Companhia Vale do Rio Doce, Betreibergesellschaft der Erzmine von Carajás und der Eisenbahnlinie zum Meer, rechnete auf einem Symposium über das Carajás-Projekt im Jahre 1981 vor: »Im Zeitraum von 20 Jahren wird uns das Projekt einen jährlichen Gewinn, und zwar über die Verpflichtungen zur Bezahlung der Schulden hinaus, abwerfen. Und innerhalb von 20 Jahren wird alles bezahlt sein. Die Eisenbahnlinie wird uns ganz gehören, ohne irgendeine Schuldverpflichtung, zusammen mit Hafen und Erzmine. Nach diesen 20 Jahren werden wir noch weitere 200 Jahre oder sogar länger die Erze der Serra nutzen können, indem wir sie exportieren...« (Triches in: Santillo/ Cordeiro 1981, S. 87). Wie Conceição Tavares/de Assis (1985, S. 44) kritisieren, erfolgte die Planung sämtlicher Großprojekte tatsächlich unter der selbstbewußten, aber gewagten Annahme, daß die internationalen Schuldverpflichtungen aus den in den 70er Jahren aufgenommenen Krediten durch eine »Mobilisierung der Reichtümer« Brasiliens abgetragen werden könnten. Damit war der Stellenwert der extraktiven, exportorientierten Projekte des östlichen Amazoniens innerhalb der brasilianischen Industrialisierungsstrategie der 70er Jahre eindeutig umschrieben: ihr vorrangiger Zweck war derjenige der Devisenbeschaffung, um auf diesem Wege auch die »Verwundbarkeit« der Wirtschaft durch externe Schocks zu verringern (de Castro/ de Souza 1985, S. 33 ff.), die ja nach dem ersten Preissprung des Erdöls deutlich zu Tage getreten war[1]. Gegen diese optimistischen Erwartungen sind schon bald Einwände geltend gemacht worden. Auf dem Jahreskongreß der »Brasilianischen Gesellschaft für den Wissenschaftlichen Fortschritt« (SBPC) 1982 hat derselbe Barros de Castro darauf hingewiesen, daß in der Projektplanung von Grande Carajás erstens nur die direkten und nicht die indirekten (sozialen) Kosten berücksichtigt worden seien und zweitens nicht in Rechnung gestellt worden sei, daß die Zinsentwicklung und die Entwicklung der Rohstoffpreise die mikroökonomische Rentabilität und makroökonomische Produktivität der Projekte gefährden könnten (nach einem Bericht von Lucio Flavio Pinto in: O Liberal, 13.7.1982)[2].

Untersuchen wir die Großprojekte im östlichen Amazonien zunächst nach Maßgabe der Mitte der 70er Jahre mit dem »Zweiten nationalen Entwicklungsplan« (II. Plano de Desenvolvimento Nacional) vom September 1974 gesetzten Entwicklungsziele. Diese lassen sich umschreiben als »Konsolidierung einer modernen Ökonomie«, als Anpassung an die »Realität der Weltwirtschaft«, als Eintritt in eine neue Etappe der »Anstrengungen zur nationalen Integration« und als eine Strategie der sozialen Entwicklung, in der erstens der Arbeiterklasse und den Mittelschichten »substantielle Anhebungen der Realeinkommen« ermöglicht und zweitens die »Bereiche der absoluten Armut in der kürzest möglichen Frist beseitigt werden sollten« (República Federativa do Brasil 1974, S. 26 f.). Wir finden hier also die schon oben (4. Kapitel) erörterte Politikfigur wieder, mit der durch ökonomische Dynamisierung und Modernisierung der Gesellschaft dem autoritären Regime der Militärs die entsprechende soziale Basis seiner Legitimation zuwachsen sollte. Der Weg, auf dem diese Ziele erreicht werden sollten – und darin unterscheiden sich die brasilianischen Militärs von den anderen Militärdiktaturen Lateinamerikas in den 70er Jahren –, führte über die Errichtung von großen Investitionsprojekten, die in sieben Gruppen untergliedert werden können:

Erste Gruppe: Östliches Amazonien mit den extraktiven mineralischen, land- und forstwirtschaftlichen Projekten und der dazugehörigen technischen und sozialen Infrastruktur.

Zweite Gruppe: Energieprogramme wie das Nuklearprogramm, das Alkoholprogramm zur Substitution von Treibstoffen auf Mineralölbasis (Vgl. dazu Borges/Freitag/Hurtienne/Nitsch 1984), das Kohleprogramm sowie die hydroelektrischen Projekte.

Dritte Gruppe: Die grundlegende Infrastruktur mit der geplanten Errichtung von neuen Eisenbahnlinien, der Erneuerung von Hafenanlagen und dem Telekommunikationsprogramm.

Vierte Gruppe: Soziale Infrastruktur, in der insbesondere der soziale Wohnungsbau Bedeutung erhalten sollte.

Fünfte Gruppe: Landwirtschaftliche Projekte zur Ausnutzung der várzeas[3] und der – auch von der »Weltbank« geförderte – Polonoroeste im Nordwesten Amazoniens speziell in Rondônia[4].

Sechste Gruppe: Erweiterung der Stahlbasis des Landes, insbesondere im zentralen Süden der alten industriellen Zentren Brasiliens.

Siebente Gruppe: Sonstige Programme wie diejenigen der Entwicklung einer leistungsfähigen Petrochemie im Süden des Landes.

Auf den ersten Blick zeigt es sich, daß das Ensemble dieser Großprojekte auf die Komplettierung des »fordistischen« Industrietypus zielt: Zur »grande potencia« wird eine Nation durch die Errichtung einer schwerindustriellen Basis und der zugehörigen Infrastruktur, mit der *Importe substituiert* werden können, und mit exportorientierten Projekten, die die allfällig benötigten Devisen für den Industrialisierungsprozeß beschaffen sollen. Auch wenn es nicht expliziert wurde, so stand das Modell der bereits industrialisierten Länder und das der »nachholenden Industrialisierung« der Sowjetunion seit Ende der 2oer Jahre Pate. Nur wurde das letztere in *Dissoziation vom Weltmarkt*, sehr bald auch als *Kriegswirtschaft* und *ohne den Zwang, dem Kriterium der mikroökonomischen Kapitalverwertung* genügen zu müssen, realisiert, während das Projekt von 1974 unter Bedingungen immer größerer Abhängigkeit von den Entwicklungstendenzen des Weltmarkts für Waren, aber vor allem desjenigen für produktives Kapital und privaten Kredit, (im Zuge der Herausbildung einer »neuen internationalen Arbeitsteilung) durchgeführt werden mußte. Überdies konnten die Aspirationen der Massen nach konsumtiven Gratifikationen und nach politischem Freiraum nicht so lange frustriert werden, wie die Ausreifungszeit der Projekte brauchte; das Militärregime dauerte bereits zu lange. Die in den industriellen Zentren, insbesondere in São Paulo, Ende der 70er Jahre entflammende Streikbewegung verwies deutlich auf die sozialen Grenzen des gewählten Industrialisierungsmodells, auch wenn diese zunächst noch mit dem Mittel der politischen und militärischen Repression offen gehalten werden konnten. Als dann nach 1984 die «Neue Republik» das Militärregime ablöste, wurden die Großprojekte eher als eine Belastung denn als ein bereicherndes Erbe empfunden. Obendrein waren die Projekte, auch wenn sie zum bedeutenden Teil durch staatliche Unternehmen betrieben wurden, auf Rentabilität angewiesen, mußten sich also den durch den Weltmarkt definierten Bedingungen der Verwertung von Kapital aussetzen. Der Unterschied zum Industrialisierungsschub in der UdSSR ist also eklatant; doch zugleich wird auch die Gewagtheit eines Industrialisierungsprojekts traditionellen Typs *am Ende* des langen fordistischen Zyklus deutlich: In einer Phase der weltwirtschaftlichen Entwicklung, in der in den «alten» Industrieländern bereits eine Restrukturierung der Branchen in Richtung «neuer» Industrien stattfindet, versuchen Länder der Dritten Welt wie Brasilien, gerade an das «alte» Modell Anschluß zu finden[5].

Während sich sechs Projektgruppen auf spezifische *Branchen* konzentrieren und daher durch ihren Stellenwert in der – stofflichen – Reproduktionsstruktur der Ökonomie definiert sind, ist das Kriterum für die Einordnung der Projekte des östlichen Amazoniens in die Gruppe der nationalen Großprojekte ein *territoriales*. Sie stellen insofern, wie IBASE (1982, S. 14) zu Recht hervorhebt, eine Ausnahme unter den Großprojekten dar. Es wird sich noch zeigen, daß dies eine nicht geringe Bedeutung für die Region haben wird; denn diese soll nun nach den Erfordernissen der Projektrealisierung politisch und ökonomisch neu definiert werden.

Die »Großprojekte« tragen ihre Bezeichnung zu Recht. Nach Planung sollten rund 230 Mrd US$ (bei Berücksichtigung der Zinsen sogar 320 Mrd US$) im Zehnjahreszeitraum bis in die zweite Hälfte der 80er Jahre investiert werden. Bei dieser Größenordnung ist die Aussage von Barros de Castro/ Pires de Souza (1985, S. 32) durchaus verständlich, daß die Option von 1974 »ohne Zweifel extrem gewagt« – Conceição Tavares/de Assis (1985, S. 45) sprechen sogar von »tollkühner« Planung – gewesen sei. Immerhin belaufen sich die geplanten Investitionen auf einen Betrag wie das Bruttosozialprodukt Brasiliens aus dem Jahre 1983, das in Preisen von 1980 240,2 Mrd US$, in laufenden Preisen 208,42 Mrd US$ ausmachte.

Aber es kommen noch weitere Gründe hinzu, die die These von der »Gewagtheit« oder »Tollkühnheit« untermauern: *Erstens* beruhte das hohe Wirtschaftswachstum Brasiliens – die Wertschöpfung der verarbeitenden Industrie stieg im Zeitraum 1970/82 von 19,235 Mrd US$ auf 43,300 Mrd US$, also um 125% (Weltbank 1985, S. 215) – bis dato insbesondere auf der Entwicklung der Industrien für dauerhafte Konsumgüter. Im Zeitraum 1976/80 war die durchschnittliche jährliche Wachstumsrate des Produktionsvolumens der Industrie 6,1%, diejenige der Industrie dauerhafter Konsumgüter 11,5%. Das Schwergewicht des Investitionsprozesses wird nun aber auf infrastrukturelle Einrichtungen und Basisindustrien gelegt. Zweifellos ist diese Wendung notwendig geworden, da ohne Entwicklung einer Investitions- und Produktionsgü-

Tab. 8.1.
Durchschnittliche jährliche Wachstumsrate des Produktionsvolumens der brasilianischen Industrie

	1976/80	1981	1982	1983	1984	1985	1986[1]
Industrie	6,1	-11,1	-0,2	-5,3	6,7	8,5	9,4
Mineralische Extraktion	7,0	- 2,5	5,3	14,3	27,3	11,5	11,3
Verarbeitende Industrie	6,1	-11,3	-0,3	-5,9	6,0	8,3	9,3
Dauerhafte Konsumgüter	11,5	-25,2	7,8	-3,5	-4,5	15,1	22,4
Nicht-dauerhafte Konsumgüter	3,5	- 0,4	1,9	-5,0	-1,2	7,9	8,6

[1] nur Januar/März
Quelle: IBGE, nach Suzigan 1986, S. 31

terindustrie die hohen Wachstumsraten der Industrien dauerhafter Konsumgüter kaum aufrechtzuerhalten waren (Rückert 1981, S. 82), zumal wenn in der Verschuldungskrise der Zugang zur Finanzierung importierter Investitions- und Produktionsgüter erschwert wird.

Zweitens ist in Rechnung zu stellen, daß die Großprojekte und der von ihnen ausgehende Wachstumsschub Brasilien vorwärts bringen sollte, während sich der gesamte Weltmarkt in der zweiten Hälfte der 70er Jahre in einer Rezession befand (Vgl. sechstes Kapitel); die Aussichten für eine Strategie der Exportorientierung waren also nicht die besten. Dies wurde im übrigen von Vertretern der Großprojekte im östlichen Amazonien mit dem Argument von der Notwendigkeit »antizyklischer« Investitionspolitik als eine Chance interpretiert; denn nach der Investitionsphase zur Errichtung der Förderkapazitäten von Erzen in den 70er Jahren wurde ganz nach dem klassischen Modell des Industriezyklus für den Beginn der 80er Jahre ein neuer Boom erwartet, in dessen Verlauf die Baisse auf den Rohstoffmärkten überwunden und die für die Rentabilität der Projekte notwendigen Preise erzielt werden könnten (Triches in: Santillo/Cordeiro 1981, S. 87f). Offensichtlich wurde also mit dem Entwicklungsmuster des Weltmarkts während der Aufschwungphase bis zu Beginn der 70er Jahre kalkuliert, ohne die Möglichkeit der langfristigen Stagnationsphase (»B-Phase« des langen Zyklus) ernsthaft in Rechnung zu stellen. Ein Trend wurde also in die Zukunft verlängert; daß die Krise diejenige eines globalen Entwicklungsmodells sein, also gerade den Bruch des Trends bedeuten könnte, dämmerte den meisten erst später.

Drittens wurde in Zeiten der Energiekrise mit der Betonung von Metallurgie und Petrochemie gerade ein Schwerpunkt in energieintensiven Bereichen gelegt. Dies erforderte unbedingt die Ausweitung des internen Energieangebots. Dennoch, so betonen Barros de Castro und Pires de Souza, entbehre der Planung der Großprojekte nicht eine »hohe Dosis ökonomischer Rationalität« (1985, S. 35): Wachstum um jeden Preis[6] wurde angepeilt, um die im Vergleich zu den Industrieländern unterentwickelte industrielle Struktur Brasiliens in einer Art Parforcetour durch Schaffung einer schwerindustriellen Basis überwinden zu können.

Barros de Castro/Pires de Souza (1985) interpretieren die unzweifelhaften brasilianischen Erfolge bei der Erwirtschaftung einer stark überschüssigen Handelsbilanz 1984 und 1985 bereits als Indiz für den Erfolg der mit der »Option von 1974« eingeleiteten Importsubstitution, Exportorientierung und – vor allem – Ausweitung des inneren Marktes zur Aufnahme der forciert entwickelten industriellen Produktion (ebenso Hurtienne 1985). Allerdings sind Zweifel an dieser These angebracht.

Denn bis 1985 konnten die außenwirtschaftlichen Erfolge bei einer Kapazitätsauslastung von gerade 77% erzielt werden. Wenn die Kapazitätsgrenze aber erreicht ist, dann kann sie nur durch neue Investitionen hinausgeschoben werden und die geraten unweigerlich in Konflikt mit dem Erfordernis des Schuldendienstes, der gegen Ende der 70er Jahre etwa 3% des BIP, seit Ausbruch der internationalen Schuldenkrise aber mehr als 5% des BIP bindet. Mittel für investive Zwecke müssen aber allein schon aus Gründen der Wettbewerbsfähigkeit abgezweigt werden. Denn zunächst orientiert sich die Importsubstitution an einem *bestimmten Nachfrageprofil*, ebenso wie die Exportorientierung sich auf eine *bestimmte Produktpalette* bezieht. So ist diese Art der Modernisierung zunächst eine *komparativ-statische* Anpassung an Weltmarktkonstellationen, die jedoch angesichts der technologischen und sozialen Umgestaltung des Entwicklungsmodells in den führenden Industrieländern sehr dynamischen Veränderungen ausgesetzt sind. Um die Importsubstituierung und Exportorientierung zu *dynamisieren*, müssen permanent Investitionen zur Modernisierung des produktiven Systems und der politischen und sozialen Institutionen einschließlich der Infrastruktur durchgeführt werden. Die »Option von 1974« hat also Grenzen und läuft irgendwann einmal aus, wenn nicht die durch sie gesetzten Perspektiven fortgesetzt werden. Insofern haben da Conceição Tavares/de Assis (1985) Recht, wenn sie schreiben, daß die »Neue Republik« nach dem Ende der Militärdiktatur deren Erblast zu tragen hat. Die Zahlung des Schuldendienstes gerät also durch die in das Projekt der außenfinanzierten Exportorientierung und Importsubstituierung eingebaute »Finanzfalle« in Konkurrenz zu den notwendigen Investitionen. Fishlow (1985, S. 35ff) warnt daher vor der Illusion, die Exporterfolge von Brasilien und Mexico (die ja schon 1986 durch den Zusammenbruch der Ölpreise zunichtegemacht worden sind) in die Zukunft projizieren zu wollen – und Ende 1986/Anfang 1987 stellt sich auch für Brasilien die Berechtigung der Warnung heraus, als der Exportüberschuß so sehr zurückgeht, daß noch nicht einmal mehr die Zinsen auf die Außenschulden finanziert werden können. Das Zinsmoratorium vom Februar 1987 ist ja nicht Ausdruck selbstbewußter politischer Option, sondern erniedrigende Konsequenz der ökonomischen Unmöglichkeit, die erforderlichen Devisen aufzubringen.

Der mit der Planung und Errichtung der Großprojekte eingeleitete Prozeß implizierte eine partielle »*Verstaatlichung*« der Ökonomie durch eine Regierung, die ansonsten – wie die anderen Militär-Juntas im politisch reprimierten Lateinamerika der 70er Jahre auch – der Philosophie der »freien Marktwirtschaft« folgte. Denn zur Realisierung von Projekten, die allenfalls langfristig rentabel sein können, bedarf es der staatlichen Subventionen oder des Engangements von Staatsunternehmen. So kommt es, daß den Staatsunternehmen Brasiliens im Energiesektor, in der Erdölindustrie, im Sektor der Telekommunikation usw. bei der Realisierung der Projekte eine Schlüsselrolle zukam, obwohl in den Jahren 1975/76 in Brasilien eine »Entstaatlichungs-Kampagne« stattfand (Rückert 1981, S. 83). In der zweiten Hälfte der 70er Jahre stieg der prozentuale Anteil der staatlichen Unternehmen sowohl am Grundkapital als auch bei den Umsätzen im Vergleich zu den privaten nationalen und auch den ausländischen Unternehmen[7]. Damit war aber auch entschieden, daß sie beim Prozeß der Verschuldung eine Vorreiterfunktion haben würden; die brasilianischen Staatsunternehmen jedenfalls werden zu den potentesten Kreditnehmern bei den internationalen Banken. Die Regierung hat diesen Prozeß der Verschuldung staatlicher Unternehmen auf internationalen Kreditmärkten mit einer Reihe von Gesetzesdekreten (darunter insbes. Gesetz Nr. 4131) unterstützt; durch Zinsdifferenzen zwischen internen und externen Krediten wurde der Rückgriff auf die »äußere Ersparnis« höchst attraktiv. Die hohen internen Zinsen dienten also *nicht der Mobilisierung der Ersparnis* für die Finanzierung von Investitionen oder zur Bekämpfung der Inflation, sondern als Druckmittel auf die Unternehmen, sich auf den Euromärkten zu verschulden (Conceição Tavares/de Assis 1985, S. 57ff). Auf diese Weise konnte sich »eine gigantische Maschine für Finanztransaktionen herausbilden, die das interne Kreditsystem ›dollarisierte‹ und die inländische Finanzpolitik dem Geschick des Dollar auf den internationalen Finanzmärkten überantwortete« (da Conceição Tavares/de Assis 1985, S. 45). Solange die Zinsen auf den internationalen Kreditmärkten niedrig waren, schien der Rekurs auf die »äußere Ersparnis« für das Land ein »ausgezeichnetes Geschäft« (da Conceição Tavares/ de Assis 1985, S. 45) zu sein: die *langfristigen* Traume von der Großmacht Brasilien schienen mit *kurzfristigen* Krediten auf roll over-Basis finanzierbar. Dies ist natürlich ein riskantes Unterfangen, denn sein Erfolg hängt von der Entwicklung von Parametern ab, die durch nationalstaatliche Politik *nicht kontrollierbar* sind: von der Entwicklung der Zinssätze, der Rohstoffpreise und des Dollarkurses. Folgende Aufstellung dokumentiert die Tendenz der externen Verschuldung von Staatsunternehmen:

Tab. 8.2.

Kreditaufnahme Brasiliens im Ausland nach Sektoren (1972 – 1980)

Sektor	1972 Mio$	%	1974 Mio$	%	1978 Mio$	%	1980 Mio$	%
Öff. Sektor	623	24,9	1100	35,3	5317	60,2	3687	76,6
darunter:								
Energie	90	3,6	113	3,6	1368	15,5	1208	25,1
Stahl	4	0,2	26	0,9	610	6,9	378	7,9
Chemie	73	2,9	117	4,2	151	1,7	250	5,2
Transport	198	7,9	423	13,6	1097	12,4	114	2,4
Telekommun.	64	2,5	209	6,7	267	3,0	229	4,8
Finanzsystem	77	3,1	99	3,2	718	8,1	536	11,1
Verwaltung	89	3,5	182	5,8	580	6,6	823	17,1
Sonstige	29	1,2	2	0,1	526	6,0	150	3,0
Privatsektor	1874	75,1	2012	64,7	3512	39,8	1124	23,4

Quelle: Davidoff Cruz 1983, S. 75; Die absoluten Werte sind abgerundet.

Während noch zu Beginn der 70er Jahre etwa drei Viertel der im Ausland eingeworbenen Kredite von privaten nationalen und multinationalen Unternehmen aufgenommen wurden, war es am Ende der Dekade gerade noch ein Viertel. Die Entwicklung der Verschuldung des öffentlichen Sektors verlief genau umgekehrt, wobei insbesondere die Energieunternehmen die Aufnahme von Fremdkrediten im Ausland in einem Ausmaß betrieben, das nicht mehr mit der ökonomischen Leistungsfähigkeit des Sektors begründbar war. Wir finden hier also den im vorangegangenen Kapitel beschriebenen Prozeß der »Verstaatlichung« der Schulden (und daraus folgende: des Schuldendienstes) bestätigt. Die Zinsen werden, insbesondere nachdem sie teilweise auf über 20% in die Höhe gegangen sind (de Castro/de Souza 1985, S. 209), zu einem bedeutenden, wenn nicht dem bedeutendsten Kostenfaktor der Unternehmen, der im Preis teilweise (nachdem die öffentlichen Unternehmen zunächst noch die Tarife stabil gehalten haben) weitergegeben wird und auf diese Weise die Inflationsrate auf ein neues höheres Niveau hochtreibt[8]. Paradoxerweise gehört es heute zu den Standard-Auflagen des IWF bei der Vergabe von Bereitschaftskrediten an verschuldete Länder, daß die Defizite der Staatsunternehmen, die ja ursprünglich die Kehrseite der externen Kreditaufnahme waren, abgebaut werden sollen (Werneck 1983, S.143ff); doch diese sind inzwischen gerade zu einem Gutteil dem Zins- und Tilgungsdienst geschuldet.

In der Planung und Durchführung der Großprojekte im Rahmen der »Option von 1974« war also von Anfang an ein Problem eingebaut. Die

Absicht war die Verminderung der Außenabhängigkeit der brasilianischen Wirtschaft durch die Errichtung einer Produktions- und Investitionsgüterindustrie sowie der fehlenden materiellen und sozialen Infrastruktur; doch konnte dieses Ziel nur erreicht werden, indem die Wirtschaft weitgehend in den monetären Weltmarkt integriert und dadurch »dollarisiert« wurde. Tatsächlich hätten, wie IBASE (1982, S. 23) hervorhebt, im Verlauf der 10 Jahre nach Beginn der Planung ungefähr die *Hälfte der Bruttoinvestitionen* in die großen Projekte gesteckt werden müssen, sofern die im II. Entwicklungsplan vorgesehenen Projekte aus der »internen Ersparnis« finanziert worden wären. Bei Berücksichtigung der Abschreibungen hätte also die Gesamtheit der Nettoinvestitionen für die Realisierung der Großprojekte verwendet werden müssen. Wenn die übrigen Investitionen in der Ökonomie nicht zum Stillstand hätten kommen sollen, wäre entweder eine Beschränkung der internen Konsumquote (der staatlichen wie der privaten) notwendig geworden, oder es wurde der Rückgriff auf die »externe Ersparnis«, d.h. auf Außenkredite der international operierenden Banken, *unvermeidbar*. Schließlich handelt es sich bei der Verwendung des Sozialprodukts um ein Nullsummenspiel, bei dem die eine Verwendung nur auf Kosten anderer Verwendungsarten ausgeweitet werden kann, so lange die verteilbare Masse nicht oder unzureichend wächst.

Tab. 8.3.

Brasilien: Verwendung des Bruttoinlandprodukts – in vH (1971-1984) –

	1971	1975	1976	1977	1978	1979	1980	1981	1982	1983	1984
A	64,7	61,3	64,5	65,3	66,7	70,5	70,8	70,2	69,5	71,3	70,0
B	11,0	10,6	10,5	9,4	9,3	9,4	8,8	8,9	10,0	9,4	8,4
C	20,5	25,5	22,7	21,9	21,4	20,0	19,6	18,7	18,9	15,2	16,3
D	4,2	4,1	4,1	3,3	3,0	2,3	2,2	2,5	2,3	1,8	
Ex	5,9	6,6	6,4	6,7	6,0	6,3	7,7	8,2	7,0	10,2	13,0
Im	7,5	10,2	8,6	7,3	7,0	8,1	9,6	8,6	7,6	8,1	8,4
E	-1,6	-3,6	-2,2	-0,6	-1,0	-1,8	-1,9	-0,4	0,6	2,1	4,6

A=Privater Konsum in vH des BIP (ab 1981 incl. Vorratsveränderungen)
B = Staatlicher Konsum in vH des BIP
C = Bruttokapitalbildung der Unternehmen in vH des BIP
D = Bruttokapitalbildung des Staates in vH des BIP; 1984 in C enthalten
Ex = Anteil der Exporte an der Gesamtnachfrage von Gütern und Dienstleistungen
Im = Anteil der Importe an dem Gesamtangebot von Gütern und Dienstleistungen
E = Export./.Importe; Außenbeitrag
Quelle: Eigene Berechnungen auf der Grundlage der absoluten Werte in laufenden Preisen nach Anuário Estatistico, mehrere Jahrgänge

Die Tabelle zeigt, daß in den 70er Jahren tatsächlich die Importe (gemessen am Gesamtangebot von Gütern und Dienstleistungen) ansteigen, um dann seit Ausbruch der Verschuldungskrise reduziert zu werden, während der Verlauf des Exportanteils gerade umgekehrt ist. Der Außenbeitrag ist daher bis 1981 negativ, um danach abrupt positiv zu werden. Die Investitionsquote ist zu Beginn der 70er Jahre zunächst sehr hoch, und wird dann in den 80er Jahren gesenkt. In den 70er Jahren wurde tatsächlich aus Gründen, die oben dargelegt worden sind, von den brasilianischen Militärs die Aufnahme von äußeren Krediten, also die Verschuldung des Landes, nicht nur in Kauf genommen, sondern forciert, um die Großprojekte zu realisieren.

Das Spiel war, wie die zitierten Autoren betonten, riskant, und als zu Beginn der 80er Jahre das internationale Zinsniveau nach oben abhob, wurde »die Devisenbeschaffung...für die brasilianische Regierung zu einer ökonomischen Überlebensfrage, der sich alle übrigen wirtschafts- und entwicklungspolitischen Zielvorstellungen unterzuordnen haben« (Sangmeister 1984, S. 245). Die Logik des Modells nachholender Industrialisierung, der expansiven Verschiebung von Grenzen des Wachstums und der Entwicklung, verkehrt sich also ins Gegenteil: es werden Grenzen und Hemmnisse der Entwicklung errichtet und die Industrialisierung, sofern sie denn begonnen wurde, stellt sich als eine Belastung für zukünftiges ökonomisches Wachstum heraus. Die mit den Exporten verdienten Devisen müssen fast ausschließlich zur Bezahlung der Zinsen verwendet werden; für die ökonomische Entwicklung des Landes bleibt da wenig übrig[9]. Das projektierte Entwicklungsmodell der »nationalen Größe« aus den 70er Jahren ist also keine zehn Jahre später gescheitert; die Rentabilität der ökonomischen Großprojekte ist nicht gewährleistet, die Devisen, die sie einbringen sollten, sind auf stagnierenden Weltmärkten nicht zu verdienen. Statt dessen erfordert der Schuldendienst immer neue Kredite, so daß mit der Abhängigkeit vom internationalen Bankensystem auch die »Verwundbarkeit« des Landes anstatt kleiner zu werden zunimmt. Also werfen die Projekte auch den von den Militärs erwarteten »politischen Mehrwert« nicht ab. Bresser Pereira (1985, S. 20) bezeichnet die 1974 angestrebte Perspektive der »grande potencia« zehn Jahre später Mitte der 80er Jahre als ein »Modell der hochindustrialisierten Unterentwicklung«.

8.2. Soziale, ökonomische und ökologische Konsequenzen der Großprojekte im östlichen Amazonien

Dies ist im östlichen Amazonien nicht anders; es stellt sich das alte

»Paradox eines Entwicklungsprozesses: Der Bundesstaat Pará wurde zwar mit einigen der *bedeutendsten* Großprojekten der 70er Jahre zwar bedacht, aber gegenwärtig geht die Auseinandersetzung der regionalen Unternehmer und der Staatsregierung im wesentlichen darum, irgendeinen *kleinen* Vorteil daraus ziehen zu können« (Severo 1986; Unterstreichung E.A.). Dies hat seine Ursache darin, daß es sich bei den großen Projekten im östlichen Amazonien im wesentlichen um extraktive Enklaven der Rohstoffproduktion handelt[10]. Die *ökonomische, soziale und politische Vernetzung* mit der regionalen Ökonomie und Gesellschaft ist gering; dies wurde schon während der Projektplanung kritisiert[11]. In den hier vorgestellten Begriffen kann auch ausgeführt werden, daß der Funktionsraum Weltmarkt territorial präsent ist, aber keine produktiven Beziehungen zu den anderen Funktionsräumen zuläßt, so daß der *Nettonutzen für die Region* insgesamt gering oder sogar negativ ist. Koevolutionäre Potentiale (Norgaard 1981) jedenfalls werden nicht freigesetzt und für einen balancierten Entwicklungsprozeß genutzt.

Es ist nicht weiter verwunderlich, wenn unter diesen Bedingungen auch der politische Zugriff auf die Projekte den regionalen Instanzen verwehrt werden sollte. Schon mit der »Inwertsetzung« durch Straßenbau- und Kolonisierungsprojekte zu Beginn der 70er Jahre entzog die brasilianische Zentralregierung dem Bundesstaat Pará die Jurisdiktion über große Teile seines Territoriums dadurch, daß beidseitig zu allen Bundesstraßen ein Streifen von je 100 km Breite der direkten Administration und Jurisdiktion der Zentralregierung überantwortet wurde[12]. Nachdem 1980 die Projektregion Grande Carajás mit fast 900.000 qkm gebildet worden war, wurden von der Bundesregierung Pläne zur föderativen Neuorganisation Amazoniens geschmiedet, die neben der Einrichtung von Bundesterritorien, die direkt der Zentralregierung unterstanden hätten (bei Itaituba und Altamira), auch die Bildung eines neuen Bundesstaates Tocantíns vorsahen. Danach hätte der Bundesstaat Pará zwischen 25% und 45 % seines Territoriums abgeben müssen, darunter gerade die Gebiete mit mineralischen Ressourcen. Der politische Entscheidungsprozeß über die »Inwertsetzung« und ihre Begleitumstände wäre auf diese Weise auch formell der Region entzogen worden. Armando Mendes bezeichnete die Pläne zur Aufspaltung Amazoniens als eine »kolonial-imperialistische Verhaltensweise der nationalen Entscheidungszentren« gegenüber der politischen Klasse in der Region (nach Lucio Flavio Pinto, in: O Liberal vom 30.12.1982)[13]. Auch ohne die Bildung eines neuen Bundesstaates ist mit diversen parastaatlichen Institutionen der Entwicklungsplanung, deren Kompetenzen sich vielfach territorial und funktional überschneiden und wechselseitig aufheben oder miteinander konfligieren, der föderalen Einheit des Bundesstaates ein Teil der administrativen Zuständigkeit genommen[14]. Gefördert wird die Zentralisierung von Entscheidungen auch durch das System der Verteilung der Steuereinnahmen. Den unteren Gebietskörperschaften (Kommunen und Regionen) bleibt im Vergleich zum Bund nur ein kleiner Teil der Einnahmen; die Auseinandersetzung um die Erhöhung des Steueranteils für die Region ist daher ständiges Thema und wird wohl erst mit der von der Verfassunggebenden Versammlung bis Ende 1987 ausgearbeiteten Verfassung ihre Lösung finden.

Selbst ohne die formelle Herauslösung der extraktiven Projekte aus der Legislation, Administration und Jurisdiktion der Region (des Bundesstaates Pará) werden die ökonomischen Entscheidungen der jeweiligen Projektträger nach Kriterien getroffen, die nicht unbedingt mit den sozialen, ökologischen und politischen Bedingungen in der Region kompatibel sind. »Codevelopment« (Noorgard 1981) von ökologischem System und ökonomischen Formen der Inwertsetzung unter Bedingungen der Weltmarktintegration ist angesichts der Widerprüche zwischen den Wirkungsweisen der Funktionsräume auf regionalem Territorium nicht möglich. Worum geht es dabei?

Die Ressourcen, über die Amazonien verfügt, sind bereits im fünften Kapitel aufgelistet worden. Inwertsetzung besteht im wesentlichen darin, die Ressourcen, nachdem sie identifiziert worden sind, zu fördern und auf dem Weltmarkt (in wenig verarbeitetem Zustand, also mit geringer Wertschöpfung) zu verkaufen. Im Relatório Final der Companhia Vale de Rio Doce aus dem Jahre 1981 (CVRD 1981) wird als Vorteil Amazoniens gegenüber anderen Standorten neben der Existenz der Ressourcen *erstens* die billige Arbeitskraft und *zweitens* eine »weniger rigorose Umweltschutzgesetzgebung« als in den entwickelten Industrieländern hervorgehoben; Kostenentlastung für mineralische Extraktionsprojekte ist also gerade dann zu erwarten, wenn »durch die Energiekrise bedingt einige Produzenten ihre Wettbewerbsfähigkeit verlieren ... und auf diese Weise Lücken für neue Anbieter auf dem Weltmarkt öffnen« (CVRD 1981). Hier wird deutlich genug deklariert, daß *erstens* ein »positioneller« Vorteil wahrgenommen (vgl. dazu die Ausführungen im Kapitel 1.2) und *zweitens* die externen Effekte bei der Energie- und Stofftransformation als »Throughput« (vgl. dazu die Ausführungen im Kapitel 3.3. und 3.4.) dem ökologischen System angelastet werden sollen, ganz abgesehen von der Behandlung der Arbeitskräfte als zwar wichtiger Faktor des ökonomischen Inputs, aber zugleich als *sozialer Restposten*[15].

Energie kann die Region reichlich mobilisieren, um Extraktions- und Verarbeitungsprozesse von Ressourcen zu ermöglichen. Dabei kommt der Ressource *Wasserkraft* eine Schlüsselrolle zu, da sie in Elektroenergie umgesetzt werden kann, die zur Erzeugung von Wärme und zur Prozessierung der Rohstoffe verwendet wird. Das Wasserkraftwerk und das dazugehörige *Hochspannungsnetz* sind also Bedingung der Inwertsetzung von Ressourcen. Zu ihrer Prozessierung gehört auch der Transport der verarbeiteten Rohstoffe an »den Rand« der Region, von wo aus sie ihre Reise an die Verbrauchsorte auf anderen Kontinenten, in anderen Ländern, in den weiter entwickelten Süden Brasiliens beginnen können. Das Projekt der Inwertsetzung schließt also die Errichtung einer entsprechenden *Infrastruktur* von *Eisenbahnlinien*, *Straßen*, *Wasserwegen*, *Flugplätzen* und *Hafenanlagen* ein. Da kein Prozeß der Stoff- und Energieumwandlung ohne Einsatz von Arbeitskraft laufen kann, ist auch für ein entsprechendes Angebot von *differenziert qualifizierter Arbeitskraft* in der Region zu sorgen, also auch für die dazu notwendige soziale Infrastruktur (Wohnung, Bildung, Gesundheit etc.). Sofern es die qualifizierte Arbeitskraft in der Region selbst nicht gibt, muß sie aus anderen Landesteilen angeworben werden – ein in Amazonien üblicher Vorgang, der schon darauf hindeutet, wie begrenzt die positive Wirkung auf die Zahl der Arbeitsplätze für die regionalen Arbeitskräfte ist. Diese Voraussetzungen gegeben, kann die Rohstoffausbeutung und -verarbeitung und die Translokation der Ressourcen in Richtung Weltmarkt beginnen. Die im östlichen Amazonien so »inwertgesetzten« Rohstoffe sind insbesondere: *Eisenerz* im Rahmen des Projekts »Ferrocarajás«; *Bauxit*, das am Rio Trombetas, in Paragominas und an einigen anderen Orten gefunden und in Barcarena bei Belém und in Sao Luís in *Aluminium* transformiert wird; *Gold*; *Holz*, das – als Hilfsstoff zu Holzkohle verarbeitet – Prozeßwärme zur Umwandlung von Eisenerz in Roh- und Sintereisen liefern soll, und das selbst als Ressource zu Edelholz verarbeitet wird; landwirtschaftliche Produkte, unter denen das *Fleisch* der Rinderfarmen besondere ökonomische Bedeutung erlangt hat.

Also ist Inwertsetzung eine Strategie der Erzeugung infrastruktureller Einrichtungen in der Region mit der Finalität der Förderung, Prozessierung und des Transports von Ressourcen, die aus ihrem natürlichen Amabiente isoliert werden müssen (Vgl. drittes Kapitel). Es wird so ein *stofflich-technisches Artefakt* geschaffen, das in jedem Fall die Umwelt beeinflußt und eine »zweite (oder n-te) Natur« herstellt. Zugleich existiert dieses Artefakt als Wert, ist als solcher in die Welt der Werte integriert. Dies heißt auch, daß es sich nicht nur um Wert- bzw. Kapitalsummen in quantitativer Größenordnung, um Dollar- und Cruzadobeträge handelt, die investiert werden in der Hoffnung, (Devisen)erträge zu erbringen, sondern um *gesellschaftliche Verhältnisse*, die durch Inwertsetzung regional gebildet werden bzw. Verbindungen mit regional bereits existierenden Produktions- und Lebensweisen eingehen.

8.2.1. Projekte zur Erzeugung von hydroelektrischer Energie

Die Energie für die Produktion von Aluminium und für die Ausbeutung der Erzlagerstätten von Carajás soll in erster Linie das Wasserkraftwerk von Tucuruí liefern, ca. 300 km südlich von Belém am unteren Tocantíns gelegen. Beim Ausbau der ersten Etappe werden 12 Generatoren von je 330 Megawatt (zusätzlich zwei Hilfsgeneratoren von 20 Megawatt) insgesamt 4.000 Megawatt liefern. Wenn die zweite Ausbaustufe beendet sein wird, ist die Kapazität mit 7.960 Megawatt veranschlagt. Zur Erzeugung der Elektroenergie ist der Tocantíns mit einer Staumauer von mehr als 7.000 m Länge auf ein Niveau von 72 m über dem Meeresspiegel aufgestaut worden (Maximum 74 m ü. NN, Minimum 58 m ü. NN). Dadurch ist ein Stausee von fast 300 km Länge und 2.430 qkm (Bodensee: 539 qkm) Ausdehnung entstanden. Die Kosten des Kraftwerks belaufen sich auf ca. 4,7 Milliarden US$. Ursprünglich sollten sie von den Betreiberfirmen des Aluminiumprojekts Albrás/Alunorte (das sind zu 51% die Companhia Vale do Rio Doce und zu 49% die Nippon Amazon Aluminiumcompagnie, NAAC) aufgebracht werden. Aufgrund japanischer Interventionen jedoch übernahm der brasilianische Staat durch das Staatsunternehmen Eletrobrás und deren Filiale Eletronorte die Kosten. Ein großer Teil der investierten Mittel ist durch Kreditaufnahme auf internationalen Märkten finanziert worden, von den Baukosten (bis Juli 1984) in der Gesamthöhe von 4,7 Mrd US$ fast 3,5 Mrd US$, also fast 75%. Die Verschuldung des Elektrosektors, von der im vorangegangenen Abschnitt die Rede war, erklärt sich also mit dem Bau von großen Wasserkraftwerken, wie demjenigen von Itaipú im Süden des Landes und demjenigen von Tucuruí im Norden. Vor allem die Zinskosten schlagen bei der Produktion der Elektroenergie zu Buche. Eletronorte gibt an, daß in Tucuruí die Kilowattstunde für 2,7 pence (27/1000 Dollar) produziert wird. An die Aluminiumunternehmen Albrás in Barcarena und Alumar in São Luís jedoch wird sie für 1,2 pence (12/1000 Dollar) geliefert, so daß jede Kilowattstunde von der Eletronorte, und das heißt vom brasilianischen Staat, mit 15/1000 Dollar subventioniert wird. Auf das Jahr umgerechnet beläuft sich der Betrag auf ca. 230 Mio US$.

Das Kraftwerk von Tucuruí ist zwar das größte, aber nicht das erste im tropischen Regenwald Brasiliens[16]. Die Planung der Eletronorte sieht noch mehrere weitere Großkraftwerke am Flußsystem des Araguaia-Tocantins und an den anderen Strömen Amazoniens vor. Am Uatumá in der Nähe von Manaús wird das Kraftwerk von Balbina errichtet, dessen Staumauer wegen des niedrigen Reliefs der Region zwar einen See von der Größe Tucuruís (2.360 qkm) aufstaut, aber wegen des geringen Wassergefälles lediglich 250 MW zu erzeugen vermag; dies reicht noch nicht einmal zur Befriedigung der (projizierten) Nachfrage nach Elektroenergie von Manaús, die von der Eletronorte mit 309,7 MW im Jahre 1990 angegeben wird. Ein Teil der Energie wird für die Betriebe der Freien Industriezone von Manáus benötigt, die, obwohl vom brasilianischen Staat hoch subventioniert, dennnoch über die hohen Energiepreise (die Kraftwerke funktionieren auf Ölbasis) Klage führen. Die Zona Franca, deren gesetzliche Grundlagen 1997 auslaufen sollten, ist gerade um 10 Jahre bis 2007 verlängert worden, so daß sich das hydroelektrische Kraftwerk »lohnt«. Wenn allerdings infolge der Veränderungen in der internationalen Arbeitsteilung trotz Subventionen der Standort Manáus für transnationale Unternehmen (vor allem der Elektro- und Elektronikindustrie, in der etwa 40% der Arbeitskräfte der Zona Franca beschäftigt sind) uninteressant werden sollte[17], dann verliert auch Balbina an ökonomischem Sinn.

Ökologisch macht das Projekt nicht nur nicht Sinn; es ist vielmehr *katastrophal.* Wegen des geringen Wasserdurchflusses und der aus dem gefluteten Gebiet nicht geräumten Biomasse[18] werden von Balbina auf jeden Fall all die negativen ökologischen Auswirkungen erwartet, die bereits für den Stausee von Tucuruí vorausgesagt worden sind (Vgl. Monosowski 1984): Fäulnis der nicht geräumten Biomasse nach der Flutung und die Gefahr der Freisetzung toxischer Gase; Überwucherung der Wasseroberfläche mit der Wasserhyazinthe, so daß mit der reduzierten Lichtdurchlässigkeit die Bildung von Phytoplankton verringert wird und damit die Nahrung für aquatische Lebewesen (Fische vor allem) zurückgeht; damit wird den Anwohnern eine wichtige Proteinquelle genommen; außerdem wird dadurch die Schiffahrt – sofern sie eine Rolle in der Region spielt – behindert; der höhere Säuregrad des Wassers kann zu Korrosionsschäden bei den Turbinen führen, so daß kostspielige Reparaturen in kurzer Frist (wie am Brokopondo-Stausee in Surinam) notwendig werden können, die die Rentabilität des Projekts zusätzlich gefährden. Wegen der geringen Fließgeschwindigkeit ist mit der Ablagerung von Sedimenten im Kraftwerksbereich zu rechnen; die Verbesserung der Lebensbedingungen der Anopheles (Malaria-Überträger) und der Wasserschnecken (Schistiomasis-Überträger) hat noch nicht absehbare gesundheitliche Auswirkungen auf die im Stausee-Bereich lebenden Menschen (Vgl. Monosowski 1984; Schivade 1985).

Neben den hydroelektrischen Werken von Tucuruí und Balbina ist in Rondônia im westlichen Amazonien das Kraftwerk von Samuel am Jamari (Nebenfluß des Rio Madeira) im Bau; es ist für 216 MW ausgelegt und soll 645 qkm fluten. Die Energieproduktivität der Fläche ist also wesentlich günstiger als im Fall von Balbina. Die gelieferte Elektroenergie an die Städte Porto Velho, Abunã, Rio Branco etc. soll ab 1988 bis 1994 täglich rund 23.200 Barrels Öl ersetzen und dadurch mehr als 300

Mio US$ einsparen helfen[19]. Im Planungsstadium befinden sich eine Reihe weiterer Großkraftwerke, darunter das größte von Kararão am Xingu, das – sofern es gebaut wird – 15.000 MW liefern soll, also etwa doppelt so viel wie Tucuruí und mehr als Itaipu. Auch wenn der Extraktions- und Industrialisierungsprozeß in Amazonien fortgesetzt werden sollte, gibt es in der Region auf lange Sicht keinen Bedarf an Elektroenergie in dieser Größenordnung. Die Energie soll daher fast vollständig in den Süden und Südosten des Landes durch ein entsprechend ausgelegtes Hochspannungsnetz transportiert werden – ein Vorhaben, das gegenwärtig noch wegen der hohen Transportverluste bei den heute verfügbaren Transmissionssystemen höchst fragwürdig ist. Ein anderer Aspekt ist freilich bedeutsamer für die Region: *Werden hydroelektrische Großkraftwerke errichtet, dann bedürfen sie der Großabnehmer.* Also stimuliert das Angebot von Elektroenergie energieintensive Produktionsprozesse (Sternberg 1983) und verhindert zugleich kleinere hydroelektrische Projekte, die in der Region mit verstreuten Kleinverbrauchern von Energie – von den urbanen Agglomerationen abgesehen – ökologisch und sozial angepaßter wären. Sie würden allerdings ein anderes als das projektierte Industrialisierungsmodell verlangen.

Für einige Flüsse, speziell das Tocantins-Araguaia-System sind in der hydroelektrischen Planung eine Reihe von Staustufen außer Tucuruí vorgesehen, die den Flußlauf nachhaltig verändern werden, wenn sie realisiert werden sollten. Und nicht nur die Geometrie des Flußlaufes (Strömungsgeschwindigkeit, Sedimenttransport, Verdunstung, Ufererosion unterhalb der Staustufe, Säuregehalt des Wassers, Hoch- und Niedrigwasserperioden und damit die Existenz der Várzea etc.), sondern auch das mikroregionale Klima und damit längerfristig Pflanzenbewuchs und terrestrische wie aquatische Tierwelt. Diese tiefgreifenden Veränderungen des Ambiente haben ebenso radikale Auswirkungen auf die Lebensbedingungen der im Einzugsbereich der regulierten Flüsse lebenden Menschen.

Es ist bei diesen kalkulierbaren Auswirkungen noch nicht berücksichtigt, daß bei Errichtung und Betrieb von hydroelektrischen Kraftwerken von der Betreibergesellschaft darüber hinausgehend Umweltschäden angerichtet werden, um – durch Erzeugung eines Throughput (Vgl. 3. Kapitel) – Kosteninputs einzusparen. Im Falle von Tucuruí ebenso wie im Falle von Balbina sind von der regionalen Öffentlichkeit und von internationalen Institutionen skandalträchtige Umweltschädigungen denunziert worden: daß in Tucuruí die Biomasse teilweise mit dioxinhaltigen Entlaubungsmitteln (Agent Orange) geräumt worden ist[20].

Erst infolge nachhaltiger lokaler (in Tucuruí selbst), regionaler, nationaler und internationaler Proteste gegen die ökologischen Schädigungen, nicht nur durch die Existenz des Stausees, sondern auch als Folge der Art und Weise, wie er konstruiert worden ist, sind in der Schlußphase der Errichtung der Staumauer und während der etwa acht Wochen dauernden Flutung wissenschaftliche Institutionen (INPA, Museu E. Goeldi u.a.) beauftragt worden, die ökologischen Auswirkungen zu studieren und Vorschläge zu deren Eingrenzung zu erarbeiten. Im Verlauf der »*Operation Curupira*« wurden während der Flutung Tiere vor den Wassermassen auf das Festland gerettet. Eine Reihe von ökologischen Beobachtungs- und Meßstationen wurden errichtet, um Wasserqualität, aquatisches Leben, geologische Verschiebungen, klimatische Veränderungen etc. zu beobachten. Für die aus dem gefluteten Gebiet umgesiedelte Bevölkerung (5196 Personen aus Gemeinden und weitere 10441 Personen aus ländlichen Ansiedlungen) sind Ersatzbehausungen und -siedlungen errichtet worden, zum Teil allerdings ohne irgendwelche infrastrukturelle Einrichtungen und fernab von Arbeitsmöglichkeiten, so daß sie zum Teil verlassen oder gar nicht erst angenommen worden sind. Auch über die finanziellen Entschädigungen hat es zum Teil heftige Auseinandersetzungen gegeben, zumal wenn die Auszahlung verzögert erfolgte, da die Inflation von über 100% den Realwert der Entschädigungssumme schnell zusammenschmelzen ließ. Angesichts der Debatten um die ökologischen und sozialen Konsequenzen des Staudammbaus hält es sich die Eletronorte zu Gute, daß die sozialen Notlagen und die befürchtete ökologische Katastrophe durch den Stausee nicht eingetreten sind (Vgl. Eletronorte 1986).

Durch den Bau der Staumauer ist die Schiffahrt auf dem Tocantíns/Araguaia unterbrochen worden. Um die Wasserstraße für den inter- und intraregionalen Schiffsverkehr zu erhalten, wurde ursprünglich eine Schleuse geplant, die zusammen mit dem insgesamt 5.463 m langen Schleusenkanal 269 Millionen US $ kosten sollte. Der geplante Bau ist allerdings infolge der Verschuldungskrise und der daher vorgenommenen Einsparungen nicht zustandegekommen. Der Tocantíns/Araguaia-Wasserweg ist also für die Schiffahrt unterbrochen, was von der regionalen Öffentlichkeit nicht nur als ein »moralisches Verbrechen« denunziert worden ist, sondern auch als Gesetzesbruch, da die Wassergesetzgebung die Verpflichtung zum Bau von Schleusen bei der Errichtung von Staumauern in schiffbaren Wasserstraßen vorschreibt (Lucio Flavio Pinto, in O Liberal, 1.11.1983). Wären Schleusen errichtet worden, dann hätten auf dem Tocantins Schiffe bis zu 22.000 to verkehren können; ohne Schleusen ist der Stauseekomplex nur in geringfügigem Maße infrastrukturelle Einrichtung für die Region[21] (als Stromlieferant für die Kommunen im östlichen Amazonien). Im Vordergrund der Projektbestimmung steht die Elektrizitätsversorgung der Aluminiumhütten von São Luís und

295

Barcarena sowie von Ferrocarajás; allein Albrás würde bei voller Nutzung der Kapazität 63% der in Tucuruí erzeugten Elektroenergie verbrauchen. Die Alumar gibt an, 1985 463 MW, also mehr als fünf mal so viel wie die Stadt São Luís (90 MW) von Tucuruí bezogen zu haben, nachdem von der Eletronorte die Hochspannungsleitung (500 kV) vorzeitig von der Umspannstation Presidente Dutra nach São Luís fertiggestellt werden konnte (Minérios, extração e processamento, September 1985, S. 58). So wird besonders deutlich, daß die Ressourcen der Region ausschließlich extraktiven Zwecken zur Verwertung auf dem Weltmarkt und nicht der regionalen Entwicklung dienen. Genauer: die regionale Entwicklung ist allenfalls ein »byproduct« der Strategie der Inwertsetzung, das unverzüglich entfällt, wenn die Kosten ihrer Realisierung, beispielsweise infolge der Erhöhung der Zinsen, steigen und daher die am Exporterfolg gemessene Projektrentabilität nicht mehr hoch genug ist, um den »Luxus« regional orientierter Projekte nebenbei finanzieren zu können. Die in der Planung noch hohe Komplexität der mit den Projekten angestrebten Entwicklungsziele (Devisenerwirtschaftung, Beitrag zur Industrialisierung des Landes und zur Regionalentwicklung) wird in der Schuldenkrise reduziert, da sich die Zielverwirklichung als inkompatibel erweist.

8.2.2. Aluminium

Die Planung des Produktionskomplexes Aluminium in Barcarena sieht vor, daß Bauxit, das am Rio Trombetas, etwa 800 km von Belém entfernt stromaufwärts von der Mineração Norte, einer Tochter der CVRD, gefördert wird, zu Tonerde (Aluminiumoxyd, dem Vorprodukt von Aluminium) verarbeitet wird, um dann mit hohem Aufwand von Elektroenergie in Reduktionsöfen am gleichen Ort in Aluminium transformiert zu werden[22]. Die Aluminiumbarren – aus Barcarena – werden zu nahezu 100% nach Japan exportiert. Projektträger in diesem Produktionszyklus sind die Companhia Vale do Rio Doce, die die Ausbeutung der Bauxitvorkommen am Rio Trombetas im nordwestlichen Pará betreibt; der Bau der Tonerdefabrik Alunorte, deren Investitionskosten zwischen 580 Mio US$ und 700 Mio US$ betragen sollten, wurde in Barcarena, ca. 40 km westlich von Belém, begonnen, nahe der Aluminiumfabrik Albras, deren Investitionen 1,3 Milliarden US $ ausmachen. Das Produktionsziel sind nach vollständigem Ausbau 320.000 Jahrestonnen Aluminium. In Barcarena ist ein Komplex von Wohnsiedlungen errichtet worden, dem freilich die urbane Infrastruktur trotz der Gründung einer speziellen Entwicklungsgesellschaft (CODEBAR: Companhia de Desenvolvimento de Barcarena) weitgehend fehlt. Um das Aluminium auf den Weltmarkt werfen zu können, wurde in der Nähe von Barcarena ein neuer Hafen (Vila do Conde) für Seeschiffe bis zu 50.000 BRT in der Bucht von Pará errichtet. In diesem Hafen sollten das Bauxit (bis zu 800.000 to/Jahr) zur Verarbeitung in Tonerde gelöscht und die fertigen Aluminiumbarren (bis zu 320.000 to/Jahr) verladen werden. Außerdem wurde von den Planern in Aussicht gestellt, den Hafen für den Umschlag von Agrargütern (bis zu 10 Mio to/Jahr) nutzen zu können – sofern die Wasserstraße des Tocantins/Araguaia-Systems ausgebaut würde. Da Tucuruí als ein Ort vorgesehen war, an dem Eisenerz von Carajás hätte verhüttet werden sollen, wäre Vila do Conde als Umschlagsplatz auch für Roheisen in Frage gekommen.

Wie bereits dargelegt wurde, ist das Projekt der Wasserstraße Tocantins/Araguaia bislang nicht zustandegekommen. Auch der Hüttenstandort Tucuruí wird kaum in überschaubarer Frist realisiert werden. Und auch bei Betrachtung des Bauxit-Tonerde-Aluminium-Komplexes zeigt es sich, daß die *stoffliche Verflechtung* des technischen Artefakts der Infrastruktur zur regionalen Inwertsetzung als eine Seite der »Artikulation« von Logiken funktionaler Räume gegenüber den Rentabilitätsüberlegungen auf der *wertmäßigen* Seite in den Hintergrund zu treten hat: Da auf dem Weltmarkt Tonerde billiger zu haben ist, als sie von der Alunorte in Barcarena selbst aus dem Bauxit von Trombetas produziert werden könnte (der »Break even«-Preis für Tonerde in Barcarena beträgt etwa 150 US$ je To, während auf dem Weltmarkt die To Tonerde für 100 bis 120 US$ zu haben ist), haben sich die japanischen Partner aus dem Alunorte-Projekt Ende 1986 zurückgezogen, nachdem sie bereits 62,7 Mio US$ in die Fabrik investiert hatten. Ursprünglich war vorgesehen, daß die japanischen Gesellschafter ca. 300 Mio US$ der Gesamtinvestitionen von bis zu 700 Mio US$ übernehmen sollten.

Der brasilianische Counterpart, die CVRD, ist daher vor die Entscheidung gestellt, entweder die Alunorte-Fabrik auf eigene Kosten und eigenes Risiko fertigzustellen (den »Traum Alunorte«, wie die Tageszeitung Estado de São Paulo am 1.1.1987 ironisch anmerkt, weiterzuträumen), oder das für die Produktion von Aluminium in der Albras-Fabrik notwendige Aluminium-Oxyd (Tonerde) aus dem Ausland zu importieren. Dies geschieht bereits durch Käufe von einer der »sieben Schwestern« des Welt-Aluminiummarktes (dazu vgl. Dantas 1982; Sá 1981a, 1981b, 1985b), von der Alcan in Surinam, zu 120 US$ je Tonne, einem »sehr hohen Preis, mit dem es verhindert werden soll, neue Projekte der Aluminium-Produktion« (O Estado de São Paulo, 1.1.1987) und zugleich auch die Tonerdeproduktion rentabel zu machen; für die Rentabilität der Aluminium-Produktion ist der Preis zu hoch, für die der Tonerdeproduktion zu niedrig. Also ist ein möglicher regionaler stofflicher Produktionszyklus wertmäßig unrentabel und wird daher unterbrochen: das Bauxit von Trombetas wird an die Alumar in São Luís und andere Aluminium-Fabriken in Brasilien geliefert, nicht aber, wie ursprünglich geplant, in Barcarena, dem amazonischen Produktionsort, zu Tonerde verarbeitet. Die Tonerde, die in Barcarena mit billiger Elektroenergie, die staatlich hoch subventioniert wird, zu Aluminium prozessiert wird, das dann zu 100 % ins Ausland exportiert wird, kommt hingegen aus anderen Ländern. Zur Exklave wird Barcarena paradoxerweise, weil die Tonerdeproduktion *unrentabel* und weil die Aluminiumproduktion angesichts der staatlichen Subventionen *rentabel* ist. Die deshalb von den betriebswirtschaftlich kalkulierenden Unternehmensleitungen herbeigeführte Unterbrechung des Produktionszyklus hat nicht nur direkte negative Beschäftigungsauswirkungen, sondern verhindert, daß »linkages« entstehen, die in der Region von Belém und Barcarena positive externe Effekte (external economies) generieren, die die Ansiedlung anderer Industrien stimulieren könnten.

Die Aluminiumunternehmen, auch die Alumar in Sao Luís, haben des öfteren zu verstehen gegeben, daß sie die Produktion einschränken würden, wenn die Elektrotarife erhöht würden. Erst wenn der Weltmarktpreis für die Tonne Aluminium von (1986) etwa 1.200 US $ (fob Belém) auf 1.600 US $ ansteigt, können die Elektrotarife angehoben, also die staatlichen Subventionen abgebaut werden. Hier wird der Zusammenhang von ökonomischer und politischer Inwertsetzung besonders deutlich: die ökonomische Sinnhaftigkeit der Produktion von Aluminium ist angesichts der Preisentwicklung des Rohstoffs auf dem Weltmarkt und angesichts der Erzeugungskosten von Elektroenergie, deren Höhe nicht zuletzt von der Zinsentwicklung auf dem monetären Weltmarkt abhängt, in Frage gestellt; doch die politische Entscheidung für die Großprojekte erfordert die Begleichung der ökonomischen Defizite, die die mikrorational kalkulierenden Unternehmen veranlassen würden, sich aus den Projekten und daher aus der Region zurückzuziehen. Freilich werden die Erwartungen in die positiven Deviseneffekte des Projekts, ebenso wie die Absicht regionaler Entwicklungsanstöße, so frustriert. Immerhin rechnete der Rat des Programms Grande Carajás noch 1981 mit jährlichen Deviseneinnahmen aus der Alumuniumproduktion in Barcarena in der Höhe von 610 Mio US $. Für São Luís wurden Einnahmen von jährlich 960 Mio US $ erwartet und in Carajás und Paragominas, wo man ebenfalls plante, Aluminiumfabriken zur Prozessierung des Bauxits zu errichten, wurden sogar Deviseneinnahmen von 2,25 Mrd US$ angesetzt (Grande Carajás Program, Brasília, Januar 1981, S. 26f). Der *Weltmarkt sollte als Ressource regionaler Entwicklungsplanung* dienen – und hinterläßt wenige Enklaven, deren ökonomische Effekte für die Region gering, dafür die negativen sozialen

Auswirkungen umso größer sind. Vila do Conde ist nicht ausgelastet, die Albrás produziert nur mit halber Kapazität, der Bau von Alunorte ist eingestellt worden; alle hochfliegenden Pläne für den Entwicklungspol Barcarena und auch alle Hoffnungen, die sich Arbeit suchende Migranten gemacht haben, sind in Luft aufgelöst.

8.2.3. Das Projekt Ferro-Carajás

Innerhalb des Projektrahmens von »Grande Carajás« ist die Eisenerzmine zusammen mit der Bahnlinie über 890 km von der Serra dos Carajás nach São Luís und den neu errichteten Häfen von Itaquí und Ponta da Madeira zweifellos das wichtigste Projekt (das »Kernstück«, Kohlhepp 1985, S. 11), nicht nur weil darauf mit über 5 Mrd US $ das größte Investitionsvolumen entfällt, sondern auch wegen der im Vergleich zur Aluminiumproduktion besseren Zukunftsperspektive infolge höherer Rentabilität und daher auch wegen der größeren regionalpolitischen und nationalen Bedeutung.

Das Projekt ist im Februar 1985 mit dem ersten Zug über die »Estrada de Ferro Carajás« (EFC) an den Atlantikhafen zur Verschiffung des Eisenerzes nach Japan seiner Bestimmung übergeben worden, auch wenn damit noch keineswegs die volle Förder- und Transportkapazität von 35 Mio to Eisenerz pro Jahr, auf dessen Bewältigung Förderungs-, Transport- und Lagersystem ausgelegt sind, erreicht worden ist. Die Realisierung des Projekts (Vgl. dazu die Zahlenangaben im Abschnitt 5.1.4.) verlief keineswegs ohne Schwierigkeiten (Vgl. Cota 1984, S. 55ff): Nachdem die Erzvorkommen im Jahre 1967 eher durch Zufall entdeckt worden waren, begannen die systematischen Prospektionsarbeiten noch unter der Ägide der United Steel und ihrer brasilianischen Tochtergesellschaft Companhia Meridional de Mineração; Die Abbaukonzessionen wurden dem US-Multi allerdings von der Militärregierung Medici verweigert, so daß die CVRD 1970 mit 50,9% Beteiligung in ein mit der United Steel gegründetes »joint venture«, die AMZA (Amazonia Mineração), einstieg, um die Eisen- und Manganerzlager der Serra dos Carajás auszubeuten[23]. Die »Ehe« wurde allerdings 1977 geschieden, weil sich die United Steel angesichts der Wirtschaftskrise und der Überkapazitäten auf den Stahlmärkten aus dem Projekt gegen eine Abfindung von 55 Mio US $ verabschiedete. Die schon zu Beginn der 70er Jahre gereiften Pläne der Erschließung der Lagerstätten, zum Bau der Erzbahn und eines Exporthafens waren nun Makulatur, insbesondere was den Umfang der Investitionen anbelangte, die damals noch mit insgesamt weniger als 1 Mrd US $ veranschlagt wurden.

Im Zeichen weltwirtschaftlicher Inflation erhöhten sich die Projektkosten nach Übernahme durch die CVRD Ende der 70er Jahre auf 3,5 Mrd

US$, an denen kein größeres Stahlunternehmen sich bei stagnierenden Märkten beteiligen wollte. So kam es, daß die CVRD schließlich allein die Kosten zu übernehmen gezwungen war und versuchen mußte, Finanzierungsmodi mit Regierung und offiziellen und privaten internationalen Kreditgebern auszuhandeln, um die schließlich von der Regierung in Anschlag gesetzten 2,8 Mrd US$ zu decken. Daß dieses große Projekt überhaupt in Angriff genommen wurde, hatte zum einen mit den Plänen der Militärs Mitte der 70er Jahre zu tun, Brasilien in eine Großmacht zu verwandeln, und zum anderen mit der Einschätzung, daß die damalige Flaute auf den Weltstahlmärkten nur vorübergehender Natur sei und daher die Investitionskosten »antizyklisch« Sinn machten (Vgl.Abschnitt 8.1.).

Das Finanzierungsschema bis 1988 sieht Ende 1984, übrigens anders als im Elektrosektor, einen großen Teil Eigenbeteiligung der CVRD und Mittelaufnahme auf dem brasilianischen Kapitalmarkt und daher nur einen externen Anteil an den gesamten Investitionskosten von 32,2%, vor:

Tab. 8.4.

Finanzierung und Verwendung der Finanzmittel des Projekts Ferrocarajás (in Mio US$)

von USA	Importen EG	Weltbank	Japan.	EG	KfW	...	...	...
2351	1105	500	500	400	130	30	68	130

67,8%   32,2%

		Verwendung		
Investitionen	Zinsen	Tilgungen	Einschuß	Rücklagen
2947	601	536	13,8	87,2

Quelle: CVRD Revista, Juni 1983, Dezember 1984

Auch wenn die Investitionssumme für Ferrocarajás hoch erscheint, ist sie es mitnichten – verglichen mit den rund 61,7 Mrd US$, die für den gesamten Komplex des Großprojekts Grande Carajás in der Zeit der megalomischen Planung der Militärs noch 1981[24] vorgesehen waren. Ferrocarajás sollte eher so etwas wie ein Katalysator für klotzige Regionalentwicklung sein, die freilich nicht zustandegekommen ist, obwohl 1980 der Interministerielle Rat Grande Carajás (PGC) unter der Regierung Figueiredo zur Koordinierung der Regionalplanung im östlichen

Amazonien gebildet worden ist (Gesetzesdekret 1813). Entlang der Erzbahn waren die Ansiedlung von landwirtschaftlichen Projekten ebenso wie die Errichtung von Eisen verarbeitender Industrie geplant. Sogar von großen Stahlwerken war die Rede. Doch ist von der Planung wenig realisiert worden, und wenn doch, dann der spontanen Rationalität der Akkumulation und Spekulation von Kapital und nicht den Planungszielen folgend. Auch Ferrocarajás ist eine Enklave, ein wohlorganisiertes und rentables Erzprojekt auf 3500 qkm Fläche in der Serra dos Carajás plus 890 km Eisenbahnlinie, deren Seitenstreifen mit je 40m Breite an beiden Seiten mit Stacheldraht eingezäunt sind, plus hochmoderner Hafenanlagen, geeignet um Erztransporter mit einer Ladekapazität bis zu 280.000 BRT zu bedienen.

Aufgelöst werden sollte der Enklavencharakter durch Mini-Entwicklungspole entlang der Verkehrsachse, die dadurch auch in die regionale Entwicklung hätte integriert werden können. Tatsächlich ist die Eisenbahnlinie auch dem regionalen Güterverkehr (seit Mitte 1985) und dem Personenverkehr (seit Anfang 1986 wöchentlich zwei Zugpaare) geöffnet und somit mehr als nur infrastrukturelles Tentakel des Weltmarkts in die Lokalität der Erzlagerstätten.

Doch erweist sich auf der anderen Seite die Begrenztheit einer »integrierten« Entwicklunsplanung (bzw. einer Strategie der »Co-Evolution«) in der Programmregion Grande Carajás: die geplanten eisenverarbeitenden Betriebe entlang der Bahnstrecke (in Marabá, Açailândia, São Luís) können ihre Prozeßwärme nur aus der Verbrennung von *Holzkohle* beziehen. Die in Tucuruí produzierte Elektroenergie würde dazu nicht ausreichen. Die Holzkohle kann aber nur gewonnen werden, indem der Wald abgeholzt wird. Tatsächlich ist dies vorgesehen, allerdings mit der Maßgabe von Wiederaufforstungsprogrammen. Der jährliche Bedarf an Holzkohle für die geplanten Hüttenwerke beläuft sich auf 25 Mio cbm. Dafür müßte eine Waldfläche von 15.000 qkm genutzt, also gerodet und wieder aufgeforstet werden (Kohlhepp 1986, S. 176). Da die Wiederaufforstung nur in monokultureller Form ökonomisch Sinn macht, ist die ökologische Katastrophe vorprogrammiert. Die Form der ökonomischen Nutzung natürlicher Ressourcen zerstört sie durch den positiven feed back zwischen ökonomischer Wachstumsdynamik und natürlichen Reproduktionszyklen, der einen pathologischen Regelkreis in Gang setzt, in dessen Verlauf erst die ökologische Degradation der Umwelt erfolgt und dann das ökonomische Projekt unrentabel wird. Denn da die Projektrentabilität gerade von der funktionalen Versorgungsleistung mit Holzkohle aus dem System natürlicher Ressourcen abhängt, ist eher über kurz als über lang die ökonomische Sinnhaftigkeit der Projekte in Frage gestellt. Eine ko-evolutionäre Dynamik des Öko-

und des Soziosystems (Noorgard 1981) ist so auf jeden Fall ausgeschlossen. Dies haben auch die monokulturellen Aufforstungsprogramme für die Zelluloseproduktion im Bereich des Jarí-Projekts (am Jarí, einem nördlichen Zufluß des Amazonas westlich der Mündungsinsel Marajó) und die letztlich mißglückten monokulturellen Aufforstungen mit Eukalyptus anstelle des zu Holzkohle verbrannten Waldes in Minas Gerais gezeigt (Fearnside/Rankin 1982; Fearnside 1983, 1985).»Die fatale Idee, in Amazonien wie etwa in Minas Gerais Eukalyptus pflanzen zu wollen, wie dies in Jarí bereits praktiziert wird, ist nach den bisherigen amazonischen Erfahrungen – von Hevea brasiliensis bis Gmelina arborea – geradezu grotesk«(Kohlhepp 1986, S.176).

Natürlich sind sich die Projektplaner eines Teils, wenn auch nicht immer der ganzen Tragweite dieser Problematik bewußt. Daher ist als Alternative die Verwendung der Kerne der Babaçu-Palme, einer regenerativen Ressource also, vorgeschlagen worden. Möglicherweise ergibt sich hier nicht das Problem der Ko-Evolution von ökologischem und ökonomischem System, wohl aber das der Ko-Evolution von unterschiedlichen ökonomischen Interessen und sozialen Lebenslagen. Denn die Erzeugung von Babaçu-Holzkohle könnte nur höchst flächen*extensiv* Sinn machen und wäre folglich mit flächen*intensiver*, kleinbäuerlicher Bodenbearbeitung nicht kompatibel. Die sowieso in der gesamten Amazonas-Region virulenten Landkonflikte würden so gesteigert und nicht nur dies: vertriebene Kleinbauern (wie schon infolge der flächenextensiven Zuckerproduktion vor allem im Nordosten Brasiliens – vgl. Borges/ Freitag/ Hurtienne/ Nitsch 1984) würden entweder in die aufschießenden urbanen Agglomerationen ziehen und deren Konfliktpotential vergrößern oder als Migranten und Siedler andernorts in Konflikt um Land mit Großgrundbesitzern, Minengesellschaften oder der indigenen Bevölkerung geraten. Die Holzkohlenproduktion erzeugt zwar Prozeßwärme für die Erz- und Eisenverarbeitung, aber zugleich als »Kuppelprodukt« ein *soziales Pulverfaß* und eine *ökologische Zeitbombe*.

Hier zeigt es sich, daß der Enklavencharakter, von dem schon so oft die Rede war, nicht nur an der pathologischen Artikulation von Funktionsräumen (Weltmarkt, Nation und Region) liegt, sondern auch an – gemessen an den Anforderungen fordistischer Produktionsketten – *defizienten ökologischen Potentialen*. Dies konnte bereits für die Frühphase der Integrationsversuche Amazoniens in den »fordistischen Zyklus« in den 20er Jahren gezeigt werden (Vgl. Einleitung). Die Produktion hat bekanntlich eine stoffliche Grundlage, und die wird in diesem Fall so zerstört, daß die Effekte nicht mehr als Throughput externalisierbar sind, sondern im *internen Rentabilitätskalkül* zur Geltung kommen[25]. Doch ist derzeit weder in der Perspektive der Planer noch in den einzelwirtschaftlichen Investitionsprojekten, die den Förderungsanreizen im Rahmen des PGC[26] folgen, ein Hinweis darauf zu finden, daß diesen Bedenken in absehbarer Zeit antipativ und nicht erst post festum Rechnung getragen würde.

Der Zaun, die Mauer, der check point sind die sichtbaren Zeichen der Enklave. Ferrocarajás ist eingezäunt und der Zugang ist nur möglich, wenn Kontrollstellen passiert werden. Innerhalb der Enklave werden Weltmarktstandards zivilisatorischer Leistungen (Wohnverhältnisse; Kultureinrichtungen; Arbeitsbedingungen etc.) regional gebrochen aufrechterhalten, auch ökologische Kautelen werden, sogar mit Akribie, bedacht. Doch außerhalb der kontrollierten *Enklave*, die so betrachtet ja auch *Exklave* zivilisatorischer Errungenschaften ist, hat der »capitalismo selvagem«, der wildwuchernde Kapitalismus, seine Bühne. Da agieren die tausende von Migranten, die vor dem kontrollierten Areal von Ferrocarajás auf »formelle« Arbeit (Vgl. dazu das erste Kapitel) hoffen und zwischenzeitlich paradoxerweise *dauerhaft* die urbanen Agglomerationen formieren, die Städte nicht genannt werden können, da ihnen die entsprechende Infrastruktur fehlt, obwohl die Einwohnerzahl in die zehntausende geht: z.B. Rio Verde oder Parauapebas und Curiónopolis am Rande der Serra dos Carajás.

Hier kommt freilich noch hinzu, daß – dank der geologischen »Deformation« im Gebiet der Serra dos Carajás – ganz in der Nähe, in der Serra Pelada, Goldvorkommen entdeckt worden sind, die seit Ende der 70er Jahre in der Form des Garimpo, d.h. der offenen Schürfe und Wäscherei, ausgebeutet werden. 60.000 – 80.000 Männer arbeiten auf einem Areal von wenigen Hektar, auf jeweils flächenmäßig wenigen qm großen claims, die dafür bis zu 100 m in die Tiefe reichen. Die Arbeitsbedingungen sind gefährlich, insbesondere infolge der Erdrutsche in der Regenzeit. Jahr für Jahr müssen zig Menschen ihr Leben lassen. Die sozialen Verhältnisse waren während der Militärdiktatur repressiv durch den legendären Hauptmann Curió kalmiert, doch in der Zwischenzeit so polarisiert, daß ihre Konfliktträchtigkeit nicht mehr nur virtuell sondern aktuell ist. Ein wichtiger Gegenstand des Konflikts ist die Mechanisierung der Goldgewinnung durch die Docegeo (eine Tochtergesellschaft der CVRD), der sich die »Garimpeiros« militant widersetzen. Durch Mechanisierung könnte die Goldförderung von derzeit jährlich 6 – 8 to zumindest in den nächsten Jahren gesteigert werden. Doch der Widerstand der Goldschürfer, der inzwischen auch politisch organisiert ist, läßt diesen Schritt der »Rationalisierung« nicht zu[27].

Nicht nur Eisen und Gold lagern in der Serra dos Carajás (wie bereits im fünften Kapitel gezeigt worden ist). Kupfer-, Mangan- und Zinnvorkommen, Bauxitlagerstätten sind geologisch gesichert und zum Teil bereits auf ihre technische Ausbeutbarkeit und ökonomische Rentabilität hin geprüft. Doch wenn auch vieles für Carajás spricht, so nicht die Preisentwicklung auf dem Weltmarkt insbesondere für Kupfer und Zinn. Die *konkreten*, und noch dazu in großen Mengen vorhandenen Ressourcen sind *abstrakt*; man kann sie zwar ebenso greifen wie den Abraum und die giftigen Abfälle, die ihre Förderung und Aufbereitung verursachen. Doch die konkret erwarteten und in Entwicklungsprojekte umzusetzenden Deviseneinnahmen bleiben angesichts der Preisbewegungen auf den Weltmärkten für mineralischse Rohstoffe aus. Die geplanten »megalomanischen« Dimensionen des Projekts werden also schon durch die Preistendenzen des Weltmarkts für Rohstoffe und die Zinsentwicklung auf dem monetären Weltmarkt gebührend »kleingearbeitet«.

8.2.4. Agrar- und viehwirtschaftliche Projekte

Die riesige Fläche, die dünne Besiedlung, die üppige Vegetation des tropischen Regenwaldes haben dazu veranlaßt, in der Programmregion Carajás auch höchst flächenextensive agrar- und viehwirtschaftliche Projekte zu planen, die ebenso wie die mineralischen Projekte vor allem für den Export ausgelegt sein sollten. Die Erfahrungen mit den gescheiterten Siedlungsprojekten entlang der Transamazonica (Kohlhepp 1978b; Moran 1984) oder die Lehren, die aus den zumindest partiell erfolgreichen Siedlungsprojekten im Rahmen des Polonoroeste-Programms gezogen werden können (Kohlhepp/Coy 1985), ganz zu schweigen von den inzwischen gesicherten Erkenntnissen über die »ökologische Benachteiligung der Tropen« (Weischet 1980; Sioli 1983), wurden bei der Planung im östlichen Amazonien zunächst in den Wind geschlagen. Insgesamt waren im PGC für 5,2 Mrd US$ Investitionen im Agrarsektor vorgesehen, die Jahreseinnahmen von 4,1 Mrd US$ erwirtschaften sollten (Kohlhepp 1985, S. 36ff.; IBASE 1983, S. 93ff.). Die wichtigsten Produkte sind neben Jute, Reis und Pfeffer Maniok und Zuckerrohr. Letztgenannte Produkte waren vor allem für die Alkoholproduktion im Bio-Treibstoffprogramm Brasiliens vorgesehen. Noch größere Bedeutung als die landwirtschaftlichen Produkte sollten aber die Produkte der großflächigen Viehwirtschaft erhalten, die schon seit geraumer Zeit in Amazonien, vor allem in Mato Grosso und Pará betrieben wird. Der Grund ist nicht so sehr die klimatische, geographische oder durch die Bodenbeschaffenheit und den Pflanzenbewuchs definierte Geeignetheit der Region als vielmehr der Versuch von großen Kapitalanlegern, insbesondere aus dem entwickelten Süden Brasiliens, aber auch aus dem Ausland, Steuervergünstigungen des brasilianischen Staates mitzunehmen. Land wird also zu spekulativen Zwecken aufgekauft, häufig mit nicht legalen Methoden[28].

Damit der Besitztitel Geltung behält, muß mindestens die Hälfte der Fläche gerodet – also der Wald vernichtet werden. Ob das Land dann tatsächlich bearbeitet wird, ist fast unerheblich. Erst wenn nachgewiesen werden kann, daß das Land *überhaupt nicht* bearbeitet worden ist, fällt es an den Staat zurück und kann dann an landlose Bauern verteilt werden; wie schwierig dieser Beweis zu führen ist, belegen die vielen Konflikte um landwirtschaftlich unbearbeitetes, jedoch als Vermögenswert umso intensiver »arbeitendes« Land. So ist in den Regelungen von Besitztiteln und steuerlichen Vergünstigungen ein für das ökologische System des Regenwaldes destruktiver »built-in destabilizer« impliziert, der in mehrfacher Hinsicht einen pathologischen Regelkreis in Gang gesetzt hat: Die Rodung des Waldes wird begünstigt und resultiert in außerordentlich schädlichen Effekten für das regionale Ökosystem. Doch wird nicht gleichzeitig die landwirtschaftliche Betriebsfläche gesteigert, die zu einer Zunahme des Angebots land- und viehwirtschaftlicher Produkte auf dem Markt beitragen könnte. Im Gegenteil werden durch die Vertreibung von Ocupantes die Subsistenzmöglichkeiten verschlechtert, die Versorgungsbedingungen der Bevölkerung also eingeengt und im Effekt auch die Inflation angeheizt.

Mit diesen negativen Wirkungen der land- und viehwirtschaftlichen Projekte werden positive aufgerechnet. Die Versprechen mit diesen Projekten sind weitreichend. Während wegen der Kapitalintensität der mineralischen Projekte die Beschäftigungswirksamkeit gering ist, sollten im land- und viehwirtschaftlichen Sektor immerhin in PGC 300.000 direkte und noch einmal doppelt so viele indirekte Arbeitsplätze im Verlauf von etwa 10 Jahren geschaffen werden. Mit einem Schlage wären also viele landlose Bauern der Region wenn schon nicht mit Land, so doch mit Arbeit versorgt worden.

Diese Planung hat wie bei den mineralischen Projekten auch die Exportorientierung zur Grundlage. Vorausgesetzt ist eine Weltmarktentwicklung, die für die exportierten Produkte Preise zu realisieren gestattet, die die Rentabilität der Projekte gewährleisten und das – im Fall von Zuckerrohr und Maniok – substituierte Rohöl teuer halten. Allerdings ist der Weltmarkt, wie wir gesehen haben, nicht einfach als abhängige Variable der Planung zu vereinnahmen. Doch nicht nur von den Konstellationen des Weltmarkts ist der Planung ein Strich durch die Rechnung gemacht worden. Anders als im mineralischen Sektor spielen im agrarischen Sektor Besitzverhältnisse und ökologische Prozesse eine Schlüsselrolle. Insbesondere die viehwirtschaftlichen Projekte lassen sich nur großflächig und daher in der Regel nur in der Form von Großfarmen realisieren. Diese werden extensiv genutzt, indem der Wald gerodet, mit schnellwüchsigem Gras eingesät und dann als Weide verwendet wird. Der Rinderbesatz kann nicht mehr als 1 Tier (Cebu-Rind, Varietät Nelore) je 1-2 ha betragen, so daß schon durch diese Relation die Mindestgröße einer Rinderfarm definiert wird. Deren Ausdehnung ist also in jedem Fall gleichbedeutend mit der (Brand)rodung von Waldflächen. Anders als die Brandrodungen (chacras) der indigenen Bevölkerung, die kleinflächig und vorübergehend[29] waren und daher das Ökosystem des Regenwaldes nicht störten, sind großflächige Brandrodungen zur Verwandlung des Waldes in Rinderweide ökologisch höchst destruktiv. Denn *erstens* sind die Rodungen nicht vorübergehend, sondern dauernd und *zweitens* sind sie so großflächig, daß die Regenationsfähigkeit des Waldes überfordert wäre, würde man sie denn überhaupt in Anspruch nehmen. Der Regenwald der amazonischen Tiefebene rezykliert seinen Nährstoffbedarf ja selbst durch *Produktion und Konsumtion von Biomasse*, kann sich also auch nur reproduzieren, solange die Produktion von Biomasse nicht durch übermäßigen Holzeinschlag verhindert wird, während in den gemäßigten Breiten der Wald durch die *Bodenfruchtbarkeit* Nährstoffe aufnehmen kann und daher auch eine gegenüber externen Eingriffen weit höhere Robustheit und Resistenz aufweist. Dieses Prinzip der Reproduktion des Regenwaldes Amazoniens hat die monokulturelle Kautschukproduktion verhindert, während diese in Südost-Asien infolge fruchtbarer Böden möglich wurde. Über die ökonomischen Folgen dieser Eigenart des amazonischen Regenwaldes ist bereits in der Einleitung und im im fünften Kapitel berichtet worden.

Die Rodungen des Regenwaldes haben in manchen Regionen ein Ausmaß erreicht, das für das Ökosystem nachhaltige Schädigungen herbeigeführt hat: Wo der Wald gerodet wird, da verschwindet der entscheidende Hemmfaktor der Bodenerosion. Die Rinder tragen mit der Krumenverdichtung durch ihre Hufen noch dazu bei, daß das Wasser oberflächig abläuft und nicht mehr im Boden versickert und die wenigen Nährstoffe transportiert. Nicht nur die gerodeten Flächen sind dann von der Erosion gefährdet, sondern auch angrenzende Flächen. Und die Rodungen haben in den vergangenen zehn Jahren exponentiell zugenommen: »...es sind nicht die absoluten Flächen bisheriger Waldzerstörung..., die beunruhigen, sondern die kurzzeitigen Zunahmeraten, die einen zum Teil fast exponentiellen Charakter annehmen. Von der 3,88 qkm betragenden natürlichen Waldfläche des brasilianischen Amazonasgebiets waren bis 1975 erst 0,7% gerodet. 1984 betrug dieser Anteil bereits 5,2%, das heißt eine Fläche von fast 200.000 qkm (= ca. 80% der Fläche der Bundesrepublik Deutschland)...«(Kohlhepp 1986, S. 174). Nicht nur die ökologisch degradierenden Konsequenzen der großflächigen viehwirtschaftlichen Nutzung von Regenwaldgebieten sind von

Belang, sondern auch die sozialen Begleiterscheinungen. Denn trotz der ungeheuren Ausdehnung der Region ist die bebaubare Fläche begrenzt. Über Maranhão schreibt Kohlhepp (1985, S. 39), daß 85% der landwirtschaftlichen Betriebe klein- und kleinstbetriebliche Strukturen aufweisen (weniger als 10ha Betriebsfläche) und gerade 5% der gesamten Betriebsfläche besitzen. Das Problem der Besitzverhältnisse wird noch dadurch dramatisiert, daß gerade 17% der Betriebe vom Eigentümer bewirtschaftet werden, dagegen 46% vom Pächter und 37% der Bauern sind Posseiros, ohne Rechtstitel auf das Land, das sie bearbeiten. Landkonflikte sind folglich an der Tagesordnung.

In der Landwirtschaft, so sie unter den Rationalitäts- und Verwertungsdruck der Industrialisierung gerät, zeigen sich möglicherweise noch deutlicher als in den mineralischen Projekten deren soziale und ökologische Grenzen[30]. Die Form der Inwertsetzung birgt alle Schadensstoffe der ökologischen Degradation und alle Zersetzungselemente eines sozialen Systems in sich, die schließlich wenn auch nicht in jedem Fall, die mikroökonomische und die makroökonomische Produktivität des Projekts unterminieren.

8.3. Außerwertsetzung einer weltmarktintegrierten Region?

Wir können zusammenfassen. Die Einrichtung der Großprojekte zur Ausbeutung der Ressourcen schafft zunächst nur Enklaven (Vgl. dazu Bunker 1985), deren »spread effects« in der Region fragwürdig sind. Zumindest in der ersten Phase erzeugen die Großprojekte keine über ihre vorrangige Bestimmung – Produktion von Waren für den Export – hinausgehende und für die Region stimulative Infrastruktur; sie sind nicht in der Region *horizontal* vernetzt, sondern *vertikal* mit ökonomischen Zentren außerhalb der Region. Auch werden keine dauerhaften Arbeitsverhältnisse in einer Größenordnung geschaffen, die dem »grande impacto« (der großen Bedeutung) der Großprojekte in der Region angemessen wäre. Denn die Kapitalintensität von Projekten, die auf dem Weltmarkt mit ihren Produkten konkurrieren müssen, ist außerordentlich hoch, so daß die regionale direkte und indirekte Beschäftigungswirkung notwendig gering ist (Vgl. IBASE 1983). Für Ferrocarajas (Erzmine in Carajás, Eisenbahnlinie von Carajás nach Itaqui, Hafen, Wohnungen, urbane Infrastruktur) werden lediglich 6.000 direkte und 30.000 indirekte Arbeitsplätze angegeben. In Tucuruí werden nach der Ausbauphase höchstens 3000 Beschäftigte arbeiten können. Nur der land- und viehwirtschaftliche Sektor ist arbeitsintensiv, aber keineswegs in dem Maße (900.000 direkte und indirekte Arbeitsplätze) wie die

Carajás-Planer ohne Berücksichtigung der ökologischen und sozialen Grenzen angeben. Inzwischen müssen diese Annahmen allesamt nach unten revidiert werden, da bei der Durchführung der Projekte infolge der Krise Einsparungen und Redimensionierungen, also Abstriche an den klotzigen Entwürfen der 70er Jahre, vorgenommen worden sind. Selbst die durch die Großprojekte effektivierte Nachfrage nach Ausrüstungen und Vorprodukten kommt der Region wenig zugute. Produkte mit höherem technologischen Gehalt werden aus dem entwickelten Zentrum Brasiliens (im Südosten und Süden) oder aus dem Ausland bezogen (Vgl. Hebette 1985a, S. 76ff.) zumal dann, wenn die durchführenden Unternehmensgruppen aus anderen Regionen und Nationen stammen und die Finanzierung extern erfolgt. Im Falle Tucuruís jedenfalls stammen mehr als die Hälfte der maschinellen Ausrüstungen aus dem Ausland (Senhor, 27.1.1986). Freilich gilt dies vor allem für den Elektrosektor; die anderen Projekte haben gerade in der Krise Ausrüstungen vermehrt (gegenüber der ursprünglichen Planung) im Inland gekauft, um dadurch Devisen einzusparen. In besonderem Maße ist dies der CVRD bei ihrem Erzprojekt Ferro-Carajás gelungen: Anläßlich der Einweihung der Erzbahn im Februar 1985 war die Rede davon, daß nur 3.1% der Ausgaben in Höhe von bis dahin 3189 Mio US$ für Käufe im Ausland verwendet worden sind. Freilich heißt dies nur, daß die Technologie aus den entwickelten Regionen Brasiliens stammt, nicht daß sie aus Amazonien käme.

Als 1982 die Verschuldungskrise ausbrach und mit ihr die optimistischen, »pharaonischen« Pläne der 70er Jahre zu Makulatur wurden, waren die Projekte nur noch um den Preis einer »traumatischen Abtreibung«, mit einer »Art ökonomisch und politisch gefährlichen Euthanisie« zu stoppen (So Istoé vom 28.7.1982, S. 83). Eine Bestandsaufnahme der bereits verbauten und nach Planung noch zu verbauenden Mittel zum Zeitpunkt des Ausbruchs der Verschuldungskrise ergibt, daß (in US-Dollar bei einem Kurs von 150 Crz für 1 US$ umgerechnet) für die 10 »megalomanischen« Projekte[31] bis 1982 insgesamt bereits mehr als 27 Mrd US-Dollar verwendet worden waren; bis zur Fertigstellung in der zweiten Hälfte der 80er Jahre wurden zu jenem Zeitpunkt noch einmal mehr als 33 Mrd US-Dollar benötigt. Auf dem internen Kapitalmarkt ist diese Summe kaum aufzubringen, zumal da die Sparquote seit Mitte der 70er Jahre rückläufig ist (von 24% im Jahre 1977 ist sie bis 1983 auf 13,6% gesunken, um bis 1985 leicht auf 15,5% wieder anzusteigen) und trotz Verringerung der Investitionsquote von 25,9% (1977) auf 15,9% im Jahre 1985 die Lücke durch die »äußere Ersparnis« geschlossen werden muß (Vgl. Conjuntura economica, Januar 1986, S. 7f). Doch auf externe Kredite im benötigten Ausmaß ist angesichts der Zurückhaltung der transnationalen Banken nach der Zahlungskrise Mexikos im August 1982 und Brasiliens im November des gleichen Jahres und erst recht nach dem Zinsmoratorium vom Februar 1987 nicht zu hoffen. Und wenn äußere Kredite doch eingeworben werden, müssen sie heute in erster Linie zur Schließung des Lochs in der Zahlungsbilanz – trotz überschüssiger Handelsbilanz seit 1981 verlangen die Zins- und Tilgungszahlungen Kapitalimporte – und können in der Regel nicht für die Projektfinanzierung verwendet werden. In einer so charakterisierten Situation geraten die Finanzierungsanforderungen der großen Projekte unweigerlich in Konkurrenz mit anderen staatlichen Aufgaben, sowohl mit Investitionen wie laufenden (Verbrauchs)ausgaben.

Die Weltbank berechnet in alternativen Szenarien über die wirtschaftliche Entwicklung Brasiliens bis 1995, daß bei einer Zunahme der staatlichen Investitionen zwar erwartungsgemäß zunächst ein positiver Beschäftigungseffekt ausgelöst, gleichzeitig aber die Bilanz der laufenden Posten verschlechtert, und die Außenschuld des Landes auf 180 Mrd US$ 1995 emporkatapultiert werden. Ab 1991 ist unter diesen Bedingungen mit einer Reduzierung des Wachstums und einer erneuten Zunahme der Arbeitslosigkeit zu rechnen (World Bank 1985, S. 42ff). Bei stagnierendem Wachstum geraten die Verwendungsmöglichkeiten des Sozialprodukts in Konkurrenz miteinander, insbesondere wenn die großen Projekte nicht wie in der optimistischen Planung vorgesehen als Generatoren von Devisen fungieren, sondern die nationale Sparquote beanspruchen und die für den Schuldendienst notwendigen Devisen durch Exportsteigerung und Importsenkung aufgebracht werden müssen.

In dieser Situation ergeben sich harte Zwänge zur Einsparung und zur Abzweigung von finanziellen Ressourcen für die Zahlung der Zinsen auch auf der Ebene einzelner Branchen und Unternehmen, die sich in den 70er Jahren hoch verschuldet haben. Um die Rendite des Elektrosektors zu steigern, wird einerseits eine Erhöhung der Tarife erwogen, andererseits der Versuch gemacht, durch Umschuldungen der externen Kredite die Zinsbelastung zu senken. Die Tarife für Großabnehmer wie Albrás und Alumar im östlichen Amazonien sind aber keine Entscheidungsparameter, über die die Elektrizitätsgesellschaft Eketronorte einfach verfügen könnte. *Erstens* binden langfristige Verträge die Stromversorgung an einen Tarif von 12 mill Dollar (gleich 1,2 pence) pro kwh. *Zum anderen* übt die Aluminiumindustrie, bei der die Energiekosten (bei ca 16000 kw Elektroenergie pro Tonne Aluminium) der wichtigste Inputfaktor ist, Druck aus, um Tariferhöhungen zu verhindern. Oder anders ausgedrückt: Energietransfer findet aus der Region statt, dem kein ökonomischer Rückfluß entspricht, der den Kauf von äquivalenten Energie- oder Stoffmengen möglich machen würde. Die schon erwähnten staatlichen Subventionen der Aluminiumindustrie über den niedrigen Strompreis belegen das Defizit der Bilanz. In den Worten Bunkers könnte auch gesagt werden: *Entropiereduktion für die Importeure* (in diesem Fall des Aluminiums) und *Entropiesteigerung für die Region* – kein gutes Geschäft, da dem kein Rückfluß von anderen Gebrauchswerten niedriger Entropie aus den Abnehmerländern entspricht.

Die hohen Zinsbelastungen zwingen dazu, Projekte, die mit einem hohen Anteil Fremdkapital finanziert worden sind, entweder *einzustellen* oder beschleunigt *fertigzustellen*, dabei möglichst Kosten einzusparen und möglichst schnell die begehrten Deviseneinnahmen zu erzielen. Die erstgenannte Alternative ist angesichts der legitimatorischen Bedeutung der Projekte und der schon entstandenen ökonomischen Belastung nicht mehr gangbar. Die Großprojekte sind eine »Erblast« der Militärdiktatur, die nicht abgeworfen werden kann. Daraus erklärt sich ein Teil der Eile, mit der vorfristig der Stausee von Tucuruí geflutet worden ist, bevor alle ökologischen Studien abgeschlossen und die Biomasse geräumt werden konnten (Vgl. 8.2.1.). Dasselbe gilt für die Eisenbahnlinie von Carajás nach Itaqui, die ebenfalls vorfristig fertiggestellt worden ist. Die Einsparungen bei der Eisenbahnlinie belaufen sich auf immerhin ein Drittel der ursprünglich geplanten 2.1 Mrd US\$, nämlich auf 700 Mio US\$[32]. Aber auch beim Hafen Itaquí, bei den Ausrüstungen der Mine, bei den Meliorationsarbeiten ist so gespart worden, daß von den bis 1985 geplanten Ausgaben in der Höhe von 4,3 Mrd US\$ für das Projeto Ferro-Carajas der CVRD nur 3,1 Mrd US\$ tatsächlich angefallen sind. Die Frage ist natürlich, ob diese Einsparungen nicht die Betriebssicherheit der Anlagen und die ökologische Qualität der betroffenen Mikroregionen beeinträchtigen. Weitere Kostensenkungen konnten durch die Möglichkeiten der Importsubstitution erzielt werden. Was Barros de Castro/Pires de Souza zur brasilianischen Wirtschaft im Allgemeinen ausführen, ist von den Unternehmen, die die Großprojekte in Amazonien durchführen, tatsächlich in großem Stile realisiert worden. Die Albrás gibt an, die ursprünglich geplanten Investitionen in Höhe von 1,3 Mrd US\$ auf 744 Mio US\$ effektive Ausgaben reduziert zu haben. Da kann die Alumar nicht hintanstehen. Die zweite Produktionslinie ist nicht erst im Herbst 1986, sondern schon ein Jahr eher fertiggestellt worden, so daß zusätzlich 135.000 t Aluminium auf den Weltmarkt geworfen werden konnten. Dadurch werden 49,5 Mio US\$ Devisen gespart. Möglich war die vorzeitige Fertigstellung wegen der prompten Lieferung aller Ausrüstungen, der Weiterführung der Arbeiten auch während der Regenzeit, wegen der vorzeitigen Fertigstellung der 500 kV-Leitung der Eletronorte über 300 km von der Umspannstation Presidente Dutra nach São Luís (Minérios, extração e processamento, Sept 1985, S. 58). Die Tatsache, daß die CVRD (wie bereits erwähnt) 80% ihrer Käufe in Cruzeiros realisiert hat, ist Folge der realen Abwertung des Cruzeiro gegenüber dem Dollar. So konnten die Kosten in Dollar ausgedrückt um den Abwertungssatz des Cruzeiro sinken, wenn die Käufe von Ausrüstungen und Vorprodukten auf dem Binnenmarkt getätigt werden (Angaben der Albrás; Sá/Marques 1985b). Damit diese Möglichkeit genutzt werden kann, ist aber die Existenz einer industriellen Basis notwendig, die den technologischen Anforderungen der großen Projekte gewachsen ist. Dies ist in Brasilien zweifellos in bedeutendem Maße der Fall – worauf sich ja speziell die optimistischen Prognosen der brasilianischen Wirtschaftsentwicklung (Hurtienne 1985) beziehen.

Es sind also die unvorhergesehenen Kostensteigerungen der Projekte infolge der Erhöhung der Zinsen auf Fremdkredite, die zu Einsparungen zwingen. Die oben beschriebenen Krisentendenzen des monetären Weltmarkts finden also regional unmittelbar ihren Ausdruck in den Anpassungsstrategien der Unternehmen. Auch die Veränderungen auf den Rohstoffmärkten, vor allem der Rückgang der Rohstoffpreise infolge schrumpfender Weltnachfrage, wirken sich in der Region aus: die »viability« der großen Projekte ist wegen der Entwicklungstendenzen des Funktionsraums Weltmarkt nicht gewährleistet. Mit der partiellen Außerwertsetzung der Projekte aber ist das Artefakt im System der natürlichen Umwelt einer Dynamik unterworfen, die nicht die der ursprünglichen Planung ist. Und da Inwertsetzung die Erzeugung und Artikulation von sozialen Verhältnissen ist, werden diese durch Außerwertsetzung ebenfalls betroffen. Entwicklungsanstöße bleiben in der Region aus, oder sie lenken ökonomische Tendenzen in eine Richtung, die nicht die einer »Co-Evolution« von Ökologie, Ökonomie, sozialem und politischem System ist. Der ursprünglichen Planung gemäß sollten die Großprojekte im östlichen Amazonien ökonomische, soziale und politische Probleme lösen, einen positiven Beitrag zur Entwicklung leisten. Nun stellt sich heraus, daß sie statt dessen gewaltige soziale, ökonomische und ökologische Probleme erzeugt haben, für die neue Lösungen erst noch gefunden werden müssen.

8.4. Alternative Formen der Inwertsetzung?

Unmöglich ist es, das riesige Amazonien »einzuzäunen« und gegen den gierenden Zugriff kapitalistischer Interessen aus den Zentren des Weltmarkts zu isolieren, um das fragile Ökosystem des tropischen Regenwaldes für die Aufrechterhaltung der Lebensqualität der Menschen auf dem gesamten Globus zu schützen. Nicht nur unmöglich ist dieses Unterfangen, es ist auch sinnlos. Denn schützenswert in dieser Weise wäre die gesamte Welt, nicht nur Teile von ihr. Die hier kritisierte Erzeugung von En- bzw. Exklaven würde so, in ökologischen Diskurs übertragen, nur fortgesetzt. »Ecodevelopment« kann nicht die »Ver-Zoologisierung« ganzer Landstriche dieser Erde bedeuten.

Doch hat es sich auch gezeigt, daß Inwertsetzungsstrategien, die auf Weltmarktintegration setzen, den Krisentendenzen des monetären und realen Weltmarkts ausgeliefert sind und in der Region Artikulationsmuster zwischen Funktionsraum Weltmarkt, Nation und Region entstehen, die weder ökonomische Entwicklung, noch sozialen Fortschritt, politische Partizipation und ökologische Rücksichtnahme zulassen. Eine alternative Strategie regionaler Entwicklung kann sich infolgedessen nur zwischen den Klippen der *Scilla der Offenheit* und der *Charybdis der Abgeschlossenheit* gegenüber dem Weltmarkt bewegen. Sie kann also die Tendenzen der Kapitalverwertung weder negieren oder ausschließen noch darf sie sich ihnen unterwerfen, sich auf sie einlassen; sie muß also *reformistisch* sein, und zwar im sozialen ebenso wie im ökologischen Diskurs. Daß zu seiner praktischen Realisierung entsprechende *politische Bewegungen* entstehen müssen, die den Entscheidungsprozeß über regionale Inwertsetzung mit ihren Interessen und Bedürfnissen beeinflussen und so die *Logik des ökonomischen Rentabilitätskalküls* brechen, daß also die Kanäle der Willensbildung im politischen System *Partizipation* von unten zulassen müssen, ist *conditio sine qua non*. Von ebenso großer Bedeutung ist auch die Dezentralisierung von Planungskompetenzen, die Reduzierung des Planungswirrwarrs, die Herstellung verläßlicher kalkulierbarer und einklagbarer Eigentums- und persönlicher Rechte – etwas, das in Teilen des brasilianischen Nordens mit mangelhaft ausgestatteter »società civile« nur unzureichend gewährleistet ist (Vgl. viertes Kapitel). Oder: Ein sozialer und ökologischer Reformismus ist nur in einer demokratischen Republik, nicht aber in einer Militärdiktatur, in einem bürokratisch-autoritären Staat möglich.

Zunächst könnte an der »Grundbedürfnisstrategie« anknüpfend die vorrangige Weltmarktorientierung unter dem Kriterium der Devisenproduktivität der Projekte kritisiert werden, um die Dimensionen der Projekte zu reduzieren und so die Großprojekte zu »demystifizieren« (IBASE 1983, S. 95). Dazu würden gehören: Verteilung der Investitionen über einen längeren Zeitraum, um Mittel auch für andere Zwecke als die Großprojekte freizuhalten; stärkere Nutzung regionaler und nationaler Ressourcen und Technologien, um so die Weltmarktabhängigkeit zu reduzieren; Orientierung der Extraktion und Prozessierung der mineralischen und agrarischen Rohstoffe auf die vorrangige Versorgung des inneren Marktes und nicht in erster Linie auf den Weltmarkt;

Eröffnung und Fortführung eines nationalen Willensbildungsprozesses über die weitere Entwicklung des Projekts, um die von den Militärs geschaffenen *faits accomplis* zumindest zu modifizieren (IBASE 1983, S. 95); verstärkte Nutzung des inneren Kapitalmarkts für die Finanzierung der verkleinerten »Großprojekte«, um die Abhängigkeit vom monetären Weltmarkt abzubauen (ebenda, S. 99ff). Die Logik dieser Vorschläge, bei deren Konkretisierung der Teufel freilich im Detail steckt, ist eindeutig: kleiner, zeitlich gestreckt, Ausdehnung der nationalen Kontrolle und deren Demokratisierung durch Mobilisierung der »società civile« auf regionaler und nationaler Ebene.

Tatsächlich ist ja eine »Redimensionierung« bereits, wie gezeigt worden ist, vollzogen worden; allerdings unter den vom Weltmarkt ausgeübten Zwängen und nicht als selbstbewußter, aktiv vollzogener Akt brasilianischer Instanzen. Doch könnte es prinzipiell möglich sein, diese Weltmarkttendenzen als eine produktive Ressource zu nutzen, um der alternativen Logik von Inwertsetzung Nachdruck zu verleihen. Voraussetzung dafür aber ist – wie schon (im siebten Kapitel) ausgeführt wurde – eine Verringerung der Schuldendienstzahlungen. Dazu ist mehr nötig als ein regionaler und nationaler Reformismus, nämlich ein *globales Reformprojekt*, das die Konturen einer neuen Weltwirtschaftsordnung zeichnet.

Anders als die »Ver-Zoologisierung« einer ganzen »inwertzusetzenden« Region ist deren Einteilung in Entwicklungszonen zu beurteilen, um die Konsequenzen der Stoff- und Energietransformationen bei der ökonomischen Ausbeutung von Ressourcen in kontrollierten Grenzen zu halten. Dieser Logik wird im Rahmen des Carajás- Programms durchaus gefolgt: durch »Monitoring« und Einteilung des Gebiets in definierte Zonen (»Zoneamento«), die jeweils bestimmten Zwecken (Extraktion der Rohstoffe; Aufforstung; ökologische Reserve; Reservat etc.) dienen. Zweifellos werden dadurch die Rationalität der Inwertsetzung gesteigert, die Tendenzen des »capitalismo selvagem« gezügelt. Jedoch endet diese Art von Rationalität ökologischer Planung an den Grenzen der eng definierten Enklave. In diesem Sinne ist die Enklave nicht nur negativ für Regionalentwicklung, sondern auch geschütztes Reservat gegen die Unmäßigkeit ökonomisch (kapitalistisch) motivierten Umgangs mit natürlichen Ressourcen, und daher mit der Natur insgesamt. Abbau des Enklavencharakters der Projekte kann daher nur bedeuten: *Ausdehnung der positiven Aspekte des Umweltschutzes auf die gesamte Region*. Dabei stellt sich aber auch heraus, daß ökologische Vorsichtsmaßregeln eine soziale und ökonomische Dimension haben und nur erlassen und dann auch eingehalten werden, wenn sie nicht mit den unmittelbaren Überlebensinteressen und den darauf bezogenen individuellen Strategien und gesellschaftlichen Tendenzen kollidieren. Der Umfang der sozialen Probleme, auf die sich eine öko-reformistische Strategie alternativer Inwertsetzung einzulassen hat, ist also außerordentlich groß. Und doch ist diese Art des Ökoreformismus, wenn schon die *Ausgrenzung* aus den Weltmarkttendenzen durch *Eingrenzung* der Region unmöglich ist, die einzige Erfolg verheißende Strategie des Schutzes vor maßloser Degradation, also auch Methode der Reduzierung der »Entropieproduktionsrate« (Vgl. drittes Kapitel).

Unter diesem Gesichtspunkt muß es auch möglich sein, bestimmte Produktionsprozesse wegen ihres horrenden Throughput ins System der natürlichen Umwelt einzustellen oder gar nicht erst zu initiieren. Die Verhüttung von Roheisen auf Holzkohlebasis gehört dazu. Denn selbst unter (mikro)ökonomischen Kriterien der Rentabilität dürfte dies nicht sinnvoll sein, ganz zu schweigen von den makroökonomisch und sozial negativen Auswirkungen nicht nur einer Degradation sondern einer Destruktion des natürlichen Ambiente gesellschaftlicher Arbeit und menschlicher Existenz. Ähnliches gilt auch für die Viehwirtschaft in Amazonien, deren ökologische Auswirkungen verheerend sind. Viele Versuche gibt es inzwischen, eine mikroregional angepaßte Landwirtschaft zu entwickeln, durchaus mit guten Erfolgen. Um sie breiter realisieren zu können, wären allerdings die Eigentumsverhältnisse im Zuge der brasilianischen Agrarreform zu verändern.

Wegweiser in die Richtung, in die eine sozial und ökologisch verträgliche Inwertsetzungsstrategie führen sollte. Die politischen Widerstände und ökonomischen »Sachzwänge« jedoch sind hart und sie drängen auf Abweichung von dieser angegebenen Richtung. Die weitere Auslieferung Amazoniens an den »Sachzwang Weltmarkt« ist alltägliche Praxis der internationalen, nationalen und regionalen Entscheidungsträger. Doch politische Alternativen zum Sachzwang des ökonomischen Funktionsraums gibt es in Amazonien, in Brasilien ebenso wie in anderen Teilen der Welt.

Anmerkungen zur Einleitung

[1] Zum Vergleich: Cattenom wird nach vollendetem Ausbau der vier Kraftwerks-blöcke 5200 MW produzieren und das größte westdeutsche Kraftwerk Scholven bringt es auf knappe 4000 MW.

[2] Charles Denby vermittelt in seinem Roman »Im reichsten Land der Welt« davon eine Vorstellung: »Ich wollte nie bei Ford arbeiten. Und ich habe nie bei Ford gearbeitet. Jeder sprach davon, daß Ford ein mörderischer Laden sei. In der ganzen Stadt ging das Gerücht um, daß andere Männer die häuslichen sexuellen Angelegen-heiten der Ford-Arbeiter erledigen müßten. Über die Frauen der Ford-Arbeiter gab es eine Standardfrage: «Wer ist Ihr Liebhaber?». Wenn ein Mann eine Frau traf und sie ihm erzählte, ihr Mann arbeite bei Ford, dann machte er sich bestimmt einen großen Spaß daraus, so zu tun, als hole er Papier und Bleistift hervor, um sie nach ihrer Telefonnummer zu fragen. Die Arbeiter von Ford waren alle so ausgelaugt, daß sie zu sexuellen Beziehungen nicht mehr fähig waren...Jeder Arbeiter konnte abends in der Straßenbahn die Ford-Arbeiter leicht erkennen. Alle Arbeiter die eingeschlafen waren, arbeiteten bei Ford. Zwanzig schlafende Arbeiter in der Bahn, und jeder sagte: «Ford-Arbeiter»...Sonntags schliefen Ford-Arbeiter auf dem Weg zur Kirche ein.« (Denby 1978, S. 45)

Anmerkungen zum ersten Kapitel

[1] Er fährt fort: »An und für sich handelt es sich nicht um den höheren oder niedrigeren Entwicklungsgrad der gesellschaftlichen Antagonismen, welche aus den Naturgeset-zen der kapitalistischen Produktion entspringen. Es handelt sich um diese Gesetze selbst, um diese mit eherner Notwendigkeit sich durchsetzenden Tendenzen. Das industriell entwickeltere Land zeigt dem minder entwickelten nur das Bild der eignen Zukunft...« (Marx, MEW Bd. 23, S. 12) Genau diese Aussage jedoch wird in Frage zu stellen sein: ob es auch heute noch die Chance der »nachholenden Industrialisie-rung« gibt.

[2] Dieses Kriterium ist selbstverständlich nicht das einzig mögliche. Es ist im Kontext der hier zur Debatte stehenden Frage gewählt: ob und unter welchen Bedingungen Industrialisierung des gegenwärtig vorherrschenden Typs auch in den Ländern und Regionen der Welt möglich ist, die heute noch nicht oder nur in Ansätzen industriali-siert sind.

[3] Der Begriff der »nachholenden Industrialisierung« ist nach meinem Wissen zuerst zur Beschreibung des sowjetischen Industrialisierungsprozesses nach der Revolution von 1917 verwendet worden (Vgl. Raupach 1964, . 62 und S. 106). Er ist auch in der Lenin'schen Formel vom »Einholen und Überholen« (dognat' i peregnat') impliziert, die von Stalin zum entwicklungspolitischen Dogma erhoben worden ist. Sinn macht der Begriff der nachholenden Industrialisierung allemal, da er auf die Spezifik auf-merksam macht, die ein nationaler und regionaler Industrialisierungsprozeß besitzt, der zeitlich verspätet in Gang gesetzt wird, nachdem bereits Ökonomien mit ausgebil-detem Industrieprofil existieren, die die Weltmarktprozesse dominieren.

[4] Ich habe mich damit (in Altvater 1982) auseinandergesetzt, insbesondere auch mit der japanischen Uno-Schule, die dieses Problem schärfer stellt als andere »Phasent-heorien«.

[5] Die Theorien des »organisierten Kapitalismus« und des »staatsmonopolistischen

Kapitalismus«, die in den 20er Jahren entstehen, sind in ihrer Grundstruktur sehr ähnlich, haben aber eine konträre politische Stoßrichtung. Die eine betont die Möglichkeit der Rationalisierung durch Organisierung, die andere die dadurch noch verstärkte Irrationalität. Die eine begründet daher Reformmöglichkeiten, die andere die Notwendigkeit der Revolution. Gründlicher habe ich dies diskutiert in Altvater 1980. Die Organisierung des Kapitalismus ist dabei das gesellschaftliche Pendant zur Durchstaatlichung, durch die das ökonomische Prinzip mehr und mehr politisiert werde, wie Hilferding und Renner als Repräsentanten der sozialdemokratischen Theorie vom organisierten Kapitalismus annehmen.

[6] Es ist hier nicht der Ort, um den Fortschrittsoptimismus von Alfred Sohn-Rethel kritisch zu würdigen. Er interpretiert den Taylorismus als »Vollvergesellschaftung« (Sohn-Rethel 1970, S. 146ff) und unterliegt damit noch der Faszination von Rationalisierung und Rationalität, die die Debatte um die wissenschaftliche Betriebsführung in den 20er Jahren kennzeichnet.

[7] Jenseits dieser drei Formen der Strukturierung von industrieller Arbeit – vom subjektiven Faktor her, von den objektiven Produktionsbedingungen her und beide Seiten umfassend – ist keine andere Form der Subsumtion der Arbeit unter das Kapital möglich, es sei denn die »Zentralität der Arbeit« mit den darauf bezogenen formellen gesellschaftlichen Institutionen wird aufgelöst. Dann können auch »postfordistische« Formen gesellschaftlicher Regulierung ausgemacht werden. Hirsch und Roth (1986) versuchen in ihrer Analyse des »Postfordismus« zu zeigen, daß in den »neuen sozialen Bewegungen«, die sich ja nicht mehr in erster Linie entlang dem »alten« Klassengegensatz bilden, Elemente der Überwindung der »Zentralität der Arbeit« angelegt sind. Welchen Sommer diese ersten Schwalben künden, können die Verfasser – wie jeder andere heute ebenfalls – freilich nur mutmaßen.

[8] Diese Kombination bezeichnet von Gottl-Ottlilienfeld (1926, S. 3; S. 27) als die »Paradoxie« des Fordismus, die durch Produktivitätszuwächse über den Lohnzuwachsen aufgelöst werden kann. Begeistert schreibt Gottl-Ottlilienfeld, daß Henry Ford das Paradoxon des Erwerbs dadurch löst, daß er »einfach den absichtlichen ›Preissturz‹ jedesmal wieder gleichsam in der Schleife der technischen Vernunft« auffange (ebenda).

[9] Es ist im Rahmen dieser Untersuchung nicht möglich, den Zusammenhang zwischen Theorie- und Strategiebildung in der Arbeiterbewegung, korporativen Strukturen in der Gesellschaft, arbeitsprozeßlicher Reorganisation und staatlicher Regulation ausführlicher zu erschließen, um die Grundlagen des reformistischen Politiktyps (seine Inhalte und Formen) aufzeigen zu können.

[10] Von Gottl-Ottlilienfeld (1926) hat den Fordismus insbesondere im Hinblick auf die Veränderungen von Technik und Arbeit im fordistischen Betrieb untersucht, nicht in der Perspektive der von ihm ausgehenden gesellschaftlichen Umwälzungen. Er hebt dabei den Fordismus gegen den Taylorismus, bzw. die »Taylorei« als dessen übertriebene Form ab. Für ihn ist Fordismus die Inkarnation technischer Vernunft, Rationalität sans phrase, während Taylorismus allenfalls ein Weg, möglicherweise nicht einmal der beste, zur »Höchstleistung« ist (Gottl-Ottlilienfeld 1926, S. 4ff).

[11] Otto Bauer hat die gesellschaftlichen Voraussetzungen und Folgen von Rationalisierung eingehend beschrieben und dabei auch auf den Umschlag mikroökonomischer Rationalität in makroökonomische Fehlrationalisierung hingewiesen (Bauer 1931).

[12] Die Unmöglichkeit der Übertragung des Produktions- und Konsummodells der hochindustrialisierten Länder auf alle Gesellschaften wird von Strahm (1975), auf den sich Methe (1981) beruft, auch mit dem malthusianischen Argument der Grenzen der Nahrungsmittelproduktion bei gegebener Verteilung begründet. Allerdings sind hier Einwände möglich, weil die Verteilung nicht in gleicher Weise wie Energie- und

Materialintensität dem Industriemodell inhärent sind und überdies die Produktivität der Nahrungsmittelproduktion durchaus so gesteigert und deren Verteilung so verbessert werden könnte, daß Hunger keine Bedeutung haben müßte.

[13] Hier sei an die Analysen des Club of Rome und an den Bericht an den US-amerikanischen Präsidenten »Global 2000« erinnert, in denen die Grenzen des Wachstums aus der Endlichkeit der natürlichen Ressourcen hergeleitet worden sind. Daß die nicht-erneuerbaren Ressourcen endlich sind, ergibt sich aus den thermodyanmischen Gesetzen, denen sie unterworfen sind. Dazu wird im dritten Kapitel einiges zu sagen sein. Fraglich ist lediglich, und daran hat sich auch die Auseinandersetzung entzündet, in welchen Zeiträumen die Endlichkeit gedacht werden muß. Es geht also nicht um Bestände von Ressourcen allein, sondern um das Verhältnis von Bestand und Verbrauch. Beide Größen sind keine fixen sondern variable Größen.

[14] Der Begriff wird in Analogie zu Fred Hirschs Analyse der »sozialen Grenzen des Wachstums« (Hirsch 1980) verwendet. Hirsch bezeichnet als »positionelle Güter« solche, deren Gebrauchswert wesentlich durch die exklusive Nutzbarkeit bestimmt wird. Können alle auf diese Güter Zugriff nehmen, so vermindert oder verliert sich ihr Gebrauchswert. Beispiele dafür sind Villenviertel in städtischer Peripherie, die aber an Nutzen verlieren, wenn alle aus den Zentren der Städte in die Peripherie ziehen wollten. Auch das Automobil ist zu einem bedeutenden Teil Positionsgut. »Die Ökonomie der Positionsgüter ... bezieht sich auf alle Eigenschaften von Gütern, Dienstleistungen, Berufspositionen und andere gesellschaftlichen Verhältnisse, die entweder 1. absolut oder gesellschaftlich bedingt knapp sind oder 2. bei extensiverem Gebrauch zu Engpässen führen« (Hirsch 1980, S.. 52)

[15] Diesen Aspekt übersieht übrigens Georgescu-Roegen in seiner Darstellung der Grenzen der Fabrik (Vgl. Georgescu-Roegen 1971, S. 248ff). Vgl. auch die Argumentation von Hoffmann 1986, S. 124ff., der auch die wirtschaftspolitischen Konsequenzen aufzeigt.

[16] In diesem Prozeß fand auch erwartungsgemäß eine sektorale Umverteilung statt: Der Anteil der in der Landwirtschaft Beschäftigten sinkt ebenso wie der Anteil des landwirtschaftlichen BIP am gesamten BIP, während der industrielle Anteil und derjenige des Dienstleistungssektors ansteigen: In allen Entwicklungsländern verringert sich der Anteil der in der Landwirtschaft Beschäftigten im Zeitraum 1960 bis 1980 von 72,6% auf 59,1%, während der Anteil der Industriebeschäftigten von 12,8% auf 19,9% ansteigt ebenso wie der Anteil der im Dienstleistungssektor Arbeitenden von 14,5% auf 21% (ILO 1984, S 5)

[17] Menzel (1985) und Menzel/Senghaas (1986) halten die exportorientierte Entwicklung in den »ostasiatischen Schwellenländern« für einen Erfolg; Davis (1986) mokiert sich über die optimistischen Einschätzungen, daß sich »mehrere Japan« wiederholen könnten, hält er doch die Wachstumserfolge Taiwans und Südkoreas sowohl wegen der mangelnden internen Nachfrage in diesen Ländern als auch wegen des Handelsbilanzdefizits der USA, das mit seinem Schwinden auch die Exporterfolge mindern würde, für außerordentlich fragil.

[18] Es ist zu Recht darauf hingewiesen worden, daß auch in den hochentwickelten Industrieländern nur eine kleine Minderheit von Arbeitern in fordistischen Betrieben (mit standardisierter Massenfertigung, automatisierten Fließsystemen) gearbeitet hat. Der Begriff wird dadurch natürlich in seiner Tragfähigkeit relativiert. Jedoch kann man ihn im oben erläuterten Sinne als Umschreibung eines sozioökonomischen und politischen Modells von ökonomischer Akkumulation, gesellschaftlicher Regulierung, politischer Herrschaftsgestaltung und -sicherung und einer spezifischen Kultur benutzen, also nicht auf die einzelnen Arbeiten in einzelnen Betrieben anwenden sondern auf die Struktur des gesellschaftlichen Modells von Industrialisierung. Dies

entspricht ganz der Abgrenzung Gottl-Ottlilienfelds zwischen Taylorismus (oder Taylorei) einerseits und Fordismus als gesellschaftlichem Modell technischer Vernunft andererseits.

[19] Auch die modernen Sektoren in der verarbeitenden Industrie der Entwicklungsgesellschaften haben in der Regel ein technologisches Niveau, das demjenigen in den entwickelten Ländern vergleichbar ist. Die Wirkung industrieller Investitionen auf den Arbeitsmarkt ist folglich gering. Die Unterentwicklung drückt sich – darin ist Senghaas und Menzel zuzustimmen – in der fehlenden Kohärenz und intraindustriellen Verflechtung aus.

[20] Er ist in den sozialstaatlich organisierten Kapitalismen Nordeuropas höher als in den meisten Ländern der Dritten Welt. Und er ist höher in sozialdemokratisch regierten Ländern als in Ländern mit neoliberal orientierten Regierungen. Formalisierte Arbeit im fordistischen Modell verdankt sich also zu einem bedeutenden Teil der politischen Steuerung des Systems der gesellschaftlichen Arbeit gegen die ungedämpften Wirkungsmechanismen des unregulierten Marktes.

[21] Von »Tendenzen« ist die Rede, weil zwischen den einzelnen nationalen Gesellschaften, wie vergleichende Studien über den »informellen Sektor« zeigen, beträchtliche Unterschiede bestehen, die den unterschiedlichen Steuerungskapazitäten und Zielgrößen der Regulation geschuldet sind.

[22] »Mit dem Normalarbeitsverhältnis ist ein normatives Leitbild praktischer staatlicher Arbeitspolitik gemeint, eine vorherrschende handlungsleitende Fiktion dessen, was als Arbeitsverhältnis zu gelten habe, nicht eine Deskription dessen, was empirisch an Arbeitsverhältnissen vorfindlich war und ist . . .Das normative Leitbild des Normalarbeitsverhältnisses hat also ein solches Arbeitsverhältnis zum Bezugspunkt, das dauerhaft und kontinuierlich, im möglichst großbetrieblichen Zusammenhang auf Vollzeitbasis erfolgt und Qualifikation voraussetzt. Auf diesen Typ von Arbeitsverhältnis sind die Schutz- und Gewährleistungsfunktionen der Arbeits- und Sozialordnung zugeschnitten . . .« (Mückenberger 1986, S. 34) Und nicht nur dies: Darauf orientiert auch das formelle Bildungssystem, darauf basiert das soziale Wertesystem. Es ist einsichtig, daß im Zuge der Erosion des »Normalarbeitsverhältnisses« bzw. der »Informalisierung« der Arbeit individuelle und gesellschaftliche Dissonanzen zwischen formellen Institutionen und Wertemustern einerseits und Realität informalisierter Arbeit andererseits entstehen, auf die die umfängliche (und teilweise unsägliche) Literatur zum »Wertewandel« Bezug nimmt.

[23] Allerdings weichen die Daten der einzelnen Studien erheblich voneinander ab. Dies hat erstens mit den Erfassungsmethoden informeller Arbeit zu tun und zweitens mit der grundsätzlichen Paradoxie, daß »clandestine employment« nicht mehr »clandestine« wäre, wenn die so ausgeübte Beschäftigung voll erfaßt werden könnte. Vgl. zum Problem im Allgemeinen die Studie von de Grazia (1984).

[24] Die »Zentralität der Arbeit« in fordistisch-industrieller Form war auch der Kern für politische Strategieentwürfe und Organisationsformen noch bis in die 70er Jahre hinein. Der italienische Operaismus ist dafür Beleg (Vgl. Tronti 1974; Napolitano et al 1978) ebenso wie die »Gewerkschaft der Räte«, die zu Beginn der 70er Jahre mit dem Arbeiterstatut geschaffen wurde (Vgl. Trentin 1980) ; die Arbeiterkämpfe von 1968 können als Höhepunkt subjektiver politischer Reaktion auf die objektiven Formen der Arbeitsteilung in der fordistischen Fabrik und Gesellschaft betrachtet werden. Dem Höhepunkt folgt der Niedergang: das Kapital antwortet mit nicht-fordistischen Formen der Arbeitsteilung durch »decentramento produttivo«, mit der »fabbrica diffusa«. Die ökonomische Krise bestärkt diese Tendenzen: Technologische und arbeitsorganisatorische Umstrukturierung, Arbeitslosigkeit und Auflösung der (fordistischen) Rigiditäten der Arbeitsverhältnisse. Die »centralità operaia« geht verloren.

[25] Auf die Debatte zur strukturellen Hetegrogenität und Marginalität von Arbeitskraft kann hier nicht eingegangen werden. Die Analysen bewegen sich zwischen Positionen, die den Marginalen einerseits für die Bewegung des kapitalistischen Systems keinerlei Funktion beimessen (z.B. Quijano 1974) und andererseits ihre Bedeutung als disponible Reservearmee in Warteposition betonen (Singer 1978). Der hier vertretenen Position entspricht die Analyse Kowaricks (1975), der die Marginalität als integralen Bestandteil der Akkumulationsdynamik begreift. Zu dem Ergebnis ist er aufgrund empirischer Analysen des brasilianischen »Wirtschaftswunders« gelangt: marginale Arbeit breitet sich danach gerade in Zeiten dynamischen »formellen« Wachstums aus.

[26] Dies ist freilich nichts Neues. Schon vor mehr als 100 Jahren wurde durch die britische Konkurrenz aus Manchester und Liverpool die indische Textilmanufaktur zerstört.

[27] Die Ausstattung der Häuser ist nach Größe und Komfort je nach hierarchischer Stufe des Bewohners im Unternehmen unterschiedlich. Was sich in »gewachsenen« Städten in einem langen Entwicklungsprozeß spontan herausgebildet hat, nämlich die klassenstrukturell definierte räumliche Gliederung der Stadt, geht in den company towns direkt in die Planung ein: die stadträumliche Manifestierung der Klassen- und Schichtengliederung einer Fabrikgesellschaft. Weil diese planend antizipiert wird, erscheint sie skandalös und brutaler als der »gewachsene« Unterschied zwischen – sagen wir – Leblon und Copacabana einerseits und Zona Norte andererseits in Rio de Janeiro oder zwischen dem Central Park-Viertel und der Bronx in New York. Auch bei der Berliner Stadtplanung wurde auf dem Reißbrett Klassenpolitik betrieben: Mit der Mietskaserne sollte der residentiellen Trennung der Klassen wie in London entgegengewirkt werden, um soziale Spannungen klein zu halten.

[28] Der Vergleich ist keine Übertreibung; was reale Staatswesen vermögen, kann der reale Kapitalismus schon lange: Grenzen errichten, um sich »in Form« zu halten.

[29] Dabei handelt es sich um die 895.265 qkm große Planungsregion im östlichen Amazonien (Teile von Pará, Maranhao und Goiás umfassend), die im Zusammenhang mit der Ausbeutung der Erzvorkommen von Carajás zur Durchführung einer breiten, also industrielle und land- und vieh- sowie forstwirtschaftliche Projekte umfassenden regionalen Entwicklungsplanung gebildet worden ist. Im achten Kapitel wird darüber mehr zu erfahren sein.

[30] Dies läßt sich gut am Beispiel freier Industriezonen zeigen, wie etwa an der zona franca von Manaús. Mit staatlichen Subventionen ist eine Politik der Industrieansiedlung durchgeführt worden, die in den letzten Jahren zwar zu einer Erhöhung der Zahl der Unternehmen geführt hat, aber gleichzeitig einen Abbau der Beschäftigung bewirkte (Costa Baptista 1985, S. 55ff). Voraussetzung und Folge dieses Prozesses ist die Existenz eines riesigen informellen Sektors, der Subsistenzarbeit bedingt.

[31] Von Senghaas und Menzel werden die linkages ganz ähnlich wie bei Hirschman als Voraussetzungen beschrieben, die mobilisiert werden müssen, um wirklich erfolgreich eine in sich kohärente und verflochtene Industriestruktur zu erzeugen. Mit dem Blick auf die Schwellenländer Ostasiens halten sie es prinzipiell für möglich, daß das linkage-Potential im Entwicklungsprozeß realisiert werden kann. Im Grunde bedienen sie sich der Argumentation, die ihren Ursrpung bei Alfred Marshall und Rosenstein-Rodan hat. Die hier diskutierten Probleme der globalen Begrenztheit eines spezifischen Industrialisierungsmodells befinden sich außerhalb ihrer Betrachtung.

[32] Hinzuzufügen ist noch, daß die Ausweitung der formellen Beschäftigung auch wegen der monopolistischen Marktverhältnisse begrenzt ist. Da obendrein wegen der Fiskalkrise der öffentlichen Haushalte deren Finanzierungsspielräume eingeengt sind, kann auch der Sektor öffentlicher Dienstleistungen (im Quadranten FN im Schaubild) nur wenig Arbeitskraft absorbieren.

[33] Die Zielsetzungen der zweiten Generalversammlung der UNIDO (von Lima im Jahre 1975) strebten für das Jahr 2000 an, daß »Süden« 25% des Weltoutputs des Verarbeitenden Gewerbes, gegenüber knapp 9% im Ausgangsjahr 1975 produziert. Notwendig wäre also eine um 4,5% bis 5% höhere Wachstumsrate des Outputs des Verarbeitenden Gewerbes im »Süden« als »im Norden« gewesen. Die Realität weicht freilich von dieser Zielvorstellung weit ab; 1982 bis 1985 liegen die respektiven Wachstumsraten in den entwickelten Ländern sogar höher als diejenigen in den nicht entwickelten Ländern: »A continuation of MVA (Manufacture Value Added – EA) growthrate differentials of 4 to 5 per cent for the period 1975-2000 would have placed the South inside the Lima target zone. However, once stagflation and subsequently the recession in the 1980s descended upon the world economy, the MVA growth differential narrowed and even became negative. The Lima target slipped out of sight. This illustrates the importance of the North's economy on the growth performance of the South« (UNIDO 1985, S. 20). Also schiebt nicht immer die Lokomotive der nachholenden Industrialisierung die bereits industrialisierten Ländern, sondern für die Fahrt der einholenden Lokomotive ist die Zugkraft der voranfahrenden notwendig. Und wenn die wegen der ökonomischen Krise, wegen ökologischer Grenzen oder soziale Widerstände nicht ausreicht, dann ist angesichts der Struktur der Weltwirtschaft die Aufholjagd von vornherein aussichtslos.

[34] Daher fallen wohl auch die Kritiken des fordistischen und die Visionen eines postfordistischen Gesellschaftsmodells so wenig überzeugend und verschwommen aus, wie bei Hirsch/ Roth 1986

[35] Gerd Junne (1985) hat diesen Argumenten noch andere hinzugefügt, die allesamt für eine Entwicklungsblockade der »Dritten Welt« sprechen: Die Substitutionsprozesse bei mineralischen Rohstoffen, die einen Preisanstieg in den 15 Jahren bis zur Jahrtausendwende verunmöglichen; die Gen- und Biotechnologie, die viele agrarische Rohstoffe der Dritten Welt ersetzen kann und die neuen Management-Technologien, die zu einer Rückverlagerung der Unternehmen in die industrialisierten Zentren beitragen.

Anmerkungen zum zweiten Kapitel

[1] Die Abgrenzung der Schwellenländer von den anderen Ländern der Dritten Welt bereitet Schwierigkeiten. Die »Newly Industrialised Coutries« (NICs) umfassen nach OECD- Definition: Jugoslawien, Mexico, Brasilien, Singapore, Süd Korea, Taiwan und Hong Kong.

[2] Der dritte Schock fand im Frühjahr 1986 statt, als der reale Ölpreis auf den Stand von vor 1973 fiel; nur waren dieses Mal die Schockierten nicht die Ölverbraucher sondern die Erdöl produzierenden Länder.

[3] Dazu vgl. insbesondere die Analyse von Schubert 1985. Welzk schreibt: »Bei Großschuldnern wie Argentinien oder Mexico wäre dem gesamten Kapitalmarkt sofort klar, daß führende Banken der USA wie Citicorps N.Y., Chase Manhatten oder Manufacturers Hanover gleichfalls von Insolvenz bedroht wären. (Alle diese drei Banken standen bereits im Zentrum derartiger Gerüchte.) Allein die Brasilienkredite der sechs größten US-Banken belaufen sich auf 56% ihres gesamten Eigenkapitals. Sofort würden die Einleger ihre Gelder aus diesen bislang solidesten Geldinstituten des Westens abziehen. Niemand weiß, welche Dominoreaktion das auslöst und ob sie noch abzufangen wäre . . .«(Welzk 1986, S. 178)

[4] Nitsch verweist überzeugend darauf, daß eine der wesentlichen Leistungen der Dependencia-Theorie darin bestand, »die Intern-Extern-Wechselbeziehungen zwischen der nationalen Gesellschaft, den Weltmärkten und anderen externen Einflüssen an Produkten und Sektoren festzumachen, ohne die internen gesellschaftlichen Konflikte zwischen sektoralen Interessen, zwischen den je nach Produktionsverhältnissen bei den einzelnen Produkten unterschiedlichen Klassen und zwischen den damit einhergehenden regionalen Interessen zu vernachlässsigen...« (Nitsch 1986, S.232)

[5] Die Unterscheidung zwischen intern vo verantwortender und extern provozierten Schulden hat Fidel Castro zu der Unterscheidung zwischen »einem legitimen und einem nicht-legitimen Teil der Verschuldung« (Castro 1985, S. 549) veranlaßt: »Dabei verstehen wir unter nicht-legitimer Schuld den durch die Wucherzinsen entstandenen Zuwachs...« Außerdem nennt er den Schuldenanstieg infolge von Verlusten aus dem Außenhandel und durch die künstliche Aufwertung des Dollar (ebenda).

[6] Dies wird von Davis (1986, S. 135ff) gezeigt, der gegen die Annahme von der »pazifischen Morgenröte« am Himmel der Weltkonjunktur zwei schwergewichtige Einwände erhebt: erstens seien die pazifischen Exportökonomien hochgradig verwundbar, da ihr Erfolg nur die Kehrseite des US-amerikanischen Handelsbilanzdefizits sei. Für eine in sich tragfähige ökonomische Struktur mangele es zweitens an interner Kaufkraft wegen der niedrigen Löhne. Die »internationalen Konkurrenzbeziehungen (lassen) nur einem ›neuen Japan‹ genügend Entfaltungsspielraum...« (Davis 1986, S. 137).

[7] Menzel und Senghaas haben bei ihrem Urteil insbesondere die ostasiatischen Schwellenländer vor Augen und beziehen sich außerdem auf historische Fälle der nachholenden Industrialisierung in Europa (Senghaas 1982). Die Diskussion ist natürlich schon mehrfach geführt worden; von der sowjetischen Industrialisierungsdebatte der 20er Jahre (Spulber 1964; Spulber 1965; Erlich 1960; Preobrashenski 1965) über die Modernisierungs-und Stadientheorien (Hirschman 1958; Rostow 1952) bis zu Diskussionen über theoretische Modelle von Wachstum in ökonomisch nicht entwikkeltem Milieu (Feldman 1969; Dobb 1968). Immer ist der Weltmarkt entweder in seiner Relevanz ausgeklammert oder seine Auswirkungen werden – so die Annahme – abgefedert. Letzteres ist entscheidender Gesichtspunkt bei der Einführung des Außenhandelsmonopols: Es ist ja als Puffer zwischen nationalstaatlichen Entwicklungsbedingungen und -anforderungen einerseits und den Weltmarktstrukturen andererseits konstruiert, beispielsweise um erratische Preisschwankungen abzufangen. Letzteres kann bereits als Versuch der partiellen und kontrollierten Abkopplung vom Weltmarkt interpretiert werden, wobei das Außenhandelsmonopol in jedem Fall ein nicht-kapitalistisches Element darstellt, also für bürgerlich-kapitalistische Entwicklungswege kaum in Frage kommen dürfte. Denn wenn die Exporte in dem Umfang geplant werden, wie Devisen zur Bezahlung von notwendigen Importen gebraucht werden, muß der Prozeß insgesamt geplant werden. Damit die Planung nicht ins Leere läuft, müssen die Planungsorgane über strategische Sektoren des Wirtschaftsapparats verfügen können, d.h. daß dieser Teil der Ökonomie nationalisiert werden müßte. Das Außenhandelsmonopol kann folglich als ein Mechanismus interpretiert werden, durch den die politische Reichweite nationaler Hegemonie gegen die ökonomischen Tendenzen des Weltmarkts ausgedehnt werden soll.

[8] Poulantzas bemerkt, »...daß dieses nationale Territorium nichts mit der Natürlichkeit des Bodens zu tun hat, es ist vielmehr wesentlich politisch, weil der Staat bestrebt ist, die Verfahren zur Organisierung des Raumes zu monopolisieren. Der moderne Staat materialisiert in seinen Apparaten (Armee, Schule, zentralisierte Bürokratie, Gefängnisse) diese Raummatrix...« (Poulantzas 1978, S. 97)

[9] Röhrich (1978, S. 34) zitiert Frederick Emory, Abteilungsleiter im State Department

um die Jahrhundertwende: »Unsere territoriale Ausdehnung ist tasächlich nur ein beiläufiges Ergebnis der ökonomischen Ausbreitung.«

10 Mistral bezeichnet den Widerspruch zwischen nationalen Ökonomien und internationaler Ökonomie als verantwortlich dafür, daß die Grenze ebenso wie die Konkurrenz im Zentrum der Untersuchung des Weltmarkts stehen müsse (Mistral 1986, S. 170ff).

11 In der »Deutschen Ideologie« schreiben Marx und Engels: »Die bürgerliche Gesellschaft umfaßt den gesamten materiellen Verkehr der Individuen innerhalb einer bestimmten Entwicklungsstufe der Produktivkräfte. Sie umfaßt das gesamte kommerzielle und industrielle Leben einer Stufe und geht insofern über den Staat und die Nation hinaus . . .«(MEW, Bd. 3, Die deutsche Ideologie, S. 36). Hier ist allerdings anzumerken, daß die räumlich-funktionale Inkompatibilität von ökonomischer und politischer Reichweite einer nationalen bürgerlichen Gesellschaft auch vom Ausmaß der Staatsmacht abhängt, das nach innen und außen mobilisiert werden kann. Zwischen dem »Nachtwächterstaat« und dem modernen Interventionsstaat bestehen da historische Unterschiede, ebenso wie zwischen konkreten Staaten in derselben Epoche kulturelle, ökonomische, politische etc. Unterschiede existieren.

12 Das Problem der historischen Genesis des bürgerlichen Staates steht hier nicht zur Debatte. Jedenfalls ist gegenüber den Mißdeutungen der begrifflichen Ableitung des bürgerlichen Staates als »abgekürzter« historischer Prozeß von Gerstenberger (1972) hervorgehoben worden, daß der schon existente Staat der vorkapitalistischen Gesellschaft durch Funktionsänderung und Funktionszuwachs, sowie durch Umstrukturierung seiner Klassenbasis bzw. – mit Braudel – durch spezifische Reaktionsweisen auf die Herausbildung einer kapitalistischen Schicht seine kapitalistische Form erwirbt, die sich dann auch institutionell materialisiert.

13 »Die 'heutige Gesellschaft' ist die kapitalistische Gesellschaft, die in allen Kulturländern existiert, mehr oder weniger frei von mittelaltrigem Beisatz, mehr oder weniger durch die besondre geschichtliche Entwicklung jedes Landes modifiziert, mehr oder weniger entwickelt. Dagegen der 'heutige' Staat wechselt mit der Landesgrenze. Er ist ein andrer im preußisch-deutschen Reich als in der Schweiz, ein andrer in England als in den Vereinigten Staaten. Der 'heutige'Staat ist also eine Fiktion. – Jedoch haben die verschiednen Staaten der verschiednen Kulturländer, trotz ihrer bunten Formverschiedenheit, alle das gemein, daß sie auf dem Boden der modernen bürgerlichen Gesellschaft stehn, nur einer mehr oder minder kapitalistisch entwickelten. Sie haben daher auch gewisse wesentliche Charaktere gemein. In diesem Sinne kann man von 'heutigem Staatswesen' sprechen . . .« (Marx, MEW, Bd. 19, S. 28).

14 Also gibt es beträchtliche Unterschiede zwischen nationalen Staaten, die jenseits gemeinsamer Formen, die sie zu »bürgerlichen Nationalstaaten« machen, ihre »bunte Formverschiedenheit« ermöglichen, aber auch ihren machtpolitischen Rang bestimmen. Analog läßt sich auch sagen, daß es nicht möglich ist, eine »allgemeine Theorie« des Verhältnisses von Metropolen und Peripherie zu entwickeln. Von Freyhold hat also mit folgender Einschränkung Recht: »Die Interaktion interner gesellschaftlicher Prozesse mit den externen Einflüssen des Weltmarktes und den metropolitanen Kapitals lassen sich nicht abhandeln, als ob es hier um die Gesetzmäßigkeiten des Kapitals im Allgemeinen ginge, sondern können nur im Rahmen konkreter Analysen der Dynamik einzelner Produktionsweisen in der 3. Welt begriffen werden.« (v. Freyhold 1981, S. 53).

15 Die Krise wird hier als gesteigerter, zugespitzter Widerspruch verstanden. Dies ist eine sehr allgemeine Bestimmung, in der allerdings die beiden Momente jeder Krise bereits enthalten sind: Krise als Zuspitzung von Widersprüchen der Produktionsweise und gleichzeitig als Prozeß der Redimensionierung, Restrukturierung, der Überwin-

dung von Krisen. Krisenanalyse ohne Analyse der gesellschaftlichen Widersprüche erscheint mithin nicht sinnvoll. Auch wird die müßige und oberflächliche Debatte um den Krisenbegriff vermieden, in der von Krise lediglich dann gesprochen wird, wenn die Widersprüche als politische Gegensätze bis zur Bestandsgefährdung des Systems zugespitzt sind. Dieser Vorstellung gemäß, sofern sie konsequent vorgetragen wird, dürfte es in der Geschichte des entwickelten kapitalistischen Systems noch nie eine Krise gegeben haben. Vgl. dazu ausführlicher Altvater 1983.

[16] Die Annahme von der Kapazität des modernen Staates zur Krisenvermeidung hat in den neueren Sozialwissenschaften in verschiedener Form Verbreitung gefunden. Immer wird dabei, auch wenn das theoretische Paradigma ganz unterschiedlichen Traditionen entstammen mag, davon ausgegangen, daß aufgrund von strukturellen Änderungen im »Spätkapitalismus«, in der »modernen Industriegesellschaft«, im »organisierten Kapitalismus« etc. die politischen Eingriffsparameter genügend ausgebildet seien, um die Krisentendenzen der »auf dem Wert beruhenden Produktionsweise« (Marx) regulieren zu können, auch um den Preis der »kleinen Krise«, mit der der Ausbruch der »großen Krise« verhindert werden könne, wie Habermas annimmt.

[17] Es erscheint angebracht, eine kurze und unvermeidlich grobe Definition vorzuschlagen: Die Produktionsweise ist die Einheit von Produktivkräften und Produktionsverhältnis und bezeichnet im wesentlichen die ökonomische Form der gesellschaftlichen Struktur und Entwicklung. Das ökonomische System kann im Unterschied dazu als die Einheit von Bewegungsgesetzen der Produktionsweise und ihren historischen Gestalten einschließlich der Modifikationen ökonomischer Gesetze durch staatliche Eingriffe oder politische Macht begriffen werden. Demgegenüber bezeichnet die Gesellschaftsformation die Gesamtheit aller Beziehungen von Produktionsweise und gesellschaftlichen Institutionen, Denkformen und Ideologien, also Gesellschaft als ein historisches Herrschaftsverhältnis. Während im »traditionellen« Marxismus zwischen Produktionsweise und Gesellschaftsformation ein Verhältnis der Ableitung oder der Reduktion (»Klassenreduktionismus«) gedacht worden ist, betont der »moderne« Marxismus die Artikulation von Produktionsweise und Gesellschaftsformation. Vgl. dazu insbesondere die Ausführungen von Laclau 1981.

[18] Man könnte dies die formelle Subsumtion von regionalen Produktionsstätten unter das Kapital im Zuge seiner extensiven Expansion nennen.

[19] Dies wäre dementsprechend als reelle Subsumtion von Regionen unter das Kapital im Zuge intensiver Expansion zu bezeichnen.

[20] Auch Braudel spricht von »Handelsketten« bei der Entstehung der kapitalistischen Weltwirtschaft. Mit ihnen wurde die direkte Beziehung zwischen Produzent und Konsument verlängert, dadurch effektiver und umfassender. »Wenn sie (die langen Handelsketten – E.A.) sich durchsetzten, so geschah dies zweifellos aufgrund ihrer Effizienz, vor allem was die Versorgung der großen Städte anging; daher waren die Behörden gezwungen, beide Augen zuzudrücken oder wenigstens ihre Kontrollen zu lockern.« (Braudel 1986, S. 52)

[21] Wie in der Klassentheorie die Kategorie der »Mittelklassen« hat diejenige der »Semiperipherie« die entlastende Funktion, die dichotomische Unvermitteltheit des Klassen- bzw. Systemgegensatzes in der Theorie abzumildern, um die unleugbare Stabilität des Systems trotz des auf Konflikt zutreibenden Gegensatzes erklärbar zu machen.

[22] Über die Gründe kann hier nicht räsonniert werden. Vgl. dazu aber die Ausführungen von Braudel 1986, S. 41ff

[23] Dies ist das Thema der Debatte um das Theorem der komparativen Kostenvorteile, die hier nicht zum Gegenstand der Auseinandersetzung werden soll. Nur so viel: da die

Faktorausstattung als gegeben unterstellt wird, ist das Theorem im Hinblick auf die abgeleitete Spezialisierung konservativ.

[24] Der informelle Sektor IS wird allerdings nach Bildung der extraktiven Enklave verändert sein, also durch die neue Form der Artikulation mit der globalen Ökonomie neue Funktionen ausgebildet haben, etwa so wie sie im vorangegangenen Kapital beschrieben worden sind.

[25] Dies ist denn auch der rationale Kern in dem von Senghaas und Menzel vorgebrachten Argument vom Verflechtungsgrad vor allem zwischen Landwirtschaft und modernen Industriesektoren in einer Ökonomie als Voraussetzung für Entwicklung. Doch übersehen sie die hier dargestellte Doppelform der Konkurrenz und deren Auswirkungen auf den nationalen Entwicklungsprozeß.

[26] Allerdings ist hier zu berücksichtigen, daß diese Weise der wechselseitigen Stützung von ökonomischer und politischer Expansion als raison d'etre der Akkumulation von Kapital im Innern der jeweiligen Gesellschaften bedeutende Transformationsleistungen erforderlich macht: Herausbildung großer Kapitalgruppen, also ein Minimum an konzentriertem und zentralisiertem Kapital; technologische und logistische Fazilitäten zur Initiierung und Sicherung des Expansionsprozesses, also entsprechende Transport-und Kommunikationsmittel und staatliche (manchmal auch private) militärische Macht zusammen mit politischer Disziplinierung der Gesellschaft, um alle sozialen Energien auf den Expansionsprozeß zu konzentrieren, einschließlich der entsprechenden ideologischen Anrufungen (Nationalismus, Rassismus) der gesellschaftlichen Individuen. Rosa Luxemburg hat dieses notwendige Ensemble von Eigenschaften, die die Physiognomie der imperialistischen Gesellschaft ausmachen, eindringlich beschrieben (Luxemburg 1913, S. 431ff).

[27] Gleiche Terminologie findet sich bei Mistral: »Etudier la logique de l'économie mondiale fait appel à une dialectique plus subtile capable d'unir ses deux faces: intégration et fractionnement...«(Mistral 1986, S. 171)

[28] Ein »régime international« nennt Mistral (1986, S. 172) diesen Kontext, eine »Konfiguration ökonomischer Räume«. Allerdings bleibt seine Beschreibung der Bewegung von Politik und Ökonomie auf globaler Ebene unscharf, verschwommen.

[29] Zum Übergang von der britischen zur US-amerikanischen Hegemonie im globalen System vgl. die Ausführungen im 6. Kapitel.

[30] Die Versuche nach dem zweiten Weltkrieg beispielsweise, ein internationales Kunstgeld zu schaffen (den Keynesschen »Bancor«), mußten daher schon aus dem prinzipiellen Grunde scheitern, daß das Medium Geld staatliches Medium ist und ein Weltstaat nicht existiert. Aus der Doppelfunktion der Medien im nationalen und globalen Kontext ergeben sich Widersprüche, die sich bei der Regulierung des Systems bis zu Krisen (Regulierungskrisen) zuspitzen können. Dies wird zum Thema im sechsten und siebenten Kapitel.

[31] Akkumulation von Kapital findet immer in den Koordinaten von Raum und Zeit statt; Milton Santos (1978) spricht daher von der »Räumlichkeit« kapitalistischer Expansion.

[32] Die Tragödie der Juden vor der Staatsbildung ebenso wie die Tragödie der Palestinenser heute belegen diese These eindringlich.

[33] Mit dem Hegemoniebegriff wird ausgedrückt, daß bürgerliche Herrschaft nicht nur auf Zwang und Gewalt und auch nicht nur auf ökonomischem Druck (dem »stummen Zwang der ökonomischen Verhältnisse«, wie Marx sagt) beruht, sondern auch auf der Herstellung und Erhaltung eines gesellschaftlichen Konsenses. Dieser Konsens, durch ideologische Praxis (d.h. nicht nur durch bestimmte Denkformen und -muster, falsches Bewußtsein etc., sondern vor allem durch institutionell geordnete praktische Erfahrungen) zustandegebracht, ist Voraussetzung für die Bildung eines »historischen

Blocks«, der verschiedene Klassen und Schichten längerfristig vereint – unter der geistig-moralischen und »ethisch politischen« Führung der ökonomisch herrschenden Klasse, wie Antonio Gramsci ausführt.

[34] »Der Staat auf lokaler Ebene ist potentiell das demokratischeste Element des Staates, obwohl es sich auch als das machtloseste infolge der finanziellen Abhängigkeit und der wachsenden Verschuldung des Zentralstaats herausgekehrt hat«(Becker 1986, S. 54). Damit wird klargestellt, daß der Grad lokaler und regionaler Autonomie nicht nur vom Ausmaß des politischen Autoritarismus oder dem Grad der Zentralisierung innerhalb des jeweiligen Nationalstaats abhängt, sondern auch von der monetären Verfügungsmasse, die wiederum zum Teil eine Funktion der ökonomischen Krisentendenzen ist.

[35] Paulo Henrique Martins konzentriert seine Analyse auf die Staatsbildung im brasilianischen Nordosten und arbeitet dabei ähnlich wie Queiroz Ablas (1985) die durch die ökonomischen Verhältnisse im zentralen Süden (Kaffee plus Industrialisierung) und im Nordosten (Zucker plus Stagnation) provozierten ökonomisch-politischen Ungleichmäßigkeiten heraus. Hätte er freilich noch den Norden Brasiliens (Amazonas-Region) in die Analyse einbezogen, hätte er möglicherweise von »drei Brasilien« wie Castro Rebelo (1973) sprechen müssen.

[36] Der Begriff der Reziprozität, den Smelser vorschlägt (Vgl. die Einleitung zu Polanyis »Ökonomie und Gesellschaft durch S.C. Humphreys 1979, S. 46ff.), «entspricht der latenten Strukturerhaltung und Konfliktregelung» in einer Gesellschaft (oder gesellschaftlichen Untereinheit, wie der Familie z.B.), also einem der vier funktionellen Subsysteme in der Theorie Parsons'. Der Begriff umschreibt nicht einfach den Äquivalententausch, sondern dessen Funktion bei der Integration und Perpetuierung der gesellschaftlichen Einheit. Von Friedman u.a., wird der Begriff benutzt, um die funktionellen Erfordernisse für die Herstellung und Aufrechterhaltung der nationalen Einheit zu bezeichnen, wenn gleichzeitig regionale Differenzen und Dissonanzen bestehen.

[37] Das Entwicklungsmodell des Südens ist von Mariano d'Antonio (1976) als subaltern gegenüber der und integral für die Entwicklung des Nordens bezeichnet worden: Das überschüssige Arbeitskräftepotential des Südens verwandelte sich in ein billiges Reservoir für die Entwicklung des Nordens; die staatliche Förderungspolitik des Südens (Cassa per il Mezzogiorno) entschärfte auf der einen Seite soziale Konflikte, zementiert aber auf der anderen Seite damit die politischen Strukturen der Unterentwicklung. Vgl. d'Antonio 1976; Graziani 1979; Allen und Stevenson 1974.

[38] Amazonien (Amazonia Legal) und die Nordregion sind nicht deckungsgleich. Die Nordregion umfaßt die Bundesstaaten Rondônia, Acre, Amazonas, Pará und die Bundesterritorien Amapá und Roraima. Mit 3.581.180 qkm sind dies rund 42% des brasilianischen Territoriums. Sie ist politisch durch das Aggregat von Bundesstaaten und Bundesterritorien definiert. Amazonien (Amazonia Legal) hingegen wurde als Planungsregion 1953 (mit dem Gesetz 1806 vom 6.1.1953) auch gemäß geographischen Gegebenheiten bestimmt und umfaßt daher noch den Teil des Staates Maranhão, der westlich von 44° westlicher Länge von Greenwich liegt und die Teile nördlich des 13° Breitengrades des Bundesstaates Goiás und die Teile von Mato Grosso nördlich des 16° Breitengrades. Insgesamt ist dies eine Fläche von ca. 5.033.072 qkm, die rund 59% des brasilianischen Staatsgebiets ausmacht.

[39] Bertha Becker (1982, S. 26f) unterscheidet zwischen den »core regions« (zentraler Süden) Brasiliens und der Peripherie; letztere untergliedert sie in die »depressive Peripherie«, deren Entwicklungschancen mindestens prekär sind (Nordosten Brasiliens) und in die (noch) »nicht integrierte Peripherie« (Norden), die durch Kolonisierung und Industrialisierung entwickelt werden könne. In späteren Aufsätzen greift

Bertha Becker diese Unterscheidung nicht wieder auf; ihre Skepsis hinsichtlich der Entwicklungsmöglichkeiten des Nordens ist offensichtlich gestiegen.

[40] Hier macht sich die Feststellung geltend, daß die Ware Arbeitskraft eine Eigenschaft konkreter Menschen ist und diese als gesellschaftliche Individuen in einem Nationalstaat nicht nur Proletarier (oder Bourgeois), sondern zugleich auch Staatsbürger, Citoyen und als solche den Reglements der konkurrierenden Nationalstaaten unterworfen sind. Diese Doppelexistenz des Arbeiters als Proletarier und Citoyen ist die Grundlage für staatlich verordnete transnationale Migrationsbeschränkungen. Im übrigen setzt hier auch die kulturtheoretisch orientierte Entwicklungstheorie an; die Arbeitskraft wird nicht als Arbeitskraft, »sondern als russischer Bauer, mit seinen natürlichen Eigenschaften« betrachtet, wonach dann konsequenterweise auch das Agrarsystem zu organisieren wäre (Tolstoj in Anna Karenina, zitiert von Hall in seinem Vorwort zu Quaranta 1986, S.7f).

[41] Nur nebenbei sei bemerkt, daß mit dieser Herangehensweise explizit denjenigen Konzeptionen eine Absage erteilt wird, die das Verhältnis von Region, Nationalstaat und Weltmarkt als eine pyramidenartige Hierarchie sehen: Die Region als politische Planungs- und Entscheidungseinheit, die »ganz unten« von den nationalstaatlichen und weltwirtschaftlichen Mächten – in der Regel im Verbund beider – politisch zur Bedeutungslosigkeit und ökonomisch zur Ausbeutung verdammt wird. Dezentralisierung der Entscheidungsmacht wird dem als politisches Konzept entgegengesetzt, um eine Entwicklungsplanung »von unten nach oben« betreiben zu können. Dieser liberale Radikalismus verdankt sich allerdings nur der Naivität der Annahme von der Region als eines von außen (exogen) bestimmten Raums, der seine Entwicklung unabhängig von der ökonomischen Logik des Kapitals auf dem Weltmarkt und von der politischen Position des Nationalstaats – eben »von unten« – vorgeben könne. Bertha Becker (1986, S. 49f) hat Recht, wenn sie die Möglichkeit von »Mikroregionen« als dezentrale Planungseinheiten in Frage stellt und gegenüber den liberalen Traumschlössern den Beitrag des strukturellen Marxismus als »großen theoretischen Fortschritt« verzeichnet (ebenda).

[42] Dies geht bis zur politischen Dependenz einer Nation von einer anderen. Freilich handelt es sich dabei um eine andere Form von Dependenz als sie von der Dependenztheorie beschrieben worden ist: Dependenz wird eher formal als die Möglichkeit zum Oktroi des politischen Willens interpretiert, denn als ein Resultat des blinden Wirkens von Wertgesetzmäßigkeiten im Rahmen einer vorherrschenden ökonomischen Struktur des Weltmarkts und interner struktureller Heterogenität, in der die Verhältnisse eingeschrieben sind, die die Abhängigkeit intern ständig reproduzieren.

[43] Diese Annahme ist seit Böhm-Bawerk immer wieder kritisiert worden, um mit der Homogenitätsannahme auch die Marxsche Werttheorie zurückweisen zu können. Hier ist nur wichtig, daß sich Arbeiten in ihren Produkten real, auf dem Markt konkurrenzvermittelt austauschen und vergleichen. Der Austausch setzt sowohl stoffliche Verschiedenheit der produzierten Tauschgegenstände (und daher implizit die Verschiedenheit der darauf aufgewendeten Arbeiten) als auch qualitative Vergleichbarkeit, daher Homogenität der Arbeit, voraus.

[44] Daher schließlich setzen sich die sozialen und ökonomischen Gesetze nur als Tendenzen durch, deren reale Bewegungsform wegen der in ihnen wirksamen Widersprüche zyklisch ist.

[45] Dies ist auch festzuhalten gegenüber manchen Tendenzen etwa in der alternativen und grünen Szene, die von einer »Regionalisierung« der Produktion eine Verringerung der Weltmarktabhängigkeit erwarten.

[46] Inwieweit der Weltmarkt tatsächlich Sachzwang ist oder als solcher aus herrschaftlichen Gründen definiert wird, ist Gegenstand von Auseinandersetzungen um den

»Freiheitsgrad« von Wirtschaftspolitik. Auf der makroökonomischen Ebene, so Barros de Castro/Pires de Souza (1985, S. 208) »reflektieren außerordentlich hohe Zinsen-
...den Sachverhalt einer Einschränkung der Freiheitsgrade der Wirtschaftspolitik«.
Scharpf spricht in diesem Zusammenhang vom »Verlust der Zinssouveränität«. Wenn
der hier vorgelegten Analyse gefolgt wird, dann muß diesen Aussagen zugestimmt
werden, da ja der Weltmarkt erstens funktionaler Raum für die Wirkungsweise des
Wertgesetzes ist, dieses zweitens die inhaltliche Seite des Primats der Ökonomie
gegenüber Politik und Ökologie darstellt und drittens wegen der Verschränkheit
funktionaler Räume dieses Primat territorial wirksam ist.

[47] Diese Formulierung kann auch als andere Schreibweise des dependenztheoretischen Begriffs der »strukturellen Heterogenität« verstanden werden. Die Frage ist, ob
es sich bei der Verflechtung von verschiedenen Produktionsweisen in einer Region um
eine Übergangserscheinung im Entwicklungsprozeß handelt oder um eine Dauererscheinung des peripheren Kapitalismus. Ist die These von der Unmöglichkeit nachholender Industrialisierung richtig, dann sind periphere Gesellschaften auf Dauer durch
die Gleichzeitigkeit von verschiedenen Produktionsweisen charakterisiert. Im übrigen
indiziert das Wachstum des Sektors informeller Arbeit in den entwickelten kapitalistischen Industrieländern, daß auch hier von Einheitlichkeit oder Homogenität der
Produktionsweise nicht die Rede sein kann. Vgl. zur Frage der Produktionsweisen und
deren Verflechtung: Kößler 1983; Schiel 1983; Balzer 1983.

[48] Auf den »leverage-effect« wird später zurückzukommen sein. Dieser ist positiv,
solange die Fremdkapitalzinsen niedriger als die Kapitalrentabilität sind und daher
jede Kreditaufnahme (um Investitionen zu finanzieren) zu einer Steigerung der Unternehmensprofite führen kann. Da aber die Zinsen vorgegeben sind, kann sich der
positive leverage-effect ins Negative verkehren.

[49] Nicht zufällig ist ja das Anpassungsprogramm Brasiliens vom Februar 1986 als
»heterodoxer Schock« bezeichnet worden (Arida 1986; Lopes 1986). Mit den Zuchtruten monetärer Medien wird einer ganzen Nation eingeheizt.

[50] Diese Asymmetrie veranlaßt komparative Politikforscher dazu, die unbezweifelbaren Unterschiede von politics, policy und polity einzelner Nationen und deren Kapazität, in unterschiedlichem Maße von der Weltmarktintegration zu profitieren, dahingehend zu interpretieren, daß es die Subalternität nicht gäbe. Sie nehmen also die
Asymmetrie der Subalternität als Beleg für die Nicht-Existenz der Subalternität. Vgl.
als Beispiel für diese Position Schmidt 1983.

Anmerkungen zum dritten Kapitel

[1] Hier sind nur die qualitativen Abschnitte des Zirkulationsprozesses von Geldkapital
aufgeführt, also nicht die quantitativen Teilungsverhältnisse. Es ist selbstverständlich,
daß G' quantitativ in den Amortisationsfonds zum Ersatz von G, den industriellen
Profit und den Zins des Kredit gebenden Geldverleihers (also in der Regel der Bank)
aufgeteilt wird. Harvey (1985) verwendet ebenfalls die Kreislauffigur des Geldkapitals, um die Räumlichkeit von ökonomischen Aktivitäten zu zeigen, arbeitet dabei
aber nicht die konfligierende Logik im ökonomischen und ökologischen Funktionsraum heraus, die hier im Zentrum steht.

[2] So bezeichnet Marx in der Einleitung zur Kritik der Politischen Ökonomie (Grundrisse) das Verhältnis von Produktion und Konsumtion; sie schließen sich also nicht
wechselseitig aus, sondern sind der gleiche Prozeß, von verschiedenen Seiten betrachtet.

³ Während die Warenpreise sich durch die Produktionskosten und das »gesellschaftliche Bedürfnis« bzw. die »zahlungsfähige Nachfrage« bestimmen lassen, ist der Preis des Grund und Bodens fiktiv durch die Diskontierung der Rente definiert. Die Rente selbst setzt sich aus mehreren Bestandteilen zusammen: der absoluten Grundrente, der Lagerente, einer Rente, die aus komparativ überlegenen Produktions- und Anbaumethoden stammt, und einer Monopolrente, die aus der Möglichkeit resultiert, über ein Stück Natur mit besonderer Naturkraft monopolistisch zu verfügen.

⁴ Jede Verkürzung des Kapitalumschlags erhöht die Profitrate, da in diesem Fall ja mehr Kapital im Produktionsprozeß des Mehrwerts angewendet werden kann. Vgl. MEW, Bd. 25, S. 80-86

⁵ Damit ist nur eine Geldfunktion bezeichnet, diejenige des Zirkulationsmittels. Diese interessiert an dieser Stelle besonders, auch wenn schon hier angemerkt werden sollte, daß in der durch die verschiedenen Funktionen näher bestimmten Form des Geldes Widersprüche enthalten sind, die es sogar als Zirkulationsmittel ungeeignet machen können. Bei der Analyse der Krise des Weltgeldes (im sechsten und siebten Kapitel) wird dies deutlich werden.

⁶ Freie Bankzonen gibt es inzwischen überall auf dem Globus, und zwar nicht nur in den Finanzzentren der industrialisierten Länder oder an den exotischen Gestaden von Karibik oder Südsee, sondern auch im kalten Nuuk auf Grönland.

⁷ Auch in seiner Kritik am Gothaer Parteiprogramm der SPD von 1875 hatte Marx die natürliche Grundlage des in Gebrauchswerten vorhandenen Reichtums noch einmal unterstrichen. Zum Programmsatz: »Die Arbeit ist die Quelle alles Reichtums und aller Kultur« kommentiert Marx: »Die Arbeit ist nicht die Quelle alles Reichtums. Die Natur ist ebensosehr die Quelle der Gebrauchswerte (und aus solchen besteht doch wohl der sachliche Reichtum!) als die Arbeit, die selbst nur die Äußerung einer Naturkraft ist, der menschlichen Arbeitskraft . . .«(Marx, MEW19, S.15). Also kann »der Arbeiter nichts schaffen ohne die Natur, ohne die sinnliche Außenwelt. Sie ist der Stoff, an welchem sich seine Arbeit verwirklicht, in welchem sie tätig ist . . .« (MEW, Ergänzungsband, erster Teil, S. 512) In den ökonomisch-philosophischen Manuskripten von 1844 diskutiert Marx allerdings das Verhältnis von Arbeit und Natur unter dem Aspekt von Entfremdung und Entäußerung, in kritischer Absicht gegen die Nationalökonomie.

⁸ Darauf wird unten noch ausführlich am Beispiel Amazoniens zurückzukommen sein. Diese Seite der Inwertsetzung jedenfalls wird in der Regel zu wenig berücksichtigt, weil unter Inwertsetzung fast immer nur ökonomische Entwicklung, die Erkundung, Erschließung und Hebung regionaler Ressourcen und deren Verkauf auf dem nationalen oder Weltmarkt verstanden wird, nicht aber die Formverwandlung der Produktionsweise, vor allem die Herausbildung des Lohnarbeitsverhältnisses mit den entsprechenden sozialen Instititutionen. Bertha Becker hat in einem paradigmatisch-programmatischen Artikel als Desiderat der zukünftigen Amazonien-Forschung gerade die Berücksichtigung der aus der sozialen Verwandlung der Arbeitskraft in Ware resultierenden Problemlagen, z.B. die Rolle der urbanen Zentren an der »fronteira« aufgestellt (Becker 1984). Octavio Ianni (1981) interpretiert den Prozeß der Inwertsetzung als »Proletarisierung« (Ianni 1981, S. 140ff). Allerdings ist es fraglich, ob dieser Prozeß in Analogie zur »ursprünglichen Akkumulation«, wie sie in den heute entwickelten Industriegesellschaften im vergangenen Jahrhundert stattgefunden hatte, angemessen verstanden werden kann.

⁹ Osvaldo Melo verwendet diesen Ausdruck zur Bezeichnung der Erzprovinz von Carajás (vgl. O Liberal 13.9.81) Marschall M. Poppe de Figuereido (1970, S. 103) nennt – einen US-amerikanischen Gewährsmann zitierend – die Companhia Vale do Rio Doce, die staatliche Gesellschaft, die das Erz »verwertet«, ebenfalls ein »Gottes-

geschenk« (»A CVRD é um presente de Deus para voces brasileiros«). Also sind Gottesgeschenke nicht nur die stofflichen Reichtümer im territorialen Raum, sondern die Agenten ihrer Verwertung im ökonomischen Funktionsraum ebenfalls. Die Konfusion ist erheblich, aber nicht zufällig.

[10] Vgl. dazu die radikal-neoliberale Darstellung der Vermarktungsstrategien der Umwelt zur Behebung von Umweltproblemen bei Lepage 1981, S. 168ff. Tatsächlich erwägt er ernsthaft positive Umweltfolgen für den Fall, daß »das Meer persönliches Eigentum eines Individuums wäre« (Lepage 1981, S. 170) ebenso wie den Verkauf der Straßen durch den Staat an Private. Diese Ideen sind nicht auf Lepages sondern US-amerikanischer Anarcho-Liberaler Dung gewachsen.

[11] Sogar bis zum absurden Punkt, an dem nun Ökonomie aufhört als bewußtes Kalkül noch Sinn zu machen. Und trotzdem: Gary Becker hat eine politische Ökonomie des Suizids schreiben müssen.

[12] Die Vorstellung ist freilich paradox. Die Heilung alter und die Verhinderung neuer Beeinträchtigungen, Verletzungen und Zerstörungen der Umwelt werden gerade von der Freisetzung desjenigen Mechanismus erwartet, der erst zur katastrophalen Lage, in der sich weite Bereiche der Natur befinden, beigetragen hat. Ähnlich wie in der Heilkunde soll durch den ökonomischen Sachverstand ein Gift in Medizin verwandelt werden. Die Frage allerdings ist, ob die Krankheit richtig diagnostiziert, der Patient bekannt und das Heilmittel wirklich ausgetestet ist. Der Versuch ist wohl untauglich, den Widerspruch zwischen territorialem Raum und dessen ökologischen Funktionsbedingungen und ökonomischem Funktionsraum auflösen zu wollen, indem beide auf die Dimensionen des letzteren gebracht werden.

[13] Meade beispielsweise beschreibt die Kuppelproduktion von Honig und Äpfeln.Die Bienen liefern dem Imker Honig, dem Apfelbauern aber die Bestäubung der Blüten. Umgekehrt liefern die Apfelbäume dem Imker Nektar und dem Bauern Äpfel. Pigou läßt sich über die Wohltaten von Laternen an privaten Gebäuden aus, die die öffentlichen Straßen mitbeleuchten. Auf der anderen Seite hat ein Buch, wie jenes von K. William Kapp (1958) jahrzehntelang ein Randdasein geführt, ganz abgesehen von der Ignoranz gegenüber den sozialkritischen Beschreibungen und Analysen der Effekte kapitalistischer Produktion auf die Lebensumwelt der Arbeiterklasse. Unter diesem Aspekt vgl. beispielsweise Engels »Lage der arbeitenden Klasse in England (MEW2, S.229ff).

[14] In diesem Kontext wäre sinnvollerweise zwischen Kenntnis-, Fühlbarkeits- und Kontrollgrenzen bei externen Effekten unterschieden worden, um Reaktionen auf externe Effekte besser klassifizieren zu können. Vgl. Altvater 1969, S. 41ff. Freilich sind diese von der gesellschaftlichen und politischen Artikulations- und Durchsetzungsfähigkeit derjenigen abhängig, die von negativen externen Effekten betroffen sind, um ihnen einen Riegel vorzuschieben.

[15] Marx beschreibt den Produktionsprozeß des Baumwollspinnens folgendermaßen: »Nimm an, beim Verspinnen der Baumwolle fielen täglich auf 115 Pfund 15 Pfund ab, die kein Garn, sondern nur devil's dust bilden. Dennoch, wenn dieser Abfall von 15 Pfund normal, von der Durchschnittsverarbeitung der Baumwolle unzertrennlich ist, geht der Wert der 15 Pfund Baumwolle, die kein Element des Ganrs, ganz ebensosehr in den Garnwert ein, wie der Wert der 100 Pfund, die seine Substanz bilden . . .« (MEW Bd. 23, S. 219f) Beschrieben wird hier Kuppelproduktion, bei der nur ein Produkt Gebrauchswert für andere, also Ware und Wert ist, das andere Produkt hingegen (Baumwollstaub) als externer Effekt die Gesundheit der Baumwollarbeiter beeinträchtigt. Wichtig hierbei ist insbesondere die von Marx gemachte Unterscheidung zwischen stofflich-energetischen und wertmäßigen Transformationen, die in der Ökonomie lange Zeit vergessen worden ist.

[16] Engels hat in seiner Schrift »Dialektik der Natur« (Abschnitt: Anteil der Arbeit an der Menschwerdung des Affen, zuerst 1896 veröffentlicht) ausgeführt, daß sich die Natur »für jeden menschlichen Sieg« über sie rächt. »Jeder hat in erster Linie zwar die Folgen, auf die wir gerechnet, aber in zweiter und dritter Linie hat er andre, unvorhergesehene Wirkungen, die nur zu oft jene ersten Folgen wieder aufheben. Die Leute, die in Mesopotamien, Griechenland, Kleinasien und anderswo die Wälder ausrotteten, um urbares Land zu gewinnen, träumten nicht, daß sie damit den Grund zur jetzigen Verödung jener Länder legten, indem sie ihnen mit den Wäldern die Ansammlungszentren und Behälter der Feuchtigkeit enzogen. Die Italiener der Alpen, als sie die am Nordabhang des Gebirgs so sorgsam gehegten Tannenwälder am Südabhang vernutzten, ahnten nicht, daß sie damit der Sennwirtschaft auf ihrem Gebiet die Wurzel abgruben; sie ahnten noch weniger, daß sie dadurch ihren Bergquellen für den größten Teil des Jahres das Wasser entzogen, damit diese zur Regenzeit um so wütendere Flutströme über die Ebene ergießen könnten...«(MEW 20, S. 452f) Beispiele für externe Effekte aufgrund physischer Transformationen bei ökonomischen Aktivitäten, die für den gesellschaftlichen Reproduktionsprozeß auch ökonomisch Bedeutung erlangen, die längst vor der modernen ökologischen Krise eingetreten sind. Hier wird jedenfalls gezeigt, daß ökonomisches Handeln weder in der Dimension des Raums noch in der Dimension der Zeit die eigenen Folgen voll abzuschätzen vermag. Die ökonomische Rationalität erweist sich also als außerordentlich begrenzt, und nicht erst in der kapitalistischen Produktionsweise.

[17] Dem korrespondiert die von A.C. Pigou vorgeschlagene Unterscheidung zwischen dem privaten und dem sozialen Nettoprodukt: Das soziale Grenznettoprodukt ist danach »das Gesamtnettoprodukt physischer Dinge oder objektiver Dienste, das dem marginalen Zuwachs von Ressourcen in irgendeiner Verwendung oder an irgendeinem Orte zuzuschreiben ist, wobei es gleichgültig ist, wem irgendein Teil dieses Produkts zuwächst.« Als privates Nettogrenzprodukt wird demgegenüber »derjenige Teil des Gesamtnettoprodukts physischer Dinge oder objektiver Dienste (definiert), der dem marginalen Zuwachs von Ressourcen in irgendeiner Verwendung oder an irgendeinem Orte zuzuschreiben und direkt im ersten Durchgang – d.h. vor Verkaufsakten – derjenigen Person zukommt, die für die entsprechenden Investitionen verantwortlich ist.« (Pigou 1960, S. 134f.). Siebert (1979, S.7) folgt in dem von ihm herausgegebenen Sammelband »Umwelt und wirtschaftliche Entwicklung« dem Pigou'schen Ansatz der Diskrepanz von einzel- und gesamtwirtschaftlichen Kosten. Das Problem der Nicht-Identität von ökologischer und ökonomischer Logik wird dadurch zu einem Allokationsproblem.

[18] Diese ist ja von Land zu Land selbst in Europa höchst unterschiedlich: Die Vergötzung des Waldes in der deutschen Romantik; der Wald als Mythos (wie in Skandinavien); über »das Waldsterben« macht man sich in Frankreich lustig. Dante beginnt den ersten Gesang der »göttlichen Komödie« mit einem Angst machenden Walderlebnis: »Nel mezzo del cammin di nostra vita/ mi ritrovai per una selva oscura,/ chè la diritta via era smarrita./ E quanto a dir qual era è cosa dura/ esta selva selvaggia e aspra e forte/ che nel pensier rinnova la paura!/ Tant' è amara, che poco è più morte;/ ...« Leonid Leonow hat dem »russischen Wald« einen großen Roman gewidmet.

[19] Energie und Stoff werden aus einer Form, über die wir verfügen, in eine andere Form, die wir brauchen, überführt(Lebre la Rovere/Pinguelli Rosa/Pires Rodrigues 1984, S. 16f). Georgescu-Roegen (1971, S. 277) erwähnt die Unterscheidung zwischen der Wärme des Ozeans und derjenigen in den Heizkesseln des Schiffes; obwohl die erstere Wärmemenge im Vergleich zur letzteren ungleich größer ist, »können wir die letztere nutzen, die erstere hingegen nicht.« Übrigens hat Marx diesen Gedanken in seiner Analyse des Arbeitsprozesses in wünschenswerter Klarheit formuliert: »Der

Mensch kann in seiner Produktion nur verfahren, wie die Natur selbst, d.h. nur die Formen der Stoffe ändern« (MEW Bd. 23, S. 57). Marx zitiert in diesem Kontext Pietro Verri, der 1771 ebenfalls Überlegungen in diese Richtung anstellte. Bei der Analyse des Produktionsprozesses ist die Doppelseitigkeit ökonomischer Tätigkeit als Verwertungshandeln und Stoff- und Energietransformation theoretischer Springpunkt. Besonders wichtig ist dabei, daß der Arbeiter »zugleich seine eigne Natur (verändert)«, indem er auf die Natur außer ihm wirkt und sie verändert» (MEW Bd. 23, S. 192). Die Natur ist also nicht nur dem Menschen instrumentell nutzbares System, sondern er ist selbst Element der Natur, das durch Aktivitäten (instrumentelle Arbeit und soziale Interaktion) verändert wird. Auch aus diesem Grunde ist Immlers (1984) Unterstellung, die «Arbeitswertlehre» ginge von der Unveränderbarkeit der Natur aus, nicht stichhaltig.

[20] Obendrein ist in Rechnung zu stellen, daß Entropiesteigerung, wie von Weizsäcker (1974) ausführt, nicht in einer konturlosen Masse von dissipierter Energie resultiert, sondern eher in kristallinen, geordneten Gebilden. Das Entropiegesetz wird in der Regel am Beispiel zweier getrennt in zwei Gefäßen gehaltener Gase dargestellt, die durch Aufhebung der Trennung (Öffnung eines Ventils) gemischt werden. Folge ist die Diffusion der Gase, also eine Aufhebung der in der Trennung (im Unterschied) bestehenden Ordnung und dies genau ist Entropiesteigerung (Faber/Niemes/Stephan 1983, S. 77ff). Prigogine/Stengers fügen hinzu: »Energieumwandlung ist nichts anderes als die Zerstörung eines Unterschieds und die Erzeugung eines anderen Unterschieds. Die Macht der Natur bleibt in den Äquivalenzen verborgen« (Prigogine/Stengers 1986, S. 119). Das Beispiel wird uns noch bei Darstellung von Extraktionsprozessen beschäftigen: Extraktion von Erz aus einer Mine ist ja die Rückgängigmachung von Diffusion in einem Teilsystem, freilich um den Preis von Energiezufuhr von außen.

[21] Zwischen Komplexität und Diversität eines Systems besteht ein Unterschied; Die Komplexität hängt mit der Zahl und der Verflechtungsstruktur von Untersystemen zusammen, die Diversität bezeichnet den Grad an selbständigen Reaktionsmöglichkeiten eines Untersystems auf externe Schocks innerhalb des Systems.

[22] Die Grundlagen des Ökosystems »Amazonasniederung« faßt Sioli wie folgt zusammen: »die allgemeine Nährstoffarmut, die den allergrößten Teil des gesamten Gebietes kennzeichnet; – der geschlossene Nährstoffkreislauf (die ständige Rezyklierung der Nährstoffe) durch die Organismen des Ökosystems der amazonischen Hyläa, der dasselbe von der Nährstoffarmut des Substrates unabhängig macht; – die extrem hohe Artendiversität, welche eine optimale Nutzung der begrenzten Menge der zirkulierenden Nährstoffe durch die amazonische Biota gewährleistet; – die regionale Rezyklierung auch eines hohen Prozentsatzes des Regenwassers, durch die der Wald nicht auf den meist sehr tiefen und daher für die Wurzeln der Waldbäume unerreichbaren Grundwasserspiegels angewiesen ist und somit eine Versteppung verhindert wird, die sonst, bei der makroklimatisch bedingten größeren Jahreszeitlichkeit der Regen, eintreten würde . . .« (Sioli 1983, S. 55ff)

[23] Daher ist die vitalistische Entgegnung auf die thermodynamischen Sätze – »wie kann man das Leben verstehen, wenn die ganze Welt von einem Gesetz wie dem zweiten Hauptsatz der Thermodynamik regiert wird, der in Richtung Tod und Vernichtung deutet?« (Brillouin, zit. nach Goldsmith 1985, S. 150) – ungerechtfertigt. Sie behauptet nur etwas nicht zu Leugnendes: daß nämlich alle lebendigen Organismen offene Systeme sind, deren Funktionsweise und Entwicklungsdynamik natürlich nicht – nur – thermodynamisch gedeutet werden können.

[24] So auch Bunker (1985, S. 33): »Although all conversions of matter and energy heighten entropy, this rate is also highly variable. Human intervention in the conversion of energy and matter accelerates entropy, but it may also direct or embody energy and matter in forms which are both more durable and more useful. Genetic manipulation of plants, the storage of food products, or the treatment of wood are possible examples. At a more abstract level, human memory and learning, and thus social organization, also involve the partial conserving of experiences which required the consumption of energy but which may make future uses of energy and matter more humanly efficient...«

[25] In der Einleitung ist bereits das Fiasko der monokulturellen Gummiplantage von Belterra (Fordlândia) dargestellt worden, das hier als Beispiel für die These dienen könnte.

[26] Dies hat offensichtlich auch Adams im Sinne: »In menschlichen Organisationen jedenfalls erlaubt die Kultur, ja sie zwingt gar dazu, die Bedeutungsinhalte von Organisationen zu reformulieren, neue Aufgaben für sie zu suchen und neue zu erfinden. Diese neuen und veränderten Organisationen ... sind so ausgelegt, daß sie sich an speziell wahrgenommene Problemlagen anpassen und viele dieser perzipierten Problemlagen beziehen sich auf ernsthafte Aufgaben der Energieeinsparung...« (Adams 1975, S. 119)

[27] Marx hat im dritten Band des Kapital (MEW Bd. 25, S. 87-114) die Möglichkeiten der »Ökonomie in der Anwendung des konstanten Kapitals« beschrieben und dabei gerade die Versuche zur Einsparung beim Rohstoffverbrauch und zum Recycling von Abfällen beschrieben. Die in diesen Versuchen zum Ausdruck kommende »systemische Intelligenz« verdankt sich ganz und gar dem kapitalistischen Motiv der »Ökonomie des konstanten Kapitals«, um auf diese Weise die Profitrate zu steigern. Die ökologischen Marktwirtschaftler von heute würden – dem zustimmend – schlußfolgern, daß per Anreizsysteme hier (selbst)steuernd angesetzt werden könnte und sollte. Jedoch sind nicht die mikroökonomisch rentablen Recycling-Prozesse der Kern der Problematik, sondern die gesellschaftlich und makroökonomisch sich manifestierenden Destruktionsprozesse der äußeren und und inneren Natur des Menschen, deren Vermeidung gerade die Rentabilität senken würde und mithin das mikrorationale Entscheidungskalkül wirkungslos machen würde.

[28] Dies ist ganz wichtig nicht nur bei Stoff- und Energiebilanzen. Wenn die Material- und Energieinputs und -outputs mit Preisen bewertet werden, weisen die Bilanzen auch Rentabilitäten aus. Die Preise freilich werden im ökonomischen Funktionsraum des Weltmarkts gebildet, so daß die Weltmarktbewegung des Kapitals unmittelbar auf die »Ressourcenökonomie« durchschlägt. Der Weltmarkt befindet sich in der Region, wie im vorangegangenen Kapitel ausgeführt. Dies hat sich in den 70er und 80er Jahren vor allem bei der erratischen Preisbewegung des Erdöls, aber auch bei anderen Rohstoffen gezeigt. Aufgrund dieses Zusammenhangs mutet die Vorstellung naiv an, mit der Auspreisung von Ressourcen deren nicht nur ökonomisch sondern auch ökologisch rationale Verwendung zu stimulieren. Auch Schattenpreise befinden sich im Schatten des Weltmarkts.

[29] Oder: »Das Umweltproblem existiert, weil die Umwelt für konkurrierende Verwendungen genutzt werden kann...«(Siebert 1979, S. 1).

[30] Ein Beleg für viele: »Gegenstand der Wirtschaftswissenschaft ist jener Ausschnitt menschlichen Handelns, der in Verfügungen über knappe Mittel zur Erfüllung menschlicher, aus Bedürfnissen und Wünschen resultierender Zwecke besteht« (Schneider 1958, S. 1)

[31] Knappheit ist die Grundlage für soziale Herrschaft, betont neben Trotzkij auch Adams (1975, S. 147).

³² Dazu Lucio Flavio Pinto (O Liberal, 28.11.85): »Deprimiert schrieb der Dichter Carlos Drummond de Andrade, daß vom alten Itabira (Erzmine in Minas Gerais – E.A.)nicht mehr bleibt als ein Foto an der Wand. Er sprach für alle Einwohner von Itabira, die die Berge von Eisen verschwinden sahen, ohne daß zu ihnen und ihren Kindern mit der Erzförderung der Fortschritt gekommen wäre. Das Eisenerz von Itabira geht nun zur Neige und mit ihm die Hoffnungen aus besseren Tagen. Auf dem Grund der nun erschöpften Mine bleibt kaum ein Krümelchen, das die Enttäuschung kompensieren könnte. – Aureliano Chaves, heute der Minister für Energie und Minen und ein Landsmann von Drummond aus Minas Gerais, wenn auch nicht aus Itabira und sicherlich nicht mit der gleichen Sensibilität ausgestattet, garantiert, daß die Companhia Vale do Rio Doce in Carajás nicht das wiederholt, was sie in Itabira angestellt hat...Wenn in Itabira Carlos Drummond de Andrade Anlaß für ein Gedicht fand, dann müßte man in Amazonien schon eine Epopöe schreiben.«

³³ Man könnte auch sagen, daß im Zuge des Extraktionsprozesses von Erzen eine neue Ordnung der Ungleichverteilung hergestellt wird, die – gemäß der anthropozentrischen Argumentation – sich dadurch von der ursprünglichen Ordnung der Ungleichverteilung unterscheidet, daß die darin enthaltenen Konzentrationen von Stoffen für Menschen nicht nützlich (wie eine Erzlagerstätte) sondern schädlich (wie eine Industriemülldeponie) sind. Faber/ Niemes/Stephan diskutieren den Fall, daß im Zuge der Extraktion von Ressourcenlagerstätten auf jeder Stufe die Ressource in höherer Konzentration zur Verfügung steht und zugleich die dabei abfallenden Stoffe kontrolliert deponiert werden. Es kann der Zeitpunkt, so ihre Argumentation, eintreten, an dem auch die Nutzung der Deponie ökonomisch sinnvoll ist, sofern im Abraum noch eine Mindestkonzentration eines bestimmten Materials vorhanden ist (Faber/ Niemes/ Stephan 1983, S, 112f).

³⁴ Es wird hier von der strengen neoklassischen Formulierung des Gleichgewichts abgesehen, in dem die Gewinne auf Null reduziert sind. Positive Gewinne (über die Entlohnung des Faktors Kapital hinaus) würden gerade ein Ungleichgewicht signalisieren und Investoren veranlassen, in dem entsprechenden Sektor zu investieren, bis die »windfall-profits« verschwunden sind. In diesem (Gleichgewichts)fall wird gerade von Zeit (Anpassungsgeschwindigkeit unendlich groß) und Raum (Faktormobilität unendlich groß) und Information (vollständig) abstrahiert, also von der stofflichen und energetischen Seite der Produktion, die hier gerade interessiert. Vgl. dazu auch die Kritik von Georgescu-Roegen 1971, S. 245.

³⁵ »Daß ein halber Arbeitstag nötig, um ihn während 24 Stunden am Leben zu erhalten, hindert den Arbeiter keineswegs, einen ganzen Tag zu arbeiten..., so ist der Verwertungsprozeß nichts als ein über einen gewissen Punkt hinaus verlängerter Wertbildungsprozeß...Vergleichen wir...den Wertbildungsprozeß mit dem Arbeitsprozeß, so besteht der letzte in der nützlichen Arbeit, die Gebrauchswerte produziert. Die Bewegung wird hier qualitativ betrachtet, in ihrer besonderen Art und Weise, nach Zweck und Inhalt. Derselbe Arbeitsprozeß stellt sich im Wertbildungsprozeß nur von seiner quantitativen Seite dar. Es handelt sich nur noch um die Zeit, welche die Arbeit zu ihrer Operation braucht, oder um die Dauer, während deren die Arbeitskraft nützlich verausgabt wird...«(MEW Bd. 23, S. 208f.)

³⁶ Leistungsverdichtung (Arbeitsintensivierung) ist daher eine Unternehmensstrategie von Anbeginn des Kapitalismus an, auch wenn sie erst mit der »wissenschaftlichen« Arbeitsanalyse und Arbeitsorganisation W. Taylors alle Arbeiten, körperliche und geistige (wie Sohn-Rethel feststellt) erfaßt. (Auf Taylorismus und Fordismus sind wir beiläufig im ersten Kapitel zu sprechen gekommen.) Sie ist aber auch im Nicht-Arbeitsleben wirksam, im Leistungssport beispielsweise, dessen Rekorde ja nichts anderes als Resultate einer kunstvoll und deformierend herbeigeführte Leistungsver-

dichtung durch Optimierung des Produkts von Kraft und Geschwindigkeit sind.
[37] Adams (1975) verweist ebenfalls auf diese Unterscheidung zwischen qualitativen Energieflüssen und monetärer Quantifizierung. Allerdings sieht er nicht, daß dies eine formspezifische Transformation in kapitalistischen Gesellschaften ist. Vielmehr kritisiert er die Quantifizierung als ungeeignet, um Energieflüsse wirklich zu messen, um die darin transformierten Gebrauchswerte transkulturell und intertemporal bestimmen zu können: »Offensichtlich kann der Gebrauch solcher (Input-Output-Analysen – E.A.) durchaus groß sein; doch kann es auch kaum geleugnet werden, daß ernsthafte Probleme auftauchen, wenn man sie von einer Gesellschaft in eine andere, oder – grundsätzlicher – wenn man sie von einem Bewußtsein in ein anderes überträgt. Solche Input-Output-Analysen sind nur schwer in historischen und evolutionären Vergleichen zu benutzen . . .« (Adams 1975, S. 112). Die Argumentation liegt auf der gleichen Ebene wie die Auseinandersetzungen um »qualitatives« Wachstum, bzw. um die Wahl geeigneter qualitativer Wohlfahrtsindikatoren in Ergänzung oder in Substitution der quantitativen Wachstumsraten. Auch wird nicht erkannt, daß die Quantifizierung selbst eine formspezifische Leistung der Gesellschaft ist, worauf insbesondere Alfred Sohn-Rethel (1970) verwiesen hat.
[38] Wenn von Lohnarbeit die Rede ist, dann nicht vom isolierten Lohnarbeiter, der seine Arbeitskraft im Betrieb äußert, sondern vom System der Lohnarbeit. Und dieses umfaßt auch die Reproduktionsarbeit der Frauen und den informellen Sektor. Allerdings würde es den Rahmen dieser Arbeit sprengen, auf die Konsequenzen einzugehen, die eine Energiefluß- und -Aneignungsanalyse zeitigen würde, wenn die Formspezifik dieser Arbeiten berücksichtigt würde.
[39] Bunker schreibt: »Productive economies are all . . . only the molecular, structural, and spatial reorganization of matter and energy extracted from nature« (Bunker 1985, S. 32). Dies ist aber nur die eine Seite des Prozesses, die andere besteht gerade darin, daß Extraktion und »Reorganisation« von Materie und Energie zugleich die Produktion der Natur ist. Sonst nämlich wird die Aussage banal, da jedes Lebewesen schließlich aus der Natur Energie und Stoffe herauszieht, sich selbst verändert und damit auch das natürliche Am iente gestaltet.
[40] Bunker allerdings meint, ausgehend von seiner These von der wertbildenden Kraft der Natur, daß im Fall extraktiver Ökonomien eher »value from nature« denn »value from labor« exportiert würden: »Economies like the Amazon's, based primarily on the extraction of value from nature, engender very different patterns of location, residence, accumulation, and environmental effects than do economies based on the appropriation of value from labor. Development theories based on Euro-American economic models therefore cannot work for them . . .« (Bunker 1985, S. 12)
[41] Mit ihnen die Menschen, die darin ihr Leben organisierten. Ethnologen haben dafür den Begriff des Ethnozyds geprägt; Vgl. zur Dezimierung der amazonensischen Indigena Monteiro 1983, S. 172, der angibt, daß die Zahl der Indios von einer Million auf 50.000, die ethnischen Gruppen von 230 auf 143 reduziert worden sind.

Anmerkungen zum vierten Kapitel

[1] Dafür spricht schon, daß der Begriff in der Schlußbetrachtung im erwähnten Aufsatz in Anführungzeichen gesetzt wird.
[2] Wieder . . ., denn auch bei Müller 1984, S. 101ff, 151ff beispielsweise finden sich ähnliche Konnotationen: Mit der Einbeziehung des Amazonasraums ins »Wirtschafts-

geschehen des Landes« war »in erster Linie gemeint, das Gebiet verkehrsmäßig zu erschließen, stärker zu besiedeln, landwirtschaftlich zu nutzen und im Hinblick auf fast sicher vorhandene mineralische Rohstoffe zu erforschen. Außerdem sollten auch die Möglichkeiten der Anlage von Industrien in Städten oder stadtnahen Gebieten oder im Zusammenhang mit dem Abbau von Bergbauprodukten studiert werden...«(S. 101)

[3] Der Begriff der »mise-en-valeur« und der »Inwertsetzung« drücken dies korrekt aus, besser jedenfalls als der angelsächsische und romanische Begriff der »Valorisation«, der gleichermaßen sowohl den Prozeß der Inwertsetzung als auch den Prozeß der Verwertung umschreibt. Der Begriff impliziert jedenfalls ein Subjekt und ein Objekt im Prozeß der Inwertsetzung. Armando Dias Mendes (1976, S. 65) merkt an, daß der Begriff der »valorisação« zuerst 1906 von den Kaffeeexporteuren des zentralen Südens verwendet wurde. Sie beschlossen auf einer Konferenz (in Taubaté, São Paulo) gemeinsames Verhalten auf den internationalen Kaffeemärkten, um den Preis des Produkts zu halten. Inwertsetzung bezog sich also nach seiner Interpretation zunächst auf die Vermarktungsstrategie eines Produkts. Erst in den 40er Jahren wurde der Begriff auch auf die Entwicklungsstrategie einer Region ausgeweitet. Armando Mendes meint im übrigen, daß der Begriff der »valorisação« einer der wenigen sei, die aus dem Portugiesischen in andere Weltsprachen übernommen worden seien. Ihm entgeht dabei allerdings die Konnotation des Begriffs mit dem Marxschen werttheoretischen Diskurs, durch den vor allem dem Begriff der »valorisação« Gehalt zukommt.

[4] Hier spielt erneut der doppelte Charakter von Verwertung und Inwertsetzung eine entscheidende Rolle, nun aber nicht im Sinne der Verdoppelung des Prozesses in Ökonomie und Politik, sondern unter dem Aspekt von stofflicher und wertmäßiger Struktur der Entwicklung. Inwertsetzung im strengen Sinne bezieht sich in erster Linie auf die Integration der Region in den (globalen) Wertekreislauf. Allerdings hat der Prozeß der Verwertung eine stoffliche Grundlage, die sich auch als stoffliche input-output-Matrix schreiben ließe: Für bestimmte Produktionsprozesse sind bestimmte Rohstoffinputs bei gegebener Technologie unverzichtbar, so daß die Staaten sich auch sicherheitspolitisch um die Sicherung von Rohstoffversorgung kümmern, um gleichzeitig den Prozeß der Verwertung der Rohstoffe im mikroökonomischen profitorientierten Verwertungsprozeß privaten Kapitalen zu überlassen. Da ja schon die Extraktion in kapitalistischer Form erfolgt, ist es so betrachtet tatsächlich belanglos für den globalen Verwertungsprozeß, in den die »inwertgesetzte Region« integriert wird, ob der Extraktion in der Region selbst die Verarbeitung folgt oder woanders.

[5] Darauf weist auch Samuel Benchimol (1977, S. 454f) für die Region Amazonien hin; Entwicklung sei ein »Prozeß von globaler Natur..., der außer der quantitativen Steigerung der Produktion eine qualitative Dimension enthält.« Diese sind für Benchimol: Gleichverteilung der Einkommen, Erweiterung der gesellschaftlichen Arbeitsteilung, technologischer Fortschritt, bessere Nutzung der materiellen und humanen Faktoren und eine Vervollkommnung der politisch-institutionellen Bedingungen. Benchimol bezeichnet es als »großes Drama der gegenwärtig unterentwickelten Völker«, daß sie einerseits Raum, Zeit und damit die Logik des eigenen Lebenszusammenhangs nicht aufzugeben bereit seien, andererseits aber die »Früchte« der Entwicklung genießen wollen. Er stellt schlicht die Berechtigung eines regional definierten Regimes von Zeit und Raum – unter dem Blickwinkel der »Modernisierung« in Abrede. »Sie wollen die Früchte der Entwicklung genießen, nicht aber deren Lasten übernehmen« (Benchimol 1977, S. 454). Diese Aussagen können auch als Beispiel für die Übernahme von Denkmustern aus bereits entwickelten Gesellschaften von Intellektuellen in der Region selbst – Benchimol lebt und lehrt in Manáus – genommen werden.

[6] Allerdings bezieht Bunker nicht explizit die informationellen Beziehungen in sein »ecological model of uneven development« (Bunker 1985, S. 49) ein. Für Adams ist politische Macht gleichbedeutend mit der Kontrolle über Energieflüsse.

[7] Zum Beispiel ist in der Regel das Tempo des technischen Fortschritts in der entwikkelteren Region höher als in der wenig entwickelten. Auch die Bedingungen seiner Anwendung (Qualifikationsstruktur der Arbeitskraft; stoffliche Verflechtungsstruktur der Produktionsanlagen etc.) sind in der schon entwickelten Region besser. Die kapitalistische Entwicklung wird daher eher durch Ungleichzeitigkeit und Ungleichmäßigkeit charakterisiert als durch eine Tendenz zur Homogenisierung. Diese Struktur der Entwicklung ist im übrigen als Argument zur Begründung der »langen Wellen« in der Weltwirtschaft benutzt worden, allerdings zunächst nur im Verhältnis von England und Deutschland bis zur Weltwirtschaftskrise der 30er Jahren (Vgl. Thomas Kuczynski 1985, S. 117ff).

[8] Auch wenn sie sie unterschiedlich begründen und exemplifizieren, ist dies doch die gemeinsame These von Moran 1981 und Bunker 1985.

[9] Dazu vgl. die Analyse von Bunker 1985, S. 104ff, der in dieser Konfrontation zwischen regionalen Politikformen und von außen implantierten eine der wichtigsten Ursachen für Ineffizienz und Korruption sieht. Ähnlich argumentiert auch Pompermayer 1984.

[10] Caio Prado Junior bemerkt in seiner Wirtschaftsgeschichte Brasiliens, daß das Drama des Kautschuks eher Gegenstand für große Literatur als für wirtschaftsgeschichtliche Analysen sein sollte (Prado Junior 1976, S. 241). Tatsächlich üben die noch heute sichtbaren, aber verfallenden Spuren des ungeheuren Reichtums aus den Kautschukexporten eine Faszination aus: Das Teatro da Paz in Belem oder das Teatro Municipal in Manaus. Eine Art »Kulturgeschichte« des Kautschukbooms präsentiert Leandro Tocantins (1960, S. 185ff).

[11] In der Einleitung wurde schon erwähnt, daß Fordlândia von Henry Ford bei Belterra am unteren Tapajós im Jahre 1926 gegründet wird, um die Kautschukversorgung des Konzerns von den holländischen und englischen Plantagen in Südostasien unabhängig zu machen. Doch im Jahre 1944 meldet die Cia de Plantaçoes Ford Konkurs an. Gegen einen symbolischen Preis von 5000 Contos übernimmt der brasilianische Staat die Einrichtungen der Plantage (de Oliveira 1983, S. 248: Moran 1981, S. 70ff.).

[12] Entlang der Eisenbahnlinie Belém – Bragança, deren Bau 1883 begonnen und die 1908 fertiggestellt wurde, entwickelten sich die ersten Siedlungsprojekte. Doch »trotz all der Anstrengungen der durch die Regierung geschaffenen Kolonien florierten diese nicht und die Mehrheit der Siedler verließ wieder das Gebiet« (Sioli 1975, S. 33). Der Grund waren nicht administrative Fehler sondern die Erkenntnis, daß die Fruchtbarkeit der Böden für Dauerkulturen und daher für Dauersiedlungen zu gering ist. Erst 1915 kamen nach einer langjährigen Dürreperiode im Nordosten etwa 30.000 Cearenser in die Zona Bragantina. Sie zerstörten mit Brandrodungen den Wald, um Pflanzungen anzulegen. In weniger als 50 Jahren ist in dieser Region eine »Geisterlandschaft« (Sioli 1975, S. 35) entstanden. In den 40er Jahren besiedelten dann japanische Kolonisten das Gebiet, die vor allem Jute und Pfeffer (Pimenta do Reino) und Gemüse anbauten – und dabei sehr erfolgreich waren. Sioli schlußfolgert, daß es Möglichkeiten der Kolonisierung und Inwertsetzung gebe, die die Produktivität des Ökosystems tropischer Feuchtwald nicht zerstören. Die Voraussetzung dafür jedoch sei ein tiefes Verständnis für die Funktionsmodi des Ökosystems (Sioli 1975, S. 37).

[13] Auch Cardoso/Müller (1978, S. 31ff) ziehen eine eher negative Bilanz: Erstens wird durch die Kautschukwirtschaft das System des »aviamento« als wichtige Produktionsweise gefördert und mit ihm eine prä-industriekapitalistische Produktionsweise. Dieses System beruht darauf, daß der Aufkäufer des Kautschuks den Sammlern Geld

vorschießt und Lebensmittel liefert, und zwar zu Preisen, die die Abhängigkeit der Kautschuksammler nur steigert. Zweitens resultiert diese Entwicklung in einem megalomanischen Wachstum der urbanen Zentren, da sich keine Sub-Zentren entwickeln können, die ökonomisch auf der Vermarktung landwirtschaftlicher Produkte beruhen. Drittens, und dies ist die Begründung für die gerade angedeutete Entwicklungstendenz, wechselt die Arbeitskraft zwischen landwirtschaftlichen Aktivitäten und der Sammlung von Kautschuk. Eine strukturierte und sich entwickelnde Landwirtschaft hat sich unter diesen Bedingungen nicht herausbilden können.

[14] Bei einer aus technischen Gründen notwendig gewordenen Landung in der Serra dos Carajás wurde der Erzreichtum von einer Equipe im Auftrag der AMZA (joint venture zwischen United Steel und Companhia Vale do Rio Doce) unter Leitung des Geologen Augusto Breno dos Santos zufällig entdeckt. Er spricht daher mit Blick auf die mineralischen Lagerstätten in Amazonien von »Glück«, das die Geologen haben müssen, um fündig werden zu können. Die Geologie als Wissenschaft helfe dabei nur nach: »corriger la fortune«, damit die geologische Suche nach Mineralien nicht zur Lotterie werde (dos Santos 1981, S. 21)

[15] Vgl. die Kritik von Cota 1984, S. 112f; ähnlich die Position des PMDB, Gazeta Mercantil 17.8.81; Lucio Flavio Pinto in vielen Leitartikeln des »O Liberal«, z. B. am 30.4.1984, 25.11.85, zuletzt in seiner Recherche über das Imperium Ludwig (Pinto 1986); Beiträge auf dem Kongreß der SBPC 1981,1982, 1983; Darcy Ribeiro 1985, der Golberry aktive Hilfestellung beim Verkauf billigen Landes an den US-amerikanischen Milliardär Daniel Ludwig unterstellt (Ribeiro 1985, § 1927 etc.).

[16] In diesem Zusammenhang ist natürlich erwähnenswert, daß die amazonensischen Großprojekte mit den anderen großen Projekten während der 70er Jahre unter der Militärdiktatur geplant und in Gang gesetzt worden sind.

[17] Der auf päpstliche Vermittlung zustandegekommene Vertrag von Tordesillas zwischen Spanien und Portugal vom 7. Juni 1494 sprach Lateinamerika westlich des Meridians, der 370 Seemeilen westlich der Azoren, also etwa durch Belem, verläuft, den Spaniern und die Gebiete östlich davon Portugal zu. Demnach hätte fast das gesamte Amazonasbecken unter spanische Oberheit gehört. Tatsächlich vollzog sich die portugiesische Eroberung zunächst vor allem entlang der Atlantikküste, wo Küstenkapitaneien gebildet wurden. Erst später im 16. und 17. Jahrhundert wurde Amazonien quasi annektiert. Bedeutendes Stichdatum ist 1616, als die Portugiesen England endgültig aus Amazonien hinauswerfen und Belém gründen. Den Franzosen wurden Maranhão und Pará weggenommen, wo sie sich festzusetzen versucht hatten. Der Amazonas wurde zuerst durch Expeditionen erkundschaftet, aber ohne das riesige Territorium wirklich ins portugiesische Kolonialreich integrieren zu können. Im übrigen hatten die frühen Expeditionen ihren Ausgangspunkt in den andinen Zuflüssen und nicht an der atlantischen Mündung. Die Durchdringung und Eroberung erfolgte erst seit dem 17. Jahrhundert, und zwar durch »Bandeirantes«(Eroberer), »tropas de resgate« (Befreiungstruppen), »droguistas do sertão« (Aufkäufer von Pflanzen, Kräutern und anderen Produkten der Region). Während der Küstenregion den Portugiesen von Holländern und insbesondere Franzosen streitig gemacht wurde, war das Tiefland des Amazonas eher »Niemandsland« in der Auseinandersetzung zwischen den europäischen Nationen um die Aufteilung der Welt. Bemerkenswerterweise trug die Plantagenwirtschaft an der Küste (Zuckerrohr, Kaffee) zur Erschließung Amazoniens bei. Denn die Expeditionen entlang der Flüsse dienten vor allem der Versklavung der indigenen Bevölkerung, um sie auf den Plantagen als Arbeitskräfte zu vernutzen. Millionen Indianer gingen dabei zugrunde, aber das amazonensische Tiefland war nun von Portugal, später Brasilien okkupiert...

[18] Es gibt wenig Schriften über Amazonien in den 60er und 70er Jahren, die nicht ein

Kapitel den vielfältigen tatsächlichen und eingebildeten Versuchen widmen, mit denen Teile Amazoniens aus dem brasilianischen Staatsgebiet herausgeschnitten werden sollten. Vgl. Bandeira 1978, S. 86ff; Valverde/Reis de Freitas 1980. Die in den 60er Jahren gegründete Zeitschrift »A Amazônia Brasileira em Foco« war das wohl wichtigste Organ der Abwehr gegen die »cobiça internacional« (internationale Begierde). In einem »futurologischen« Ausblick auf das Jahr 2000 konstatiert Armando Mendes 1971 zwei Gefahren für Amazonien: die Gier der entwickelten Völker und die Verzweiflung der unterentwickelten Länder sowie die Manipulation der letzteren durch die Erstgenannten (Mendes 1971, S. 127)

[19] Moniz Bandeira hat eine Fülle von Material zusammengetragen, das die Versuche der USA schon im vorigen Jahrhundert belegt, das amazonische Tiefland »zu revolutionieren, zu republikanisieren, zu anglosaxonieren« (Bandeira zitiert eine Anweisung von Herndon vom 20.4.1850, Bandeira 1978, S. 88). Tatsächlich wurde vorgeschlagen, 20.000 Schwarze in Amazonien anzusiedeln, Teile des Amazonasbeckens herauszulösen und eine Republik Amazonien auszurufen. Das Vehikel dieser Politik sollte nicht zuletzt auch die verkehrsmäßige Erschließung zu Wasser und per Eisenbahn sein (Vgl. unten).

[20] Der General Peri Bevilaqua (1968) wendet sich heftig gegen die Pläne des Hudson-Instituts mit seinem Amazonien-Projekt, ebenso wie der Abgeordnete Chopin Tavares de Lima (1968) und insbesondere die Generäle Meira Mattos (1977) und Golbery Couto e Silva (1981). Climério do Nascimento wendet sich gegen die Pläne des Hudson-Instituts mit dem für die brasilianische Militärdiktatur kompromittierenden Argument, daß dieses für das Pentagon arbeite (Do Nascimento 1970, S. 13ff).

[21] Im Diario Oficial do Estado de Sao Paulo vom 22.8.1969 heißt es: »Der Direktor des primären und sekundären Bildungsweisen richtet im staatsbürgerlichen Geiste des Gesetzes No. 10.113-68 den Amazonientag ein, der jedes Jahr am 5. September begangen werden soll. Den Schulleitern wird empfohlen, daß die Feierlichkeiten über die patriotische Prägung hinaus, die sie charakterisieren soll, Mittelpunkt von schulischen Aktivitäten zum betreffenden Datum sein sollen.« Auf einer der Feiern beklagt der Abgeordnete Chopin Tavares de Lima, daß noch immer die Gefahr der »Internationalisierung« und Entfremdung des amazonensischen Tieflandes bestünde. Als Gründe werden, wie schon in den Jahrzehnten zuvor, die sehr dünne Besiedlungsdichte, die Unkontrollierbarkeit der Grenzen und die Ressourcenreichtümer genannt, auf die sich Ausländer mit geheimen Forschungsprojekten konzentrierten, mit Falschgeld würden riesige Ländereien aufgekauft und – der Hinweis darf nicht fehlen – das Hudson-Institut habe schließlich mit seinem Projekt, den Amazonas zu einem See von 200.000 qkm aufzustauen, beabsichtigt, die Amazonas-Region zum andinen und pazifischen Raum hin zu öffnen (Tavares de Lima 1968, S.7f), also aus dem brasilianischen Staatsgebiet herauszulösen. Die Hinweise auf den »territorialen Appetit« von Ausländern auf Teile Amazoniens sind bis heute geblieben. Sie werden aber auch als Argumente nach innen, gegen Landbesetzer beispielsweise benutzt. Im Zusammenhang mit der Agrarreform der »Neuen Republik« nach dem Ende der Militärherrschaft wird wieder die Besetzung von Land durch landlose Bauern als vom Ausland (mittels der katholischen Kirche) gesteuert denunziert: Land Brasiliens solle so im Interesse fremder Drahtzieher enteignet werden (Vgl. O Liberal vom 17.2.86). Die Verteidigung von Indianergebiet gegen den Expansionismus der Viehzüchter und Minengesellschaften in Roraima wird als Versuch von durch kirchliche Kreise Westeuropas gesteuerte Drahtzieher denunziert, brasilianisches Territorium in der Grenzregion an Venezuela abzutreten (Vgl. Jornal do Comercio (Manáus) vom 26.1.86). Die territoriale Bedrohung der Integrität Brasiliens ist ein ideologisches Stereotyp, das auch der Zementierung von Macht- und Eigentumsverhältnissen in der Gesellschaft dient.

[22] Dies ist freilich nichts Besonderes; auch die Standortplanung der Industriekomplexe Sibiriens in der Sowjetunion der 30er Jahre war wesentlich von geopolitischen Überlegungen bestimmt (Raupach 1964, S. 93ff).
[23] Besonders deutlich wird dies bei dem wichtigsten geopolitischen Ideologen des Militärregime, dem General Golbery. Von der Tatsache, daß Brasilien etwa die geometrische Form eines Dreiecks hat mit nach Süden gerichteter Spitze, leitete er die Richtung der geopolitischen Expansion ab. Allerdings bedeutete dies keineswegs eine Vernachlässigung der Nordgrenze, im Gegenteil. Paulo Schilling nennt diese Art von geopolitischer Begründung »Okkultismus«, »Fetischismus«, eine »Mythologie der Dreiecke« (Schilling 1981, S. 231).

Anmerkungen zum fünften Kapitel

[1] Davon zeugen die vielen Reiseberichte, die seit vier Jahrhunderten vorgelegt worden sind. Vgl. dazu auch die Beiträge im Katalog der Ausstellung »Mythen der Neuen Welt«, Berlin 1982
[2] Das Zitat ist nicht übersetzt, da im Original in deutscher Sprache. Auf dem Höhepunkt des Kautschukbooms konnte es sich der Staat Pará leisten, das Album polyglott auf Hochglanzpapier in Paris in deutscher, englischer und französischer – natürlich auch in portugiesischer – Sprache drucken zu lassen.
[3] Nettoimmigrationsraten in der Nordregion Brasilien:

	1950	1960	1970	1980
Brasilien	9.79	12.23	14,15	15,29
Nordregion	12,12	9.72	9,90	18,16
Rondônia	78,68	45,21	43,67	66,04
Acre	25,24	18,35	11,97	11,41
Amazonas	9,65	7,49	6,88	8,13
Roraima	76,42	20,62	20,36	30,33
Paráf	6,39	7,09	7,90	15,29f
Amapá	80,22	31,32	32,79	27,65

Quelle:« Anuário Estatístico 1984, S. 156.

Die Daten spiegeln die unterschiedlichen Erschließungsrhythmen der Region wider. Dazu vgl. Mougeot 1985, S. 51ff; Henriques 1986; Taschner/Bógus 1986. Unten werden wir bei der Analyse des Raums der Inwertsetzung auf die Frage der Migration zurückkommen.
[4] Taschner/Bógus (1986, S. 51) geben folgende Daten für den Zuwachs der urbanen Bevölkerung in den 60er und 70 Jahren an:

Zuwachs der urbanen und ruralen Bevölkerung in Brasilien insgesamt und in der Nordregion (in 1000)

	1960–1970				1970–1980			
	urbane		rurale		urbane		rurale	
	Bevölkerung				Bevölkerung			
	abs.	%	abs.	%	abs.	%	abs.	%
Brasil	20472,790,0		2260,810,0		28464,6107,5		–1996,0–7,5	
Norden	653,763,9		370,136,2		1410,261,9		866,838,1	

Quelle: IBGE, nach Taschner/Bógus 1986, S. 51, Tab. 5

[5] Der Mythos hat materielle Kraft. Die Siedler, die in den letzten Jahrzehnten nach Amazonien gekommen sind, vor allem aus Paraná, Santa Catarina, Rio Grande do Sul, Espírito Santo und Minas Gerais, haben einen »grundlegenden Antrieb:«...vor allem die Illusion, daß Amazonien das neue Eldorado des 20. Jahrhunderts sei» (Martins 1982, S. 43). *Ohne Mythos wäre Amazonien keine «Fronteira», keine Grenzprovinz.* Zumindest die Idee, daß die Mühe des Eroberns sich auszahlen wird, muß die Menschen beflügeln, sonst würden sie die Strapazen von Migration und Kolonisation nicht auf sich nehmen...Über die Herkunft der Migrationsflüsse nach Rondônia berichtet Henriques (1986). Interessanterweise kommen die Immigranten direkt aus den Bundesstaaten Mato Grosso, Minas Gerais, Espírito Santo und Paraná. Migranten aus dem Nordosten, aus São Paulo, Rio de Janeiro und anderen Staaten kommen zum größten Teil erst nach Rondônia, nachdem sie in den erstgenannten Staaten «Station» gemacht haben.

[6] »Wird freilich schlecht verändert, so sieht der davon betroffene Boden nur geschändet drein...Das kapitalistische Zeitalter hat die endlosen Straßen gesetzt, die Profithäuser, den ganzen so flüchtig hingemachten Spuk, daß es verwundern läßt, ihn am Morgen noch anzutreffen. Es sei denn als Fassade der Hölle, ausbleichend, ausdörrend, nicht auf guter Erde gebaut und zu ihr gehörend...« (Ernst Bloch 1973, S. 926).

[7] Im II. Entwicklungsplan für Amazonien von 1975-79 der SUDAM heißt es ebenfalls: »...die Bedeutung Amazoniens für die nationale Wirtschaft...ergibt sich daraus, daß die natürlichen Ressourcen dazu beitragen, einige Großprojekte der Bundesregierung zum Laufen zu bringen. Dies ist beispielsweise der Fall bei der Planung der Eisen- und Stahlindustrie, deren Realisierung mit wachsenden Exporten von Eisen kaum vorgestellt werden könnte, ohne die Erzvorkommen von Carajás in Rechnung zu stellen...« Die amazonische Wirtschaft wird also unter dem Aspekt der »Komplementarität mit der brasilianischen Ökonomie« bewertet (SUDAM 1976, S. 8f.).

[8] Die Angaben über die Regenwaldbestände sind ebenso unterschiedlich wie die Schätzungen über Ausmaß und Tempo der Abholzung. Vgl. die Daten bei Hadley/Lanly 1983, S. 2ff; Holz aktuell 1981, Nr. 3, S. 17f; Fearnside 1982, S. 579ff. Beispielsweise gibt die FAO Waldbestände in der Welt im Umfang von 4 Mrd ha an, von denen 1,2 Mrd ha als tropischer Regenwald identifiziert sind (Vgl. da Silveira Gasparetto 1985). Vgl auch die Analysen in Global 2000 (1981, S. 344ff; S. 671ff). Die Unterschiedlichkeit der Angaben liegt auch daran, daß es keine verbindliche und einheitliche Definition des tropischen Feuchtwaldes gibt. Die im Text angegebenen Zahlen der UNESCO sind jedenfalls Minimalwerte.

[9] Leider fehlt die Angabe des Jahres, für das die Werte gelten; angesichts des Tempos

von Holzschlag und Entwaldung durch Brandrodung sind daher die Daten mit Vorsicht zu interpretieren. Das IBDF hat für das Jahr 1983 eine Bestandsaufnahme der gerodeten Flächen in Teilen Amazoniens als umfangreiches Kartenwerk vorgelegt. Danach hat in einigen Regionen, vor allem im südlichen Pará und in Rondônia, die Vernichtung des tropischen Waldes außerordentliche Ausmaße angenommen.

[10] Die Auswirkungen der Entwaldung auf das globale Klima sind ungewiß, da das Klima von einer Fülle von Faktoren beeinflußt wird, unter denen die CO_2-Absorbtion durch die Wälder nur einer ist. Doch auch wenn quantitative Aussagen (noch) nicht möglich sind, ist es sicher, daß die Entwaldung Amazoniens »ein klimatisches und ökologisches Desaster« darstellt. So Elen Nutrim auf dem Weltkongreß der Metereologen, der im Februar 1986 in Belém stattfand. Vgl. O Liberal, 17.2.86, 18.2.86, 19.2.86. Marques/ Salati/ Absy/ Mozeto (1986, S. 61) zitieren die Thesen der Metereologischen Weltorganisation, nach denen durch die Verbrennung von Brennstoffen und die Entwaldung die CO_2-Menge in der Atmosphäre um 15% angestiegen ist. Daraus, so die Autoren, resultiert in diesem Jahrhundert noch keine merkliche Aufheizung der unteren Schichten der Atmossphäre, wohl aber ist dies für den Beginn des kommenden Jahrhunderts zu befürchten. Allerdings können durch urbane Agglomerationen (Erhöhung der CO_2-Emissionen) oder Brandrodungen von Wäldern durchaus lokale und regionale Klimaänderungen eintreten. Daß das regionale Wetter dadurch beeinflußt wird, ist zumindest von denen leicht nachzuvollziehen, deren Flug in einen Ort des südlichen Pará wegen übermäßiger Rauchentwicklung als Folge extensiver Brandrodungen umgeleitet werden mußte ... Vgl. auch Neue Zürcher Zeitung vom 25.6.86

[11] So schreibt auch Orlando Valverde (1967, S. 247) zum Unterschied von natürlichem Reichtum und ökonomischer Armut: »Dem Reichtum des tropischen Waldes entspricht eine ökonomische Armut, vor allem weil diejenigen Arten mit ökonomischem Wert verstreut sind unter vielen anderen, die überhaupt keinen (ökonomischen) Wert haben.« Hier ist wieder das schon erörterte Problem angesprochen, daß Inwertsetzung und Verwertung einer Ressource ihre *Isolation* aus dem System sämtlicher regionaler oder lokaler Ressourcen verlangt. Und diese Isolation kann geschehen, indem alle anderen im ökonomischen Sinne wertlosen Arten *vernichtet* werden. In diesem Fall stirbt mit der Inwertsetzung einer Region deren Ökosystem. Geschieht dies, dann freilich sirbt nicht nur ein Ökosystem, sondern auch ein ökonomisch ausbeutbares System. Umgekehrt ist die Verstreutheit ökonomisch »wertvoller« Ressourcen ein Hindernis für ökologisch gebotene Maßnahmen im Zuge der Inwertsetzung: Die Räumung der Biomasse vor der Flutung der Stauseen von Tucuruí und Balbina geschah ja nicht nur nicht wegen technischer Schwierigkeiten und administrativer Inkompetenz, sondern vor allem, weil sich dies ökonomisch nicht lohnte. Auf dem Weltmarkt verwertbare Hölzer waren zu verstreut als daß die Rodung des gesamten Areals noch ökonomisch Sinn gemacht hätte. Die Verrottung der nicht geräumten Biomasse freilich wird für die Nutzung der Stauseen noch Probleme aufwerfen.

[12] Die Vernichtung des Waldes ist im übrigen ein besonders extremer Ausdruck von Dissipation von Materie und Energie durch extraktive Produktion. Im übrigen sei an dieser Stelle erwähnt, daß die Warnungen vor der Zerstörung des Regenwaldes nicht erst in jüngster Zeit geäußert worden sind. Djalma Batista (1976, S. 111ff, insbes. S. 115f.) zitiert eine Reihe von Autoren, die vor den ökologischen Schäden schon vor vielen Jahren gewarnt haben. Melo Carvalho (1986, S. 608ff) zitiert Gewährsmänner aus dem 18. Jahrhundert, die vor den Folgen der Vernichtung der Flora und Fauna des Regenwaldes warnen. Bis heute haben die Warnungen wenig genutzt; der äußere ökonomische Inwertsetzungszwang ist offensichtlich so groß, daß sich die im dritten Kapitel diskutierte systemische Intelligenz nur schwer oder gar nicht auszubilden vermag.

[13] Dabei ist in Rechnung zu stellen, daß die Böden des tropischen Regenwaldes höchst unterschiedlich sind, also ein allgemeines Urteil über die Fruchtbarkeit und Unfruchtbarkeit der Böden nicht gefällt werden kann. Die Nutzung der Böden setzt freilich »größte Vorsicht« und die »Heranziehung ökologischen Sachverstandes mit viel Einfühlungsvermögen in die ökologischen Bedingungen des jeweiligen Standortes« voraus (Hampicke 1985, S. 39). Mehr in Abschnitt 5.1.2.

[14] Die Caboclo-Landwirtschaft ist an die Verhältnisse des Feuchtwaldes (auf Terra firme und in der Varzéa) angepaßt. Seringueros sind Kautschuksammler, Droguistas Sammler von Früchten und Pflanzen des Regenwaldes. Auch die für Teile von Pará wichtige Sammlung und Vermarktung der Pará-Nuß ist mit der Schlagung des Regenwaldes gefährdet, da es bis heute nicht gelungen ist, den Pará-Nuß-Baum in Plantagen zu ziehen. Das Planungsamt (Seplan) von Marabá gibt über die gesammelten Mengen von Pará-Nüssen folgende Daten an, die bereits auf die Einschränkung der ökonomischen Basis von Nuß-Sammlern durch die Zerstörung des Regenwaldes verweisen: 1980 wurden in Brasilien insgesamt 900.000 Hektoliter Paránüsse gesammelt, davon im Bezirk Marabá allein 300.000. Im Jahre 1985 aber waren es in Brasilien nur noch 200.000 Hektoliter, in Marabá 50.000. Die *Inwertsetzung* des Regenwaldes durch Verwandlung in Rinderwiese hat also als unfreundliche Kehrseite die teilweise *Außerwertsetzung* der Sammelwirtschaft. Wir sind hier wieder mit den ökonomischen Konsequenzen der »Verwendungskonkurrenz« von Ressourcen konfrontiert.

[15] So betonen die Wissenschaftler des Zentrums für land- und viehwirtschaftliche Forschung in den feuchten Tropen (Centro de Pesquisa Agropecuária do Trópico Umido – CPATU), daß sehr wohl bei angepaßter Landwirtschaft an die jeweiligen ökologischen Bedingungen in bestimmten Mikroregionen der Makroregion Amazonien eine Ausweitung der landwirtschaftlichen Nutzfläche möglich sei. Es werden 23 verschiedene Zonen mit jeweils differenzierten Nutzungssystemen vorgeschlagen, die nicht in jedem Fall auf ausreichender Bodenfruchtbarkeit, sondern auf der intelligenten Nutzung komplexer Nährstoffkreisläufe von Pflanzen und Tieren beruhen (Vgl. den Bericht in: Visão vom 30. 3. 1981, S. 29f). Freilich wäre es notwendig, um eine den ökologischen Verhältnissen angemessene Landwirtschaft betreiben zu können, die Kolonisation entsprechend zu lenken und die politischen Planungssysteme darauf einzustellen. In der *Vermittlung von ökologischen Bedingungen, ökonomischen Zwängen und politischer Regulierung* liegen aber gerade die Schwierigkeiten.

[16] Das Potential ist definiert als Durchfluß in Kubikmeter pro Sekunde multipliziert mit dem Gefälle, dividiert durch 100 (cbm/s X Gefälle/ 100). Allerdings ist der Durchfluß im jahreszeitlichen Rhythmus sehr unterschiedlich. Am Araguaia/Tocantins wurden maximale Durchflußwerte von 68.000 m^3/sec im März 1980 und minimale Werte von 1200 m^3/sec im Oktober 1952 gemessen. Die Angaben über das Potential stammen aus dem Anuário Estatístico und sind wesentlich konservativer als die unten noch zitierten Schätzungen der Elektrogesellschaften Eletrobrás und Eletronorte.

[17] Die Planungen, die hier wiedergegeben worden sind, unterliegen stetiger Veränderung. So soll nach neueren Planungen der Eletronorte am Xingú bei Kararão und Babaquara ein Kraftwerkskomplex errichtet werden, der 17 Mio kw erzeugen kann, also allein fast so viel Energie produzieren kann, wie das unten angegebene energetische Gesamtpotential der Carajás-Region. Zur Realisierung dieses Plans wäre ein Gebiet von 7200 qkm unter Wasser zu setzen. Der produzierte Strom würde nur zu einem geringen Teil in Amazonien verbraucht; zum größten Teil ist er dazu bestimmt, den zentralen Süden mit Elektrizität zu versorgen. Der »Plan 2010« der Eletrobrás sieht in den 90er Jahren die Konstruktion von Kapazitäten zur Erzeugung von 23.000 Megawatt im Süden, von 11.700 MW im Nordosten und von 14.400 MW in der

Nordregion vor. Dies die Aussagen des Präsidenten der Eletronorte, Miguel Rodrigues Nunes am 30.9.86 in Belém (Vgl. O Liberal, 1.10.86).

[18] Die Verluste sind auch abhängig von der Spannung und davon, ob der Transport in Gleichstrom oder Wechselstrom erfolgt.

[19] Die Várzea kann als Brutkasten und »Kinderstube« einer Vielzahl von Fischen und Reptilien bezeichnet werden; sie ist Lebensraum für eine Vielzahl von Vögeln. Für den Öko-Haushalt der Region ist sie notwendig (Vgl.Sioli 1984). Moran (1983, S. 11) schreibt, daß »many of the important food fishes in the Amazon migrate into the flooded forest where they feed on tree fruits and gain most of their weight. Dam construction that blocks these migrations, and destruction of flooded forest to convert the area to intensive agriculture, will very likely destroy the productive potential of this little-understood food chain that carries the burden of providing protein for Amazonian populations and that had begun to play a role in exports as well . . .«

[20] Sternberg benutzt den Begriff der »repressed demand«, um die Divergenz zwischen potentiellem Energieangebot und Nachfrage zu bezeichnen. Tatsächlich würde die Realisierung der Energiepotentiale eine entsprechende energieintensive ökonomische Entwicklung erforderlich machen. Auf der anderen Seite ist in Rechnung zu stellen, daß nach Projektionen der Eletrobrás bei einem jährlichen realen Wirtschaftswachstum von 6%, das Angebot an Energie (darunter auch Elektroenergie) um 8% steigen müsse. Die Annahme des steigenden Energiekoeffizienten verdankt sich natürlich der Zugrundelegung eines energieintensiven Wachstumsmodells, das auch in Brasilien von anderer Seite (also Nicht-Energieunternehmen) kritisch hinterfragt wird (Vgl. z.B. Senhor, 20.1.1986). Doch wird in Amazonien wegen der Option einer Strategie der Inwertsetzung durch Produktion energieintensiver Produkte mit Sicherheit die Nachfrage nach Elektroenergie überdurchschnittlich zunehmen. Im Jahre 1984 betrug der Anteil der gesamten Nordregion Brasiliens (Rondônia, Acre, Amazônas, Roraima, Amapá, Pará) am Energieverbrauch 2.8%. Bis 1990 soll dieser Anteil nach Angaben der Eletrobrás auf 8.8% ansteigen, also mit jährlichen Wachstumsraten von 20% im Verlauf der nächsten zehn Jahre (bis 1995) zunehmen. Bei diesen Raten dürfte es zu sektoralen Versorgungsengpässen in der mit hydroelektrischem Potential so reich ausgestatteten Region kommen und mithin zu spürbaren Tarifanhebungen für die Verbraucher (Vgl. Lucio Flavio Pinto, A Amazônia na crise, in: O Liberal vom 8.12.1985

[21] In ihrem Abschlußbericht über das Ferro-Carajás-Projekt von 1981 stellt die CVRD fest:»Man muß festhalten, daß der Plan (des Ferro-Carajás-Projekts – E.A.) sich grundsätzlich auf das gegenwärtige Kenntnisniveau über die natürlichen Ressourcen beschränkt, und dieses ist noch immer begrenzt . . .«

[22] So wird beispielsweise vermutet, daß in der Serra dos Gradáus südlich von der Serra dos Carajás ähnlich umfangreiche Erzvorkommen lagern wie in Carajás.

[23] Die Definitionen lauten, gemäß der Zusammenfassung des Klassifikationsschemas durch Habig 1983, S. 359 folgendermaßen: *Entdeckte Ressourcen*: Lagerstätten, deren Lage, Qualität und Quantität aufgrund geologischer Nachweise bekannt sind; *Reserve*: Der Teil der entdeckten Ressourcen, der jederzeit technologisch, ökonomisch und rechtlich abbaubar ist; *Entdeckte subökonomische Ressourcen*: Rohstoffe, die nicht Reserven sind, die solche aber werden können, wenn sich die ökonomischen und rechtlichen Bedingungen ändern; *Paramarginal* ist der Teil subökonomischer Ressourcen, der der ökonomischen Ausbeutbarkeit nahe ist; *Submarginal* ist der Teil subökomische Ressourcen, der nur bei Änderung ökonomischer, rechtlicher oder technologischer Parameter abgebaut werden kann; *Sicher* sind Vorkommen, die auf sinnvollen geologischen Prognosen beruhen; *Nachgewiesene Resourcen* sind sichere

und wahrscheinliche Ressourcen; *Vermutet* sind Ressourcen, die nicht nachgewiesen sind, für die aber geologische Projektionen bestehen; Unter den nicht entdeckten Ressourcen sind *hypothetische* und *spekulative* Ressourcen zu unterscheiden. Die ersteren können unter bestimmten geologischen Rahmenbedingungen vermutet werden, die letzteren werden in noch nicht gefundenen Lagerstätten angenommen.

[24] Von Müller (1984, S. 193) jedoch wird die Zona Franca als erfolgreich im Sinne einer integrierten Inwertsetzungsstrategie eingeschätzt. Allerdings ist seine Datenbasis sehr gering und daher die Schlußfolgerung voreilig.

[25] Robert F. Skillings überhöht dieses Dilemma noch bis zu einem Widerspruch zwischen ökonomischer Wohlfahrt Brasiliens und der Welt: »The great problem of the Brazilian Amazon is how to guide its development to further the economic growth and well-being of Brazil and its people without destroying the contribution to the well-being of the earth« (Skillings 1985, S. 36). Diese Formulierung ist bemerkenswert. Erstens wird der Widerspruch nur zwischen »Brasilien« (mit seinem »Volk«) und »der Erde« ganz und gar unspezifisch gesehen; die Bewohner der amazonensischen Region mit ihren regionalen und lokalen Interessem werden in die abwägende Überlegung gar nicht erst einbezogen. Zweitens wird nicht in Rechnung gestellt, daß die »well-beings« des Volkes von Brasilien, der Bewohner Amazoniens und der Erde völlig unkompatibel sind, so daß sie nicht vergleichbar und gegeneinander abzuwägen sind. Djalma Batista (1976, S. 116) zitiert den »Mythos« von Amazonien als »Sauerstoffabrik« der Welt, in der bis zu 50% des atmosphärischen Sauerstoffs der Welt produziert würden, allerdings ohne daß die Welt dafür, wie Delfim Netto ironisch bemerkte, angemessene Royalties bezahlen würde.

[26] Vgl. die Erklärung des brasilianischen Staatspräsidenten Ernesto Geisel vom 10.9.1974 vor dem Ministerrat, die im Dokument des II Plano Nacional de Desenvolvimento (1975-1979), S.5ff wiedergegeben wird; zur positiven Interpretation der Strategie von 1974 vgl. Barros de Castro/Pires de Souza 1985, S.30ff., eine negative Einschätzung hingegen findet sich bei Conceição Tavares/ de Assis 1985.

[27] Kritisch wendet das IBASE gegen diese Definitionen des Zwecks der Inwertsetzung ein, daß mithin das Carajás-Projekt vor allem Rohstoffe und Halbprodukte für die Industrien und Märkte der entwickelten Länder liefern solle und dies für die Region nur von beschränktem Nutzen sei: »Diese Produkte üben, wie man weiß, wegen der geringen darin enthaltenen Wertschöpfung keine multiplikativen Effekte auf die nationale Ökonomie aus, im Gegensatz zu weiter verarbeiteten Produkten. Schlimmer noch: sie werden auf internationalen Märkten gehandelt (Börsen von London, von Chicago etc.) mit Regeln und unter der Kontrolle von Unternehmen, die mit spezifischen Mechanismen die Aufrechterhaltung von vergleichsweise niedrigen Preisen über Jahrzehnte hinweg garantieren« (IBASE 1982, S. 19). Das IBASE drückt damit nichts anderes aus als die Überlagerung von regionalen (und nationalen) Verhältnissen und Erfordernissen durch die Verwertungsimperative auf dem Weltmarkt.

[28] Diese Unterscheidung sollte nicht als bloß geistige Konstruktion von Räumlichkeit und Zeitlichkeit interpretiert werden, als deren Transzendenz in subjekte Formen menschlichen Denkens, hinter der die physische Existenz von Raum und Zeit – wie im dritten Kapitel erörtert – zurücktreten, obwohl Cassirer durchaus in der Tradition von Kant steht.

[29] Die Entdeckung der Erzvorkommen von Carajás und deren Ausbeutung hat »Amazonien auf den Kopf gestellt«, meint der Entdecker der Carajás-Mine, Augusto Breno dos Santos (nach einem Bericht von Ricardo Kotscho in der »Folha de Sao Paulo« über ein »Viagem ao futuro da Amazônia« (3.12.84/ 4.12.84/5.12.84/8.12.84).

[30] Itaquí und Porto Madeira liegen in der Nähe der Hauptstadt von Maranhão São Luís und daher im geographischen Sinne nicht in Amazonien. Als Verschiffungspunkte des

Erzes von Carajás am maritimen Ende der Eisenbahnlinie von Carajás nach São Luís gehören sie im ökonomischen Sinne zum Ferro-Carajás-Projekt und politisch zur Programmregion Grande Carajás, sind also sozusagen die Endpunkte der Tentakel des Weltmarkts, mit denen die Ressourcen aus Amazonien gesaugt werden.

[31] Über die höllischen Strapazen und wirtschaftlichen Interessen beim Bau dieser Bahnlinie berichtet Marcio Souza in seinem Roman: »Mad Maria oder Das Klavier im Fluß« (Köln 1985). Später sind im Plano de Viação Nacional vom Juni 1934 drei Linien geplant worden; die eine von Pirapora-Formosa-Carolina nach Belém, die zweite von Cuiabá nach Santarem und eine dritte von Cuiabá über Abunã und Rio Branco nach Cruzeiro do Sul (Castro Rebelo 1973, S. 54). Keine dieser Amazonas-Linien ist realisiert worden.

[32] Am 24.3.1986 begann die CVRD mit dem Einsatz eines Passagierzuges, der die Strecke zwischen Anjo da Guarda (São Luís) und Parauapebas (Serra dos Carajás) zwei Mal in der Woche bedient. Die Fahrtzeit auf dem 860 km langen Streckenabschnitt beträgt 15 Stunden. Während der Regenzeit befördert die Bahn auch Lastwagen. In geringem Maße ist inzwischen die Bahnlinie auch für den lokalen und intraregionalen Warentransport benutzt worden. Vgl. die Aufstellung in: CVRD-Revista, Vol. 6, No 20, Juni 1985

[33] Auf die Tatsache, daß die Erzielung eines Extraprofits in der Regel mit einer »relocation« der Produktion zu tun hat, verweist Harvey 1982, S. 393.

[34] Allein die Agglomeration von Arbeitskraft in der Phase der Konstruktion von großen Projekten bringt städtische Formen hervor. Die Eletronorte steigerte die Zahl der Beschäftigten beim Bau des Stausees von Tucuruí von 4000 im ersten Halbjahr 1977 auf 30.302 auf dem Höhepunkt der Arbeiten im zweiten Halbjahr 1982. Im Verlauf eines halben Jahres danach wurden mehr als 12.000 Arbeitskräfte entlassen. Bis 1988 wird die Zahl der mit Bauarbeiten Beschäftigten auf 0 reduziert sein (Vgl. Eletronorte, UHE Tucuruí).

[35] Dies gilt weniger für die großen extraktiven Projekte als für die kleinen Projekte und für Garimpeiros, die sich in der Regel nicht dauerhaft festsetzen können.

[36] In Amazonien lebten 1940 27.7% der Gesamtbevölkerung in urbanen Agglomerationen, 1980 51.7%. Die Einwohnerzahlen der Hauptstädte der amazonischen Bundesstaaten und Bundesterritorien entwickelten sich zwischen 1960 und 1980 wie folgt:

Entwicklung der Einwohnerzahlen in den Hauptstädten der nördlichen Bundesstaaten

Metropolitane Gemeinde	1960	1970	1980	Zunahme %
Belém (Pará)	402170	642514	949545	236,1
Manáus (Amazonas)	175343	314197	642492	366,4
Rio Branco (Acre)	47882	84845	119815	250,2
Porto Velho (Rondonia)	51049	88856f	138289[1]	–
Macapá (Amapá)	46905	87755f	140624	299,8
Boa Vista (Roraima)	26168	37062	69627	266,1
Sao Luís (Maranhao)	159628f	270651	460320	288,4
Cuibá (Mato Grosso)	57860	103427	219477	379,3f
Insgesamtf	967005	1629307	2740189	283,4

[1] Wegen Veränderung der Verwaltungsgrenzen nicht vergleichbat
Quelle: IBGE

Also hat sich die Einwohnerzahl in den regionalen Metropolen in den beiden Jahrzenten von 1960 bis 1980 fast verdreifacht. Noch dynamischer freilich ist das Wachstum in vielen mittleren Zentren im Verlauf der vergangenen eineinhalb Jahrzehnte. So erhöht sich die Einwohnerzahl in den Städten der Planungsregion von Carajás allein in den 70er Jahren von 92.665 auf 327.500, also um 253.4% (Vgl. Pinto 1982, S. 43; Kleinpenning/Volbeda 1985, S. 33ff.)

[37] Die Abstraktionstendenz der auf dem Wert beruhenden Produktionsweise manifestiert sich im Zeitregime: Die Arbeitsbewertung zur Rationalisierung des Arbeitsprozesses operiert mit 1/16-Sekunden (MTM-System), also mit Zeitintervallen, die der Mensch nur noch mit Hilfe von Instrumenten wahrzunehmen und zu identifizieren vermag (Zeitlupen-Filmkamera). Das Maß der Zeit und rückwirkend dann auch das Zeitverständnis der Menschen ist in hohem Maße also durch die Entwicklung von Produktivkraft und Produkten beeinflußt: Ohne Stoppuhr gibt es die Zehntelsekunde nicht, und ohne elektronische Zeitmessung keine Bahnrekorde, die auf Verbesserungen in der Größenordnung von Hundertstelsekunden lauten.

[38] Garcia Cota (1984) hat angesichts dieser Entwicklungsperspektive den Versuch gemacht, die ökonomischen Entwicklungsstrategien für Amazonien auf dem Hintergrund der Erfahrungen des Industrialisierungsprozesses in den »alten« Industrieländern zu reflektieren. Da er hierbei allerdings der Analyse der »great Revolution« von Karl Polany (1978) folgt, sieht er den Prozeß vor allem unter *institutionellen* Aspekten: als Prozeß der »commodification« und der Schaffung des Marktes als Institution der Steuerung der interindividuellen Beziehungen. Daß in diesem Prozeß das räumliche und zeitliche Koordinatensystem verändert werden, bleibt dabei freilich außerhalb der Betrachtung und dies gilt in besonderem Maße für die neuen und jeweils einzigartigen Kombinationen der vier von Ignacy Sachs genannten Zeitmodi.

[39] Dieser Auffassungsunterschied von Zeit findet seinen Ausdruck in der Klage über die »Trägheit« der Bewohner, die einer ökonomischen Nutzung der regionalen Ressourcen entgegenstehe, wie sie etwa im Album do Para von 1899 (S.37) vorgetragen wird. Das Argument ist bereits oben zitiert worden. Bis heute hat sich daran nicht allzu viel geändert; immer noch wird mangelnde Effizienz, d.h. die nicht sinnvolle Füllung eines Zeitabschnitts mit zweckgerichteter Arbeit, (in bezug auf die von den Optimierungsstrategien der Verwertung geforderten Effizienzkriterien) konstatiert. Einfach lassen sich Zeitregime eben nicht austauschen. Das *inertiale Element* macht dem kapitalistischen Zeitregime zu schaffen, kann seine Durchsetzung aber nicht dauerhaft verhindern (Vgl. auch Elias 1985).

[40] Cassirer schreibt dazu: »Das Ich, das sich selber als ›in der Zeit‹ stehend anschaut, faßt sich hierbei nicht nur als eine Summe ruhender Zuständlichkeiten, sondern als ein Wesen, das sich nach vorwärts in die Zeit erstreckt, das vom Gegenwärtigen zum Künftigen hinausstrebt. Ohne diese Form des Strebens ist uns auch das, was wir als ›Vorstellung‹, als aktuelle Vergegenwärtigung eines Inhalts zu denken pflegen, niemals gegeben« (Cassirer 1954/1977, Bd. III, S. 209)

Anmerkungen zum sechsten Kapitel

[1] Der pax britanica sind selbst in der vergleichsweise kurzen Geschichte des kapitalistischen Weltsystems andere Hegemonialordnungen vorausgegangen. Vgl. Braudel 1986; Wallerstein 1979; Thompson 1983.

[2] Unter der Ordnung der pax americana sind von 1944 bis 1982 151 Kriege geführt

worden, darunter 90 Interventionskriege (Gärtner 1983, S. 19). Seit 1982 sind neue Kriege hinzugekommen (Südjemen, Südafrika, Peru) und alte dauern immer noch fort, zum Teil mit offener Beteiligung der Hegemonialmächte: Nicaragua, Afghanistan, Iran-Irak.

[3] In der friedenspolitischen Debatte ist im Rahmen der Forschung über Kriegsursachen auf den Zusammenhang zwischen Erosion der Hegemonial- bzw. Supermacht und *Konfliktintensität* hingewiesen worden. Gärtner faßt beispielsweise seine Untersuchung über Hegemoniestrukturen und Kriegsursachen wie folgt zusammen:»Ausgehend von den Ursachen und Entwicklungsmöglichkeiten von aktuellen Krisen und potentiellen lokalen Kriegen wird das Versagen der Großmächte behandelt, das konfliktträchtige internationale System in den Griff zu bekommen . . .« (Gärtner 1983, S. 8f.) In einer durch Unsicherheit und Unwägbarkeiten gekennzeichneten Situation, in der die Hegemonialstrukturen und Regelwerke der Konfliktregulierung erodiert sind, gibt es natürlich eine Vielzahl von Optionen zur Wiederherstellung eines neuen »Gleichgewichts« (Vgl. dazu ebenfalls Gärtner 1983, S. 50ff). Krippendorff (1985, S. 82ff) mokiert sich über die formalisierte Art der Darstellung von Hegemonialkonflikten. Seine These von der »strukturellen Unvernunft« der zu Macht Gekommenen, der Herrschenden, als Ursache von Kriegen, zumal diese über die Weltgeschichte als Folie gelegt wird, ist allerdings in analytischer Hinsicht nicht so ertragreich, daß ihm als Alternative der Vorzug gegeben werden könnte.

[4] Das Modell ist natürlich auch insofern beschränkt, als durch die Atombombe und Weltraumwaffen ein Krieg um die Hegemonie mit jeder Hegemonie Schluß machen würde.

[5] Ziebura bemerkt, daß in der Literatur »kaum jemand daran (zweifelt), daß die 1925 vollzogene Rückkehr zur Vorkriegsparität angesichts der allgemeinen Abkehr vom Freihandel ein »Atavismus« (Predöhl) war und alle bereits vorhandenen Strukturdefekte der Wirtschaft sowie die Dauerschwäche der Konjunktur weiter verschlimmert hat« (Ziebura 1984, S. 40). Allerdings ist der These vom »Fehler« entgegenzuhalten, daß die Stärkung der britischen Währung nach außen (und das heißt gegenüber dem Gold als der Inkarnation des gesellschaftlichen Werts) conditio sine qua non für eine Politik der Erneuerung des Weltfinanzzentrums London gewesen ist. Der Fehler bestand – wenn schon, denn schon – nicht darin, die Vorkriegspartität wiederherzustellen, sondern darin, *auf Krücken* die hegemoniale Rolle weiterspielen zu wollen. Im übrigen ist mit Varga (1969, S. 251ff) daran zu erinnern, daß hinter den Fehlern handfeste ökonomische Interessen existieren, die sich auch durch eine Einsicht in die Fehlerhaftigkeit nicht davon abbringen ließen, diese zu begehen.

[6] »Kriege sind Neuschöpfer des Kreditwesens«, schreibt Polanyi (1979, S.70) und fügt hinzu: »Im ganzen lag hier eine in diesem Ausmaß seit dem Bestand des modernen Kapitalismus beispiellose Politisierung des Kredits vor« (ebenda, S.71). Freilich sind die Innovationen des Währungs- und Kreditsystems nach dem Ersten Weltkrieg geringfügig im Vergleich zu dem, was nach dem Zweiten Weltkrieg passierte.

[7] In einer zeitgenössischen Schrift aus dem Jahre 1932 schreibt er: »Kaum je in einer anderen Zeit war ein international anerkanntes Saldierungsmittel so notwendig wie jetzt, wo der in der letzten Vorkriegsgeneration selbstverständliche Ausgleich der internationalen Saldi auf immer größere Schwierigkeiten stößt. In normalen Zeiten ist Gold entbehrlich im Verkehr zwischen Staaten, deren Wirtschaftsverkehr sich auf die Dauer ausgleicht oder die die Möglichkeit haben, zeitweise Passivsalden durch Auslandsanleihen oder -kredite zu decken; heute ist aber der großen Mehrzahl der Staaten internationaler Kredit in jeder Form abgeschnitten.« Und er fügt die polemische Frage hinzu: »Wer aber dem Gold schuld gibt an der ungeheuren internationalen Verschiedenheit der Notenbankreserven, der möge einmal die Frage beantworten, wie denn

sonst die Passivsaldi der Zahlungsbilanzen beglichen worden wären?« (Somary 1932, S. 49f) Schon Marx hatte bei der Analyse von Geld- und Kreditkrisen die Tendenz zum Rückfall aus dem Kredit- ins Monetarsystem beschrieben, den Somary hier so sehr bedauert.

[8] Es darf hier nicht unterschlagen werden, daß die Wahrnehmung der genannten Aufgaben durchaus kein Opfer für Großbritannien gewesen ist, sondern Gewinn brachte. Die Stellung als Weltbankier wird ja nicht aus karitativen, sondern aus Rentabilitätserwägungen eingenommen. Also geschah die Aufhebung der Goldparität des Pfundes keineswegs freiwillig, sondern war aufgeherrschtes Faktum. Freilich wurde die Abwertung des Pfundes dann auch dazu benutzt, um die Exporte britischer Waren zu steigern. (Vgl. dazu Varga 1969, S. 253ff)

[9] Autarkie ist die Steigerung protektionistischer Politik. In den 30er Jahren wird Autarkiepolitik zur parole du jour vor allem, aber nicht nur in Deutschland. »Die Autarkie, die Selbstgenügsamkeit und Selbstzufriedenheit, die kleine Volks- und Länderteile in dem modernen Zeitalter nicht mehr finden können, wird die wirtschaftliche Lebensgrundlage großer Räume oder Blöcke, in denen die technische Vielseitigkeit und Vertiefung, alle Errungenschaften unseres Zeitalters erst richtig zur Geltung kommen. Diese Blöcke bilden sich nicht willkürlich, sondern in dem brodelnden und gärenden Brei, den die Weltwirtschaft nach ihrem Zusammenbruch darstellt, bilden sich fast von selbst große zusammenhängende Schollen...« (Fried 1939, S.302). Der spontanen Blockbildung, die Fried hier präferiert, kann natürlich durch eine Politik des corriger la fortune nachgeholfen werden. Dann aber kommt es, wie Pollock (1933) herausarbeitet, unweigerlich zum militärischen Konflikt. Das Nazi-Deutschland ist für diesen Umschlag der Weltmarktorientierung in Autarkiepolitik und militärische Aggression ein schreckliches Beispiel.

[10] Der Preis für brasilianischen Kaffee in London entwickelte sich in der Krise folgendermaßen (in RM je 100 kg):1928: 214,43; 1929:196,49; 1930: 120,01; 1931: 82,70; 1932: 93,75; 1933: 66,37. Also betrug der Kaffeepreis 1933 nur noch 31% des Preises von 1928 (Daten nach Statistisches Jahrbuch für das Deutsche Reich, 1934; nach: Kroll 1958, S. 58).

[11] Auf die unterschiedlichen Gewichte von Primär- und Sekundärsektor in der Krise der 30er Jahre und in der gegenwärtigen Verschuldungskrise verweist auch Thorp 1984, S. 11ff, um damit die unterschiedlichen Strategien einer Lösung der Verschuldungskrise erklären zu können. Mit Berechtigung warnt die Autorin davor, »oberflächliche Parallelen« zwischen den 30er und den 80er Jahren zu ziehen (Thorp 1984, S. 13). Eine wichtige Ähnlichkeit jedoch bleibt, wie wir noch sehen werden: die Krise der Hegemonialmacht und daher des Weltgeldes.

[12] Nur eines ist dabei nicht uninteressant: daß nämlich zur Ablösung der unrealistisch gewordenen Zahlungsverpflichtungen des Deutschen Reiches mit dem Baseler Stillhalteabkommen vom 19.8. 1931 die Bank für internationalen Zahlungsausgleich gegründet wird, die 50 Jahre später wieder eine zentrale Rolle bei der Regulierung von Zahlungsverpflichtungen aus der Verschuldungskrise der 80er Jahre spielt. Auch dies ist ein Indiz dafür, daß in dieser Umbruchphase von der britischen zur US-amerikanischen Hegemonie noch aus dem Problemlösungsbedarf des Scheiterns der pax britannica und nicht aus dem Regulierungsbedarf der neu entstehenden pax americana Institutionen geboren werden, die inzwischen zur Altersreife (und Altersbosheit wird man in einigen betroffenen Schuldnerländern sagen) gekommen sind.

[13] 1898 war Brasilien nicht in der Lage, die Zinsen und Amortisationen auf die Außenschuld zu bezahlen, so daß die Regierung um ein Moratorium bei den ausländischen Kreditgebern nachsuchen mußte. Diesem Gesuch wurde nicht bedingungslos entsprochen. Drei Jahre wurden die Zinsen kapitalisiert, also dem Kreditbetrag

zugeschlagen. Die Zahlung von Tilgungsraten sollte erst 1911 wieder aufgenommen werden. Als Gegenleistung verlangten die Gläubiger die »Fundierung« der Anleihen: Öffentliche Vermögen (Eisenbahnen, Kriegsschiffe etc.) wurden zur Fundierung veräußert und mit den Einnahmen wurden die Zinszahlungen fundiert. Außerdem setzten die ausländischen Gläubiger eine – wie man heute gesagt würde – Austerity-Politik durch: die öffentlichen Ausgaben wurden zusammengestrichen und Steuern wurden erhöht (Vgl. Prado Junior 1984, S. 220ff).

[14] Es ist hier – dies ist zu unterstreichen – von politischer Regulierung die Rede, nicht von ökonomischer Regulierung, die »hinter dem Rücken« der ökonomischen Agenten durch den Mechanismus des Marktes ausgeübt wird. Die politische Regulierung des Währungssystems war schon deshalb notwendig, weil ja nach den Erfahrungen der Weltwirtschaftskrise aktive staatliche Wirtschaftspolitik in den einzelnen Nationen zum Programm erhoben worden war. Die Welt des Keynesianismus kann nicht – wie sich bald herausstellte – an den nationalen Grenzen enden. Auch das Währungssystem muß von seiner Ausgestaltung her politische Regulierung ermöglichen. Wie weit die politische Regulierung gehen sollte, war denn auch Gegenstand der Kontroversen bei den Verhandlungen von Bretton Woods, nicht mehr die Frage, ob politische Regulierung und Kontrolle überhaupt ausgeübt werden sollten.

[15] Noch auf der Währungskonferenz von Bretton Woods versuchte Großbritannien, die Partie offen zu halten. Dem US-amerikanischen White-Plan wurde der Keynes-Plan entgegengehalten, der mit zwei Prinzipien dem Dollar die Weltgeldfunktion streitig machte: *Erstens* sollten die Länder mit einer defizitären Handelsbilanz nicht gezwungen werden, in einen Abwertungswettlauf einzutreten, während das Überschußland USA nicht Devisenschätze horten können sollte. Diese Regelung sollte den Welthandel stimulieren, hätte aber auch verhindert, daß die Währung des Überschußlandes USA eine harte Währung geblieben wäre, während die anderen Währungen der defizitären Länder nicht entsprechend »weich« geworden wären. *Zweitens* war ein internationales Kunstgeld vorgesehen, der »Bancor«, der als Verrechnungseinheit und Reservewährung der Zentralbanken einige Weltgeldfunktionen übernommen hätte, die dem Dollar dann nicht mehr zugefallen wären. Die Interessen der USA in Rechnung gestellt, war es klar, daß sie den Keynes-Plan nicht akzeptieren konnten. Inzwischen hatte sich also das Gewicht in der Weltgesellschaft deutlich verschoben. Auch die Versuche, einen Sterling-Block gegen den Dollar als Weltgeld zu behaupten, gehören in die Reihe der britischen Versuche, die alte Hegemonialstellung zu retten. Doch die Abwertung des Pfund Sterling 1949 und dann das endgültige Scheitern des Pfundes als Weltgeld in den 60er Jahren machten dem Traum ein Ende. Glyn/Sutcliffe (1972) machen die Versuche des britischen Imperialismus, London als Weltfinanzzentrum zu behaupten, für die Produktivitäts- und Investitionsschwäche der britischen Wirtschaft verantwortlich. Die Notwendigkeit, mit hohen Zinsen, internationales Kapital anzuziehen und einen hohen Pfund-Kurs zu behaupten, obwohl das Land ökonomisch gar nicht mehr stark genug war, konfligierte mit der internen Notwendigkeit, mit niedrigen Zinsen den Investitionsprozeß anzukurbeln.

[16] »Das Zeichen des Geldes (bedarf) seiner eignen objektiv gesellschaftlichen Gültigkeit, und diese erhält das Papiersymbol durch den Zwangskurs. Nur innerhalb der von den Grenzen des Gemeinwesens umschriebnen oder innern Zirkulationssphäre gilt dieser Staatszwang....« (MEW, Bd. 23, S.143). Der Zwangskurs ist im Bretton Woods-System nichts anderes als die Regelung fixierter Wechselkurse zwischen Dollar und Gold und zwischen den anderen beteiligten Währungen und dem Dollar unter Einhaltung der Konvertibilitätsbedingung. Voraussetzung dafür ist, daß die Hegemonialmacht stark genug ist, den »Staatszwang« auszuüben. Mit der Krise der Hegemonialmacht schwindet der »Staatszwang« und das Papiersymbol des Geldes wird prekär.

[17] Im Währungssystem waren neben internen Anpassungsprozessen in den jeweiligen Ländern auch Wechselkurskorrekturen vorgesehen. Schon 1949 gab es ein allgemeines re-alignment der Wechselkurse, und dann mehrfach Aufwertungen der DM (1961, 1969) sowie Abwertuungen des französischen Franc (1958, 1968) und des Pfund Sterling (1966) – um nur einige wichtige Währungen als Beispiele zu zitieren.

[18] Dazu schreibt Halm (1957, S. 18): »Da Geldreserven uns erlauben, Kaufkraft aus der Gegenwart in die Zukunft zu übertragen, wird das Geld manchmal auch als ›Wertaufbewahrungsmittel‹ bezeichnet. Im Hinblick auf die ›Illusion des Geldes‹ muß aber daran erinnert werden, daß die Stabilität des Geldpreises nicht ein Gleichbleiben des Geldwertes garantiert, eine Tatsache, die das Geld unter Umständen zu einem schlechten Wertaufbewahrungsmittel macht. In Zeiten extremer Preisinflation ist jedes dauerhafte Gut dem Geld als Wertaufbewahrungsmittel überlegen ... jeder wird versuchen, Geld möglichst schnell loszuwerden.« Halm beschreibt einen Prozeß des »plötzlichen und unvermittelten« Umschlags des Geldes »aus der nur ideellen Gestalt des Rechengeldes in hartes Geld« (Marx, MEW Bd. 23, S. 152), allerdings begreift er nicht, daß die Versuche, Geld »loszuwerden« nichts anderes darstellen als die Versuche, wertlose Repräsentanten des Wertes (Papier) in den Wert selbst (z.B. Gold) zu verwandeln.

[19] Die geographische Verteilung der Direktinvestitionen der US-Unternehmen hat sich im genannten Zeitraum also verändert. Darin drückt sich deutlich die Veränderung im System der US-Hegemonie aus: ihre Grundlage wurde in Lateinamerika schon vor dem Zweiten Weltkrieg geschaffen; ihre Kraft erlangte sie aber in der Arbeitsteilung mit den übrigen hochindustrialisierten OECD-Ländern.

[20] Dieser Prozeß setzt sich auch in den 70er und 80er Jahren fort. Zwar liegt das Niveau der Zuwachsraten der Arbeitsproduktivität generell tiefer als in den Jahrzehnten zuvor, der Abstand zwischen Japan, den westeuropäischen Ländern und den USA bleibt jedoch erhalten. Vgl. auch Chan-Lee/Sutch 1985, S. 149ff.

[21] Auf die Regulierungen der Kapitalmärkte wird regelmäßig hingewiesen, um das Entstehen des Eurodollar-Markts zu erklären: »Die Mehrheit derjenigen, die (in Euromärkten – E.A.) operieren, stimmen in einem Punkt überein: daß es sich hier um eine Antwort des Marktes auf offizielle Behinderungen der internationalen Wirtschaft handelt« (Strange 1976, zit. bei Schubert 1985, S. 24). Bei dieser Erklärung wird freilich übersehen, daß die politische Regulierung Ingredienz des Währungssystems von Bretton Woods war und daher erst die ökonomische Macht entstehen mußte, bevor gegen die politischen »Reglementierungen« wirksam Opposition gemacht werden konnte.

[22] Im Jahre 1971 fällt die Konvertibilität des Dollar in Gold durch Dekret der Regierung Nixon. Mit dem »Smithonian Agreement« werden neue fixierte Kursrelationen festgelegt, die aber nur bis zum Februar/März 1973 halten. Danach wird auch die andere Säule des Bretton Woods Systems unter dem lautstarken Beifall aller derjenigen, die sich von mehr Marktwirtschaft auch auf Devisenmärkten die Regelung aller Probleme versprechen, gestürzt: das System fixierter Wechselkurse.

[23] Eurokredite sind im Unterschied zu anderen internationalen Krediten, die sich von nationalen Kreditbeziehungen ja nur dadurch unterscheiden, daß Kreditnehmer und -geber unterschiedlichen Nationen angehören und der Betrag des Kredits in einer der Währungen der beteiligten Länder oder in einer dritten Währung denominiert ist (Vgl. Bryant 1983, S. 9-13), durch folgendes Merkmal gekennzeichnet: Die Beziehung zwischen der den Kredit gewährenden Bank in einer freien Bankzone und dem Schuldner ist verdoppelt dadurch, daß die Bank den Darlehensbetrag in US-Dollar von einem Guthaben bei einer Bank in den USA abbucht und den Schuldner auf diesen Betrag »ziehen« läßt. Daher verlassen die internationalen »Euro«-kredite,

sofern sie auf Dollar lauten, nicht die US-Zirkulation. Allerdings ist die Bank darauf angewiesen, daß das Guthaben von den Einlegern nicht gekündigt wird. (Zur Funktionsweise vgl. Schubert 1985, Teil I).

[24] Dies wird von Chan-Lee/ Sutch (1985, S. 152ff) gezeigt: Die gewichteten Wachstumsraten im Jahresdurchschnitt 1970-1982 des »net operating surplus« betrugen in den USA 9,8%, in der BRD 5,8%, in Japan 7,6%. Die Wachstumsraten der Nettozinszahlungen in den gleichen Ländern betrugen 14,6%, 11,7% bzw. 12,5%.

[25] Die Profitrate läßt sich als Identitätsgleichung folgendermaßen schreiben:

$$\pi = \frac{P}{K} = \frac{P}{Y} \cdot \frac{Y}{L} \cdot \frac{1}{K/L} \cdot \frac{Y}{Y^*} \cdot \frac{Y^*}{K} \cdot \frac{K}{Y}$$

Daraus ergibt sich, daß ihre Höhe positiv mit der Arbeitsproduktivität (Y/L) und der Kapazitätsauslastung (Y/Y*) korreliert, negativ mit der Kapitalintensität (K/L). Vgl. Altvater/Hoffmann 1980

[26] Interessant an der Tabelle ist die Ausnahme Italien: Neben Norwegen ist es das einzige Land, in dem die Profitrate wenigstens stagniert, und dies in einer Phase der militanten Klassenkämpfe. Abgesehen von der Fragwürdigkeit von Berechnungsmethoden könnte darin tatsächlich ein Indiz für die obige Feststellung gesehen werden, daß für den Fall der Profitrate eher die strukturellen Veränderungen im Akkumulationsprozeß (steigende organische Zusammensetzung) als die Lohnentwicklung (sinkende Mehrwertrate) als Folge militanter Arbeiterkämpfe verantwortlich sind. Möglicherweise zeigt sich so die flexible Reaktionsfähigkeit des Kapitals auf Arbeiteroffensiven, deren Preis allerdings – infolge des Ersatzes der lebendigen Arbeit durch vergegenständlichte Arbeit – die Steigerung des Kapitalkoeffizienten (ein brauchbarer Indikator für die organische Kapitalzusammensetzung) ist.

[27] Daher ist die These wohl zu begründen, daß im Zuge langer Wellen der Kapitalakkumulation infolge des Verfalls der Profitrate die Rationalisierungsinvestitionen die Erweiterungsinvestitionen in den Hintergrund drängen.

[28] Es sei denn, es werden arbeitsmarktpolitische Maßnahmen, z.B. eine Arbeitszeitverkürzung in der einen oder anderen Form, durchgeführt.

[29] Daß die Möglichkeiten, mit der Ausübung von Druck im Betrieb das zu erreichen, was beabsichtigt wird, begrenzt sind, hat die neuere Diskussion zur Arbeitspolitik gezeigt. Dies bedeutet freilich nicht, daß der Druck deswegen nicht ausgeübt würde.

[30] Daher ist die offene Frage nicht, woher die Unterschiede in einzelnen Nationen stammen, die von politikwissenschaftlich orientierten Analytikern mit Vorliebe den Policy- und Politics-Unterschieden in den jeweiligen Ländern, dem Grad korporatistischer Regelung der industriellen Beziehungen oder dem Ausmaß marktwirtschaftlichen Selbstlaufes der Wirtschaften z.B. gutgeschrieben werden (Therborn 1987; Schmidt 1987). Die grundlegenden Tendenzen des Investitionsprozesses – und dies zeigen die angeführten Daten mit wünschenswerter Deutlichkeit – sind in allen hochentwickelten kapitalistischen Ländern im vergangenen Jahrzehnt identisch. Diese Erklärungsansätze sind also allesamt, obwohl partiell richtige und wichtige Einsichten vermittelnd, unbefriedigend, da sie grundsätzlich auf *nationale* Verhältnisse Bezug nehmen, den weltgesellschaftlichen Kontext demgegenüber vernachlässigen oder gar explizit ausblenden. Dies ist jedoch bei einem Vergleich von nationalen Situationen und Politiken schlicht unzulässig, da dieser prinzipiell die *reale* Wechselbeziehung, durch ökonomische Prozesse vermittelt, voraussetzt.

[31] Die Fundamentalisten nicht nur in den USA haben diese Notwendigkeit sehr wohl erkannt, befinden sich aber hoffnungslos in Widerspruch zu den angebotenen realen Lösungen, mit denen sie dieser Notwendigkeit äußerlich Rechnung zu tragen versuchen.

[32] Zur Vermeidung von Mißverständnissen muß freilich wiederholt werden, daß der

US-Dollar auch während des Bretton Woods Systems niemals technisches Steuerungsmedium war; er hat immer die US-Zirkulation als *Kapital*, das sich verwerten mußte, verlassen!

[33] Die möglichen Auswege lassen sich allenfalls in Form von Szenarien beschreiben: ein Wiedergewinn der US-Hegemonie kann dabei ebenso wenig ausgeschlossen werden wie der Übergang der Hegemonialfunktion auf Japan oder die »trilaterale« Aufteilung der Lasten hegemonialer Regulierung.

Anmerkungen zum siebten Kapitel

[1] Die »dritte Welt« unabhängiger Staaten gab es in den 30 er Jahren ja nur in Ansätzen, da der afrikanische Kontinent ebenso wie große Teile Asiens noch kolonial dominiert waren. Daher – und nicht nur, weil hier Brasilien und in diesem Land speziell die Region Amazonien als Fallbeispiele behandelt werden – die Konzentration auf den lateinamerikanischen Subkontinent.

[2] Zu diesem Politik-Typ, allerdings bezogen auf westeuropäische Reaktionen, vgl. Altvater 1978.

[3] Brasilien hat 1985/86 eine Phase beschleunigten Wachstums des BIP erlebt, so daß die durchschnittliche Reduzierung des Pro-Kopf-Verbrauchs von 1,2% pro Jahr von1980/84 kompensiert werden konnte. Aufgrund des Cruzado-Plans vom Februar 1986 sind bis November 1986 als Konsequenz des Preisstopps die Realeinkommen noch gestiegen, so daß die kaufkräftige Nachfrage zunahm. Es war freilich davon auszugehen, daß sich dies – solange keine Reduzierung der Belastung mit dem Schuldendienst eintritt – ab 1987 radikal ändern würde. Nur die Massenbegeisterung, mit der der Plan in Brasilien aufgenommen worden ist, kann erklären, warum selbst hervorragende Ökonomen alle skeptischen Analysen in den Wind geschlagen und sich von der Begeisterung haben anstecken lassen – mit der Folge, daß die Enttäuschung umso größer war, als der Plan noch nicht einmal ein Jahr nach seiner Lancierung scheiterte.

[4] Vgl. als aufschlußreiches Beispiel die »debt-fiction« von William Clark »Das Mexico-Syndrom« (Clark 1983)

[5] Je nach der Berechnungsmethode (welche Zinsen werden gewählt? Wie wird die Inflationsrate gemessen?) ergeben sich unterschiedliche Resultate, die freilich nicht wesentlich voneinander abweichen. Die BIZ gibt für die langfristigen Realzinsen in den großen Industrieländern folgende Werte an:

Langfristige Realzinsen (Periodendurchschnitten in % p.a.)

Zeitraum	USA	Japan	BRD	Frankr.	Ital.	Schweiz	GB
1965-69	1,8	2,1	4,7	3,2	4,3	1,0	3,1
1970-74	0,7	-3,4	3,2	1,3	-0,7	-1,3	1,0
1975-79	0,3	0,5	3,0	0,5	-3,2	1,6	-2,2
1980-84	4,9	4,1	4,2	3,6	1,1	0,3	2,9
1983	8,1	5,6	4,6	4,9	2,9	1,2	6,2
1984	8,2	4,5	5,4	5,7	4,2	1,6	5,8
1985/I	8,2	4,6	5,0	5,8	4,1	1,0	5,4

Quelle: BIZ, Fünfundfünfzigster Jahresbericht, Basel 1985, S. 92

Trotz der Zinsdifferenzen zwischen den Nationen belegt auch diese Tabelle die niedrigen bis negativen Realzinsen im Verlauf der 70er Jahre und ihren radikalen Anstieg im Verlauf der 80er Jahre.

[6] Es ist eine der monetaristischen Lebenslügen, von der Stabilität und daher Krisenfreiheit des privaten Sektors auszugehen und mit dieser Annahme gewappnet auch die prinzipielle Absorptionsfähigkeit des privaten Sektors für die in ihm freigesetzte Liquidität (Geldkapital) anzunehmen. Wenn dann dennoch die Staatsverschuldung steigt und die Kreditaufnahme des privaten Sektors zurückgeht, dann wird der »Crowding-out-Effekt« bemüht, mit dem der Staat bei der Konkurrenz um Kredit private potentielle Kreditnehmer verdrängt. Dazu vgl. Altvater/ Hübner/ Stanger 1983, S. 141ff.

[7] Die Daten weisen auch für die OECD-Länder insgesamt den gleichen Trend aus, und zwar gleichgültig ob die Brutto- oder Nettostaatsverschuldung zum Vergleich herangezogen wird. Die Abhängigkeit der Höhe der Staatsverschuldung von der Höhe der Zinsen wird schon daran deutlich, daß Mitte der 70er Jahre, als die Realzinsen sehr niedrig, in einigen Ländern sogar negativ waren, die Staatsverschuldung in vH des BSP rückläufig war (Chouraki/ Jones/ Montador 1986, S. 108f)

[8] Diese Position vertritt auch die Deutsche Bundesbank in ihrer Darstellung von »Entwicklung und Stand der internationalen Verschuldung«; als eine der wichtigsten Ursachen der Verschuldung identifiziert sie die seit 1973 gestiegenen Erdölpreise.

[9] Inzwischen haben auf den internationalen Geld- und Kapitalmärkten »Finanzinnovationen« stattgefunden, die aber allesamt Versuche darstellen, das aufgetretene hohe Risiko der Ausleihungen zu verringern (Globalisation und Securisation; Vgl. Bank für internationalen Zahlungsausgleich, Geschäftsericht 1985; Traber 1986). Das Bankensystem hat also, seinen mikrorationalen Beweggründen gehorchend, Konsequenzen aus der Verschuldungskrise gezogen. Allerdings sind die Konsequenzen nur formeller Art. Eine Institution, die der Makrorationalität des internationalen Geld- und Kreditmarktes verpflichtet wäre, lehnen die privaten Banken natürlich ab, da dies Regulation und damit Kosten verursachen würde, die das internationale Kreditgeschäft weniger interessant machen würden.

[10] Der Itaipu-Staudamm im Dreiländereck zwischen Brasilien, Paraguay und Argentinien wird bis 1990 etwa 5,9 Mrd-Dollar Zinskosten verursachen – das sind 63,4% der gesamten geplanten Investitionen von 9,3 Mrd US-$ für das etwa 12 MegaWatt-Kraftwerk –, die kaum durch den Verkauf von Elektrizität gedeckt werden können. Bei den in Carajás geplanten mineralischen, land-, vieh- und forstwirtschaftlichen sowie industriellen Projekten wurde 1982 mit Zinskosten in der Größenordnung von 30,9 Mrd US-$, also mit rund 45% der Investitionssumme von ca. 69,2 Mrd US-$ gerechnet.

[11] Kindleberger (1978) berichtet über Kreditgeschäfte von Banken im 19. Jahrhundert. Ganz ähnlich wie heute erzwingt die Rationalität des einzelnen Akteurs ein Verhalten, das nur zur irrationalen Reaktion des Marktes, des Systems insgesamt also, als der Instanz gesellschaftlicher Vermittlung individuell rationaler Strategien, führen kann. Fatal ist ja gerade, daß es nicht Fehler der Banken sind, die eine Verschuldungskrise provozieren, sondern die Eigenart der systemischen Reaktion.

[12] Dies findet zunächst seinen Ausdruck darin, daß die Banken die Refinanzierungskosten den Schuldnern in der Form von »spreads«, also Aufschlägen auf die internationalen Marktzinssätze (LIBOR, prime rate), anlasten. Es scheint pervers zu sein, daß ein Schuldner, der bereits Zahlungsschwierigkeiten hat, nun noch gezwungen wird, den *erhöhten* spread zu zahlen. Die Risikovorsorge der Banken enthält folglich für die Schuldner die fatale Konsequenz, daß deren durch die Verschuldung entstandene Situation noch verschlimmert wird.

[13] Vom US-amerikanischen Finanzminister Baker ist im Herbst 1985 ein Plan ausgearbeitet worden, mit dessen Realisierung den Hauptschuldnerländern »fresh money« zur Verfügung gestellt werden sollte, um die Liquiditäts- und Solvenzprobleme kurzfristig zu überwinden. Die kommerziellen Banken sollten den hochverschuldeten (zunächst 15, dann 17) Ländern 20 Mrd US-$ zur Verfügung stellen, wenn die offiziellen Institutionen und Regierungen der hochindustrialisierten Länder mit weiteren 9 Mrd US-$ helfen würden. Die Empfängerländer sollten zu harten wirtschaftspolitischen Anpassungsmaßnahmen verpflichtet werden, die durchaus an die sozialen und politischen Strukturen rühren sollten, um Weichen für eine grundsätzliche Bewältigung der Verschuldungskrise zu stellen.

[14] Dies geschieht dadurch, daß der Staat Bürgschaften gegenüber den internationalen Banken übernimmt oder direkt als Kreditnehmer auftritt, insbesondere wenn es darum geht, den Schuldendienst zu finanzieren. In vielen Ländern waren es auch Staatsunternehmen, die mittels Kreditaufnahmen auf den internationalen Märkten Devisen beschafft haben und daher heute in hohem Grade extern verschuldet sind. Nur nebenbei sei bemerkt, daß die internationalen Institutionen und die Regierungen der Industrieländer, die nicht müde werden, das Hohelied der freien Marktwirtschaft und der Privatinitiative zu singen, aktiv den Prozeß der *Verstaatlichung des Schuldendienstes* unterstützen, natürlich mit der erklärten Absicht, das *private internationale System der Banken* nicht durch hohe Abschreibungen zu gefährden.

[15] »Seit Ausbruch der Schuldenkrise im Jahre 1982 ist es durch eine weitreichende Zusammenarbeit aller Beteiligten gelungen, über das Krisenmanagement hinaus alles in allem erhebliche Fortschritte auf dem Weg zu einer dauerhaften Überwindung der Verschuldungsprobleme der Entwicklungsländer zu erzielen...« (Deutsche Bundesbank, Geschäftsbericht 1985, S. 80). Im Monatsbericht vom Januar 1987 allerdings ist die Deutsche Bundesbank in ihrer Einschätzung der Verschuldungsprobleme weniger optimistisch. Sie beginnt ihre Analyse von »Entwicklung und Stand der internationalen Verschuldung« mit der Bemerkung, daß sich »in jüngerer Zeit...die Zahlungsprobleme einiger Länder...erneut zugespitzt« hätten (S. 40).

[16] Folgende Aufstellung zeigt die Schätzungen im einzelnen:

Bedeutung von exogenen Faktoren für verschuldete Länder der
Dritten Welt (nur: Nicht-Erdöl Produzenten) in Mrd US$

Anstieg des Erdölpreises (abzüglich Inflation in der USA 1973-1982)	260
Verluste, die nicht der Erdölpreissteigerung anzulasten sind	141
davon: Realzinsen (Niveau über dem Durchschnitt von 1961-82) 1981-1982	41
Terms of Trade Verluste 1981-82	79
Rückgang des Exportvolumens1981-82	21
Insgesamt	401

Quelle: Cline 1983, S. 25, nach Milivojevic 1985, S. 16

[17] Atkinson/Chouraqui (1985) wenden gegen die These von der Verantwortlichkeit des hohen Haushaltsdefizits der USA ein, daß das Defizit der USA gemessen am BIP

nicht größer sei als in anderen OECD-Ländern (S.35f). Dieses Argument ist unangemessen, da nicht die relative Größe des Defizits zählt, sondern die absolute Größe; denn diese bestimmt die Nachfrage nach Leihkapital auf den internationalen Geld- und Kreditmärkten.

[18] Trotz der gesunkenen Nominalzinsen sind die Realzinsen in den Industrieländern eher angestiegen. Der Grund ist die gesunkene Inflationsrate wegen der gefallenen Preise von Rohstoffen, insbesondere von Rohöl. Vgl. Sachverständigenrat zur Begutachtung der gesamtwirtschaftlichen Entwicklung, Jahresgutachten 1986/87, S. 38.

[19] Die Rohstoffpreise bewegen sich natürlich auch zyklisch und sind dabei von einer Vielzahl von beeinflußenden Faktoren abhängig. Daher kann es immer wieder bei einzelnen Rohstoffen zu Preishaussen kommen, die aber den Trend nicht umzukehren vermögen.

[20] Im einzelnen wird folgende Preisentwicklung erwartet:

Marktpreise ausgewählter Rohstoffe, die von Entwicklungsländern exportiert werden(1982 = 100)

	1983	1984	1985	1986	1987	1988/I
Nahrungsmittel	105	91	80	86	84	86
Tropische Getränke	105	120	109	142	139	136
Landwirtschaftl. Rohstoffe	106	103	93	95	99	102
Mineralische Rohstoffe	103	95	92	89	92	94
Nachrichtlich: OECD-Fertigwaren	96	93	93	111	115	117

Quelle: OECD, Economic Outlook No.40,December 1986, S. 144

[21] Also sind die beiden »Ölpreisschocks«, die für die Krise in den entwickelten Ländern vom »wissenschaftlichen Sachverstand« regelmäßig verantwortlich gemacht worden sind, bravourös zurückgegeben. Der Schock trifft dieses Mal die Ölproduzenten und daher spricht niemand in den Industrieländern davon. Erst wenn der Ölpreisverfall zur Zahlungseinstellung des Schuldendienstes von Ländern wie Mexico, Venezuela oder Nigeria oder zu einer Verschärfung der Krise in den Ölregionen im Süden der USA führen wird, wird sich die Schockwelle auch auf der nördlichen Hälfte des Globus bemerkbar machen, wo gegenwärtig noch die heilsamen antiinflationistischen Auswirkungen der Ölpreiskatastrophe gefeiert werden.

[22] Die ausländischen Unternehmen haben in Brasilien 1985/86 ihr Engagement in der Form von Direktinvestitionen drastisch reduziert. *Erstens* sind die Neuanlagen verringert worden, *zweitens* sind weniger Außenkredite in Risikokapital verwandelt worden als in den Jahren zuvor (auch wenn die Summe immer vergleichsweise gering war und sich unterhalb der Milliarde Dollar bewegt) und drittens haben die Profittransfers aus Brasilien ins Ausland zugenommen.

Direktinvestitionen und Profittransfer in Brasilien (in Mrd US-$)

Jahr	1980	1981	1982	1983	1984	1985	1986
Nettozugänge	1,45	1,79	1,28	0,41	0,38	0,21	-0,33
Umwandlung von Krediten in Direktinv.	0,04	0,00	0,14	0,45	0,75	0,58	0,40
Profittransfer ans Ausland	0,54	0,59	0,86	0,76	0,80	1,14	1,55

Quelle: Folha de São Paulo 3.10.1986; Senhor 7.10.1986

Es ist klar, daß sich mit den wachsenden Transfers ins Ausland die Schwierigkeiten mit dem Schuldendienst erhöhen, da ja die Bilanz der laufenden Posten durch die Transfers zusätzlich belastet wird.

[23] : Als »nicht-legitim« bezeichnet er jenen Teil der Außenschuld, der durch die »Wucherzinsen« sowie durch die »Verluste aus dem Außenhandel . . .(entstanden ist), die die Gläubigerländer den Schuldnerländern durch den scheinbar unschuldigen Mechanismus des freien Marktes aufbürden« (Castro 1985, S. 549).

[24] Zum Beispiel müssen für die im Bau befindlichen Atommeiler Angra II und III, die aufgrund des Atomvertrags zwischen Brasilien und der BRD von der KWU errichtet werden, derzeit nach Angaben der Nuclébrás Zinsen von jährlich ca 360 Mio US$ abgeführt werden (O Estado de São Paulo, 21.12. 1985), obwohl unabsehbar ist, ob überhaupt und wann die Atommeiler ans Netz gehen können. Der Elektrosektor Brasiliens – um ein anderes Beispiel zu nennen – ist für ca. 11. Mrd US$, also mehr als 10% der brasilianischen Außenschuld gut (oder besser schlecht). Im Jahre 1985 betrugen die nominalen Zinsen auf diese Kredite zwischen 15% – 19%, während die Rendite des Sektors insgesamt bei etwa 4%-5% lag. Die desaströsen Effekte der Kreditkrise auf die Substanz der Unternehmen ist vorstellbar. Die für den Bau des tropischen Stausees von Tucuruí verantwortliche Eletronorte hat bei dieser Divergenz zwischen Fremdzinsen und Rendite schon 1983 48,1% der Eigenmittel für Zinszahlungen verwenden müssen (O Liberal, 23.7.1985; Senhor, 26.1. 1986). Vgl. auch die Ausführungen im folgenden, achten Kapitel.

[25] LTN sind Schatzbriefe (Letras do Tesouro nacional), ORTN indexierte Staatsschuldverschreibungen (Obrigações reajustaveis to Tesouro Nacional), die bis zum Plano Cruzado vom Februar 1986 wegen ihrer Indexierung im internen Geldumlauf die Funktion von Wertmaß und Maßstab der Preise übernommen haben. Geschaffen waren sie allerdings von den Militärs, um den internen Kapitalmarkt durch Mobilisierung der nationalen Ersparnis zu entwickeln.

[26] Es können hier die verschiedenen Pläne zur Lösung und Überwindung der Verschuldungskrise nicht erörtert werden, zumal sie sich zumeist nur in der technischen Ausgestaltung unterscheiden. Vgl. aber die Diskussion der Pläne in Schubert 1985, III. Teil.

[27] Die US-amerikanische Bankgesetzgebung schreibt vor, daß Wertberichtungen auf Aktiva der Banken vorgenommen werden müssen, wenn diese nicht die vorgesehenen und in den Bilanzen ausgewiesenen Erträge bringen. Mit der Reduzierung der Gewinne infolge von ausbleibenden Zinserträgen verringern sich die Rentabilitäten der Banken; nach dem Moratorium Brasiliens sehen die Kalkulationen der großen US-Banken folgendermaßen aus:

Geschätzte Verluste der großen US-Banken durch das Zinsmoratorium Brasiliens

	Kredite an Brasilien (MRD $)	Geschätzte Verluste (Mio $)	in vH der Gewinne von 1986 (%)
Citibank	4,6	186	18
Chase Manhattan	2,8	113	19
Bank of America	2,7	109	NA
Manufact. Hanover	2,3	91	22
Morgan Guaranty	1,9	77	9

Quelle: Business Week, 9. März 1987

Die Angaben sind Minimalwerte. Bei Zinsen in der Größenordnung von 8 vH müßte Citibank nicht 186 Mio $ Verluste ausweisen, sondern an die 370 Mio $.

Anmerkungen zum achten Kapitel

[1] Vgl. die Kennzahlen zur Verwundbarkeit in Weltbank 1985, S. 92; darin werden die Zinszahlungen/Exporte und der Anteil der variabel verzinslichen Schulden benannt. Sá (1982) mißt die »Vulnerability« der brasilianischen Ökonomie anhand des globalen Verschuldungskoeffizienten (Schuldendienst/Exporte). In den sicherheitspolitischen Analysen der Importabhängigkeit von energetischen Rohstoffen wird deutlich, daß dem Konzept von »Vulnerability« eine nationalstaatliche Perspektive eigen ist, die die weltwirtschaftlichen Dimensionen, die im zweiten Kapitel diskutiert worden sind, bis zur Unkenntlichkeit vereinseitigt.

[2] In der Zeitschrift »Conjuntura Economica« (Vol 36, No 8, August 1982, S. 103 – 106) wird als Bedingung für die Rentabilität des Projekts explizit die Bedeutung der niedrigen Kreditkosten auf internationalen Märkten (günstige Zinsen, keine überhöhten Spreads, lange Kreditlaufzeiten mit einer tilgungsfreien Zeit, die länger als gewöhnlich ist) hervorgehoben. Umgekehrt heißt dies natürlich auch, daß die Rentabilität unter normalen Weltmarktbedingungen von Anfang an als fragwürdig eingeschätzt worden ist.

[3] Várzeas sind Flußniederungen, die während des Hochwasserpegels der Flüsse in der Regenzeit überschwemmt werden.

[4] Dabei handelt es sich um ein komplexes Siedlungsprojekt, das von der Weltbank unterstützt wird. Vgl. Kohlhepp/Coy 1985

[5] In Revue Tiers-Monde, Juli/Sept 1986 wird der Frage nach den Chancen einer »nouvelle industrialisation du tiers-monde« nachgegangen. Die Einschätzungen sind unterschiedlich und reichen von einer skeptischen Beurteilung der Möglichkeiten bis zur Aussage, daß es keine Alternative für den »Saint-Simonismus« der Industrialisierung in der Dritten Welt gebe.

[6] Conceição Tavares/de Assis (1985) teilen die Einschätzung von Barros de Castro/ Pires de Souza von dem hohen Maß ökonomischer Rationalität nur bedingt: die Dynamisierung der Akkumulation hat soziale Zersetzung zur Folge, das schon erwähnte »exkludente« Akkumulationsmodell, das sie (S. 8) als den einzigen kohärenten Faktor der Wirtschaftspolitik der Militärs seit 1964 identifizieren; die Hälfte der

brasilianischen Bevölkerung ist von seinen Gratifikationen ausgeschlossen: »Brasil ame-o ou deixe-o« (Liebe Brasilien oder hau ab).

[7] Dies weisen die Firmenübersichten von Visão, Exame, Gazeta Mercantil aus (Vgl. Rückert 1981, S. 90ff).

[8] Die Inflationsrate erreicht 1984 einen Wert von ca 230%, der Ende 1985 auf im Jahresdurchschnitt offiziell angegebene 232% und mit der Tendenz am Jahresende auf über 400% ansteigt. Die ungefähren Niveauangaben sind den unterschiedlichen in Brasilien verwendeten Meßmethoden der Inflation geschuldet: Die Lebenshaltungskosten werden in den metropolitanen Regionen Belém, Belo Horizonte, Brasília, Curitiba, Florianópolis, Fortaleza, Manáus, Porto Alegre, Recife, Rio de Janeiro, Sao Paulo ermittelt und sind daher je nach Region unterschiedlich. Unterschiede weisen auch die verschiedenen Preisindices auf. Die in den ORTN implizierte »correção monetaria« (Geldwertkorrektur) gibt für 1985 eine globale Inflationsrate von 233,6% an. Die administrierten Preise erhöhten sich in jenem Jahr folgendermaßen: Weizen: 151,2%; Elektroenergie 306,8%; Telekommunikation 171,2%; Kohle: 204,0%; Eisen- und Stahlerzeugnisse 239,4%; Posttarife 225,6%; Eisenbahntransport 297,7%; Hafengebühren 400,0%. (Relatório 1985 do Banco Central, S.26ff)

[9] Die Klage des ehemaligen Industrieministers Camillo Penna (Gazeta Mercantil vom 10.6.1981) ist daher verständlich, daß Brasilien 1981 die 8 Mrd US-$ Zinsen mit seinen Exporteinnahmen von Soja (2,8 Mrd US-$), Kaffee (2,2 Mrd US-$), Zucker (1,5 Mrd US-$), Eisenerz (1,5 Mrd US-$) hat bezahlen müssen. Und die Rohstoffpreise sind noch weiter gefallen, während die Zinsen anstiegen.

[10] Herbert Souza bezeichnet Carajás daher schon 1982 als ein Exportprojekt, das ökonomisch eine Enklave darstelle und auf sozialem Elend beruhe (nach einem Bericht über den SBPC-Kongreß in Campinas von 1982, O Liberal 14.7.1982).

[11] Die Federação das Industrias do Estado do Pará hat 1982 Forderungen präsentiert, um die regionale Vernetzung des Großprojekts von Carajás zu verbessern: Im Zusammenhang mit dem Albrás/Alunorte-Projekt der Aluminiumerzeugung wurde gefordert, daß der Transport von den Bauxitlagerstätten am Rio Trombetas nach Barcarena den regionalen Transportunternehmen überantwortet werde. Auch sollte mit Subventionen eine regionale Aluminium verarbeitende Industrie errichtet werden. Im Zusammenhang mit dem Ferro-Carajás-Projekt sollte die Weiterverarbeitung des Eisen zu Gußeisen und Blöcken regionalen Unternehmen überlassen werden. Auch sollten im Förderungsbereich von Land- und Viehwirtschaft nicht nur die großen Unternehmen, sondern auch kleine und mittlere ortsansässige Unternehmen unterstützt werden. Außerdem wird in einer fünften These gefordert: »Die ökologischen Schäden müssen möglichst auf das Minimum reduziert werden.« (Encontro Nacional sobre O PGC, As teses da Federação das Industrias do Estado do Pará, São Paulo 23.9.1982)

[12] Die ersten 10km an beiden Seiten der Bundesstraßen waren für Kolonisierungsprojekte vorgesehen, die übrigen 90km für großflächige Inwertsetzungsprogramme der Zentralregierung. Garrido Filha schreibt 1971 – ganz die geopolitische Argumentation der Militärs übernehmend –, daß die insgesamt 3.527.000 qkm der Zentralregierung unterstelltes Territorium »unabdingbar für die Sicherheit und die Entwicklung der Nation insgesamt« seien (Garrido Filha 1971).

[13] Ende 1985 wurde von Abgeordneten aus dem nördlichen Goiás der Versuch gestartet, durch Gesetz einen Bundesstaat Tocantins zu bilden. Diese Initiative konnte zurückgewiesen werden, nachdem sie am 2.12.1985 zunächst akzeptiert worden war. Dabei ist auch zu berücksichtigen, daß seit der Neuen Republik eine breite Debatte um die regionale Neugliederung des brasilianischen Staatsgebiets läuft (Vgl. Folha de São Paulo vom 28.1.1986, 5.2.1986, 25.3.1986). Auch im Zuge der Debatten in der

Verfassung gebenden Versammlung sind Überlegungen über eine regionale Neugliederung des brasilianischen Staatsgebiets angestellt worden. [14] Zum Beispiel haben in der 900.000 qkm großen Programmregion Carajás die Bundesstaaten Pará, Maranhão und Goiás Zuständigkeit über ca. 50% der Fläche. Die andere Hälfte befindet sich unter der Jurisdiktion der Bundesregierung bzw. von Entwicklungsplanungsbehörden wie INCRA (Instituto Nacional de Colonização e Reforma Agraria), GETAT (Grupo executivo das Terras do Araguaia e Tocantins). Ein Teil des Gebiets, die Indianer-Reservate, unterstehen der FUNAI (Fundação Nacional do Indio). Dann verfügt das Staatsunternehmen Companhia Vale do Rio Doce über mehrere 1000 qkm im Erzgebiet der Serra dos Carajás. In den jeweiligen Gebieten mit unterschiedlicher Zuständigkeit sind auch die wirtschaftlichen Förderungsmaßnahmen und -programme unterschiedlich. Das Kompetenzwirrwarr in der Entwicklungsplanung und -förderung ist schon häufig Gegenstand der Kritik gewesen (vgl. neben anderen: Cardoso/Müller 1978, S. 109ff.; Santillo 1981; Kohlhepp 1984; Bunker 1985, S. 124ff.)

[15] Es ist allerdings hervorzuheben, daß die CVRD in der Zwischenzeit eine effiziente Beratungsgruppe für Umweltfragen (GEAMAM) aufgebaut hat und, um Weltbankauflagen für Kredite nachzukommen, bedeutsame Investitionen in den Umweltschutz getätigt hat (Vgl. CVRD 1984; de Alemeida Jr. 1986; Davies de Freitas 1987; Kohlhepp 1986, S. 185ff.). Auf einem Seminar, das im September 1986 von der CVRD und anderen Organisationen über »Economic Development and Environmental Impact in Areas of Brazilian Humid Tropics« veranstaltet worden ist, sind eine Reihe von weitreichenden Maßnahmen vorgeschlagen worden. Daran zeigt es sich, daß der einstige non-chalante Umgang mit der natürlichen Umwelt nicht mehr selbstverständlich und weder in der regionalen und nationalen Gesellschaft noch in internationalen Gremien und Organisationen konsensfähig ist und daher ein unternehmensstrategischer Anpassungsprozeß eingeleitet worden ist, der freilich schon dadurch begrenzt ist, daß er sich lediglich auf das vergleichsweise kleine, von der CVRD kontrollierte Gebiet (von ca. 3500 qkm) innerhalb der Programmregion Grande Carajás beschränkt.

[16] Kleinere Stauseen sind in den 70er Jahren in der Nähe von Santarém (Curua Una) und in Amapá zur Versorgung der Manganausbeutung in der Serra do Navío (Coaracy Nunes) errichtet worden.

[17] Davon gehen diejenigen Beobachter aus, die eine Tendenz der Rückverlagerung chemals lohnintensiver Teilprozesse der Produktion von Komponenten in die Industrieländer oder an deren geographischen »Rand« (beispielsweise Portugal oder Irland) aufgrund neuer Technologien feststellen (Vgl. Junne 1985). Eine Institution wie die Zona Franca von Manáus würde dann selbst dann uninteressant, wenn die Subventionen wie bisher auch weiterhin fließen.

[18] Die Vorschläge, die Bäume zu fällen und auf dem Weltmarkt gegen Devisen zu verkaufen, um so zwei Fliegen mit einer Klappe zu schlagen, nämlich die Biomasse zu räumen und Milliardenbeträge an Dollardevisen zu verdienen, sind naiv. Denn sie stellen nicht die beinahe unlösbaren logistischen Probleme in Rechnung und berücksichtigen obendrein nicht, daß auf dem Weltmarkt verwertbare Edelhölzer innerhalb des Regenwaldes nur isoliert wachsen.

[19] Bei der Kalkulation ging man von einem Preis von rund 48 US$ (cif Porto Velho) je Barrel Dieselöl und rund 30 US$ je Barrel Heizöl aus; nach dem Verfall des Ölpreises auf dem Weltmarkt müßten die Kalkulationen der Einsparungen von fossilen Energieträgern durch das Wasserkraftwerk korrigiert werden. Dies gilt natürlich auch für Balbina und Tucuruí. Mit Balbina erwartet die Eletronorte, im Zeitraum 1987-1993 18 Mio Barrels Öl bei der Elektrizitätsversorgung von Manáus weniger verbrauchen zu

können. In Belém wirbt die Eletronorte auf Plakatwänden für Tucuruí mit der Schlagzeile, Erdöl in der Größenordnung von 230 Mio US$ bereits 1985, ein Jahr nach der Flutung, eingespart zu haben.

[20] Die von der Eletronorte beauftragte Gesellschaft CAPEMI (Caixa de Pecúlio Militar), eine Versicherungsgesellschaft der Militärs mit Aktivitäten im land- und viehwirtschaftlichen Sektor, die zu Arbeiten dieser Größenordnung gar nicht geeignet war, scheiterte an der Aufgabe, das Gebiet des zukünftigen Stausees in der Ausdehnung von 165 Mio ha Wald zu roden und das Holz abzutransportieren. Die Capemi mußte Konkurs anmelden, nachdem sie an die Arbeiter und Angestellten 1982 keine Sozialleistungen zahlen und die Leasinggebühren für den Maschinenpark nicht mehr entrichten konnte. Damit waren auch alle – in hohem Grade naiven – Berechnungen des IBDF hinfällig, aus dem einzuschlagenden Holz Devisen in der Größenordnung von ca 1,5 Mrd US$ zu erwirtschaften (O Liberal, 7.4.83). Die Eletronorte begnügte sich dann damit, lediglich 10000 ha Wald in unmittelbarer Nähe der Staumauer roden zu lassen. Die Capemi hat bei ihren Arbeiten zur Räumung der Biomasse dioxinhaltige Entlaubungsmittel eingesetzt, speziell gegen Paranuß-Bäume, um mit deren Vernichtung den Sammlern von Paranüssen die Existenzgrundlage zu nehmen und so aus der zu flutenden Region zu entfernen. Auch die Eletronorte hat bei der Trassierung der Hochspannungsleitung von Tucuruí nach Barcarena Dioxin benutzt, offensichtlich mit der Folge, daß nicht nur Vieh vergiftet worden ist, sondern auch Menschen starben oder Schaden litten. Über das Ausmaß freilich gehen die Darstellungen weit auseinander.

[21] Freilich ist das Argument durchaus ernst zu nehmen, daß für eine ausgedehnte regionale Schiffahrt angesichts der ökonomischen Entwicklung der Tocantins- Araguaia-Region gar kein Bedarf bestünde und die bestehenden Verkehrssysteme ausreichend seien. Doch ist auch in Erinnerung zu rufen, daß während des Kautschukbooms zwischen Tucuruí und Jacobal (heute in den Fluten des Sees verschwunden) eine Bahnlinie gebaut worden ist, um die Katarakte des Tocantins umgehen zu können: gerade um die Schiffahrtsstraße nutzen zu können. Die Bahnlinie war noch bis in die 60er Jahre hinein in Funktion.

[22] Um eine Tonne Tonerde zu produzieren, werden bei der in der Alunorte-Fabrik in Barcarena geplanten Technik (der Nippon Light Metal auf der Grundlage des Bayer-Prozesses) 2,121 to Bauxit, 78 kg Ätznatron, 3 kg Kalk, 1,1 kg Stärke, 1,2 kg Schwefelsäure, 76 kg Heizöl, 1060 KWh elektrotermische Energie und 185 KWh Elektroenergie für den Prozeß verwendet. Um eine to Aluminium (mit der Technologie der Mitsui Aluminium Co Ltd.) herzustellen, werden 1,930 to Aluminiumoxyd, 405 kg Koks, 100 kg Teer (für die Herstellung der Anoden in den Reduktionsöfen), 12 kg Kriolit, 23 kg Fluor (Flußspat) und 15400 KWh Rohstoff- und Energieinputs benötigt (Angaben nach CVRD-Revista, Vol 7, No 26, Dez. 1986).

[23] Ein Jahr später gründete die CVRD die Tochter Docegeo, die seitdem systematisch die Prospektionsarbeiten für die CVRD durchführt, inzwischen im gesamten brasilianischen Amazonasgebiet. Die Docegeo ist inzwischen mehr als eine Prospektionsfirma; sie ist auch Betreiberin der Serra Pelada, über die unten zu berichten sein wird.

[24] Im Erzbergbau und für die Verhüttung sollten im Verlauf von 10 Jahren 28,1 Mrd US$ investiert werden, in der Landwirtschaft 8,1 Mrd US$, in der Viehwirtschaft 1,7 Mrd US$, für die Wiederaufforstungsprogramme 1,3 Mrd US$, für die urbane Entwicklung 14,6 Mrd US$ und die übrige Infrastruktur 7,9 Mrd US$ (CVRD 1981).

[25] Auf einem Seminar über »Economic Development and Environmental Impact in Areas of Brazilian Humid Tropics« (Belém Sept. 1986) wurde daher nicht nur auf die negativen Beispiele in Minas Gerais verwiesen, wo der extensive Gebrauch von Holzkohle bereits zur Verwüstung der Silvikultur geführt hat, sondern auch »the type

of industrialization« in Frage gestellt: »It is necessary to export items with higher aggregate composition, but not in a predatory way« (Recommendations, S. 5).

[26] Dabei geht es um eine Befreiung von der Einkommensteuer im Verlauf der ersten 10 Jahre; um eine Befreiung von der Umsatzsteuer auf importierte Ausrüstungen; um eine Befreiung von der Steuer auf selbsterstellte Produkte, und zwar sowohl auf Rohstoffe wie auf Industriegüter (Vgl. Sá 1984, S. 17ff.; Cota 1984).

[27] Auch in anderen Regionen (am Xingu, am Tapajós und am Rio Madeira) gibt es ähnlich gelagerte Konflikte zwischen Garimpeiros, die mit traditionellen manuellen Methoden Gold schürfen, und modern ausgerüsteten Minengesellschaften, die mit hoher Kapitalintensität an die Goldausbeute herangehen. Nicht selten haben Garimpeiros das Beispiel der Maschinenstürmer wiederholt und die Ausrüstungen der Gesellschaften zerstört. Und ebenso häufig haben die Gesellschaften ihre Ressourcen gegen die Garimpeiros eingesetzt: von der Staatsgewalt bis zu privat geheuerten »jagunços«(Pistolenhelden). Auch Konflikte zwischen indigener Bevölkerung und Garimpeiros und Minengesellschaften sind an der Tagesordnung. Wo Bodenschätze gefunden werden, hören in der Regel die Rechte von Reservaten auf.

[28] Dazu gehört die Vertreibung von Ocupantes und Posseiros, die zwar keine förmlichen Besitztitel auf Land vorweisen können, jedoch häufig schon sehr lange das Land bebaut haben. Titel auf Land sind auch oft genug mit Hilfe von Fälschungen in Grundbüchern, durch Bestechung etc. erworben worden. In den Bundesstaaten Acre und Mato Grosso jedenfalls sind Titel auf Land vergeben worden, die auf eine Fläche größer als die der genannten Bundesstaaten lauten.

[29] Die brandgerodeten Flächen wurden in der Regel zwei bis drei Jahre genutzt, so lange nämlich wie die düngende Wirkung der Asche die Bodenfruchtbarkeit genügend hoch hielt, um angemessene »Ackernahrung« zu bieten. Danach wurden sie verlassen, um vom Urwald in kurzer Frist wieder »vereinnahmt« zu werden. Die Indios legten nach der Aufgabe der alten eine neue chacra an. Die »shifting cultivation« wird von vielen Ökologen als eine den tropischen Regenwäldern höchst angepaßte Wirtschaftsform angesehen.

[30] Es ist nicht zufällig oder unbedacht, daß Marx die Schranken kapitalistischer Industrialisierung einerseits im Widerstand der Arbeiterklasse gegen die spezifische Form der Ausbeutung sieht und andererseits in ökologischen Wirkungen gerade durch die industriell betriebene Landwirtschaft: »...Und jeder Fortschritt der kapitalistischen Agrikultur ist nicht nur ein Fortschritt in der Kunst, den Arbeiter, sondern zugleich in der Kunst, den Boden zu berauben, jeder Fortschritt in Steigerung seiner Fruchtbarkeit für eine gegebne Zeitfrist zugleich ein Fortschritt im Ruin der dauernden Quellen dieser Fruchtbarkeit...Die kapitalistische Produktion entwickelt daher nur die Technik und Kombination des gesellschaftlichen Produktionsprozesses, indem sie zugleich die Springquellen alles Reichtums untergräbt: die Erde und den Arbeiter.« (Das Kapital, Band I, MEW Bd. 23, S. 529f.)

[31] Es handelt sich dabei um den Stausee von Itaipu, den Ausbau des Telefonsystems, die Stahlindustrie, die Kernkraftwerke von Angra, die Untergrundbahnen und nicht zuletzt um Carajás. 1982 waren in Carajás erst 13,2% der geplanten Mittel in der Höhe von 1457 Mrd Crs verbaut, also noch 86,8% der Gesamtsumme zu finanzieren.

[32] Diese sind durch eine Redimensionierung der Bahnlinie zustandegekommen: (1) weniger Ausweichspuren und folglich weniger Erdarbeiten, (2) eine Vereinfachung und Reduzierung des Kontroll- und Signalsystems, (3) die Verringerung der Kapazität von ursprünglich 50 Mio t/a auf zunächst 15 und später 35 Mio t/a, (4) die Reduzierung des Unterbaus unter den Schwellen und (5) die Vergrößerung des Schwellenabstandes, (6) die Verwendung von bereits gebrauchten Ausrüstungen beim rollenden Material etc. (Jornal do Comercio, 28 de Fevr. 1985).

Literaturverzeichnis

Abreu, Marcelo de Paiva (1975): A dívida pública externa do Brasil 1931- 1943, in: Pesquisa e Planejamento Economico IPEA, Rio de Janeiro 1975.

Abreu, Marcelo de Paiva (1984): Argentina and Brasil during the 1930s: The Impact of British and American International Economic Policies, in: Thorp, Rosemary (Hrsg.): Latin America in the 1930s, Oxford 1984.

Adams, Richard N. (1975): Energy and Structure. A Theory of Social Power, Austin 1975

Allen, K./*Stevenson* A. (1974): Introduzione all'economia italiana, Bologna 1974

Almeida Jr.,J.M.G. de (Hrsg.) (1986): Carajás. Desafio politico, Ecologia e Desenvolvimento, São Paulo 1986.

Althusser, Louis (1973): Marxismus und Ideologie, Westberlin

Altvater, Elmar (1969): Gesellschaftliche Produktion und ökonomische Rationalität, Frankfurt/Main und Wien 1969.

Altvater, Elmar (1978): Politische Implikationen der Krisenbereinigung – Überlegungen zu den Austerity-Tendenzen in Westeuropa, in: Prokla Heft 32, 8. Jahrg. 1978, S. 43 – 72

Altvater, Elmar/ *Hoffmann*,Jürgen (1980): Marxistische Ansätze zur Interpretation historischer Wachstumszyklen, in: *Schröder*, Wilhelm/ *Spree*, Reinhard (Hrsg): Historische Konjunkturforschung, Stuttgart 1980, S. 372 – 403

Altvater, Elmar (1980): Il capitalismo si organizza: il dibattito marxista dalla guerra mondiale alla crisi del '29, in: Hobsbawn, Eric et. al. (ed).: Storia del marxismo, Volume terzo, 1, Torino 1980, S. 823-876

Altvater, Elmar (1982): Der Kapitalismus vor einem Aufschwung? Über Theorien der »langen Wellen« und der »Stadien«, in: Wirtschaft und Gesellschaft, 8. Jahrg., No.2/82, S. 195-224

Altvater, Elmar (1983a): Der Kapitalismus in einer Formkrise, in: Argument Sonderband AS 100, Berlin (West) 1983

Altvater, Elmar (1983b): Bruch und Formwandel eines Entwicklungsmodells, in: Hoffmann, Jürgen (Hrsg.): Überproduktion, Unterkonsumtion, Depression. Hamburg 1983.

Altvater, Elmar / *Hübner*, Kurt / *Stanger*, Michael (1983): Alternative Wirtschaftspolitik jenseits des Keynesianismus, Opladen 1983

Altvater, Elmar (1985): Kredit und Hegemonie – Über die Aussichten für einen baldigen Aufschwung des kapitalistischen Weltmarkts, in· Jänicke, Martin (Hrsg.), Vor uns die goldenen 90er Jahre? München 1985.

Altvater, Elmar (1985): Einleitung (zu: Fidel Castro, Die Verschuldungskrise der Weltwirtschaft und die aufhaltsame Zerstörung des Kapitalismus durch die Banken): Vom verschuldeten Kapitalismus und von der Sozialisierung der Schulden, in: Leviathan, 13.Jahrg., 1985, Heft 3, S. 537 – 545

Altvater, Elmar/ *Hübner*, Kurt/ *Lorenzen*, Jochen/ *Rojas,* Raul (1987) (Hrsg.): Die Armut der Nationen – Handbuch zur Verschuldungskrise von Argentinien bis Zaire, Berlin (West) 1987

ALUNORTE (1976): Projeto de Alumina, Relatório de Viabilidade, (Cia.Vale do Rio Doce), 1976.

Amazonia (1962) – Uma análise do desenvolvimento economico, in: Planejamento 6/62,S.46-51, Recife 1962.

Amin, Samir (1975): Accumulation on a World Scale – A Critique of the Theory of Underdevelopment, New York 1975.

Amman, Fernando (1986): Risorse esauribili e risorse reproducibili in: Sapere, 52.Jg., No.7, Juli 86, S.11 – 19

AMZA: Projeto Carajás, in: Amazonia Mineração S.A. 1973.

Anders, Günther (1980): Die Antiquiertheit des Menschen. Bd. 2: Über die Zerstörung des Lebens im Zeitalter der dritten industriellen Revolution, München 1980.

Andrach, Claudio M. (1984): Conservação da energia e preservação ambiental na Valesul, in: CVRD-Revista, Vol.5, No.16, S.3-9,Jan.84, 1984.

Andrade, Moacir (1981): Amazônia – a esfinge do terceiro milênio, Manáus (SU-FRAMA)1981.

Antonio, Mariano d' (1976): Stato ed Economia nel Mezzogiorno dagli anni '50 ad Oggi in: AA.VV., Il Governo democratico dell'Economia, in: Graziani 1979, Bari 1976.

Arida, Persio (1986): Neutralizar a inflação, uma idéia promissora, in: Rego, José Márcio (ed): Inflação inercial, teorias sobre inflação e o plano Cruzado, Rio de Janeiro 1986, S. 159-163

Armstrong,Ph./*Glyn*/A./*Harrison*,J. (1984): Capitalism since World War II; London 1984.

Arrow, Kenneth (1974): Environmental Preservation, Uncertainty and Irreversibility. in: Quarterly Journal of Economics, 88 (2), S. 312-319, 1974

Arruda, Marcos (1979): Daniel Ludwig e a exploração da Amazonia, Rio de Janeiro 1979.

Azevedo, Beatriz Regina Zago de: (1985) A produção nao-capitalista, Porto Alegre (FEE) 1985.

Bacha, Edmar (1976): Os mitos de uma decada – Ensaios de Economia Brasileira, Rio de Janeiro 1976.

Baer, Werner (1985): A Industrialização e o Desenvolvimento Econômico do Brasil, Rio de Janeiro 1985.

Bagnasco,A. (1977): Tre Italie: La Problematica territoriale dello sviluppo italiano, Bologna 1977.

Balzer, Geert (1983): Produktionsweisen, Artikulation und periphere Gesellschaftsformationen, in: Peripherie, 4. Jahrg., Nr. 14, Herbst 1983, S. 49 – 62

Banco Mundial (1985): Brasil: Análise dos sistemas financeiros, Rio de Janeiro 1985.

Baron, St./Glismann,H./Stecher,B. (1977): Internationale Rohstoffpolitik – Ziele-,Mittel,Kosten, Tübingen 1977.

Barros de Castro,A./ Pires de Souza,F.E (1985): A Economia Brasileira em Marcha Forcada, Rio de Janeiro 1985.

Batista, Djalma (1976): O complexo da Amazônia, Análise do Processo de Desenvolvimento, Rio de Janeiro 1976.

Batista, Paulo Nogueira (1983): Mito e Realidade na dívida externa brasileira, Rio de Janeiro 1983.

Bauer, Otto (1931): Kapitalismus und Sozialismus nach dem Weltkrieg, Erster Band: Rationalisierung und Fehlrationalisierung, Berlin 1931

Becker, Bertha K. (1982): Geopolítica da Amazônia. A nova fronteira de recursos, Rio de Janeiro 1982.

Becker, Bertha K. (1984): A fronteira em fins do seculo XX. Proposições para um debate sobre a Amazônia, in: Espaço e Debates, No.13,Ano IV, S.59-73, 1984.

Becker, Bertha K. (1986): A Crise do Estado e a Região – A Estrategia da Descentralização em Questão, in: Revista Brasileira de Geografia, Ano 48, No.1, Jan/Mar 1986,S. 43-62, 1986.

Benchimol, Samuel (1977): Amazônia: Um pouco-Antes e Além-Depois, Manáus 1977.

Benchímol, Samuel (1979): A década 80/90: Refleções e Cénarios amazônicos, Manáus 1979

Benchimol, Samuel (1981): Amazônia legal na decada de 70/80, Manáus 1981

Benchimol, Samuel (1985): Population Changes in the Brazilian Amazon. Change in the Amazon Basin, Vol. II, The Frontier after a decade of colonisation, Hrsg.: J.Hemming, Manchester, 1985

Beviláqua, General Peri (1968): Os planos do Instituto Hudson e o nacionalismo Brasileiro, in: A Amazônia Brasileira em foco,S.11 ff., Rio de Janeiro 1968

BIZ, Bank für Internationalen Zahlungsausgleich: Jahresberichte, fortlaufénd, Basel

Blanchard,O./*Summers*, L. (1984): Perspectives of High World Real Interest Rates, in: Brookings Papers on Economic Activity, Nr. 2, 1984, S.276-287

Bonus, Holger (1979): Über Schattenpreise von Umweltressourcen, in: Siebert, Horst (ed): Umwelt und wirtschaftliche Entwicklung, Darmstadt 1979, S. 189 – 206

Borges, Uta/ *Freitag*, Heiko/ *Hurtienne*, Thomas/ *Nitsch*, Manfred (1984): Proalcool – Analyse und Evaluierung des brasilianischen Biotreibstoffprogramms, Saarbrükken/Fort Lauderdale 1984

Botelho,João (1971): A Interligacao das bacias do Amazonas e Prata in: A Amazonia Brasileira em foco, No.6, Julio/Dezembro 1971, S. 23-68,

Bowman, I. (1934): Geography in Relation to the Social Sciences, New York 1934.

Braga, Ricardo Augusto Pessoa (1978): Amazônia: ecologia e colonizacao, Recife 1978

Braudel, Fernand (1986): Die Dynamik des Kapitalismus, Stuttgart 1986

Brandt, Willy (1980): Das Überleben sichern. Bericht der Nord-Süd-Kommission, Köln 1980

Brandt, Willy (1983): Hilfe in der Weltkrise, ein Sofortprogramm, Der Zweite Bericht der Nord-Süd-Kommission, Reinbek 1983

Bresser-Pereisa

Bromley, Ray (1978): Introduction – The Urban Informal Sector: Why is it Worth Discussing? in: World Development, Vol.6, No.9/10, 1033-39, 1978

Brunowsky, Ralf Dieter/ *Wicke*, Lutz (1984): Der Öko-Plan. Durch Umweltschutz zum neuen Wirtschaftswunder, München und Zürich 1984

Bryant, Ralph C. (1983): Eurocurrency Banking: Alarmist Concerns and Genuine Issues, in: OECD Economic Studies, Autumn 1983, No. 1, S. 7-41

Bunker, Stephen G. (1985a): Underdeveloping the Amazon, Urbana and Chicago 1985.

Bunker, Stephen G. (1985b): Misdirected expertise in an unknown environment: standard bureaucratic procedures as inapropriate technology on the Brazilian »planned frontier«,in: John Hemming (ed.), Manchester 1985.

Calabi, Andrea Sandro et al.(1983): A energia e a economia brasileira, Sao Paulo 1983.

Camino, Alejandro (1982): Tiempo y espacio en la estrategia de subsistencia Andina: un caso en los vertientes orientales Sud-Peruanas, in: Sesari Ethnological Studies,10,S.11 ff, 1982.

Cardoso, Fernando H./*Faletto*, Enzo (1976): Abhängigkeit und Entwicklung in Lateinamerika, Frankfurt 1976

Cardoso,F.H./*Müller*, Geraldo (1978): Amazônia: Expansão do Capitalismo, São Paulo 1978

Carneiro, Oziel (1982): Carajás: O programa do futuro,in: Palestra III: Encontro Grande Carajás, 23.10.1981 in Belém, Brasilia 1982

Carvalho, José Candido de Melo (1986): O uso racional dos ecossistemas, in: José Maria Goncalves de Almeida Jr.: Carajás. Desafio Político, Ecologia e Desenvolvimento, Sao Paulo 1986

Carvalho,J.A. de/*Mello Moreira*,M.de/*Carmo Fonseca* do Vale,Maria (1979): Migrações internas na Amazônia, in: Monteiro da Costa, José Marcelino (ed): Amazônia: desenvolvimento e ocupação, Rio de Janeiro 1979

Cassirer, Ernst (1954/1977): Philosophie der symbolischen Formen, 3 Bände, Darmstadt 1954/1977

Castro, Fidel (1985): Die Verschuldungskrise der Weltwirtschaft und die aufhaltsame Zerstörung des Kapitalismus durch die Banken: Vom verschuldeten Kapitalismus und von der Sozialisierung der Schulden, Leviathan, 13. Jahrg., 1985, Heft 3

Caubet, Christian G. (1984): Por uma (nova?) epistemologia da geopolítica, in: Politica e Estratégia, Vol. II, No.4, Oct./Dec. 1984, S. 628-647, 1984.

Cavalcanti, Arújo (1949): Valorização Econômica da Amazonia, in: Nunes,Osorio: Introdução ão Estudo da Amazônia Brasileira, S. 5-20, Rio de Janeiro 1949

CEPAL/PNAMA (1983): Expansion de la Frontera agropecuaria y medio ambiente en America Latina, Madrid 1983

Chan-Lee, James H./*Sutch*, Helen (1985): Profits and Rates of Return, in: OECD Economic Studies, No 5/Autumn 1985, S. 127 – 167

Chouraki, Jean Claude / *Jones*, Brian / *Montador*, Robert Bruce (1986): Public Debt in an Medium-Term Perspecrtive, in: OECD Economic Studies, No. 7, Autumn 1986, S.103-153

Clawson, David L. (1982): Obstacles to Successful Highlander Colonisation of the Amazon and Orinoco Basins, in: American Journal of Economics and Sociology, Vol. 41, No.4, S. 351-362, Oct. 82

Clark, William (1983): Das Mexico-Syndrom, München 1983

CNDDA (1968): Introdução, in: A Amazônia Brasileira em foco, Rio de Janeiro 1968

Conceição Tavares, Maria da/*Assis*,J. Carlos de (1985): O grande salto para o caos, Rio de Janeiro 1985.

Convenio SUDAM/UFPa-NAEA (1979): Estudos Basicos para formulação de uma politica de Desenvolvimento industrial na Amazônia, Belém 1979

Costa Baptista, M. Afonso (1985): Zona Franca de Manáus: uma política que penaliza governo, economia e sociedade, in: Revista Brasileira de Tecnologia, Vol. 16, No. 6, Nov./Dez. 1985, S. 55-58, 1985

Costa, J. Simon da (1913): A região Amazonica, seu presente, passado e futuro, Rio de Janeiro 1913

Costa, José Marcelino Monteiro da (1983): Tecnología e articulações dos modelos de crescimento nacional e amazônico, in: Cadernos NAEA, 7, 83, S.175-188, 1983

Cota, Raymundo Garcia (1984): Carajás: A invasão desarmada, Petrópolis 1984

Coudreau, Henri (1897): Voyage au Tocantins – Araguaya, 31 décembre 1896-23 mai 1897, Paris 1897

Coudreau, Henri (1899): Voyage entre Tocantins et Xingú, 3 Avril 1898 – 3.Nov.1898, Paris 1899

Coutinho, Silvia Pires (1986): Continuar crescendo, para quem? Seminário Interamericano sobre a pequena Produção Urbana, in: Marfisa Cisneiros(Coord.): S.533-566, Recife 1986

Crockett, Andrew (1977): International Money – Issues and Analysis, Lagos 1977

CVRD (1981): Relatorio Final, Abril 1981

CVRD (1982): 40 anos, Rio de Janeiro 1982.

CVRD (1984): Companhia Vale do Rio Doce, Relatório anual 1984,

Daly,H.E. (1977): Steady-State Economics, San Francisco 1977

Dantas, Marcos (1982): A questão do Aluminio,in: Amazônia Brasileira em Foco, N.14, 1981/82, S.7-44, 1982

Davies Freitas, Maria de Lourdes (1986): Algumas Considerações sobre a Região-Programa, in: Gonçalves de Almeida Jr., José Maria (ed): Carajás – Desafio Político, Ecologia e Desenvolvimento, (CNPq) Brasília 1986

Davis, S.H. (1977): Victims of the Miracle: Development and the Indians of Brasil, New York 1977

Davis, Mike (1986): Phoenix im Sturzflug, Berlin (West) 1986

Davidoff Cruz, Paulo (1983): Notas sobre o Endividamento Externo Brasileiro nos Anos Setenta, in: Belluzo, Luíz Gonzaga M.et.al.(ed.): Desenvolvimento Capitalista no Brasil, No. 2, São Paulo 1983, S. 59 ff.

Deutsche Bundesbank: Geschäftsberichte, Frankfurt/Main (fortlaufend)

Diaz-Alejandro, Carlos F. (1984): Latin America in the 1930s,in: Thorp, Rosemary (ed), Latin America in the 1930s, Oxford 1984

Dobb, Maurice (1964): An Essay on Economic Growth and Planning, London 1964

Dominguez, Camilo (1986): La Colonizacion como Ampliacion del Espacio de Dominacion, Manuskript vorgelegt auf dem internationalen Seminar »O homem e a natureza na Amazônia«, Blaubeuren 1986

O'Donnell, Guillermo (1979): Tensions in the Bureaucratic-Authoritarian State and the Question of Democracy, in: Collier, D.(ed.): The new Authoritarianism in Latin America, Princeton 1979

O'Donnell, Guillermo (1980): Desenvolvimento Político ou Mudança Política?,in: Pinheiro, Paulo Sergio (coord.), O Estado Autoritario e Movimentos Populares, Rio de Janeiro 198o, S. 23 ff.

Dufay, Gunter / *Giddy,* Ian H. (1978): The International Money Market Englewood Cliffs 1978

Eletrobrás (1981): Usina Hidroelétrica Balbina (Brasília) 1981

Eletrobras (1982): Usina Hidroelétrica Tucuruí, (Brasília) 1982

Eletronorte (1986): Livro Branco, Brasilia 1986

Ellsworth, P.T. (1950): The International Economy, its Structure and Operation, New York 1950

Elwert,Georg/*Evers*,Hans-Dieter/*Wilkens*,Werner (1983): Die Suche nach Sicherheit: Kombinierte Produktionsformen im sogenannten Informellen Sektor, in: Zeitschrift für Soziologie, Jg. 12, Heft 4.Oktober 1983,S. 281-296

Emanuel, E. (1973): Issues of Regional Policies, in: OECD, Paris 1973

Erlich, Alexander (1960): The Soviet Industrialization Debate 1924 – 1928, Cambridge (Mass) 1960

Espinheira, Ariosto (o.J.): Viagem através do Brasil, São Paulo, o.J.

Fajnzylber, Fernando (1983): La Industrialización trunca de América Latina, Mexico 1983

Falesi, Italo Cláudio (1986): O ambiente edáfico, in: de Almeida Jr. (Org.), Carajás, Desafio Político, Ecologia e Desenvolvimento, S. 125-155, São Paulo 1986

Farnworth, Edward G. (1974): Fragile ecosystems; evaluation of researched applications in the Neotropics, New York 1974

Fearnside, Philip M. (1982a): Desmatamento na Amazônia Brasileira: Com que intensidade vem ocorrendo? in: Acta Amazônica, Sept. 1982, 12(3), S. 579-590

Fearnside, Philip M. (1982b): Alternativas de Desenvolvimento na Amazônia Brasileira: Uma Avaliação Ecologica, 1982

Fearnside, Philip M. (1983): Development Alternatives in the Brazilian Amazon: An Ecological Evaluation, in: Interciencia, Mar/Apr. 1983, Vol. 8, No.2, S. 65-78

Fearnside, Philip M. (1985): Environmental Change and Deforestation in the Brazilian

Amazon,in: G.Hemming(ed.), Change in the Amazon Basin: Man's Impact on Forests and Rivers, S. 70-90, Manchester 1985

Fearnside, Philip M./*Rankin*, Judy M. (1982): Jarí and Carajás: the uncertain future of large silvicultural plantations in the Amazon, in: Interciencia, Vol. 7, No.6, Nov.-Dec. 82, S. 326-328, 1982

Feldman

Ferreira Reis, Artur César (1970): Posse, Valorização e Integração da Amazônia, in: A Amazônia Brasileira em Foco, Agosto 1970, No.4, S. 5-7

Ferreira Reis, Artur César (1974): Os rumos do desenvolvimento da Amazônia, in: A Amazônia Brasileira em Foco, No.9, Julho 73/Junho 74,S. 7-16

Ferreira Reís, Artur César (1986): A Amazônia e a cobiça international, 1986

Ffrench-Davis, Ricardo (1985): Divida Externa e Alternativas de Desenvolvimento na America Latina, in: Revista de Economia Politica, Vol. 5,No.3, Jul/Set.1985, S. 114- 131

Fishlow, Albert (1985): A crise da dívida: uma perspectiva mais a longo prazo,in: Revista de Economia Politica, Vol.5, No.3, Jul/Set.1985, S. 26-49

Foucher, Michel (1974): La Mise en Valeur de l'Amazonie brasilienne, in: Problèmes d'Amerique Latine, 33: 71-76, 1974 (xerox), Lyon 1974

Foweraker, Joe (1982): Accumulation and Authoritarianism on the Pioneer Frontier of Brazil, in: The Journal of Peasant Studies, 10/1, 1982, S. 95-117

Franco, Albano (1981): Capacidade da Economia Nacional para o Programa Grande Carajás, Manuskript, Confederação Nacional da Industria, Rio de Janeiro 1981.

Freyhold, Michaela von (1981): Dependenztheorie/ Dissoziationstheorie – oder Theorie der Produktionsweise/ Theorie der sozialen Kämpfe, in: Peripherie, Nr. 5/6, 1981, S. 49-63

Fried, Ferdinand (1939): Wandel der Weltwirtschaft, Leipzig 1939

Friedmann, John (1976): Planejamento desenvolvimentista regional, O Progresso de uma decada, in: Cadernos, NAEA-1, Belém-Pará 1976, S. 9-37, 1976

Fröbel,Folker/*Heinrichs*,Jürgen/*Kreye*,Otto (1977): Die neue internationale Arbeitsteilung, Reinbeck 1977

Fröbel,Folker/*Heinrichs*,Jürgen/*Kreye*,Otto (1986): Umbruch in der Weltwirtschaft, Reinbek 1986

Furtado, Celso (1973): The Brasilian Model, in: Social and Economic Studies, 22/1, 1973

Furtado, Celso (1981): O mito do desenvolvimento econômico, São Paulo 1981

Furtado, Celso (1982): A nova dependência – dívida externa e monetarismo, Rio de Janeiro 1982

Gärtner, Heinz (1983): Hegemoniestrukturen und Kriegsursachen, Wien 1983

Garrido Filha, Irene (1971): Sobre a política de ocupação de Amazônia, in: A Amazônia Brasileira em Foco, No.6, Julho/Dez. 1971,S. 69-77, 1971

Garrido Filha, Irene (1980): O Projeto Jarí e os Capitaís estrangeiros na Amazônia, Petrópolis 1980

Gates, David M. (1985): Energy and Ecology, Smederland (Mass.) 1985

Georgescu-Roegen, Nicholas (1971): The Entropy Law and the Economic Process, Cambridge/Mass. und London 1971

Georgescu-Roegen, Nicholas (1976): Energy and the Economic Myth, New York/ Toronto 1976

GIPCT (1985) (Grupo interdisciplinar de Politica Ciêntifica e tecnologica). I. Seminario: Uma Politica mineral para a Amazônia: O que fazer com os nossos recursos? in: minerais(mimeo), UFPA, Belém 1985

Global 2000 (1980): Der Bericht an den Präsidenten (der Vereinigten Staaten von Amerika), Frankfurt 1980

Glyn, Andrew/*Sutcliffe*, Bob (1972): British Capitalism, Workers and the Profit Squeeze, Harmondsworth 1972

Golbery Couto e Silva (1981): Conjuntura Política Nacional: O Poder Executivo e Geopolitica do Brasil, Rio de Janeiro 1981.

Goldsmith,Edward (1985): Thermodynamik oder Ökodynamik? in: Natur-Denkstücke. Über den Menschen, das unangepaßte Tier.S. 149ff. München 1985

Goodland, R. (1977): Ecological Development for Amazônia, New York 1977

Gottl-Ottlilienfeld, Friedrich von (1926): Fordismus – Über Industrie und technische Vernunft, Jena 1926

Gramsci, Antonio (1967): Philosophie der Praxis, Frankfurt/Main 1967

Grazia, Raffaele de (1984): Clandestine Employment, Geneva (Ilo) 1984

Graziani, Augusto (1979): L'Economia Italiana dal 1945 a Oggi, Bologna 1979

Gruhl, Herbert(1975/85): Ein Planet wird geplündert – Die Schreckensbilanz unserer Politik, Frankfurt 1975/1985

Guerreiro, Manoel Gabriel (1981): O Grande Projeto Carajás, in: IX Semana de Geologia, Brasilia, 11-15.5.1981 (Mimeo), Brasilia 1981

Haberler, Gottfried (1933): Der internationale Handel, Berlin 1933

Habig, Gutmann (1983): Möglichkeiten und Grenzen einer Kontrolle internationaler Rohstoffmärkte durch Entwicklungsländer. Das Beispiel des Kupfer- und Aluminiummarktes, Hamburg 1983

Hadley, Malcolm/*Cauly*, Jean-Paul (1983): Tropical Forest Ecosystems: Identifying Differences, Seeking Similarities, in: Nature and Resources, Vol. XIX, No 1, Jan-März 1983, S. 2-19

Hagemann, Helmut (1985): Hohe Schornsteine am Amazonas, Freiburg/Br. 1985

Hampicke, Ulrich (1985): »Argumente für den Erhalt der Wälder«, in: Brasilien Nachrichten, 86/1985, S. 37-43, 1985

Harvey, David (1982): The Limits to Capital, Oxford 1982

Harvey, David (1985): The Geopolitics of Capitalism, in: *Gregory*, Derek/*Urry* John (ed): Social Relations and Spatial Structures, New York 1985, S. 128 – 163

Hebette, Jean/*Acevedo*, Rosa (1979): Colonização para quem? in: UFPA/NAEA (Amazônoia Pequisa 1), Belém 1979

Hebette, Jean (1985a): Grandes Projetos e Transformações na Fronteira, in: Espaço e Debates, Ano V, No 15, 1985, S. 75-85, 1985

Hebette, Jean (1985b): A resistencia dos posseiros no Grande Carajás, in: 45. Congreso Internacional de Americanistas 1985, Bogotá 1.-7.7.1985 (mimeo), Bogotá 1985

Hewlett, Sylvia Ann (1980): The Cruel Dilemmas of Development: Twentieth Century Brazil, New York 1980

Hirsch, Fred (1980): Die sozialen Grenzen des Wachstums – Eine ökonomische Analyse der Wachstumskrise, Reinbek 1980

Hirsch,Joachim / *Roth*, Roland (1986): Das neue Gesicht des Kapitalismus, Hamburg 1986

Hirschmann, Albert O. (1958): The Strategy of Economic Development. New Haven 1958

Hirschmann, A.O. (1971): A Bias for Hope, Yale University Press, Yale 1971

Horta, Maria Helena T.T. (1985): Sources of Brasilian export growth in the 70s, in: Brazilian Economic Studies, No 9, IPEA, S. 153-187, Rio de Janeiro 1985

Hotelling, Harold (1931): The Economics of Exhaustible Resources, in: Journal of Political Economy 39 (2), 37-175, 1931

Humphreys, S.C. (1979): Geschichte, Volkswirtschaft und Anthropologie: das Werk Karl Polanyis, in: Karl Polanyi, Ökonomie und Gesellschaft, S. 7-59, Frankfurt/ Main 1979

Hurtienne, Thomas (1985): Wirtschaftskrise, internationale Verschuldung und Entwicklungspotentiale in Lateinamerika, in: Prokla Heft 59, 15. Jahrg.1985, Nr.2, S. 34-64

Hurtienne, Thomas (1986): Fordismus, Entwicklungstheorien und Dritte Welt, in: Peripherie, Nr. 22/23, Juni 1986

Ianni, Octavio (1981): A Ditadura do Grande Capital, Rio de Janeiro 1981

IBASE (1983): Carajás. O Brasil hipóteca seu futuro, Rio de Janeiro 1983

IBASE (1984): O Capital Japones no Brasil, in: Revista de Cultura Vozes, Vol. 78, No 3, S. 2 – 17, Apr. 1984

IBGE (1980): Recursos Naturais do Brasil, Rio de Janeiro 1980

ILO (International Labour Office) (1984): World Labour Report, Genève 1984

IMF (1983): International Monetary Fund, World Economic Outlook, Washington D.C. 1983

Immler, Hans (1984): Damit die Erde Heimat werde. Gegen ökologischen Selbstmord und atomaren Holocaust, Köln 1984

Immler, Hans/*Schmied-Kowarzik*, Wolfdietrich (1984): Marx und die Naturfrage – Ein Wissenschaftsstreit, Hamburg 1984

Jaguaribe, Helio et al (1986), Brasil, 2.000, Rio de Janeiro 1986

Jonas, Hans (1986): Prinzip Verantwortung – Zur Grundlegung einer Zukunftsethik, in: *Meyer,* Thomas/ *Miller* Susanne (ed): Zukunftsethik und Industriegesellschaft, München 1986, S. 3 – 14

Junne, Gerd (1976): Der Eurogeldmarkt. Seine Bedeutung für Inflation und Inflationsbekämpfung, Frankfurt/M. u. New York 1976

Junne, Gerd (1985): Neue Technologien bedrohen die Exporte der Entwicklungsländer, in: PROKLA, Heft 60, 15. Jahrg. 1985, Heft 3, S. 142 – 159

Kahn, R.F. (1966): The Tyranny of Small Decisions: Market Failure, Imperfections and the Limits of Economics, in: Kyklos, Bd. XIX, Fasc. 1, 1966

Kapp, K. William (1958): Volkswirtschaftliche Kosten der Privatwirtschaft, Tübingen und Zürich 1958

Keynes, John M. (1929): The German Transfer problem, in: Economic Journal, Vol. 39, 1929, S. 1ff

Keohane, Robert O. (1984): After Hegemony Cooperation and Discord in the World Political Economy, Princeton 1984

Kindleberger, Charles (1978): Manias, Panics and Crashes, New York 1978

Kindleberger, Charles P. (1981): Debt Situation of the Developing Countries in Historical Perspective (1800-1945), in: Mayrzedt, Hans u.a.: Längerfristige Aspekte der internationalen Verschuldung von Entwicklungsländern, Zürich 1981

Kleinknecht, Alfred (1987): Innovation Patterns in Crisis and Prosperity, Houndville, Basingstoke, London 1987

Kleinpenning, Johan M.G./*Volbeda*, Sjoukje (1985): Recent Changes in Population Size and Distribution in the Amazon Region of Brazil, in: John Hemming (ed.), Change in the Amazon Basin, Vol.II, The Frontier after a Decade of Colonization, S. 6-36, Manchester 1985

Kößler, Reinhart (1983): Asiatische Volksbewegungen, russische Populisten und »Das Kapital«. Über Marxsche Zugänge zu nicht-kapitalistischen Gesellschaften, in: Peripherie, 4. Jahrg., Nr. 14, Herbst 1983, S. 4 – 23

Kohlhepp, Gerd (1976): Stand und Problematik der brasilianischen Entwicklungsplanung in Amazonien, in: Amazoniana, Sept. 1976, S. 87ff

Kohlhepp, Gerd (1978a): Erschließung und wirtschaftliche Inwertsetzung Amazoniens, in: Geographische Rundschau, 30.Jahrg., Jan. 1978, S. 2 ff., 1978

Kohlhepp, Gerd (1978b): Siedlungsentwicklung und Siedlungsplanung im zentralen Amazonien, in: Frankfurter Wirtschafts- und Sozialgeographische Schriften, Heft 28, 1978, S. 171-191, 1978

Kohlhepp, Gerd (1981): Probleme der Erschließung, Besiedlung und wirtschaftlichen Entwicklung Amazoniens, in: Staden-Jahrbuch. Beiträge zur Brasilienkunde und zum brasilianisch-deutschen Kultur- und Wirtschaftsaustausch, Bd. 29, S. 73 ff., São Paulo 1981

Kohlhepp, Gerd (1984): Der tropische Regenwald als Siedlungs- und Wirtschaftsraum, in: Spixiana, Suppl.10, S. 131-167, München 1984

Kohlhepp, Gerd (1985): Kurzgutachten über das Regionalentwicklungsprogramm »Grande Carajás« (Ost Amazonien), Universität Tübingen 1985 (Mimeo)

Kohlhepp, Gerd/ *Coy*, Martin (1985): Regional Development in Southwestern Amazonia. The Polonoroeste program in Rondonia and the state of colonization in Acre, Tübingen 1985 (mimeo)

Kohlhepp, Gerd (1986): Der Einbruch der modernen Zivilisation in Amazonien, In: Institut für Auslandsbeziehungen (Hrsg.), Materialien zum Internationalen Kulturaustausch, Band 27, 7. Tübinger Gespräch zu Entwicklungsfragen 30./31. Mai 1986 »Umwelt, Kultur und Entwicklung in der Dritten Welt«, Stuttgart 1986, S. 162-189

Kohn, Hans (1962): Die Idee des Nationalismus, Frankfurt 1962

Kotscho, Ricardo (1981a): Viagem áo futuro da Amazônia, in: Folha de São Paulo, 2.12.84; 3.12.84; 4.12.84; 5.12.84; 8.12.84

Kotscho, Ricardo (1981b): O massacre dos posseiros, Sao Paulo 1981

Kowarick, Lucio (1975): Capitalismo e Marginalidade na America Latina, Rio de Janeiro 1975

Krippendorff, Ekkehart (1985): Staat und Krieg. Die historische Logik politischer Unvernunft, Frankfurt/Main 1985

Kroll, Gerhard (1958): Von der Weltwirtschaftskrise zur Staatskonjunktur, Berlin 1958

Kuczynski, Thomas (1985): Das Problem der »langen Wellen« – einige Überlegungen, in: ders. (Hrsg.), Wirtschaftsgeschichte und Mathematik, Berlin 1985, S. 89-120, Berlin 1985

Kühne, Karl (1982): Evolutionsökonomismus – Grundlagen der Nationalökonomie und Realtheorie der Geldwirtschaft, Stuttgart – New York 1982

Laclau, Ernesto (1981): Politik und Idelogie im Marxismus, Berlin (West) 1981

Lambert, Jaques (1959): Os dois Brasil, 1959

Langoni, Carlos (1985): A crise do desenvolvimento, Rio de Janeiro 1985

de Larosière, Jaques (1985): Dem Internationalen Währungsfonds fällt weiterhin eine wichtige Kontrollfunktion zu, in: Handelsblatt Wirtschafts- und Finanzzeitung, 31.12.1984

League of Nations (1945): Industrialization and Foreign Trade, Geneva 1945

Lèbre La Rovère, E./*Pinguelli Rosa*, L./*Rodrigues*, A. (1985): Economia e tecnologia da energia, Rio de Janeiro 1985

Leff, Nathaniel (1982a): Underdevelopment and Development in Brazil, Vol. I: Economic Structure and Change, 1822-1947, London/Boston/Sidney 1982

Leff, Nathaniel (1982b): Underdevelopment and Development in Brazil, Vol.II: Recessing the Obstacles to Economic Development(Allen and Unwin), London, Boston, Sidney 1982

Lichtensztejn, Samuel (1982): Zur Stabilisierungspolitik in Lateinamerika, in: Lateinamerika-Analysen und Berichte, S.80-113, Berlin 1982

Lichtensztejn, Samuel ,(1983): A Crise Financeira Internacional. Condições e Implicações, in: Revista de Economia Politica, vol. 3, No 2, Abril-Junho 1983, S. 27-49

Lima, Chopin Tavares de (1968): A Integração da Amazônia: Tarefa urgente da Nacionalidade Brasileira, Sao Paulo 1968

Lima, José Francisco Araujo (1944): A exploração amazônica, in: Brasil. IBGE, Amazônia Brasileira, S. 231-268, Rio de Janeiro 1944

Lipietz, Alain (1977): Le Capital e son espace, Paris 1977

Lipietz, Alain (1985): Mirages et miracles – Problèmes de l'industrialisation dans le tiers monde, Paris 1985

Lipson, Charles (1985): Bankers Dilemmas: Private Cooperation in Rescheduling Sovereign Debts, in: World Politics, Vol. XXXVIII. No 1., Oct. 1985, S. 200-225

Loeschner, Ernst (1983): Souveräne Risken und internationale Verschuldung, Wien 1983

Lopes Alves, Luìz Claudio (1985): Métodos de previsão aplicados à importação mensal de minério de ferro pelo Japão, in: CVRD-Revista, No. 21, Vol. 6, Sept. 1985, S. 11-22

Lopes, Eliano Sergio (o.J.): Frentes de expansão e conflitos sociais na Amazônia (Rondonia)

Lopes, Francisco L.P. (1986): O Choque Heterodoxe – Combate à Inflação e Reforma Monetária, Rio de Janeiro 1986

Lovejoy, Thomas E. (1981): Eine Prognose der Artenverringerung, in: Global 2000, Frankfurt/Main 1981, S. 690-697

Lutz, Burkart (1984): Der kurze Traum immerwährender Prosperität, Frankfurt/New York 1984

Luxemburg, Rosa (1970): Die Akkumulation des Kapitals, Frankfurt/M. 1970 (repr.)

Macedo, Roberto (1983): A dimensão social da crise, in: Moura da Silva et al, FMI x Brasil, A armadilha da recessão, S. 217-249, São Paulo 1983

Maier, Charles C. (1975): Recasting Bourgeois Europe, Princeton 1975

Mahar, Dennis J. (1978): Desenvolvimento econômico da Amazônia (IPEA), Rio de Janeiro 1978

Mahar, Dennis J. (1983): Development of the Brazilian Amazon: Prospects for the 1980s, in: Moran, Emilío F. (ed.), The Dilemma of Amazonian Development, Boulder 1983

Malan, Pedro/*Bonelli*, Regis/*Abreu*, M. Paiva (1977): Política econômica externa e industrialização no Brasil: 1939-1952, IPEA, Rio de Janeiro 1977

Malenbaum, Wilfred (1978): World Demand for Raw Materials in 1985 and 2000, New York 1978

Mandel, Ernest (1980): Long Waves of Capitalist Development, Cambridge 1980

Markusen, , Ann R. (1981): Região e Regionalismo: Um enfoque Marxista, in: Espaço e Debates, Ano 1, No 2, Mai 1981, S. 61-99

Marmora, Leopoldo (1983): Nation und Internationalismus, Bremen 1983

Martins, Edilson (1982): Amazônia, a ultima fronteira, Rio de Janeiro 1982

Martins, Paulo Henrique (1985): Estado burgués e natureza do planeamento no Nordeste, in: Revista de Economia Politica, Vo.5, No 3, julho-setembro 1985, S. 101-113

Marx, Karl (1953): Grundrisse der Kritik der Politischen Ökonomie, Berlin 1953

Marx, Karl (1970): Das Kapital, Band 1-3, Marx Engels Werke, Band 23-25, Berlin 1970.

Marx-Engels-Werke, MEW Bd. 19

Massey, Doreen (1978): Regionalism: Some Current Issues, in: Capital and Class, No 6, 1978, S. 106-123

371

Mattick, Paul (1974): Die deflationäre Inflation, in: *Altvater*, Elmar/ *Brandes*, Volk-hard/ *Reiche*, Jochen (ed): Handbuch 3: Akkumulation, Inflation, Krise, Frankfurt/ Main 1974

Mattos, General Carlos de Meira (1977): A geopolítica e as projeções do poder, Biblioteca do Exército, Rio de Janeiro 1977

Mattos, General Carlos de Meira (1980): Uma geopolítica Pan-Amazonica, Biblioteca do Exercito, Rio de Janeiro 1980

Mendes, Armando (1971): Viabilidade Economica da Amazônia, Belém 1971

Mendes, Armando (1981): Os fins do desenvolvimento e o desenvolvimento sem fins, Manaús 1981

Mendes, Armando D. (1976): Relações entre o planejamento fisico e o econômico-social, in: Cadernos NAEA-1, Belém-Pará 1976, S. 39-71

Menezes, Mario Assis (1982): Programa Grande Carajás: Um Plano que reforça as contradições do modelo econômico vigente, Brasília, Februar 1982 (mimeo)

Menzel, Ulrich (1985): Die ostasiatischen Schwellenländer. Testfälle für die entwick-lungstheoretische Diskussion, in: Prokla, Heft 59, 15. Jahrg. 1985, Nr. 2, S. 9-33

Menzel, Ulrich/*Senghaas*, Dieter (1985): Indikatoren zur Bestimmung von Schwellen-ländern. Ein Vorschlag zur Operationalisierung, in: Politische Vierteljahresschrift, Sonderheft 16/1985: Dritte Welt-Forschung, hrsg.von Franz Nuscheler, S.75-90

Menzel, Ulrich/*Senghaas*, Dieter (1986): Europas Entwicklung und die Dritte Welt. Rückblick und Ausblick auf die Entwicklungsproblematik, Frankfurt/Main 1986

Methe, Wolfgang (1981): Ökologie und Marxismus, Hannover 1981

Meyer-Abich, Klaus Michael/*Schefold*, Bertram (1986): Die Grenzen der Atomwirt-schaft, München 1986

Mezger, Dorothea (1984): Finite Resources. Ecological and Economic Problems of Third World Exporting Countries, Starnberg, September 84(mimeo)

Milivojevic, Marko (1985): The Debt Rescheduling Process, London 1985

Minsky, Hyman (1986): Stabilizing an Unstable Economy, New Haven and London 1986

Mistral, Jaques (1986): Régime international e trajectoires nationales, in: Boyer, Charles (ed.): Capitalisme fin de siècle, Paris 1986. S. 167-201

Modelsky, George (1981): Long Cycles, Kondratieffs, and Alterating Innovations: Implications for U.S. Foreign Policy, in: *Kegley,* C.W.jr./*McGowan*, P. (eds): The political economy of foreign policy behavior, Beverly Hills 1981

Molana Campuzano, Joaquim (1979): As Multinacionais na Amazônia, Rio de Janeiro 1979

Monosowski, Elisabeth (1983): The Tucuruí Experience, in: Water Power and Dam Construction, July 1983, S. 11 ff.

Monosowski, Elisabeth (1984): Tucuruí Dam in the Amazon: Development at Envi-ronmental Cost? in: IIUG-preprints (Wissenschaftszentrum), Berlin 1984

Monteiro da Costa, José Marcelino (ed.) (1979): Amazônia: desenvolvimento e ocupa-ção, Rio de Janeiro 1979

Moraes, Antonio Carlos Robert/*Costa*, Wanderley Messias da (1984): A Valorização do espaço, Sao Paulo 1984

Moran, Emilio F.(1981): Developing the Amazon, Bloomington 1981

Moran, Emilio F. (1984): Growth without Development: Past and Present Develop-ment Efforts in Amazônia, in: Moran, Emilio F. (ed.): The Dilemma of Amazonian Development, Boulder 1984,S. 3ff.

Moreira, Eliane Monteiro/ *Neto*, Ana Maria (1986): A Pequena Produção Urbana: Trabalho Familiar e Produção para o Mercado,in: Marfisa Cisneiros et al (Coord.),

Seminário Interamericano sobre a pequena Produção Urbana, Vol.I,S. 329.-366, Recife 1986

Moser, Caroline O.N. (1978): Informal Sector or Petty Commerciality Production: Dualism or Dependence in Urban Development? in:World Development, 1978, Vol.6, No.9/10, S.1041-1064

Motta, Roberto (ed.) (1985): A Amazônia em questão,in: Anais do IV Encontro Interregional de Cientistas Sociais, Manáus 1981, Recife 1985

Mougeot, Luc J.A./ *Aragon*, Luis E. (ed.) (1983): O depovoamento do territorio Amazônico, in: Cadernos NAEA,6, Belém 1983

Mougeot, Luc (1985): Alternative Migration Targets and Brazilian Amazonia's Closing Frontier, in: John Hemming (ed.),Change in the Amazon Basin, Vol.II: The Frontier after a Decade of Colonisation, Manchester 1985,S. 51-90

Mückenberger, Ulrich (1986): Zur Rolle des Normalarbeitsverhältnisses bei der sozialen Umverteilung von Risiken, in PROKLA, Nr. 64, Sept. 1986, S. 31-45

Müller, Jörg (1984): Brasilien, Stuttgart 1984

Napolitano, Giorgio et al (1978): Operaismo e la centralitá operaia, Roma 1978

Netto, Delfim (1982): Rumo ão Norte, a abertura de uma nova etapa do desenvolvimento, Brasilia (Seplan) 1982

Nitsch, Manfred (1986): Die Fruchtbarkeit des Dependencia-Ansatzes für die Analyse von Entwicklung und Unterentwicklung, in: Simonis, Udo (Hrsg.): Entwicklungstheorie – Entwicklungspraxis. Eine kritische Bilanzierung, Berlin 1986

Noorgard, R.B. (1981): Sociosystem and Ecosystem Coevolution in the Amazon, in: Journal of Environmental Economics and Management No. 3, 1981, S. 238 – 254

Noorgard, R.B. (1984): Coevolutionary Development Potential, in: Land Economics, No. 2, 1984, S. 160 – 173

Nugent, Stephen (1981): Amazonia: Ecosystem and Social System, in: Man, The Journal of The Royal Anthropological Institute, New Series, Vol. 16, No 1, March 1981,S.62ff

Nunes, Osorio (1949): Introdução ão estudo da Amazônia Brasileira, Rio de Janeiro 1949

Nurkse, Ragnar (1963): Some International Aspects of Economic Development, in: The American Economic Review, May 1952; repr. in A.N.Agarwala/S.P.Singh(ed.),The Economics of Underdevelopment, New York 1963

O'Connor, James (1974): Die Finanzkrise des Staates, Frankfurt/Main 1974

OECD: Economic Outlook, Paris (fortlaufend)

Ohlin, Bertil (1929): The Reparation Problem. A Discussion, in: Economic Journal, Vol 39, 1929, S. 172ff

O Dia da Amazônia,in: Diário Oficial de Estado de São Paulo, 22.8.1969

Oliveira, Adélia Engrácia de (1983): Ocupação Humana, in: Eneas Salati et al, Amazônia – desenvolvimento, integração, ecologia, S. 144-327, São Paulo 1983

Oliveira, Francisco de (1980): A economia da Dependencia Imperfeita, Rio de Janeiro 1980

Pasquino, Gianfranco (1983): Einschließende und ausschließende Herrschaftsformen und das korporative Modell, In: PROKLA, Heft 53, 13. Jahrg. 1983, S. 129 – 146

Pechman, Clarice (1984): O Dolar paralelo no Brasil, Rio de Janeiro 1984

Pigou, Arthur C. (1920 repr. 1960): The Economics of Welfare, London 1960

Pinto, Lucio Flavio (1977): Amazônia – O Anteato da Destruição, Belém 1977

Pinto, Lucio Flavio (1982): Carajás, o Ataque ão coração da Amazônia, Rio de Janeiro 1982

Pinto, Lucio Flavio (1986): Jarí. Toda a verdade sobre o projeto Ludwig, São Paulo 1986

Polanyi, Karl (1978): The Great Transformation, Frankfurt/Main 1978

Polanyi, Karl (1979): Ökonomie und Gesellschaft, Frankfurt/Main 1979

Pollock, Friedrich (1934): Bemerkungen zur Wirtschaftskrise, in: Zeitschrift für Sozialforschung, Jahrgang II, 1933, Paris 1934,

Pompermayer, Malori José (1984): Strategies of Private Capital in the Brazilian Amazon, in: Schmink/Wood (ed) (1984), S. 419-438

Poppe de Figueredo, Marechal M. (1970): Brasil. Um gigante que despertou, Rio de Janeiro 1970

Prado Junior, Caio (1984): História Economica do Brasil,(30.Auflage), Sao Paulo 1984

Prandi, Reginaldo (1986): Pequena Produção Urbana e Crise Econômica, in: Marfisa Cisneiros et al. (Coord.): Seminário Interamericano sobre a Pequena Produção Urbana, Vol.I, S. 367-384, Recife 1986

Preobrashensky, Evgenij (1965): The New Economics, Oxford 1965

Presidency of the Republic of Brasil (1984): The Greater Carajás Program – Legislation and Norms, May 1984, Brasília 1984

Prigogine Ilya/ Stengers, Isabella (1986): Dialog mit der Natur, München/ Zürich 1986,

Queiroz Ablas, Luiz Augusto de (1985): Intercâmbio desigual e subdesenvolvimento regional no Brasil, Sao Paulo 1985

Raupach, Hans (1964): Geschichte der Sowjetwirtschaft, Reinbek 1964

Reiche, Jochen (1986): Markt oder Plan? Ein Beitrag zur Klärung einiger Mißverständnisse, die der Entscheidung für eine ökologische Marktwirtschaft im Wege stehen, in: Projektgruppe Grüner Morgenthau (ed): Perspektiven ökologischer Wirtschaftspolitik, Frankfurt/Main – New York 1986

Reis de Freitas, General Tácito Lívio (1970): Amazônia – Grande Bacia Petrolífera, in: A Amazonia Brasileira em Foco, No 4, Agosto 1970, S.64-90

Republica Federativa do Brasil (1974): II. Plano Nacional de desenvolvimento (1975-1979), Brasília 1974

Republica Federativa do Brasil (1980): III. Plano Nacional de Desenvolvimento 1980/ 85, Sept.1980, Brasília 1980

Ribeiro, Darcy (1985): Aos Trancos e Barrancos, Rio de Janeiro 1985

Rifkin, Jeremy (1982): Entropie, Hamburg 1982

Rodrigues, Célio (1986): Alternativas sócio-econômicas: abertura externa, integração nacional e subsistência comunitária, in: de Almeida Jr. (Org.), Carajás, Desafio Politico, Ecologia e Desenvolvimento, S. 419-493, São Paulo 1986

Rodrigues, José Albertino (1983): 35.a. Reunião Anual da SBPC, in: Ciência e Cultura, Vol. 35, No. 10, Out. 1983, S. 1527ff.

Röhrich, Wilfried (1978). Politik und Ökonomie der Weltgesellschaft, Reinbek 1978

Rosenstein-Rodan, P.N. (1983): Problems of Industrialization of Eastern and South-Eastern Europe, in: The Economic Journal, June-September 1943; repr.in A.N.A-garwala B.P.Singh (ed), The Economics of Underdevelopment, New York 1963

Rostow, Walt W. (1960): The Stages of Economic Growth – A Non-Communist Manifesto, Cambridge (Mass) 1960

Roux, Franciso de (1986): Reflexiones y experiencias sobre processos de producción popular, in: Marfisa Cisneiros, et al (Coord.), Seminário Interamericano sobre a pequena produção urbana, Vol. II,S. 627-646, Recife 1986

Rückert, Isabel Noemia (1981): Alguns aspectos das empresas estatais no Brasil, in: Ensaios FEE, Ano 2, No. 1, Porto Alegre 1981, S. 75 – 93

Ruellan, Denis (1983): Amazonie: Terre sans Hommes, Hommes sans Terres, in: Problèmes Economiques, June 1983

Sá, Paulo César de (1981a): A CVRD e a Industria de Alumínio, in: CNPq, Rio de Janeiro, April 1981

Sá, Paulo César de (1981b): A CVRD e a Industria de Alumínio, balanço e perspectiva, in: CNPq, Brasília 1981

Sá, Paulo César Ramos Oliveira de (1981c): Perfil Empresarial do Setor Mineral, in: CVRD, Rio de Janeiro, Juli 1981

Sá, Paulo César de (1982): Carajás e a dívida externa, in: Revista Brasileira de Tecnologia, 13 (4):11-12, Ago/Set.1982, Brasília

Sá, Paulo Cesar Ramos Oliveira (1984): Carajás face a Crise e a crise face a Carajás, in: Revista Brasileira de Tecnologia, Vol 15, No 2,.P.12-23, Mar/Apr.1984

Sá, Paulo César de (1985a):La Crise sidérurgique et la restructuration du marché international du Minerai de fer, in: Centre d'économie des ressources naturelles, Ecole nationale supérieure des mines de Paris, Paris 1985

Sá, Paulo César de (1985b): L'aluminium: l'adaption à la crise, in: Seminaire d'èconomie et de strategies minières, Mai 1985,MS.

Sá, Paulo César de (1986): Industria mineira mundial:a adaptação a crise, in: Mimeo, Cerna-Centre d'Economie des Ressources Naturelles des mines, Paris 1986

Sá, Paulo César de/*Marques*, Isabel (1984): Ninguém segura Carajás, in: Brasil Mineral, No. 12, Nov. 1984, S. 18-27, 1984

Sá, Paulo César de/*Marques*, Isabel (1985): Le Projet e Minerai de Fer de Carajás: Strategie d'une firme publique du Tiers Monde dans un marché deprimé, in: Centre d'économie des ressources naturelles, Ecole nationale supérieur des mines de Paris, mimeo, Paris 1985

Sachs, Ignacy (1983): Os tempos-espaços do desenvolvimento, in: Espaço e Debates, No 8, Jan/Abr. 1983, S. 42-53

Sachverständigenrat zur Begutachtung der gesamtwirtschaftlichen Entwicklung (SVR): Jahresgutachten, (fortlaufend)

Salamá, Piere (1984): Endividamento e Penúria Urbana?, in: Ensaios FEE, Ano 5, No. 2, Porto Alegre 1984, S. 3 – 14

Salati, E./*Vose*, P.B. (1984): Amazon Basin: A system in equilibrium, in: Science, vol. 225, No 4658, Jul.1984, S. 129-138

Sampson, Anthony (1981): Die Geldverleiher. Von der Macht der Banken und der Ohnmacht der Politik, Reinbek 1980

Sangmeister, Hartmut (1984a): Brasiliens Suche nach einem Ausweg aus der Krise, in: Zeitschrift für Lateinamerika, Wien, Jahr 1984, Nr. 27, S. 46-62

Sangmeister, Hartmut (1984b): Brasilien: Modell einer Krise – Krise eines Modells, in: Vierteljahresbericht (der Friedrich-Ebert-Stiftung), Nr. 97, Sept. 1984, S.241 ff.

Sangmeister, Hartmut (1984c): Carajás: oder eine brasilianische Hoffnung. Lateinamerika Nachrichten 12, Nr. 314, St. Gallen, S. 45-53 (1984c)

Sant'Ana, José Antonio (1982): A dívida externa brasileira, Universidade de Brasília, Dpt. de Economia, Mai 1982 (mimeo)

Santos, Breno Augusto dos (1981): Amazônia, Potencial Mineral e perspectivas de desenvolvimento, Sao Paulo 1981

Santos, Breno Augusto dos (1984): A importancia de Carajás, in: Brasil Mineral, Vol. 1, No. 7, Juni 1984, S. 31-36

Santos, Milton (1978): Por uma geografia nova, Sao Paulo 1978

Santos, Milton (1985): Espaço e Método, Sao Paulo 1985

Santillo, Henrique/*Cordeiro*, Marcelo (coord.)(1981): Senado Federal, Camara dos Deputados, Comissão de Minas e Energia, Comissão de Economia: Simposio Alternativas para Carajás, Brasília 1981

Schiemann, Jürgen (1980): Die deutsche Währung in der Weltwirtschaftskrise 1929-1932, Bern und Stuttgart 1980

Schiel, Tilman (1983): Marx und die Analyse der Transformation von Gesellschaften. Ein theoretischer Ansatz für die politische Praxis, in: Peripherie, 4. Jahrg., Nr. 14, Herbst 1983, S. 24 – 48

Schivade, Egydio (1985): Hidroeléctrica de Balbina contra Indios e Lavradores, in: Vozes, Ano 79, Jan/Febr. 1985, No 1, S. 23-38

Schmidt, Manfred (1983): Massenarbeitslosigkeit und Vollbeschäftigung. Ein internationaler Vergleich, in: Leviathan 11, 1983, S. 451 – 473

Schmidt, Manfred (1987): Einleitung: Politikwissenschaftliche Arbeitsmarktforschung, in: *Abromeit*, Heidrun/ *Blanke*, Bernhard (Hrsg): Arbeitsmarkt, Arbeitsbeziehungen und Politik in den 80er Jahren, Leviathan, Sonderheft 8/1987, Opladen 1987, S. 12 – 19

Schmink, Marianne/*Wood*, Charles H. (1984): Frontier Expansion in Amazon Gainesville 1984

Schubert, Alexander (1985): Die internationale Verschuldung, Frankfurt 1985

Schröder, Jürgen (1978): Transfertheorie, in: Handwörterbuch der Wirtschaftswissenschaften, Göttingen 1978, S. 8 ff.

Senghaas, Dieter (1982): Von Europa lernen, Frankfurt/Main 1982

Servan-Schreiber, Jaques (1968): Die amerikanische Herausforderung, Hamburg 1968

Service, Elman R. (1977): Ursprünge des Staates und der Zivilisation. Der Prozeß der kulturellen Evolution, Frankfurt/Main 1977

Severo, José Antonio (1986):O paradoxo do desenvolvimento, in: Gazeta Mercantil, 20. 5. 1986, S. 14

Shoup, Lawrence H./*Minter*, William (1980): Shaping a New World Order: The Council on Foreign Relations' Blueprint for World Hegemony, in: *Sklar Holly* (ed.), Trilateralism, The Trilateral Commission and Elite Planning for World Management, S. 135-156, Boston 1980

Shubart, Herbert (1979): Exame da situação atual da Hiléia Brasileira: Ecologia Florestal, Atividade Humana Recente e Preservação da Biota, in: Monteiro da Costa, J.M., S. 89 ff., 1979

Silva, Raymundo Pereira da (1934): Problemas da Amazônia – A crise economica-financeira e os seus remedios, in: Conferencia realisada no Club de Engenharia, 30. Nov.1933, Rio de Janeiro 1934

Simon, Gabriele (1986): Die Enteignung Argentiniens durch das internationale Finanzkapital. Über die imperialistischen Strukturen des monetären Weltmarkts, in: PROKLA, Heft 63, 16. Jahrg. 1986, S. 70-88

Singer, Paulo (1978): Economia Politíca do Emprego, Sao Paulo 1978

Singer, Paulo (1985):A Economia Mundial e o Brasil em crise, in: Programa Nacional de Pesquisa Econômica, Mimeo, Rio de Janeiro 1985

Sioli, Harald (1975): Problemas do Aproveitamento da Amazônia, in: A Amazonia Brasileira em Foco, No 10, Julho 74 – Junho 75, S. 21-47

Sioli, Harald (1983): Amazonien. Grundlagen der Ökologie des größten tropischen Waldlandes, Stuttgart 1983

Smith, Neil (1984): Uneven Development, Oxford/New York 1984

Smith, Roberto (1982): Troca Desigual – Aspectos teoricos de uma controversia, in: Espaço e Debates, Ano 2, no 5, Março/Junho 1982, S.47-63

Soares, Teixeira (1967): Amazônia (A exploração economica do espaço geografico e a integração do homem), Rio de Janeiro 1967

Sohn-Rethel, Alfred (1970): Geistige und körperliche Arbeit, Frankfurt/M. 1979

Soja, Edward W. (1985): The Spaciality of Social Life: Towards a Transformative

Retheoretisation, in: *Gregory,* Derek/ *Urry,* John (ed): Social Relations and Spatial Structure, New York 1985

Solow, Robert M. (1974): The Economics of Resources or the Resources of Economies, in: American Economic Review, 64 (2), 1-14, 1974

Somary, Felix (1932): Krisenwende? Berlin 1932

Somary, Felix (1959): Erinnerungen aus meinem Leben, Zürich 1959

Souza Martins, José de (1984): The State and the Militarization of the Agrarian Question in Brazil, in: Schmink/Wood (ed.), S. 463-490, 1984

Spulber, Nicolas (1964): Soviet Strategy for Economic Growth, Bloomington 1964

Spulber, Nicolas (ed) (1965): Foundations of Soviet Strategy for Economic Growth – Selected Soviet Essays 1924 – 1930, Bloomington 1965

Steppacher, Rolf (1985): Institutionalismus, in: Jan Jarre (Hrsg).:Die Zukunft der Ökonomie – Wirtschaftswissenschaftliche Forschungsansätze im Vergleich, Loccumer Protokolle 15/1984, S. 30-92, Rehberg-Loccum 1985

Sternberg, Rolf (1983): Hydroelectric Energy. Repressed Demand and Economic Change in Amazonia, in: Acta Amazonica, 13 Jg., April 1983, No 2, S. 371-391

Strahm, Rudolf (1975): Überentwicklung – Unterentwicklung, Nürnberg 1975

SUDAM (1973a): A Amazônia e o novo Brasil, Belém 1973

SUDAM (1973b), Ministerio do Interior, Milton Camara Senna:Amazônia – Politica e Estrategia de ocupação e desenvolvimento, Belém 1973

SUDAM, Ministério do Interior: II.Plano de desenvolvimento da Amazônia 1975- 79, Belém 1976

SUDAM (1976), Ministério do Interior: Programa de Polos Agropecuários e Agrominerais da Amazônia, POLAMAZONIA, Carajás, Belém 1976

SUDAM (1977), Ministério do Interior: Amazônia, Brasilia 1977

Suzigan, Wilson (1986): A Indústria brasileira em 1985/86: Desempenho e política, in: Carneiro, Ricardo (ed): Política Econômica da Nova República, Rio de Janeiro 1986, S. 27-61

Sweezy, Paul/*Magdoff,* Harry (1983): International Finance and National Power, in: Monthly Review, Vol. 35, No 5, Oct. 1983, S. 1-13

Szmrecsányi, Tamás (1986): Apontamentos para uma história economica do Brasil no periodo 1920-50, in: Ensaios FEE, Ano 7, No 13, 1986, S. 3-44

Taschner, Suzana Pasternak/*Bógus,* Lucía María (1986): Mobilidade Espacial da população Brasileira nos anos 70: Aspectos e Tendências, Mimeo, USP/PUC, Sao Paulo 1986

Taylor, Frederick W. (1977): Die Grundsätze wissenschaftlicher Betriebsführung (Hrsg.: *Volpert,* Walter/*Vahrenkamp,* Richard), Weinheim und Basel 1977

Therborn, Göran (1987): Nationale Politik und internationale Arbeitslosigkeit. Der Fall Bundesrepublik im Lichte der OECD-Daten von 1973-1985, in: *Abromeit,* Heidrun/ *Blanke,* Bernhard (Hrsg): Arbeitsmarkt, Arbeitsbeziehungen und Politik in den 80er Jahren, in: Leviathan Sonderheft 8/1987, Opladen 1987, S. 39 – 56

Thompson, William R. (1983): The World-Economy, the Long Cycle, and the Question of World-System Time, in: *McGowan,* Pat / *Kegley,* C.W.Jr.(eds).: Foreign Policy and the Modern World System, Beverly Hills 1983

Thorp, Rosemary (ed) (1984): Latin America in the 1930s, Oxford 1984

Tocantins, Leandro (1982): Amazônia. Natureza, Homem e Tempo, Rio de Janeiro 1982

Townsend, Janet (1985): Seasonality and Capitalist Penetration in the Amazon Basin, in: John Hemming (ed), Change in the Amazon Basin, Vol. II, The Frontier after a Decade of Colonisation, S. 140-157, Manchester 1985

Traber, Uwe (1986) Neue Formen des Geldes. Innovationen auf den internationalen Finanzmärkten, in: PROKLA Heft 63, 16. Jahrg. 1986, S. 89 – 107

Trebat, Thomas J. (1981): Public Enterprises in Brazil and Mexico: A Comparison of Origins and Performance, in: Thomas C. *Bruneau*/Philippe *Faucher*(ed.): Authoritarian Capitalism: Brazils Contemporary Economic and Political Development, Boulder 1981, S. 41-58

Tronti, Mario (1974): Arbeiter und Kapital, Frankfurt 1974

UNIDO (1985): Industry and Development, Global Report 1985, New York 1985

United Nations (1985): Handbook of International Trade and Development Statistics (1985 Supplement), New York 1985

Valverde, Orlando Picos (1971): Dos grandes lagos sul-americanos âos grandes eixos rodoviarios, in: A Amazônia Brasileira em Foco, Jan/Jul 1971, S. 18-33

Valverde, Orlando Picos (1967): A Rodovia Belém – Brasília, in: IBGE, Rio de Janeiro 1967

Valverde, Orlando Picos/*Reis de Freitas*, Tacito L. (1980): O Problema Florestal da Amazônia Brasileira, Petrópolis 1980

Varga, Eugen (1969): Die Krise des Kapitalismus und ihre politischen Folgen, Frankfurt/Wien 1969

Velho, Octavio (1973): Modes of Capitalist Development and the Moving Frontier, Manchester 1973

Wallerstein, Immanuel (1979): The Capitalist World-Economy, Cambridge 1979

Wallerstein, Immanuel (1982): Aufstieg und künftiger Niedergang des kapitalistischen Weltsystems. Zur Grundlegung vergleichender Analyse, in: Dieter Senghaas (Hrsg.), Kapitalistische Weltökonomie, Kontroversen über ihren Ursprung und ihre Entwicklungsdynamik, S. 31-67, Frankfurt/Main 1982

Wallerstein, Immanuel (1984): Der historische Kapitalismus, Berlin 1984

Wasmus, Henning (1987): Produktion und Arbeit – Immanente Kritik der politischen Ökonomie, Hamburg 1987

Weber, Max (1976): Wirtschaft und Gesellschaft (Studienausgabe), Tübingen 1976

Weck, Hannelore/*Pommerenne*,Werner/*Frey*, Bruno (1984): Schattenwirtschaft, München 1984

Weinstein, Barbara (1983): The Amazon Rubber Boom 1850-1920, Stanford 1983

Weischet, Wilhelm (1980): Die ökologische Benachteiligung der Tropen, Stuttgart 1980

Weizsäcker, Carl Friedrich von (1974): Evolution und Entropiewachstum, in: Ernst von Weizsäcker (Hrsg.), Offene Systeme I. Beiträge zur Zeitstruktur von Information, Entropie und Evolution, Stuttgart 1974, S. 200-221

Weizsäcker, Ernst von (1974a): Erstmaligkeit und Bestätigung als Komponenten der pragmatischen Information, in: Ernst von Weizsäcker (ed), 1974

Weizsäcker, Ernst von (ed) (1974b): Offene Systeme I -Beiträge zur Zeitstruktur von Information, Entropie und Evolution, Stuttgart 1974

Weltbank (1985): Weltentwicklungsbericht, Washington D.C. 1985

Werneck, Rogério C. Furquim (1983): A Armadilha financeira do setor público e as empresas estatais, in: Forum Gazeta Mercantil, FMI X Brasil. A Armadilha da recessão, São Paulo 1983, S. 139-146

Werner, Dennis W. (1982): Indios e Barragens – uma Perspectiva Global, in: Boletim de Ciências Sociais, No 24, Jan/Mar. 1982, S. 26 ff.

Williams, Eric (1984): From Columbus to Castro: The History of the Carribean, 1492–1969, New York 1984

Wood, Charles H./*Schmink*, Marianne (1983): Culpando a vitima: Pequena produção agrícola em um projeto de colonização na Amazônia, in: Mougot/Aragon(ed), O

Despoavamento do território Amazônico, Cadernos NAEA 6., S. 70-90, Belém 1983

Wood, Robert (1986): From Marshall Plan to Debt Crisis, Berkeley 1986

World Bank (1982): Commodity Trade and Price Trends, Baltimore and London 1982

World Bank (1985): Brazil: Medium-Term Policy Analysis, in: World Bank Staff Working Papers, No. 75O (K.*Meyers*/Desmond *McCarthy*), Washington D.C. 1985

Ziebura, Gilbert (1984): Weltwirtschaft und Weltpolitik 1922/24-1931, Frankfurt/ Main 1984

Verzeichnis der Tabellen

Verzeichnis der Schaubilder

Verzeichnis der Abkürzungen

ALADI- Lateinamerikanische Wirtschaftszone

ALBRAS- Alumínio Brasileiro S.A.

ALUNORTE- Alumínio do Norte S.A.

ALUMAR- Aluminio do Maranhão S.A.

AMZA- Amazônia Mineração (Joint Venture der United Steel mit der CVRD; 1977 aufgelöst)

BASA- Banco da Amazônia S.A.

CAPEMI- Caixa de Pecúlio Militar (Versicherungsgesellschaft der Militärs)

CNDDA- Campanha Nacional para o Desenvolvimento e a defesa da Amazonia (Nationale Kampagne für die Verteidigung und Entwicklung Amazoniens)

CEPAL- Wirtschaftskommisson der Vereinten Nationen für Lateinamerika (englisch: ECLA)

CODEBAR- Companhia de Desenvolvimento de Barcarena (Entwicklungsgesellschaft für Barcarena)

CVRD- Companhia Vale do Rio Doce

DOCEGEO- Rio Doce Geologia e Mineração (Tochtergesellschaft der CVRD)

EFC - Estrada ferroviária de Carajás (Carajas-Eisenbahnlinie)

FAO- Food and Agricultural Organisation der Vereinten Nationen

ERP- European Recovery Program

FUNAI- Fundação Nacional do Indio (Nationale Stiftung für die Indianer

GEAMAM – Grupo de Estudos do Meio Ambiente (Umwelt-Studiengruppe der CVRD)

GETAT- Grupo Executivo das Terras do Araguaia – Tocantins (Verwaltungsbehörde für das Gebiet von Araguaia und Tocantins)

IBASE- Instituto Brasileiro de Analises Sociais e Economicas (Brasilianische Institut für soziale und ökonomische Analysen)

IBGE- Instituto Brasileiro de Geografia e Estatística (Statistisches Bundesamt)

IDESP- Instituto de Desenvolvimento Economico-Social de Pará (Institut für die sozioökonomische Entwicklung von ará)

INCRA- Instituto Nacional de Colonização e Reforma Agraria (Bundesbehörde für Kolonisierung und Agrarreform)

INPA- Instituto Nacional de Pesquisas da Amazônia (Nationales Institut für Amazonienforschung mit Sitz in Manaus)

LTN- Letras do Tesouro Nacional (Bundesschatzbriefe)

NAEA- Nucleo de Altos Estudos Amazônicos (Institut für höhere Studien Amazoniens an der Bundesuniversität von Pará

ORTN- Obrigações Reajustaveis do Tesouro Nacional (Indexierte Staatsschuldverschreibungen)

PETROBRAS- Petrólio Brasileiro S.A.

PGC- Programa Grande Carajás

PIN- Programa da Integração Nacional (Programm zur nationalen Integration)

POLAMAZONIA- Programa Especial de Polos Agropecuários e Agrominerais da Amazônia (Sonderprogramm für land- und viehwirtschaftliche sowie mineralische Entwicklungspole)

POLONOROESTE- Entwicklungpol im nordwestlichen Amazonien

SBPC- Sociedade Brasileira para o Progresso da Ciencia (Brasilianische Gesellschaft für den Fortschritt der Wissenschaft)

SPVEA- Superintendencia do Plano de Valorização Economica da Amazonia (Behörde für die wirtschaftliche Inwertsetzung Amazoniens)

SEPLAN- Segretaria de Planejamento da Presidencia da República (Planungsbehörde beim Präsidenten der Republik)

SUDAM- Superintendencia do Desenvolvimento da Amazônia (Behörde für die Entwicklung Amazoniens)

SUFRAMA- Superintendencia da Zonna Franca de Manáus (Behörde für die Freihandelszone von manaus)

SVR- Sachverständigenrat zur Begutachtung der gesamtwirtschaftlichen Entwicklung